# Siemens Industrial Design

Design Zentrum
München

**Siemens**
**Industrial**
**Design**

100 Jahre
Kontinuität im Wandel

100 Years
Continuity in Flux

Christoph A. Hoesch

Mit Beiträgen von
With Contributions by
Julius Lengert
Ralf Rummel

Unter Mitarbeit von
In Collaboration with
Andrea Kluge

HATJE
CANTZ

Inhalt

# Inhalt
# Contents

**Dr. Klaus Kleinfeld**
Vorstandsvorsitzender
der Siemens AG

Geleitwort

Wenn ein Unternehmen auf 100 Jahre Designleistungen im eigenen Haus zurückblicken kann, ist das Grund genug, die Geschichte und Entwicklung dieses Designs in gebührender Form zu dokumentieren.

Siemens hatte nie den Anspruch, sich in erster Linie durch das Design seiner Produkte zu profilieren, sondern Design diente dort immer dem Ziel, durch die Verbindung technischer Leistung mit ergonomisch richtiger und ästhetisch anspruchsvoller Gestaltung die Produktqualität für den Nutzer zu erhöhen. Seit den Anfängen des Siemens-Designs lag die Herausforderung darin, bei der großen Zahl unterschiedlicher Produkte diese nutzerspezifisch und ihrem Einsatzort entsprechend zu gestalten und doch jedem Produkt ein Siemens-typisches Aussehen zu geben. Es ging stets darum, im Sinne des Corporate Designs die Einheit in der Vielfalt zu wahren.

Unser Unternehmen hat im Laufe der letzten 100 Jahre viele zum Teil gravierende Veränderungen erfahren:
Der Zusammenschluss von Siemens & Halske mit den Siemens-Schuckertwerken, die Übernahme der Reiniger-Werke, zahlreiche Portfolio-Verschiebungen seit den neunziger Jahren und nicht zuletzt der Wandel von der Elektromechanik zur Elektronik sowie in jüngerer Zeit von der Hardware zur Software kennzeichnen das Unternehmen als lebendigen Organismus.

**Dr. Klaus Kleinfeld**
Chairman of the Board
of Siemens AG

Foreword

When a company reaches the point at which it can look back over one hundred years of achievement in design, then that is surely reason enough to compile a fitting documentation of the history and the development of its contributions to the field of design.

Siemens never intended to create or foster a corporate image based primarily on the design of its products. Siemens Design has always been devoted to enhancing the quality of those products for the benefit of their users by combining sound engineering with ergonomically suitable, aesthetically appealing form. Since the earliest years in the history of design at Siemens, the challenge has always been to design the broad range of Siemens products with an eye to the needs of specific users and the requirements of the place at which they are used while giving every Siemens product a typical Siemens look at the same time. The preservation of unity in diversity has always been the guiding principle of Siemens corporate design.

Our company has undergone a number of changes over the past one hundred years, many of them substantial. The merger of Siemens & Halske and the Siemens-Schuckertwerke, the acquisition of the Reiniger-Werke, multiple modifications of the product portfolio since the nineteen-nineties, not to mention the evolution from electromechanics to electronics and the even more recent progression from hardware to software, clearly characterize our company as a vital, living organism.

Das Siemens-Design trug allen diesen Veränderungen in überzeugender Weise Rechnung. Zahlreiche Designpreise zeigen, dass dabei eine hohe Designqualität der einzelnen Produkte wie des gesamten Erscheinungsbildes stets gewahrt wurde. In der Rückschau wird deutlich, was das Siemens-Design in besonderem Maße auszeichnet: Es ist die Kontinuität im Wandel – den Grundsätzen treu bleiben und gleichzeitig den erforderlichen Wandel vollziehen, um in sich verändernden Märkten erfolgreich zu bleiben.

Diese Maxime gilt für das gesamte Unternehmen. Auch auf die Unternehmensführung und Unternehmensphilosophie trifft der Lampedusa-Satz zu, der 1989 bei der Einführung der Farbe Petrol als Logofarbe des Unternehmens als Motto diente: „Wenn wir wollen, dass die Dinge so bleiben, wie sie sind, müssen wir zulassen, dass sie sich verändern."

Siemens Design has responded to these changes in an effective and impressive manner. Numerous design awards provide eloquent evidence of consistently high quality in the design of individual products and the image of the Siemens portfolio as a whole. In retrospect, we now recognize the essence of what Siemens Design has always sought to represent: continuity in flux–loyalty to fundamental principles coupled with the willingness to make the changes necessary to ensure continued success in evolving markets.

And that maxim applies to the company as a whole. Both corporate management and corporate philosophy reflect the idea expressed by Lampedusa which served as a slogan for the launch of *Petrol* as the new color for the company logo in 1989: "If we want things to stay as they are, then we must accept the fact that they will change."

**Hans Hermann Wetcke**
Design Zentrum München

## Vorwort des Herausgebers

Im Kreis der weltweit operierenden Industrieunternehmen mit einer ausgeprägten Gestaltungskompetenz auf dem Gebiet der Produktgestaltung nimmt Siemens zweifellos eine Spitzenposition ein. Während die unternehmerischen Leistungen auf den verschiedensten Gebieten bereits umfangreich dokumentiert sind, fehlt bisher eine zusammenfassende Darstellung der Siemens-Designentwicklung. Diesen vor einem Jahrhundert begonnenen Weg aufzuzeichnen und die Entstehung der „industriellen Formgestaltung“ bei Siemens und seiner Vorstufen im Zusammenhang der elektrotechnischen Modernisierung von Industrie, Gewerbe und Privathaushalten im 20. Jahrhundert zu untersuchen, haben sich der Herausgeber und die Autoren vorgenommen. Es wird dabei nicht der Anspruch erhoben, eine alles umfassende lückenlose Arbeit vorzulegen. Wünschenswert sind deshalb weitere vertiefende Auseinandersetzungen mit diesem für die deutsche Industriekultur so interessanten Kapitel.

Die Veröffentlichung beginnt mit einer Beschreibung der Anfänge der Gestaltungsentwicklung bei Siemens im 19. Jahrhundert über den Anfang erster Formgestaltung in den zwanziger Jahren des 20. Jahrhunderts bis in die Designpraxis der Gegenwart. Der Schwerpunkt der Abbildungen liegt dabei auf Studien, Entwurfsskizzen und Modelldarstellungen. Viele zum Teil bisher nicht veröffentlichte Bilddokumente begleiten die Ausführungen der Autoren.

**Hans Hermann Wetcke**
Design Zentrum München

## Editor's Preface

Siemens undeniably occupies a leading position among the globally active industrial organizations that have demonstrated significant expertise in product design. Although its entrepreneurial achievements in various fields of engineering have been amply documented, no comprehensive presentation of the history of Siemens Design has been available until now. The editor and the authors have taken it upon themselves to trace the course of this history, which began a century ago, and to investigate the development of "formal industrial design" at Siemens from its origins to the present within the context of the modernization of industry, commerce, and household life through electrical engineering in the twentieth century. As we do not presume to have presented an exhaustive study, we hope that this publication stimulates further intensive research on this fascinating chapter in the history of German industrial culture.

The book opens with a description of the first years in the history of design at Siemens in the nineteenth century and proceeds to early achievements in formal design in the nineteen-twenties and on to current developments in design. The illustrations present primarily studies, draft drawings, and models. Many previously unpublished photographic documents accompany the authors' essays.

Design Zentrum München

Im zweiten Teil werden die wesentlichen Produktionsbereiche des Unternehmens aufgegriffen und in zeitlicher Abfolge mit der Darstellung der jeweils typischen gestalteten Erzeugnisse bis heute dokumentiert. Dabei wurde der Blick weniger auf die Entwicklungen des aktuellen Designs gerichtet als vielmehr auf die Entwicklungen der Vergangenheit. Es wurde insgesamt versucht, neben den vielfach publizierten Gerätedesigns auch weniger bekannte Produktgestaltungen vorzustellen.

Ein eigener Weg wird mit dem Kapitel „Die verzerrte Siemens-Moderne. Design im Spiegel von Werbe- und Propagandastrategien der NS-Zeit" eingeschlagen. Nicht unmittelbar wird hier das Industriedesign thematisiert, sondern Werbung und Kommunikation des Unternehmens in dieser Zeit. Dies hat einen guten Grund. Bedurfte doch die Vermarktung elektrischer Geräte besonders in privaten Haushalten vielfältiger werblicher Anstrengungen. Es galt nämlich, den erheblichen Berührungsängsten vor den mit Wechselstrom betriebenen neuen Geräten und Maschinen zu begegnen, die nicht nur in Deutschland nach dem Ersten Weltkrieg in der breiten Öffentlichkeit bestanden. So zeigt die Darstellung, dass nicht nur Produktgestaltung, sondern auch neue Wege der Werbung die komplementären Mittel waren, die elektrotechnische Modernisierung in alle Bereiche des öffentlichen und privaten Lebens zu tragen. Bemerkenswert erscheinen in diesem Zusammenhang die Überschneidungen der Instrumente zur Vermarktung von elektrotechnischen Produkten und der staatlich-politischen Propaganda nach 1933 in Deutschland.

The second part of the book is devoted to a chronological documentation of the company's most important production segments and includes descriptions and illustrations of products designed in the respective typical Siemens style from the earliest years to the present. In this section, less emphasis is placed on current developments in design than on those of the past. On the whole, an effort has been made to present not only frequently published examples of equipment and appliance design but also lesser-known product designs as well.

A singular part of this history is discussed in the chapter entitled "Distorted Siemens Modernism. Design in the Mirror of Advertising and Propaganda Strategies of the National Socialist Era." This section does not focus primarily on industrial design but rather on advertising and corporate communication at Siemens during the period of National Socialist rule. And there is a good reason for this. Diverse advertising campaigns were needed to support the marketing of electrical equipment and appliances, especially in the household segment. The objective was to overcome the fears associated with the use of new machines and appliances powered by alternating current that had emerged in the general public in Germany and elsewhere after the First World War. The author shows that product design and new approaches to advertising were employed as complementary means of bringing modernization through electrical engineering into all spheres of public and private life. Worthy of particular note in this context are the close relationships between the instruments used to market electrical products and the methods employed in support of political propaganda in Germany after 1933.

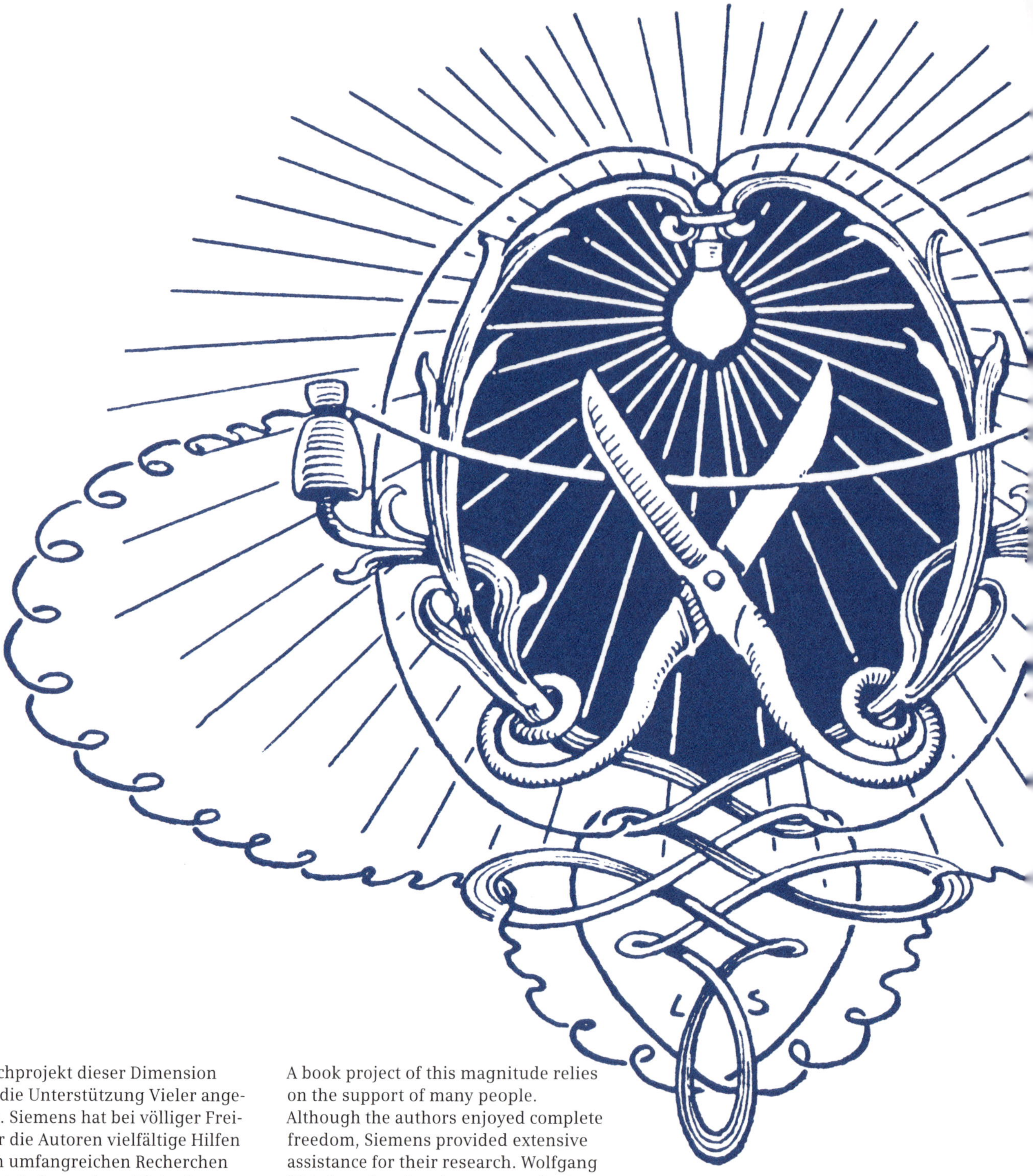


Ein Buchprojekt dieser Dimension ist auf die Unterstützung Vieler angewiesen. Siemens hat bei völliger Freiheit für die Autoren vielfältige Hilfen bei den umfangreichen Recherchen gewährt. In besonderer Weise hat Wolfgang Dötz zum Gelingen der Arbeit beigetragen. Mitgewirkt haben darüber hinaus Eberhard Posner, Peter Hartmann, Ruth Soenius und Wilfried Feldenkirchen, wie auch viele andere aktive und ehemalige Siemens-Designer, wie beispielsweise Jens Reese mit ersten Anstößen und Informationen.

Dank vor allen Dingen den Autoren: Christoph Hoesch, Julius Lengert und Ralf Rummel und der engagierten wissenschaftlichen und redaktionellen Mitarbeit von Andrea Kluge. Wobei Neugier, Ausdauer und Intensität aller unmittelbar Beteiligten bis zuletzt ungebrochen blieben.

A book project of this magnitude relies on the support of many people. Although the authors enjoyed complete freedom, Siemens provided extensive assistance for their research. Wolfgang Dötz has played an instrumental role in the success of this project. We also wish to express our appreciation for the contributions of Eberhard Posner, Peter Hartmann, Ruth Soenius, and Wilfried Feldenkirchen as well as our gratitude to numerous former and currently active Siemens designers, including Jens Reese, for example, who provided valuable suggestions and information in the early phase of the project.

Thanks are due above all to the authors, Christoph Hoesch, Julius Lengert, and Ralf Rummel, and to Andrea Kluge, for her commitment and outstanding scholarly and editorial support.
The work of everyone involved has been characterized by consistent curiosity, tenacity, and intensity from beginning to end.

Die Gestaltung des Buches nahmen Barbara und Gerd Baumann in bewährte Hände. Der Verlag Hatje-Cantz begleitete mit seinen Mitarbeitern Markus Hartmann, Dagmar Lutz und Ingrid Bell von Seiten des deutschen und englischen Lektorats sowie John Southard, der die Texte kompetent ins Englische übersetzte, den gesamten Entstehungsprozess auf befruchtende und hilfreiche Weise.

Das Design Zentrum München möchte mit dieser Publikation, neben allen firmengeschichtlichen sowie design-und kunstgeschichtlichen Zielsetzungen für die Forschung und Lehre, Unternehmen anregen, dem Beispiel von Siemens zu folgen und der jeweils eigenen Unternehmenskultur eine gestalterische Qualität zu geben.

Es ist dem Weltunternehmen Siemens zu wünschen, diese Tradition trotz allen Wandels fortzusetzen: Kontinuität im Wandel.

The design of this book was entrusted to the capable hands of Barbara and Gerd Baumann. Hatje Cantz Publishers provided helpful and fruitful guidance and support in every phase of the publishing process. We wish to thank Markus Hartmann of Hatje Cantz as well as Dagmar Lutz and Ingrid Bell, who edited the German and English texts, and John Southard, who translated the German texts into English.

Aside from its contribution to research and education in the fields of corporate history, art, and design, the Design Zentrum München hopes that this publication will encourage other companies to follow the example set by Siemens and imbue their own corporate cultures with the spirit of quality in creative design.

And we hope that the global Siemens company succeeds in preserving this tradition in the years of change that lie ahead: continuity in flux.

## Einleitung
### Siemens, die Elektrizität und das Design

Christoph A. Hoesch

Gestaltung von Gegenständen bestimmt das Leben seit den Anfängen menschlicher Kultur, Design, wie es heute praktiziert wird, erst seit gut 100 Jahren. Um diese Entwicklung nachzuzeichnen, bedarf es also mehr als einer einfachen Ursachenbestimmung, schließlich lässt es sich kaum leugnen, dass Siemens kein „Designunternehmen" im herkömmlichen Sinne ist. Leistete man doch innerhalb der Elektrotechnikbranche, anders als der historische Konkurrent, die AEG (mit Peter Behrens), seit jeher statt im Design eher im Bereich der Technik und Technologie Pionierarbeit, ist damit weniger ein designorientiertes Gebrauchsgüter- als ein „System- und Technologiehaus". Obwohl man dort seit langem Gebrauchsgüter in großer Zahl entwickelt und herstellt, wird man bis heute von der Öffentlichkeit bevorzugt als ein Investitionsgüterunternehmen wahrgenommen – ein eher schwieriges und nicht immer dankbares Aufgabengebiet für Design.

Erschwerend kommt hinzu, dass die Mehrzahl der Siemens-Erzeugnisse, besonders elektronische Bauteile, auf Dauer den Blicken des Betrachters bzw. einer durch die sinnliche Wahrnehmung bestimmten ästhetischen Erfahrung entzogen sind. Verschwinden sie doch in der Regel unter genormten Gehäusen oder aber in Maschinen, Geräten oder Anlagen, die nicht unmittelbar von den Designaktivitäten ihres Herstellers beeinflusst werden können. Viele dieser Erzeugnisse bleiben deshalb mehr oder weniger unsichtbar. Dies führt unmittelbar zum nächsten Thema, nämlich dem ungleich komplexeren Zusammenhang von Elektrizität und Design.

## Introduction
### Siemens, Electricity, and Design

Christoph A. Hoesch

The design of objects has played a crucial role in human life since the dawn of civilization – design as it is practiced today for no more than the last one hundred years. In order to trace this development, one must go beyond the mere identification of causes. After all, most people would agree that Siemens is not a "design firm" in the traditional sense of the term. Having achieved pioneering accomplishments in electrical engineering and technology rather than design – unlike its historical competitor AEG (with Peter Behrens) – Siemens is less a design-oriented producer of consumer goods than a "systems and engineering" firm. Although consumer goods have been produced in large quantities for many years at Siemens, the company is still regarded by the public primarily as a manufacturer of durable goods – a rather more difficult and less gratifying field of endeavor for designers.

What makes matters even more complicated is the fact that most Siemens products, and this applies especially to electronic components, remain permanently hidden from the viewer's gaze and are thus inaccessible to sensory aesthetic experience. As a rule, they are concealed within standardized housings or inside machines, equipment, and systems whose design is not subject to the direct influence of the component manufacturer. Thus many of these products remain more or less invisible. And this brings us to the next topic – the much more complex relationship between electricity and design.

# Einleitung

# Introduction

Während Siemens und die Elektrizität – ihre Erforschung, Entwicklung und Umsetzung in technische Anwendungen – seit Unternehmensgründung einander fast organisch bedingten und deshalb untrennbar miteinander verbunden sind, scheinen Elektrizität und Design allenfalls auf Umwegen zu korrespondieren. Schließlich lassen sich die meisten elektrischen Prozesse nur virtuell darstellen, sind oft im Inneren elektrotechnischer oder elektronischer Aggregate eingeschlossen, bleiben also weit gehend unsichtbar. Und doch ist es ein Merkmal der Elektrizität, inzwischen in nahezu alle technischen Vorgänge unserer modernen Zivilisation involviert zu sein. Elektrizität ohne Technik erscheint undenkbar – Technik ohne Design sehr wohl.

Verändert man die Reihenfolge dieser Fragen in Richtung einer Untersuchung, wie die Nutzung von Elektrizität und die Ausgestaltung elektrotechnischer oder elektronischer Produkte die Entwicklung von Design beeinflusste, besonders im Zusammenhang mit der Firma Siemens, so ergeben sich ganz neue Perspektiven. Dies ist die Aufgabe, der sich dieses Buch und seine Autoren gestellt haben. Welche entscheidende Rolle spielte Siemens in diesem Prozess, unter der Prämisse, wie stark unsere Kultur inzwischen im Umgang mit Elektrizität auf die Wechselwirkung von Elektrizität bzw. Elektrotechnik und Design angewiesen ist.

While Siemens and electricity – meaning research, development, and implementation of electrical power in technical applications – have been almost organically and thus inseparably bound together since the company was founded, the relationship between electricity and design appears to be indirect at best. Most electrical proc-esses can be visualized only virtually; they are often enclosed within electrical or electronic equipment or appliances and thus remain largely invisible. And yet a characteristic feature of electricity is that is plays a role in nearly every technical process known to modern civilization. While it is practically impossible to imagine electricity without technology, technology without design is entirely conceivable.

By changing the sequence of these questions in order to examine the ways in which the use of electricity and the configuration of electrical or electronic products have influenced the history of design, specifically as it relates to the Siemens company, we create an entirely new set of perspectives. And that is the objective of this book and its authors. What crucial role has Siemens played in this process? This question is posed on the basis of the premise of our culture's dependence in its use of electricity on the interplay of electricity – and electrical engineering – and design.

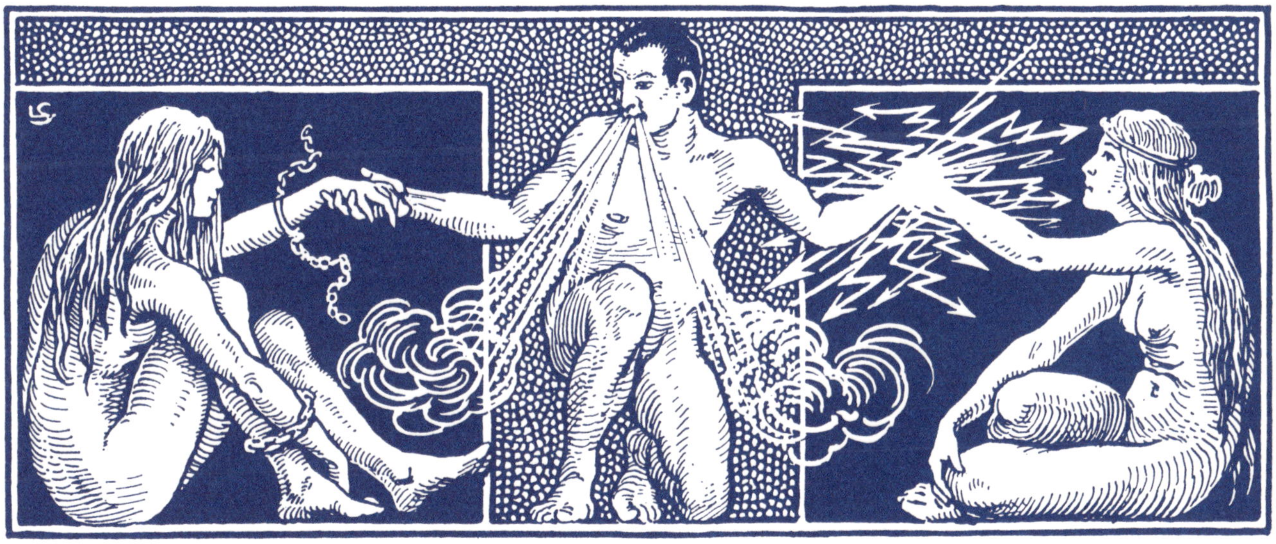

**Siemens**
**„Alles, was elektrisch ist"**
Das Unternehmen und die Entwicklung der Elektrotechnik

Christoph A. Hoesch

**Siemens**
**"Everything Electric"**
The Company and the Growth of Electrical Engineering

Christoph A. Hoesch

# Siemens- „Alles was elektrisch ist“
# Siemens- “Everything Electric”

Dass die Elektrizität zum wichtigsten Energieträger, Kommunikations- und Lenkungsmedium der technisch industriellen Zivilisation wurde, ist der exemplarischen Leistung einer kleinen Anzahl von Unternehmen zu verdanken. Siemens gehört mit Sicherheit zu diesen Elektrotechnik-Pionieren der ersten Stunde. Weltweit sind es nur ganz wenige, die die wichtigsten Entwicklungsphasen der Elektrotechnik so nachdrücklich geprägt haben und sich bis heute so erfolgreich entwickeln konnten. So wuchs sie seit Gründung des Unternehmens 1847 von einer kleinen elektrischen Werkstatt mit einer Hand voll Mitarbeitern zu einem der bedeutendsten elektrotechnischen Konzerne der Welt, der inzwischen fast 430 000 Menschen in etwa 190 Staaten auf allen Kontinenten beschäftigt. Deren aktive Mitwirkung brachte auch über die existenzbedrohenden Kriege und Krisen des 20. Jahrhunderts hinweg eine kaum überschaubare Abfolge spektakulärer Entdeckungen, Erfindungen und daraus abgeleiteter elektrotechnischer Geräte und Maschinen hervor, die bis heute den Ruf von Siemens als elektrisches Universalunternehmen prägen, als „welt- und ideenverändernde Erfindungsanstalt“, wie der Erfinder des EKGs, Wilhelm Eindhoven, es einmal formulierte.[1]

The development of electricity into the most important energy provider and the leading communication and control medium in technical, industrialized civilization was the exemplary achievement of a small number of companies. Siemens AG was undeniably one of these early pioneers in the field of electrical engineering. Only very few companies in the world have had such a sustained impact on developments in electrical technology or achieved the level of success Siemens AG continues to enjoy today. Founded in 1847 as a small electrical workshop with a handful of employees, it has since become one of the most important electrical engineering firms in the world, and now employs nearly 430,000 people in approximately 190 countries on all the continents. Their active commitment through all of the wars and crises that threatened the company's existence during the twentieth century has generated an astonishing array of spectacular discoveries and inventions as well as countless electrical appliances and machines based on them. These achievements continue to underscore Siemens's reputation as a universal electrical company today – as an "inventive institution that has changed our world and our ideas," to quote Wilhelm Eindhoven, inventor of the ECG.[1]

„Nur die Elektrotechnik, aber die ganze Elektrotechnik!"[2], pflegte Unternehmensgründer Werner von Siemens mit Nachdruck das Aufgabenfeld seines Unternehmens zu umreißen. Diese Aussage galt mit wenigen Einschränkungen bis 1970 für die Aktivitäten des Konzerns, dessen Erzeugnisse seit seinen Anfängen nahezu das gesamte historische Entwicklungsspektrum der Elektrotechnik einschließen. Dabei scheint charakteristisch, dass man die Elektrotechnik und ihre Teilbereiche von jeher im Gesamtzusammenhang betrachtete, der bei richtiger Erschließung immer neue Synergien ergab, die es nur zu verstehen und richtig zu nutzen galt. Bis heute besitzt Geltung, was der jüngste Sohn des Firmengründers, Carl Friedrich von Siemens, schon 1938 aussprach: „Was einen Schalter sicherer macht, kann vielleicht auch dazu beitragen, den Radioempfang zu verbessern, eine Lokomotive schneller, eine Walzstraße leistungsfähiger machen oder ein Röntgenbild aussagekräftiger erscheinen lassen."[3]

Es war denn auch mehr als ein Glücksfall, dass Werner von Siemens von Anfang an den Elektromagnetismus zum Ausgangspunkt seiner visionären Entwicklungen machte, wie z. B. seines verbesserten Zeigertelegrafen (1846) oder seines Gleichstrommotors bzw. -generators (1866), basierend auf dem von ihm entdeckten »dynamoelektrischen Prinzip«, und auch einer ersten, kleinen Gleichstromlokomotive (1879). So war es nahe liegend, dass der international arbeitende Telegrafenhersteller sich nach 1876 auch des Telefons annahm. Dies erschien nur umso konsequenter, als es nicht nur wie die Telegrafie sich selbst höchst organisch erweitern und ergänzen ließ, sondern auch andere bestehende „Fernwirkungstechnologien" die elektrische Stellwerks- und Signaltechnik für den Eisenbahnbetrieb oder die elektromagnetischen Meldesysteme für Feuerwehr und Polizei. Daraus entwickelte sich der bis heute bestehende Kernbereich der Kommunikationstechnik.

"Nothing but electrical engineering, but all of electrical engineering."[2] Company founder Werner von Siemens often used these emphatic words in defining his company's field of activity. For the most part, this statement aptly describes the work of Siemens AG, whose products cover nearly the entire historical spectrum of developments in electrical engineering, from its infancy until 1970. Characteristically, it would seem, electrical engineering and its subdisciplines have always been regarded as parts of a whole which, when approached in the right way, repeatedly generated new synergies that needed only be understood and exploited effectively. The statement uttered by Carl Friedrich von Siemens, the founder's youngest son, in 1938 is as valid as ever today: "Something that makes a switch safer may also contribute to improving radio reception, to making a locomotive faster, to increasing the productivity of a rolling line, or to producing a more conclusive X-ray image."[3]

It was more than a stroke of good fortune that Werner von Siemens focused on electromagnetism as the point of departure for his visionary developments from the very beginning – in inventions such as his improved pointer telegraph (1846) or his DC motor and generator (1866), which were based on the "dynamo-electric principle" he discovered, or an early, small DC-powered locomotive (1879). And thus it was only natural for the international telegraph-manufacturing company to turn its attention to the telephone after 1876. This seemed all the more logical in view of the fact that, like the telegraph, the telephone could be developed and upgraded in a highly organic manner itself but could also generate new developments in other existing "remote-action technologies" such as electrical switching and signal systems for railroads or electromagnetic alarm systems for police and fire departments. This was the seed from which modern communication technology grew forth.

Ein weiterer langfristiger Schwerpunkt, der hier seinen Ausgang nahm, war die Steuer- und Regeltechnik: Von ersten elektromechanischen und elektromagnetischen Schaltern und Relais über die Auseinandersetzung mit Radiowellen führte sie zur Entwicklung von Dioden und ersten Halbleiterelementen hin zur Mikroelektronik. Nach ersten Versuchen mit Silizium-Chips Mitte des 20. Jahrhunderts haben sich verschiedene Bereiche der modernen Datenverarbeitungs- und Automatisierungstechnik für jede nur erdenkliche Aufgabe herauskristallisiert. Ebenso konsequent erscheint auch das Engagement von Siemens in der systematischen Entwicklung der Übertragungstechnik für Rundfunk und Fernsehen.

Erste Generatoren und Motoren bildeten den Grundstein einer zunehmend komplexeren Energie- und Antriebstechnik, die Ende des 19. Jahrhunderts nahezu alles lieferte, was zur Erzeugung, Weiterleitung und Aufbereitung von Strom benötigt wurde: von Kraftwerksanlagen über die Schalt- und Umformtechnik, Motoren, Sicherungen und Verteileranlagen bis hin zu den ersten Glühbirnen und Lichtschaltern. Auch bei der Entwicklung der Elektromedizin erwies sich Siemens immer wieder als Pionier. Schon im 19. Jahrhundert baute und vertrieb Werner von Siemens einfache elektromedizinische Geräte. Nach der Jahrhundertwende griff man sofort die Entdeckung Conrad Röntgens auf. Seither war Siemens an der Entwicklung aller wichtigen elektrisch gestützten Diagnose- und Therapiesysteme beteiligt – von den ersten Elektrokardiografen bis hin zu modernsten Anwendungsformen der Magnetresonanz.

Darüber hinaus trug das Unternehmen entscheidend zur Entwicklung der „elektrischen Mobilität“ bei. Hierbei reicht das Spektrum vom Bau der ersten kleinen Gleichstrombahn über die Entwicklung elektrischer Straßenbahnen und Lokomotiven bis hin zur Planung und Errichtung kompletter elektrischer Verkehrssysteme auf Basis von Rad und Schiene sowie neuester Magnetschwebetechnik.

Another long-term engineering focus that emerged from this source was measurement and control technology. From the first electromechanical and electromagnetic switches and relays to work with radio waves, these advances led to the development of diodes and other semiconductors and eventually to microelectronic systems. Early experiments with silicon chips in the mid-twentieth century opened the way for modern data-processing and automation technologies for practically every conceivable application. Siemens's commitment to the systematic development of radio and television broadcasting technology is an equally consistent policy.

The first generators and motors were the foundation for increasingly complex energy and power technology which, by the end of the nineteenth century, was capable of delivering nearly everything required to generate, transport, and process electricity–from power plants to switching and transformer technologies, from motors, fuses, and distributor systems to the first light bulbs and light switches. Siemens repeatedly accomplished pioneering breakthroughs in the development of electrical medical equipment as well. Werner von Siemens built and marketed simple electrical medical equipment in the nineteenth century. After the turn of the century, the company immediately took up Conrad Röntgen's invention. Since then, Siemens has been actively involved in the development of all significant electrically-supported diagnostic and treatment systems – from the earliest electrocardiographs to state-of-the-art magnetic resonance imaging applications.

The company also contributed significantly to progress in "electrical mobility." The spectrum extends from the design of the first electric streetcars and locomotives to the planning and construction of complete electric traffic systems for wheeled and rail vehicles and on to the newest developments in magnetic levitation technology.

Auch wenn die eigentlichen Anfänge industriellen Designs bei Siemens zwischen 1924 und 1929 liegen, wurden schon vor der Jahrhundertwende zumindest erste Ansätze erkennbar, in denen sich ein nicht nur durch technische Kategorien bestimmter Gestaltungswille offenbart. Die nach dem Ersten Weltkrieg von der Siemens-Formgebung begonnene Einbindung erster „Formberater" führte über die Institutionalisierung zentraler, firmeneigener Dienste bis hin zu deren Verselbständigung gegen Ende des 20. Jahrhunderts. Ergebnis dieser Entwicklung war eine exemplarische Designkultur, wie sie in ihrer Kontinuität, Vielfalt und Wandlungsfähigkeit kaum eindrucksvoller sein könnte. Die dabei entstandenen Produkte beeinflussten über Jahrzehnte das Erscheinungsbild zahlreicher elektrotechnischer Maschinen und Geräte – und wurden ihrerseits durch die Formgebung anderer Unternehmen beeinflusst.

Durch unaufdringliche Präsenz prägten Siemens-Erzeugnisse nicht nur in Europa die Vorstellungen von Aussehen und Handhabung zahlreicher Gebrauchsprodukte: Telefon, Schaltwarte oder Staubsauger, Röntgengerät oder Straßenbahnhaltestelle. Im Lauf des 20. Jahrhunderts sah sich das „Siemens-Design" zunehmend vor Gestaltungsaufgaben in einer Vielfalt und Komplexität, wie sie sich nur sehr wenigen Unternehmen stellten.



Although the origins of industrial design at Siemens can be traced back to the years between 1924 and 1929, early signs of an interest in aspects of design that were not limited to technical considerations alone were evident even before the turn of the century. The involvement of the first "form advisors" initiated by the Siemens Form Department after the First World War led to the institutionalization of central, in-house services and eventually to their establishment as autonomous units near the end of the twentieth century. This development culminated in an exemplary culture of design that could hardly be more impressive in terms of its continuity, diversity, and adaptability. The products created in the process influenced the look of numerous electrical machines and appliances for decades – and were themselves influenced by design features introduced by other companies.

Siemens products shaped people's ideas about the appearance and handling of numerous consumer products in Europe and elsewhere – among them the telephone, the switchboard, the vacuum cleaner, the x-ray machine, and the streetcar stop. As the twentieth century progressed, "Siemens design" found itself faced with an array of complex and diverse design challenges unlike few other companies.

Die Suche nach angemessenen Ausdrucksformen für oft völlig neuartige Nutzungen der Elektrizität konfontierte Ingenieure und Designer immer wieder mit Aufgaben, für die es keine oder bislang kaum Vorbilder gab. Auch wenn bei manchen Erzeugnissen über Jahrzehnte hinweg wenig Anlass bestand, ihre Gestaltung nach anderen als rein technisch-konstruktiven Gesichtspunkten zu modifizieren, wurden sie, wie die ersten großen Punktschweißanlagen in den dreißiger Jahren des letzten Jahrhunderts, einem planvollen und zukunftsweisenden Design unterzogen.

Obwohl manche Produktbereiche und deren Entwicklungsingenieure dieser Tendenz zunächst misstrauisch gegenüber standen, gelang es den Designern in einem langen, geduldigen Prozess, ihre Gestaltungsangebote – oft unter sanfter Nötigung von Vorgesetzten – auf immer neue Anwendungsfelder der riesigen Produktpalette auszudehnen. So hatten die Bereiche der Siemens Haus- und Telefontechnik schon vor 1933 auf die Dienste der zuvor offiziell installierten „Formberater“ zurückgegriffen.

The search for appropriate forms of expression for often completely new uses of electricity confronted engineers and designers alike with tasks for which there were very few, if any, precedents. Even though there was no cause to modify the design of many products for other than purely technical reasons for decades, these products – like the large spot welding systems developed during the nineteen-thirties – were the focus of a carefully planned, innovative design process.

Although managers and development engineers responsible for certain product groups were skeptical of this tendency at first, the designers succeeded through patience and persistence to expand their design concepts into new fields of application – often in response to gentle pressure from management. Thus even before 1933, the Siemens household and telephone engineering departments were already relying on the services of the "form advisors" officially installed by the company years before.

**Der unsichtbare Verwandler der Welt**
Elektrizität und Kulturentwicklung

Christoph A. Hoesch

**The Invisible Transformer of the World**
Electricity and Cultural Development

Christoph A. Hoesch

# Der unsichtbare Verwandler der Welt
# The Invisible Transformer of the World

In den letzten beiden Jahrhunderten veränderte sich die Welt tief greifend wie nie zuvor: Was Ende des 18. Jahrhunderts mit der ersten Industriellen Revolution noch regional begonnen hatte, gewann im 20. Jahrhundert globale Dimensionen: die Herausbildung einer weltumspannenden, technisch-industriellen Zivilisation. Bewegt von einer „gigantischen Woge menschlichen Erfindungsgeistes“[1], markierte die Wende vom 19. zum 20. Jahrhundert den Übergang zu einer neuen noch rasanteren Phase der Geschichte, der „modernen neotechnischen Ära von Technik und Gesellschaft“.[2]

Our world has undergone more profound change during the past two centuries than ever before. What began as a regional movement with the first Industrial Revolution near the end of the eighteenth century took on a global dimension in the twentieth, producing the technical, industrialized civilization that now spans the world. The turn of the nineteenth to the twentieth century marked the beginning of an era of even more rapid progress driven by a "gigantic wave of human inventive spirit,"[1] – the "modern neo-technical age of technology and society."[2]

War das 19. Jahrhundert noch das Zeitalter des technisch-industriellen Aufbruchs mit Hilfe der Dampfkraft, so ging das 20. Jahrhundert weit über die Vertiefung und Erweiterung der bereits begonnenen Entwicklungen hinaus. Es wurde zum Zeitalter der Elektrizität und ihrer umfassenden Einflussnahme auf nahezu alle Bereiche der menschlichen Zivilisation.

Bereits Ende des 19. Jahrhunderts hatte die Elektrotechnik die Phase des Experimentierens und der Versuche hinter sich gelassen. Die wichtigsten elektrischen Entdeckungen und Basiserfindungen hatten stattgefunden und bereits weitere Entwicklungen nach sich gezogen: der Telegraf das Telefon und den Fernschreiber, der Generator den Elektromotor, der Gleichstrom den Phasen- bzw. Wechselstrom. Die unkompliziertere und bald auch ökonomischere Glühbirne begann die elektrische Lichtbogenlampe, das Öl- oder Gaslicht abzulösen. Eine neue Ära der systemischen Ausweitung der Elektrizität und ihrer massenhaften Anwendung und Verbreitung begann. Das elektrische System ermöglichte dabei die Ausdifferenzierung immer weiterer technisch-industrieller Vernetzungszusammenhänge.[3]

The nineteenth century was dominated by a major technical-industrial revolution powered by steam. The twentieth century witnessed far more than the intensification and expansion of developments already in progress. It became the age of electricity and its impact on virtually every aspect of human civilization.

By the end of the nineteenth century, electrical engineering had moved past the phase of trial and experimentation. The most important discoveries had been made. The basic electrical inventions had appeared and generated new developments in their wake: the telegraph followed by the telephone and telex, the generator by the electric motor, direct current by alternating current. Gradually, the electrical arc lamp, the oil lantern, and gaslight gave way to the less complicated and eventually more economical light bulb. A new era characterized by systematic electrification and the widespread, large-scale use of electrical power began. In the process, the electrical system made it possible to develop increasingly sophisticated technical-industrial networks.[3]

Und kaum weniger wichtig: Die Elektrotechnik erschloss den Naturwissenschaften mit neuen Mess- und Beobachtungsverfahren gänzlich neue Einsichten und Erkenntnisse über den Aufbau der Welt, was wiederum zur Entdeckung und Entwicklung bislang unbekannter Kräfte und Stoffe führte. Wenn man „Naturwissenschaft und Technik als die Motoren" eines nicht nur technischen, sondern auch kulturellen Wandels begreift[4], dann ist es nur folgerichtig, in der Elektrizität das universelle „Energie- bzw. Arbeitsmedium" der technisch industriellen Zivilisation im 20. Jahrhundert zu sehen.

Mit ihren Fähigkeiten zur unmittelbaren Beeinflussung und Beobachtung physikalischer, chemischer aber auch biologischer Prozesse war die Elektrizität am Anfang des 20. Jahrhunderts zu einem entscheidenden Faktor der weiteren technisch-industriellen Evolution, ja der gesamten wirtschaftlichen und gesellschaftlichen Entwicklung geworden. Ob es sich dabei um die Vermittlung und Aufbereitung von codierten Signalen oder gesprochenen Mitteilungen handelte, chemisch-physikalische Stoffumwandlung oder Generierung, Übertragung und Einsatz von Antriebsenergie, die Elektrizität bot Lösungen, wie sie mit Hilfe der Wasser- und Dampfkraft oder des bislang erschlossenen Repertoires an mechanischen Mitteln kaum oder nicht mehr zu erzielen waren. Zudem gelang es mit ihrer Hilfe, die immer komplizierter werdenden technischen Vorgänge zu kontrollieren, zu lenken und zu neuen Wechselwirkungen miteinander zu verknüpfen. Die Elektrizität ermöglichte bis zum Ausgang des Jahrhunderts, wovon Menschen immer schon geträumt hatten: eine nahezu umfassende Kontrolle über Energie und Materie.

Hardly less important was the fact that electricity provided the natural sciences with new methods of measurement and observation from which entirely new knowledge and new insights into the structure of the world could be derived, leading in turn to the discovery and development of previously unknown forces and materials. If we view "science and technology as the engines" of both technical and cultural evolution,[4] then it is only logical to regard electricity as the universal "energy and working medium" of twentieth-century technical-industrial civilization.

By virtue of its capacity to influence and support the observation of physical, chemical, and even biological processes, electricity played a decisive role in the progress of technical and industrial evolution, and indeed of economic and social development in general, in the early years of the twentieth century. In such applications as the transmission and processing of encoded signals or spoken messages, the chemical-physical transformation of substances, or the generation, transmission, and harnessing of power, electricity offered solutions that could hardly no longer be achieved effectively with the aid of water or steam power or the repertoire of available mechanical means. Moreover, electricity made it possible to monitor and control increasingly complicated technical processes and to link them to form new interactive systems. By the end of the century, electricity had placed mankind in a position to achieve what it had always dreamed of: nearly total control of matter and energy.

Die Elektrizität in der Sicht des 19. Jahrhunderts: Dampfkraft erzeugt Elektrizität und befreit damit die Muse der Erfindungskraft. Entwürfe des Buch- und Schriftengestalters Ludwig Sütterlin für eine Gewerbeausstellung 1896.

A nineteenth-century view of electricity: steam generates electricity, liberating the muse of invention. Drawings by book designer and typographer Ludwig Sütterlin for a commercial exhibition, 1896.

Es war vor allem die Elektrizität, die im letzten Drittel des 19. Jahrhunderts nicht nur das technisch-naturwissenschaftliche Denken beflügelte. Konnten die für solch wunderbare Möglichkeiten verantwortlichen „Werte der Ordnung, des Systems und der Kontrolle", wie sie der Historiker und Soziologe Thomas P. Hughes bezeichnet[5], nicht auch für andere Anwendungen nutzbar gemacht werden? Und waren sie nicht auch eine Referenzgröße für weiter reichende Konsequenzen?

Angesichts der gesellschaftlichen, wirtschaftlichen und kulturellen Veränderungen, die die Ausbreitung der Elektrizität im 20. Jahrhundert nach sich zu ziehen begann, erscheint die prophetische Vision des Elektro-Pioniers Samuel Insull nachgerade moderat, der sie als gleichsam komplexe Lösung zahlreicher Probleme propagiert: „It will be extraordinary, what it [electricity] could mean for the solutions of problems, not necessarily linked to engineering."[6]

Electricity was the primary driving force for progress in technical and scientific thinking at the dawn of the twentieth century, but its inspirational power went even further than that. Couldn't the "values of order, system, and control" that had created such wonderful "opportunities,"[5] as historian and sociologist Thomas P. Hughes described them, be harnessed for other purposes as well? And weren't they also a frame of reference for even more far-reaching consequences?

In light of the sweeping social, economic, and cultural changes set in motion by the expanding use of electricity in the twentieth century, the prophetic vision of electrical pioneer Samuel Insull, who regarded it as a complex solution for countless problems, now seems quite moderate in retrospect: "It will be extraordinary, what it [electricity] could mean for the solutions of problems, not necessarily linked to engineering."[6]

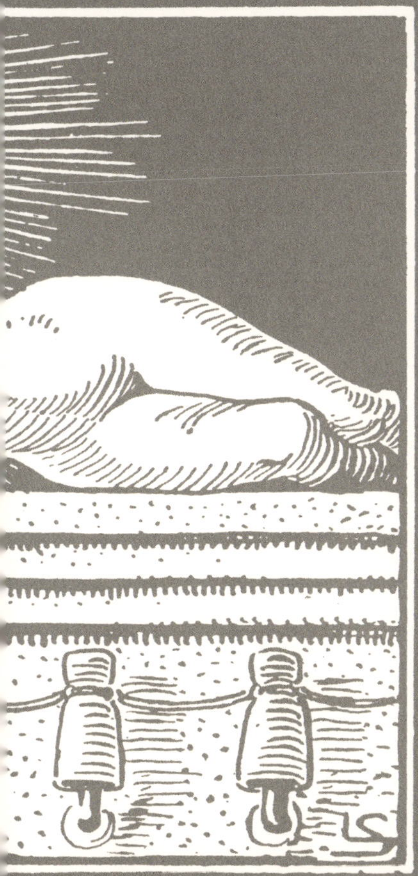

So erschlossen sich dem universell wirkenden Energie- und Arbeitsmedium zu Beginn des 20. Jahrhundert nicht nur immer neue technische Wirkungsfelder, sondern auch ganz neue Dimensionen der Nutzung. War es bereits im 19. Jahrhundert gelungen, einzelne elektrische Wirkungsweisen zur Erfindung neuer Verfahren, Geräte und Maschinen zusammenzuführen, so gelang nun die elektrotechnische Verknüpfung zunächst einzelner Maschinen und dann ganzer Verfahrensschritte zu immer enger vernetzten Fabrikationsprozessen. Die sich seit dem Anfang des 20. Jahrhunderts immer stürmischer entwickelnde Elektrifizierung wurde so zu einer Art Generalschlüssel für eine Steigerung der Effizienz industrieller Prozesse und der damit verbundenen Arbeitsgestaltung.

Vor allem der Wechselstrom revolutionierte in den ersten Jahrzehnten des 20. Jahrhunderts die gesamte industrielle Antriebs- und Prozesstechnik. Der transformierbare Wechsel- oder Phasenstrom und die nun wachsenden Fernleitungsnetze erlaubten maßgeschneiderte elektrische Anwendungen. Kraftwerke mussten nicht mehr auf jedem Fabrikhof eingerichtet werden, sondern nur noch an ausgewählten Standorten: an Talsperren oder in der Nähe von Häfen oder Kohlebergwerken. Leistungsfähigere Elektromotoren konnten unmittelbar vor Ort Maschinen ohne verlustreiche mechanische Über- oder Untersetzungen antreiben. Der „Dschungel" der Transmissionsriemen verschwand innerhalb kurzer Zeit aus den Fabrikhallen. Die elektrisch betriebenen und gesteuerten Antriebe führten zu effizienteren Fertigungsmethoden, höherer Qualität und gleichzeitig größerem Ausstoß an Produkten.

Thus in the early years of the twentieth century, the universal energy and working medium not only spawned a succession of new fields of engineering but also opened up entirely new dimensions of use. In much the same way that scientists and engineers had combined individual electrical functions to invent new processes, devices, and machines in the nineteenth century, they now proceeded to link first individual machines and then entire process steps in ever more tightly networked production processes. The increasingly rapid spread of electrification since the early years of the twentieth century became a kind of master key for a comprehensive reorganization of industrial processes and related working methods.

Alternating current played a particularly important role in revolutionizing the entire field of industrial power and process technology in the early decades of the twentieth century. Transformable alternating or phase current and expanding power grids paved the way for customized electrical applications. It was no longer necessary to build power plants on the premises of every factory; instead, they could be erected at selected locations: at dams or near seaports or coal mines. Increasingly powerful electric motors could drive machinery on site without high-loss mechanical step-up or step-down transformations. The "jungles" of transmission belts soon disappeared from the factories. Electrically powered and controlled drive systems led to more efficient production methods, higher quality products, and increased productivity.

## Funktionale und räumliche Verdichtung

Einen weiteren dynamischen Qualifizierungsschub löste die nach dem Zweiten Weltkrieg einsetzende Entwicklung und Anwendung der Elektronik und der Mikroelektronik aus. Kaum weniger tief greifend in ihren Auswirkungen, gewann die Elektrizität dabei eine neue, „dimensionale" Qualität hinzu: die der Miniaturisierung. Die Mikroelektronik setzte eine atemberaubende funktionale wie räumliche Verdichtung elektrischer Prozesse in die mikroskopische Welt kleiner und kleinster Leiterbahnen in Gang.

Elektrische Vorgänge im Schwachstrombereich, z. B. zum Empfang von Radiowellen oder der Steuerung von Maschinen, konnten damit in immer kleineren Bauteilen komprimiert werden. Dabei schrieb sich eine Tendenz fort, die den Umgang mit der Elektrizität schon immer kompliziert hatte: ihre fehlende Sichtbarkeit, die sich nunmehr im vollständigen Verschwinden elektrischer Prozesse in den Mikrokosmos der Halbleitertechnologie manifestierte.

Freiräume entstanden und veränderten die technischen Vorgaben für völlig neuartige Gerätekonstruktionen und deren Gestaltung – und nicht zuletzt auch Handhabung. So stellt der Designhistoriker Gert Selle mit Blick auf die Elektronik apodiktisch fest, sie sei „keine Technik mehr zum Anfassen".[7] Der französische Architekt Paul Virilio wiederum diagnostizierte „eine Tendenz zum gezielten Verschwinden, zum Verschwindenlassen, der Apparatur, ja des ganzen Apparates!".[8] Dies lässt sich besonders daran festmachen, dass die Mikroelektronik zur langsamen Aufhebung der bislang bestehenden räumlichen und zeitlichen Beschränkungen der Kommunikationsformen führte. „In dieser fast vollständigen Entkoppelung von Raum und Zeit", wie der deutsche Soziologe Niklas Luhmann die Wirkungen der daraus entstandenen elektronischen Medien charakterisierte, „zeigt sich ein wichtiges, ja einzigartiges Merkmal der Moderne."[9]

## Functional and Spatial Concentration

The development and application of electronics and micro-electronics that began after the Second World War triggered yet another dynamic qualifying leap. With almost equally profound consequences, electricity took on a new, "dimensional" quality in the process – that of miniaturization. Developments in microelectronics set in motion a breathtaking process involving the functional and spatial concentration of electrical processes within the microscopic world of smaller and smaller circuits.

As a result, low-voltage electrical processes, such as radio wave reception or machine control applications, were concentrated in progressively smaller components. This reflected the persistent tendency that had always complicated efforts to harness electricity: its invisibility, which now manifested itself in the complete disappearance of electrical processes within the microcosm of semiconductor technology.

New options emerged, thus altering the technical requirements for completely new equipment configurations and designs – not to mention their effects on handling features. With respect to electronics, design historian Gert Selle noted with apodictic emphasis that "it is no longer a hands-on technology."[7] The French architect Paul Virilio recognized "a systematic tendency toward disappearance, toward making the device, indeed the entire apparatus disappear!"[8] This is particularly evident in the gradual elimination of previously existing spatial and temporal limitations on forms of communication attributable to microelectronics. "This nearly total decoupling of space and time," as the German sociologist Niklas Luhmann describes the impact of the electronic media that emerged in the process, "is an important and unique characteristic of the Modern Age."[9]

## **Elektrizität und ihre Gegenstände**
### Elektrotechnik, ihre Gestaltung und Entwicklung

Christoph A. Hoesch



## **Electricity and Electrical Objects**
### The Design and Development of Electrical Technology

Christoph A. Hoesch



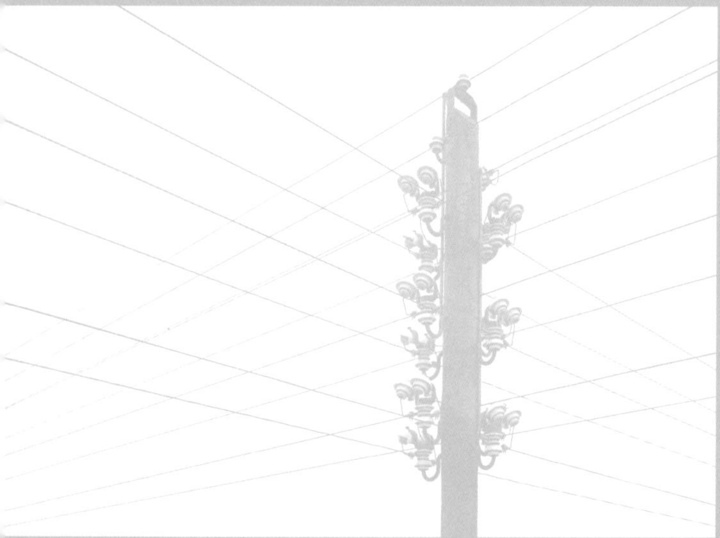

# Elektrizität und ihre Gegenstände
# Electricity and Electrical Objects

Wenn von den Veränderungen der Erscheinungsformen des Gegenständlichen durch industrielle Technik und ihre Gestaltung durch Design die Rede ist, wird gewöhnlich nicht sofort die Elektrizität oder die Elektrotechnik ins Spiel gebracht.

In considering the impact of industrial technology and industrial design on the appearance of objects, one is not likely to think immediately of electricity or electrical engineering.

Innerhalb der Gestaltungskultur des 20. Jahrhunderts diesseits und jenseits des Atlantiks besitzen die Elektrizität, ihre Geräte und deren Gestaltung einen eher instrumentellen als einen besonders „elektrotechnischen“ oder gar „elektrisch“ typisierbaren Charakter. So scheint es auf den ersten Blick. Elektrizität wirkt als etwas, das offensichtlich für sich alleine steht und dabei keiner spezifischen, eigenständigen Betonung mehr bedarf. Vereinfacht gesagt: Die Elektrotechnik und mit ihr die meisten ihrer aktuellen Produkte als Träger elektrischer Vorgänge bleiben in der allgemeinen ästhetischen Wahrnehmung weitgehend neutral. Von spezifisch „elektrischen“ Erscheinungsformen des aktuellen Designs elektrotechnischer Produkte zu sprechen, scheint auf den ersten Blick somit keinen Sinn zu machen.

Elektrizität ist unsichtbar, Elektrotechnik dagegen nicht. Die Situation erscheint somit höchst widersprüchlich: So weist fast nichts auf das allgegenwärtige unverzichtbare Energiemedium mehr hin. Der Aspekt der systematischen und fast vollkommenen Durchdringung aller Lebens- und Arbeitsbereiche mit elektrischen oder elektronischen Systemen wird auch hier nur auf den zweiten oder dritten Blick erkennbar: über die Schnittstellen zum Menschen, wie Schalter, Kontrollleuchten, Tastaturen, Joystick und Bildschirm oder aber über die noch immer unentbehrlichen Kabelführungen, Verteilergehäuse und Steckdosen.

So kommt der Wahrnehmung der Gestaltung elektrotechnischer Apparaturen eine besondere Bedeutung zu, bestimmen sie doch nachhaltig den mittelbaren Umgang mit der Elektrizität. Dies betrifft nicht nur das Design von Produkten, sondern deren gesamte Erscheinungsformen – was den Blick zurück auf die Wurzeln der Elektrotechnik und ihre ersten praktischen Anwendungen lenkt. Wie also wirkten die frühen elektrischen Geräte und Apparate? Besaß die Elektrotechnik von Anfang an ihre unspezifische oder eine andere Anmutung, und wie vermittelte sich dies?

Within the context of twentieth-century design culture on both sides of the Atlantic Ocean, electricity, electrical equipment and appliances and the design of such objects tend to exhibit an instrumental rather than what one might regard as typically “electrotechnical” or “electrical” character. Or so it would seem. We think of electricity as something that is obviously self-sufficient and needs no further specific, independent emphasis. Expressed in simple terms, electrical technology and the majority of its products, as vehicles of electrical processes, are largely neutral in terms of general aesthetic perception. Thus at first glance it seems rather inappropriate to speak of specifically “electrical” manifestations of modern design in the products of electrical engineering.

Electricity is invisible, but electrical technology is not. And thus the situation appears highly paradoxical. There is practically nothing left that points to the presence of this ubiquitous, indispensable energy medium. The aspect of the systematic and virtually total invasion of electrical or electronic systems into all aspects of life and work becomes evident only at second or third glance here as well: in the interfaces with human beings, such as switches, signal lamps, keyboards, joysticks, and screens, or in the cables, distribution boxes, and sockets that are still needed to run such systems.

And so our perception of the design of electrotechnical apparatus assumes special importance, as they determine indirectly how we use electricity. This applies not only to the design of products but to all of their manifestations as well – which takes us back to the roots of electrical technology and its earliest practical applications. How did the first electrical devices and machines work? Did electrical technology possess some non-specific or other visual character of its own? And how was it expressed?

Unsichtbare Elektrizität und ihre „indirekte“ Wahrnehmung: Widerstandsmessgerät – eine Art Glühleuchte. Entwurf: Werner von Siemens, 1860.

Invisible electricity, perceived “indirectly”: resistance meter – a type of filament lamp. Design: Werner von Siemens, 1860.

Was von der Elektrizität wahrzunehmen war, erschien merkwürdig „körperlos – alles andere als ein Fundamentalbestandteil der Materie. Die kaum nachvollziehbaren elektrischen Wirkungszusammenhänge setzten nicht nur die Naturwissenschaften, sondern auch die damit umgehenden Ingenieure unter dauernden Erklärungszwang. Schließlich glaubte man bis zum Ende des 19. Jahrhunderts, dass Elektrizität weniger eine elementare Eigenschaft der Materie als vielmehr auf die Wirkungen der immateriellen Kraft eines „Lichtäthers“ zurückzuführen sei. Erschlossen sich die Ursachen der Elektrizität doch letztlich nur denjenigen, die, wie der Edison-Mitarbeiter Carl Steinmetz ironisch anmerkte, über derartigen Spekulationen standen:„Who could resist the foolish speculations about electricity and its real nature!“[1]

Die Verwendung von Elektrizität beeinflusste die Erscheinungs- und Gebrauchsformen der von ihr bestimmten Gegenstände in unterschiedlichster Weise. Von Anfang an war es ein Problem, dass sie nicht sichtbar war, nur dort sicht-, hör-, und fühlbar wurde, wo sie indirekt Wirkung zeigen konnte: so z. B. in den Reflexen elektrisch gereizter Muskulatur, beim Aufleuchten einer elektrischen Entladung in der Luft, der Erwärmung eines stromdurchflossenen Leiters oder in einer durch elektromagnetische Induktion ausgelösten mechanischen Bewegung.

The perceptible aspects of electricity seemed strangely “bodiless” – as anything but a fundamental component of matter. The largely incomprehensible relationships involved in electrical processes posed a constant challenge to science and the engineers who sought to apply it to come up with plausible explanations. Until the end of the nineteenth century, it was generally believed that electricity was less an elementary property of matter than a phenomenon attributable to the effects of the immaterial force of a “light ether.” Indeed, the causes of electricity were ultimately revealed only to those who, as Edison’s assistant Carl Steinmetz noted ironically, refused to become involved in such speculation: “Who could resist the foolish speculations about electricity and its real nature!”[1]

The use of electricity influenced the appearance and utilitarian forms of electrical objects in many different ways. One problem that emerged from the very beginning was that electricity itself was invisible and could only be seen, heard, or felt where its indirect effects were evident – in the reflexes of electrically stimulated muscles, for example, in the light released by electrical discharges in the air, or in mechanical movements triggered by electromechanical induction.

Ludwig Graetz, ein viel gelesener Elektrotechnik-Autor des frühen 20. Jahrhunderts, klagte diesbezüglich: „Wir haben leider keinen elektrischen Sinn. Die leichte Umwandlungsfähigkeit der elektrischen Energie erlaubt uns eben, derartige Apparate zu konstruieren, durch welche wir die Elektrizität erkennen und zu erforschen in den Stand gesetzt sind.“[2] So erschloss sich der elektrische Strom außer beim Blitzschlag der Wahrnehmung nur in mittelbarer, sozusagen „virtueller“ Präsenz, war doch die Elektrizität etwas, das unsichtbar im Inneren, in der Tiefe von Apparaturen entstand oder dort zu Wirkung gelangte: entweder als Folge mehr oder weniger unanschaulicher chemischer oder elektromagnetischer Prozesse, z. B. in galvanischen Elementen oder den rasend rotierenden Ankerwicklungen der elektrischen Motoren und Generatoren.

Ludwig Graetz, an author of books on electronics that were widely read in the early twentieth century, complained in this regard that “We unfortunately have no sense of electricity. The ease with which electrical energy can be transformed simply enables us to construct devices that permit us to recognize and study electricity.”[2] Thus, with the exception of lightning, electrical current was perceptible only through its indirect or “virtual” presence, so to speak. Electricity was something that originated or achieved its effect invisibly, deep within the interior of machines – either as the consequence of more or less obscure chemical or electromagnetic processes, e.g. in galvanic elements, or the rapidly rotating armature coils of electric motors and generators.

Abstrakte Elektrizität: Zeigerstellungen und Zahlenzuordnungen vermitteln die Stärke elektrischer Kräfte. Siemens-Ampèremeter, 1930.

Abstract electricity: pointer positions and numerical display evoke a sense of the power of electrical forces. Siemens-Ampèremeter, 1930.

Die Gestaltung elektrotechnischer Geräte und Maschinen stand deshalb von Anfang an unter besonderen Vorzeichen. Schließlich stellte das unsichtbare Medium ungleich stärker noch als bei der Verwendung von Dampfkraft oder Mechanik eine natürliche Distanz zu seinen Benutzern her. „… so bei jedem elektrischen Gebrauch genaueste Kontrollen und Messungen vorzunehmen sind!“, fasste Oscar Fröhlich 1880, ein prominenter Siemens-Konstrukteur, das Dauerproblem beim Umgang mit der Elektrizität zusammen.[3]

Bei der Beobachtung elektrischer Prozesse, gerade bei frühen Experimentiereinrichtungen und Geräten des 19. Jahrhunderts, bestand immer das Problem, nur unvollkommen verfolgen zu können, was eigentlich geschah. Die Vorgänge im Inneren der Aggregate und Drähte und schließlich der Apparate und Maschinen irgendwie nach außen zu vermitteln, gelang nur mit Hilfe spezieller Instrumente, die mit mechanischen, optischen oder akkustischen Hilfsmitteln das Vorhandensein bzw. die Wirkungen von Elektrizität anzeigten oder einen Zugriff darauf ermöglichten.

In der Frühzeit der elektrischen Messtechnik bediente man sich einer Vielzahl elektrischer Phänomene zum Nachweis von Elektrizität: z. B. Gasblasen, die im Wasser auftraten, wenn man elektrische Spannung an zwei darin liegenden Polen anlegte (Voltameter). Oder es wurden Kompassnadeln dazu verwendet, das Magnetfeld in einem unter Spannung stehenden elektrischen Leiter oder einer Spule anzuzeigen. Zu den elektromagnetisch wirkenden Indikatoren gehörten neben einfachen Zeigermessgeräten auch erste Fernanzeigen wie elektrische Klingeln und die um 1880 entwickelte „Glühfadenleuchte“. So vermittelte sich das unsichtbare Medium von Anfang an über Stellvertreter, was den Umgang mit dem sich derart virtuell darstellenden Medium bis heute prägt.

The design of electrical appliances and machines was therefore subject to very special conditions from the outset. To an even greater extent than steam power or mechanical processes, the invisible medium established a natural distance between itself and its users. "… meaning that highly precise checks and measurements must be performed whenever electricity is used," as Oscar Fröhlich, a prominent engineering designer at Siemens, summarized the constant problem involved in work with electricity in 1880.[3]

The persistent difficulty encountered in the observation of electrical processes, particularly in the early experimental facilities and apparatus of the nineteenth century, was that it was impossible to follow exactly what was actually happening. The processes that took place inside components and wires and ultimately within appliances and machines could be detected on the outside only with the aid of special instruments which, equipped with mechanical, optical, or acoustical devices, indicated the presence or the effects of electricity or permitted access to them.

Scientists relied on a number of different electrical phenomena to study the effects of electricity in the early phase of the development of electrical measurement technology: gas bubbles that appeared in water when electrical current was applied to two immersed poles (voltameter). Compass needles were also used to indicate the magnetic field in an electrical conductor or coil through which current was flowing. Electromagnetic indicators included simple meters as well as the earliest remote indicators such as electrical bells and the "filament lamp" developed around 1880. Thus the invisible medium always expressed itself through proxies, a fact that continues to influence our use of the ostensibly virtual medium even today.

Elektrotechnik ist nicht nur eine Frage ihrer Kontrolle, sie ist auch eine Geschichte der Komprimierung, des Verschwindens und der „Eingehäusung“ elektrischer Aggregate und Prozesse. Dies schlug sich nirgendwo stärker nieder als bei der historischen Entwicklung der elektrotechnischen Geräte und Maschinen. So waren es zur Jahrhundertwende vor allem die Gefahren der Starkstrom- und später der Phasenstromtechnik, die eine zunehmende Umhüllung großer Aggregate erzwangen. Ein weiterer Zweck der Einhüllung und Gehäusebildung war Witterungsresistenz, z. B. mussten Installationselemente von Telefon-, Telegrafie- und Kraftstromversorgung im Freien und zur Erdverlegung besonders geschützt werden. Neben dieser unterirdischen Anwendung bedeutete die Verwendung von elektrotechnischen Aggregaten im Bergbau oder auf See eine weitere spezielle Herausforderung an die Gehäusegestaltung.

Mit fortschreitender Entwicklung wurden Abdeckungen für die elektrischen Aggregate notwendig: anfänglich weniger zum Schutz der Benutzer als vielmehr der Geräte selbst und ihrer empfindlichen Technik. So erhielten z. B. die ersten Zeigertelegrafen von Anfang an geschlossene Holzgehäuse. Dennoch blieben viele elektrische Apparate wie im damaligen Geräte- und Maschinenbau üblich fast bis Ende des 19. Jahrhunderts weitgehend unverkleidet, auch größere Aggregate wie die ersten Generatoren. So konnte man die Elektrizität zumindest in ihren wenigen sichtbaren Wirkungen bei der Arbeit beobachten, wie das Bürstenfeuer der Elektromotoren oder die Abrissfunken größerer elektrischer Schalter.

Da jedoch diese Begleiterscheinungen elektrotechnischer Prozesse mit wachsenden Stromstärken und vor allem nach Einführung des Wechselstroms immer gefährlicher wurden, verschwanden sie mit Ausbreitung der Stark- dann der Phasenstromtechnik bald gänzlich unter Abtrennungen und Gehäusen aus Holz, Naturstein, Keramik, Gusseisen, -stahl oder Blech. Diese bildeten nunmehr – neben der natürlichen Unsichtbarkeit der Elektrik – eine weitere Wahrnehmungsschranke.

Electrical engineering involves more than controlling electricity; it is also a history of compression, of disappearance, and of the “housing” of electrical components and processes. This is nowhere more evident than in the historical development of electrical appliances and machines. At the turn of the twentieth century, the dangers posed by high-voltage and later by phase-current technology prompted an increasing tendency to enclose large component units. Another objective of enclosure and housing was to provide protection against the influences of weather. Components of telephone, telegraph, and power-supply installations exposed to the elements or buried in the ground required special protection, for instance. In addition to such underground applications, the use of electrical equipment in mining or seagoing vessels posed other major challenges to housing design.

As development progressed, covers for electrical components became necessary – initially in the interest of protecting the equipment and its sensitive technology rather than its users. The first pointer telegraphs were enclosed in wooden cases, for example. Yet many electrical devices remained largely exposed, as was common practice in contemporary machine and equipment construction, including even such large units as the first generators, until almost the end of the nineteenth century. Thus it was possible to observe at least some of the few visible effects of electricity in operation, such as commutator sparking in electric motors or the sparks emitted by large electrical switches.

These side-effects of electrical processes became increasingly dangerous as voltages increased and even more so with the introduction of alternating current. And thus, as high-voltage and phase-current technology became more widespread, they began to disappear behind partitions and housings made of wood, natural stone, ceramics, cast iron, steel, or sheet metal. These housings now posed another barrier to perception in addition to the inherent invisibility of electricity itself.

Diese Entwicklung hatte bei Siemens zu besonders dicht schließenden Guss- und Blechkonstruktionen geführt, wodurch man mit diesen Technologien souverän umzugehen vermochte. Gleichzeitig wurden viele elektrische Aggregate zur Stromerzeugung und Versorgung, z. B. Transformatoren, immer größer, so dass ihre Unterbringung in Räumen immer mehr Fläche beanspruchte. Mit dem Wechsel zur Phasenstromtechnik ging man deshalb nach der Jahrhundertwende dazu über, die Umspannaggregate so witterungssicher zu gestalten, dass sie nicht mehr in festen Gebäuden, sondern im Freien platziert werden konnten. Während Motoren und Generatoren mit fortschreitender Entwicklung von ihren zunächst offenen Stütz- und Ständerkonstruktionen erst „eingefasst" und dann immer stärker umhüllt wurden, gab es auch elektrotechnische Geräte, die von Anfang an in bereits bestehende Hüllen bzw. Gehäuse integriert werden konnten oder mussten. Dies waren z. B. Elektro-Lokomotiven, Straßenbahnen und Triebwagenzüge, die ihre Gestaltung bereits bestehenden Formen verdankten: der Pferdebahn und dem Eisenbahnwagon.

Das nach der Jahrhundertwende recht gefährlich gewordene Medium – zumindest wenn es sich um Stark- oder Wechselstrom handelte – und seine immer komplexeren Prozesse waren bald gänzlich der Beobachtung bzw. direktem Zugriff entzogen und konnten nur noch über mittelbare Einfluss- und Kontrollmöglichkeiten bzw. Medien gehandhabt und beobachtet werden. Während man sich bislang neben stationären vor allem mit mobilen Mess- und Anzeigegeräten beholfen hatte, wurden nun auch neue Kontroll- und Bedienungseinrichtungen notwendig. Zudem musste es gelingen, Maschinen und Geräte aus der Ferne zu kontrollieren und zu lenken, wo dies geboten schien: von einer Schaltwarte aus oder an einer für die Handhabung günstigen Stelle des Geräts.

At Siemens, this trend led to the development of tightly sealed cast-iron and sheet-metal constructions that made these technologies safer. At the same time, many of the electrical components used in generating and transmitting power, such as transformers, for example, grew progressively larger, which meant that they required more and more room space. Thus in the course of conversion to phase-current technology, engineers began around the turn of the century to make transformer units so weather-resistant that they could be installed outdoors rather than inside buildings. While motors and generators were first "framed" and then increasingly enclosed as development progressed from the early support and stand constructions, certain types of electrical apparatus were – in many cases by necessity – enclosed within existing shells or housings from the very start. These included electric locomotives, streetcars, and trolleys, whose design was modeled on previously existing forms: horse-drawn trains and railroad cars.

Electricity had become quite dangerous by the turn of the century – particularly wherever high-voltage or alternating current were used. By this time, the medium and its increasingly complex processes were virtually impossible to observe or access directly and could only be influenced and controlled through indirect methods and media. Having relied on stationary and particularly on mobile measurement and indicator equipment in the past, engineers now recognized the need to develop new control and operating apparatus as well. Furthermore, possibilities for remote control and handling of machines and equipment had to be found – from a control room or from a suitable point on the equipment unit.

SIEMENS
SIEMENS
PRECISION AUTOMATIC
NOISE FIGURE INDICATOR
TYPE 75
AIL
CUTLER HAMMER
FREQ ADJ
AGC
ADD TO NOISE FIGURE
+3dB
+6dB
0dB
+12dB
+18dB
GENERATOR CURRENT
IF INPUT
CAL ADJ
GAIN
MANUAL
CAL
AUTO
OFF
ON
A.C. POWER
TC-SIMULATOR
LOGARITHMIC RATIO METER
off

Komplexe Elektrizität: Die räumliche Verdichtung elektrischer Wirkungsabläufe führte zu komplizierten Kontroll- und Bedienungsabläufen. Siemens-Transponder-Prüfplatz, um 1972.

Complex electricity: The concentration of electrical systems within a small space led to complicated control and operating processes. Siemens transponder test unit, ca. 1972.

Die elektrischen Prozesse, ihre Aggregate und deren Wirkungen gerieten so nicht nur gänzlich aus dem Blickfeld ihrer Benutzer, sie wurden auch immer abstrakter. Und mit der maschinellen Kapselung und Eingehäusung verlor die Elektrizität die letzten Elemente spektakulärer Auffälligkeit. Dies hatte weit reichende Konsequenzen für die Bedienung der Geräte und deren Gestaltung: Sie bedurften noch anschaulicherer bzw. exakt auf die jeweilige Anwendung zugeschnittener Mess-, Kontroll- und Bedienungsvorrichtungen, wobei letztere zunehmend mit elektromagnetisch betriebenen Anzeigen oder Stellelementen ausgestattet wurden. Bereits 1860 formulierte Carl Frischen, leitender Ingenieur bei Siemens, die Vorgehensweise, die hierfür in Zukunft zur Norm werden sollte: „Elektrizität sollte stets durch Elektrizität zu besserem Zwecke gelangen."[4]

Damit wurde die Elektrizität nicht nur ihr wichtigstes Kontroll- und Lenkungsmedium, sondern zugleich Trägerin einer neuen Form indirekter Technikerfahrung. Nicht nur die Gehäuse, sondern vor allem auch die Bedienungs- und Kontrollelemente schoben sich so zwischen den „inneren und äußeren" Wirkungsbereich der elektrischen Apparate und Maschinen, was letztendlich zu neuen Formen der Handhabung und Gestaltung von Technik führte: der Beobachtung von Zeigern und Skalen und dem Drehen, Drücken und Klappen von Knöpfen, Schaltern, Joysticks oder markierten Bildschirmoberflächen weitab vom Ort der eigentlichen elektrischen Prozesse. Die Vision eines „deus ex machina" war somit Realität geworden und folgte dem theatralischen Vorbild – wenn auch unter anderen Vorzeichen.

So kam es im Bereich der Elektrizität zu einer weiteren räumlichen und zeitlichen Entkoppelung zwischen Lenkung und Abwicklung technischer Vorgänge und Verfahren. Die Virtualisierung technischer Bedienungen und Kontrollen nahm also schon lange vor Einführung der Mikroelektronik und deren Medien ihren Anfang.



Electrical processes, electrical components, and the actions they performed not only disappeared completely from the field of vision of their users but also became increasingly abstract. And with the encapsulation and enclosure of machinery and equipment, electricity also relinquished the last of its spectacular visual manifestations. This had far-reaching consequences for equipment operation and design. Electrical equipment now required more user-friendly measurement, control, and operating components, elements designed precisely for specific applications. More and more operating units were equipped with electromagnetic indicators and control features. As early as 1860, Carl Frischen, chief engineer at Siemens, described the approach that would become the standard for the future: "Electricity should always be put to better use through electricity."[4]

Thus electricity became not only its own most important control and guidance medium but also the vehicle of a new mode of indirect perception of technology. In addition to housings, operating and control elements also took their place between the "inner and outer" effective range of electrical appliances and machines, which ultimately led to new forms of handling and design in technology: observation of gauges and scales, the turning, pressing, or flipping of knobs, buttons, switches, joysticks, or highlighted screen elements far removed from the actual sites of electrical processes. The vision of a "deus ex machina" had become reality, entirely in keeping with its theatrical model, albeit under an entirely different set of circumstances.

The result was a further spatial and temporal decoupling of control functions and the technical processes and procedures to which they related. The virtualization of technical operating and control systems began long before the emergence of microelectronics and the media it spawned.

„Von den Elektrotechnik des 19. Jahrhunderts wird bald nur noch wenig übrigbleiben“, konstatierte prophetisch der Architekt und Siemens-Designer Wilhelm Pruss bereits 1938: „Von der Elektrizität wird in Zukunft wahrscheinlich nur noch das wahrgenommen, was uns Gehäuse und elektrische Kontrollen darstellen bzw. anzeigen können.“[5]

In der notwendigen Medialisierung ihrer Bedienungselemente und Gehäuse begann die Elektrizität neue Formen anzunehmen, wodurch sich eine fast drängende Notwendigkeit ergab, die sich vom Anfang des 20. Jahrhunderts rasend schnell entwickelnden Elektrotechnik zu gestalten.

“Soon, very little of the electrical technology of the nineteenth century will remain,” prophesied architect and Siemens designer Wilhelm Pruss as early as 1938: “All we are likely to perceive of electricity in the future is what housings and electrical control elements are able to display or show to us.”[5]

With the inevitable mediatization of operating elements and housings for electrical apparatus, electricity began to assume new forms, thus creating an almost urgent need for design of the electrical technology that had progressed at such a rapid pace since the early years of the twentieth century.

Eindeutige Funktionalität: Mittelspannungs-Isolator, 1927.

Clearly recognizable function: medium-voltage insulator, 1927.

**Industrielle Formgebung zwischen Technik und Dekor**
Siemens im 19. Jahrhundert

Christoph A. Hoesch

**Engineering and Aesthetics in Industrial Design**
Siemens in the Nineteenth Century

Christoph A. Hoesch


**40** Technikerfahrung im 19. Jahrhundert

**41** Veränderung der Wahrnehmung

**42** „Elektrische Gestaltung" und ihre Materialien

**44** „Schwarze Bewegung und Funken"

**45** „Ideenbauer" Siemens – „Künstler" Halske

**47** Aussen wird innen: neue Perspektiven

**49** „Altäre elektrischen Fortschritts"

**51** Veränderungen kündigen sich an

**52** Dem „besonderen Zwecke folgend"

**344** Anmerkungen

**40** Perceptions of Technology in the Nineteenth Century

**41** Changing Perceptions

**42** "Electrical Design" and its Materials

**44** "Black Movement and Sparks"

**45** Siemens, the "Conceptual Constructor" – Halske, the "Artist"

**47** Turning the Outside In: New Perspectives

**49** "Altars of Electrical Progress"

**51** The Promise of Changes to Come

**52** Serving a "Specific Purpose"

**350** Notes

# Industrielle Formgebung zwischen Technik und Dekor

# Engineering and Aesthetics in Industrial Design

In den Industrieländern entwickelten sich im Verlauf des 19. Jahrhunderts vielfältige Formen der Produktgestaltung mit unterschiedlichen Ausrichtungen, Traditionen und Vorgehensweisen. Eine bunte Melange, anfänglich handwerklich-künstlerisch, dann zunehmend technisch beeinflusster Gestaltungen. Wie in der Architektur zeigten auch Gebrauchsgegenstände manchmal äußerst komplex anmutende Erscheinungsformen, die bald auch als Vorbild für industriell gefertigte Produkte dienten. So fanden z. B. klassizistische Stilemente Eingang in Maschinenkonstruktionen. Doch auch alltägliche Gebrauchsgegenstände wie Möbel und Hausrat erschienen zunehmend mit historisierenden Applikationen und Dekoren. Andererseits begegneten auch relativ schmucklose technisch bestimmte Geräteformen.

Neben großen Dampf- und Werkzeugmaschinen präsentierten sich feinmechanische Geräte, z. B. optische und nautische Instrumente, aber auch Waffen und Werkzeuge, bei ihrer Standardausführung in schmuckloser Zweckmäßigkeit. So bestand das gesamte 19. Jahrhundert hinweg eine Vielzahl von handwerklichen und kunsthandwerklichen Traditionen mehr oder weniger parallel nebeneinander, die wechselweise ihren Einfluss auch auf die sich langsam entwickelnde industrielle Produktion von Gebrauchsgegenständen ausübten.

Diverse forms of product design embodying different styles, traditions, and methodological approaches developed in the industrialized countries during the course of the nineteenth century: a colorful potpourri of shapes and forms influenced initially by principles of craftsmanship and artistic design and later to an increasing extent by technical considerations. As was also true in architecture, commodities often exhibited a complex appearance that soon served as a model for industrially manufactured products as well. Neoclassical stylistic elements were incorporated into machine designs, for example. An increasing number of everyday objects, such as furniture and household goods, also appeared with quasi-historical applications and decors. Yet relatively artless, technically determined forms were also characteristic of numerous machines and appliances.

In addition to large steam-powered machines and machine tools, serially manufactured precision mechanical devices, including optical and nautical instruments as well as weapons and tools, were also produced in utilitarian designs devoid of artistic appeal. Thus throughout the nineteenth century, many different traditions of tradesmanship and skilled craftsmanship existed more or less concurrently and influenced on the gradually expanding industrial production of commodities.

## Technikerfahrung im 19. Jahrhundert

Wie wurden die ersten elektrotechnischen Geräte und Maschinen wahrgenommen? Und welches waren die Kriterien für ihre ästhetische Bewertung? Grob vereinfacht gab es bei der Wahrnehmung technischer Geräte zwei verschiedene Perspektiven, die bei aller Differenz eng aufeinander bezogen waren: eine affirmative – heute würde man sagen, positiv technizistische – und eine von Ambivalenz und Kulturpessimismus, oft sogar Technikangst bestimmte Sichtweise. Stellvertretend für eine in Europa verbreitete Einstellung beschrieb der Dichter Hugo Ball im ersten Jahrzehnt des 20. Jahrhunderts Technik als höchst widersprüchlich und zugleich bedrängend: „Die Maschine verleiht der Materie eine Art Scheinleben. Sie bewegt die Materie. Sie verbindet die Materien untereinander und zeigt dabei eine gewisse Vernunft!“[1]

Solche vorrangig durch „Wirkungserleben“ (Georg Simmel) und Emphase bestimmte Erfahrungen hingen wohl mit der spezifischen Beurteilung der Technik und ihrer Gegenständen im 19. Jahrhundert zusammen. Wurde sie doch weniger als eigenständige materielle Kategorie, vielmehr zunächst als ein Verfahren zur Indienststellung von Naturkräften angesehen – Vorgänge, die man, wenn es um Elektrizität ging, nicht mehr durch einfache Beobachtung nachvollziehen konnte.

## Perceptions of Technology in the Nineteenth Century

How were the first electrical appliances and machines perceived? And what criteria were applied in judging their aesthetic qualities? Expressed in very simple terms, people tended to regard technical devices from either of two different, though closely related perspectives: an affirmative view – which we would refer to today as a positive, “technocentric” approach – and a response dominated by ambivalence, cultural pessimism, and in many cases even by a fear of technology. Expressing an attitude commonly encountered in Europe, the poet Hugo Ball described technology as both highly paradoxical and threatening during the first decade of the twentieth century: “The machine imbues matter with a kind of illusory life. It moves matter. It combines materials and demonstrates a certain degree of reason in the process!”[1]

Such perceptions determined primarily by “the experience of effect” (Georg Simmel) and emphasis were presumably closely related to the specific attitude toward technology and technical objects that prevailed in the nineteenth century. It was regarded not as an autonomous material category but rather as a means through which the forces of nature could be harnessed – processes which, when they involved electricity, could no longer be comprehended through mere observation.

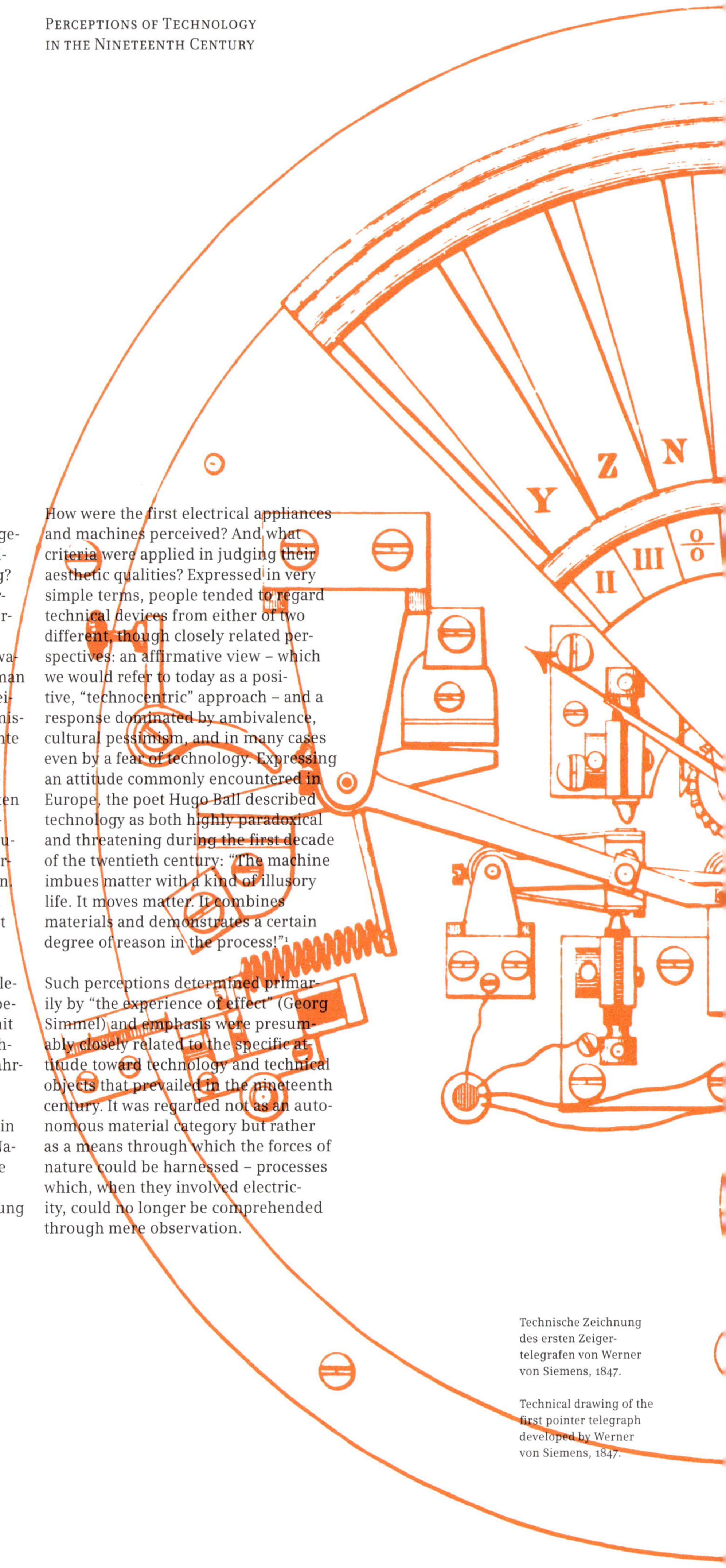


Technische Zeichnung des ersten Zeigertelegrafen von Werner von Siemens, 1847.

Technical drawing of the first pointer telegraph developed by Werner von Siemens, 1847.

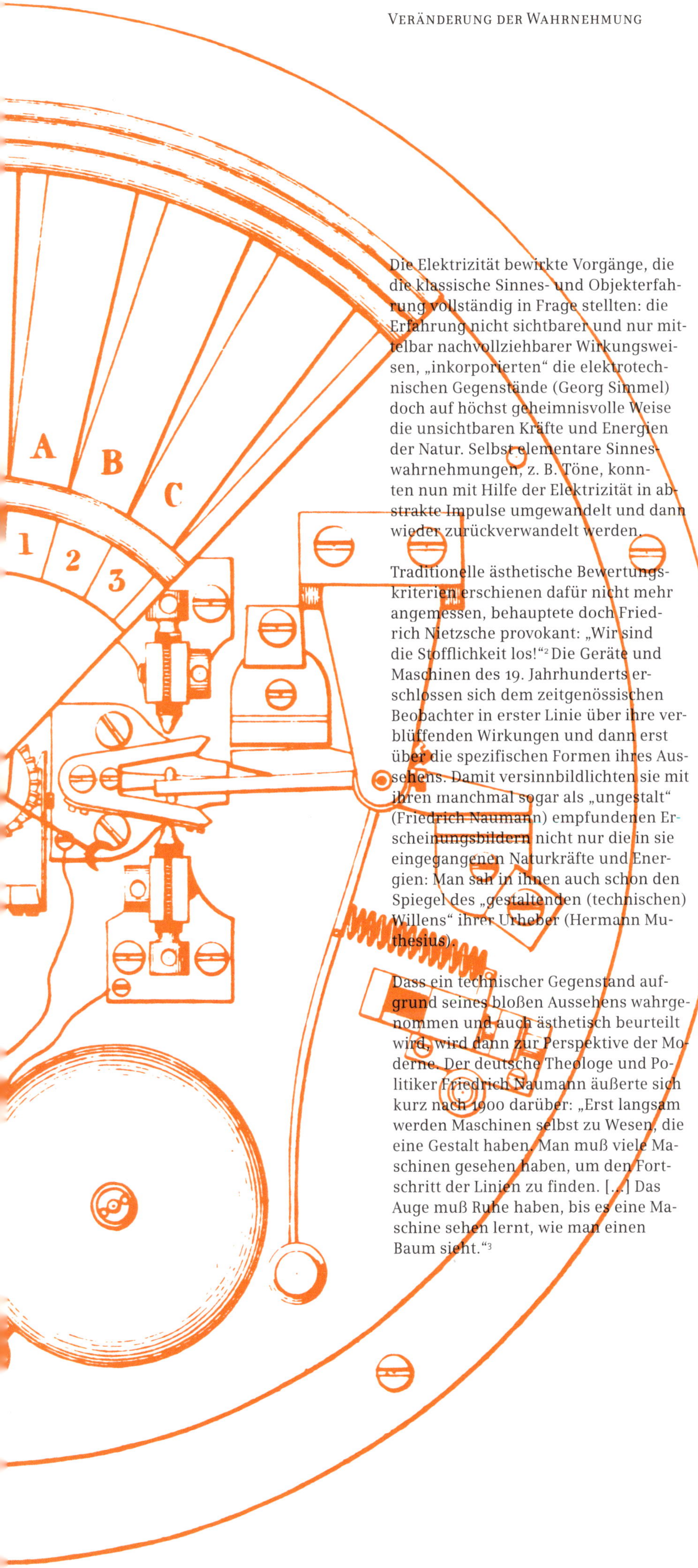


Die Elektrizität bewirkte Vorgänge, die die klassische Sinnes- und Objekterfahrung vollständig in Frage stellten: die Erfahrung nicht sichtbarer und nur mittelbar nachvollziehbarer Wirkungsweisen, „inkorporierten" die elektrotechnischen Gegenstände (Georg Simmel) doch auf höchst geheimnisvolle Weise die unsichtbaren Kräfte und Energien der Natur. Selbst elementare Sinneswahrnehmungen, z. B. Töne, konnten nun mit Hilfe der Elektrizität in abstrakte Impulse umgewandelt und dann wieder zurückverwandelt werden.

Traditionelle ästhetische Bewertungskriterien erschienen dafür nicht mehr angemessen, behauptete doch Friedrich Nietzsche provokant: „Wir sind die Stofflichkeit los!"[2] Die Geräte und Maschinen des 19. Jahrhunderts erschlossen sich dem zeitgenössischen Beobachter in erster Linie über ihre verblüffenden Wirkungen und dann erst über die spezifischen Formen ihres Aussehens. Damit versinnbildlichten sie mit ihren manchmal sogar als „ungestalt" (Friedrich Naumann) empfundenen Erscheinungsbildern nicht nur die in sie eingegangenen Naturkräfte und Energien: Man sah in ihnen auch schon den Spiegel des „gestaltenden (technischen) Willens" ihrer Urheber (Hermann Muthesius).

Dass ein technischer Gegenstand aufgrund seines bloßen Aussehens wahrgenommen und auch ästhetisch beurteilt wird, wird dann zur Perspektive der Moderne. Der deutsche Theologe und Politiker Friedrich Naumann äußerte sich kurz nach 1900 darüber: „Erst langsam werden Maschinen selbst zu Wesen, die eine Gestalt haben. Man muß viele Maschinen gesehen haben, um den Fortschritt der Linien zu finden. [...] Das Auge muß Ruhe haben, bis es eine Maschine sehen lernt, wie man einen Baum sieht."[3]

Electricity triggered processes that questioned traditional modes of sensory and objective experience: the experience of invisible and only indirectly comprehensible effects. Yet electrical devices "incorporated" (Georg Simmel) the invisible forces and energies of nature in a very mysterious way. Even phenomena accessible to basic sensory perceptions, such as sounds, for example, could be transformed into abstract impulses and then converted back to their original form with the aid of electricity.

Traditional aesthetic criteria were apparently no longer adequate, as Friedrich Nietzsche proclaimed in provocative tones: "We are now rid of materiality!"[2] Contemporary nineteenth-century observers perceived appliances and machines primarily in terms of their astounding effects, taking note of their specific visual appearance only afterward. Thus by virtue of their external appearances, which were regarded by some even as "shapeless" (Friedrich Naumann), these devices symbolized more than just the natural forces and energies they incorporated. They were also seen as the mirror of the "creative (technical) will" of their inventors (Hermann Muthesius).

The perception and aesthetic assessment of a technical object on the basis of its appearance alone is a phenomenon of modernism. The German theologian and politician Friedrich Naumann uttered the following remark shortly after 1900: "Machines are only gradually becoming beings that have form. One has to have seen many machines in order to discover the progress in their lines. ... The eye must have time to learn to see a machine the way one sees a tree."[3]

## „Elektrische Gestaltung“ und ihre Materialien

Elektrotechnische Geräte aus der Frühzeit des 19. Jahrhunderts scheinen vor allem durch ihren experimentellen Charakter geprägt: Die vielfach offenen Konstruktionen präsentierten sich einfach und ohne übertriebene Dekorationen oder Verzierungen. Vorwiegend aus Holz, Glas, Keramik und Messing gefertigt, haftete diesen Apparaten wegen ihrer zuweilen unübersichtlichen Drahtführungen die Anmutung der Improvisation und des Experimentellen an. Vielen Zeitgenossen schienen sie deshalb geradezu „unseriös“. Blieben doch Nutzen und Anwendungsmöglichkeiten für den Laien vielfach unklar. Karl Lamprecht, Historiker und kritischer Beobachter der neuen Technik, notierte über den „vorläufigen Charakter“ elektrischer Objekte des 19. Jahrhunderts: „... voller nervöser Energie, erscheint sie [die Gerätschaft] kaum fertig gestellt schon im Übergange zu ganz Neuem, Ungeahnten“.[4]

Die Erscheinungs- und Gestaltungstradition der frühen Elektrotechnik speiste sich aus unterschiedlichen Quellen. So gab es zunächst den wissenschaftlichen Gerätebau, hervorgegangen aus den historischen Traditionen des Uhrmacher- bzw. Feinmechanikerhandwerks. In der noch jungen Gestaltungskultur des Maschinenbaus wiederum dominierten vor allem die spektakulären Erscheinungsbilder des seit der Jahrhundertmitte zunehmend wichtiger werdenden Eisen- und Stahlgusses. Dies zeigte sich besonders in den mehr oder weniger offen zur Schau gestellten Mechaniken der Dampf- und Werkzeugmaschinen und der neuen eisernen Baukonstruktionen, vornehmlich im Brückenbau.

## “Electrical Design” and its Materials

The most obvious feature of electrical appliances and machines produced during the early years of the nineteenth century is their experimental character. The often open constructions are simple and devoid of excessive decorations or adornments. Made primarily of wood, glass, ceramics, and brass, these devices had a clearly improvised, experimental look, due in many cases to the baffling tangle of exposed wires. And thus many contemporaries regarded them as “frivolous.” Their benefits and potential uses were not immediately apparent to many laymen. Karl Lamprecht, a historian and critical observer of the new technology, noted with respect to the “provisional character” of nineteenth-century electrical objects: “... full of nervous energy, it [the equipment] already appears, no sooner than it has been finished, on the verge of transition to something wholly new and unforeseen.”[4]

The visual and design tradition of early electrical technology drew inspiration from various different sources. It began with the manufacture of scientific instruments, itself an outgrowth of the historical traditions of watch-making and precision mechanics. The still young design culture of machine manufacturing was dominated above all by the spectacular products of iron and steel casting, which had grown progressively more important since mid-century. This is particularly evident in the more or less openly exposed mechanics of steam-powered and tooling machines and in the new iron constructions encountered primarily in bridge building.

Funktionale Transparenz: Siemens-Telegraf, noch ohne Gehäuse, 1895.

Functional transparency: Siemens telegraph still without housing, 1895.

Wo es um elektrische Experimente oder Nachrichtenübermittlung ging, blieben die Aggregate deutlich der Feinmechanik und ihren Gestaltungsregeln verpflichtet. Wo sie hingegen immer größer wurden, wie bei der elektrischen Stromerzeugung und in Antrieben, folgte man verstärkt den Anforderungen des Maschinenbaus. Die kleineren elektrotechnischen Siemens-Geräte aus der Zeit vor 1880 sind zumeist offen zugänglich wie die Konstruktionen des damals vorherrschenden Maschinenbaus. Ihre Formgebung wird vom Erscheinungsbild der elektrischen Experimentierplätze, ihren Materialtraditionen und den dabei verwendeten Messinstrumente bestimmt, und ihre spezifische Ästhetik vermittelt sich in fast schnörkelloser Geradlinigkeit sowie einer absichtsvoll dekorlosen „Nacktheit“.

Where the object was electrical experimentation or the transmission of information, devices remained bound to precision mechanics and its governing rules. Yet where they grew increasingly large, as in the field of electrical power production and drive technology, designers responded above all to the requirements of machine construction. Most of the smaller electrical devices produced by Siemens before 1880 are openly accessible, much like the constructions found in machines built during the period. Their design reflects the influence of the visual appearance of electrical laboratories, the traditional materials used in building them, and the instruments used in experimentation. Their unique aesthetic value is conveyed in their virtually unembellished straightforwardness and their deliberately unadorned “nakedness.”

Die meist offen angeordneten Bauelemente der elektrischen Geräte sind auf einfachste geometrische Strukturen und Bewegungsabläufe reduziert. Dies zeigen in beeindruckender Weise die verschiedenen Entwicklungsstufen der Siemens-Zeigertelegrafen. Diese Installationen und Geräte besitzen aus heutiger Sicht einen eher heimeligen, holzbetonten Charakter als jene technische Kühle, wie man sie damals wohl empfand. Darüber hinaus bestimmt die Präzision der verwendeten Metallteile ihre Anmutung: So wirken manche der frühen elektrotechnischen Produkte eher wie nautische Geräte oder Uhrwerke, damals Inbegriff der Präzision und der erweiterten Anwendung von Wissenschaft schlechthin, was ihre Überzeugungskraft noch gesteigert haben dürfte.

Die ersten größeren elektrotechnischen Aggregate, wie Gleichstromgeneratoren, die in der zweiten Hälfte des 19. Jahrhunderts entwickelt wurden, waren ebenfalls noch „offen“ zugänglich und zur besseren Luftkühlung unverkleidet. Der Blick fiel noch ungehindert auf Wicklungen, Kollektorbürsten, Anschlüsse und drehende mechanische Teile. Der österreichische Journalist Robert Deitinger notierte angesichts eines Elektromotors einmal beeindruckt: „Alles ist schwarze Bewegung, begleitet vom Feuer unheimlicher Funken!“[5]

So oszillierten im 19. Jahrhundert die Produkte der Elektrotechnik in ihrem technischen Erscheinungsbild noch auffällig zwischen der funktionalen Anmutung des Maschinenbaus und der wissenschaftlich geprägten Experimentalkultur wissenschaftlich genutzter Geräte.

The predominantly open configurations of components in electrical appliances and machines were restricted to the simplest geometric structures and movements. This is strikingly evident in the successive phases in the development of Siemens needle telegraphs. Viewed from a modern perspective, the dominant impression conveyed by these installations and devices is that of a homey quality of warm wood rather than the cool, technical character presumably attributed to them at the time. In addition, the precision of their component metal parts was an important part of their aesthetic appeal. Some early electrical products resemble nautical instruments or clockworks, which were regarded as the epitome of precision and the expanded application of science at the time, a fact that is likely to have enhanced their persuasive appeal.

The first larger electrical aggregates, such as the direct-current generators developed during the first half of the nineteenth century, were also "openly" accessible and built without housings in the interest of better air-cooling. Coils, commutator brushes, electrical connections and rotating mechanical parts were openly exposed to view. After observing an electric motor, the Austrian journalist Robert Deitinger once noted in awe that "Everything is black movement, accompanied by the fire of mysterious sparks!"[5]

Thus the technical appearance of the products of nineteenth-century electrical technology vacillates between the functional look of machine construction and the experimental culture of scientific equipment.

Siemens-Gleichstrom-Generator – ohne eigenes Gehäuse, 1878.

Siemens direct-current generator – without separate housing, 1878.

## „Ideenbauer“ Siemens – „Künstler“ Halske

## Siemens, the “Conceptual Constructor” – Halske, the “Artist”

Während Werner von Siemens in der Regel von den wissenschaftlich abstrakten Aspekten der Elektrizität und ihrer Möglichkeiten ausging und dabei in den Kategorien der Feinmechanik dachte, war es sein Partner Johann Georg Halske, der als Werkstatt-„Künstler“[6] und technischer Pragmatiker den frühen Siemens-Apparaten ihre spezifische kompakte und zugleich praktische Form verlieh. So gelang es ihm mit besonderem Erfindungsreichtum und Materialinstinkt, die „Ideenbauten“ von Siemens in konsequent und zugleich ökonomisch erscheinende Formen zu verwandeln, die sowohl die Kategorien der Feinmechanik wie die des Maschinenbaus einbezogen.

Dass man bei Siemens konsequent „feinmechanisch“ dachte und dementsprechend konzipierte, beweist allein die Tatsache, dass das Unternehmen auch komplexe mechanische Geräte wie Wasserzähler entwickelte und herstellte. Dass die meisten Siemens-Geräte und Maschinen aus jener Zeit so nüchtern und sachlich wirken, mag auch am Kundenkreis gelegen haben, der fast ausschließlich aus staatlichen Institutionen, Unternehmen und nur sehr wenigen Endverbraucher, wie Ärzten oder Wissenschaftlern, bestand.

While Werner von Siemens tended to emphasize the abstract, scientific aspects of electricity and the possibilities it offered, thinking largely in terms of precision mechanics, it was his partner Johann Georg Halske, the workshop “artist”[6] and technical pragmatist, who gave the early Siemens products their unique compact, practical form. A highly inventive engineer with a keen instinct for material, he succeeded in transforming Siemens's “conceptual constructions” into consistent and ostensibly economical forms which incorporated the principles of both precision mechanics and mechanical engineering.

The fact that Siemens also developed and produced such complex mechanical devices as water meters is sufficient evidence of a consistent policy devoted to thinking in terms of precision mechanics and developing ideas accordingly. The sober, objective appearance of most of the appliances and machines made by Siemens during those years is presumably a reflection of the company's clientele, which was composed almost entirely of government institutions and corporate enterprises and only very few end-users, such as physicians or scientists.

Kongeniale Partner bei der Erfindung und Entwicklung immer neuer elektrischer Geräte: Werner von Siemens und Johann Georg Halske, 1865.

Congenial partners in the invention and development of a series of new electrical devices: Werner von Siemens and Johann Georg Halske, 1865.

J. Erlenbach
Station № 5
Nichts berühren!!
Gefährliche
elektrische Ströme
Innenleiter
Zuerst ausschalten
Zuletzt einschalten
Carl Korn
Cognac-
Brennerei.
Weinmarkt

Wechsel- und Phasenstrom bergen Gefahren und erfordern deshalb schützende Gehäuse: Transformatorstation in einer Reklamesäule, Nürnberg 1913.

Alternating and phase current pose hazards and thus require protective housings: transformer station in an advertising column Nuremberg, 1913.

Erst im letzten Viertel des 19. Jahrhunderts begann sich das Bild der elektrotechnischen Geräte zu verändern. Neuartige Erfindungen hatten Niederschlag gefunden in konkreten Anwendungen, Experimentiereinrichtungen in Geräten und Maschinen für den Dauergebrauch in der Industrie, die der Witterung und manchmal auch robuster Handhabung standhalten mussten. Das spezifische Erscheinungsbild der Produkte der ersten Schwach- bzw. Gleichstromzeit erfuhr damit einen entscheidenden Wandel. Ähnlich wie in den europäischen Städten Gas, Wasser und Abwasser mittels unsichtbarer Netzwerke in den Untergrund verbannt wurden, verschwanden auch die für die Elektrotechnik typisch gewordenen Apparaturen und Bauteile aus dem Blickfeld ihrer Anwender und Benutzer.

Immer schneller und umfassender begannen sich nun Gehäuse um die elektrischen Aggregate zu schließen. Was in der ersten Hälfte des 19. Jahrhunderts noch unmittelbarer Beobachtung und direktem Zugriff des Menschen ausgesetzt gewesen war – und Transparenz maschinell-mechanischer Prozesse beinhaltete –, verschwand nun immer häufiger unter der schützende Oberfläche von Verkleidungen und Gerätegehäusen aus Holz, Stahlguss oder gewalztem Blech. Dies galt besonders für elektrische Prozesse, die einer besonderen Absicherung gegen unmittelbaren Zugriff bedurften, weil sie auf Wechselstrom beruhten. Die ehemals offenen elektrischen Generatoren und Motoren von Siemens erhielten Abdeckungen aus perforiertem Blech, die die offenen, gestellartigen Konstruktionen aus Stahlguss nach außen hin abtrennten. Auch Geräte wie die neue elektrische Differenzialleuchte verbargen ihren Mechanismus unter einer Messingkartusche.

Die Elektrotechnik begann sich nun endgültig in die Anonymität von Gehäusen und Abdeckungen zurückzuziehen und wurde bald ebenso unsichtbar wie die Elektrizität selbst.

It was not until the last quarter of the nineteenth century that the image of electrical appliances and machines began to change. New inventions had led to concrete applications and experimental features in appliances and machines designed for long-term industrial use and capable of withstanding the influences of weather and rough treatment in some cases. The appearance of products made during the early low-voltage, direct-current era underwent significant change. In much the same way that gas, water, and sewage disappeared into invisible underground networks in European cities, the apparatus and components that had come to typify electrical technology also disappeared from the view of their users.

Within a few short years, electrical equipment began to appear in more complete housings. What had remained exposed to direct human observation and access in the first half of the nineteenth century – and embodied the transparency of mechanical-machine processes – now disappeared progressively behind the protective surface of cases and housings made of wood, cast steel, or rolled sheet metal. This applied in particular to electrical processes that required protection against direct contact with alternating current circuits. The once open electric generators and motors produced by Siemens were enclosed in housings made of perforated sheet metal which separated the open, rack-style cast-steel constructions from the outside. Even the working mechanisms of such products as the new electric differential arc lamp were concealed within a brass casing.

Electrical technology now began its ultimate retreat into the anonymity of housings and coverings and soon became as invisible as electricity itself.

Während die Technik im Inneren der Geräte einer radikal konstruktiven Betrachtungsweise unterworfen blieb, ergaben sich bei ihrem äußeren Erscheinungsbild nunmehr verschiedene gestalterische Optionen für optimale Handhabung und Bedienung: die der beliebigen Dekoration als symbolischen Repräsentanz dessen, was unter der neuen Haut vor sich ging, oder aber der eher funktionalen Konzentration auf das Notwendige bzw. Zweckmäßige.

Damit stellt sich die Frage, ob die der konstruktiven Konzentration im Inneren der elektrotechnischen Geräte folgende äußere „Eingehäusung" nicht lediglich einen bislang wenig beachteten gestalterischen Paradigmenwechsel sichtbar machte: nämlich das Verschwinden unmittelbarer Funktionserfahrung technischer Abläufe, beginnend mit der Kapselung elektrisch-mechanischer Prozesse. Offensichtlich war es der Entwicklung der Elektrotechnik immanent, zwar immer größere Freiheit bei der Gestaltung von Gehäusen und Bedienungselementen zu ermöglichen, zugleich jedoch den Fokus auch stärker auf die neuen, nun außen liegenden Benutzeroberflächen der elektrischen Geräten zu lenken. Und es lässt sich sicher feststellen, dass der Prozess des Abschlusses der Aggregate in ihre Gehäuse mit der Eröffnung neuer Bedienungs- und Gestaltungsformen sowie ästhetischer Horizonte einherging – auch dies wieder mit Hilfe der Elektrotechnik.

Dass dies Folgen für die Wahrnehmung haben würde, unterstrich auch der französische Dichter Paul Valéry, wenn er feststellte: „Wir haben ein indirektes, durch Zwischenschaltungen verfahrendes Wissen erlangt, welches uns wie durch Signale vor Augen führt, was sich [eigentlich] begibt. Dies geschieht in Größenordnungen, die so weit entfernt sind von denen, die noch Bezug zu unseren Sinnen haben, dass sämtliche Vorstellungen, gemäß denen wir uns die Welt dachten, nicht mehr zutreffen!"[7] Diese Entwicklung wird auch von den elektrotechnischen Geräten recht deutlich demonstriert.

While the technology inside the shell remained subject to the radical application of engineering principles, new options for optimum handling and control began to emerge in the design of external features – various types of decoration as symbolic representations of the inner workings beneath the new skin or a rather more functional focus on necessity or utility.

This raises the question of whether the outer "housing" that followed the constructive concentration of components within electrotechnical equipment was not merely the visible manifestation of a previously scarcely noticed paradigmatic shift in terms of design – namely the disappearance of the immediate perception of the functions of technical processes, beginning with the encapsulation of electromechanical processes. It was obviously an inherent characteristic of progress in electrical technology that it permitted increasing freedom with respect to the design of housings and operating elements yet diverted attention more emphatically to the new, external user interfaces incorporated into electrical appliances and equipment. And it is certainly true that the process of enclosing equipment units within housings went hand in hand with the emergence of new control and design features and the expansion of aesthetic horizons – and that, too, with the aid of electrical engineering.

This would have an appreciable effect on perception, as the French poet Paul Valéry noted: "We have attained a kind of indirect knowledge that proceeds through intermediate stages and shows us what [actually] is as if through signals. This occurs in magnitudes that are so far removed from those to which our senses relate that none of our ideas about the world are valid anymore!"[7] This trend is also strikingly demonstrated by electrotechnical machines and appliances.

Ästhetisierung elektrischer Apparate: die repräsentative Gestaltung von Kraftwerks-Schaltwarten, Hamburg, 1911.

Enhancing the aesthetic appeal of electrical equipment: representational design of power plant control stations, Hamburg, 1911.

Die Elektrotechnik in den letzten Jahrzehnten des 19. Jahrhunderts entwickelte dabei verschiedene Erscheinungsbilder: mehr oder weniger konstruktiv technisch bestimmt hinter den Wänden der Fabriken, Werkshallen oder im Inneren der Gerätegehäuse bzw. eher prestigeorientiert dort, wo sie sich weiterhin den Augen der Öffentlichkeit präsentierte. Analog dazu lassen sich zwei allgemeine Gestaltungsprinzipien für elektrische Geräte an der Schwelle zum 20. Jahrhundert ausmachen: einerseits mehr oder weniger konstruktiv-technisch definierte Formen, andererseits durch Dekore und ornamentale Applikationen aufgewertete Gestaltungen repräsentativ genutzter Geräte für das gehobene Bürgertum oder den Adel.

Electrical technology appeared in different manifestations during the last decades of the nineteenth century: as more or less technical constructions hidden behind the walls of factories and plants or inside equipment housings, or in a more prestige-oriented form where it remained exposed to public view. Accordingly, we identify two general principles applicable to the design of electrical equipment at the threshold to the twentieth century: more or less technically determined forms, on the one hand, and decoratively adorned and enhanced designs for devices used for representational purposes by the upper middle class and the aristocracy.

Namentlich der in den letzten Jahrzehnten des im 19. Jahrhunderts boomende Markt für Telefone, elektrische Leuchten und Straßenbahnen provozierte eine Fülle von Modellen, die anhand „außerordentlicher“ Gestaltungen das Bedürfnis der Benutzer bzw. Hersteller offenbaren, ihren Status und durch teure Materialien und aufwendige Dekorationen zu demonstrieren. So wurden von Siemens wie von anderen Unternehmen üppig verzierte Telefone, erste elektrische Öfen und Lampen für den „gehobenen Bedarf von Standespersonen“ in Einzelanfertigung hergestellt, während bei der Gestaltung kleinerer bzw. einfacherer technischer Geräte, insbesondere elektrischer Mess- und Untersuchungsinstrumente, von einigen Ausnahmen abgesehen Reduktion und Sachlichkeit vorherrschten.

Auch elektrische Schaltwarten und Fernsprechzentralen wurden mit repräsentativen Dekorelementen versehen, zuweilen sogar elektrische Straßenbahnen. Wie bei den meisten anderen Unternehmen orientierte man sich dabei auch bei Siemens an den Architekturfassaden und Möbeldekorationen. So erschienen Schaltwarten aus poliertem Naturstein, vorzugsweise Marmor oder Porphyr, oft wie Altäre oder miniaturisierte Gebäude. Dies hatte auch praktische Gründe, dienten sie doch nicht zuletzt als Schutz vor unmittelbarer Berührung der dahinter liegenden meist offenen Mechanik der Schalter, Messeinrichtungen und Leitungsbrücken. Auf der Vorderseite hingegen prunkten sie mit Schalt- und Messegeräten.

Specifically, it was the booming market for telephones, electric lights, and streetcars that spawned an abundance of models whose “unusual” design revealed the desire on the part of users or manufacturers to demonstrate their status with expensive materials and elaborate decorations. Thus Siemens and other firms produced lavishly decorated, customized telephones and early electric stoves and lamps to meet the “discerning demands of persons of class,” whereas, with few exceptions, reduction and objectivity prevailed when it came to the design of smaller or simpler technical devices, including in particular electrical testing and measuring instruments.

Electrical control stations and telephone switchboards were adorned with representational decorative elements, and even electric streetcars were not immune to such developments. As did most other companies, Siemens drew inspiration in this context from building façades and furniture decorations. And thus control stations appeared in polished natural stone, preferably marble or porphyry, often resembling altars or miniature buildings. There were practical reasons for this as well, as such enclosing structures ultimately served as protection against direct contact with the ordinarily exposed mechanics of the switches, measuring devices, and cable connections they concealed. In contrast, their front sides were adorned with impressive control and display elements.

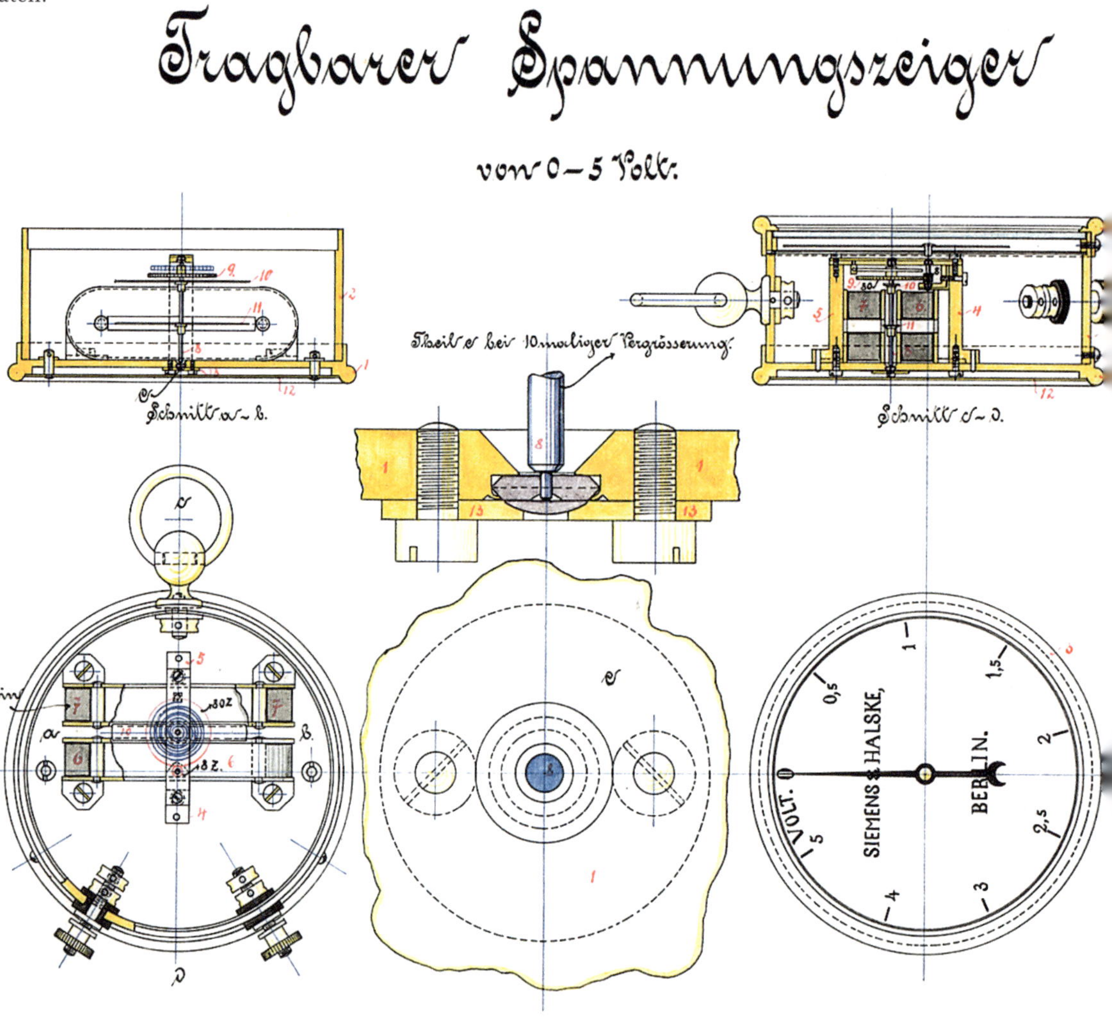


Beginn der Verdichtung elektrischer Konstruktionen: Siemens-Voltmeter in der Größe einer Taschenuhr, Entwurfszeichnung, 1880.

Early advances in the compact design of electrical apparatus: Siemens voltmeter the size of a pocket watch, model drawing, 1880.

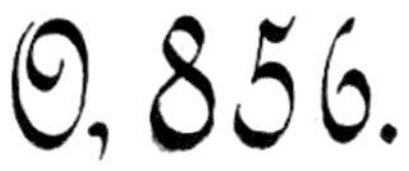


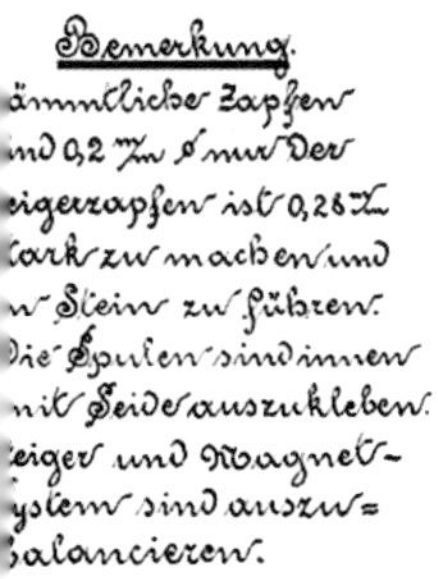


Ein erneuter industriell bestimmter Wandel kündigte sich kurz vor der Jahrhundertwende an. Die Wirtschaftskrisen der ausgehenden siebziger und achziger Jahre hatten eine immer rigoroser werdende Konstruktions-, Material- und Fertigungsökonomie auf den Weg gebracht: Vor allem die neuen elektrischen Geräte und Werkzeuge, die in immer größeren Mengen produziert wurden, erschienen zunehmend in „zweckdienlich" reduzierter Formgebung. Die klassischen Maschinenbaumaterialien Stahl, Gusseisen und Blech, schwarze Lackierungen und galvanische Überzüge aus Nickel begannen das teurere Messing abzulösen. Auch die hölzernen Telefongehäuse wurden im letzten Jahrzehnt des alten Jahrhunderts vermehrt durch schwarz lackierte Blechgehäuse ersetzt und bestimmten nun mit „schwarz-silbernen Uniformierungen" (Sigfried Gideon) immer stärker die öffentlich zugängliche Welt der Elektrotechnik.

Dort, wo man höhere Qualität signalisieren wollte, wurden zwar immer noch gegossene, allerdings nachträglich galvanisch veredelte Ornamente oder – für preiswertere Versionen – Dekore im neu entwickelten Siebdruckverfahren angebracht. Andererseits ging man nach und nach dazu über, auf Ornamentierungen ganz zu verzichten, denn trotz dekorativer Applikationen wirkten viele der „massenhaft" hergestellten Objekte billig und konnten ihre mangelnde funktionale Qualität nur selten ganz verbergen.

Damit einher ging ein höchst ambivalentes Käuferverhalten, denn die neuen technischen Geräte verblüfften nicht nur mit überraschenden Funktionen und immer neuen Erscheinungsformen – und wirkten mit ihrer schnörkellosen Funktionalität nicht selten gleichzeitig einschüchternd. So erscheinen manche Dekorationen und Ornamente auf den Produkten des ausgehenden 19. Jahrhunderts weniger „zum Zwecke der Attraction", wie der bereits mehrmals zitierte Philosoph und Soziologe Georg Simmel 1906 in der Rückschau feststellte, sondern eher als bemühte Versuche, „die Schrecken der unverhüllten Zweckmäßigkeit der neuen Gerätschaften schamhaft zu bedecken".[8]

A new phase of industrially induced change was heralded shortly before the turn of the century. The economic crises of the late eighteen-seventies and eighties had given rise to increasingly rigorous economy in terms of engineering, materials, and production methods. The new electrical devices and tools produced in ever larger quantities exhibited progressively reduced, "utilitarian" designs. The materials traditionally used in machine construction – steel, cast iron, and sheet metal, black paint, and galvanized nickel coatings – began to replace more expensive brass. Wooden telephone housings were replaced in increasing numbers by black-painted sheet-metal casings, which, with their "black-and-silver uniforms" (Sigfried Gideon), now began to dominate the publicly accessible realm of electrical technology.

Wherever the objective was to evoke a sense of quality, cast ornaments (finished with galvanized coatings) or – for lower-priced versions – decorative elements produced using the new silkscreen technique were added. Yet producers gradually opted to dispense entirely with ornamentation, since despite all their decorative applications, many of these mass-produced objects still looked cheap and were rarely able to disguise their inferior functional quality.

These developments went hand in hand with highly ambivalent consumer behavior, as the new technical devices presented a baffling array of unexpected functions and constantly changing shapes and forms – their plain functionality often had an intimidating effect of potential buyers. And thus some of the decorations and ornaments applied to products marketed during the waning years of the nineteenth century were intended less to serve the "purpose of attraction," as the previously cited philosopher and sociologist Georg Simmel noted in retrospect in 1906, than as deliberate attempts to "shamefully conceal the horrors of the undisguised utilitarian character of the new technology."[8]

Die sich abzeichnenden Veränderungen wurden auch an anderer Stelle deutlich: So wurden gegen Ende des 19. Jahrhunderts Produktgestaltung und Anmutung industriell hergestellter technischer Geräte immer stärker vom Ort ihrer speziellen Anwendung abhängig, nachdem man sie bereits an der Jahrhundertschwelle, vor allem im publikumsfernen Einsatz, in ihrer Konstruktion meist nach den Gesichtspunkten bestmöglichen Zusammenwirkens, einfacher Bedienung und Wartung sowie möglichst langer Betriebsdauer konzipiert hatte. Selbst Telefonzentralen und Schaltwarten erschienen nun in zweckmäßiger dekorloser Gestaltung, was aus der Sicht der Siemens-Techniker und Ingenieure bedeutete, sie „ihrem besonderen Zwecke folgend“ zu gestalten, wie in einem Prospekt aus dem Jahre 1903 ausdrücklich betont wurde.[9]

Dass diese Zweckmäßigkeit angesichts der oft nur geringen wirtschaftlichen Spielräume den Charakter einer Zielprojektion hatte und zu deren Verbrämung benutzt wurde, ist fast überflüssig anzumerken. Man war auf dem Weg, elektrotechnische Geräte und Maschinen als „Material gewordene technische Abstraktionen“ (Georg Simmel) zu innovativen, funktional bestimmten Phänotypen zu entwickeln, um zu ganz neuen Formen der Außengestaltung zu gelangen, oder alte bewährte Formen darauf hin zu modifizieren.

The changes to come became evident at another point as well. Near the end of the nineteenth century, product design and the appearance of industrially produced technical equipment and appliances grew increasingly dependent on the specific place at which they were used. Shortly before the turn of the century, these products were ordinarily designed with emphasis on such aspects as optimum interplay, convenient handling and maintenance, and maximum service life. Even telephone switchboards and control stations now appeared in unadorned, functional design. From the standpoint of Siemens engineers, this meant that they were to be designed in keeping with “their specific purpose,” as was expressly emphasized in a brochure issued in 1903.[9]

It is hardly necessary to point out that, given the often limited budget resources available to engineering designers, this emphasis on purpose was a kind of objective that conveniently glossed over the underlying economic problems. The industry was on its way to developing electrotechnical appliances and machines as “materialized technical abstractions” (Georg Simmel), as innovative, functionally determined phenotypes, in order to create entirely new forms of exterior design or to modify old, accepted forms accordingly.

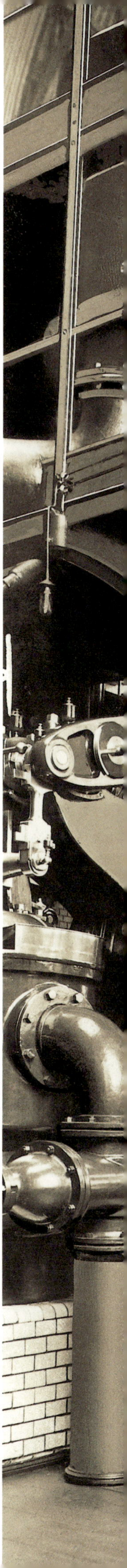

Siemens-Großtechnik – unverkleidet und noch weitgehend funktionstransparent. Dampfkraftwerk Berlin, 1880.

Siemens industrial technology – without housing and for the most part still functionally transparent. Steam power plant in Berlin, 1880.

52
53

**Paradigmenwechsel der Moderne**
Abstimmung von Ästhetik, Funktionalität und Technik

Christoph A. Hoesch

**The Paradigm Shift of Modernism**
The Harmony of Aesthetics, Function, and Technology

Christoph A. Hoesch

57 Eine neue „Ökonomie“ des Gestaltens
58 „Funktionale“ Ästhetik
59 Neue Gestaltung industriell produzierter Güter
345 Anmerkungen

57 A New “Economy” of Design
58 “Functional Aesthetics”
59 New Approaches to the Design of Industrially Produced Goods
351 Notes

# Paradigmenwechsel der Moderne
# The Paradigm Shift of Modernism

An der Wende vom 19. zum 20. Jahrhundert war die Gestaltung industriell gefertigter Gebrauchsgegenstände und technischer Geräte unter Druck geraten: Der Abschluss der Aggregate in Gehäuse provozierte eine intensive Auseinandersetzung mit Handhabung und Aussehen industrieller (Massen-)Produkte, so dass man in ganz Europa, aber auch den USA mit zunehmender Leidenschaft begann, sich mit deren Gestaltung auseinander zu setzen. Probleme wie mangelnde Qualität, fehlende Gebrauchstauglichkeit, eine oft „billige“ Anmutung oder fehlende Transparenz der unter Abdeckungen verschwundenen Wirkungsweisen waren hierfür das Hauptmotiv. Forderungen nach einer neuen, qualitativen Übereinstimmung von Ästhetik, Funktionalität und Technik wurden immer lauter und die Suche nach einer mehr als rein formalen Neuorientierung immer drängender. Tradierte Formen und Vorgehensweisen handwerklicher oder kunsthandwerklicher Gestaltung schienen dazu ebenso wenig geeignet wie solche ausschließlich technischer Konstruktion.

Designers of industrially produced commodities and technical equipment felt the pressure of change at the turn of the nineteenth to the twentieth century. The enclosure of components in housings generated growing interest in aspects of handling and appearance in mass-produced industrial products. Consequently, producers throughout Europe and the U.S. began to focus with increasing vigor on the design of these goods. Such problems as inferior quality, functional deficiencies, an often “cheap-looking” exterior, or a lack of transparency with regard to the functions concealed beneath covers and housings were the primary motives for their concern. Voices calling for a new, qualitative harmony of aesthetics, function, and technology grew louder, and the quest for something more than a purely formal reorientation took on greater urgency. Traditional forms and methods of trandesmanship and craftsmanship in design seemed as unlikely to produce viable solutions as purely technical approaches.

Feinblech als Werkstoff für „ökonomisch-funktional“ gestaltete Elektrogehäuse: Siemens-Marinescheinwerfer, 1891.

Fine sheet metal used in the manufacture of electrical equipment housings with "economically functional" design: Siemens marine spotlight, 1891.

Zunehmende Komplexität und steigender Kostendruck hatten deutsche Ingenieure bereits am Ende des 19. Jahrhunderts veranlasst, erste einfache Standardisierungen und Normierungen zu entwickeln. Dies führte nach dem Ersten Weltkrieg zur Entwicklung der DIN-Normen. Als Vorreiter in ganz Europa wirkten die beiden Elektrotechnikkonzerne Siemens und AEG.[1] Technik wurde „massentauglich“, und viel wichtiger: Sie wurde endgültig „ökonomisch“. Robert Weyrauch, ein deutscher Ingenieur, der sich einer „neuen Kultivierung von Technik“ verpflichtet fühlte, schrieb um 1920: „Wenn heute Wissenschaft die Ökonomie des Wissens bedeutet, dann bedeutet Technik die Ökonomie des Gestaltens!“[2]

Auf der Suche nach neuer „technischer Wertigkeit“ der Konstruktion formulierte der leitende Siemens-Ingenieur Fritz Kesselring auf einer Tagung des Vereins Deutscher Ingenieure (VDI) als Credo technischen Gestaltens im neuen Jahrhundert: „Die konstruktive Entwicklung ist so zu lenken, dass die Kosten [Materialkosten] ein Minimum werden!“[3] Und seine in diesem Zusammenhang oft zitierte Formel lautete, dass „Konstruieren die Verwirklichung einer Idee in technisch höchster, wirtschaftlich billigster und ästhetisch einwandfreier Form“ sein sollte.[4] Die Aufspaltung des Gestaltungsbegriffs in eine technische und – wie man damals noch formulierte – eine „künstlerische“, d. h. ästhetische Dimension erschien damit unausweichlich.

Der radikal ökonomischen Erschließung der Technik und ihrer Kategorien folgte fast zwingend ein ebenso radikaler ästhetischer Wandel – zu einem Zeitpunkt, als die meisten technischen Prozesse, insbesondere jene der Elektrotechnik, dank fortschreitender Elektrifizierung selbst für den technisch interessierten Laien mehr oder weniger intransparent geworden waren.

By the end of the nineteenth century, increasing complexity and rising costs had prompted German engineers to develop the first rudimentary norms and standards. These efforts led to the development of DIN standards after the First World War. The two electrical engineering firms Siemens and AEG assumed pioneering roles in Europe.[1] Technology became "amenable to mass production," and what is more, it finally became "economical." Robert Weyrauch, a German engineer and advocate of a "new approach to the cultivation of technology," wrote in 1920: "If we define science today as the economy of knowledge, then engineering is the economy of design!"[2]

In search of "new technical values" in engineering design, senior Siemens engineer Fritz Kesselring articulated a credo of engineering design for the new century at a conference of the Verein Deutscher Ingenieure (Federation of German Engineers, VDI): "Developments in engineering must be steered in such a way as to reduce costs [material costs] to a minimum!"[3] And the often-cited formula he applied to that objective was that design should be "the realization of an idea in a form that is technically superior, inexpensive, and aesthetically perfect."[4] With that, the division of the concept of design into a technical and – as it was described at the time – "artistic," i.e. aesthetic dimension, appeared inevitable.

The radical economical approach to technology in all of its aspects was followed almost necessarily by an equally radical aesthetic shift – at a time when, due primarily to progressive electrification, most technical processes, and particularly those involved in electrical technology, had become more or less obscure even to laymen with an interest in technology.

Bezeichnenderweise waren gerade Architekten von technischen Konstruktionen fasziniert, die ihre Wirkungsweisen und strukturellen Zusammenhänge radikal offen legten, d. h. von Eindrücken jener Technik, die damals bereits im Verschwinden begriffen war. Der Architekt Henry van de Velde bekannte selbstkritisch: „Wie viel Zeit brauchen selbst wir [die Künstler], um die Schönheit neuer und älterer Ingenieurwerke zu begreifen!“[5] Und der bereits erwähnte Robert Weyrauch erklärte: „Die von den Ingenieurwissenschaften geschaffenen Formen scheinen der ästhetischen Gewöhnung stets um einige Schritte voraus.“[6] Hierin artikulierte sich neben Begeisterung für die Ästhetik einer ungeschönten, quasi im „Reinzustand“ offenbarten Technik zugleich ein aufkeimendes Unbehagen an der schwindenden Transparenz und dem drohenden Verlust sinnlicher Erfahrung angesichts sich dem Auge des Betrachters immer weiter entziehender technischer Abläufe.

Zugleich wuchs auch der Wunsch nach einer verständlicheren Ausdeutung der Zusammenhänge von Ästhetik, Technik und Funktion. Nicht zuletzt aus diesem Grund sollte die spezifische Zweckmäßigkeit in der Anmutung technischer Gegenstände nicht mehr kaschiert, sondern nachgerade „typisiert“ (Peter Behrens) und mit „klaren Formen“ (Walter Gropius) herausgestellt werden.

It is interesting to note that architects were especially fascinated by technical designs that revealed their inner functional and structural relationships – by impressions of a technology, in other words, that was already in the process of disappearing. As architect Henry van de Velde professed with self-critical candor, “It takes even us [the artists] so long to grasp the beauty of recent and older works of engineering!”[5] And to quote Robert Weyrauch once again: “The forms created by the engineering sciences always seem to be one step ahead of customary aesthetic sensibilities.”[6] These statements are indicative not only of enthusiasm for the aesthetics of an unembellished technology revealed in its “purest form,” as it were, but also of a growing sense of dismay in the face of diminishing transparency and the impending loss of sensory experience as technical processes continued to fade into the background.

At the same time, the call for a more comprehensible interpretation of the relationships between aesthetics, technology, and function grew stronger. For this and other reasons, many people felt that it was time to stop hiding the specific utilitarian purpose of technical products behind their design and instead to “typify” (Peter Behrens) and emphasize it with “clear forms” (Walter Gropius).

Aluminiumguss als Voraussetzung für neue Möglichkeiten der Massenproduktion und Gerätegestaltung: Siemens-Elektrostecker mit automatischer Verriegelung und keramischer Isolierung, um 1900.

Cast aluminum opens the way for new approaches to mass production and equipment design: Siemens electrical plug with automatic locking feature and ceramic insulation, ca. 1900.

Deutlich wurde dieser sich stürmisch ankündigende Paradigmenwechsel vor allem in der Gestaltung industriell produzierter Waren und Güter: das Heraufziehen einer Ästhetik des „funktionellen" bzw. „sachgerichteten" Ausdrucks, die der in ihren Gehäusen langsam gesichtslos werdenden Technik oder den immer beliebiger wirkenden Gebrauchsgegenständen und Werkzeugen eine neue Identität verleihen sollte.

Hier nahmen dann auch all jene Entwicklungen ihren Ausgang, die nach dem Ersten Weltkrieg in Europa wie in den USA zur Moderne mit ihrer „funktionalistischen" Gestaltung von Architektur und Gebrauchsgegenständen führten – ein Prozess, der bis in die Gegenwart nicht abgeschlossen scheint und noch immer Wirkung zeigt. Besonders im deutschen Sprachraum entwickelten sich unter dem bis heute nachhaltig wirkenden Einfluss des Bauhauses neue, auf Reduktion zielende Formen sowohl für architektonische Körper und Räume wie für Maschinen und Alltagsobjekte aller Art. „Mit den geringsten Mitteln größte Wirkung erzeugen!" hatte kurz und bündig der Architekt und Bauhaus-Gründer Walter Gropius das Credo der neu entstehenden „Gebrauchsästhetik" formuliert: „Jedes Ding ist bestimmt durch sein Wesen. Um es so zu gestalten, dass es richtig funktioniert, muss sein Wesen erforscht werden; denn es soll seinem Zweck vollendet dienen, d. h. seine Funktionen dauerhaft, billig und wohlgestaltet sein."[7]

This clearly emerging paradigm shift became evident above all in the design of industrially produced goods and merchandise: the growth of an aesthetics of "functional" or "objective" expression that would imbue technology, which was gradually becoming faceless within its housings or in the increasingly random appearances of tools and consumer goods, with a new identity.

That was the point of departure for all of the developments that led toward modernism and "functional" design in architecture and consumer goods in Europe and the U.S. after the end of the First World War – an ongoing process that apparently continues to impact on the industry today. New, reductive forms for architectural structures and spaces and for machines and everyday objects of all kinds emerged under the influence of the Bauhaus in the German-speaking region in particular, and that influence is still evident today.
"To achieve maximum effect with minimum means!" was the credo of the new "functional aesthetics," as succinctly articulated by Bauhaus founder Walter Gropius: "Every object is determined by its essence. In order to design it so that it functions properly, its essence must be explored; for it must serve its purpose completely, that is, its functions must be lasting, inexpensive, and well-designed."[7]

## „Die Vorbereitung“
### Siemens-Design von 1900 bis 1914

Christoph A. Hoesch


62 Technisch geprägtes Erscheinungsbild

63 „Anlagenbauer“ Siemens

64 Vorbild AEG?

65 „Punktuelle“ Gestaltung

345 Anmerkungen


## “Laying the Groundwork”
### Siemens Design from 1900 to 1914

Christoph A. Hoesch


62 Emphasis on Technical Design

63 Siemens, the “System Engineer”

64 AEG as a Model?

65 “Ad Hoc” Design

351 Notes

# Die Vorbereitung
# Laying The Groundwork

Siemens und die dort Verantwortlichen waren von den aufbrechenden gestalterischen Diskussionen zunächst weitgehend unberührt, zu sehr blieb das eigene Selbstverständnis durch die Ingenieur-Traditionen des 19. Jahrhunderts geprägt. Zunächst noch zögerlich, nach dem Ersten Weltkrieg jedoch zunehmend aufgeschlossen, begann man in Fragen der Formgebung umzudenken, um Ende der zwanziger Jahre, offiziell erst ab 1933, den Pfad einer geordneten werkseigenen „Formgebung der Fabrikate“ zu beschreiten. Ein großer und zwei kleine Abschnitte prägen deshalb die Entwicklung der Entstehung und Institutionalisierung der frühen Siemens-Produktgestaltung und ihren Übergang zum modernen Design in den ersten 60 Jahren des 20. Jahrhunderts: eine Periode noch weitgehend ungeordneter, punktueller Gestaltungen zwischen 1900 und 1929 – durch externe Kunsthandwerker oder Siemens-Konstrukteure bzw. Werksarchitekten.

Closely bound to the engineering traditions of the nineteenth century, Siemens and Siemens management showed little concern with the emerging design discussion in the early years of the twentieth. Hesitantly at first, but with increasing interest after the First World War, Siemens executives and engineers began to reassess their attitude toward design issues. By the end of the twenties, although not officially until 1933, they had begun to pursue a policy of systematic corporate “product design.” Thus the history of the origin and institutionalization of early Siemens product design and the transition to modern design during the first sixty years of the twentieth century comprises one long and two shorter phases: a period of largely random, ad hoc designs – the work of outside craftsmen or Siemens engineering designers and architects – between 1900 and 1920.

## Technisch geprägtes Erscheinungsbild

## Emphasis on Technical Design

Die Auseinandersetzungen um das Erscheinungsbild der Technik und die Notwendigkeit einer neuen Formensprache industrieller Produkte waren vor dem Ersten Weltkrieg noch kein wirklich drängendes Anliegen für das Elektrotechnikunternehmen. Zwar verfolgten auch die für die Siemens-Bauten zuständigen Architekten Karl Janisch und später Hans Hertlein die Entwicklungen im 1907 gegründeten Werkbund und ab 1920 im Bauhaus recht genau, waren jedoch selbst nie unmittelbar in diese Diskussionen involviert.

Das öffentliche Erscheinungsbild des Unternehmens war in diesen Jahren vor allem durch seine technisch-wissenschaftlichen Erfolge bei der Weiterentwicklung der Elektrotechnik und deren Publikation in Fachzeitschriften bestimmt. Die Auseinandersetzung über Gestaltungsfragen im Unternehmen selbst betraf vor 1918 fast ausschließlich die Architektur des neuen Quartiers in der Berliner „Siemensstadt". Hierbei wiesen sich sowohl Karl Janisch (vor 1915) und später Hans Hertlein mit ihren Bauten durch ein deutliches, wenngleich nicht allzu radikales Bekenntnis zur anbrechenden Moderne aus.

Die Gestaltung der firmeneigenen Produkte hingegen unterlag bis etwa 1914 (bzw. 1918) ähnlichen Kriterien wie bis Ende des 19. Jahrhunderts und folgte damit einer fast ausschließlich durch technisch-wirtschaftliche Kategorien bestimmten Sichtweise. Zwar wurden „äußere" Formgebung und Materialwahl für die Fabrikate verstärkt durch bei der Gehäusebildung eingesetzte neue Technologien definiert – vornehmlich Blech neben den traditionellen Materialien Keramik und Holz, aber auch erste Versuche mit dem 1913 entwickelten Bakelit –, doch anders als beim Konkurrenten AEG setzte man weiterhin auf bewährte Formen und allenfalls deren vorsichtige Weiterentwicklung.

Issues relating to the visual appearance of technology and the need for a new formal language for industrial products were not of urgent concern to the electrical engineering firm in the years preceding the First World War. Although architects Karl Janisch and later Hans Hertlein, who were responsible for building at Siemens, followed developments in the Werkbund, which was founded in 1907, with great interest, they were never directly involved in these discussions.

During those years, the company's public image was shaped primarily by its technical and scientific achievements in electrical engineering and by related articles in learned journals. Until 1918, the debate on design issues within the company was focused almost exclusively on the architecture of the new corporate facility in Siemensstadt in Berlin. In this context, both Karl Janisch (until 1915) and his successor Hans Hertlein demonstrated a clear, although hardly extreme, affiliation with the emerging modernist movement in their buildings.

Until about 1914 (or 1918), however, Siemens product design remained subject to much the same criteria that were applied in the late nineteenth century and thus reflected an approach defined almost exclusively by technical and economic considerations. Aspects of "external" design and material composition were determined to an increasing extent by technologies employed in the construction of housings and cases – primarily sheet metal alongside traditional ceramics and wood, but also supplemented by early experiments in the use of Bakelite, which had been developed in 1913 – yet unlike its rival AEG, Siemens continued to rely on accepted forms and cautious refinements of established designs, at best.

Siemens-Ampère-Stunden-Zähler: Schutzgehäuse aus Stahlguss für den Einsatz unter erschwerten Betriebsbedingungen, 1919.

Siemens ampere/hour meter: cast steel housing for heavy-duty use, 1919.

Dass man sich beim deutschen „Senior“ der Elektrobranche in Fragen einer unternehmensspezifischen Produktästhetik anfänglich so betont zurückhielt, hatte mehrere Gründe, die teilweise in einander wirkten: So war der traditionelle Kundenverkehr Anfang des 20. Jahrhunderts immer noch vorrangig durch „Business to business“-Beziehungen mit Großunternehmen, Staatsbehörden wie der Post, Eisenbahngesellschaften oder den privaten und kommunalen Stromversorgern geprägt. Man kommunizierte deshalb direkt in seinen Märkten bzw. über Fachpublikationen oder Messen, doch nur wenig und wenn dann meist ohne uneinheitliches Konzept über Werbekampagnen. Schließlich verstanden sich das Unternehmen und seine Verantwortlichen bis in die ersten Jahrzehnte des 20. Jahrhunderts eher als technische Anlagenbauer und Ausrüster, weniger als Hersteller von Gebrauchsgütern im modernen Sinne.[1]

Das aus heutiger Sicht für Design und Werbung relevante „Detailgeschäft“ mit Privatkunden war also bis nach dem Ersten Weltkrieg keine wichtige Domäne. Dies wird nicht zuletzt dadurch deutlich, dass man branchenintern noch weit bis in die zweite Hälfte des 20. Jahrhunderts zu spotten pflegte, Siemens sei ein Anlagenbauer, der auch Hausgeräte herstelle, während sein Konkurrent, die AEG, ein Hausgerätehersteller sei, der auch Anlagen baue.[2] Dennoch schrieb schon 1914 der spätere Siemensvorstand Carl Köttgen nicht zuletzt mit Blick auf die Ausrichtung des eigenen Unternehmens etwas verklausuliert: „Elektrizität hat neue Wege geschaffen – nun muss aber der Mensch den Möglichkeiten neue Formen und Strukturen verleihen, um sie weiter nutzbar und für unser Leben bereichernd werden zu lassen!“[3]

There were a number of reasons for the initial marked restraint exhibited by the “senior” producer in the electrical engineering industry when it came to matters of corporate product aesthetics, and some of these factors were interrelated. Traditional business activities in the early years of the twentieth century were still dominated by business-to-business relations with major corporations, government agencies such as the postal and railway authorities, and private and local electrical power suppliers. Thus little effort was invested in direct communication with markets or through industry publications and trade fairs. Where such activities were pursued, they were seldom guided by a consistent advertising concept. After all, the company and its management tended to regard themselves as systems engineers and equipment suppliers rather than manufacturers of consumer goods in the modern sense.[1]

Consequently, the “detail business” with private customers we regard today as relevant to design and advertising did not become an important domain of corporate activity until after the First World War. This is reflected in the somewhat derisive view often expressed by industry insiders tended well into the second half of the twentieth century of Siemens as a system supplier that also produced household appliances, while its rival AEG was seen as a household appliance manufacturer that also built systems.[2] Even so, Carl Köttgen, later chairman of the board at Siemens, wrote as early as 1914 in a somewhat roundabout reference to his company’s vision that “Electricity has opened new vistas – but now mankind must give new forms and structures to these possibilities in order to make them useful and enriching for our lives!”[3]

Konstruktionsbüro der Siemens-Schuckertwerke, um 1906.

Design office at Siemens-Schuckertwerke, ca. 1906.

Das Vorbild der Allgemeinen Elektricitäts-Gesellschaft (AEG), die bereits nach der Jahrhundertwende mit umfassenden Gestaltungskonzepten von der Produktgestaltung über die Architektur bis hin zur Werbung Aufsehen erregte, löste zwar Erstaunen, doch kaum weiter reichendere Reaktionen bei den Verantwortlichen von Siemens aus. So konnte man sich vor Ausbruch des Ersten Weltkriegs, abgesehen von wenigen unbedeutenden Versuchen, nicht dazu durchringen, nach dem Beispiel des Konkurrenten einen neuen Produktbereich für Hausgeräte aufzubauen oder gar eine zentral organisierte Arbeitsgruppe für alle Gestaltungsfragen zu installieren.

Das Problem einer bewussten Produktästhetik stellte sich bei Siemens wie schon im 19. Jahrhundert weiterhin nur von Fall zu Fall, bezogen auf konkrete Bedürfnisse einzelner Unternehmensbereiche und ihrer Märkte. Wurde Öffentlichkeitswirksamkeit angestrebt, wie bei Technik-Ausstellungen oder bei speziell gestalteten Geräten für repräsentative Zwecke, z. B. Telefongeräten, so wurden die betreffenden Apparate und Maschinen meist in Einzelstücken oder Kleinserien in „feiner", das heißt unter Verwendung wertvollerer Werkstoffe, oder aber in einer stärker dekorierten Ausführung produziert.

Dennoch blieb das Vorbild der AEG nicht ohne Resonanz. Folgte man doch in der Gestaltung verschiedener Lampenformen oder der ersten Siemens-Hausgeräte (Bügeleisen, Wasserkessel) ohne Skrupel dem Beispiel der Konkurrenten, meist der AEG oder den in der Entwicklung vorauseilenden US-amerikanischen Vorbildern. Diese Indifferenz scheint zwar nicht unmittelbar einsichtig, mag jedoch an einer gewissen Unentschlossenheit der Unternehmensführung gelegen haben, die sich hier offensichtlich noch nicht richtig engagieren wollte. Schließlich waren vor dem Ersten Weltkrieg in Deutschland die Strompreise für private Nutzer noch sehr hoch und die meist ausschließlich auf elektrische Beleuchtung abgestellten Hausstromnetze zudem für den Einsatz verbrauchsintensiver Elektrohausgeräte nicht geeignet, wie es Georg Siemens in seiner Unternehmensgeschichte darstellt.[4]



Although the example set by the Allgemeine Elektricitäts-Gesellschaft (AEG), which attracted considerable attention after the turn of the century with comprehensive design concepts for product design, architecture, and advertising, was viewed with astonishment by Siemens executives, that was virtually the extent of their response. With the exception of a few scarcely noteworthy experiments, Siemens made no serious effort to create a new product department for household appliances or to establish a centrally-organized task group responsible for matters of design modeled on their leading competitor's example before the outbreak of the First World War.

As was true in the nineteenth century, the need for a consciously defined product aesthetics was still not recognized at Siemens except in isolated cases, and then only in response to the specific needs of individual corporate departments and their markets. Where public impact was desired, as in the case of technology exhibitions or in the design of appliances marketed as status symbols (such as telephones), the appliances and machines in question were usually produced individually or in small series as "high-end" versions made with valuable materials or featuring more pronounced decorative designs.

Still, the example set by AEG did not go unnoticed. In designing various types of lamps and early Siemens household appliances (irons, kettles), Siemens had no qualms about following the path laid out by its competitors, primarily AEG and U.S. manufacturers, the vanguards of progress in technological development. While this indifference is not immediately understandable, it may simply be indicative of the indecisiveness of corporate management, which was obviously not ready to commit itself to a specific policy. Electricity was still very expensive for private users before the First World War, and household power grids, most of which were configured solely for electric lighting, were unsuitable for high-consumption electrical household appliances, as Georg Siemens pointed out in his history of the company.[4]

„Ziviler Werkstoff" Holz: elektrische Standuhr mit Jugendstilmotiven, 1911/12.

Wood in "civil design": electrical mantelpiece clock with Jugendstil décor, 1911/12.

Dabei waren die einzelnen Entwicklungsgruppen auch in den anderen Unternehmensbereichen bis gegen Ende der zwanziger Jahre in Gestaltungs- oder Werbungsfragen offensichtlich mehr oder weniger auf sich allein gestellt und agierten in Sachen Formgebung entsprechend unabhängig. Die Koordination dieser Aufgaben blieb weiterhin den einzelnen technischen Bereichen und ihren Verantwortlichen überlassen. Diese setzten sich auf dem Sektor der Telefongestaltung oder der Herstellung von Installationsmaterial zwar mit neuen Materialien und Technologien auseinander, gingen dabei jedoch formal eher optimierend als experimentierend vor, ohne dass eine übergeordnete Leitlinie existiert hätte.

Nur für das vom werksinternen „Literarischen Büro" auf Anfrage betreute „Propagandamaterial" hatte man erste Regelungen getroffen, nämlich für die meist noch recht rudimentäre Werbung und Koordinierung der technisch-wissenschaftlichen Veröffentlichungen. Und auch bei der Gestaltung eines gemeinsamen Firmenzeichens war man über die beiden Logos für die Unternehmensteile Siemens-Schuckertwerke und Siemens & Halske nicht hinausgekommen.

The various development groups in the other corporate divisions were also left more or less to their own devices when it came to design and advertising until near the end of the twenties, and they acted largely on their own in matters of design. Responsibility for coordinating these functions was left to the individual technical departments and their managers for some time. While they explored the possibilities offered by new materials and technologies in the design of telephones and the production of installation material, they tended to focus on optimization rather than experimentation, and even here there is no evidence of a higher guiding policy.

First rules were established only with regard to the "propaganda material" developed on request by the company's "Literary Office," which was responsible for the initially still quite rudimentary advertising and coordination of publications on engineering and science. Even the designers of the new corporate symbol found no better solution than a simple combination of logos of Siemens's two corporate divisions – Siemens-Schuckertwerke and Siemens & Halske.

Für andere gestaltungsrelevante Bereiche, wie Architektur, Ausstellungs- und Messebau, war die bereits erwähnte Hochbauabteilung zuständig. Zwar wurden auch bei Siemens wie schon vor der Jahrhundertwende vereinzelt Kunsthandwerker oder Werksarchitekten – aufgrund ihres Kow-hows in Beleuchtungs- und Einrichtungsfragen – bei bestimmten Gestaltungsproblemen hinzugezogen. Doch derartige Unterstützung blieb bis 1920 zu punktuell, als dass sie sich durchgängig als zuverlässiges Referenzorgan erwiesen hätte, weshalb sich entsprechende Aktivitäten auch im Einzelnen meist nicht zuordnen lassen.

Nach Ausbruch des Ersten Weltkriegs und Umstellung aller deutschen elektrotechnischen Unternehmen auf kriegswirtschaftliche Belange traten auch bei Siemens weitere Überlegungen zur ästhetischen Gestaltung der Fabrikate in den Hintergrund. Die Produktion war nun allein von Zweckmäßigkeitserwägungen der Rüstungstechnik und einer mit Fortschreiten des Krieges immer schwierigeren Rohstofflage bestimmt. Letztere machte andererseits die Verwendung der neuen Hilfs- und Surrogat-Werkstoffe, wie Bakelit, zunehmend populär und förderte so auch bei Siemens einen immer professionelleren Umgang damit.

The Building Department cited above was responsible for other areas of relevance to design, including building, exhibition, and trade-fair construction. Although craftsmen or plant architects were occasionally called in – as experts in matters of lighting and furnishing – to assist with certain design problems at Siemens, support of this kind was sporadic until 1920 and thus did not consistently represent a reliable reference organ, which explains why most of these activities cannot be allocated to a specific category.

After the outbreak of war in 1914 and the subsequent retooling of all electrical engineering firms in response to the needs of a war economy, issues relating to the aesthetic design of products receded into the background at Siemens as well. Production was determined by the utilitarian dictates of the arms industry and a raw materials supply situation that worsened as the war progressed. Yet at the same time, the shortage of raw materials resulted in the rising popularity of such new auxiliary and surrogate materials as Bakelite, while prompting companies like Siemens to developing an increasingly professional approach to their use.

Walzstraßen-Motoren mit den für Siemens typischen Gehäuseformen aus Stahlguss seit der Jahrhundertwende, 1906.

Rolling-line motors with cast-steel housings typical of Siemens design after the turn of the century, 1906.

Elektrische Heizung mit textiler Anwendung: Fußwärmer für Automobilisten und Piloten, 1916.

Electric heating in a textile application: foot warmer for motorists and pilots, 1916.

## „Der Anfang"
Siemens-Design von 1920 bis 1945

Christoph A. Hoesch

## "The Beginning"
Siemens Design from 1920 to 1945

Christoph A. Hoesch


70 Perspektivenwechsel nach dem Ersten Weltkrieg

71 Neue Strategien

72 Vorbild USA

74 Vertriebliche Probleme ...

75 ... und erste Lösungen

76 Formgebung in Raten

78 Die ersten „Formberater"

80 Formgebung als „Architektur im Kleinen"

82 Fortschritte und erste öffentliche Anerkennung

83 Hans Domizlaff

85 „Psychologie für Werbung" und Formgebung

86 Zweiteilung der Formgebung

87 Gestaltungsschwerpunkte 1930 bis 1945

89 Formgebung mit völkischer Ausrichtung?

346 Anmerkungen

70 Changing Perspectives in the Aftermath of the First World War

71 New Strategies

72 U.S. Models

74 Sales Problems ...

75 ... and First Solutions

76 Design on the Installment Plan

78 The First "Design Consultants"

80 Design as "Architecture on a Small Scale"

82 Progress and First Public Recognition

83 Hans Domizlaff

85 "Psychology for Advertising" and Formal Design

86 A Dual Approach to Design

87 Focal Points of Design Policy, 1930 to 1945

89 Folk Elements in Design?

352 Notes

# Der Anfang
# The Beginning

Der Erste Weltkrieg, der für Siemens wie für ganz Europa einen tiefen Einschnitt bedeutete, hatte für das Unternehmen neue wirtschaftliche und technische Prioritäten gesetzt und hinterließ in doppelter Hinsicht tief greifende Veränderungen: Die beiden Söhne und Nachfolger des Gründers, Arnold und Wilhelm von Siemens, waren 1918 bzw. 1919 kurz nach einander gestorben. Ungleich dramatischer jedoch war die Tatsache, dass das Unternehmen 1918 durch Einziehung vieler ausländischer Unternehmungen Vermögenswerte und Beteiligungen in großer Höhe einbüßte.

Siemens was profoundly affected by the First World War, as was Europe as a whole. The war compelled the company to set new economic and technical priorities and left far-reaching changes of more than one kind in its wake. The founder's two sons, Arnold and Wilhelm von Siemens, died in rapid succession in 1918 and 1919, respectively. Yet even more dramatic was the loss of assets and corporate holdings resulting from the seizure of numerous foreign subsidiaries in 1918.

Siemens befand sich 1919 in einer äußerst schwierigen Lage. Man war gezwungen, vieles gleichzeitig zu bewältigen: sich zu konsolidieren, neu zu formieren und dabei auch noch technisch und vertrieblich zu modernisieren. Hinzu kam eine Neubewertung vor allem jener Technologien und Verfahren, die im Krieg ihre besondere Bedeutung für die Zukunft unter Beweis gestellt hatten, z. B. auf dem Gebiet der Radio- und Röntgentechnik oder der elektrischen Fügetechniken sowie der neuen Elektro- und Punktschweißverfahren. All dies erforderte eine umfassende Neuorientierung und Neudefinition der eigenen Vorstellungen, Prioritäten und Strategien.

Die Übernahme der Konzernführung durch den jüngsten Sohn des Firmengründers, Carl Friedrich von Siemens, im Jahr 1919 markiert deshalb über einen normalen Führungswechsel hinaus auch einen weitreichenden unternehmenskulturellen Perspektivenwechsel. Der neue Konzernchef, der zuvor bereits Führungsaufgaben in verschiedensten Bereichen im Ausland erfüllt hatte, entsprach eher als seine beiden älteren Brüder oder gar sein Vater einem neuen, moderneren Typus des Unternehmenslenkers: flexibler im Denken, schneller und entschlossener im Handeln wie in der Delegierung von Aufgaben.[1]

So gelang es ihm in der Zwischenkriegszeit erstaunlich gut, das Unternehmen, anders als einige der typisch „managerial" geführten Kapitalgesellschaften der Konkurrenz, als „einzelunternehmerisch" geprägte Einheit trotz riesiger Probleme zusammenzuhalten und erfolgreich weiterzuentwickeln: „Mit seinen Bemühungen, den Einheitsgedanken inhaltlich und organisatorisch umzusetzen", habe er entscheidend dazu beigetragen, dass das Unternehmen „weniger als andere Konkurrenten durch die exogenen Krisen betroffen war"[2], so der Historiker Wilfried Feldenkirchen.

Siemens found itself in an extremely precarious position in 1919. The firm was confronted with a multitude of problems all at once, most notable among them the need to consolidate and restructure while modernizing its technical and business capacities at the same time. The situation was complicated by the necessity to reassess in particular those technologies and processes that had proven crucial to future development in engineering during the war years – radio and X-ray technologies, for example, electrical joining techniques, and the newly developed electrical and spot welding processes. The company was forced to pursue comprehensive reorientation and redefinition of its own ideas, priorities, and strategies.

Carl Friedrich von Siemens, the founder's youngest son, succeeded his father as executive director in 1919. Far more than an ordinary change in leadership, this marked the beginning of a far-reaching shift of perspective in corporate culture. More than either of his elder brothers and certainly than his father, the company's new director, who had previously held management positions in various departments abroad, exemplified the new, modern type of business executive: more flexible in his thinking, more willing to take quick, decisive action, and prepared to delegate responsibility.[1]

And so it was that he managed with astonishing success, despite the enormous problems his organization faced, to hold the company together while promoting its growth as a proprietary corporate unit – in contrast to other competitors that were run in the typical "managerial" style. "Through his efforts to realize the concept of unity in both substantive and organizational terms," he played an instrumental role in ensuring that the company was "less affected by exogenous crises than many of its rivals,"[2] as historian Wilfried Feldenkirchen notes.

Siemens-Vorstand Carl Friedrich von Siemens (1872–1941), ein entschiedener Förderer zentral verantworteter Siemens-Formgebung und -Werbung zwischen 1920 und 1945.

Siemens Director Carl Friedrich von Siemens (1872–1941), who was instrumental in promoting centralization in Siemens design and advertising between 1920 and 1945.

Die Bemühung um Einheit und Zusammenhalt des unter krisenhaften Höchstbelastungen zuweilen auseinander driftenden Unternehmens bestimmte die Arbeit der neuen Siemens-Führung bis 1945. Dabei erforderten die in kurzer Folge auftretenden und sich zuspitzenden gesellschaftlichen, politischen und wirtschaftlichen Krisen mehrmals neue Orientierung und äußerste Flexibilität im Handeln. Die ersten Veränderungen bei Siemens betrafen denn auch neben der Einführung neuer Produktbereiche wie Hausgeräte- und Rundfunktechnik eine umfassende und stetige Modernisierung der Fertigung bei gleichzeitiger Straffung der Unternehmensorganisation.

Der neuen Unternehmensleitung war zwischen 1920 und 1924 klar geworden, dass die Entwicklung einer umfangreichen Produktpalette von Hausgeräten, Radioempfängern und die ausgeweitete Produktion von medizintechnischen Geräten andere Prioritäten erfordern musste als in der Zeit vor 1914. Nicht nur neue Kunden waren dafür zu gewinnen, sondern auch deren Ansprüche an die neuen Geräte zu berücksichtigen, was wiederum nach heutiger Diktion verstärkter „Before"- und zugleich umfangreicher „After sales"-Maßnahmen bedurfte. Es schien also unumgänglich, wie Georg Siemens in seiner Unternehmenshistorie anmerkt, „Dienste mit bisher kaum verfolgten Aufgaben zu entwickeln".[3] Dies führte Ende des ersten Nachkriegsjahrzehnts zur Einführung einer werkseigenen Zentralstelle für „Formgebung".

Efforts to preserve the unity and cohesion of the company, which seemed on the verge of breaking apart more than once under the pressures of a crisis-ridden era, characterized the work of the new Siemens management until 1945. The rapid succession of increasingly acute social, political, and economic crises required repeated reorientation and extraordinary flexibility in managerial policy. The first changes implemented at Siemens involved the introduction of new product groups, including household appliances and radio technology, as well as extensive and continual modernization in production accompanied by efforts to create a leaner corporate organization.

The new Siemens management realized between 1920 and 1924 that the development of a broad product range comprising household appliances, radios, and a growing range of medical-technical equipment required very different priorities than those that had applied before 1914. The company needed not only to attract new customers but also to respond to the demands they posed with regard to these new technologies, and that, in turn, meant strengthening both before- and after-sales activities. Thus, as Georg Siemens commented in his history of the Siemens company, "It seemed we could not avoid developing services involving activities we had never pursued before."[3] These insights led to the establishment of a central department of "formal design" near the end of the first postwar decade.

Vorbilder für die strategische Ausrichtung elektrotechnischer Unternehmen, ihrer Produkte und deren Darstellung in der Öffentlichkeit waren in der Zeit nach dem Ersten Weltkrieg vor allem die erfolgreichen Energieversorgungs- und Elektrotechnik-Unternehmen in den USA. Kaum von Kriegsauswirkungen beeinträchtigt, konnte man jenseits des Atlantiks in der Erschließung des Phasen- und Wechselstroms, seiner Verteilung und Anwendung in Industrie und Haushalten Europa weit vorauseilen. Europäische, vor allem deutsche Elektrotechnikunternehmen, wie die Firma Siemens, beobachteten daher die Entwicklung der US-Elektrotechnik sehr genau. Neben Energie-, sowie industrieller Steuer- und Antriebstechnik waren es vor allem die schon vor 1918 jenseits des Atlantiks erfolgreichen Sparten der Haus- und Transport-Elektrotechnik gewesen, die die Aufmerksamkeit auf sich zogen.

Erste praxistaugliche Elektrogeräte für Industrie und Gewerbe, aber auch für Privathaushalte waren dort bereits um die Jahrhundertwende auf den Markt gekommen. Sie erfreuten sich dank neuartiger effizienter Vertriebssysteme – wie Versandhandel und Direktvertrieb – bald wachsenden Erfolgs. So fanden sich schon vor 1918 in vielen US-Haushalten neben elektrischer Beleuchtung zunehmend elektrische, meist mit Gleichstrom betriebene Geräte, wie Haartrockner, Staubsauger oder Wasserkessel, aber auch – damals noch viel bewundert – erste elektrische Küchenmaschinen.



The most important models for the strategic orientation of electrical companies, their products, and their public relations activities in years following the First World War were the successful energy and electrical engineering companies in the United States. Hardly affected at all by the war, firms on the other side of the Atlantic made rapid progress in the development, distribution, and use of phase and alternating current in household and industrial applications, leaving Europe far behind. European, and especially German, electrical engineering firms like Siemens kept a close watch on developments in electrical technology in the U.S. In addition to energy and industrial drive and control technology, the fields of electrical household and transportation technology, which had flourished in the U.S. even before 1918, attracted considerable attention.

The first viable industrial, commercial, and household electrical machines and appliances had been introduced to the U.S. market near the turn of the century. Thanks to new, more efficient distribution systems – including mail-order and direct sales – they were marketed with increasing success. Even before 1918, many U.S. households were equipped not only with electric lighting but also to an increasing extent with electrical devices (most of them powered by direct current) such as hair-dryers, vacuum cleaners, water kettles, and the first new and immediately popular electrical food processors.

„Gleichstrom" im 20. Jahrhundert: Der Energiespender der Pionierzeit wird zum Medium der mikroelektrischen Entwicklung.

"Direct current" in the twentieth century: The energy source of the pioneer era is the new medium of developments in micro electronics.

Dass bei der Vermarktung elektrotechnischer Produkte Werbung und Formgebung eine immer wichtiger werdende Rolle spielten, zeigen die Äußerungen all jener, die wachen Auges die USA bereisten: Zwischen 1920 und 1940 informierten sich Siemens-Direktoren, Ingenieure und Konstrukteure der unterschiedlichsten Unternehmensbereiche dort auf ausgedehnten Reisen über die neuesten Entwicklungen. Eine ab 1924 intensivierte Kooperation mit dem US-Konzern Westinghouse liefert darüber zusätzliche Rückmeldungen.[4] So äußerte Siemens-Direktor Hermann Reyss, der in der Zwischenkriegszeit als Koordinator zwischen Westinghouse und Siemens wirkte, in einem Brief gleichsam prophetisch: „Nicht genauso so wie in den USA – aber so ähnlich wird es auch hier [in Deutschland bzw. Europa] gehen!“[5]

Advertising and design played an increasingly important role in the marketing of electrical products, as those who traveled through the U.S. with open eyes could clearly see. Between 1920 and 1940, Siemens managers, engineers, and engineering designers from various corporate departments traveled extensively in America, gathering information about the newest technological advances. The cooperative venture with the U.S. Westinghouse corporation that had been progressively expanded since 1924 was a source of additional feedback.[4] Siemens director Hermann Reyss, who served as a coordinator for Westinghouse and Siemens during the interim between World Wars, prophesied in a letter that “Developments here [in Germany and Europe] will not be exactly the same as in the U.S., but they will be quite similar!”[5]

„Wechselstrom“: Der Phasenstrom wird im 20. Jahrhundert zum Universalmedium aller stationären Energieanwendungen.

“Alternating current”: Phase current is the universal medium for all stationary applications in the twentieth century.

Erste Erfahrungen im Vertrieb zeigten bald, dass bei Siemens – wie auch bei anderen Elektrotechnik-Herstellern – gerade in der Vermarktung der neuen Elektrogeräte für den Privatbedarf Anfang der zwanziger Jahre massive Probleme auftraten. Diese waren weniger bedingt durch die Härte des Wettbewerbs – der damals noch recht moderat begann – als durch eher strukturelle Mängel: So fehlten auf der einen Seite angemessene Vertriebskanäle für die neuen Produkte, andererseits stießen die nun mit Wechselstrom betriebenen Geräte auf erhebliche Akzeptanzprobleme bei den potenziellen Kunden: Der „neue" Wechselstrom wurde als gefährlicher als Gleichstrom empfunden, die Strompreise als zu hoch und die Gerätequalität und Sicherheit als noch nicht überzeugend.

So entwickelten sich gerade der Haus- und Küchengeräte-Sektor bei allen Anbietern auf dem Markt zum ersten durch Massenkonsum bestimmten Versuchsfeld für Produktgestaltung und Werbung. Die Gestaltung von Telefon- und Medizingeräten dagegen unterlag zunächst viel weniger geschmacks- und konsumorientierter Planung – vom Investitonsgüterbereich ganz zu schweigen. Siemens-Haushaltsgeräte und ihr Design machten zudem die firmenspezifische Beständigkeit und Dauerhaftigkeit einmal gefundener Gerätelösungen, d. h. ein gewisses Beharrungsvermögen der damit verbundenen Gestaltungs- und Formkonzepte deutlich. So konnte der Formtyp eines Siemens-Geräts, war er wirtschaftlich erfolgreich, durchaus bis zu dreißig Jahre im Programm bleiben – man denke etwa an den großen Kesselsauger, die Siemens-Röntgenkugel und etliche Telefonapparate, angefangen beim legendären W36. Und diese Tatsache ist nicht nur auf die wirtschaftlichen Auswirkungen zweier Weltkriege sowie die damit verbundenen Mangellagen und Kaufkrafteinbußen in Deutschland und Europa zurückzuführen.



Early experience in sales soon showed that Siemens – much like other manufacturers of electrical equipment – was confronted with major problems when it came to marketing electrical products, especially those designed for use in private households. These difficulties were not the products of tough competition – as competition was actually quite moderate in those early years – but of structural deficiencies. On the one hand, appropriate sales channels for the new products were woefully inadequate; on the other, potential customers exhibited a stubborn resistance to devices powered by alternating current. People regarded the "new" alternating current as more dangerous than direct current. They also found electricity prices excessively high and were not convinced of the quality and safety of the machines and appliances offered.

Driven by mass consumption, particularly the household and kitchen appliance sector thus became the first field of experimentation in product design and advertising for virtually every supplier in the market. In contrast, the design of telephones and medical equipment initially required less taste- and consumer-oriented planning – as was certainly true of the investment goods sector as well. Furthermore, Siemens household appliances and their design exemplify the consistency and durability of equipment solutions developed by specific companies or, in other words, a certain reluctance to change established design and formal concepts. Thus if a Siemens product sold well, its basic form could easily survive in the program for as long as thirty years (examples include the large upright vacuum cleaner, the Siemens X-ray sphere, and numerous telephone models, beginning with the legendary W36. And this tendency is not attributable to the economic effects of two World Wars and the resulting shortages and losses of buying power in Germany and Europe alone.

Protos – das Markenzeichen der ersten Siemens-Hausgeräte nach dem Ersten Weltkrieg.

Protos – the trademark of the first Siemens household appliances after the First World War.

So sah man sich auch bei Siemens im Laufe der zwanziger Jahre zu einem langfristigen Umdenken bezüglich Vertrieb und Profilierung der unternehmenseigenen Produkte genötigt: durch Straffung aller vertrieblichen Aktivitäten sowie Einführung neuer Vertriebsformen und -instrumente. Dazu gehörte neben dem Ausbau des Direktvertriebs von Elektrohausgeräten eine verstärkte „Propaganda", d. h. besondere Werbemaßnahmen, wo sie nötig schienen, z. B. durch gezielte Hilfen für die Vertriebspartner im Elektrohandwerk.

Man begann nach heutigen Maßstäben eher unkonventionell vorzugehen: mit Plakatierungen und Reklame-Korsos, mobilen Ausstellungen, Aktionspräsentationen auf Sportveranstaltungen und vor allem mit Anzeigekampagnen. Eine besondere Maßnahme war die Ausstattung von durchgängig elektrifizierten Musterwohnungen, um die Vorteile der Elektrotechnik im häuslichen Einsatz zu demonstrieren. So wurden 1929/30 in Siemensstadt 500 Werkswohnungen mit einer vollelektrischen Küchenausstattung vorgestellt.[6] Ergänzend hierzu wurde auch der Bedarf für eine prägnantere, „moderne" Formgebung vor allem für jene Bereiche mit Privatkunden erkannt.

Große Teile der stetig wachsenden Siemens-Hausgerätepalette hatte man bereits 1925 unter dem einheitlichen Markennamen „Protos" zusammengefasst[7], und 1929 nahm eine erste Formberatungsgruppe ihre Arbeit auf. Für alle Werbemaßnahmen wurde – wie bereits erwähnt –1935 eine zentrale Werbestelle eingerichtet, die 1937/38 als alle Werbungsvorgänge koordinierende „Hauptwerbeabteilung" (HWA) diese Aufgabe übernahm[8] und durch einen beigeordneten „Werbeberater" geleitet wurde. Kurz danach wurde ihr auch die Formgebungsgruppe teilweise unterstellt, zumindest was die Gestaltung von „Gebrauchsgütern" betraf.

In the course of the twenties, Siemens management began to realize the need for a long-term reassessment of approaches to sales and the image of products produced by the company – a process that involved the streamlining of all sales activities and the introduction of new sales tools and new distribution channels. These efforts included expansion of direct sales of household electrical appliances as well as intensified "propaganda" in the form of special advertising campaigns wherever they were deemed necessary, as in the case of the systematic support provided to sales partners in the electrical trade.

The initial approach was rather unconventional as measured by contemporary standards: posters and advertising parades, mobile exhibitions, action presentations at sporting events, and above all newspaper ad campaigns. A special project involved the furnishing of completely electrified model apartments designed to demonstrate the advantages of electrical technology for households. In 1929/30, five hundred company apartments equipped with fully electric kitchens were presented in Siemensstadt.[6] In addition, the demand for a more striking, "modern" design was recognized, particularly in sectors that catered to private customers.

A substantial part of the growing Siemens household appliance range had already been classified under the single brand name Protos as early as 1925,[7] and the first design consulting group began its work in 1929. As mentioned above, a separate department was created for all advertising activities in 1935. In 1937/38, it was established as the Central Advertising Department and tasked with coordinating all advertising activities[8] under the direction of an appointed "advertising consultant." Shortly thereafter, some of the work of the design group was placed under its supervision, including in particular tasks relating to the design of "consumer goods."

Die Entwicklung der neuen Siemens-Formgebung erfolgte offensichtlich in kleinen Schritten, bestand sie doch zunächst ausschließlich in Beratung zu Detailfragen oder Begutachtung. Die firmeneigene Bezeichnung „Formberatung“ beschreibt denn auch deren Arbeitsweise recht genau.

Ausgangspunkt war jeweils die Siemens-Bauabteilung. Hans Hertlein, seit 1915 für alle Werksbauten verantwortlicher Architekt und seit seiner Berufung, wie er selbst es formulierte, „immer wieder mit Begutachtungen“ und „vorsichtiger Einflussnahme bei der Neuformung“ von Geräten betraut, erinnerte sich später, dass noch 1920 bei der Vorstellung erster Hausgeräteprototypen „eine nicht übersehbare Ratlosigkeit“ unter den Verantwortlichen geherrscht habe, weil die „recht ungestalt erscheinenden Gerätephysiognomien nicht eigentlich überzeugten“.[9] So hatten die verantwortlichen Konstrukteure in einem anderen Fall mit Hilfe von Berliner Kunsthandwerkern, wie Hertlein später einräumt, „eng am Vorbilde – jedoch in veränderter Proportion und Gliederung“, einfach Geräte der Konkurrenz (wohl elektrische Tee- und Kaffeekessel der AEG), „nur unzureichend kopiert!“.

Hertlein ließ ab 1919, wenn er darum gebeten wurde – was immer häufiger geschah –, durch meist ungenannte Mitarbeiter seiner Abteilung eigene „künstlerische Beiträge“ für die „Neuformung“ von Geräten und Maschinen erstellen. Dazu gehörten auch die ersten Modelle von Siemens-Badeöfen, Radiogehäuse, Details für neue Bügeleisen und elektrische Kochherde, ebenso Vorschläge für Verkleidungen und Maschinensockel von „Generatoren, Transformatoren und große Punktschweißgeräte“.

Siemens design clearly developed in a series of small steps, having been confined initially to advisory services on issues of detail and expert appraisal. Thus the term “design consulting” is an apt description of the underlying working approach.

The starting point for each step was the Siemens Building Department. Hans Hertlein, chief architect responsible for plant buildings since 1915 who, as he put it, was “regularly asked to perform expert assessments” and requested to “exert discreet influence on the design” of new products, later recalled that “an unmistakable sense of helplessness” still prevailed among corporate executives as late as 1920 because the “rather awkward-looking equipment physiognomies were not really convincing.”[9] In another case, designers working with craftsmen from Berlin had, as Hertlein later admitted, simply “made poor copies” of products made by rival companies (presumably electric teapots and coffee-makers produced by AEG), working “close to the original, though altering certain proportions and configurations.”

Beginning in 1919, Hertlein had employees of his department (most of whom remained anonymous) develop “artistic contributions” to the design of new appliances and machines whenever he was requested to do so – which happened with increasing frequency. These included the first models of Siemens bath stoves, radio consoles, details for new irons and electric stoves as well as suggestions for housings and bases for “generators, transformers, and large spot-welding machines.”

Auch bei der formalen Überarbeitung des ersten Siemens „Elmo“- und späteren „Protos“- Staubsaugers 1925 gaben Hertlein und seine Formberater nach Angaben des Konstrukteurs R. Kühnel entscheidende gestalterische Anregungen. Da sich Hertlein, wie schon sein Vorgänger Karl Janisch, einer eher reduzierten, sachlichen Formensprache bei der von ihm verantworteten Architektur verpflichtet fühlte, fallen diese ersten Gestaltungsbeiträge eher unscheinbar und wenig spektakulär aus. Sie lassen sich allenfalls an den gelungeneren Geometrisierungen und einer besseren Proportionierung und Gliederung erkennen, etwa der Gerätekörper von Badewasserbereitern oder von Schalteranordnungen auf Elektroherden.

Ab Mitte der zwanziger Jahre mussten selbst jene Konstrukteure, die bislang geglaubt hatten, man könne ohne jede Formberatung auskommen, einräumen, dass, wie der Ingenieur R. Kühnel es ausdrückte, „technische Güte und Dauerhaftigkeit nicht mehr ausreichend […] [waren], um den Fabrikaten von Siemens den Weg auch zu jenen Menschen zu ebnen, die neben Nützlichkeitserwägungen mit den Gerätschaften ihres Haushalts auch Schönheitssinn verbinden“.[10] Max Anderlohr, Geschäftführer des nach 1925 durch verschiedene Verschmelzungen gewachsenen Medizintechnikbereichs der neuen Siemens-Reiniger-Werke, brachte es in einer Gesprächsnotiz aus dem Jahr 1926/27 auf den Punkt: „Selbst Ärzte erwarten, dass die von ihnen genutzten neuen elektrischen Geräte […] auch das Auge überzeugen.“[11]

According to engineering designer R. Kühnel, Hertlein and his design consultants also provided important creative input for the new design of the first Siemens Elmo and the later Protos vacuum cleaners of 1925. Since Hertlein, like his predecessor Karl Janisch, employed a rather reduced, objective formal language in the architecture for which he was responsible, these early design proposals were quite plain and unspectacular. They are evident at best in effective geometric patterns and the finer proportions and configurations of such items as the bodies of water kettles or the arrangement of switches on electric stoves, for example.

Beginning in the mid-twenties, even those engineers who had assumed that they could do without formal guidance altogether were forced to admit that, as engineer R. Kühnel pointed out, “technical quality and durability [were] no longer enough ... to enable the Siemens factories to reach people who were concerned not only with the usefulness of their household appliances but also with their beauty.”[10] Max Anderlohr, managing director of the Medical Technology Department of the new Siemens-Reiniger-Werke created through various mergers after 1925, described the situation in a nutshell in a memorandum written in 1926/27: “Even physicians want the new electrical devices they use ... to appeal to the eye as well.”[11]

Peter Hertlein (1881–1963), Leiter der Siemens-Bauabteilung seit 1915. Von 1919 bis 1935 war er verantwortlich für den Aufbau der Arbeitgruppe „Formberatung“ – Beginn des Werk-Designs bei Siemens.

Peter Hertlein (1881–1963), named Director of the Siemens Building Department in 1915. He was responsible for the development of the "Form Consulting" group – the starting point for Siemens in-house design – from 1919 to 1935.

Da Carl Friedrich von Siemens, wie sein Biograf Georg Siemens immer wieder anführt, jede Form von Dilettantismus und Improvisation hasste[12], entschlossen sich Heinrich von Buol und Carl Köttgen, die Vorstände der Bereiche Siemens & Halske und Siemens-Schuckertwerke, 1929 eine „dauernde“ Formgebungsgruppe als Dienstleister für alle relevanten Gestaltungsaufgaben einzurichten. Bis 1935 blieb sie unter der Leitung von Hans Hertlein in der Bauabteilung angesiedelt.

Es scheint mehr als bezeichnend, dass die Gründung der Gruppe weniger auf Initiative des gerade reorganisierten Vertriebs erfolgte als vielmehr durch die Unternehmensleitung selbst. Verschiedene Äußerungen von Carl Köttgen, dem mittelbar Verantwortlichen für die Hausgeräteentwicklung, gegenüber Mitarbeitern[13] lassen vermuten, dass der endgültige Impuls zur Formierung der Gestaltungsgruppe im Drängen beider Vorstände lag. Leider sind die Quellen hierfür wie auch für die Entwicklung der Formgebungsgruppe insgesamt wenig ergiebig.[14]

Zu Beginn umfasste die neue Arbeitgruppe nur sechs feste Mitglieder[15]: zwei Architekten und vier technische Zeichner. 1933 wurde sie in einem offiziellen Rundschreiben[16] noch einmal jedem der einzelnen Siemens-Bereiche „in allen Fällen zur Durchbildung unserer Fabrikate in der Formgebung“ als unmittelbarer Ansprechpartner empfohlen. Damit waren erstmals offiziell mehr oder weniger freiwillige Konsultationen mit den neuen Formgebungsberatern vorgesehen, jedoch noch keine zwingende Beteiligung an allen relevanten Entwicklungsaufträgen. Anlass war, wie der Text des Schreibens auch durchklingen lässt, dass sich viele der Anfragen auf Projekte in oft schon recht fortgeschrittenem Stadium bezogen.

Ein Faktor, der einer Formberatung anfänglich entgegenstand, war die betriebsinterne Verrechnung. So stellte die Bauabteilung und später die Hauptwerbeabteilung geleistete Stunden bis 1939 in Rechnung, bis eine allgemeine Budgetierung ohne Belastung der einzelnen Konstruktionsgruppen erfolgen konnte.[17]



As his biographer Georg Siemens repeatedly emphasized, Carl Friedrich von Siemens hated every form of dilettantism and improvisation.[12] Consequently, Heinrich von Buol and Carl Köttgen, directors of Siemens & Halske and Siemens-Schuckertwerke, resolved in 1929 to establish a “permanent” design group as a service provider for all relevant design tasks. The group was assigned to the Building Department under the direction of Hans Hertlein until 1935.

It is significant that the group was founded on the initiative of corporate management rather than that of the newly reorganized Sales Department. Several statements made to employees by Carl Köttgen,[13] who was indirectly responsible for household appliance development, clearly suggest that the crucial impulse that led to formation of the group was the pressure exerted by the two directors. Unfortunately, source material relevant to this matter and to the history of the design group as a whole is not particularly helpful.[14]

Originally, the new working group was composed of only six permanent members – two architects and four technical draftsmen.[15] In an official circular issued in 1933,[16] every Siemens department was advised once again to seek guidance from the group “in all matters relating to the form and design of our products.” This officially opened the way for more or less voluntary consultation with the new design consultants, although it did not specifically require their involvement in all relevant development projects. As the language of the circular suggests, the reason for issuing this recommendation was that many requests for assistance related to projects that had already progressed to a fairly advanced phase.

One of the factors that hindered the development of design consulting at the outset was the internal accounting system. Thus the Building Department and later the Central Advertising Department billed for hours worked until 1939, at which point the system was changed to provide for coverage of the services in question under the general budget without burdening the individual engineering groups.[17]

Werksarchitektur als Orientierung für die Siemens-Formberatung: Wernerwerk Berlin, 1930. Entwurf: Peter Hertlein.

Plant architecture as a point of reference for Siemens form consulting: the Wernerwerk in Berlin, 1930. Architect: Peter Hertlein.

Wilhelm Pruss, Architekt und Mitarbeiter der ersten Stunde in dieser Gruppe (1897–1955), äußerte später einmal, man sei damals trotz der anfänglich ungünstigen Verrechnungsbedingungen von vielen Anfragen überrascht worden und es seien eher zu geringe als überschüssige Kapazität dafür vorhanden gewesen.[18]

Die Arbeitsgruppe wuchs denn auch recht schnell und besaß in Zeiten größter Arbeitsbelastung, besonders zwischen 1933 und 1939, manchmal mehr als zehn feste Mitarbeiter, wobei man je nach Projekt zusätzliche technische Zeichner oder Gestalter abstellte bzw. „beiordnete". Schon bald nach der offiziellen Empfehlung von 1933 erweiterte sich das Team um einen eigenen Modelleur. Es handelte sich um Eduard März, der für den Modell- und Formenbau, angelehnt an klassische Verfahren der Bildhauerei mit Ton- und Gipsmodellen, verantwortlich war. Im Laufe der dreißiger Jahre kam Hans Marloth in die Gruppe, der sich aufgrund seiner Erfahrungen im Möbelbau hauptsächlich mit Rundfunkgeräten beschäftigte.

Erstes dauerndes Mitglied und ab 1942 auch offiziell Leiter der Gruppe wurde der bereits erwähnte Wilhelm Pruss, ausgebildeter Hochbauingenieur, der 1929 in das Unternehmen eingetreten war und zuvor in einem für die Siemens-Bauabteilung tätigen Planungsbüro gearbeitet hatte. Aufgefallen war er dort offensichtlich durch seine Fähigkeit zur Durchdringung technischer Probleme sowie einen sachlichen Umgang mit gestalterischen Details und entsprach nicht zuletzt wegen seiner verbindlichen Wesensart offensichtlich dem von der Unternehmensleitung gewünschten Profil eines „Formberaters".

Wilhelm Pruss (1879–1955), an architect and a member of this group from the outset, noted later that the group had been surprised by the large number of orders at first, despite the unfavorable accounting situation, and that it tended to suffer from a shortage, rather than a surplus, of capacities.[18]

From that point on, the group grew quite rapidly and comprised more than ten permanent members during periods characterized by particularly heavy workloads (especially between 1933 and 1939). Depending upon the nature of a project, additional technical draftsmen or designers were assigned on a temporary basis from time to time. Soon after the official recommendation issued in 1933, a model-builder was added to the team: Eduard März, who assumed responsibility for model and mold construction based on traditional techniques of sculpture using clay and plaster models. At some point during the 1930s, Hans Marloth joined the group as an expert in furniture design who worked primarily on radios.

The first permanent member of the group and its official head beginning in 1942 was the aforementioned Wilhelm Pruss, a trained construction engineer who had been hired by Siemens in 1929 and had previously worked for a planning agency that performed contract work for the Siemens Building Department. He had evidently attracted attention there by virtue of his ability to grasp the essence of technical problems and his objective approach to intricacies of design. With these qualities and his forthright manner, he obviously fit the profile of a "design consultant" as envisaged by corporate management.

Die Frage nach dem Selbstverständnis der ersten Siemens-Formberater lässt sich nicht eindeutig beantworten. In einem Vortrag erklärte Wilhelm Pruss: „Die technische Form wird in erster Linie durch die gestellte Aufgabe, also den Zweck und die Konstruktion bestimmt.“[19] Diese Äußerung entsprang wohl auch anderen Motiven, denn Pruss hatte – wie die meisten Designer vor und nach ihm – sehr schnell erkannt, dass es namentlich im Umgang mit Konstrukteuren oft nützlich war zu betonen, „Formgebung“ folge eher funktional-technischen als ästhetisch-„künstlerischen“ Richtlinien. Dies erscheint umso bemerkenswerter angesichts der Tatsache, dass er zeitlebens Wert darauf legte, als „Architekt“ und nicht als Formgeber oder gar als Techniker verstanden zu werden.

The question how the first Siemens design consultants viewed their role cannot be answered conclusively. In a lecture, Wilhelm Pruss explained that “Technical form is determined primarily by the objective, that is, by the purpose and the construction.”[19] Pruss may well have had other motives for making this statement, since – like most designers both before and after this time – he had quickly realized that, in dealing with engineers, it was often useful to emphasize that “form” was governed by functional and technical rather than aesthetic or “artistic” rules. This is all the more remarkable in view of the fact that Pruss always insisted upon being regarded as an “architect,” and not as a designer or technician, as long as he lived.

Klare Proportionierung und eine funktionale Gliederung: Schaltwerk Berlin, 1928. Entwurf: Peter Hertlein.

Clear proportions and functional configuration: transformer station in Berlin, 1928. Architect: Peter Hertlein.

Entwurf für ein Fernschreibergehäuse aus Holz, um 1938 (?), das erst nach 1949 realisiert wurde.

Model drawing for a wooden telex console, ca. 1938 (?), which was not realized until 1949.

Im selben Zusammenhang betonte Pruss auch Unterschiede und Übereinstimmung von Architektur und Formgebung: „Während bei Proportion, Rhythmus und Farbe der technischen Form Vergleiche mit der Architektur möglich sind, liegen die Dinge aber vollkommen anders, wenn man von der Ruhe der Oberfläche, also dem wohl ausgewogenen Verhältnis von Licht und Schatten eines technischen Körpers spricht.“[20] Auch wenn er Gegenteiliges behauptete, zeigt seine Argumentation, dass er offensichtlich immer einer betont architektonischen Sicht der Formgebung den Vorzug gab. Ganz im Sinne Palladios fährt er nämlich fort, „der Zusammenklang von rhythmischen Gliederung einerseits und als Gegensatz die ruhige Gestaltung und ebenso ruhige Oberfläche der Konstruktionsteile“ ergäben „bei bester Proportionierung die dem Auge wohltuenden Faktoren: die Harmonie und damit die ‚reife technische Form'“.

Im Übrigen war Pruss davon überzeugt, dass selbst erfahrene Ingenieure oder Techniker keine guten Formgestalter abgäben[21], und betonte bis in die fünfziger Jahre hinein immer wieder, er kenne nur einen zur Formgestaltung wirklich befähigten Techniker bzw. Konstrukteur. Damit war offensichtlich sein Mitarbeiter und Stellvertreter Wolfgang Appel gemeint, der, wie viele seiner ehemaligen Kollegen sich erinnern, Fähigkeit und Bereitschaft bewies, sich auf technisch besonders komplexe Problemstellungen einzulassen.

In that same context, Pruss also pointed out both differences and similarities between architecture and design. “While it is possible to draw comparisons to architecture with respect to the proportions, rhythm, and color of technical forms, the situation is quite different when it comes to the serenity of surface, the well-balanced relationship of light and shadow in a technical object.”[20] Although he denied it, his argumentation clearly indicates that he obviously preferred an emphatically architectural approach to design. In the spirit of Palladio, he added that “given optimum proportions, the harmony of rhythmic structure, on the one hand, and as its opposite the serene design and equally calm surface of the components of a construction, on the other,” engender “the factors that please the eye: harmony and thus ‘mature technical form.’”

Pruss was also convinced that even experienced engineers or technicians rarely made good formal designers,[21] and he continued to emphasize well into the 1950s that he knew only one technician or engineering designer with a real talent for formal design. He was obviously referring to his colleague and assistant Wolfgang Appel, who, as many of his former co-workers recall, was both able and willing to explore particularly complex technical problems.

## Fortschritte und erste öffentliche Anerkennung

Wie viele Gestalter technischer Produkte oder Gebrauchsgüter in den zwanziger und dreißiger Jahren waren sowohl Hertlein als auch Pruss mit oft unübersichtlichen und in ihrem Aufbau nur selten geschlossen wirkenden Geräte- bzw. Gehäusekonstruktionen konfrontiert. Dies bedeutete, dass Letzterer vor allem für einheitlich gegliederte und zugleich kompaktere Formen – in diesem Fall bei Maschinen und Gehäusekörpern – sorgen musste. Was ihn jedoch vor vielen anderen „Architekten-Designern" seiner Zeit auszeichnete, war weniger sein auf manchmal recht monumentalisierende Formen abzielender Stil[22] als vielmehr die bei der Gestaltung von ihm favorisierten Vorgehensweisen.

Es ist offensichtlich, dass Pruss und seine Mitarbeiter bei ihren Entwürfen nicht nur der Arbeit mit Stift und Zeichenbrett vertrauten, sondern bereits auf das damals künstlerisch noch verpönte 1:1-Modell in Ton und Gips beim Entwurf kleiner Geräte, Gehäuse und Bedienungselemente zurückgriffen – eine Fähigkeit, die bald nicht nur die besondere Entwurfsqualität der kleinen Gruppe ausmachen, sondern ihr im weiteren gestalterischen Umgang mit dem Hartkunststoff Bakelit besonders zugute kommen sollte.

Dies führte zu Ergebnissen, die der Siemens-Formgebung erste Aufmerksamkeit von Seiten der recht kritischen Fachbeobachter aus dem Verein Deutscher Ingenieure (VDI), aber auch des Deutschen Werkbunds eintragen sollten. So lassen sich bereits vor Bestehen der Gruppe ab 1925 in der Werkbund-Zeitschrift „Die Form" erste Abbildungen von „gut gestalteten" Siemens-Geräten finden: z. B. des „Elmo-Elektrofächers" oder etwas später auch von Kühlschränken, Kochplatten oder der ersten Siemens Universal-Küchenmaschine von 1928, des „Protos-Küchenmotor".

## Progress and First Public Recognition

Like many designers of technical products and consumer goods in the twenties and thirties, both Hertlein and Pruss were often confronted with equipment and housing constructions that lacked clear lines and seldom exhibited a consistent or harmonious structure. Thus Pruss's primary objective was to develop uniformly structured, more compact forms – for machines and housings, in this case. Yet what distinguished him from many other "architect-designers" of his time was not so much his style, which tended on occasion toward quite monumental forms,[22] as the approach he favored in the design process.

It is evident that Pruss and his staff did not rely solely on the drawing board in developing their designs but instead made use of the 1:1 model (still frowned upon by artists at the time) in clay or plaster to develop designs for small technical devices, housings, and operating elements – a capability that not only played an important role in the unique quality of the designs produced by the group but also served them well in their later work with the hard plastic Bakelite.

This led to results that attracted the attention of the highly critical experts in the Verein Deutscher Ingenieure (VDI) and the Deutscher Werkbund to the work of the design group. Early illustrations of "well-designed" Siemens products, such as the Elmo-Elektrofächer, an electric fan, and later on refrigerators, hotplates, and the first Siemens universal kitchen machine, the Protos Küchenmotor of 1928, began to appear in the Werkbund journal *Die Form* in 1925, even before the group was formed.

Hans Domizlaff (1892–1971), als Unternehmensberater bei Siemens von 1935 bis 1938 zuständig für Fragen des Erscheinungsbilds und der Formgebung, war ein entschiedener Verfechter der organisatorischen Einbindung der Siemens-Formberatung in die neue „Hauptwerbeabteilung".

Hans Domizlaff (1892–1971), a corporate consultant responsible for matters of visual form and design at Siemens from 1935 to 1938, was a dedicated advocate of the integration of Siemens Form Consulting into the new "Central Advertising."

Hans Domizlaff

Mit Überwindung der Weltwirtschaftkrise in Deutschland hatten sich nicht nur die politischen Parameter verändert. Der wirtschaftliche Aufschwung, der sich bereits vor der Machtergreifung der Nationalsozialisten 1933 abgezeichnet hatte, verbesserte nicht nur das Ansehen der neuen Machthaber, sondern führte weltweit zu einem neuen konjunkturellen Aufschwung der Elektrotechnik, vor allem aber auf dem Gebiet der Gebrauchsgüterproduktion.

Um nicht nur auf diesem Gebiet, sondern auch allgemein den neuen Anforderungen des Marktes zu begegnen, entschloss sich Carl Friedrich von Siemens, die bereits vor 1933 begonnenen Bemühungen zu einem einheitlicheren öffentlichen Auftreten aller Siemens-Unternehmungen in einer umfassenden organisatorischen Maßnahme zu bündeln: der Gründung einer zentralen Stelle zur Steuerung aller Siemens-Werbungsfragen im Jahr 1935. Die daraus 1937/38 hervorgehende Hauptwerbeabteilung sollte für alles zuständig sein, was auch nur im Entferntesten mit „Corporate Design" zu tun hatte, wie man es heute bezeichnen würde. Darin eingeschlossen sollte nicht zuletzt jene Formgebung sein, die sich mit den „nichttechnischen Gebrauchgütern" beschäftigte, während die Formgebung für „technische Produkte" weiterhin von Wilhelm Pruss von der Bauabteilung betreut werden sollte.

The end of the Great Depression in Germany was accompanied by changes in political parameters, but the economic recovery that had begun before the rise of the National Socialists to power in 1933 not only did wonders for the image of the new regime but also led to a global boom in the electrical engineering industry and particularly in the production of consumer goods.

In order to respond to new market requirements in this and other areas, Carl Friedrich von Siemens resolved to consolidate efforts that had been initiated before 1933 to create a more cohesive public image of all Siemens companies within the framework of a comprehensive corporate reorganization: the establishment of a central department responsible for the management of all Siemens advertising activities in 1935. The Central Advertising Department created in 1937/38 was to assume responsibility for everything even remotely related to what we would refer to today as "corporate design." That was also to include the formal design of "non-technical consumer goods," while the formal design of "technical products" would remain the domain of Wilhelm Pruss and the Building Department.

Entscheidende Anstöße zu diesem ziemlich einmaligen Vorgang in der Geschichte des Konzerns lieferte einer der ersten Unternehmens- und Werbeberater in Sachen Corporate Design in Deutschland: Hans Domizlaff (1892–1971). Ihm gelang es 1933 mit einem Buch über Werbe- und CI-Strategien, Carl Friedrich von Siemens auf sich aufmerksam zu machen. Darin hatte er erstmals anschaulich über Markenbildung und Konsequenzen geschrieben. So wurde er ab 1934 persönlicher Berater in allen Fragen des unternehmerischen Erscheinungsbilds von Siemens. In einer knappen aber treffenden Analyse zeigte er dem Unternehmen seine Achillesferse in Sachen Werbung, Markenpflege und Erscheinungsbild: Uneinheitlichkeit und Unübersichtlichkeit. Sein Konzept beruhte letztlich, wie Wilfried Feldenkirchen feststellt, „auf der Erkenntnis, dass eine Marke nur dann werblichen Erfolg haben kann, wenn es gelingt, sie als Symbol für ein gerechtfertigtes Vertrauen in seriöse Leistungen zu etablieren“.[23]

Crucial impulses for this unprecedented development in the company's history were provided by one of the first business and advertising consultants in the field of corporate design in Germany, Hans Domizlaff (1892–1971). He attracted the attention of Carl Friedrich von Siemens in 1933 with a book on strategies for advertising and the development of corporate identity, the first publication containing a lucid discussion of brand-building and its consequences. He was appointed personal advisor in all matters relating to Siemens's corporate image in 1934. In a brief but accurate analysis, he showed the company its Achilles heel in matters of advertising, brand management, and image: a lack of coherence and clarity. Ultimately, as Wilfried Feldenkirchen notes, his concept was based "on the realization that a brand can achieve commercial success only if it is established as a symbol for justified confidence in reputable services."[23]

Fast provokant formulierte der Werbeberater in einen persönlichen Brief an Carl Friedrich von Siemens: „Entweder stellen Sie Fabrikate her, die des Namens Siemens würdig sind, oder sie lassen das Geschäft.“[24] Seine Vorschläge trafen offensichtlich den Nerv des Unternehmers, sodass er Domizlaff auch eine offizielle Position als interner Koordinator und Berater zur Durchsetzung einer neuen Organisation anbot. Dieser hatte dabei jedoch nicht nur die Werbung im Auge. Er setzte sich auch intensiv mit Formgebungsfragen auseinander. So wirkte er mit unterschiedlichem Erfolg als Berater bei Projekten im Bereich Medizintechnik, mit Farb- und Formgebungsvorschlägen für neue Dentaleinheiten, oder im Radiogerätebau mit einer Gestaltung für ein Vollkunststoffgerät und die daran angeschlossene Werbung. Interessant ist die Argumentation Domizlaffs, der bei seinen Vorschlägen bewusst jede technische oder gar künstlerische Kategorie vermied, seine Änderungswünsche vielmehr zumeist als „psychologisch notwendig“ begründete.

Ein Teil der Schwierigkeiten, mit denen sich Domizlaff im Unternehmen konfrontiert sah, beruhte sicherlich darauf, dass der Berater seine Ideen oft gegen den erklärten Widerstand von Ingenieuren und Konstrukteuren durchzusetzen versuchte, wie im Falle eines Radiogeräts, das gerade wegen seiner Einflussnahme keinen Erfolg im Vertrieb hatte. Dagegen wurden seine Vorschläge für die Farbgebung des Staubsaugerprogramms, die Werbung des Hausgeräteprogramms und seine Verpackungen vom Handel mit Begeisterung aufgenommen. Sie erscheinen noch heute ungewöhnlich modern.

The provocative words written by the advertising consultant in a personal letter to Carl Friedrich von Siemens appear to express a challenge: “You must either manufacture products worthy of the name Siemens or get out of the business.”[24] His recommendations evidently touched a nerve, as the entrepreneur offered Domizlaff an official position as an internal coordinator and consultant for the planned establishment of a new organization. But Domizlaff had more than advertising in mind. He also focused intensely on aspects of formal design, serving with varying degrees of success as a consultant on projects in the field of medical technology, preparing recommendations for color and design for new dental units, and in radio construction, where he proposed a design for an all-plastic unit as well as a supporting advertising campaign. Of particular interest is Domizlaff’s contention that he deliberately disregarded all technical and aesthetic categories, arguing that his proposed modifications were necessary for “psychological reasons.”

Some of the difficulties Domizlaff faced within the company were attributable to the fact that the consultant often encountered resistance to his ideas among engineers and technical designers, as in the case of a radio which, due specifically to his influence, failed to sell as expected. On the other hand, his recommendations for color schemes for the vacuum cleaner program, his advertising for the household appliances program, and his packaging concepts were enthusiastically received by the trade. They still have a surprisingly modern look.

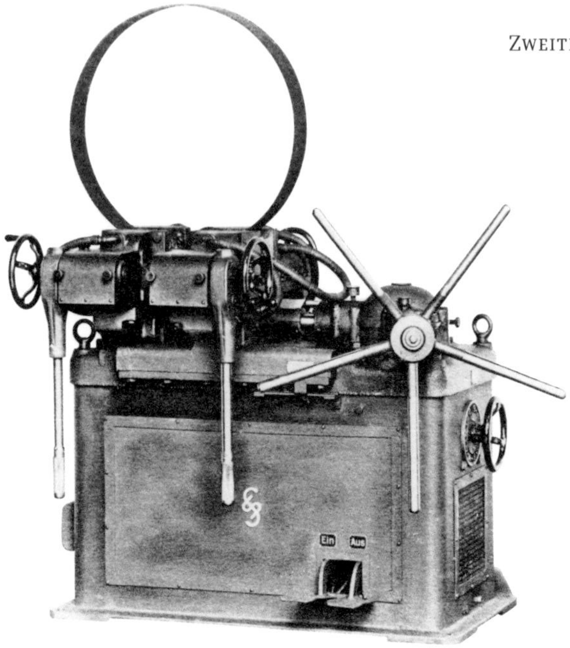

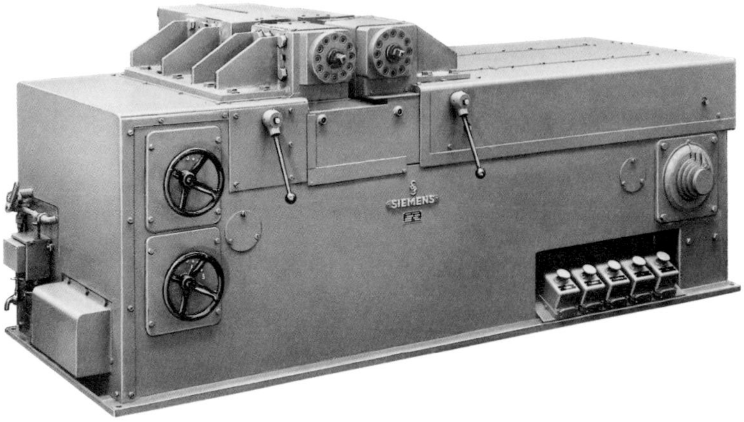


Kleine Stumpfschweißmaschine vor der Bearbeitung durch Siemens-Formberater, um 1934.

Small butt-welding machine prior to redesign by Siemens form consultants, circa 1934.

Vor allem für die Formberatung bedeutete die Eingliederung der Gebrauchsgüter-Gestaltung (besonders diejenige von Rundfunk- und Hausgeräten) in die Hauptwerbeabteilung gewisse Unbequemlichkeiten, erzwang sie doch erneut Umwege neben veränderten Weisungsbefugnissen und Verantwortlichkeiten. Offiziell war nun der Ingenieur Wolfgang Appel für die Formgebung der „nichttechnischen" und Wilhelm Pruss für die der „technischen" Gebrauchsgüter verantwortlich. Dies alles wurde jedoch obsolet, als nach Beginn des Zweiten Weltkriegs, der sich immer stärker ausweitete, die beiden Formgebungsgruppen mit ihren Aufgaben auf ein Minimum zurückgestuft wurden. Der Kriegsausbruch und wohl auch ein gewisses persönliches Unvermögen in der Rolle als Koordinator für alle Erscheinungsbild- und Werbeangelegenheiten waren es, die Domizlaff an seiner Aufgabe scheitern ließen.

Domizlaff zog sich offiziell 1938 von seiner Position zurück, wirkte aber noch bis in die fünfziger Jahre auf Wunsch der Unternehmensleitung weiter als Berater. Der Übergang zur Kriegswirtschaft und anfängliche Widerstände gegen ein all zu kompromissloses Verhalten Domizlaffs ließen den begonnenen Prozess der Umstrukturierung schließlich scheitern. Dessen Zwischenspiel bei Siemens hatte dennoch zumindest für den Bereich der Formgebung zukunftweisende Wirkung. Denn nunmehr war man überzeugt, dass langfristig auch alle anderen Bereiche der Produktgestaltung im Bereich der Hauptwerbeabteilung angesiedelt werden sollten.

The integration of consumer goods design (and particularly of radio and household appliance design) within the Central Advertising Department posed difficulties for the design consultants, as it compelled them once again to seek new approaches and cope with changing structures of responsibility and authority. Officially, engineer Wolfgang Appel was responsible for formal design of "non-technical" products, Wilhelm Pruss for that of "technical" consumer goods. The system soon became obsolete, however, as the two design groups were cut back in size and their responsibilities reduced to a minimum after the outbreak of the Second World War. Domizlaff's failure to accomplish his objective can be attributed in part to the influence of the war but may also reflect personal limitations that made it difficult for him to serve effectively as coordinator for all matters relating to corporate image and advertising.

Domizlaff resigned his position officially in 1938 but continued to serve as a consultant in accordance with the wishes of corporate management until well into the fifties. Under the influence of the transition to a wartime economy and initial resistance to Domizlaff's inability to compromise, the restructuring process in progress was doomed to failure. Yet his work at Siemens had an impact on future developments in formal design, at the very least. Corporate management was now convinced of the need to integrate all other aspects of product design into the Central Advertising Department in the long run.

Kleine Stumpfschweißmaschine nach der Bearbeitung durch Siemens-Formberater, 1938.

Small butt-welding machine after redesign by Siemens form consultants, 1938.

Angesicht des riesigen Aufgabenspektrums und des damit verbunden Arbeitsvolumens unter häufig schwierigsten Bedingungen muss der erste Abschnitt der Arbeit der Formgebungsgruppe bei Siemens als sehr erfolgreich angesehen werden. Beeinflusste sie doch bald nachhaltig die Vorstellungen der Öffentlichkeit darüber, was als „typisch für Siemens", seine Produkte und deren Erscheinung galt, mit einer Bandbreite der Gestaltungsaufgaben, die von der Medizintechnik über Haus- und Rundfunkgeräte, Maschinenbau bis hin zu den Kleinmaterialien im Installationsbereich reichten.

Wenn sich diese Produkte auch gerade zu Beginn kaum von jenen der Konkurrenz unterscheiden lassen, so kann man spätestens ab 1930/31 erste eigenständige formale Entwicklungen erkennen. Trotz der zugrunde liegenden Absicht, eine größere Einheitlichkeit im Erscheinungsbild der Unternehmensaktivitäten zu erreichen, präsentieren sie sich in den ersten drei Jahrzehnten zwar konsequent in ihrer Entwicklung, doch eher heterogen als geschlossen in ihren formalen Ergebnissen. So strebte man eigentlich gar nicht danach, eine einheitliche Stil- oder Designlinie im heutigen Sinne für alle Geräte zu entwickeln, allenfalls für die einzelnen Produktbereiche.

Betrachtet man die gesamte Periode, in der Hans Hertlein, Wilhelm Pruss und sein späterer Nachfolger Wolfgang Appel das Erscheinungsbild vieler Siemens-Produkte bestimmten, auch über 1945 hinaus, so lassen sich zwei zwar technisch beeinflusste formale, besser sollte man wohl sagen „stilistische" Tendenzen der gestalterischen Arbeit der Gruppe ausmachen. Es sind die durch neue Blechverarbeitungs- und Druckgusstechnologien bestimmten Geräteformen z. B. im Maschinensektor, aber auch in der Hausgeräte- und der Medizintechnik. Mit ihrer durchwegs straffen Geometrisierung und Gliederung können sie ihre Herkunft aus den Abkantbänken und ihren architektonischen Entwurfsduktus kaum verleugnen.

In view of the sheer breadth of its responsibilities and its heavy workload, and given the often extremely difficult conditions under which it worked, the first phase of the work of the design group at Siemens must be regarded as highly successful. Indeed, the group exercised a lasting influence on public conceptions of what was "typical for Siemens," its products, and their appearance through a host of design projects ranging from medical technology to household appliances and radios to machine tools and even auxiliary components and installation materials.

Although these products, especially in the early years, are hardly distinguishable from those of competing producers, the first independent formal developments began to appear in 1930/31, at the latest. Despite the underlying intent to achieve greater coherence in the image projected by corporate activities, these products exhibited a consistent line of development over the first three decades, although they were rather more diverse than uniform in terms of formal results. Thus there is no evidence of a striving for a uniform line of style or design, in the contemporary sense, for all Siemens products, although some consistency is recognizable in certain product groups.

If we consider the entire period during which Hans Hertlein, Wilhelm Pruss, and his successor Wolfgang Appel played key roles in shaping the look of many Siemens products even after 1945, we recognize two formal, or perhaps it would be more appropriate to say "stylistic," currents in the design work of the group, both influenced by technical consideration. The first is reflected in forms developed using the new sheet-metal processing and die-casting techniques in the machine sector and in household appliances and medical technology. The consistently stringent geometric configurations and proportions of these products betray their origins in bending presses and a fundamental architectural approach to design.

So wirken gerade die ersten Protos-Kühlschränke ebenso wie die neuen Blechbinder-Schaltwarten mit ihren großzügig gegliederten Fronten fast wie die Gebäude- oder Möbelentwürfe aus Weimar oder Dessau.

Hinzu kamen ab den dreißiger Jahren oft Gehäuseformen mit großen Kantenradien der Gerätekörper und „weicher" anmutenden Armaturen und Bedienungselementen. Ein besonders eindrückliches Beispiel für gelungene Geometrisierung stellte etwa der Entwurf des runden Gerätekopfs eines neuen Röntgengeräts der Siemens-Reiniger-Werke dar, der sog. Röntgenkugel. Geräte der Siemens Haus- und Medizintechnik wiesen nunmehr verstärkt eine „Bombierung" der Formabschlüsse, vornehmlich von zylindrischen Körpern auf: Dies verlieh den Warmwasserbereitern, dem Handstaubsauger „Rapid" oder verschiedenen Röntgengeräten einen plastischer wirkenden Gerätekörper.

Auf der anderen Seite waren es die durch den Einsatz der Kunststofftechnik bestimmten Freiformen der Bakelitelemente und Gehäuse, die für eine ganz andere Art der Gestaltung standen: Den frei geformten Gerätekörpern konnte man denn auch ihren Ursprung als modellierte Entwürfe aus Ton oder Gips deutlich ansehen. Sie fanden vorzugsweise im Telefon- und Rundfunkgerätebau, bei Installationsmaterialien und der Schalter- und der Griffgestaltung Anwendung. Wichtige Exponenten dieser Gestaltung waren die Telefongeräte, angefangen beim ersten Vollkunststoffgerät W36 bis hin zu den fast „barock" wirkenden Geräteformen bei den Dentalbehandlungsgeräten der Zwischenkriegs- und auch des ersten Nachkriegsjahrzehnts.

Die kaum geometrisierten, frei geformten Geräte- bzw. Gehäusekörper zeigen sich zwar anfänglich noch deutlich von den ersten Ericsson- bzw. US-Kunststofftelefonen beeinflusst, die aber bald durch individuellere Formen abgelöst wurden. Besonders nach 1945 erscheinen gerade die neuen Telefone betont eigenständig und können so unschwer über Jahrzehnte hinweg auch international als typische Siemens-Fabrikate identifiziert werden.

Like the new metal-truss control stations with their elaborately structured fronts, the first Protos refrigerators bear a certain unmistakable resemblance to building or furniture designs from Weimar or Dessau.

These were joined in the thirties by generously rounded housings for machine bodies as well as "softer-looking" fittings and operating elements. A particularly impressive example of the effective application of geometric principles was the model for the round top of a new X-ray machine produced by Siemens-Reiniger-Werke, the so-called X-ray sphere. Henceforth, an increasing number of products in the Siemens household and medical technology programs featured cambered ends, primarily those featuring cylindrical forms. This gave hot-water boilers, the Rapid hand vacuum cleaner, and various X-ray machines a more sculptural look.

The second current emerged through the use of plastic-processing techniques to create free forms of Bakelite elements and housings that represented a completely new direction in design. These freely shaped equipment bodies clearly revealed their origins as models made of clay or plaster. They were used in telephones and radios, installation materials, and switch and handle designs. Significant examples of this approach to design were the Siemens telephones, from the first all-plastic W36 units to the almost baroque-looking dental equipment produced between the wars and during the first decade following the Second World War.

The influence of the first Ericsson and U.S. plastic telephones is evident in the earliest of these largely non-geometric, freely formed devices and housings, which soon gave way to more individualized forms, however. The new telephones developed after 1945 exhibit an emphatically unique appearance and are thus easily identifiable even decades later as typical Siemens products.

Große Stumpfschweißmaschine vor der Gestaltung durch Siemens-Formberater, um 1936.

Large butt-welding machine prior to redesign by Siemens form consultants, ca. 1936.

Große Stumpfschweißmaschine nach der Gestaltung durch Siemens-Formberater, um 1938.

Large butt-welding machine after redesign by Siemens form consultants, ca. 1938.

Bemerkenswert ist sicherlich auch die Tatsache, dass man nach 1933 bei Siemens in der noch jungen Produktgestaltung nur zögerlich und oft nur in Details auf die sich nach 1934/35 immer massiver formulierende NS-Gestaltungsideologie staatlich sanktionierter Ästhetiksachwalter einging, die sich besonders auf das häusliche Umfeld konzentrierte. So veränderte man z. B. um 1938 Griff- und Deckelform des Protos-Schnellkochtopfs, um ihm ein wenig von seiner funktionalistischen Strenge zu nehmen.

Dies erscheint umso erstaunlicher, als man es in dem Unternehmen darauf anlegte, die bisherige Linie ohne große Veränderungen beizubehalten, und noch 1939 fanden sich Protos-Hausgeräte in den Schaufenstern, die eigentlich der herrschenden Ideologie widersprachen: Da standen an das Art-Déco angelehnte Samoware in trauter Gemeinsamkeit mit Wasserkochern, die aussahen, als wären sie Jahre zuvor in Dessau und nicht in Siemensstadt gestaltet worden, zusammen mit Staubsaugern, die wie technische Wartungsgeräte wirkten. Auch Teile des Siemens-Leuchtenprogramms signalisierten mit ihren geometrisierten Glaskörpern weniger völkische Rustikalität als technische Funktionalität Dessauer Zuschnitts. Ähnliche Prinzipien offenbarte auch das von Hans Domizlaff ab 1933 entwickelte neue Erscheinungsbild für Verkauf und Werbung von Hausgeräten. Es wurde mit einigen wenigen Änderungen bei Typografie und Texten teilweise bis in den Krieg hinein beibehalten.

Also worthy of note is the fact that Siemens responded only hesitantly and often only in matters of detail to the Nazi design ideology propagated with increasing vigor after 1934/35 by state-sanctioned administrators of aesthetic taste – an ideology that was focused especially on the household environment. Thus, for example, the shape of the handles and the cover of the Protos pressure-cooker were modified circa 1938 in order to soften its austere, functional look.

What makes this even more astonishing is that Siemens designers were intent upon retaining established principles without major changes, and Protos household appliances that defied the prevailing ideology were still displayed in shop windows as late as 1939. Shoppers could admire the Art Deco-style samovar alongside water kettles that looked as if they had been designed years before in Dessau, rather than Siemensstadt, and vacuum cleaners that resembled technical maintenance equipment. The geometric glass elements in some of the products in the Siemens lamp program also had less in common with folk-style rusticity than with the technical functionality of the Dessau Bauhaus. The new program developed by Hans Domizlaff beginning in 1933 for the sale and advertising of household appliances represented the same principles. It was retained, except for a few changes in typography and copy, until well into the wartime years.

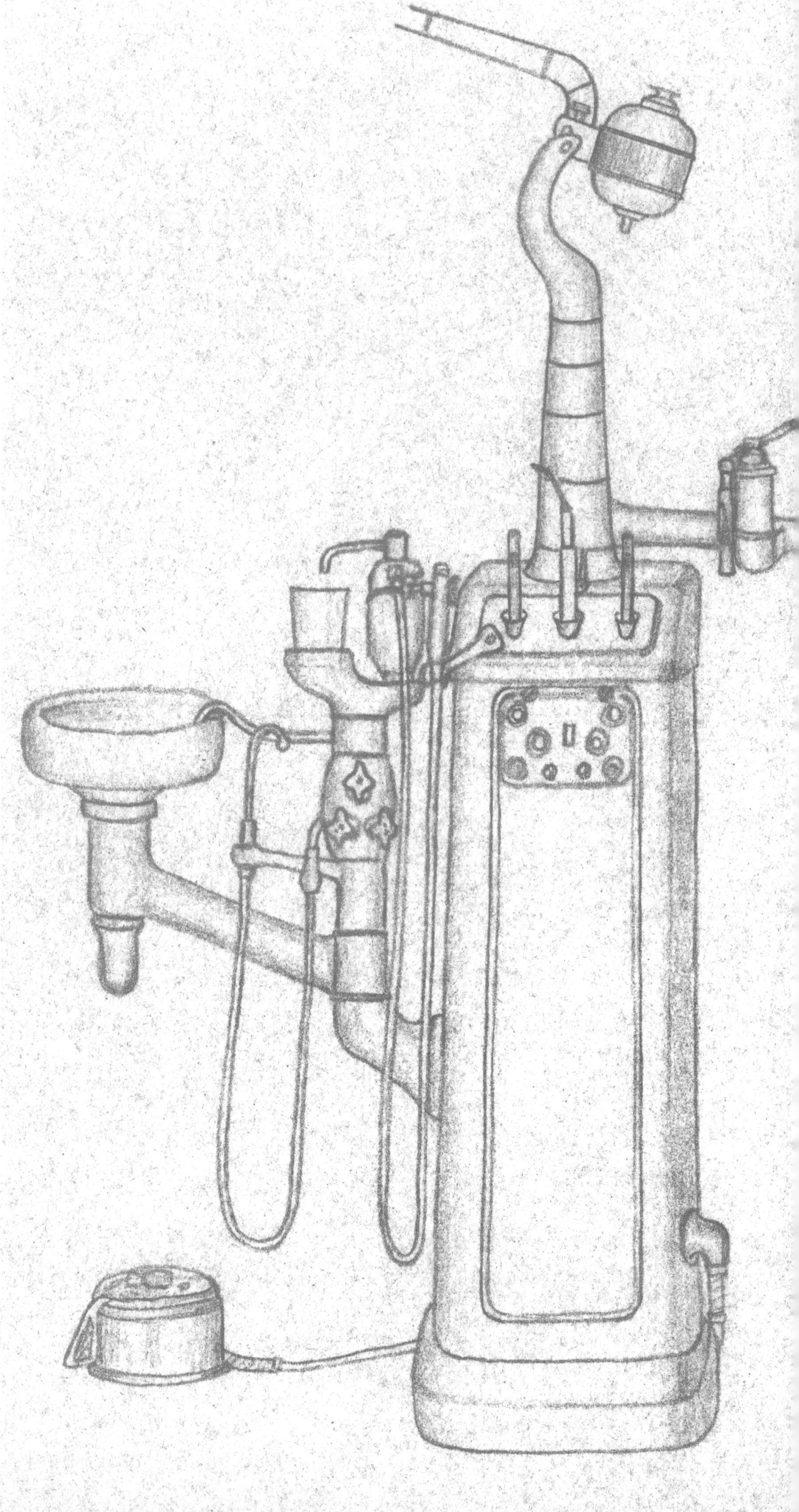

Entwurfszeichnung für das Re-Design einer seit 1914 gebauten Dentaleinheit, um 1934.

Draft drawing for the redesign of a dental unit produced since 1914, ca. 1934.

Derartige Widersprüche, wie der zwischen der unübersehbar funktionalistischen Formgebung zahlreicher Industrieprodukte und den Präferenzen nationalsozialistischer Ästhetik, spiegeln deutlich die Ambivalenz der damaligen Situation. Sie zeigt sich auch in der Weiterführung funktionalistischer Entwurfsprinzipien nach 1933 aufgrund angeblicher „technischer Sachzwänge", die, wie Gert Selle vermutete, durchaus als „Ausdruck einer verschärften staatlich sanktionierten Materialökonomie" angesehen werden konnten.[25] So lässt sich gerade bei großen Unternehmen mit hohem Exportanteil zwischen 1934 und 1939 eine weitreichende Duldung, wenn nicht gar stille Förderung der im Ausland auch als „typisch deutsch" wahrgenommenen funktionalistischen Formgebung durch die neuen politischen Machthaber feststellen.[26]

Für die gesamte Formgebung im industriellen Sektor kann man in dieser Zeit die salvatorische Formel angewandt sehen: inszenatorisches Pathos für die Gestaltung öffentlicher Erscheinungsbilder[27]; gemütvolles, modernistisches Kunsthandwerk und industriell hergestellte Rustikalität für das Wohngefühl; Funktionalität, Materialökonomie und normative Ordnung für jede Form von Technik, angefangen vom Tauchsieder bis hin zum Flugzeug.

Such conflicts, including the clash between the unmistakably functionalistic design of numerous industrial products and the preferences of National Socialists aesthetics, clearly reflect the ambivalence that characterized the situation at the time. The same ambivalence is also evident in the continued reliance on functionalistic principles of design after 1933, in response to alleged "technical constraints" which, as Gert Selle has suggested, can reasonably be regarded as the "expression of an increasingly rigorous, state-sanctioned material economy.[25] And thus we recognize, particularly with regard to large corporations with substantial export commitments, that the National Socialist regime showed substantial tolerance for, if not tacit support of, the functionalist style of design regarded abroad as "typical German."[26]

During those years, the Salvatorian principle appears to have been applied to the entire field of industrial design: theatrical pathos in the design of public facilities;[27] sentimental, modernist handcrafting and industrially produced rusticity for a sense of homeyness; functionality, material economy, and normative order for every form of technology, from the immersion heater to the airplane.

**Die verzerrte Siemens-Moderne**
Design im Spiegel von Werbe- und Propagandastrategien der NS-Zeit

Ralf Rummel

**Distorted Siemens Modernism**
Design as Reflected in the Advertising and Propaganda Strategies of the National Socialist Period

Ralf Rummel

95 Produktpalette und Werbemittel
98 Licht und Kälte
100 NS-Kampagnen „Schönheit der Arbeit"
102 Amtliche Produktions- und Warenästhetik
108 Moderne Werbeprinzipien bei Siemens
113 „Der Anschluss" 1933 – 1944
116 Anschluss an staatliche Werbefeldzüge
120 „Totale Versorgung"
126 „Gemeinschaftswerbung"
128 „Kampf dem Verderb" und „Gutes Licht – gute Arbeit"
130 Idee des „Volkskühlschrankes"
134 Gutes Licht: „Erhaltung der Gesundheit des schaffenden deutschen Menschen"
138 „Gewaltige Erfolge"
141 Werbung und Propaganda
346 Anmerkungen

95 Product Range and Advertising Tools
98 Light and Cold
100 National Socialist Campaigns: "The Beauty of Labor"
102 Official Aesthetics of Production and Consumer Goods
108 Principles of Modern Advertising at Siemens
113 *Der Anschluss* 1933–1944
116 Involvement in Government Advertising Campaigns
120 "Total Electrification"
126 "Cooperative Advertising"
128 The "Fight against Spoilage" and "Good Light – Good Work"
130 The Idea of the "People's Refrigerator"
134 Good Light: "Preserving the Health of German Working People"
138 "Huge Success"
141 Advertising and Propaganda
352 Notes

# Die verzerrte Siemens-Moderne

# Distorted Siemens Modernism

Die Debatte über nationalsozialistische Alltagskultur wird bis heute weitgehend von der Vorstellung bestimmt, hier sei eine strategisch geschickte, sehr stark bildgestützte „Inszenierung des Zwanges“ durch die NS-Verantwortlichen erfolgt.[1] Tatsächlich agierte das Regime ästhetisch-propagandistisch offensiv: sowohl in der Darstellung seiner eigenen Herrschaftsansprüche als auch im unmerklichen Durchdringen der Wahrnehmungsroutine des Einzelnen integriert im Volksganzen.[2]

Die Ebene der werblichen Produkt- und Gebrauchskontext-Darstellungen der Firma Siemens nach 1933 trifft recht präzise den Kern einer Wirkungsmächtigkeit von disparater NS-Kultur. Da ist zum einen die hier nachvollziehbare, schrittweise einsetzende Überlagerung der Firmenwerbung mit den propagandistischen Bewegungen des Regimes, die in den Kriegs- und Mangeljahren an Schärfe gewannen. Zum anderen extrahiert die Mitte der dreißiger Jahre professionell fortentwickelte PR-Abteilung von Siemens aus dieser Kongruenz von Werbung und Propaganda zwei im politischen Gesamtkontext folgenschwere Strategien, nämlich den Ausbau und die Profilierung der technischen Licht- und Kälte-Philosophie.

Even today, the debate on popular culture under National Socialist rule is still dominated by the idea of a cunning strategic “dramatization of force” staged by Nazi officials and massively supported by visual imagery.[1] It is certainly true that the regime pursued an aggressive aesthetic propaganda strategy, both in its efforts to assert its claim to power and in subtle interventions in the day-to-day perceptions of individuals in the population at large.[2]

The level at which products and utilitarian contexts were presented in Siemens advertising after 1933 precisely reflects the essence of the persuasive power of a heterogeneous National Socialist culture. We recognize on the one hand the evident, step-by-step blending of corporate advertising with the propaganda activities of the regime, which grew increasingly intense during the years of war and economic need. At the same time, the Siemens PR Department, which had grown progressively more professional since the mid-nineteen-thirties, extracted from this congruence of advertising and propaganda two strategies that would have far-reaching consequences within the large political context, namely the development and propagation of the engineering philosophy of light and cold.

Gleichwohl tritt die Bildebene der Siemens-Produktphilosophie allein schon deshalb in den Vordergrund der Betrachtung, weil es über die dreißiger und vierziger Jahre keine Verkaufsstatistiken zu alltäglichen Gütern gibt, die Auskünfte über den Konsum bzw. generell über die Modernisierungsbereitschaft im privathaushaltlichen Nutzerverhalten geben könnten. Eine Ausnahme stellt der staatlich prolongierte Volksempfänger dar.[3]

Dabei wird der Anteil von Siemens-Produkten am deutschen Markt während der NS-Zeit mit Sicherheit recht groß gewesen sein, wie die Marktprognose, sogar bezogen auf den amerikanischen Kontinent, zeigt.[4] In den dreißiger Jahren hat es so gut wie kein elektrisches Kleingerät gegeben, das von der Firma nicht maßgeblich im Technischen weiterentwickelt (z. B. Wärme-, Kälteerzeugung, Beleuchtung, elektromotorische Antriebe) und, natürlich in Konkurrenz zu anderen Unternehmen, mit modernen Werbe- und Vertriebsmethoden über die Elektrizitätsgesellschaften und den Zwischenhandel zum Verkauf angeboten worden ist.

However, the visual aspects of the Siemens product philosophy are the focus of attention for the simple reason that no statistics are available regarding sales of everyday consumer goods during the nineteen-thirties and forties that would provide information about consumer behavior or, in a general sense, the willingness of private households to modernize their consumption patterns. One exception is the "People's Radio," the life of which was artificially prolonged by the state.[3]

Siemens products presumably accounted for a large proportion of the total German market during the National Socialist years, as market forecasts, including those for the North American continent, clearly show.[4] During the nineteen-thirties, virtually all of the small electrical machines and appliances on the market had been engineered and developed primarily by Siemens (e.g. heating, cooling, and lighting equipment as well as electric motors) and, of course, offered for sale in competition with other companies through retail and wholesale electrical suppliers with the support of modern advertising and distribution methods.

„Ganz Deutschland hört den Führer mit dem Volksempfänger", Plakat, 1936.

"All of Germany listens to the *Führer* on the People's Radio," poster, 1936.

„Siemens Elektrizität im Haushalt", Siemens-Lichtreklame in Berlin, Ecke Kurfürstendamm/ Joachimsthaler Straße.

"Siemens Electricity in the Household," Siemens neon sign in Berlin, at the corner of Kurfürstendamm and Joachimsthaler Strasse.

Die gesamte beworbene Siemens-Produktpalette reicht von Haartrocknern, Bügeleisen und Heimbüglern, Staubsaugern und Heizkissen über verschiedene Arten von Heißwasserzubereitern, Kaffeemaschinen, Brotröstern bis zu Heizstrahlern, elektrischen Herden, Kühlschränken und Waschmaschinen bzw. Wäscheschleudern. Neben dieser so genannten „weißen Ware" führt Siemens bis weit in die Nachkriegszeit auch „braune Ware" vor: Radio- und Phonogeräte aller Größen und Leistungsstufen, in diversen Möbel-Verblendungen untergebracht.

Immens ausgedehnt hat sich in den dreißiger Jahren der beleuchtungstechnische Produktionsbereich – verschiedene Glühfaden- und Gasdampflampen, Baukasten- und so genannte WPL-Lampensysteme (Werkplatz-Leuchten), kriegsbürokratisch verordnete Luftschutzbeleuchtung der Tochterfirma Osram – für Haushalt, Handwerk und Fabriken, für Bühnen und Sportstätten, öffentliche Straßen und Plätze. Darüber hinaus gibt es ein überwiegend militärisch und NS-inszenatorisch genutztes Scheinwerfersortiment. Und wer weiß heute noch um die hochwertigen Siemens & Halske-Kino-Kameras und -Projektoren, für die um die Olympischen Spiele 1936 herum ereignisbezogen Werbung gemacht wird?[5] Kaum der Erwähnung bedarf die technische und Entwurfsleistung auf dem ureigenen Gebiet der Telefonie und Nachrichtenübertragung.

Wilfried Feldenkirchen stellt in seiner Firmengeschichte über die Jahre 1918 bis 1945 fest, Siemens habe in den dreißiger Jahren eine Größenordnung erreicht, „die vergleichbar mit der der bedeutenden amerikanischen Konkurrenten" sei.

The full range of Siemens products advertised for sale encompassed hair-dryers, irons and home pressing equipment, vacuum cleaners and electric blankets, various types of hot-water heaters, coffee-makers, and toasters, electric stoves, refrigerators, washing machines, and dryers. In addition to these so-called "white goods," Siemens also produced "brown goods" until well into the postwar years: radios and phonographs of all sizes and capacities integrated into a wide range of different housings and consoles.

Lighting technology production expanded rapidly during the nineteen-thirties. The spectrum included various types of filament and gas-vapor lamps, modular and so-called WPL lighting systems (workplace lamps), air-raid shelter lighting required by the wartime bureaucracy and produced by the Siemens subsidiary Osram. These goods were produced for households, tradesmen, and factories, for theaters and sports arenas, for public streets and squares. There was also a range of spotlights used primarily by the military and for representational purposes by the Nazi government. And how many people today know about the high-quality Siemens & Halske movie cameras and projectors, for which a special advertising campaign was run in conjunction with the 1936 Olympic Games?[5] And it is hardly necessary to emphasize Siemens's achievements in engineering and design in the company's traditional field of telephone communication and data transmission.

In his history of the company from 1918 to 1945, Wilfried Feldenkirchen notes that by the nineteen-thirties, Siemens had attained a size that was "comparable to that of its major American competitors."

PROTOS

„Die relative Stellung des Hauses Siemens gegenüber den wichtigsten deutschen Wettbewerbern hat sich in der Zwischenkriegszeit nicht zuletzt aufgrund der vorsichtigen, und dennoch die Möglichkeiten der Märkte weitgehend ausnutzenden Unternehmenspolitik entscheidend verbessert, wenn auch der vor dem Ersten Weltkrieg erreichte Marktanteil nicht behauptet werden konnte. Die großen Konkurrenten, wie etwa die AEG, waren am Ende der dreißiger Jahre vom Marktanteil her deutlich zurückgefallen.“[6]

Im Jahr 1939 vollzieht sich dann der Übergang zur energie- und rohstoffeinsparenden NS-Kriegswirtschaft, der auch bei den Siemens-Schuckertwerken massive Produktionseinschränkungen im Konsumgüterbereich zur Folge hat, die nicht durch staatliche und Wehrmachtsaufträge kompensiert werden können

Wie der Absatz im Bereich der elektrischen Kleingeräte bis 1944/45 genau aussieht, darüber erteilt das Firmenarchiv keine Auskunft, da aus keinem Produktsegment Verkaufsziffern vorliegen.

“Siemens's position vis-à-vis its significant German rivals improved markedly during the postwar years, thanks not least of all to a corporate policy which, though cautious, effectively exploited market opportunities for the most part, although the company was not able to regain the market share it had held before the First World War. Major competitors, including AEG, had fallen behind in market share by the end of the nineteen-thirties.”[6]

The year 1939 witnessed the transition to a National Socialist wartime economy in which priority was given to the conservation of energy and raw materials. One consequence of wartime economic policy was a massive cutback in the production of consumer goods at the Siemens-Schuckertwerke, which could not be offset by government and military contracts.

No information on sales of small electrical machines and appliances in the years before 1944/45 is available in the Siemens Archives, as sales figures were not recorded for any product segment.

„Siemens Elektrizität im Haushalt", Werbeplakat der Siemens-Schuckertwerke, 1936.

"Siemens Electricity in the Household," advertising poster for the Siemens-Schuckertwerke, 1936.

Das Selbstbild der Firma bezogen auf ihre Stellung am Konsumgütermarkt ist hingegen durch Fotos, Siemens-Werbehefte, Werbebilanzen und Firmen-Zeitschriften hervorragend dokumentiert. Neben der ingenieurtechnisch ausgelegten „Siemens-Zeitschrift" hat der Konzern zwischen 1930 und 1944 die aufschlussreiche Zeitschrift „Der Anschluß" herausgegeben, die „Hausmitteilung der Siemens-Schuckertwerke AG für Elektrofachgeschäfte".

Der „Anschluß" versteht sich als aufklärendes Organ für die Verbreitung des Elektrizitätsgedankens und der entsprechenden Geräte im modernen Haushalt. Er annonciert nebenher die adäquaten werblichen Darstellungsmittel. Seine Adressaten sind Wiederverkäufer von Siemens-Produkten, die im direkten Kontakt zu den Konsumenten stehen und als ideale Multiplikatoren der hauseigenen Werbephilosophie gelten. Aufbauend auf diesem reichhaltigen Archivmaterial, soll hier nun die Entwicklung der Produkte, ihres Designs sowie insbesondere dessen Einbettung in eine hochgradig ideologisierte und ästhetisierte NS-Alltagskultur, im besonderen Kontext der Siemens-Werbegeschichte der dreißiger und vierziger Jahre, detailliert nachvollzogen werden.

However, the company's self-image, as an expression of its position in the consumer goods market, is thoroughly documented in photographs, Siemens advertising brochures, advertising accounts, and company periodicals. In addition to the *Siemens-Zeitschrift*, which was strongly oriented toward engineering, the company also issued the highly informative journal *Der Anschluss*, subtitled the "Corporate Report from Siemens-Schuckertwerke AG for the Retail Electrical Trade."

*Der Anschluss* was conceived as an educational publication devoted to propagating the concept of electricity and promoting the use of electrical appliances in the household. It also contained advice regarding effective advertising. Its readers were retail suppliers of Siemens products who were in close contact with consumers, people Siemens regarded as ideal multipliers for its own advertising philosophy. Drawing from this abundant archival material, this chapter traces in detail the development of Siemens products and Siemens design, with a strong focus on its incorporation into a highly ideological, aestheticized popular National Socialist culture within the specific context of the history of Siemens advertising in the nineteen-thirties and forties.

„Der Anschluß", Heft 4 (1932), Titelblatt.

*Der Anschluss*, issue 4 (1932), title page.

NS-Lichtinstallation in Berlin.

NS light installation in Berlin.

Es wird sich dabei herausstellen, dass es, aus heutiger Sicht, sensible Schnittstellen gegeben hat zwischen der firmeneigenen Werbe- und Verkaufspolitik und den politisch-administrativen Durchsetzungsstrategien für eine NS-typische Produktions- und Warenästhetik. Vor allem auf zwei Feldern zeigt sich dies sehr deutlich: in der Beleuchtungstechnik und bei der Kühlschrankproduktion.

Licht und Kälte sind immaterielle Gegenpole. Sie eignen sich als übergreifende Metaphern für den technischen Fortschritt jener Jahre in der privaten Haushaltung und im Fabrikwesen. Auf keinem anderen Gebiet der Elektrizität hat es wohl vergleichbare weitreichende Anstrengungen der Modernisierung und Funktionalisierung des alltäglichen (Arbeits-)Lebens gegeben. Licht – im Sinne von Ausleuchtung und Kontroll- sowie Überwachungsinstrumentarium – und Kälte – als Hygiene- und Säuberungsmaßnahme – sind aber zugleich Sinnbilder, die auf eigentümliche Weise den Herrschaftsanspruch eines totalitären Systems verklammern und zum Ausdruck bringen.

An assessment of available information from a contemporary point of view clearly shows that there were sensitive points of interaction between Siemens's advertising and sales policies and political and administrative strategies devoted to propagating the characteristic National Socialist aesthetics of production and consumer goods. This is particularly evident in two areas: lighting technology and refrigerator production.

Light and cold are opposite, non-mate-rial poles. In a broader sense, they serve as metaphors for technical progress in private households and industrial operations in those years. There is no evidence of comparably effective efforts toward the modernization and functionalization of everyday routines of work and life in any other field of electrical technology. Light – as manifested in lighting, control, and monitoring equipment – and cold – as a hygienic aid and cleansing medium – are also symbols that express and emphasize in a very characteristic way the power of a totalitarian system.

„Siemens-Luftschutz-Richtlinien".

"Siemens Civil Defence Guidelines for Aerial Attacks."

Während die Massenornamentik in den Selbstinszenierungen der Partei und des Staates mittels einer exakten Lichtregie durchchoreografiert[7] und die Gebäude-Verdunkelung in den Kriegsjahren per Erlass effektiv umgesetzt worden sind[8], münden diese und weitere hervorragende technische Einzelleistungen in der sachlich-technokratischen Kälte des Regimes, in seiner gnadenlosen Ausgrenzung und Vernichtung „innerer und äußerer Feinde". Die Konkretionen dieser Bipolarität von Licht und Kälte im Zusammenhang von bewachten Lagern und medizinischen Menschenversuchen verdichten sich zu einer inhumanen Schreckensvision.

While mass ornamentation in the self-dramatizing activities of the party and the state was thoroughly choreographed with the aid of a precisely calculated use of light,[7] and buildings were effectively darkened during the war years pursuant to government directives,[8] these and other outstanding technical achievements culminated in the sober, technocratic coldness of the regime and its merciless ostracism and annihilation of "internal and external enemies." The concrete manifestations of the bipolarity of light and cold in guarded concentration camps and medical experiments on human subjects merge to form a horrific vision of inhumanity.

„Kampf dem Verderb – jetzt erst recht!“, Plakat, 1941.

“Fight Spoilage – Now More Than Ever,” poster, 1941.

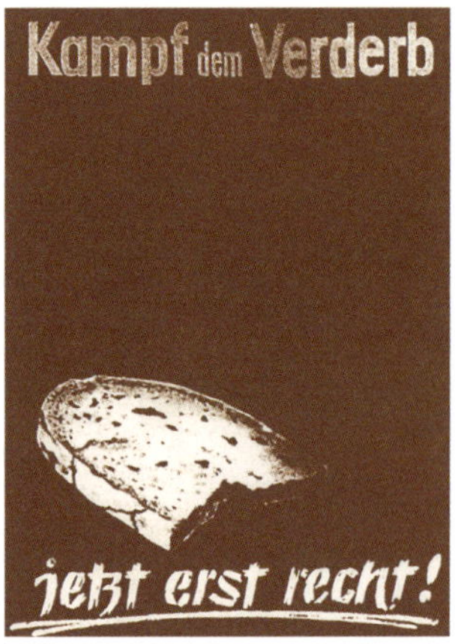


Beleuchtung und Kühltechnik stehen ab Mitte der dreißiger Jahre thematisch im Zentrum der Kampagnen des der Deutschen Arbeitsfront (DAF) untergliederten Reichsamts „Schönheit der Arbeit“ und des Reichsnährstands. Unter dem Motto „Gutes Licht – gute Arbeit“ geht es den amtlichen Propagandisten um die Steigerung der menschlichen Arbeitskraft in den Fabriken und Handwerksbetrieben unter idealen Ausleuchtungsbedingungen. Im Nazi-Jargon dienen die dafür getroffenen Verbesserungsmaßnahmen „der Erhaltung der Gesundheit des schaffenden deutschen Menschen, eine Forderung des Führers und damit des Nationalsozialismus“.[9]

Außerdem wird zum „Kampf dem Verderb!“ aufgerufen; eine Kampagne, die zunächst auf die elektrifizierte sparsame und hygienische Hausbewirtschaftung (Lebensmittelkühlung) abzielt und später, unter den Erfordernissen einer möglichst autarken Kriegswirtschaft, auf die Landwirtschaft und die „Ernährung des deutschen Volkes“ überhaupt ausgedehnt wird. Der Siemens-„Anschluß“ verkündet diese ideologische Ausweitung umstandslos als: „Die elektrische ‚Aufrüstung des Dorfes‘“.[10]

Die Rationalisierung und Effektivierung der landwirtschaftlichen Produktion, also die flächendeckende Ausstattung mit elektrischen Arbeits- und Haushaltsgeräten, wird in Angriff genommen. Zudem soll ganz allgemein das Modernisierungsgefälle zwischen Stadt und Land eingeebnet werden, nicht zuletzt, um den Status der Bauernschaft übrigens nicht rückwärtsgewandt zu romantisieren, sondern modernistisch anzuheben.

Es wird noch genauer zu zeigen sein, wie die beiden Kampagnen von „Schönheit der Arbeit“ mit der Informations- und Werbepolitik für Produkte des Hauses Siemens in ein Gemeinsames übergehen.

Beginning in the mid-thirties, the themes of lighting and refrigeration technology became a central focus of campaigns waged by the Reichsamt “Schönheit der Arbeit” (National Office for the “Beauty of Labor”), which was subordinate to the Deutsche Arbeitsfront (German Labor Front, DAF) and the Reichsnährstand (National Nutrition Bureau). In the spirit of the motto “Good Light – Good Work,” the official propagandists strove to enhance the productivity of human labor in factories by establishing ideal working conditions. In Nazi jargon, the improvement measures instituted for this purpose were intended to “preserve the health of German working people, a goal of the Führer and thus of National Socialism.”[9]

The government also appealed for a “Fight against Spoilage” in a campaign that focused at first on economical, hygienic electrical household management (food refrigeration) and was later expanded, in response to the needs of a self-sufficient wartime economy, to encompass agriculture and “nourishment of the German people.” The Siemens journal *Der Anschluss* hailed this ideological expansion simply as “the electrical ‘arming of the village.’”[10]

Efforts were launched to rationalize and increase the effectiveness of agricultural production by equipping farmers throughout the country with electrical equipment and household appliances. In addition, the modernization gap between cities and rural areas was to be closed. One of the motives underlying this policy was the desire to raise the status of farmers in modern society as the preferred alternative to indulging in romantic nostalgia.

It will be necessary to take a closer look at how the two campaigns pursued by the “Beauty of Labor” office merged with the information and advertising policy developed by Siemens for its products.

Signet der DAF (Deutsche Arbeitsfront) für die Aktion „Gutes Licht“.

Logo of the DAF (Deutsche Arbeitsfront) for the “Good Light” campaign.

Dies ist sowohl unmittelbar der Ebene der werblichen Bilder – die hier im Text gewissermaßen als zweite Erzählung mitläuft – zu entnehmen, als auch in der Auseinandersetzung mit Sprache und mit der zunehmend ideologisch aufgerüsteten Themenpräsentation in den „Anschluß"-Heften zu fassen.[11] Konkrete Absprachen bzw. Korrespondenzen zwischen dem Reichsamt und Siemens lassen sich nicht aufzeigen. Weder das Firmenarchiv noch die für die NS-Zeit zuständige Außenstelle des Bundesarchivs in Berlin-Lichterfelde verwahren dementsprechende Dokumente. Im Falle Berlin spricht doch vieles für eine kriegsbedingte komplette Vernichtung der Akten des Amtes „Schönheit der Arbeit". Allein eine Sammlung von Zeitungsartikeln vom Format des „Völkischen Beobachters" gibt die propagandistische Höhe der „Schönheit der Arbeit"-Kampagnen wider. Alle empirischen Angaben im Zusammenhang mit den Aktionen des Amtes werden folglich anderen Schriften entnommen, v. a. dem 1938 erschienenen „Taschenbuch Schönheit der Arbeit" sowie den Artikeln, die in der Siemens-Zeitschrift „Der Anschluß" von Seiten der NS-Verantwortlichen gezeichnet worden sind. Der stellvertretende Leiter des Amtes, Dipl.-Ing. Herbert Steinwarz, ist dort beispielsweise des Öfteren anzutreffen.

This will be demonstrated at the immediate level of advertising images – which are incorporated into this text as a kind of second narrative thread – and through an examination of language and the increasingly ideological treatment of topics in the issues of *Der Anschluss*.[11] Available records show no evidence of specific agreements or correspondence between the National Office for the "Beauty of Labor" and Siemens. Neither the company archives nor the branch facility of the German Federal Archives in Berlin-Lichterfelde, which is responsible for documentation from the National Socialist era, hold such documents in their collections. In the case of the Berlin archives, there is good reason to suspect that the files of the Office for the "Beauty of Labor" were completely destroyed during the war. Only a collection of newspaper articles in the format used by the *Völkischer Beobachter* offer an impression of the full propaganda effects of the "Beauty of Labor" campaigns. Thus all empirical observations relating to the work of the National Office are taken from other sources, such as the *Taschenbuch Schönheit der Arbeit* (Pocket Book on the Beauty of Labor) and articles written by National Socialist functionaries in the Siemens magazine *Der Anschluss*. The Deputy Director of the National Office, engineer Herbert Steinwarz, frequently contributed articles to this publication.

Siemens-Mischlicht-Innenbeleuchtung der Festhalle Bochum, mit stilisiertem Zahnrad und Hakenkreuz der Deutschen Arbeitsfront im Vordergrund, 1938/39.

Siemens mixed interior lighting for the Festhalle in Bochum, with stylized gear wheel and swastika symbolizing the Deutsche Arbeitsfront in the foreground, 1938/39.

Das Reichsamt „Schönheit der Arbeit" startet nach 1933 verschiedene Kampagnen zur Herausbildung einer NS-spezifischen Produktionsästhtik: „Gutes Licht – gute Arbeit", „Gesunde Luft im Arbeitsraum", „Saubere Menschen im sauberen Betrieb", „Warmes Essen im Betrieb", „Schönheit der Arbeit in der Seeschiffahrt" usw.[12] Sie zielen in erster Linie auf das Gepräge der Betriebsanlagen (innen und außen) und betrieblichen Freizeiteinrichtungen sowie, in nuce, auf die gesellschaftliche Darstellung der Industriearbeit.

Das Amt „Schönheit der Arbeit" wird im November 1933 als Unterabteilung der nationalsozialistischen Freizeitorganisation „Kraft durch Freude" (KDF) gegründet.

The National Office for the "Beauty of Labor" launched a series of campaigns devoted to the development of a specific National Socialist aesthetics of production after 1933. "Good Light – Good Work," "Healthy Air in the Workplace," "Clean Machines in Clean Plants," "Hot Meals at Work," "Beauty of Labor in the Shipping Industry," and others.[12] These campaigns focused above all on conditions at indoor and outdoor plant and corporate recreational facilities and, *in nuce*, on the public image of industrial labor.

The National Office for the "Beauty of Labor" was founded in 1933 as a division of Kraft durch Freude (Strength through Joy, KDF), the National Socialist organization responsible for leisure culture.

Siemens-Apparatebau, Fabrikgelände, 1936.

Siemens-Apparatebau, plant grounds, 1936.

Staatliches Markenzeichen für Musterbetriebe: die Fahne der DAF (Deutsche Arbeitsfront) mit Hakenkreuz und Zahnrad.

State trademark identifying showcase companies: the flag of the DAF (Deutsche Arbeitsfront) with swastika and gear wheel.

Siemens-Spulenwickelei, 1935.

Siemens coil winding unit, 1935.

Die gemeinsame Dachorganisation „Deutsche Arbeitsfront" (DAF) bildet den Zwangszusammenschluss der vormaligen Gewerkschaften. Sie möchte die Klassengesellschaft in einen Mythos von der befriedeten „Volksgemeinschaft" überführen. Hitler und seine Arbeitsfunktionäre sprechen plakativ vom „Sozialismus der Tat", die institutionell entmachtete Arbeiterbewegung erkennt ihrerseits in der Gleichschaltung einen „Fassadensozialismus".

Das „Gesetz zur Ordnung der nationalen Arbeit" vom Januar 1934 führt zudem eine begriffliche Neubestimmung der Interessengegensätze herbei. Die Übertragung des politischen Führerprinzips auf die Ökonomie schafft aus dem Unternehmer einen „Betriebsführer" und aus Arbeitern betriebliche „Gefolgsmänner".[13] Ersterem wird die volle Entscheidungsgewalt in allen betrieblichen Angelegenheiten zugewiesen.

The umbrella organization, the German Labor Front, DAF, was established through the forced merger of the former trade unions. It sought to transform class society into a pacified *Volksgemeinschaft* (people's community). Hitler and his labor functionaries spoke boldly of "Socialism in Action."

The institutionally disenfranchised labor movement saw *Gleichschaltung* (the ideological alignment of all institutions and organizations with party policy) as a form of "socialist façade." The National Labor Restructuring Act of 1934 also led to a redefinition of the conflicting interests. The application of the *Führer* principle in the business world made the entrepreneur a "company leader" and workers into company "followers."[13] The former was assigned complete decision-making power in all corporate matters.

# Schöne Arbeitsstä

# – gr

Plakate für einen im Geiste der Aktion „Schönheit der Arbeit" umgestalteten Betrieb.

Posters advertising a facility remodeled in the spirit of the "Beauty of Labor" campaign.

SO
und nicht
SO
Schöne Arbeitsstätten –
– große Arbeitsfreude

ARBEITSFREUDE
durch grüne Werkhöfe

# tten –
# oße Arbeitsfreude

Das Amt verspricht, im typischen Duktus, „die körperliche Arbeit von dem Fluch der Verdamnis und der Minderwertigkeit zu befreien, der ihr jahrhundertelang anhaftete". Und weiter: „Arbeit und Arbeitsstätte haben heute im Bewußtsein des deutschen Menschen wieder eine edle und schöne Sinngebung erlangt. Der deutsche Mensch hat wieder ein inneres Verhältnis zu seiner Arbeit und damit auch zu seiner Arbeitsstätte gewonnen."[14]

Das Amt besitzt dabei keinerlei gesetzliche Befugnisse. „Schönheit der Arbeit" ist eine „moralische Verpflichtung für den Betriebsführer und auch für die Gefolgschaft".[15] Bereits Ende 1935 sind nach offiziellen statistischen Angaben 100 Mio. Reichsmark für die Verbesserung von Fabriken und Arbeitsräumen ausgegeben und ist das Erscheinungsbild von mehr als 12 000 Betrieben verbessert worden.[16]

Für das Jahr 1940 werden 70 Mio. Reichsmark und bauliche bzw. technische Verbesserungen in 2600 Betrieben verzeichnet.[17] Insgesamt registriert das Amt für die Spanne 1933 bis 1940 100 000 Betriebsbesichtigungen und eine von den Betrieben verausgabte Summe von über einer Mrd. Reichsmark für Verbesserungen.[18]

Von den fünf Abteilungen des Speerschen Amtes ist die zweite für die „Künstlerische Betriebsgestaltung" zuständig. Sie plant mustergültige Betriebsbauten und steht bei architektonischen Umgestaltungsmaßnahmen beratend zur Seite.

In its typical tone, the National Office promised to "liberate manual labor from the curse of condemnation and inferiority that had been associated with it for centuries," adding that "labor and the workplace have now taken on a noble and beautiful meaning in the minds of the German people. The individual German now has an inner relationship to his work and thus to his workplace as well."[14]

The National Office had no legal authority whatsoever. "Beauty of Labor is a moral obligation for both company leaders and followers alike."[15] According to official statistics released at the end of 1935, one hundred million reichsmarks had been invested in factory and workplace improvements, significantly enhancing the appearance of more than 12,000 corporate facilities.[16]

Expenditures of 70 million reichsmarks for structural and technical improvements at 2,600 plants were recorded for 1940.[17] The National Office cited a total of 100,000 plant inspections and corporate outlays of over a billion reichsmarks for improvements during the period from 1933 to 1940.[18]

The second of the five departments of Albert Speer's Office was responsible for "Artistic Corporate Design." Its staff drafted plans for model corporate buildings and served as consultants for architectural remodeling projects.

Arbeitseinsatz für ein Schwimmbad von Siemens mit Gauleiter Streicher (links) und Direktor Dr. Knott.

Siemens workers at a swimming pool construction site, with Gauleiter Streicher (left) and Director Dr. Knott.

In der Unterabteilung IIa „Musterentwürfe“ wird die standardisierte Formensprache für Geschirr, Möbel, Beleuchtungskörper und mehr entwickelt: eine amtliche Warenästhetik für den Bereich betrieblicher Einrichtungen.

Es ist beabsichtigt, „durch diese Muster dem Handwerk und der Industrie die Anregung zu weitergehender eigener Arbeit zu geben und dem Grundsatz der unbedingten Qualität, der sauberen, anständigen und ehrlichen Wertarbeit zum endgültigen Siege“ zu verhelfen.[19]

Von Anfang an soll sich die Mustertypisierung durch Materialökonomie, den Einsatz heimischer Rohstoffe sowie, nach dem wirtschaftlichen Vierjahrsplan 1936, durch gestalterische Lösungen mit Ersatzmaterialien für die kriegswichtigen Stoffe auszeichnen.

Trotz der Herausgabe von amtlichen Handbüchern, etwa zu typisierten Möbeln, führen die Aktivitäten von „Schönheit der Arbeit“ nicht zur Herausbildung neuer signifikanter Formen in der Gebrauchskultur. Vielmehr werden der ästhetische Aufbruch und die Transzendenz der Avantgarde aus den zwanziger Jahren abgebremst. Abzulesen ist den Gebrauchsgütern nämlich nun das Erweichen harter funktionalistischer Gestaltungsprinzipien zugunsten einer inszenierten Handwerklichkeit im Entwurf, Material und in der Form.

Die Abkehr von der als „seelenlos“ enttarnten Avantgarde – zu deren Rehabilitierung Walter Passarge mit seiner Mannheimer Ausstellung 1941/42 einen letzten mutigen Versuch unternimmt[20] – mündet im Aufsuchen archaischer Gestaltungsprinzipien.

Section Ia, Model Design, developed a standardized formal language for tableware, furniture, lighting elements, and other objects – an official product aesthetics for the commercial sector.

The objective was to offer models that would “encourage industry to pursue their own work and to bring about the ultimate victory of the principles of uncompromising quality, of clean, decent, and honest quality work.”[19]

From the outset, these typical models were to be characterized by the economical use of materials, the use of domestic raw materials, and, as set forth in the four-year economic plan of 1936, creative solutions using ersatz materials in lieu of those essential to the war effort.

Although the National Office for the “Beauty of Labor” issued a number of official manuals, its activities did not generate significant changes in consumer culture. Indeed, the aesthetic revival and transcendent impulses of the avant-garde of the nineteen-twenties was virtually slowed to a halt. Consumer goods now exemplified a trend toward a softening of “hard” functional principles of design in favor of a constructed image of manual workmanship in design, material, and form.

The retreat from the avant-garde, which had been exposed as “devoid of soul” – and which Walter Passarge had made one last valiant attempt to rehabilitate with his Mannheim exhibition of 1941/42 – culminated in a quest for archaic principles of design.

Speiseraum nach Entwürfen des Amtes „Schönheit der Arbeit“.

Dining hall, based on designs developed by the National Office of the “Beauty of Labor.”

DAF-Rundfunkempfänger „Modell Schönheit der Arbeit“.

DAF radio receiver, “Beauty of Labor” model.

Walter Dexel etwa ringt sich die Begründung einer „urdeutschen Form“ und eines ererbten Formempfindens ab. Aus sachlich wird „schlicht“, die Form-Funktions-Adäquatheit der zwanziger Jahre gerinnt zur „Zeitlosigkeit“ eines Stils, der Generationen und Jahrtausende überdauern soll.[21]

Dieser trüben, kulturhistorisch abgeleiteten „Germanisierung“ der Form entspricht im Praktischen eine manchen Entwürfen applizierte Kult-Ornamentik aus Sonnensymbolen, Flechtbändern und Runen. Die Anheftung des Schriftzugs „Modell Schönheit der Arbeit“, zusammen mit dem DAF-Signet, einem stilisierten Zahnrad mit Hakenkreuz in der Mitte, an die Mustermodelle, verweist auf eine bedeutsame Re-Ornamentierung der alltäglichen Objektwelt.

Da die Grundlagen des auf Massenbedarf zugeschnittenen modernen Entwurfs nicht angerührt werden, resultiert aus der Erscheinung der Gegenstände in der NS-Zeit ein widersprüchliches und durch Ungleichzeitigkeit (Ernst Bloch) bestimmtes Bild. Die technische Typisierung und Musterbildung als ästhetischer Ausdruck des industriell dynamisierten Lebens geht von den Kunstgewerbereformern unterschiedlicher Couleur auf den politisch-administrativ organisierten Bereich „Schönheit der Arbeit“ über.

So kommt Friemert in seiner Untersuchung des Amtes zu der Ansicht, es habe einen staatlich empfohlenen „Warenkatalog“ aufgestellt, der hauptsächlich bereits Vorhandenes vereinnahmt. Das Amt betreibt „das, was heute Musterdiebstahl genannt werden würde“.[22] Rabinbach schreibt der NS-Ästhetik im Allgemeinen ihre geschichtliche Rolle mit Recht darüber zu, dass sie in der Lage gewesen ist, „die traditionellen Muster der Kultur zu verbannen, die der modernen Produktionsweise widersprachen. Schönheit der Arbeit wurde zur ideologischen und administrativen Objektivierung dieser Verschiebung in den kulturellen Werten“.[23] In dieser Absicht werden Produktions- und Warenästhetik neu ausgelotet und formiert.

Walter Dexel, for example, managed to establish a “primal German form” and an inherited sense of form. “Objectivity” gave way to “plainness.” The principles of form and function of the nineteen-twenties congealed into a “timeless” style that was to outlast generations and millennia.[21]

At the practical level, this dreary “Germanization” of form derived from a reading of cultural history was manifested in some designs by cultic ornamentation consisting of sun symbols, woven bands, and runes. The appearance of the printed phrase “Beauty of Labor Model” in combination with the DAF logo, a stylized gear wheel bearing a swastika on the sample models, is indicative of a significant trend toward re-ornamentation in the everyday world of objects.

Since the principles of modern design adapted to the demands of mass consumption were left intact, the appearance of objects produced during the National Socialist era evoked an inconsistent image characterized by temporal incongruity (Ernst Bloch). As aesthetic expressions of industrially dynamized life, technical typification and model development passed from the hands of reformers of varying persuasion in the field of manual crafts to the political, administrative domain of the National Office for the “Beauty of Labor.”

Thus Friemert concludes on the basis of his study of the National Office that it compiled a “catalogue of goods” recommended by the state which, for the most part, appropriated things that already existed. The Office was involved in what would be referred to today as “pattern theft.”[22] Rabinbach quite rightly attributes to National Socialists aesthetics a historical role in which it was in a position to “banish the traditional patterns of culture that conflicted with modern modes of production. The concept of the beauty of labor became an ideological and administrative means of objectifying this shift in cultural values.”[23] It was with this intention that the aesthetics of production and products were reassessed and redefined.

Signet der DAF (Deutsche Arbeitsfront).

Logo of the DAF (Deutsche Arbeitsfront).

Zur Geschichte der Werbung von Siemens gibt es eine vom Traditionsunternehmen selbst aufgelegte Publikation Emil Staudachers, die sehr gut informiert die einzelnen Phasen der „literarischen“ und grafischen Produkt- und Firmenpräsentation darlegt.[24] Sie ist versehen mit einem Dokumenten-Anhang zum organisatorischen Wandel der unterschiedlichen Werbeabteilungen. Wenige Jahre später ist ein von Dankwart Rost herausgegebenes Buch „So wirbt Siemens“ erschienen.[25] Man kann sich hier also zunächst auf die gut gestützte Feststellung beschränken, dass die Firma seit den Tagen ihres Gründers Werner von Siemens ein technisch-ingenieurhaftes Selbstverständnis entwickelt hat. Es schlägt sich in einem seriös zurückhaltenden und sachlich-informativen Stil der werblichen Außendarstellung nieder.

Werner von Siemens hat sich als schreibender und vortragender Ingenieur bevorzugt an ein Fachpublikum gewandt. Seine Nachfolger geben dieses Informationsprinzip trotz der unumgänglichen Einrichtung „Literarischer Bureaus“ und Werkswerbestellen im Zuge der sich ausdehnenden Produktionsspanne nie auf. Bis in die dreißiger Jahre, als mit dem Hamburger Werbefachmann Hans Domizlaff erstmals ein moderner Stratege bei Siemens einsteigt, ist von der „Würde“ des Unternehmens die Rede. Die Betonung von Qualität und Firmenprestige erhalten Vorrang gegenüber kurzfristigen Kampagnen.

A book on the history of advertising at Siemens authored by Emil Staudacher and published by the company itself contains a very informative description of the individual phases of “literary and graphic product and corporate advertising.”[24] The work contains an appendix featuring documents on organizational change in the different advertising departments. *So wirbt Siemens*, a book edited by Dankwart Rost, appeared several years later.[25] Thus one may safely accept the well-founded contention that the company had developed a self-image as a specialist in technology and engineering since the days of its founder Werner von Siemens. That image is reflected in the discreet restraint and the objective, informative style of its public advertising.

In his lectures and writings on engineering, Werner von Siemens was primarily interested in reaching a specialized audience. His successors continued to adhere to that principle in spite of the unavoidable establishment of “literary offices” and corporate advertising departments that accompanied expansion of the production range. Maintaining the “dignity” of the company remained the highest priority until well into the thirties, when the first modern strategist joined the firm in the person of advertising expert Hans Domizlaff. The emphasis on quality and corporate prestige took precedence over short-term campaigns.

**1890**
Siemens & Halske

**1897**
Siemens & Halske

**1899**
Siemens & Halske

Daran knüpft Domizlaff 1934, zum Zeitpunkt des Beginns seiner Werbeberatertätigkeit bei Siemens, an. Er muss aber auch eine unsystematische Produktwerbung und Unternehmenspräsentation erkennen, dies obwohl, oder vielleicht gerade weil, die rasche Entwicklung und Verbreitung der Elektrizität nach dem Ersten Weltkrieg in Deutschland ungeheure Anforderungen an Firmen wie AEG und Siemens stellt. Es ist bekannt, wie früh die Allgemeine Elektricitäts-Gesellschaft (AEG) in erfolgreicher Zusammenarbeit mit dem Architekten und Gestalter Peter Behrens 1907–1914 die Formensprache ihrer Produkte und ihr allgemeines Erscheinungsbild modernisiert und vereinheitlicht hat.[26] Verglichen damit, bleibt die Industriekultur von Siemens für lange Zeit zurück.

Die ungeheure Marktexpansion im Bereich elektrischer Kleingeräte, insbesondere aber die Zersplitterung der werblichen Kompetenzen innerhalb der Firmenhierarchie verhindern noch in den fortschrittlichen zwanziger Jahren den einheitlichen Werbestil von Siemens. „Kurzum“, schreibt Staudacher, „jedes gedruckte Werbemittel ist nach heutigen Begriffen beinahe als ein Unikum anzusprechen, was sich nicht zuletzt auch daraus erklärt, daß sich in ihm sowohl die Eigenart des Produkts als auch die Handschrift des Entwerfers widerspiegeln.“[27]

That was Domizlaff's starting point in 1934, the year he joined the staff of Siemens as an advertising consultant. He was soon forced to recognize that product advertising and corporate self-presentation lacked a systematic basis, although – or perhaps precisely because – the rapid development and spread of electricity in Germany after the First World War posed immense challenges to firms like AEG and Siemens. Most people are well aware of how quickly the Allgemeine Elektricitäts-Gesellschaft (AEG) modernized and consolidated the formal language used in advertising its products in collaboration with architect and designer Peter Behrens (1907–1914).[26] Industrial culture at Siemens lagged behind in comparison for some time to come.

Breathtaking market expansion in the field of small electrical machinery and appliances, coupled in particular with the fragmentation of advertising functions within the corporate hierarchy, continued to block the development of a uniform advertising style at Siemens even during the progressive twenties. "In short," writes Staudacher, "every item of printed advertising can be regarded almost as a one-of-a-kind article from the viewpoint of contemporary standards, a circumstance explainable at least in part by the fact that it reflects both the unique qualities of the product and the personal style of its designer."[27]

Die Entwicklung des Firmenzeichens zwischen 1890 und 1936.

Evolution of the corporate logo from 1890 to 1936.

**1925**
SIEMENS & HALSKE

**1928**
SIEMENS

**1936**
SIEMENS

Das Jahr 1930/31 stellt daher einen kleinen Meilenstein in der Firmengeschichte dar. Nach einer Besprechung über „Firmenpropaganda" und die Möglichkeiten einheitlicher Markenreklame, ergeht nun eine Direktionsverfügung, nach der die gesamte Reklame auf die Bezeichnung Siemens umgestellt werden soll. Haushaltsgeräte waren bis dahin unter dem Namen Protos vertrieben worden, eines ehemaligen Autoherstellers, den Siemens übernommen hatte und dessen Vertriebswege für die elektrischen Kleingeräte eingesetzt worden waren. Aufgrund der Bekanntheit von Protos soll der Name vorerst beibehalten werden. Man einigt sich im Führungsgremium auf ein Firmensignet mit Fünfeckrahmung, das die bisher als Warenzeichen verwendeten Monogramme S & H (Siemens & Halske) und SSW (Siemens-Schuckertwerke) – H und S jeweils verschlungen mit dem Siemens-S – in einem Kreis dort hinein versetzt. Später werden noch Geräte mit dem Siemens-Zeichen produziert, deren Produktbezeichnung Protos geblieben ist.

Domizlaff führt Mitte der dreißiger Jahre den von der Firmenleitung unter Carl Friedrich von Siemens eingeschlagenen Weg der Vereinheitlichung konsequent fort. Die Marke Protos ersetzt er endgültig durch das Siemens-Markenzeichen, jetzt geschrieben, wie alle gedruckten Werbemittel der Firma, in der Schriftart Neuzeit-Grotesk. Die fünfeckige Einrahmung fällt weg. Mit Hilfe dieser grafischen Verschlankung erreicht er eine modernistische Klarheit des Schriftzugs und somit auch der Außendarstellung des Hauses Siemens insgesamt.

Die Integration des Werbegestalters Domizlaff – jenes „‚Urfaust' in Management und Werbung", wie er einmal genannt worden ist[28], dessen Persönlichkeitsbild als brisante Mischung von Modernität, Atavismus und Widersprüchlichkeit gezeichnet wird –, dieses Aufeinandertreffen seiner Kompetenzen mit der bestehenden Werbehierarchie bei Siemens wird als nicht unproblematisch angesehen.

Thus the years 1930/31 represent a minor watershed in corporate history. Following a discussion of "corporate propaganda" and possibilities for brand advertising, executive management issued an order specifying that all advertising was to be adapted to incorporate the name Siemens. Household appliances had been marketed until then under the designation Protos, the name of a company that had been purchased by Siemens and whose distribution channels were used for the sale of small electrical equipment and appliances. Due to its widespread familiarity, the Protos name was retained initially. The executive management team agreed on a corporate logo with a pentagonal frame around a circle surrounding the monograms "S & H" (Siemens & Halske) and "SSW" (Siemens-Schuckertwerke) previously used as trademarks – the "H" and "S" each intertwined with the Siemens "S." Some products bearing the Protos trademark were still produced with the Siemens symbol in later years.

Domizlaff rigorously pursued the policy of uniformity adopted by Siemens management under Carl Friedrich von Siemens in the mid-thirties. The Protos trademark was replaced once and for all by the Siemens logo, which was now printed – as was all of the company's printed advertising material – in the Neuzeit-Grotesk typeface. The pentagonal frame was eliminated. With this leaner graphic form, Domizlaff introduced a measure of modernity and clarity to the lettering and thus to the public image of the Siemens company as a whole.

The integration of commercial designer Domizlaff – that "'Urfaust' of management and advertising," as he was once called,[28] a man whose personal image was characterized by a combination of modernity, atavism, and inconsistency – this meeting of his expertise with the existing advertising hierarchy at Siemens, was not without its problems.

Staubsauger, Modell „Siemens Protos Super“, 1938.

Vacuum cleaner, Siemens Protos Super model, 1938.

Werbegestaltung in der Ära Domizlaff.

Advertising design during the Domizlaff era.

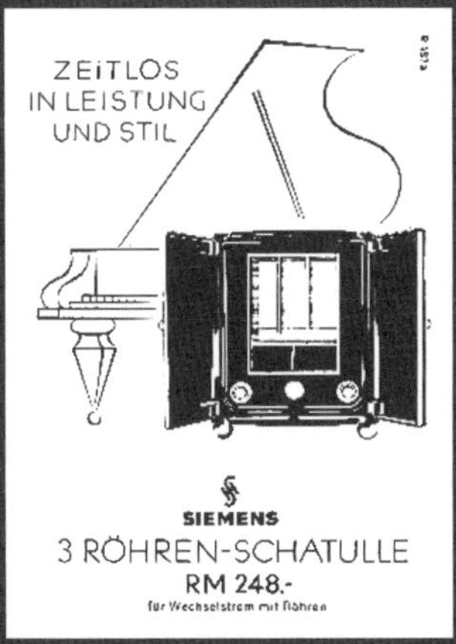

„Herr v. Siemens“, heißt es in einer „Aktennotiz über eine Besprechung betr. Werbefragen am 11. Mai 1934“[29], „habe aus den Besprechungen mit Herrn Domizlaff den Eindruck gewonnen, dass Herr Domizlaff nicht nur auf die Werbefragen, sondern auch besonders auf die Formgebung der Fabrikate, die für die Propaganda auszugebenden Mittel, den Vertrieb usw. Einfluss zu nehmen beabsichtige.“ Die „Mißstimmung im Hause“ sei folglich bei den Abteilungen am größten, „die naturgemäß eine starke Gefahr für ihren Bestand in der Person des Herrn Domizlaff sähen“. In der Notiz werden die von verschiedener Seite gegebenen Hinweise auf „das etwas selbstherrliche Auftreten“ des neuen Werbeberaters erwähnt. Allerdings, so von Siemens, müsse man zu Domizlaff, „der sich bisher als außerordentlich intelligent und ideenreich erwiesen habe […], Vertrauen haben, dass er auf Grund seiner langjährigen Erfahrung in der Lage sei, uns Vorteile zu bringen“.

Unter der Ägide von Domizlaff werden einige wichtige organisatorische Veränderungen in der Siemens-Werbung vorgenommen. Zunächst wird die Hauptwerbestelle (HWS) gegründet. Er lässt sich selbst ein Büro des Werbeberaters (BdW) einrichten. Ab dem 1. Juni 1938 vereinnahmt die neu gebildete Hauptwerbeabteilung (HWA) alle bisherigen „literarischen“ und werblichen Einzelabteilungen und bündelt damit die weiteren Aktivitäten zur stilistischen Vereinheitlichung der Werbemittel. Domizlaff leitet von nun an verantwortlich das BdW. Im „Z-Rundschreiben Nr. 168“ verkündet der Vorstand am 31. Mai 1938: „Damit sind HWA und BdW zuständig und verantwortlich für die gesamte Werbung und für alle mit der Werbung zusammenhängenden Gebiete […]. Die Verantwortung für die technische Richtigkeit, das Maß und den Einsatz der Werbung, die zur Erreichung des gesteckten Zieles erforderlich sind, obliegt nach wie vor den Vorständen der einzelnen Abteilungen.“[30]

Der Markentechniker Domizlaff kann nun aufgrund der erfolgten Straffung und Modernisierung im Organisationswesen von Siemens jene werblichen Stilelemente entwickeln, die, wie er sagt, „die begriffliche Anonymität eines Großunternehmens beseitigen und der in Betracht kommenden Öffentlichkeit gewissermaßen ein Gesicht zeigen, das geeignet ist, Vorstellbarkeit, Achtung und als Folge Vertrautheit in der Psyche der Masse anzuregen“.[31] Den Begriff der Massen-Psyche hatte er in dem 1932 publizierten Buch „Propagandamittel der Staatsidee“ in die Markentechnik eingeführt, worauf maßgeblich sein Ruf als Werbefachmann beruht.

“Mr. v. Siemens,” we read in a “memorandum of a meeting on advertising matters on May 11, 1934,”[29] “gained the impression in the course of his talks with Mr. Domizlaff that Mr. Domizlaff intends to exert his influence not only in advertising matters but also in particular with respect to the design of our products, to the funds expended for propaganda, to sales, etc.” “Discord within the company” was thus most pronounced in those departments which by nature regarded Mr. Domizlaff as a threat to their survival.” The memorandum cites references from several different quarters to the new advertising consultant’s “rather high-handed manner.” However, von Siemens noted, it was important to place trust in Domizlaff, “who has demonstrated extraordinary intelligence and imagination thus far, ... and his ability to secure advantages for us on the basis of his many years of experience.”

Several important changes in Siemens advertising were made under Domizlaff’s aegis. The first of these was the establishment of the Central Advertising Office, HWS. Domizlaff had the Office of the Advertising Consultant, BdW, set up for himself. Effective June 1, 1928, the newly instituted Central Advertising Department, HWA, swallowed up all of the existing separate “literary” and advertising departments and consolidated all further activities devoted to uniformity of style in advertising. From that point on, Domizlaff headed the BdW. In “Central Circular no. 168,” the Board of Directors issued the following announcement: “Consequently, HWA and BdW are now responsible for all advertising and for all areas of activity related to advertising. ... Responsibility for the technical content, scope, and use of advertising required to achieve the company’s goal shall remain in the hands of the directors of the individual departments.”[30]

Working within the new, leaner, modernized organizational structure at Siemens, Domizlaff was now in a position to develop elements of advertising style which, as he described them, would “eliminate the conceptual anonymity of a large corporation and show the public in question a face that is capable of generating a palpable image, respect, and thus trust in the mass psyche.”[31] He had introduced the concept of the mass psyche to the field of brand engineering in *Propagandamittel der Staatsidee*, a book published in 1932 that established the foundation for his reputation as an advertising expert.

Als einer der Ersten in Deutschland erkennt und formuliert Domizlaff, wie entscheidend sich die Psychologie der anonymen Masse von der des Individuums abhebe. Die Masse fasse nämlich keine Sacherklärungen und vernünftigen Argumente auf, sondern „Pathos, Theatralik und allenfalls den Tenor und die direkte suggestive Kraft wahrheitsüberzeugender Formulierungen".[32] Geht es Domizlaff in seiner Schrift originär um die Ausstattung des Staates mit modernen Werbeelementen zwecks besserer und suggestiver Verkäuflichkeit der Politikziele – allerdings auch um eine Selbstempfehlung als „Werbeleiter des Deutschen Reiches"[33] –, so leitet er doch alle propagandistische Tätigkeit „in der geistigen Rüstungsindustrie" aus der „bittere[n] Not im Kampf um die wirtschaftliche Existenz" ab[34], also aus dem erfolgreichen Wirken der privatwirtschaftlichen Industrie.

Mit dem Buch „Propagandamittel der Staatsidee" wird ein entscheidender Grundstein gelegt für die in der Zeit dräuende Marken- und Reklametechnik. Eine Technik, die über den sachlichen Stil, wie ihn auch Joseph Goebbels für die Schlagkraft der NS-Propaganda empfiehlt[35], der Masse sanft die Vorzüge eines Produktes, einer Firma oder eben eines staatlichen Regimes „einhämmert" (Domizlaff) und dabei auf der symbolischen Ebene Vertrautheit schafft.

An der schillernden Figur Domizlaffs bilden sich die Konturen einer affirmativen Bindung zwischen Wirtschaftswerbung und Propaganda in den dreißiger Jahren ab. Gleichschaltung und Gewaltförmigkeit spielen dabei zwar eine erhebliche, aber längst nicht die alleinige Rolle. Dies hebt auch Lammers in ihrem Beitrag zur „Werbung im Nationalsozialismus" hervor.[36] Kunst und Werbung wirkten „im Sinne einer Befriedigung von Bedürfnissen, wie dem nach Unterhaltung, Ablenkung und Privatsphäre".[37] Werbung soll im nationalsozialistischen Deutschland auf die Modernität des Lebens abheben.[38]

Domizlaff was one of the first people in Germany to recognize and define the crucial distinction between the psychology of the anonymous masses and that of the individual. The masses, he argued, do not respond to objective explanations and rational arguments but instead to "pathos, drama, and at best to the tenor and direct suggestive power of persuasive expressions of truth."[32] While Domizlaff was originally concerned in his treatise with equipping the state with modern advertising tools that would enable it to sell its political goals more effectively and suggestively (while also recommending himself for the position of "Director of Advertising for the German Reich"[33]), he derived all propaganda activity "in the intellectual arms industry" from "bitter necessity in the struggle for economic existence,"[34] and thus from the effective contribution of private industry.

Domizlaff's *Propagandamittel der Staatsidee* represented an important cornerstone of contemporary brand and advertising methodology – a methodology that employed an objective style of the kind Josef Goebbels had recommended as a means of enhancing the impact of Nazi propaganda,[35] an approach designed to "hammer" (Domizlaff) the benefits of a product, a company, or even a ruling regime gently into the minds of the masses and thus to create trust on a symbolic level.

The contours of an affirmative link between business advertising and propaganda took shape in the controversial figure of Hans Domizlaff. *Gleichschaltung* and submission to force played a significant role in this context but were by no means the only factors involved. Lammers emphasizes this in her essay on "Advertising under National Socialism."[36] Art and advertising, she contends, serve to "satisfy needs, such as the need for entertainment, distraction, and privacy."[37] The function of advertising in National Socialist Germany was to emphasize the modern aspects of life.[38]

Inseratabdrucke von Siemens-Fabrikaten in der Ära Domizlaff, 1937.

Advertising reprints of Siemens appliances during the Domizlaff era, 1937.

Nach seinem Eintritt bei Siemens reüssiert der Werbefachmann Domizlaff zweimal als Autor in den „Anschluß“-Heften. 1937 (Heft 10) reflektiert er den von ihm bereits maßgeblich mitgestalteten Siemens-Stil. „Das wichtigste Hilfsmittel der indirekten Werbung“, schreibt er, „ist die Stileinheit.“ Diesen Begriff wird man aus heutiger Sicht dem Corporate Design oder der Corporate Identity zuordnen.

Domizlaff bricht eine Lanze für die auf langfristige Wirkung bedachte Werbung, nicht nur für das einzelne Produkt, sondern für das gesamte Image der Firma, von dem jenes nur ein kleines Moment darstellt. Als „Stilträger in Schrift und Bild“ empfiehlt er „Symbole“, die dem Hang der Masse entgegenkämen: „Sie übermitteln einen Eindruck von der Vornehmheit, der Größe, der Einfachheit, der geistigen Beweglichkeit und der technisch-sachlichen Grundeinstellung des Hauses. Daraus zieht die Verbraucherschaft […] den Schluß auf Zuverlässigkeit und Vertrauenswürdigkeit.“[39]

Die Siemens-Zeitschrift „Der Anschluß“ bietet sachliche Informationen zu allgemeinen Themen wie Elektrizität, moderne Haushaltsführung und technische Fabrik- und Handwerksorganisation, die den Wiederverkäufern von elektrischen Siemens-Geräten in ihrem Aktionsradius zugute kommen sollen.

Zugleich erteilt man illustrativ Auskünfte über die Möglichkeiten und Mittel der Verbreitung eingesetzter Werbetechniken. Die Auflage des monatlich erscheinenden Heftes beträgt 1934 22 000 Exemplare. Sie steigt kontinuierlich an und erreicht im ersten Kriegsjahr 30 000, wie den Geschäftsberichten der AK-Werbung (Arbeitsgebiet Kleinfabrikate) zu entnehmen ist.[40]

After joining Siemens, advertising expert Domizlaff authored two articles for the journal *Der Anschluss*. In 1937 (issue 10), he discussed his thoughts on the Siemens style he had been instrumental in developing. “The most important aid to indirect advertising,” he wrote, “is uniformity of style.” Today, we would associate this concept with corporate design or corporate identity.

Domizlaff advocated a kind of advertising that would be effective in the long term, benefiting not only the individual product but the total image of the company, of which the product represents only a small part. He recommended the use of “symbols” that responded to the inclinations of the masses as “embodiments of style in text and images.” “They convey an impression of the nobility, the greatness, the simplicity, the intellectual mobility, and the fundamental technical and objective policies of the company. That is the basis from which consumers … derive their belief in the company’s reliability and trustworthiness.”[39]

The Siemens publication *Der Anschluss* offered its readers information on such subjects as electricity, modern household management, and technical aspects of factory and manual trades organization for the benefit of resellers of Siemens electrical equipment and appliances.

The journal also provided illustrative guidance regarding possibilities and means of employing advertising techniques of a broad scale. The monthly magazine had a circulation of 22,000 in 1934. That figure rose continuously and reached 30,000 by the first year of the war, as documented in the business reports issued by AK Werbung (Arbeitsgebiet Kleinfabrikate), the small-product advertising department.[40]

# *Werbemittel für den SIEMENS-Kühlschrank*

*Aufhängeplakat für Schaufenster und Verkaufsräume*
*(8-farbig)*

*Textplakat*

*Zum Aufstellen oder Aufhängen in Lebensmittelgeschäften*

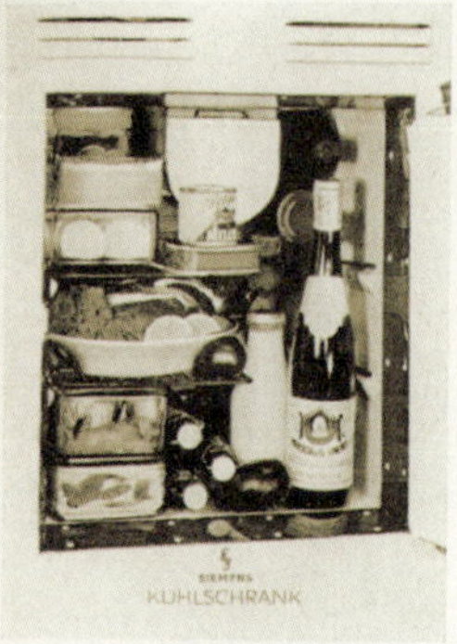


*Streu-Prospekt*
*(4 Seiten, 3-farbig)*

*Ausführliche Druckschrif*
*(20 Seiten, 2-farbig)*

*Rezeptbuch für Kühl-Speisen*
*(32 Seiten, 3-farbig)*

*Referenz-Liste*

*Anzeigen für Tageszeitungen und Zeitschriften*

Ab 1941 wird der „Anschluß“ kriegsbedingt dünner, bis schließlich 1943/44 nur noch Notausgaben erscheinen, die mehr den Charakter von Instruktionsheftchen für die sparsame und linientreue Haushaltung im „totalen Krieg“ annehmen, als dass sie noch irgendetwas mit Firmenwerbung zu tun haben.

Die vorhandenen AK-Berichte dokumentieren, dass das gesamte Werbeengagement von Siemens ab 1939 doch spürbar im Umfang abnimmt: Beispielsweise gibt es deutlich weniger Druckschriften (von 11 336 000 im Jahr 1935/36 auf 9 622 600 1938/39), Werbebriefe (1 200 000/923 150), Plakate (203 240/50 825) und Schaufensterdekorationen (34 000/7500). „Der Kriegsbeginn“, bilanzieren die AK-Berichterstatter[41], „brachte die Einschränkung der inländischen Werbung um etwa 60 %, so daß nunmehr nur noch Maßnahmen zur Durchführung kommen, die der technischen Schulung des Nachwuchses und der Aufrechterhaltung des Gedankens der Haushaltelektrizität dienen.“

Due to wartime constraints, *Der Anschluss* appeared in issues containing only a few pages beginning in 1941. By 1943/44, the company was publishing only “emergency issues” intended primarily as guides for business management in compliance with the party line in the phase of “total war” and no longer had much at all to do with corporate advertising.

Surviving AK reports clearly indicate that the total volume of Siemens’s advertising decreased markedly after 1939. The number of printed publications declined significantly, for example from 11,336,00 in 1935/36 to 9,622,600 in 1938/39. The numbers of advertising letters (from 1,200,000 to 923,150), posters (from 203,240 to 50 825), and showcase window decorations (from 34,000 to 7,500) dwindled as well. “The outbreak of war,” according to the authors of the AK reports,[41] “resulted in a reduction of domestic advertising amounting to about 60 percent. Consequently, it was possible to carry out only measures that serve the purposes of technical training for youth and promotion of the concept of electricity in the household.”

Werbemittel für den Siemens-Kühlschrank, 1936.

Advertising for the Siemens refrigerator, 1936.

Die Bilanz, die in der AK-Werbung gezogen wird, ist gleichwohl positiv. Denn man vermerkt den erfolgreichen Anschluss an die „von staatlicher Seite eingeleiteten besonderen Werbefeldzüge, wie ‚Kampf dem Verderb' und ‚Gutes Licht – gute Arbeit'" und „schaffte sich auf diese Weise einen Resonanzboden, auf dem ihre eigenen [der AK-Werbung] Bestrebungen verstärkt zur Geltung kamen".[42] Man sieht hier, wie umstandslos die Kampagnen des Amtes „Schönheit der Arbeit" als „Werbefeldzüge" deklariert und in den Kontext privatwirtschaftlicher Werbeaktivitäten hineingestellt werden. Die Scheidelinie zwischen Propaganda und Werbung, die schon in den Äußerungen Domizlaffs verschwimmt, hebt sich gänzlich auf.

Die Koinzidenz der beiden sektoral verschiedenen Werbestrategien schlägt sich explizit im Jahrgang 1936 des Siemens-„Anschluß" nieder. In dem Jahr erscheinen zwei Sonderausgaben zu den Themen Kühltechnik und Beleuchtung mit extrem vermischt werblich-propagandistischen Inhalten. Dazu im letzten Abschnitt mehr.

Bis 1936 finden sich in den „Anschluß"-Heften aber bereits unzählige Artikel über die Entwicklung des 1931 markteingeführten Protos/Siemens-Trockenabsorptions-Kühlschranks. Seine technische Leistung, Ausstattung und die baulichen Verbesserungen sowie der Einsatz dieser Kühlschränke im Privathaushalt, in Siedlungen, Krankenhäusern, Großküchen etc. stehen im Mittelpunkt der Erörterung.

Die Darstellungen sind sehr sachlich-informativ gehalten und betonen insbesondere den wartungsfreien Betrieb der Geräte. „Der Anschluß" stellt Werbemittel für den Zwischenhandel vor, um den Verkauf weiterhin kräftig anzukurbeln.

The summary assessment of the small-product advertising department was positive nonetheless. The authors noted the company's successful involvement in the "special advertising campaigns launched by the government, including the 'Fight against Spoilage' and 'Good Light – Good Work,'" thereby establishing a foundation for positive response to its own efforts."[42] What becomes evident here is how easily the campaigns initiated by the Office for the "Beauty of Labor" were declared as "advertising campaigns" and incorporated into the context of private business advertising. The boundary line between propaganda and advertising, which was already blurred in the statements of Domizlaff, now disappeared entirely.

The convergence of these two advertising strategies conceived for different sectors is clearly reflected in the 1936 issues of Siemens's *Der Anschluss*. During that year, two special issues devoted to the subjects of refrigeration and lighting technology appeared, each containing a mixture of advertising and propaganda content. This will be discussed in further detail in the last section.

Countless articles on the development of the Protos/Siemens dry-absorption refrigerator introduced to the market in 1931 appeared in issues of *Der Anschluss* until 1936. These articles focused on the product's technical performance, equipment features, and constructive improvements as well as their use in private households, housing developments, hospitals, institutional kitchens, etc.

They were written in a highly objective, informative tone and emphasized in particular the aspect of maintenance-free operation. *Der Anschluss* provided advertising material for wholesalers and retailers as a means of bolstering sales significantly.

Wagen-Schaufahrt „Kampf dem Verderb!".

Mobile demonstration tour: "Fight Spoilage!".

Kampf

Vergleichbar, nur nicht so ausführlich wird in den Jahrgängen 1933ff. die Lichttechnik von Siemens beworben. Werkplatzbeleuchtungen und die Leuchten des neu entwickelten Baukaustensystems, schematisch mit allen Einzelelementen abgebildet, stehen im Zentrum. Alle Argumente zum (Ver-)Kauf wurzeln in der technischen Qualität und Vielfalt der Produkte, die sich auf unterschiedliche Weise der Arbeitswelt und dem Haushalt andienen.

Da Siemens ausschließlich elektrische Geräte herstellt, sieht sich die Firma noch Anfang/Mitte der dreißiger Jahre genötigt, über den „Anschluß" überhaupt für die Verbreitung des Elektrizitätsgedankens zu werben. Die allgemeine Stromversorgung und Ausstattung möglichst vieler deutscher Haushalte mit Herden, Warmwassergeräten, Kühlschränken etc. werden als ein bislang ungesättigter, aber zukunftsweisender Markt angesehen. Dies zeigt exemplarisch ein informativer Artikel aus Heft 1 (1936): „Die Elektrizität im Haushalt als Wirtschaftsfaktor".

Darin werden Statistiken aufgeführt, nach denen der Anteil der an die Elektrizität angeschlossenen deutschen Haushalte von ca. 55 Prozent im Jahr 1925 auf etwa 85 Prozent 1934 gestiegen ist. Hochgerechnet würden im Jahr 1934 235 000 deutsche Elektroherde (1925: erst 1000, 1930: 55 000) insgesamt etwa 165 Mio. kWh verbrauchen, 86 000 Speicher etwa 70 Mio. kWh und 25 000 Kühlschränke etwa 20 Mio. kWh; zusammengenommen ergibt dies rund 255 Mio. kWh. Für das folgende Jahr 1935 werden schon 400 Mio. verbrauchte kWh prognostiziert.

Issues of the publication released in 1933 and over the next several years advertised Siemens lighting technology in a comparable, though less thoroughly detailed manner. Emphasis was placed on workplace lighting systems and the lighting units in the newly developed modular system, and articles included schematic diagrams illustrating the individual elements. All sales arguments related to the technical quality and versatility of the products in question, which could be employed in different ways in both the workplace and the household.

Since Siemens produced electrical equipment and appliances only, the company saw itself compelled even in early and mid-thirties to continue propagating the idea of electricity itself through *Der Anschluss*. The public power supply network and the installation of stoves, hot-water heaters, refrigerators, and the like in as many German households as possible were still regarded as unsaturated markets with significant future potential. This view is exemplified in an informative article published in issue 1/1936: "Household Electricity as an Economic Factor."

The article cites statistics showing that the percentage of German households connected to the power system rose from approximately 55 percent in 1925 to roughly 85 percent in 1934. According to the authors' computations for 1934, 235,000 German electric stoves consumed about 165 million kWh of electricity (as compared to only 1,000 in 1925 and 55,000 in 1930), 86,000 hot-water boilers consumed roughly 70 million kWh, and 25,000 refrigerators used about 20 million kWh – amounting to a total of approximately 255 kWh for the year. Consumption in 1935 was projected to rise to 400 million kWh.

Siemens-Kühlschrank mit 60 l-Inhalt, 1935.

Siemens refrigerator with 60-liter capacity, 1935.

Diese an sich rasante Entwicklung nimmt sich im angestellten Vergleich mit den USA bescheiden aus, wo der auf Elektrizität fußende Konsumgütermarkt früher und stärker expandiert ist. Mit 37 Prozent Anteil an den Einnahmen der Elektrizitätsgesellschaften sind die amerikanischen Privathaushalte die größten Abnehmer von Strom – eine Perspektive, die sich auch für Deutschland darbiete, wenn nur der Sektor konsequent ausgebaut werde. Immerhin sieht sich die deutsche Industrie, maßgeblich Siemens, dazu in der Lage, die Produktion der bereits nachgefragten und künftig benötigten Elektrogeräte zu gewährleisten: „In diesem Zusammenhang ist es interessant, daß es der deutschen Industrie durch nachdrückliche Bearbeitung des Auslandsmarktes bisher möglich war, über 50 % der Weltausfuhr an Heiz- und Kochgeräten zu bestreiten."[43] Siemens versteht sich als Motor für die Modernisierung des Alltagslebens nicht nur in Deutschland.

Although quite rapid in itself, the pace of development in Germany was modest in comparison to that in the U.S., where expansion of the consumer goods market for electrical products had begun sooner and progressed more vigorously. Contributing 37 percent of total revenues of electric power companies, American private households were the most important consumers of electricity – a prospect shared by Germany as well, provided the sector were developed with sufficient commitment. In any event, German industry, and Siemens above all, regarded itself as capable of meeting the existing and future demand for electrical equipment and appliances. "It is interesting to note in this context that German industry has succeeded through vigorous marketing activity abroad in accounting for 50 percent of world exports of heating and cooking appliances."[43] Siemens regarded itself as the motor for the modernization of everyday life, and not only in Germany.

Die Behandlung des gesellschaftlich relevanten Themas Elektrizität und Fortschritt im „Anschluß“ gerät in den Sog einer zunehmenden Ideologisierung durch die NS-Politik. Was früher die sachlich-informative Selbstdarstellung des technischen Unternehmens Siemens gewesen ist, wird nach 1937 mehr und mehr in den Dienst der Propaganda gestellt. Heft 2 des Jahrgangs 1939 eröffnet seine Berichterstattung über wirtschaftliches Haushalten und „Absatzgestaltung“ mit dem Hinweis, dass „die Staatsführung ihre regelnde Aufgabe beginnen“ müsse, da in diesen Zeiten das „Gesamtwohl“ über die „‚schrankenlose‘ Wirtschaft“ zu stellen sei. Absatzgestaltung bedeute nichts anderes „als das Hinlenken des öffentlichen Interesses zu den Dingen, die staatspolitisch und propagandistisch wichtig sind oder dem freien Markt zur Verfügung stehen“.[44] Den Verkaufskräften im Einzelhandel komme dabei eine gewichtige Rolle zu. „So sollte jeder Verkäufer überlegen, wie er dazu beitragen kann, den Versorgungskampf des deutschen Volkes zu einem glücklichen Ausgang zu bringen.“[45]

Im gleichen Heft rechnen die Redakteure dem Verbraucher vor, wieviel Arbeitszeit und Lebensmittel in einem mittleren Haushalt durch die Anschaffung eines Kühlschranks, zum volkswirtschaftlichen Nutzen, gespart werden könne: 10,70 Reichsmark monatlich.[46] Die Auswirkungen des neuen Reichseinheitstarifs für Elektrizität – 4 Pfg. pro kWh zu bestimmten, vom Elektrizitätswerk festgelegten Zeiten, zumeist während der Nacht – auf den Kühlschrankbetrieb werden lobend hervorgehoben. Es werde auch „von dieser Seite her ein Beitrag zum ‚Kampf dem Verderb‘ geleistet“.[47]

The discussion of electricity and progress as themes of social relevance in *Der Anschluss* was soon caught up in the wake of increasing ideologization driven by National Socialist policy. The once objective, informative approach to the presentation of the Siemens corporation was placed in the service of propaganda to an increasing extent after 1937. Issue 2/1939 of *Der Anschluss* preceded its reports on economical household management and “sales development” with the statement that “the government must begin to exercise its regulatory function,” as in those times the “public good” must take precedence over “‘boundless’ business interests.” “Sales promotion,” the editors added, meant nothing other than “guiding public interest toward the things that are important in terms of government policy and propaganda or available to the free market.”[44] Sales personnel in the retail trade were to play an important role in the process. “Thus every salesman should consider how he can contribute to bringing the struggle to supply the German people to a happy end.”[45]

In the same issue, the editors showed consumers how much work time and how much food could be saved in a medium-sized household by purchasing a refrigerator, for the benefit of the national economy: 10.70 reichsmarks per month.[46] The impact of the new national standard unit price for electricity – 4 pfennigs per kWh during certain hours specified by the electrical company, ordinarily during the night – on the use of refrigerators in households was mentioned with praise. This also represented “a contribution to the ‘Fight against Spoilage’.”[47]

Schaufensterdekoration mit Siemens-Kühlschrank und dem Slogan „Kampf dem Verderb!“, 1939.

Shop window decoration with a Siemens refrigerator and the slogan “Fight Spoilage!” 1939.

## „Totale Versorgung“

Da nun sowohl von Seiten der Gerätehersteller als auch seitens der Elektrizitätsversorger die Voraussetzungen für den elektrischen Fortschritt gegeben seien, bestehe für jedermann die Möglichkeit, „sich die Vorteile der Verwendung elektrischen Stromes auf allen Gebieten der Hauswirtschaft nutzbar zu machen. Daraus erwuchs die Forderung der totalen Versorgung, das heißt also des vollelektrischen Haushaltes.“[48]

Die Funktion des Elektrofachmanns, der diese „totale Versorgung“ über Beratung und Verkauf vorantreibt, sei im Krieg – der bald zum „totalen“ werden sollte – eine besonders verantwortliche.

„Der Anschluß“ (Heft 1 [1940]) meint, dass „alle Kräfte der Wirtschaft zur Stärkung der inneren Front mobilisiert“ werden müssten. Es gelte, „mit dem Vorhandenen hauszuhalten und einen richtigen Einsatz zu gewährleisten“: Der Elektrofachmann müsse „1. darauf achten, daß die Kundschaft nur solche Geräte erhält, die den ihnen zugedachten Zweck vollständig erfüllen, 2. darauf hinweisen, daß die vorteilhaften Eigenschaften der Geräte möglichst restlos ausgenutzt werden, 3. darauf hinwirken, daß Neuanschaffungen bzw. Ersatzanschaffungen erst gemacht werden, wenn sie notwendig sind“.[49]

Oberster Grundsatz könne heute nicht mehr sein, den Umsatz unter allen Umständen zu steigern, sondern „durchzuhalten und zu helfen. Der Krieg verlangt von uns allen Opfer. Im Vergleich zu dem Opfer, das der Soldat an der Front bringt, werden alle die kleinen Unannehmlichkeiten, die wir in der Heimat auf uns zu nehmen haben, bedeutungslos.“[50]

## “Total Electrification”

As both equipment manufacturers and electrical power providers had met the prerequisites for achieving progress through electricity, it was now possible for “everyone to enjoy benefits offered by the use of electricity in all areas of household management. This provided the basis for the appeal for total electrification – for the fully electric household.”[48]

During the war – which would soon become the “total war” – the role of the electrical specialist, who was to promote “total electrification” in his function as an advisor and salesman, involved a very special responsibility.

*Der Anschluss* (issue 1/1940), proclaimed that “all forces in the economy must be mobilized for the purpose of strengthening the home front.” It was essential “to manage with what is available and to ensure that it is used properly.” The electrical specialist must “1. ensure that customers receive only those appliances that fulfill their intended purpose completely; 2. remind users that the beneficial properties of appliances should be exploited to the fullest; 3. make every effort to ensure that purchases of new and replacement appliances are made only when they are necessary.”[49]

The most important objective can no longer be to increase revenues but instead to “persevere and to help. The war demands sacrifices of us all. In comparison to the sacrifice made by soldiers on the front, all of the minor inconveniences we are asked to accept at home are meaningless.”[50]

„Der Elektrofachmann muss

1. darauf achten, daß die Kundschaft nur solche Geräte erhält, die den ihnen zugedachten Zweck vollständig erfüllen,

2. darauf hinweisen, daß die vorteilhaften Eigenschaften der Geräte möglichst restlos ausgenutzt werden,

3. darauf hinwirken, daß Neuanschaffungen bzw. Ersatzanschaffungen erst gemacht werden, wenn sie notwendig sind“.

(„Der Anschluß“, Heft 1 [1940])

Unter zeitgemäßem Kundendienst versteht der „Anschluß“ mittlerweile das Motto „Gemeinnutz geht vor Eigennutz“. Es sei stets darauf hinzuweisen: „Lebensmittel sind heute ganz besonders kostbare Güter, deren Erhaltung und restlose Ausnutzung für die Volksernährung in Kriegszeiten besonders wichtig ist. Der elektrische Kühlschrank sorgt für die Erhaltung der ihm anvertrauten Lebensmittel, und auf dem Elektroherd werden die in den Nahrungsmitteln enthaltenen Nährstoffe am besten ausgenutzt.“[51]

1941 holt der Siemens-„Anschluß“ noch einmal aus, um Sparsamkeit und gemeinsame Anstrengungen aller im Rahmen der Kriegswirtschaft anzumahnen. Unter dem Titel „Großdeutschlands sparsame Energiewirtschaft“ (Heft 1) führt er das Energiewirtschaftsgesetz vom Dezember 1935 und weitere staatsregelnde Verordnungen aus den Jahren 1938 und 1939 (Preisbildung, Sicherstellung der Elektrizitätsversorgung) zustimmend an. Heute stehe die deutsche Energiewirtschaft „sinnvoll geordnet“ da und hätten die Siemens-Werke „bekanntlich maßgebende Pionierarbeit geleistet, die zur Erstellung großer Anlagen im In- und Ausland führte“.[52]

Für „Die elektrische ‚Aufrüstung des Dorfes‘“, ein redaktionell umgearbeiteter Slogan des Reichsbauernführers Darré, sprächen die „gesteigerten Anforderungen der Erzeugungsschlacht und der Mangel an Arbeitskräften“ im Krieg. Elektromotoren würden den Bauern rund 3000 Millionen Arbeitsstunden pro Jahr abnehmen und in Kühl-, Trocknungs- und Speicheranlagen eine restlose Verwertung der Nahrungsmittel-Erzeugnisse gewährleisten.

The editors of *Der Anschluss* had come to define customer service in keeping with the spirit of the principle that “the common good takes precedence over personal welfare.” People were to be reminded constantly that “Food is an especially precious commodity today, and its conservation and complete consumption without spoilage is crucial to the nourishment of the people in times of war. The electric refrigerator helps conserve food entrusted to the people, and the nutrients contained in food are exploited most effectively on an electric stove.”[51]

In 1941, Siemens’s *Der Anschluss* launched another appeal for frugality and the total commitment of everyone within the context of the wartime economy. Under the title “Grossdeutschlands sparsame Energiewirtschaft” (Imperial Germany’s Economical Energy System) (issue 1), the journal expressed its approval for the Energy Management Act of December 1935 and other regulatory directives issued by the government in 1938 and 1939 (relating to pricing and securing the supply of energy). “Today,” the editors wrote, the German energy system is “rationally structured,” and Siemens “is recognized as having made a decisive pioneering contribution to the establishment of major facilities both in Germany and abroad.”[52]

The “increasing demands posed by the struggle for production and the shortage of labor” during the war were cited in favor of the policy of “arming the villages with electricity,” a slogan adapted by the editors from a statement made by National Farming Director Darré. It was estimated that electric motors would reduce farmers’ workloads by some three thousand hours per year and provide for complete conservation of food products in refrigeration, drying, and storage facilities.

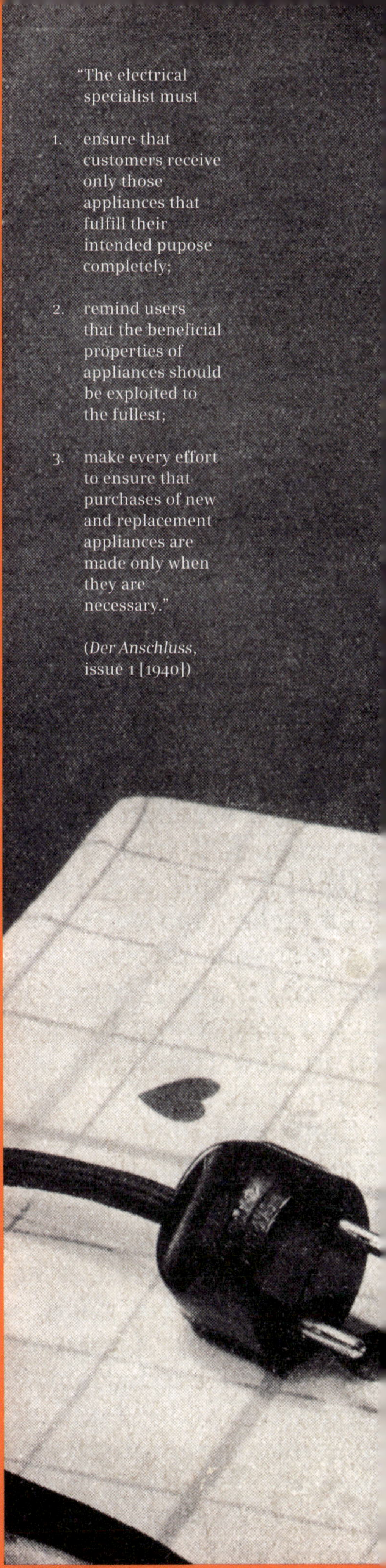
“The electrical specialist must
1. ensure that customers receive only those appliances that fulfill their intended pupose completely;
2. remind users that the beneficial properties of appliances should be exploited to the fullest;
3. make every effort to ensure that purchases of new and replacement appliances are made only when they are necessary.”
(*Der Anschluss*, issue 1 [1940])

Elektrische Hilfen im dörflichen Haushalt brächten hingegen der Bäuerin Entlastung für ihre „wichtigste Aufgabe, Mutter und Erzieherin eines gesunden Nachwuchses zu sein". „Der Rundfunk bringt Marktpreise, Belehrung und Aufklärung und sorgt für Unterhaltung nach getaner Arbeit."[53]

Electrical appliances in the household would liberate farmers' wives from much of their burden, thus enabling them to devote themselves to their "most important duty, that of bearing and raising healthy children." "Radio broadcasts market prices and provides instruction and enlightenment, while offering entertainment when work is done."[53]

Karikaturen: „Jeder freut sich über die Elektrizität in der Landwirtschaft" in: „Der Anschluß", Heft 6/7, 1939.

Caricatures: "Everyone is happy to have electricity in agriculture," in: *Der Anschluss*, issue 6/7, 1939.

„Skat dreschen ist leichter. Aber auch die schwere Arbeit des Dreschens wird zum Vergnügen, wenn der Siemens Dreschmotor die Maschine antreibt."

"There are easier jobs to do, but even the hard work of threshing becomes a pleasure when the machine is driven by a Siemens thresher engine."

„Franz der Großknecht weiß das Siemens Hauswasserwerk zu schätzen. Nun braucht er nicht mehr zu pumpen und die Wasserkübel weit her zu schaffen."

"Farm worker Franz loves the Siemens household water system. His days of pumping and toting buckets of water are over forever."

In Heft 6 des Jahrgangs 1941 appelliert „Der Anschluß“: „Keine Stromverschwendung im Haushalt“.[54] Zu den kriegswichtigen Rohstoffen gehöre insbesondere auch die Elektrizität.

Endgültig hat sich „Der Anschluß“ im Jahr 1942 von einer firmenspezifischen Werbung für Elektrizität und Elektrogeräte verabschiedet. Unter dem Strich, d.h. buchstäblich am unteren Seitenrand eines Aufsatzes in Heft 4 (1942) laufen, fett gedruckt, Seite für Seite einhämmernde Parolen mit: „Wenn jeder Haushalt täglich eine Viertelstunde eine Glühlampe unnötig brennen läßt, wird genau soviel Strom verbraucht, wie zum Ausdrusch der gesamten deutschen Weizenernte benötigt wird!“ – „Jede Minute, die ein Elektromotor unnötig läuft, bedeutet einen Verlust an Kohle!“ – „Wenn jeder Haushalt eine kleine Glühlampe nur eine einzige Minute kürzer einschaltet, so können 18 vollbeladene Güterzüge mit Rüstungsmaterial rollen!“ – „Strom wird fast ausschließlich aus Kohle gewonnen. Wir brauchen alle Energie für den Endsieg!“[55]

In issue 6/1941, *Der Anschluss* printed the following appeal: “No wasting of electricity in the household.” [54] Electricity was regarded as one of the most important raw materials in the war effort.

In 1942, *Der Anschluss* abandoned corporate advertising for electricity and electrical appliances entirely. As a “bottom line” – positioned literally along the lower margin of every page of an essay in issue 4/1942 in bold type – the editors printed a series of insistent statements: “If every household lets a light bulb burn unnecessarily for fifteen minutes a day, as much electricity will be consumed as is needed to reap the entire German wheat harvest!” – “Every minute an electric motor runs unnecessarily means a further loss of coal!” – “If every household turns on a small light bulb for just one minute less, eighteen freight trains fully loaded with arms and materiel can be moved to their destinations.” – “Electricity is produced almost entirely from coal. We need all of our energy for the final victory!”[55]

„Am Waschtag hatte die Hausmagd nichts zu lachen. Der Siemens Kraftwascher erspart ihr jetzt das mühsame Wäschewaschen.“

“The maid used to dread washing day. Now the Siemens power washer relieves her of those arduous washing chores.”

„Sowas gibt es heute nicht mehr. Der Siemens Elektroherd kocht ohne Beaufsichtigung das Essen fertig. Drum bringt es die Bäuerin zur Minute pünktlich auf den Tisch.“

“Scenes like these are a thing of the past. The Siemens electric stove cooks meals without supervision, so the farmer’s wife an serve them right on time.”

„Viel Arbeit, Ärger und Verdruß erspart der Siemens Heimbügler“.

“The Siemens home iron saves you lots of work, trouble, and bother.”

Im letzten erschienenen Jahrgang 1944 betreibt das Elektrounternehmen Siemens schlichtweg Kriegspropaganda. Es ergeht der programmatische Aufruf „1944 – noch mehr leisten!“: „Der Aufruf des Führers wie der des Reichsministers für Rüstung und Kriegsproduktion brachten klar zum Ausdruck, daß im Jahr 1944 nicht nur der Soldat an der Front, sondern ebenso jeder Schaffende in der Heimat das Äußerste an Einsatzbereitschaft und Leistungswillen aufbringen muß, um gegen den Ansturm der Feinde Europas den Sieg zu erkämpfen [...]. Unser Arbeitsgebiet, die Elektrotechnik, steht dabei vor gewaltigen Aufgaben; denn es gibt kein Gebiet der Rüstungsindustrie, auf dem sie nicht am Erzeugnis selbst oder wenigstens an den Fertigungseinrichtungen ihren Anteil hat. Darüber hinaus erwächst gerade dem Elektrofach in besonderem Maße die Pflicht, die Schäden des brutalen feindlichen Luftterrors an den Wohnstätten unserer Volksgenossen so gut wie möglich zu beheben.“

Die dafür notwendigen Sachkenntnisse rationalisierter Arbeitsverfahren „zu vervollkommnen, sieht auch in diesem Jahr der ‚Anschluß‘ als seine vornehmste Aufgabe an, durch Vermittlung von Erfahrungen, die in den weitverzweigten Werkstätten des Hauses Siemens gesammelt werden [...]. Auf diese Weise unseren Lesern zu helfen, ihre Arbeit zu fördern, soll unser Beitrag im Kampf um den Endsieg sein!“[56]

In 1944, the last year of issue, Siemens engaged unabashedly in war propaganda. The program was clear: “1944 – produce even more!” “The appeal of the *Führer* and that of the Minister for Armaments and Wartime Production clearly expressed the view that, in 1944, not only soldiers on the front but every working person at home must demonstrate maximum commitment and will to work in order to achieve victory over the invading enemies of Europe... Our field of activity, electrical engineering, faces immense challenges, for there is no sector of the arms industry in which it is not involved in the product itself or at least in the facilities at which it is produced. Moreover, the electrical industry has the special duty of eliminating the damage to the living areas of our comrades the people as effectively as possible.”

That year, *Der Anschluss* saw the “perfection of knowledge regarding rational working methods through the communication of experience accumulated in the widely distributed facilities of the Siemens company ...” as its most important task. “Our contribution to the struggle for final victory will be to help our readers improve their work in this way.”[56]

Tauchsieder als Kochgerät, in: „Der Anschluß“, 15. Jg. 1944.

The immersion heater as a kitchen appliance, in: *Der Anschluss*, vol. 15, 1944.

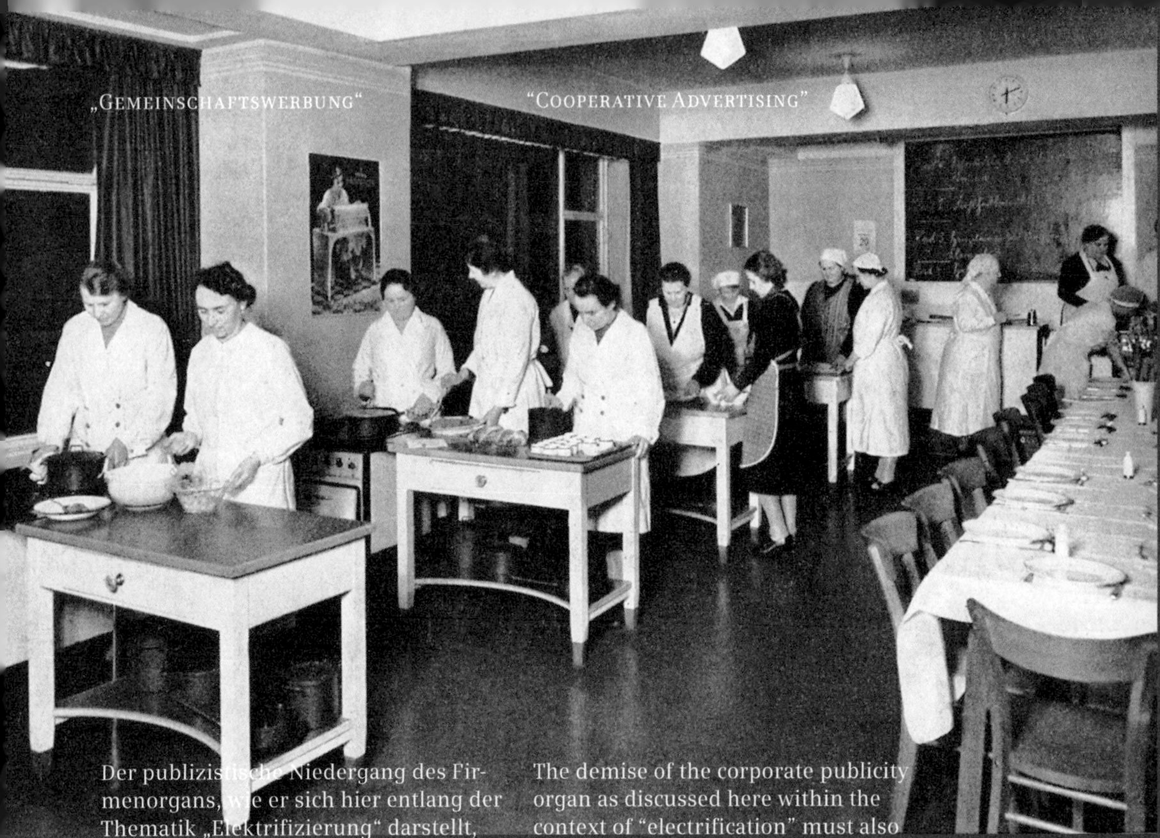

Siemens-Lehrküche mit Amtswalterinnen der DAF (Deutsche Arbeitsfront): Kochen nach Kriegsrezepten.

Siemens teaching kitchen with DAF (Deutsche Arbeitsfront) administrator: cooking with wartime recipes.

Der publizistische Niedergang des Firmenorgans, wie er sich hier entlang der Thematik „Elektrifizierung“ darstellt, steht natürlich im Kontext einer allgemein um sich greifenden Ideologisierung. Der leitende Begriff dafür ist der der „Gemeinschaftswerbung“, bereits 1934 von dem ein Jahr zuvor geschaffenen Werberat der deutschen Wirtschaft ausgegeben. Dessen Präsident Heinrich Hunke vermerkt 1941 mit Genugtuung, dass mittlerweile in „Gemeinschaftsarbeit zwischen privater Wirtschaft und öffentlicher Aufklärung [...] ein schlagfähiges Aufklärungsinstrument“ geschaffen worden sei.[57]

Der Werberat wird nach dem „Reichskulturkammergesetz“ vom 22. September 1933 direkt dem Reichspropagandaministerium unterstellt. Hunke ist Stellvertreter Goebbels’. Vergleichbar der Stellung des Amtes „Schönheit der Arbeit“ im Zusammenspiel mit der behördlichen Gewerbeaufsicht, kann auch der Werberat keine Gesetze erlassen, sondern lediglich Bescheide, also rechtsunverbindliche Anweisungen etwa zum „deutschen Charakter“ der Werbung, an die Werbetreibenden geben. Faktisch, urteilt Uwe Westphal, hatte „Zugriff auf die Werbung [...] jetzt der Werberat und die Gerichte. Die hierdurch entstandene Rechtsunsicherheit der Werbetreibenden, ‚er weiß nicht, ob die Meinung des Gerichts oder die Haltung des Werberats für ihn maßgebend ist‘, war – so kann vermutet werden – von den Nationalsozialisten beabsichtigt.“[58] Es entsteht ein Vakuum, das durch moralischen Druck aufgefüllt wird.

The demise of the corporate publicity organ as discussed here within the context of “electrification” must also be viewed with reference to the general trend toward ideologization. The guiding principle in the process was that of “cooperative advertising,” a concept proclaimed in 1934 by the Werberat der deutschen Wirtschaft (German Business Advertising Council), which had been established in 1933. Council President Heinrich Hunke noted with satisfaction in 1941 that “cooperation between private business and public education authorities ... has now created a powerful tool for public enlightenment.”[57]

The Advertising Council was placed under the direct supervision of the National Propaganda Ministry in accordance with the Reichskulturkammergesetz (Law of the National Chamber of Culture) of September 22, 1933. Hunke became Goebbels’s deputy. Comparable in status to the National Office for the “Beauty of Labor” vis-à-vis the German commercial regulatory authorities, the Advertising Council was not empowered to enact laws. Its authority was restricted to the issuance of notices to advertisers, non-binding guidelines, that is, on such matters as the “German character” of advertising. In actual practice, according to Uwe Westphal, “the control of advertising ... was now in the hands of the Advertising Council and the courts. The resulting uncertainty on the part of the advertiser – ‘he does not know whether he is bound by the opinion of the Advertising Council or of the court’ – was, as one may reasonably presume, intended by the National Socialists.”[58] The result was a vacuum that was filled by moral coercion.

Hunke erteilt 1943 „Hinweise zur kriegsdienenden Werbung". Sie bestehen hauptsächlich aus Themenvorgaben, z. B. zur „zweckmäßigen Verwendung alter Bestände", „Sammlung von Altmaterial", „Ernährungssicherung" bzw. „Kampf dem Verderb", ferner aus Hinweisen zur „Schadensverhütung" in Wald und Verkehr und durch Verdunkelung, zur „Gesunderhaltung" als „Pflicht im totalen Krieg" und Aufrufen wie „Alle Kräfte für den Sieg!", „Pflicht zur Höflichkeit und Hilfsbereitschaft" gegenüber Frauen, Alten und Kriegsversehrten und schließlich zum Geld- und Verpackungssparen.

Beim Einbau der gemeinschaftlichen Themen in die private Wirtschaftswerbung möchte Hunke garantiert wissen, dass beides „zu einer Einheit verschmolzen" wird. „Die Werbung darf ihren privatwirtschaftlichen Charakter nicht verlieren und zur Propaganda werden". Andererseits soll unter „allen Umständen [...] vermieden werden, Ärgernis dadurch zu erregen, daß das Thema des gemeinen Nutzens in taktloser Weise unmittelbar in den Dienst der Warenanpreisung gestellt wird". Hunke bittet die Werbetreibenden, „Werbeentwürfe, die von der hier gebotenen Möglichkeit Gebrauch machen, jeweils zunächst mit der Beratungsstelle für Wirtschaftswerbung beim Werberate [...] abzustimmen".[59]

Inwieweit sich ein angesehenes Unternehmen vom Formate Siemens darauf eingelassen hat, ist nirgends exakt dokumentiert. Fest steht, dass die Idee der „Gemeinschaftswerbung" seit Mitte/Ende der dreißiger Jahre im „Anschluß" mitlaufend reflektiert und redaktionell verarbeitet wird. Man sollte sichdabei vor Augen halten, dass die redaktionellen Richtlinien und die „Unabhängigkeit" der Konzernzeitschrift keineswegs von der Reichskulturkammer angegriffen oder gar instrumentalisiert werden konnten. Zumal ja auch der Werberat keine der Gesetzgebung vergleichbaren Befugnisse auszuspielen hatte.

Hunke issued "Notices regarding Advertising in Service of Wartime Aims" in 1943. These notices covered such subjects as "the purposeful use of existing inventories," "the collection of used materials," "ensuring a sufficient supply of food," and "the fight against spoilage," instructions regarding "damage prevention" in forests and on the roads with the aid of blackout measures, and "preserving good health" as a "duty in the total war," appeals in the style of "All forces joined for victory!" – "Politeness and helpfulness" towards women, the aged, and wounded war veterans, and frugality in packaging and dealing with money.

In incorporating themes of public interest into private business advertising, Hunke was intent upon ensuring that both "are merged to form a unified whole." "Advertising must not lose its private business character and become propaganda." On the other hand, "every effort must be made ... to avoid generating ill will by tactlessly placing the subject of the common good in service of the sale of goods." Hunke appealed to advertisers to "submit proposals for advertising that make use of the possibilities offered in this regard to the Advisory Board for Business Advertising at the Advertising Council ... for review and approval."[59]

Whether a highly reputed company of the stature of Siemens actually complied with such appeals is not documented precisely. It is clear, however, that the idea of "cooperative advertising" was a constant focus of discussion and editorial interest from the mid- to late thirties onward. It is important to remember in this context that neither the editorial guidelines nor the "independence" of the company publication was subject to attack or manipulation by the National Chamber of Culture particularly in view of the fact that the Advertising Council was invested with no such quasi-legislative authority.

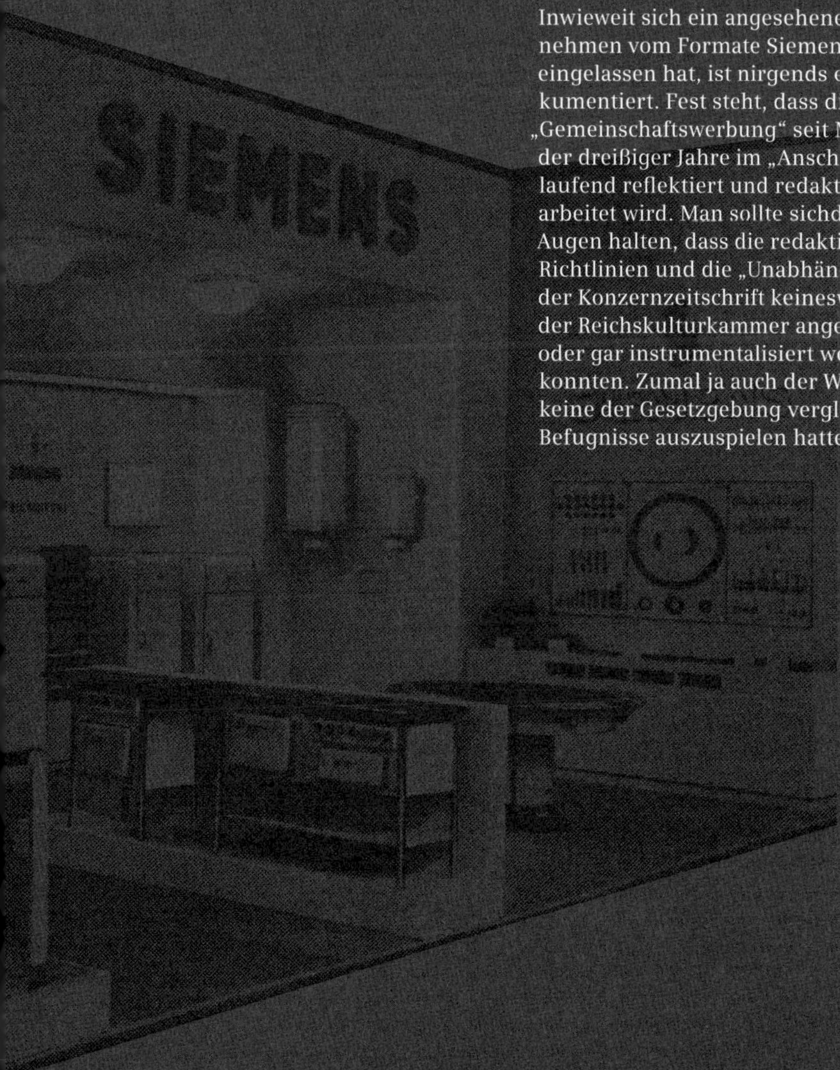


Siemens-Stand auf der Mailänder Mustermesse, 1940.

Siemens stand at the Milan trade fair, 1940.

„Kampf dem Verderb“
und „Gutes Licht – gute Arbeit“

The “Fight against Spoilage”
and “Good Light – Good Work”

„Kampf dem Verderb.
Die Kühlkette von
der Erzeugung bis zum
Verbrauch“.

The “Fight against
Spoilage.
The refrigeration
chain from production
to consumption.”

Abschließend soll der Blick noch einmal auf die beiden zentralen Kampagnen „Kampf dem Verderb“ und „Gutes Licht – gute Arbeit“ gerichtet werden, wie sie sich in den „Anschluß“-Heften sowie im Werbeduktus von Siemens insgesamt niederschlagen. Die Firma hat sich zwischen 1936 und etwa 1939/40 aus leicht nachvollziehbaren Gründen diesen beiden Gebieten verstärkt zugewandt. Denn dort treffen technisch und kommerziell gut ausgebaute Produktsegmente auf propagandistisch hervorragend auswertbare Themenfelder innerhalb des ideologisierten Raumes der NS-Alltagskultur. Werbung für Kühlschränke und diverse Beleuchtungsartikel wird von Siemens bis zum Start dieser Kampagnen 1935/36 im ganz normalen Rahmen betrieben. Die Vorzüge der Geräte werden in Bezug auf die gesammelten Erfahrungen und die ständigen Produktentwicklungen geschildert und illustrativ dargestellt. Im Jahr 1936 erscheinen zwei Sonderausgaben des „Anschluß“, die direkt auf die Kampagnen einschwenken.

Zunächst widmet sich Heft 6 des Jahrgangs 1936 dem „Kampf dem Verderb“. Mit einem einführenden Text wendet sich die Redaktion an die Leser und erklärt, Sinn der Aktion sei es, „die Lebensmittel, die auf deutscher Scholle gewonnen wurden, vor dem Verderben zu bewahren, damit sie in immer größerem Umfange für die Volksernährung zur Verfügung stehen und immer weniger ausländische Lebensmittel eingeführt zu werden brauchen“.[60] Der Reichsnährstand, als Initiator der Kampagne, habe erkannt, dass dieser Kampf nur wirkungsvoll sein könne, wenn er nicht nur vom Erzeuger, sondern auch vom Verteiler und noch letzten Verbraucher in den privaten Haushalten geführt werde.

Deshalb ist die auf dem Titelblatt des Heftes abgebildete Kühlkette geschaffen worden. An deren Ende steht übrigens ein Siemens-Kühlschrank.

In conclusion, it is appropriate to take another look at the two central campaigns, the “Fight against Spoilage” and “Good Light – Good Work,” as they were reflected in *Der Anschluss* and in the advertising style adopted by Siemens. For readily understandable reasons, the company gave considerable attention to these two subjects from 1936 to about 1939/40. For it was here that technically and commercially well-developed product segments converged with themes within the ideological pale of everyday National Socialist culture which could be exploited effectively for propaganda purposes. Siemens had advertised for refrigerators and various lighting products within an entirely customary framework until these campaigns were launched in 1935/36. The attractive features of these products were described and illustrated with reference to the company’s extensive experience and continuous product development efforts. Two special issues of *Der Anschluss* published in 1936 were dedicated specifically to the campaigns.

Issue 6/1936 was devoted to the “Fight against Spoilage”. In an introduction, the editors explained that the purpose of the campaign was to “protect food produced on German soil against spoilage so that it will be available in increasing quantities for the nourishment of the people, and so that the need to import foreign foodstuffs will decrease.”[60] According to the editors, the National Office of Nutrition, the initiator of the campaign, had recognized that it could be effective only if it were supported not solely by producers but by distributors and end-consumers in private households as well.

The refrigeration chain illustrated on the title page of the journal was created for this reason. At its end stands a Siemens refrigerator.

Der Anschluß
Zeitschrift für den Elektrohandel
Heft 6 · Berlin, 1936 · 7. Jahrgang
Kampf dem Verderb
KÜHLHAUS
LEBENSMITTEL
Die Kühlkette
von der Erzeugung bis zum Verbrauch
(Nach Darstellung des Reichsnährstandes)

„Die Elektrowirtschaft“, meint der „Anschluß“, „hat also in dieser Verkaufssaison nicht nur die rein geschäftliche Aufgabe, für den Absatz einer großen Kühlschrankerzeugung zu sorgen. Sie ist vielmehr darüber hinaus, als Erzeuger und Verteiler geeigneter Erhaltungsmittel im Sinne der Bestrebungen des Reichsnährstands, vor die hohe Aufgabe gestellt worden, sich im Rahmen ihrer Möglichkeiten für die Erhaltung deutschen Volksvermögens einzusetzen.“[61] Unter Führung der Arbeitsgemeinschaft zur Förderung der Elektrowirtschaft sind besonders dafür geeignete Werbemittel geschaffen und bekannt gemacht worden.

“The electrical industry”, *Der Anschluss* noted, “is faced in this sales season with more than the task of selling the large numbers of refrigerators produced. As the producer and distributor of suitable means of preserving food in keeping with the policy of the National Nutrition Bureau, it must also commit itself to the higher goal of contributing to preservation of the wealth of the German people.”[61] Under the auspices of the Arbeitsgemeinschaft zur Förderung der Elektrowirtschaft (Task Force for Promotion of the Electrical Industry), advertising materials were developed and distributed specifically with this purpose in mind.

Die Siemens-Schuckertwerke hatten beispielsweise über den mit ihnen verbundenen Einzelhandel einen Schaufensterkleber eingesetzt, der warb: „Kampf dem Verderb durch Siemens-Kühlschrank mit Trocken-Absorber“. Außerdem hatte man einen Ufa-Tonschmalfilm gedreht mit dem Titel „Lautlose Kälte durch Trockenabsorber“, der, „von der Feldarbeit des deutschen Bauern beginnend bis zur Aufbewahrung der Lebensmittel im städtischen oder ländlichen Haushalt, die Idee der Kühlkette und damit der Lebensmittelerhaltung in Bild und Ton dem Besucher vor Augen führt“.[62]

„Der Anschluß“ zeigt im gleichen Heft die Einsatzmöglichkeiten des Kühlschranks auch in den verschiedensten gewerblichen Betrieben auf, „was Eindruck auf den Kunden [macht], wenn er im Laden selbst aus dem Kühlschrank bedient wird!“.[63] Lobend und ausführlich wird eine nachahmenswerte Aktion der Elektrogemeinschaft Königsberg geschildert, die sich der Kampagne „Kampf dem Verderb“ mit einer umfangreichen Anzeigenwerbung, einheitlicher Schaufenstergestaltung und einer Wagen-Schaufahrt angeschlossen hat.



The Siemens-Schuckertwerke had distributed a shop-window sticker to affiliated retail merchants which read: “Fight Spoilage with a Siemens Dry-Absorber Refrigerator.” The company had also produced a Ufa film entitled *Silent Cold through Dry Absorbers*, which “demonstrated the concept of the refrigeration chain to visitors in sound and visual images, from the work of German farmers in the field to the storage of food in city and rural households.”[62]

In the same issue, *Der Anschluss* demonstrated the various uses of refrigerators in different commercial operations, “which [makes] a good impression on the customer when he is served from a refrigerator even at the store!”.[63] A campaign by the Elektrogemeinschaft Königsberg (Electrical Association of Königsberg) was described in detail and with considerable praise as worthy of imitation. The organization had contributed to the “Fight against Spoilage” campaign with an extensive series of ads, shop-window designs, and a mobile demonstration tour.

Unser Kühlschrank-Werbewagen

Wagenschaufahrt „Kampf dem Verderb“ am 15. Mai 1936 in Königsberg.

Mobile demonstration tour: “Fight Spoilage” on May 15, 1936 in Königsberg.

„Die große Masse der Bevölkerung war also durch diese vorbereitende Pressewerbung bereits über die Ideen der Aktion ‚Kampf dem Verderb‘ unterrichtet“, schreibt der „Anschluß“, „so daß die am folgenden Tage stattfindende Werbefahrt die Krönung einer Gemeinschaftswerbung mit verschiedenen Mitteln darstellte. Die Fahrt war durch den Polizeipräsidenten genehmigt. 36 Fahrer fanden sich um 9 Uhr am Hauptbahnhof ein. Zehn Lastwagen waren mit Seitenschildern versehen, die folgenden Text trugen: ‚Kampf dem Verderb‘, ‚Alles frisch durch Elektrokühlung‘, ‚Jährlich verderben für 1,5 Milliarden RM Lebensmittel‘, ‚Die richtige Kühlung ist die Elektrokühlung‘“.[64]

Die optische Attraktion dieses Zuges stellt die auf einem Lastwagen montierte Attrappe eines Eisbären dar. Der nachfolgende Wagen mit einer Lautsprecheranlage verkündet werbend – via Schallplatte – die genannten Parolen sowie ergänzend: „‚Kauft elektrische Kühlschränke. Gleichbleibende Kühlwirkung, steter Vorrat an Eiswürfeln. Geringer Stromverbrauch. Bequeme Teilzahlungsrate von RM 11.– an‘. ‚Darum: Kampf dem Verderb! Kampf dem Verderb!‘.“[65]

Siemens versucht 1937 außerdem, die Idee eines „Volkskühlschrankes“ durchzusetzen[66], der letztendlich – vergleichbar dem Volksempfänger – aber nie gekommen ist. Aufgrund der umfangreichen Kampagnen und Werbeaktivitäten glaubt man, den Absatz von Kühlgeräten so steigern zu können, dass die Preise seine Einführung bald zuließen.[67]

“Consequently, the majority of the population was well informed about the ideas underlying the ‘Fight against Spoilage’ campaign through advance press publicity,” wrote the editors of *Der Anschluss*, “and thus the mobile advertising tour that took place on the next day represented the highlight of a cooperative advertising campaign involving a range of different resources. The tour was approved by the President of Police. Thirty-six drivers gathered at the main railroad station at nine o’clock in the morning. Signs bearing the following text had been affixed to the sides of ten trucks: ‘Fight Spoilage,’ ‘Keep everything fresh with electrical refrigeration,’ ‘Food worth 1.5 million RM is lost to spoilage every year,’ ‘Electrical refrigeration is the best kind of refrigeration.’”[64]

The main visual attraction of the convoy was the figure of a polar bear mounted on a truck. The trailing vehicle was equipped with a loud-speaker system from which the same slogans were broadcast from a recording, supplemented by additional appeals: “‘Buy electric refrigerators. Constant cooling, constant supply of ice cubes. Low power consumption. Convenient financing with installments as low as 11 RM’ ‘Therefore: Fight Spoilage! Fight Spoilage!’”[65]

In 1937, Siemens also made efforts to promote the concept of the “People’s Refrigerator,”[66] which ultimately – much like the “People’s Radio” – did not achieve the popularity its advocates had hoped for. Management had expected that the extensive campaigns and advertising activities would raise sales of refrigerators to the point at which prices would soon permit the company to introduce the unit.[67]

# Juni 1936:

„Lebensmittelpflege ist zugleich Gesundheitspflege!“

"Preserving food means preserving health!"

# Juli

In den Berichten der AK-Werbung sind verschiedene Anschreiben der Technischen Büros von Siemens an den Einzelhandel, an Privathaushalte und Gewerbetreibende dokumentiert, mit denen der Kühlschrankverkauf argumentativ gestützt werden soll. Auch hier schlägt sich 1936 der Wandel im Werbeduktus nieder.

Bis dahin wird mit der Zuverlässigkeit der Geräte und mit ihren Möglichkeiten der modernen, hygienischen Haushaltsführung geworben. Im Juni 1936 noch titelt beispielsweise das Technische Büro Chemnitz seinen Brief an die Siemens-Wiederverkäufer mit „Lebensmittelpflege ist zugleich Gesundheitspflege!“.[68]

Im folgenden Monat verlautbart das Technische Büro München (die Anschreiben sind sicherlich nur exemplarisch abgeheftet), an Gewerbetreibende gewandt:

The reports issued by AK-Werbung document various letters sent by the Siemens Engineering Office to retailers, private households, and independent tradesmen in order to provide argumentation in support of refrigerator sales. The shift in advertising style was apparent here as well in 1936.

Until then, advertising had focused on the reliability of the appliances and the benefits they offered in terms of modern, hygienic household management. In June 1936, the Chemnitz Technical Office headed its letter to Siemens resellers with the statement "Preserving food means preserving health!".[68]

The following month, the Munich Technical Office sent the following communiqué to independent tradesmen (the letters are surely attached as examples):

Werbewagen für Siemens-Kühlschränke, 1937.

Advertising vehicle for Siemens refrigerators, 1937.

# 1936:

„Daß bei der guten Vorratswirtschaft Deutschlands innerhalb eines Jahres Nahrungsmittelverluste im Werte von 1,5 Milliarden Mark entstehen, wird auch Sie überrascht haben. Mit Rücksicht auf die notwendige Förderung der Unabhängigkeit vom Ausland hat der Reichsnährstand beschlossen, den Kampf dem Verderb aufzunehmen. Überall werden Sie lesen und hören, wie man Lebensmittel pflegen und erhalten soll. Sie werden sich an diesem Kampf mit Freude beteiligen; denn für Sie ist das nicht nur eine Frage der Erhaltung ihrer Bestände, sondern auch eine Frage der Vereinfachung ihrer Tätigkeit.

Wenn Sie die neuzeitlichen Konservierungsmethoden anwenden, so bedeutet das für Sie selbst und gleichzeitig für Deutschland eine Ersparnis. Wir stehen in der wichtigen Arbeit, ein neues Konservierungsgerät einzuführen; denn der Siemens-Kühlschrank mit Trockenabsorber ist das Gerät, das mithilft, Lebensmittel vor dem Verderben zu schützen und ansehnlich zu erhalten.

Gerade die Ansehnlichkeit der Lebensmittel ist in einem Geschäftsbetrieb von Bedeutung. Denn die Ware, die gut aussieht, wird meist zusätzlich gekauft. Bitte, sagen Sie uns, wann Sie einer unserer Herren besuchen darf, damit Sie näheres über die einfache Arbeitsweise und die hohe Betriebssicherheit des Siemens-Kühlschrankes erfahren.

Mit Deutschem Gruß,
Siemens-Schuckertwerke,
Technisches Büro München.“[69]

"You will undoubtedly have been surprised to learn that, despite the good supply of food in Germany, losses of food amounting to 1.5 million marks were recorded within a single year. In consideration of the need to promote independence from foreign supplies, the National Nutrition Bureau has resolved to launch a campaign against spoilage. You will be hearing and reading everywhere how food should be treated and preserved. And you will surely take part joyfully in this campaign; for these efforts will not only help you preserve your stocks but will make your own work easier as well.

By making use of modern methods of conservation, you will achieve savings not only for yourself but for Germany as well. We are currently at work on the important task of introducing a new refrigeration unit; the Siemens dry-absorber refrigerator is an appliance that helps protect food against spoilage and maintain its fresh, appealing look.

The visual appeal of food is particularly important to a business. For foods that look good will usually sell the best. Please let us know when one of our representatives can visit you and help you learn more about the convenient operation and the outstanding reliability of the Siemens refrigerators.

With German greetings,
Siemens-Schuckertwerke,
Munich Technical Office."[69]

Werbewagen für Siemens-Kühlschränke, 1937.

Advertising vehicle for Siemens refrigerators, 1937.

## Gutes Licht: „Erhaltung der Gesundheit des schaffenden deutschen Menschen“

Für die Kampagne „Gutes Licht – gute Arbeit“ beansprucht das Amt „Schönheit der Arbeit“ anscheinend mehr moralische Kompetenz, als der Reichsnährstand in seinem „Kampf dem Verderb“ geltend machen kann. Dessen Aktivitäten sind ja in den Kontext der Elektrifizierung der Landwirtschaft und des bäuerlichen Haushalts eingebunden, wo es allgemein um eine Autarkie der Nahrungsmittelerzeugung geht.

„Der Anschluß“ geht in Heft 7 des Jahrgangs 1936 explizit auf die Kampagne zum Licht ein. Bereits das Titelblatt annonciert den lichttechnisch gesehen trüben Stand der Ausleuchtung in den deutschen Betrieben: „72% der Betriebe sind schlecht beleuchtet, 28% sind gut beleuchtet. Ein großes Arbeitsfeld!“[70]

Herbert Steinwarz, stellvertretender Leiter des Amtes „Schönheit der Arbeit“, konstatiert: „Die Verbesserung der Beleuchtungsanlagen in den Betrieben Deutschlands konnte leider mit der rasch aufwärtsstrebenden Entwicklung in der Beleuchtungstechnik in den letzten zehn Jahren nicht Schritt halten.“ Es musste „zunächst einmal erst für den Begriff des guten Lichtes in großzügiger Weise geworben werden. Vor der Machtergreifung durch den Nationalsozialismus waren solche einheitlichen Werbemaßnahmen in Deutschland nicht möglich. In der heutigen Zeit sind sie auf vielen Gebieten des öffentlichen Lebens gar nicht mehr wegzudenken.“[71]

Steinwarz zeigt sich erfreut, dass der ersten Aktion seines Amtes 1935/36 im Winter 1936/37 die nächste folgen wird. Er zeigt sich optimistisch, dass der Geist dieser Kampagnen von allen Angesprochenen verstanden werde:

## Good Light: “Preserving the Health of German Working People”

The National Office of the “Beauty of Labor” apparently claimed a higher moral authority for the “Good Light – Good Work” campaign than the National Nutrition Bureau was able to bring to bear in its “Fight against Spoilage” campaign. Its activities were incorporated within the context of the electrification of agriculture and rural households, where the autonomy of food production was a key issue.

*Der Anschluss* explicitly addressed the good light campaign in issue 7/1936. The dreary state of lighting in German commercial and industrial facilities was cited on the title page: “72 percent of all facilities are poorly lighted; 28 percent have good lighting. A great deal of work lies ahead!”[70]

Herbert Steinwarz, Deputy Director of the Office of the “Beauty of Labor,” noted that “Improvements in lighting systems in Germany’s factories and offices have unfortunately failed to keep pace with rapid advances in the development of lighting technology over the past ten years.” The first step, he stated, “must be to promote the concept of good light on a grand scale. Prior to the rise of the National Socialists to power, it was impossible to conduct such unified advertising campaigns in Germany. Today, they are taken for granted in many areas of public life.”[71]

Steinwarz expressed pleasure at the fact that the first campaign conducted by his office in 1935/36 was to be followed by a second in the winter of 1936/37. He was optimistic that those addressed by these campaigns would grasp the spirit they embodied:

„72 Prozent ... schlecht beleuchtet ... Ein großes Arbeitsfeld!“, 1936.

“72 percent ... poorly lighted ... A great deal of work to do!” 1936.

„Die vielen Sofortmaßnahmen zeigten sowohl die Sorge für das Wohl der Gefolgschaft als auch das Bestreben, die Wirtschaftlichkeit des Unternehmens zu erhöhen." „Alle Maßnahmen", gibt er zu verstehen, „die von der Deutschen Arbeitsfront getroffen werden, dienen der Erhaltung der Gesundheit des schaffenden deutschen Menschen, eine Forderung des Führers und damit des Nationalsozialismus."[72]

Die Redaktion des „Anschluß" stellt diesen propagandistischen Floskeln eine sehr nüchterne „Schulung" zu beleuchtungstechnischen Fragen hintan sowie einige Artikel über Sehen und Ausleuchtung im fachlich gehaltenen Jargon. Im Folgenden werden auch die Werbemaßnahmen und -broschüren der Siemens-Schuckertwerke angegeben.[73] Im Wesentlichen sind dies isoliert herausgehobene Exzerpte des „Anschluß"-Sonderhefts. Aber: „Für die Herbst-Lichtwerbung des Reichsamtes ‚Schönheit der Arbeit' braucht der Elektriker zunächst einmal einen umsichtigen Blick, der in dieser Zeit darauf gerichtet sein muß, Mängel der Beleuchtung bei seiner Kundschaft aufzuspüren."[74]

Die Redaktion widmet sich nun sehr ausführlich einer Darstellung der einzelnen Siemens-Beleuchtungstypen wie Innenleuchten, Werkstattleuchten, Tisch- und Werkplatzleuchten mit den jeweiligen Umgebungsprofilen.

"The many immediate measures taken are indicative not only of concern for the welfare of employees but also of a commitment to increasing corporate efficiency." "All measures initiated by the German Labor Front," he argued, "are devoted to preserving the health of German working people – a goal of the *Führer* and thus of National Socialism as well."[72]

In *Der Anschluss*, the editors followed these propaganda platitudes with a very sober "training course" in aspects of lighting technology and an article on vision and lighting written with considerable technical jargon. The following sections cited advertising activities and brochures initiated or issued by the Siemens-Schuckertwerke.[73] For the most part, these are isolated excerpts from the special issue of *Der Anschluss*. However: "With regard to the fall advertising campaign for lighting launched by the Office for the 'Beauty of Labor,' the electrician must begin by taking a comprehensive approach that, in these times, must focus on identifying deficiencies in lighting at his customers' facilities."[74]

The editors then turned their attention to a highly detailed description of specific types of Siemens lighting systems, including indoor lighting, workshop lighting, table and workstation lamps, and profiles of the corresponding lighting environments.

Oben: Unabgeschirmte Glühlampen am Arbeitsplatz.
Unten: Siemens-Werkplatz-Leuchten, 1936.

Above: unshielded workplace light bulbs.
Below: Siemens workplace lamps, 1936.

Siemens-Schirmleuchten für die Industriebeleuchtung, 1936.

Siemens shade lamps for industrial lighting, 1936.

Sie verspricht den Wiederverkäufern: „Sie haben die umfassende Organisation der Deutschen Arbeitsfront hinter sich, die Sie durch Aufklärung der Betriebsführer und Obleute sowie durch eine groß aufgezogene Werbeaktion, in deren Dienst die Amtswalter der Arbeitsfront und die Gewerbeaufsichtsbeamten gestellt sind, unterstützt. Die eingehende Besichtigung der Beleuchtungsanlagen jedes Betriebes, die von diesen Herren vorgenommen wird, deckt jeden Mangel auf. Es liegt daher im Interesse der Betriebe selbst, solche Mängel rechtzeitig vorher abzustellen. Die frühzeitige Beratung durch Sie als Beleuchtungsfachmann wird also auf fruchtbaren Boden fallen, zumal wenn Sie versprechen können, die im Betrieb vorhandenen ungeeigneten Leuchten noch vor der Besichtigung durch die Beauftragten der Arbeitsfront gegen neuzeitliche Leuchten auszutauschen.“[75]

The authors made a promise to resellers: "You can rely on the extensive organization of the German Labor Front which will support you by instructing supervisors and managers and with a major advertising campaign to which officials of the Labor Front and officers of the commercial regulatory authority are fully committed. The rigorous inspection of lighting systems performed by these gentlemen at every facility will expose every existing deficiency. Thus it is in the interest of all businesses to correct such deficiencies as soon as possible. Timely consultation with you, as a lighting expert, will surely fall on fertile ground, especially if you are able to promise that inadequate lighting elements in business facilities can be replaced with modern lighting units before the inspectors assigned by the Labor Front arrive."[75]

Auf diesem „fruchtbaren Boden" gedeiht eine Werbestrategie, die sich eng an die amtlichen Kampagnen schmiegt und jede weitere Aktion im Rahmen von „Schönheit der Arbeit" dankbar aufgreift und verlängert. Der „Anschluß" schreibt in Heft 2 1937:

„Während im Vorjahr in erster Linie noch aufklärende und einführende Arbeit geleistet werden mußte, folgten im vergangenen Jahre schon viele Betriebe aus eigenem Interesse dem Ruf nach guter und zweckmäßiger Beleuchtung [...]. Diese Werbung wirkt über den eigentlichen Abschlußtermin hinaus und zieht weite Kreise. Mancher Betriebsführer, dessen Betrieb lichttechnisch verbessert wurde, spricht jetzt, nachdem er über die neue Beleuchtung Erfahrungen gesammelt hat, mit seinen Geschäftsfreunden über die vorteilhafte Veränderung in seinem Betrieb [...]. Als Geschäftsmann wissen Sie selbst, wie wirksam solche Empfehlungen sind: Versuchen Sie also jetzt durch eine zielbewußte Nacharbeit bei der Industrie, die obengenannte Tatsache auszunutzen."[76]

Der „Anschluß" empfiehlt, dabei „nach Plan" vorzugehen, und stellt den Verkäufern wiederum Werbebriefe für ihre Industrie- und Gewerbekundschaft zur Verfügung – eine Art „Daumenregister" mit den gebräuchlichsten Handwerksberufen.[77] Gutes Licht müsse auf die konkreten Erfordernisse der jeweiligen Arbeit eingehen, heißt es. Damit die Wiederverkäufer der Siemens-Leuchten gezielter vorgehen können, bieten die Siemens-Schuckertwerke ihnen Werbebriefe an mit dem kostenlosen Eindruck ihrer Firmenadresse im Kopf. Der Brief „Gute Arbeit verlangt gute Licht. Auch für den Bäcker" beispielsweise listet die entsprechenden Leuchten für die speziell benötigte Allgemeinplatz-, Arbeitsplatz- und Sonderbeleuchtung auf, dazu ergehen technische und Gestaltungshinweise für die Arbeitsumgebung.

It was on this "fertile ground" that an advertising strategy closely aligned with the official campaigns, which gratefully followed and extended every other activity organized under the banner of the "Beauty of Labor," thrived. In issue 2/1937 of *Der Anschluss*, we read:

"While the work performed during the preceding year was by necessity primarily instructive and preparatory in nature, many companies responded to the appeal for good, effective lighting in their own interest during the past year... . This advertising has far-reaching effects that extend beyond the actual purchase date. Some managers whose facilities have been equipped with improved lighting and who have since gained experience with the new lighting systems are now talking to their business acquaintances about the benefits of the changes made at their companies... . As a businessman, you are well aware how important such recommendations can be. So why not make an effort now to take advantage of this fact by pursuing systematic follow-up activities with customers in the industry?"[76]

*Der Anschluss* recommended proceeding "on the basis of a plan," and made advertising letters available to salespeople for distribution to their industrial and commercial clientele – a kind of "thumb-nail register" listing the most common technical occupations.[77] The message was that good light must be suited to the specific requirements of the work in question. In order to enable resellers to proceed systematically, the Siemens-Schuckertwerke provided them with advertising letters bearing their own letterheads printed free of charge. The letter headed "Good work requires good light. Even for bakers," for example, lists the lighting elements designed for general lighting, workplace lighting, and special lighting purposes and offers helpful instructions for the technical configuration and design of the workplace environment.

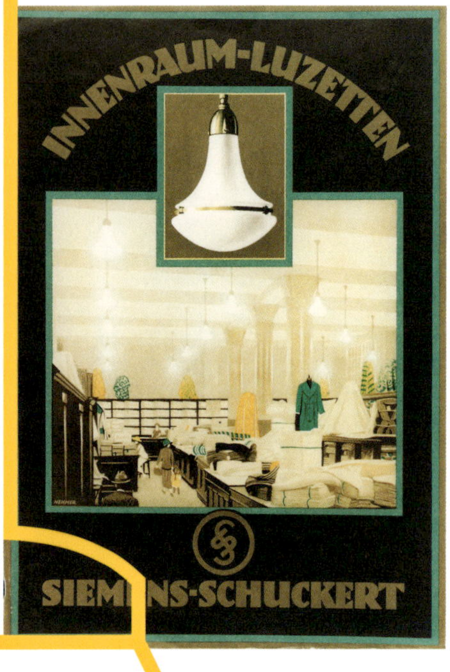


„Siemens Innenraum-Luzetten“.

“Siemens interior lucettes.”

1938 lässt der „Anschluß“ wieder einmal Steinwarz zu Wort kommen mit Auszügen einer von ihm gehaltenen Rede auf einer Tagung der Elektrowirtschaft. Der „Schönheit der Arbeit“-Funktionär zieht darin eine positive Bilanz der Kampagne „Gutes Licht – gute Arbeit“ nach gut drei Jahren.

„Unter den Forderungen des Amtes ‚Schönheit der Arbeit‘“, sagt er, „die schnellstens in die Tat umgesetzt werden mußten, war die des guten Lichtes eine der dringlichsten. Als in den Jahren 1933 und 1934 zum erstenmal überhaupt die Parole ‚Schönheit der Arbeit‘ in die deutschen Betriebe hineingetragen wurde, war es bald offenbar, daß gerade die Forderungen nach gutem Licht, die rein propagandistisch gesehen auch etwas übertragenen Sinn haben konnten, zu allererst mit verwirklicht werden mußten. Auf der Besprechung im Sommer 1935, zu der wir zum erstenmal Vertreter der Lichttechnik von Industrie, Wissenschaft und Handwerk in das Amt ‚Schönheit der Arbeit‘ eingeladen hatten, war es wohl keinem Teilnehmer dieser Sitzung bewußt, daß schon nach Ablauf von drei Jahren so gewaltige Erfolge auf dem Gebiet des Lichtes aufgezeigt werden könnten.“[78]

Nach Steinwarz’ Einschätzung ist der Prozentsatz der als verbesserungswürdig geltenden Beleuchtungsverhältnisse von 90 Prozent (1935) auf in manchen Gegenden 50 bis 60 Prozent (1938) gesunken. Auch die wissenschaftlichen Ergebnisse der 1936/37 protokollierten Betriebsbesichtigungen zeigten, dass die Verhältnisse der natürlichen Beleuchtung in den Betrieben im Durchschnitt mit gut zu bewerten seien. Bei einer im Winter 1936/37 durchgeführten Untersuchung der künstlichen Beleuchtungsverhältnisse habe sich allerdings ergeben, dass zwar rund 19 Prozent der Betriebe ein gutes Urteil verdient hätten, rund 81 Prozent aber immer noch als verbesserungswürdig einzustufen seien. „Der Beleuchtungsstärkemangel hat sichtlich abgenommen, während die Blendung immer noch der Hauptfeind der guten Beleuchtung ist.“[79]

In 1938, *Der Anschluss* once again provided a forum for Steinwarz, publishing excerpts from a speech he had delivered at a conference for the electrical industry. In the article, the “Beauty of Labor” functionary provided a summary assessment of the first three years of the “Good Light – Good Work” campaign.

“Among the objectives set by the Office of the ‘Beauty of Labor’ that needed to be realized as quickly as possible, that of good light was one of the most urgent. When the concept of the ‘Beauty of Labor’ was first introduced to German companies in 1933 and 1934, it soon became apparent that the demands for good light, which from the standpoint of propaganda may well have been understood in a broader sense as well, were in the most urgent need of realization. Presumably, none of those in attendance at the meeting held at the Office of the ‘Beauty of Labor’ in the summer of 1935, to which we had invited lighting experts from the industrial, academic, and manual trades sectors, could have known that such huge success would be achieved in the field of lighting within just three years’ time.”[78]

According to Steinwarz, the percentage of local lighting conditions classified substandard had been reduced from 90 percent (1935) to between 50 and 60 percent in some areas (1938). The scientific findings detailed in the records of facility inspections conducted in 1936/37 also showed that the natural lighting conditions in inspected facilities were assessed as good, on average. A study of artificial lighting conditions conducted in the winter of 1936/37 revealed, however, that although some 19 percent of inspected facilities had earned a good rating, about 81 percent were still classified as substandard. “Inadequate light intensity has decreased noticeably, whereas glare remains the most important enemy of good lighting.”[79]

Siemens schafft sich mit seinem Engagement im Zusammenhang mit den „Gutes Licht – gute Arbeit"-Aktionen ausgezeichnete Voraussetzungen für den Absatz fortschrittlicher Systemleuchten, des so genannten WPL-(Werkplatz-Leuchten-)Systems.

Dieses Baukastensystem hat 1939 eine enorme konstruktiv-technische Reife und Streuwirkung erlangt, wie man dem „Anschluß"-Heft 8 des Jahres aus zahlreichen Tabellen und Kurzerläuterungen entnehmen kann.[80] In diesem Baukasten drückt sich die Modernität auch in der Gestaltungsarbeit der Siemens-Ingenieure aus. Kriegsbedingt wird die Systembreite wieder eingeschränkt, nicht zuletzt aus Gründen der Materialersparnis. Gleichwohl hält es einen bestechenden Mindeststandard unter der behördlichen Normierung F 5 ADFW aufrecht, mit dem die Industrie und das Handwerk noch gut arbeiten können.[81]

Through its commitment to the "Good Light – Good Work" campaigns, Siemens developed a strong basis for the sale of progressive system lighting units of the WPL (Workplace Lighting) system.

This modular system had developed to a very high level of technical maturity and versatility by 1939, as documented in numerous tables and brief explanations published in issue 8/1939 of *Der Anschluss*.[80] The modular system also reflects the modernity achieved in the design work of Siemens engineers. Due to wartime constraints, further restrictions were imposed on the system range, not least of all in response to the need to conserve material. Yet it maintained an impressive minimum standard under the F 5 ADFW regulatory specification with which industry and manual tradesmen could work satisfactorily.[81]

Werkplatz-Leuchten nach dem WPL-System, eingeschränkte Typenauswahl nach F 5 ADFW, 1941.

Workplace lamps based on the WPL system, limited model selection in accordance with F5 ADFW, 1941.

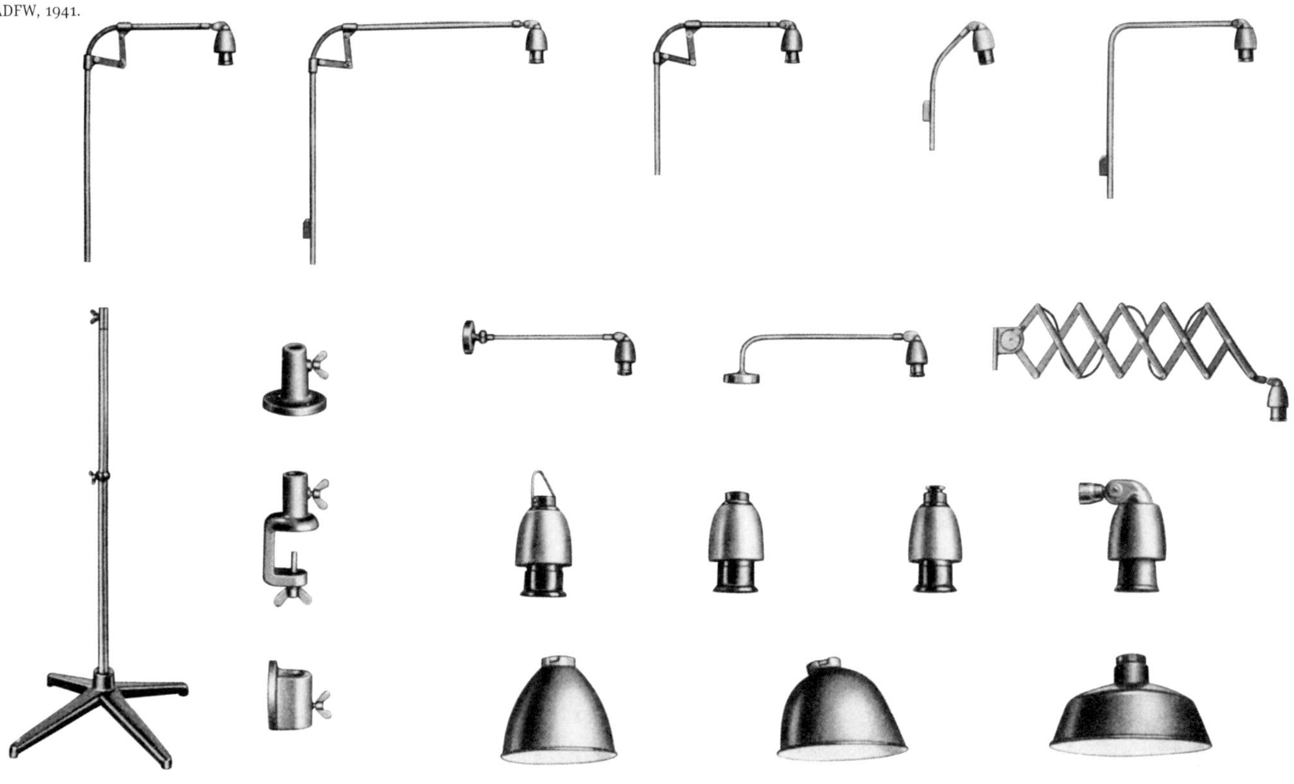

Tafeln zum Siemens-WPL-System (Werkplatz-Leuchten), genormte Teile für Innenbeleuchtung sowie Metall- und Porzellanleuchten, 1939.

Panels for the Siemens WPL System (workplace lighting), standardized components for interior lighting as well as metal and porcelain lighting units, 1939.

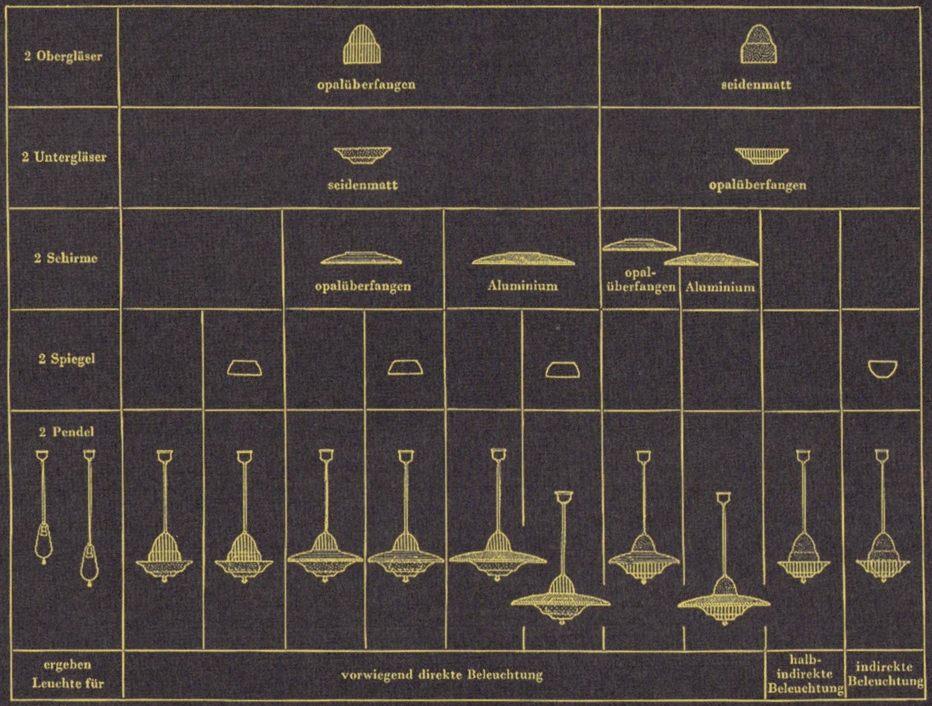


Tafel 1

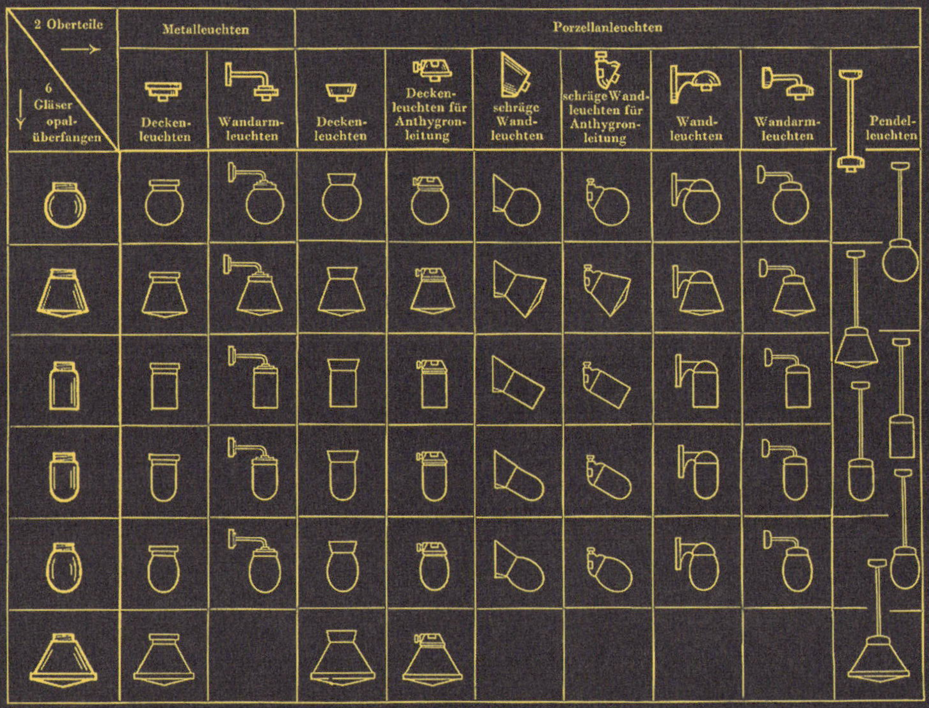


Tafel 2

Die Olympischen Spiele 1936 wurden mit der Ikonoskop-Kamera übertragen.

The 1936 Olympics were broadcast with the aid of an Ikonoskop camera.

Wie die Herausarbeitung der historischen Quellen, insbesondere im Heft „Der Anschluß", gezeigt hat, hat die Firma Siemens bei ihrem Part einer ökonomischen und alltagskulturellen Durchsetzung des Elektrizitätsgedankens im Deutschland der zweiten Hälfte der dreißiger Jahre und in den frühen vierziger Jahren fast alle Barrieren zwischen Werbung und Propaganda, Ökonomie und Ideologie der Politik übersprungen.

Der „Anschluß" erwies sich – buchstäblich – in dieser Zeit als angemessener Titel gegenüber den Zielen des NS-Regimes. „Schönheit der Arbeit" als politische Ideologie und die werblichen Aktivitäten des Hauses Siemens im Kontext einer Gestaltungsmoderne griffen ineinander wie die Zacken des Zahnrades in die heroische Ikonografie der Deutschen Arbeitsfront und ihrer ausgezeichneten Musterbetriebe.

Die von Siemens damals evozierte und in seinen Werbemedien publizierte Bildsprache des Lichtes und der Kälte generalisierte sich auch im Umgang mit dem öffentlichen Raum während der NS-Zeit. Albert Speers Lichtdome und schon die Ausstattung der Olympischen Spiele 1936, auch mit Siemenstechnik, zeigen die Mächtigkeit dieser Elemente für die ideale Formierung des „Volkskörpers" und später vor allem seiner ausgegrenzten Bestandteile an. Vielleicht trifft dieser eine kleine Ausschnitt den Nerv der Zeit einer verzerrten gestalterischen, technischen Moderne: Vom „Kampf dem Verderb durch Siemens-Kühlschrank mit Trocken-Absorber" drehte die Ufa einen Tonschmalfilm, der auf die „Lautlose Kälte" abhebt.

As research in the historical sources, including in particular the journal *Der Anschluss*, has shown, the Siemens company, through its commitment to the promotion of the concept of electricity in the economy and in everyday life in Germany during the latter half of the nineteen-thirties and the early forties, overcame nearly all of the barriers between advertising and propaganda and between political economy and ideology.

*Der Anschluss* proved – in a very literal sense [German *Anschluss* means connection] – to have been a very appropriate title from the standpoint of the goals of the National Socialist regime. The "Beauty of Labor," as a political ideology, and the advertising activities undertaken by the Siemens company within the context of its role in the development of modern design fit together like the cogs of a gear wheel within the framework of the heroic iconography of the German Labor Front and its award-winning showcase firms.

The visual language of light and cold developed and published by Siemens in its advertising materials took on a more generalized character on the field of interaction with the public during the National Socialist era. Albert Speer's Light Domes, not to mention the technical furnishings and equipment for the 1936 Olympics, which included Siemens technology, illustrate the powerful role these elements played in shaping the "Body of the People" and especially that of its ostracized parts in later years. Perhaps this one small segment captures the spirit of the era of a distorted modernism in the field of technical design. The Ufa film studios produced a film on the subject of the "silent cold" about the "Fight against Spoilage with the Siemens Dry Absorber Refrigerator."

## Neuanfang als Übergang
Zwischen 1945 und 1960

Christoph A. Hoesch

## New Beginning and Transition
1945 to 1960

Christoph A. Hoesch


144 Anknüpfung an die Vorkriegszeit

146 „Industrielle Gestaltung" als Synonym für den Neuanfang

147 Attribute des Neuen in der Gestaltung

347 Anmerkungen

144 Taking up the Thread of the Prewar Years

146 "Industrial Design" as a Synonym for a New Beginning

147 New Approaches to the Design of Industrially Produced Goods

353 Notes


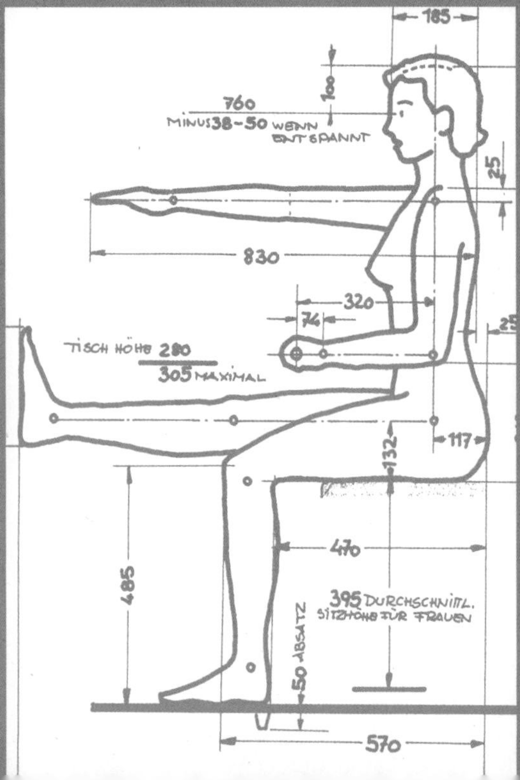

# Neuanfang als Übergang

# New Beginning and Transition

Die ökonomischen Folgen des Zweiten Weltkriegs erwiesen sich als noch verheerender als jene des Ersten. Siemens hatte neben großen Teilen seiner Betriebsanlagen auch sämtliche Fertigungsstandorte in Ostdeutschland verloren, darunter jene für Herde und Hausgeräte, ein Umstand, der weniger Entwicklung und Formgebung als die schnelle Wiederankurbelung der Produktion beinträchtigte. Zudem gab es eine neue Unternehmensspitze, denn Carl Friedrich von Siemens war 1941 überraschend gestorben.

In den ersten fünf Jahren nach 1945 versuchte man zunächst, die unmittelbaren Kriegsfolgen zu überwinden, wobei der Aufbau neuer Standorte in Westdeutschland als Ersatz für die in der russischen Besatzungszone enteigneten oder demontierten Fertigungen oberste Priorität besaß. So waren es vor allem Geräte wie Generatoren, Elektromotoren, Installationsmaterial, Beleuchtungen und haustechnische Apparate, die der ersten Bedarfsdeckung der Industrie und der Neuausstattung ausgebombter Haushalte dienen sollten. Dazu gehörten elektrische Kleinkochplatten, Tauchsieder, kleine Herde, einfache Elektroheizöfen, aber auch Prototypen für neue Waschmaschinen und Kühlschränke, deren Herstellung man jedoch erst nach 1950 wieder aufnahm.

The economic consequences of the Second World War were even more disastrous than those of the First. Siemens had lost substantial portions of operating infrastructure as well as all of its production sites in East Germany, including plants that produced kitchen ranges and household appliances. This situation had a relatively minor impact on development and design but severely impeded efforts to revive production. The company also found itself under new leadership, as Carl Friedrich von Siemens had died unexpectedly in 1941.

In the first five years following the end of the war in 1945, efforts were focused on overcoming the direct effects of the war, and top priority was given to the development of new facilities in West Germany to replace expropriated or demolished production sites in the Russian Zone of Occupation. There was an urgent need during these early postwar years for such items as generators, electric motors, installation material, and lighting units to meet the demands of industry as well as household appliances for bomb-ravaged private households. The latter items included small electric hotplates, immersion heaters, small stoves, simple electric heaters as well as prototypes for new washing machines and refrigerators, although these were not actually produced until 1950.

## Anknüpfung an die Vorkriegszeit

Zu den sich langsam wieder neu formierenden Siemens-Konstruktionsgruppen gehörte ab 1946/47 auch die der Formgebung unter Leitung von Wilhelm Pruss und Wolfgang Appel. Mit Überarbeitungen und kleineren Neuentwicklungen, vor allem von einfachen Gebrauchsgütern – wie Schaltern, Kochherden, Wasserkochern, Heizgeräten –, begann man fast nahtlos an die Arbeit vor 1945 anzuknüpfen. 1951 wurde die Gruppe selbst mit sämtlichen Aktivitäten aus der Bauabteilung ausgegliedert und ganz der Hauptwerbeabteilung (HWA) unterstellt.

Bis 1955 gewann die Formgebungsgruppe schnell ihre alte Bandbreite zurück, wobei man unter einigen Retuschen die vor 1945 begonnenen oder abgebrochene Entwicklungen wieder aufnahm. So führte man bei den Radiogeräten die Entwicklung der inzwischen immer größer gewordenen Holzgehäuse weiter. Küchenherde und Staubsauger wurden formal modifiziert bzw. völlig umgestaltet. Entwürfe für neue Telefongeräte traten neben erste Versuche mit thermoplastischen Kunststoffgehäusen für eine Kaffeemühle und die Entwicklung zweier kleiner Tischventilatoren. Ab 1953 begann man sich u. a. mit der Entwicklung von Fernsehgehäusen zu beschäftigen, und auf dem Gebiet der Investitionsgüter griff man im Schaltwartenbau eine Vorkriegsentwicklung modular einsetzbarer Schaltschrankelemente aus Blech in „Stahlbindertechnik“ wieder auf, die man erfolgreich perfektionierte.

1955 starb Wilhelm Pruss, und sein bisheriger Stellvertreter, der Ingenieur Wolfgang Appel, übernahm die Leitung der auf über zwanzig Mitarbeiter angewachsenen Gruppe, die inzwischen über verschiedene Fertigungs- und Entwicklungsstandorte in ganz Westdeutschland verteilt arbeitete. Zwischen 1955 und 1960 kam es zu keinen spektakulären Veränderungen im Bereich der Formgebung.

## Taking up the Thread of the Prewar Years

One of the Siemens engineering groups that was gradually revived beginning in 1946/47 was the Form Group under the direction of Wilhelm Pruss and Wolfgang Appel. Work began virtually where it had ceased in 1945 with revisions and the development of new products on a small scale, focusing primarily on simple consumer goods – such as switches, kitchen ranges, water boilers, heaters, etc. In 1951, the group and its activities were spun-off from the Building Department and incorporated entirely into the Central Advertising Department (HWA).

By 1955, the Form Group had rapidly regained its former scope. Developments initiated or discontinued before 1945 were resumed, with some modifications. Thus, for example, the development of radios with increasingly large consoles was revived. Kitchen ranges and vacuum cleaners underwent formal modification or were completely revamped. Designs for new telephones appeared alongside early experiments with thermoplastic housings for a coffee-grinder and the development of two small table fans. In 1953, work began on television consoles, and, in the investment goods sector, control room designers resumed work on the development of modular control panel elements made of sheet metal in “steel-strut” construction begun before the war, a technique that was eventually perfected.

Wilhelm Pruss died in 1955, and his deputy, engineer Wolfgang Appel, succeeded him as the director of the group, which now had a staff of over twenty people working at various production and development plants throughout West Germany. The years from 1955 to 1960 witnessed no spectacular changes in the field of formal design.

Neue Gestalter, erstmals auch Absolventen neu eingerichteter Studiengänge für „industrielle Gestaltung“, traten in die Gruppe ein, sorgten so für eine langsame, jedoch umso nachhaltigere Änderung sowohl der Gestaltungsauffassungen wie des eigenen Selbstverständnisses und bereiteten nicht nur personell, sondern auch atmosphärisch eine umfassende Veränderung der gesamten Siemens-Gestaltungskultur vor: den Übergang von der „Formgebung“ zum „Design“, der 1960 nach dem altersbedingten Ausscheiden von Wolfgang Appel endgültig stattfand.

New designers, including the first graduates of the newly instituted university "industrial design" programs joined the group. They were responsible for a gradual but sustained shift that affected both attitudes about design and views of the role of the designer, thereby laying the groundwork for a far-reaching change – from the standpoints of both personnel and corporate atmosphere – in Siemens design culture as a whole: the transition from "form" to "design," which was finally copleted in 1960 following the retirement of Wolfgang Appel.

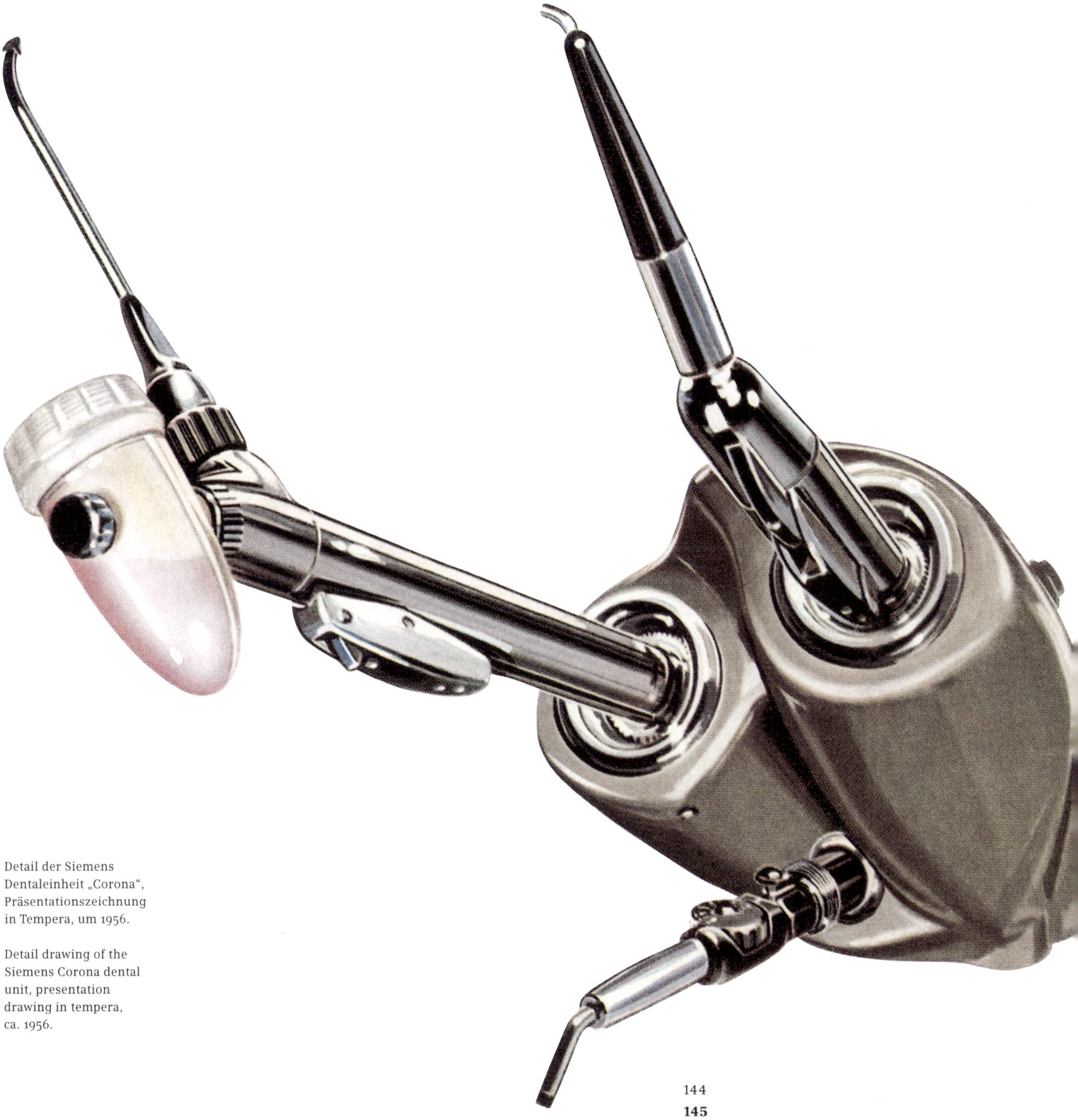

Detail der Siemens Dentaleinheit „Corona“, Präsentationszeichnung in Tempera, um 1956.

Detail drawing of the Siemens Corona dental unit, presentation drawing in tempera, ca. 1956.

## „Industrielle Gestaltung“ als Synonym für den Neuanfang

Zwei Ausstellungen in Stuttgart zu Beginn der fünfziger Jahre – „Formgebung in den USA“ (1951) und und „Schönheit der Technik – die gute Industrieform“ (1953) – machten erstmals einer breiterer Öffentlichkeit in Deutschland bewusst, dass so etwas wie Formgebung überhaupt existierte. Gestaltungsbeispiele, u. a. aus dem Hause Siemens, vermittelten erstmals anschaulich, was der neue Terminus „industrielle Gestaltung“ – „Design“ war damals noch nicht im Gebrauch – eigentlich bedeutete. Indirekt wurde die Formgebung gleichsam kulturell nobilitiert, indem sie in Zusammenhang mit dem Neuanfang in Deutschland gebracht wurde.

Die industrielle Gestaltung von elektrischen Geräten, vor allem für Küche und Haushalt, spiegelte schon bald mehr als die Zukunftsperspektive eines wachsenden Wohlstands und Käuferpotenzials in Deutschland: Formgebung wandelte sich zum „Design“, und Design wurde zum Sehnsuchtsträger. Herman Glaser, kritischer Beobachter deutscher Kulturentwicklung, diagnostiziert diesbezüglich: „Es wurden Sehnsüchte präsentiert. Waren warfen Liebesblicke nach den möglichen Käufern: […] Aufbruch als Porsche-Karosserie.“[1] Design wurde zum Ausdruck und Attribut des technisch Fortschrittlichen und damit des Wunsches nach immanenter Erneuerung in Deutschland.

Im Umkehrschluss bedeutete dies, nicht zuletzt wegen der hohen Anschaffungskosten, dass Optik und Funktionalität neuer Maschinen und Geräte am Arbeitsplatz oder für Zuhause möglichst lange „fabrikneu“ erscheinen sollten. Damit wurde nicht nur die funktionale Lebensdauer zu einem tragenden Qualitätsmerkmal der neu gestalteten Gerätschaften der Nachkriegszeit, sondern auch die Fähigkeit, diesen Eindruck möglichst lange visuell zu vermitteln. „Neu ist Trumpf“, verhieß beispielsweise eine Siemens-Waschmaschinenanzeige von 1959, „und muss lange währen.“

## “Industrial Design” as a Synonym for a New Beginning

Two exhibitions in Stuttgart in the early fifties – *Formgebung in den USA (1951) and Schönheit der Technik – die gute Industrieform* (1953) – made a broader public in Germany aware for the first time of the fact that such a thing as “formal design” existed at all. Examples of product design, including several from Siemens, provided first clues about what the term “industrial form” (the word “design” was not yet in use) actually meant. In a certain sense, formal design was indirectly ennobled as a cultural phenomenon through its association with the new beginning in Germany.

The industrial design of electrical appliances, especially those intended for use in kitchens and households, soon reflected more than the future prospect of growing prosperity and consumer potential in Germany. Form evolved into design, and design became an expression of longings. Herman Glaser, a critical observer of developments in German culture, offered the following diagnosis: “Longings were displayed. Goods cast loving glances at potential buyers: ... the Porsche body embodied the upswing.”[1] Design became an expression and an attribute of technical progress and thus a symbol of the yearning for immanent renewal in Germany.

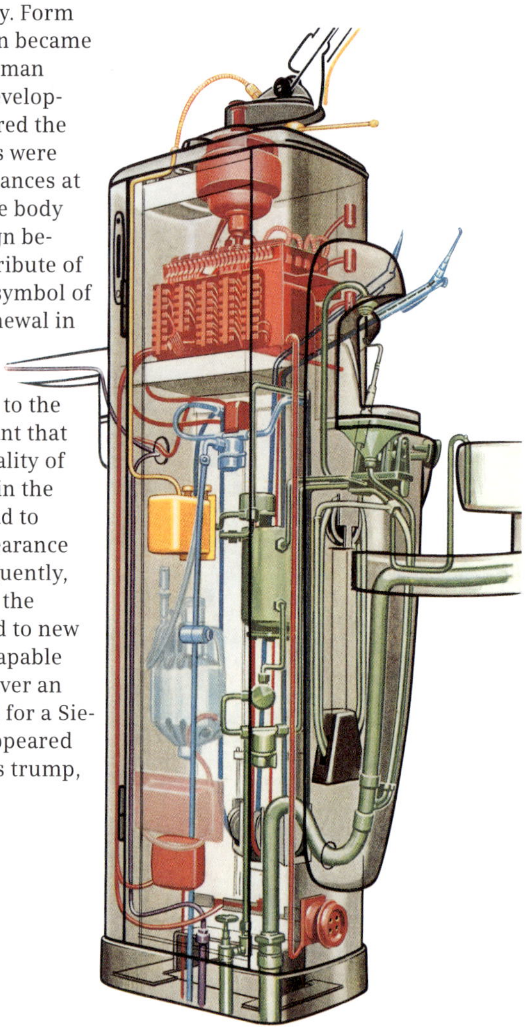

Conversely, due not least of all to the high purchase prices, this meant that the visual appeal and functionality of new machines and appliances in the workplace or the household had to retain their “factory-new” appearance for as long as possible. Consequently, long service life was no longer the sole criterion of quality applied to new products; they also had to be capable of conveying that impression over an extended period of time. An ad for a Siemens washing machine that appeared in 1959 announced that “New is trump, and it must last.”

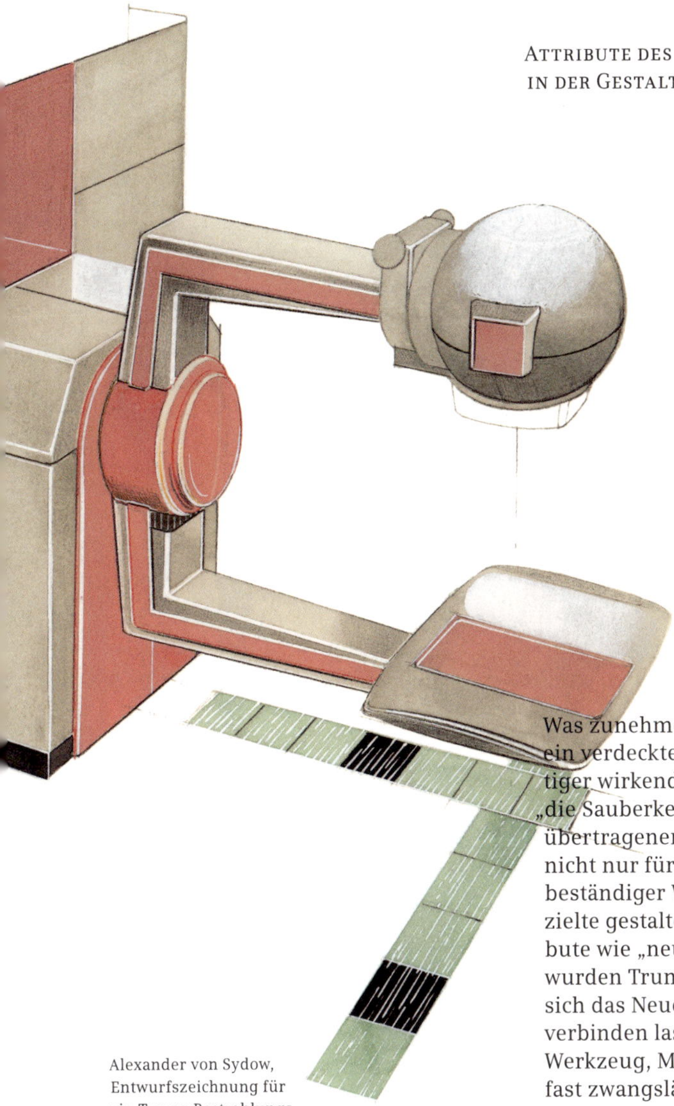

Alexander von Sydow, Entwurfszeichnung für ein Tumor-Bestrahlungsgerät, Kreide, 1958.

Alexander von Sydow, design drawing for tumor radiation unit, chalk, 1958.

Schematische Darstellung zur Präsentation der Dentaleinheit „Corona", 1956.

Schematic diagram used for presentation of the Corona dental unit, 1956.

Was zunehmend Geltung gewann, war ein verdeckter, doch umso nachhaltiger wirkender Gestaltungsaspekt – „die Sauberkeit" im unmittelbaren wie übertragenen Sinne: Herausforderung nicht nur für die Entwicklung extrem beständiger Werkstoffe und ihre gezielte gestalterische Verwendung. Attribute wie „neu", „modern" und „sauber" wurden Trumpf. Gerade deshalb musste sich das Neue auch mit Dauerhaftigkeit verbinden lassen, denn bislang hatten Werkzeug, Maschinen und Hausgerät ja fast zwangsläufig Gebrauchsspuren getragen, und sei es nur, weil die Materialien nicht allzu beständig waren. Gert Selle und Jutta Boehe, die darauf aufmerksam gemacht haben, dass selbst das auffälligste Design im Gebrauch langsam „[ver]schwindet", bemerken hierzu: „Indem wir uns an Dingen festhalten, kommt die Zeit über uns." Und: „[So] wälzen sich auch die gebrauchten Gegenstände als Lebenswerkzeuge um, mit ihnen – im weitesten Sinne – auch die Ästhetik ihres Gebrauchs."[2] So galt es in der zweiten Hälfte des 20. Jahrhunderts, entweder mit immer neuen bzw. neu „designten" Produkten oder zumindest mit einer optisch und funktional resistenten Gestaltung der „Alterung" der Geräte zu begegnen – wenn sie schon nicht gänzlich zu verhindern war. Dies betraf natürlich nicht nur Siemens, sondern auch alle anderen Unternehmen, die sich von nun an der Gestaltung von Industrieprodukten verschrieben. Der Terminus „sauber" im Zusammenhang mit Formgebungen wurde denn auch im Nachkriegs-Deutschland zum Synonym funktionaler Zweckmäßigkeit und reduktiver Formenwahl im Sinne des Bauhauses und seiner Exponenten.

Increasing importance was attached to a hidden aspect of design that nevertheless had a lasting impact – "cleanliness" in both a literal and a figurative sense. This represented a challenge, and not only for developers of extremely durable materials and their effective use in product design. Such qualities as "new," "modern," and "clean" became strong trump cards. And for that very reason, newness needed to be combined with durability, for machines and household appliances had always and almost necessarily exhibited traces of use, if only because the materials were not particularly durable. Gert Selle and Jutta Boehe, who called attention to the fact that even the most eye-catching design gradually "disappears" through use, noted in this context that "Because we hold on to things, time overcomes us." And, "[Just as] used objects are transformed as tools of living, so – in the broadest sense – are the aesthetics of their use."[2] Thus it became important in the second half of the twentieth century to counteract the "aging" process – if it could not be prevented entirely – in machines and appliances, either by continually introducing new or "newly designed" products or at least by giving them a visually and functionally resistant design. This problem was not unique to Siemens, of course, but also affected all other companies that had now begun to concern themselves with the design of industrial products. In postwar Germany, the word "clean" used in the context of design became a synonym for functional utility and formal restraint in the spirit of the Bauhaus and its exponents.

Auch bei Siemens knüpfte man mehr oder weniger bewusst an ein sorgsam gepflegtes Leitbild der Haushalts- aber auch der Medizingeräte-Entwicklung an: den Aspekt von Ordnung und Sauberkeit durch Verwendung von Elektrizität. Hygiene war schon in der Vorkriegszeit das Hauptargument für den Einsatz von Elektrizität in Krankenhäusern, Haushalten und Industrie gewesen und die Vermeidung von Abnutzungserscheinungen im oberflächlichen Erscheinungsbild elektrisch betriebener Geräten geradezu eine Obsession von Vertriebsleuten, Konstrukteuren und ersten Formberatern bei Siemens geworden. So konzentrierten sich die Anstrengungen bei der Gestaltung von Herden, Dentaleinheiten und anderen neuen Entwicklungen von Anfang an auf die Vermeidung von Verschmutzungen und optisch wahrnehmbaren Abnutzungserscheinungen. „Sauberkeit" als moralisch-ästhetisches Paradigma der Funktionalismus-Renaissance nach dem Zweiten Weltkrieg fand hierin die pragmatische Entsprechung und wurde bald auch bei der Gestaltung anderen Geräten im übertragenen Sinne Programm.

„Langlebigkeit und Wertbeständigkeit" schlagen dabei eine Brücke in die Gegenwart. Auch heute noch erscheinen sie als wichtige Parameter der Designausrichtung von Siemens-Produkten. Gerd Wilsdorf, zuständig bei der BSH (Bosch und Siemens Hausgeräte GmbH) für das Design von Hausgeräten der Marke Siemens, prägte im Jahr 2000 über deren Gestaltung eine Aussage, die fast als Maxime für das gesamte Siemens-Design zwischen 1960 und 2000 gelten könnte: „Unsere Geräte müssen ihre inneren Werte formal ehrlich und optisch langlebig dokumentieren. Ein Herd ist für den Haushalt ein Investitionsgut und kein Konsumartikel."[3]

Wenn man sich daraufhin die Frage nach einer möglichen Kontinuität in der Wirkung des Siemens-Gerätedesigns im 20. Jahrhundert stellt, so scheint sich dabei fast immer ein langfristig programmierbarer ästhetisch-funktionaler Werterhalt mit einem möglichst lange transzendierbaren Neuheitanspruch verbinden zu lassen: Siemens-Design als Kontinuum.

Siemens engineers and designers also oriented themselves more or less consciously toward a lovingly nourished guiding principle in the development of both household appliances and medical equipment – the use of electricity to ensure orderliness and cleanliness. Hygiene had already served as a potent argument for the use of electricity in hospitals, households, and industry even before the war. Avoiding signs of wear in the superficial appearance of electrical machines and appliances had become an obsession with sales representatives, engineering designers, and the first form consultants at Siemens. Thus efforts devoted to the design of kitchen ranges, dental equipment, and other new product developments were focused from the outset on eliminating visible signs of wear. "Cleanliness" as a moral-aesthetic paradigm of the renaissance of functionalism following the Second World War found its pragmatic correlative in this principle and soon became a programmatic dictate in the broader sense in the design of other machines and appliances.

"Durability and long-term value" represent a bridge to the present, as they remain important parameters of the design concept for Siemens products even today. Gerd Wilsdorf, the executive responsible for the design of Siemens-brand household appliances at BSH (Bosch und Siemens Hausgeräte GmbH), made a statement regarding the design of these products in 2000 that could well be viewed as a maxim for Siemens design as a whole from 1960 to 2000: "Our products must document their inner values with formal honesty and visual longevity. For a household, a kitchen range is an investment good and not a consumer product."[3]

In answer to the question of continuity in the impact of Siemens equipment design in the twentieth century, there would appear to be a consistent link between the programmable long-term preservation of aesthetic and functional value and a claim to newness with maximum possible life expectancy: Siemens design as a continuum.

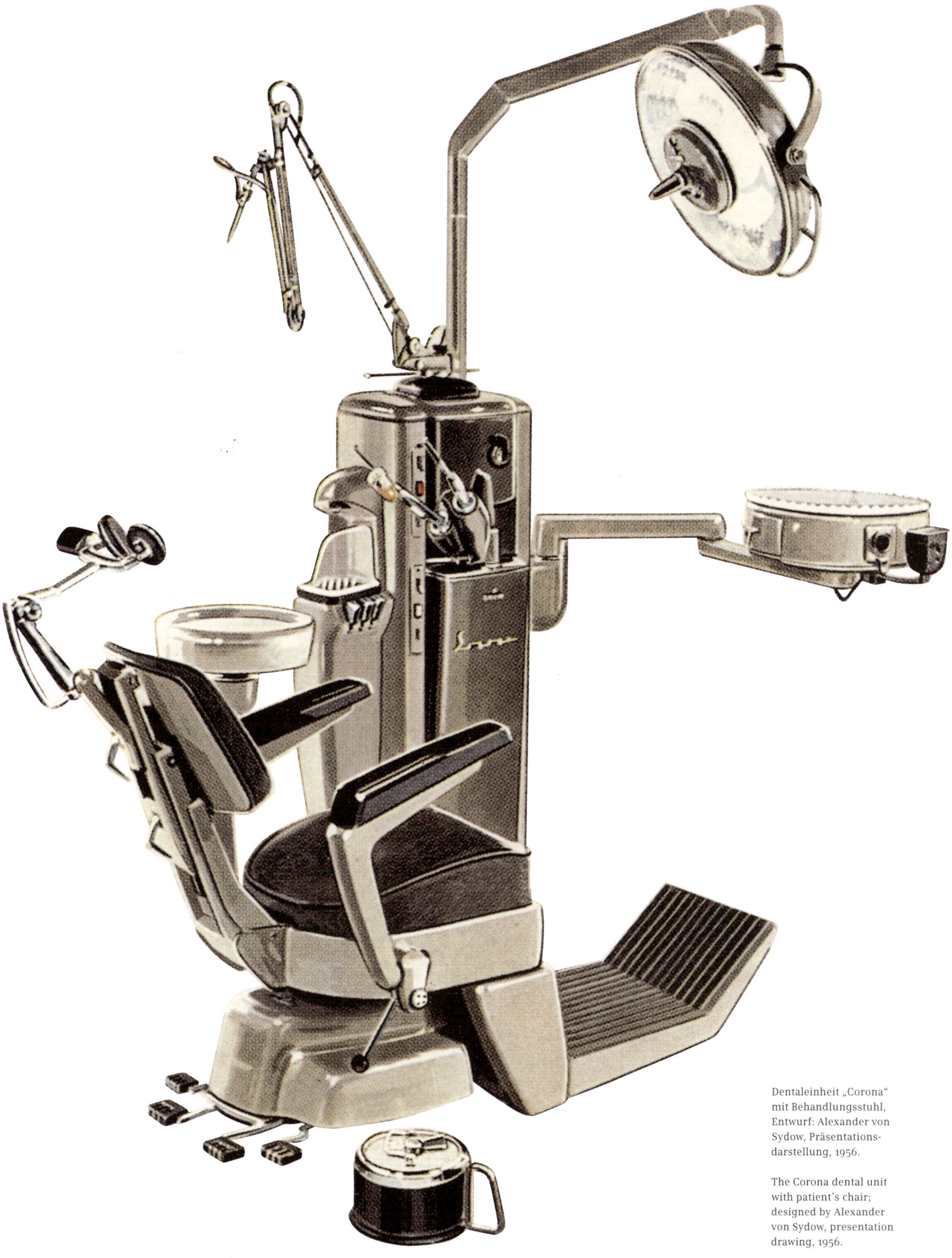

Dentaleinheit „Corona“ mit Behandlungsstuhl, Entwurf: Alexander von Sydow, Präsentationsdarstellung, 1956.

The Corona dental unit with patient's chair; designed by Alexander von Sydow, presentation drawing, 1956.

## Aus Formgebung wird Design
Die Ära Edwin Schricker
1960 bis 1986

Julius Lengert

## From Form to Design
The Era of Edwin Schricker
1960 to 1986

Julius Lengert


153 Mehrwert durch Design
154 Der Siemens-„Edel-Ingenieur“
156 Einzelprodukte entwickeln sich zu Familien und Systemen
157 Einheit in der Vielfalt
158 Aufbruch in die neue Zeit
159 Der Designer – Überzeugungstäter und Missionar
160 Design – eine nicht quantifizierbare Leistung
161 Theoretische Grundlagenarbeit
163 Angewandte Semiotik im Design
164 Anthropologische Grundlagen der Gestaltung
165 Corporate Identity und Corporate Design
166 Ein Hauch von Ulmer Schule
167 Wie sag ich's meinem Kunden? Oder: Was ist Design?
169 Die Siemens-Designabteilung – ein geistig-kulturelles Biotop
170 Ein Club für DES-Interessierte
172 Die Fremdsprache Design
174 Gestaltung mit Blick auf das Ganze
175 Das Qualitätskriterium Atmosphäre
176 Wie entsteht ein Symbolwert?

153 Added Value through Design
154 Siemens “Elite Engineers”
156 From Individual Products to Families and Systems
157 Unity in Diversity
158 The Dawn of a New Era
159 The Designer – Believer and Missionary
160 Design – a Non-Quantifiable Service
161 Theoretical Foundations
163 Applied Semiotics in Design
164 The Anthropological Foundations of Design
165 Corporate Identity and Corporate Design
166 The Spirit of the Ulmer Schule
167 What Do I Say to my Customer? Or: What is Design?
169 The Siemens Design Department – a Biotope of Intellectual Culture
170 A Club for People Interested in Design
172 Design as a Foreign Language
174 Design as a Holistic Concept
175 Atmosphere as a Criterion for Quality
176 Creating Symbolic Value

# Aus Formgebung wird Design
# From Form to Design


177 Design bringt Farbe in die Siemens-Welt

179 „Alle sieben Jahre äussert sich der Zeitgeist neu“

180 Leitfaden oder Leidfaden?

181 Der Wiedererkennungseffekt

182 Übereinstimmung von Anspruch und Wirklichkeit

184 Das System-Design stösst an seine Grenzen

186 Authentizität und ein „Hauch von Seele“

348 Anmerkungen

177 Design Brings Color to the World of Siemens

179 “The zeitgeist is re-expressed every seven years”

180 Guidelines or Restraining Bonds?

181 The Recognition Effect

182 Matching Goals and Reality

184 Systematic Design and Its Limitations

186 Authenticity and a “Bit of Soul”

354 Notes

Die internationalen unternehmerischen Aktivitäten von Siemens waren nach dem Zweiten Weltkrieg erheblich eingeschränkt, zum einen weil die Verbindungen und Strukturen erst wieder neu aufgebaut werden mussten, zum anderen weil die Werke teils beschlagnahmt, teils der staatlichen Aufsicht der jeweiligen Länder unterstellt waren. Alle Versuche, den Geschäftsbetrieb von Deutschland aus wieder in Gang zu bringen, wurden misstrauisch beäugt. Die Siegermächte hatten aus verständlichen Gründen kein Interesse daran, dass ein deutsches Industrieunternehmen wie Siemens bald wieder zu früherer Größe erstarkte. So war es das Verdienst von Dr. Gerd Tacke, durch Verhandlungsgeschick, persönliche Überzeugungskraft und weltläufiges Auftreten diese Bedenken zu zerstreuen, nach und nach die Eigenständigkeit des Unternehmens zurück zu gewinnen und die verschiedenen, historisch gewachsenen Sparten zur Siemens AG zu vereinigen. Man war wieder ein akzeptierter Partner im internationalen Geschäft.

Several factors imposed substantial limitations on the international business activities of the Siemens company after the Second World War. One was the need to revitalize business connections and structures. In addition, some plants had been seized, while others had been placed under government control in certain countries. All efforts to set the wheels of business in motion again from Germany were looked upon with distrust. For understandable reasons, the victorious powers had no interest in seeing a German industrial firm like Siemens rise rapidly from the ashes and regain its former strength. It was Dr. Gerd Tacke who, thanks to his outstanding negotiating skill, personal persuasiveness, and cosmopolitan outlook, succeeded in sweeping away such reservations, gradually restoring the company's independence and uniting the various long-established corporate divisions under the umbrella of Siemens AG. This having been accomplished, Siemens once again became an acceptable partner in the international business community.

Inzwischen hatte sich die Wirtschaftsmacht Amerika, angetrieben durch den Krieg, auf technischem Gebiet stark weiterentwickelt und war auf den Weltmärkten präsent. Auch die japanische Wirtschaft hatte zur Aufholjagd mit dem Westen angesetzt und in weiten Bereichen mit dem technischen Standard der westlichen Industrie gleichgezogen. Kurzum: Es wurde angesichts der neuen Mitbewerber immer schwieriger, unternehmerischen Erfolg und eine führende Marktposition allein mit technischer Leistung zu erreichen.

Die heutige Situation – Stagnation und Nivellierung der technischen Entwicklung auf hohem Niveau – begann sich schon damals abzuzeichnen. Der Markterfolg eines Produkts war durch die technische Leistung allein nicht mehr garantiert, ihm musste darüber hinaus mit Hilfe des Design in den Augen des Kunden und Käufers ein Mehrwert gegeben werden.

Its economy stimulated and strengthened by the war, the United States had achieved significant progress in technology and established a strong presence in world markets. The Japanese economy had also begun to catch up and was actually running neck and neck with the West in many fields of industrial technology. In short, the tougher competitive environment made it increasingly difficult to achieve business success and establish a strong market position through technical achievements alone.

The first signs of the situation in which we find ourselves today – stagnating markets and international parity at a high level of technological development – were already evident in those years. Technical superiority was no longer a sufficient guarantee that a product would succeed in the market. It also needed to be given added value in the eyes of the consumer with the help of design.

Für die Produktverantwortlichen und die auf der operationalen Ebene tätigen Ingenieure war Design zu diesem Zeitpunkt kein ernsthafter Begriff, eher eine unbekannte Größe. Der vorherrschende Typus des Siemens-Technikers war der so genannte „Edel-Ingenieur“: überzeugter Rationalist mit hohen Ansprüchen an sich selbst und seine Arbeit, erzogen zu „kostensparendem und gewinnorientiertem Handeln“, geleitet von einer starken inneren Verpflichtung dem Unternehmen und seinen Leistungen gegenüber, ausgezeichnet durch eine ausgesprochene „devotion to work“, wie das „Time“-Magazin in einem Artikel über Siemens einmal formulierte, kurz: ein Ingenieur mit Leib und Seele.

Dies soll nicht etwa heißen, dass die damaligen Siemens-Produkte keine Designqualität besaßen. So wurde etwa der FeAp W36 zum „Reichsfernsprecher“ und damit zum Symbol für das Telefonieren schlechthin. Die Rundfunkgeräte „Der Herr im Frack“ und der die Modulbauweise vorwegnehmende „Siemens-Zug“ galten in den zwanziger Jahren des letzten Jahrhunderts gar als Vorzeigestücke, dazu eine ganze Reihe weniger bekannter, doch nicht minder formschöner Produkte von hoher ästhetischer Qualität, entstanden durch die konsequent an der Funktion orientierte Arbeit des Konstrukteurs. Sie ist ein Beweis für die Richtigkeit der Behauptung: „Wo konstruiert wird, wird gestaltet.“ Je nach Art und Funktion eines Produkts und je nach ästhetischer Sensibilität und Formwillen des Konstrukteurs führte dieses Vorgehen zu Produkten mit mehr oder minder hoher formaler Qualität. Allerdings handelte es sich in der Regel um Einzellösungen, in mancher Hinsicht vergleichbar mit seriell gefertigten Gegenständen des Kunsthandwerks.

At this point in time, design was less a meaningful concept than an unknown factor in the minds of product managers and engineers working at the operational level. The typical Siemens engineer was the so-called *Edel-Ingenieur* (elite engineer) – a died-in-the-wool rationalist with high expectations regarding his performance and the fruits of his work. Siemens engineers had learned to strive for optimum economy and maximum profit. They were guided by a strong sense of responsibility toward the company and themselves and characterized by an outstanding “devotion to work,” as we read in an article on Siemens in *Time* magazine. They were indeed engineers from head to toe.

This is not to say that Siemens products exhibited no design quality during those years. The FeAp W36, for example, had become the “national telephone” and thus the symbol of telephone technology as a whole. The “*Herr im Frack*” (Gentleman in Coattails) radios and the pioneering modular Siemens-Zug trains were actually looked upon as showpieces during the twenties, and Siemens marketed numerous products which, though not as well-known, were no less aesthetically appealing, their formal beauty derived from a strict orientation toward function on the part of the engineering designer – evidence in itself of the truth of the claim that “engineering is design.” Depending upon the nature and purpose of a given product and the engineering designer’s aesthetic sensibilities and interest in form, this process led to products with varying degrees of formal quality. As a rule, however, these were individual solutions comparable in some respects to serially produced handcrafted objects.

Edwin Schricker, verantwortlich für das Siemens Design 1960–1986.

Edwin Schricker, Director of Siemens Design, 1960–1986.

1957 erhielt Edwin Schricker, der als Architekt für die Gestaltung von Messen und Ausstellungen zu Siemens gekommen war, vom Vorstand Dr. Tacke den Auftrag, die wichtigsten wieder neu entstandenen Niederlassungen und Vertriebszentren in Europa, Nord- und Südamerika zu besuchen und bei deren Einrichtung mitzuwirken. Diese Reisen brachten auch Gespräche mit den Architekten und Design-Verantwortlichen von Westinghouse, General Electric, MacDonald und des gerade eröffneten New Yorker Museum of Modern Art.

Besonders bei dem Unternehmen McDonald kannte man die Notwendigkeit der „Einheit in der Vielfalt" und die Wege, diese zu erreichen. Das von Edwin Schricker festgestellte heterogene Bild von Siemens in der Welt ließ im Unternehmen den Wunsch nach einem „einheitlichen Erscheinungsbild" wachsen. 1960 wurde Edwin Schricker Leiter der Abteilung Formgebung.

1968 wurde die „Formgebung" in „Design" umbenannt. Die Wahl der englischen Begriffs zeigt den Wandel in der Auffassung und Bewertung der gestalterischen Arbeit: Mehrwert durch Design.

In 1957, Edwin Schricker, who had joined Siemens as an architect responsible for the design of trade fair presentations and exhibitions, was ordered by Siemens director Dr. Tacke to tour the most important newly re-established branch facilities and sales centers in Europe and North and South America and to take an active part in setting them up for business. In the course of his travels, Schricker also consulted with architects and individuals responsible for design at Westinghouse, General Electric, MacDonald, and the New York Museum of Modern Art, which had just opened.

Enterprises such as MacDonald, in particular, recognized the need for "unity in diversity" and had developed approaches to achieving it. Noting the heterogeneous image projected by Siemens in the global market, Edwin Schricker encouraged efforts to create a "consistent image." Schricker was appointed head of the Form Department in 1960.

In 1968, "Form" was officially renamed "Design." The choice of the English word is indicative of changing perceptions of and attitudes toward product design reflected in the principle of added value through design.

## Einzelprodukte entwickeln sich zu Familien und Systemen

## From Individual Products to Families and Systems

In den sechziger Jahren begannen sich die einzelnen Produkte zunehmend zu Produktfamilien und diese zu Produktsystemen zu gruppieren, die zu ganzen Anlagen zusammenwuchsen. Das bedeutete: Geräte unterschiedlichster Art und „Herkunft" kamen beim Kunden zusammen und wurden dort im Verbund genutzt. In einer Klinik etwa gab es Apparate zum Röntgen, zur Diagnose und Patientenüberwachung, Rechner und Telefone, meist auf engstem Raum versammelt. Diese Produkte wurden an unterschiedlichen Standorten im In- und Ausland entwickelt und gefertigt, hatten also eine ganz unterschiedliche „Entstehungsgeschichte", trugen aber dennoch alle die Marke Siemens. Begriffe wie „Corporate Design" und „Corporate Identity" gehörten damals zwar noch nicht zum Wortschatz der Produktverantwortlichen, doch wurde auch diesen klar, dass ein einheitliches Erscheinungsbild von Vorteil war, um die Glaubwürdigkeit und das Vertrauen in die Marke zu erhalten.

The sixties witnessed the expansion of an increasing number of individual products into product families, which in turn spawned product systems that merged to form entire technical facilities. Equipment units of widely differing types and "origins" came together at customers' plants and were often used in combination. Clinics, for instance, acquired machines for radiology, diagnosis, and patient monitoring along with computers and telephones, all of which were ordinarily installed in close proximity to one another within limited available space. These products were developed and manufactured at different plants in Germany and abroad and thus had widely differing "histories," although they all bore the Siemens trademark. While such concepts as "corporate design" and "corporate identity" had not yet found their way into the vocabulary of those concerned with product development, it had become clear to all that a consistent image was of key importance if the company was to remain a credible and trustworthy partner in the market.

Diese Einheit in der Vielfalt mit den Mitteln des Design zu schaffen, war die Aufgabe Edwin Schrickers, Leiter der neuen Abteilung Design. Sie verlangte gestalterische Kompetenz, einen Blick für das Wesentliche, durchdachte Konzepte, geeignete Strategien sowie die Kraft und Fähigkeit, diese bei den Partnern im Unternehmen durchzusetzen. Im Klartext hieß das, den Produktentwicklern und -konstrukteuren im Unternehmen zu vermitteln, dass mit der Umbenennung der „Abteilung Formgebung" in „Design-Abteilung" im Hinblick auf die Gestaltung aller Produkte, die den Namen Siemens trugen, ein neuer Wind wehte.

Anfang der sechziger Jahre trugen die Produkte noch differenzierte Produktbezeichnungen, die Marke Siemens und Monogramme wie SH, SS, SE, SB oder SL. Die organisatorische Zusammenfassung zu einem Unternehmen brachte die im Design schon vorausahnend zum Teil verwendete Marke „SIEMENS" in Versalien. Bei dieser Umstellung wurde die 1936 gestaltete Wortmarke in der Buchstabenstärke abgeschwächt und leicht gesperrt, um ihr die Schwere zu nehmen.

Auch die Marke in Outlineschrift für die „repräsentative" Verwendung wurde bei dieser Gelegenheit in die Siemens-Normenvorschriften aufgenommen.

The task of creating unity in diversity using the resources of design fell to Edwin Schricker, the director of the new department. The job required expertise in aesthetic matters, an eye for essentials, soundly conceived concepts, suitable strategies, and both the strength and the ability to persuade partners within the organization to accept them. In simple terms, this meant showing product developers and engineering designers at Siemens that the change of name from "Form Department" to "Design Department" heralded the advent of a new approach to the design of all products that bore the name Siemens.

In the early sixties, products still had distinctive names and bore the Siemens trademarks as well as monograms such as SH, SS, SE, SB, and SL. Consolidation of the various organizational units into a single company was followed by consistent use of the "SIEMENS" trademark in capitals, a practice adopted in part by the Design Department even earlier. In conjunction with this conversion, the original trademark designed in 1936 was revamped, using less bold letters spaced slightly farther apart in order to diminish its ponderous look.

The trademark in outline print used for "representational" purposes was also incorporated into the Siemens standards at this time.

Aus der internen Sicht der damaligen Siemens-Kultur, die noch nicht von Strukturwandel, flachen Hierarchien und fluiden Strukturen verunsichert war, wirkten die Designer wie die „jungen Wilden“. Auch Edwin Schricker unterschied sich schon in seinem Äußeren von anderen Siemens-Direktoren: Er trug nie eine Krawatte, sondern selbst bei Vorstandsgesprächen einen lässigen Schal – für die damaligen Zeiten ein Sakrileg –, war von klaren Wertvorstellungen geleitet und besaß deshalb die innere Freiheit, auch unkonventionelle Gedanken und Lösungen, divergierende Vorstellungen und Verhaltensweisen zu tolerieren. Er war ein glaubwürdiger Repräsentant des „neuen Aufbruchs“ und der „neuen Zeit“. Wie seine Vorgänger im Amt war auch er Diplom-Ingenieur, doch nicht Elektroingenieur oder Feinwerktechniker, sondern Architekt – ein Indiz dafür, dass bei der Gestaltung der Siemens-Produkte, allesamt Produkte der Elektrotechnik und Elektronik, die „Ingenieurs-Denke“ nicht mehr die allein gültige Orientierung war.

Schricker sah seine Aufgabe darin, Design als eigenständige, anerkannte Größe bei den Produktentwicklern zu etablieren. Deshalb galten seine Bemühungen in erster Linie der „Durchsetzung und Verankerung des Designgedankens im Unternehmen bei allen an der Produktentwicklung beteiligten Stellen im Hause“.[1] Dies bedeutete konkret: Er musste die Partner aus allen Unternehmensbereichen von der Bedeutung auch der nicht quantifizierbaren Faktoren der Produktqualität sowie der Richtigkeit eines ganz bestimmten, spezifischen Design überzeugen und sie dazu bewegen, hierfür auch Geld zu investieren. Es war nämlich eine besondere Eigenart bei Siemens, dass das Design zwar zentrale Verantwortung hatte, doch weder über einen eigenen Etat verfügte noch Weisungsbefugnis besaß, insofern als der Designer einen gestaltungsunwilligen Produktentwickler zur Annahme einer Designlösung hätte zwingen können. Die Designleistungen wurden wie die Ingenieurleistungen dem unternehmensinternen Auftraggeber berechnet.



From the vantage point of Siemens corporate culture in those years, which had not yet experienced the effects of structural change, flat hierarchies, and fluid structures, the designers were looked upon as “young savages.” Even Edwin Schricker distinguished himself from other Siemens directors in terms of his manner and appearance. He never wore a tie, but instead preferred a casual scarf, even for board meetings – a sacrilege in the eyes of contemporaries. He was guided by clearly defined values and thus possessed a freedom of mind that enabled him to tolerate unconventional ideas and solutions, divergent lines of thinking and behavior patterns. He was a credible representative of the “new beginning” and the “new era.” Like his predecessor, he held a degree in engineering, but was neither an electrical engineer nor a specialist in precision mechanics but actually an architect – a clear sign that the design of Siemens products – all products of electrical and electronics engineering – would not be guided by the “engineer’s mind-set” alone.

As Schricker saw it, his task was to establish design as a value of importance in its own right in the minds of product developers. And thus his efforts were focused primarily on “promoting and strengthening the concept of design in all corporate departments involved in product development.”[1] In concrete terms, this meant convincing partners throughout the company of the importance of the non-quantifiable aspects of product quality. What is more, he had to gain their acceptance for a specific design concept and persuade them to invest in it. One of the peculiarities of the Siemens organization was that, although the Design Department exercised central responsibility, it had neither a budget of its own nor the authority to compel a reluctant product developer to accept a given design solution. Like engineering work, design services were charged to the account of the corporate department or office that commissioned them.

Der Siemens-Designer war damit auf die Überzeugungskraft seiner gestalterischen Lösungen, seiner sachlichen Argumente und seines persönlichen Auftretens angewiesen. Er musste wie ein freies Designbüro seine Leistungen bei den Partnern und Auftraggebern im Unternehmen „verkaufen". Schricker nutzte daher jede Gelegenheit, den Produktentwicklern und Konstrukteuren die Bedeutung des Design als „vertriebsunterstützende Maßnahme" bewusst zu machen. Die Unternehmensführung wies er ausdrücklich auf dessen wichtige Funktion bei der Selbstdarstellung des Unternehmens den Kunden und der Öffentlichkeit gegenüber hin. Dies geschah durch Beiträge in firmeninternen Zeitschriften, durch Vorträge in Ausschüssen, Gremien und Arbeitskreisen, durch Auftritte bei firmeninternen Großveranstaltungen.

In aufwändigen Dia-Präsentationen wurden den Entwicklern Wesen und Wirkung des Design und sein Nutzen für den unternehmerischen Erfolg überzeugend dargestellt. Die Produktverantwortlichen wurden für das Thema sensibilisiert und das Design in ihrem Denken etabliert. Man kann diese systematische Überzeugungsarbeit durchaus als „innere Mission" bezeichnen.

Ende der sechziger, Anfang der siebziger Jahre wurden viele Elemente, die das visuelle Erscheinungsbild der Siemens AG bestimmten und beeinflussten, neu gestaltet, festgelegt und zum Teil in den hauseigenen „Siemens-Normen" verankert. Die Zusammenfassung der wichtigsten gestalterischen Vorgaben in der Designbasis wurde 1974 im gesamten Unternehmen verbreitet. Zur „inneren Mission" gehörten aber auch bindende Richtlinien und Normen für alle am gesamtheitlichen Erscheinungsbild des Unternehmens Beteiligten. Diese betrafen im Einzelnen: Verwendung der Firmenmarke, Firmenschilder, Leuchtschriften, Kfz-Beschriftung, Messe-Elemente, Informationszentren; für Produkte genormte Elemente, Bauteile, Bedienteile, Elemente der Anlagengestaltung, Produkt-Grafik, Farben und Oberflächenverpackungen.



Consequently, the Siemens designer was forced to rely on the persuasive force of his design solutions, the strength of his objective arguments, and his personal powers of persuasion. In much the same way as an independent design firm, he had to "sell" his services to partners and clients within the company. Thus Schricker seized every opportunity to make product developers and engineering planners aware of the importance of design as a "sales-support measure." Vis-à-vis corporate management, he expressly emphasized the important role design played in shaping the company's image in the eyes of its customers and the public at large – through articles in company periodicals, presentations to committees, corporate organs, and work groups, and through appearances at major corporate events.

The essence and impact of design and its potential contribution to the company's business success were persuasively demonstrated in elaborate slide presentations. Product developers and product managers were sensitized to the topic, and the concept of design was firmly established in their minds. This systematic persuasion campaign may aptly be referred to as an "inner mission."

In the late sixties and early seventies, many of the elements that shaped and influenced the image of Siemens AG were redesigned, specified, and in many cases incorporated into internal "Siemens standards." A summary of the most important basic design guidelines was disseminated throughout the company in 1974. The "inner mission" also included instituting binding guidelines and standards for all personnel concerned with the company's image as a whole. These related specifically to the use of the corporate trademark, company signs, neon signs, vehicle markings, trade fair elements, information centers, features of plant and facility design, product graphics, colors, and outside packaging.

In einem Punkt allerdings stimmte der Vergleich der „inneren Mission“ nicht: Mit den rhetorischen Mitteln einer Sonntags- oder Kapuzinerpredigt war hier niemand zu bekehren. Die Zuhörer waren, wie gesagt, durchweg Ingenieure, die grundsätzlich nur das glauben und akzeptieren, was logisch begründbar und in Maß und Zahl nachweisbar ist. Allenfalls nachvollziehbare Erfahrungswerte vermögen noch zu überzeugen. Design jedoch ist ja gerade dadurch gekennzeichnet, dass es überwiegend aus nicht quantifizierbaren Faktoren besteht, sich den quantifizierbaren Verfahren natur- und ingenieurswissenschaftlicher Erkenntnismethoden entzieht: Es ist nicht messbar, allenfalls bewertbar. Gestaltung richtet sich an Menschen, wird von Menschen erlebt, erfahren und beurteilt, und „der Mensch steht nicht im Rechenbuch!“.[2] Wie konnte also den Partnern und Auftraggebern im Unternehmen Wirkung und Leistung des Design, sein praktischer Nutzen für das Tagesgeschäft so dargestellt werden, dass er auch für einen Ingenieur erkennbar und plausibel wurde? Mit Rechnungen zu argumentieren, wie der folgenden: „Das Design hat x % des Markterfolgs und Umsatzes bewirkt, was mit einer Summe von y zu Buche schlägt“, war aus besagten Gründen ja nicht möglich.

Edwin Schricker verglich Design häufig mit Fußball. Er sah sich als Trainer und Sport bzw. Art Director in einer Person. Seine Auffassung von der Aufgabenverteilung: Designer und Kicker haben Tore zu schießen. Der Trainer sorgt für Fitness, Spieler und Aufträge. Eines allerdings unterscheidet Design vom Fußball: Fußball besteht zu 80% aus Training und zu 20% aus kreativem Spiel auf dem Feld. Design dagegen ist 80% kreatives Spiel im Unternehmen und 20% Training. Für das Siemens-Design trug diese Kombination von Trainer und Sportdirektor in Personalunion bald Früchte. Bis zu zwanzig Produkte wurden jedes Jahr von internationalen Jurys ausgezeichnet und ausgestellt (Designzentren in Berlin, Hannover, Essen). Als eine der ersten deutschen Firmen erhielt Siemens den „Corporate Design Award“ des Industrie Forum Design Hannover.

In one sense, however, the analogy of the “inner mission” is inappropriate. No one was going to be converted by the rhetoric of Sunday sermons or prayer meetings. As mentioned above, the target group was composed for the most part of engineers, people trained to believe and accept only what is logical and demonstrable in terms of numbers and dimensions. Engineers are persuaded only by credible empirical data based on practical experience. Yet one of the most important characteristics of design is that it is primarily the product of non-quantifiable factors; it is wholly resistant to quantitative analysis using scientific and engineering methods. Design cannot be measured but may be evaluated, at best. Design is determined by human factors; it is perceived, experienced, and judged by people, and “people have no place in mathematics books!”[2] How, then, could the uses and benefits of design, its practical impact on day-to-day business be demonstrated to partners and clients within the company in such a way that even engineers would recognize them as evident and plausible? To argue on the basis of calculations, such as “design is responsible for x percent of market success and revenues, amounting to a total of y,” was out of the question, for the reasons cited above.

Edwin Schricker often compared design with soccer. He viewed himself as a coach and sports or art director in one. According to his idea of task distribution, designers and players were to shoot the goals, while the coach was responsible for fitness, player personnel, and contracts. But design differs from soccer in at least one important way: soccer is 80 percent training and 20 percent creative input on the playing field; design is 80 percent creative input within the company and 20 percent training. This combination of coach and sports director in one soon bore fruit for Siemens design. Every year, as many as twenty products were selected for awards by international juries and exhibited (at design centers in Berlin, Hanover, and Essen). Siemens was one of the first German companies to receive the Corporate Design Award presented by the Industrie Forum Design of Hanover.

Diese Erfolge setzten auch theoretische Grundlagenarbeit voraus, die eine intensive theoretische Beschäftigung mit dem Design, seinem Wesen und Wirken erforderte. Heute kann man daher auf einen beträchtlichen Fundus an theoretischen Abhandlungen, wissenschaftlichen oder pseudowissenschaftlichen Monografien, Studien, Diplomarbeiten und Dissertationen zu diesem Thema zurückgreifen. Dies alles gab es damals noch nicht, die theoretische Durchdringung und Beschäftigung mit dem Phänomen Design steckte noch in den Kinderschuhen. An den Universitäten wurde es als Gegenstand ernsthafter wissenschaftlicher Untersuchung oder Erforschung nicht erkannt oder ihrer nicht für würdig befunden – in keiner der einschlägigen Disziplinen wurde dort an diesem Thema gearbeitet. Die heutigen Fachhochschulen für Gestaltung – mit wenigen Ausnahmen wie der Folkwang-Schule in Essen oder der Hochschule für Gestaltung in Ulm – waren noch gar nicht existent oder erst im Entstehen.

One of the prerequisites for these accomplishments was a foundation in theory achieved through rigorous theoretical investigation into the essence and impact of design. Designers today have access to a substantial fund of theoretical essays, scientific and pseudo-scientific monographs, studies, undergraduate theses, and dissertations devoted to the subject. None of this material was available back then, however. Theoretical research and analysis of the phenomenon of design were still in their infancy. Design was not recognized a worthy focus of serious scientific study or research at the university level. No work was done on the subject in any of the relevant academic disciplines. With a very few exceptions, among them the Folkwang-Schule in Essen and the Hochschule für Gestaltung in Ulm, schools of design as we know them today were either nonexistent or just beginning to emerge.

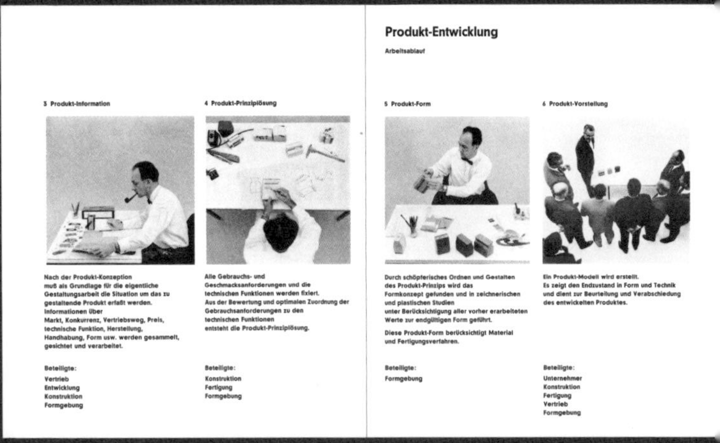

3 Produkt-Information

Nach der Produkt-Konzeption muß als Grundlage für die eigentliche Gestaltungsarbeit die Situation um das zu gestaltende Produkt erfaßt werden. Informationen über Markt, Konkurrenz, Vertriebsweg, Preis, technische Funktion, Herstellung, Handhabung, Form usw. werden gesammelt, gesichtet und verarbeitet.

Beteiligte:
Vertrieb
Entwicklung
Konstruktion
Formgebung

4 Produkt-Prinziplösung

Alle Gebrauchs- und Geschmacksanforderungen und die technischen Funktionen werden fixiert. Aus der Bewertung und optimalen Zuordnung der Gebrauchsanforderungen zu den technischen Funktionen entsteht die Produkt-Prinziplösung.

Beteiligte:
Konstruktion
Fertigung
Formgebung

Produkt-Entwicklung

Arbeitsablauf

5 Produkt-Form

Durch schöpferisches Ordnen und Gestalten des Produkt-Prinzips wird das Formkonzept gefunden und in zeichnerischen und plastischen Studien unter Berücksichtigung aller vorher erarbeiteten Werte zur endgültigen Form geführt.

Diese Produkt-Form berücksichtigt Material und Fertigungsverfahren.

Beteiligte:
Formgebung

6 Produkt-Vorstellung

Ein Produkt-Modell wird erstellt. Es zeigt den Endzustand in Form und Technik und dient zur Beurteilung und Verabschiedung des entwickelten Produktes.

Beteiligte:
Unternehmer
Konstruktion
Fertigung
Vertrieb
Formgebung

„Technik, Gestaltung, Fortschritt", eine erste, jedoch nur intern genutzte Darstellung, 1969, die für die Dienstleistungen der Siemens-Designabteilung werben sollte.

*Technology, Design, Progress*, the first publication (used for internal purposes only) issued as advertising for the Siemens Design Department, 1969.

Die Designprofessoren der ersten Generation waren fast durchgehend Fachleute aus der Praxis, überwiegend aus den Designateliers der Industrieunternehmen. So kamen in den Anfängen der einschlägigen Fachhochschulen auch viele Lehrkräfte aus dem Siemens-Designbereich. Die theoretischen Aspekte des Design wurden erst später in den Lehrplan aufgenommen, dafür war diese Pioniergeneration noch nicht ausgebildet. Auch die Siemens-Designer mussten sich daher ihr theoretisches Wissen selbst erarbeiten, für dessen Beschaffung und Aneignung in den internen Weiterbildungsveranstaltungen ein beträchtliches Maß an Zeit, Geld und Energie investiert wurde.

Die Weiterbildungsaktivitäten dienten nicht nur dazu, das handwerklich-fachliche Können der Designer und Designerinnen zu perfektionieren, sondern auch dem Bestreben, sie über den Tellerrand der Tagesarbeit hinausschauen zu lassen und so zu ertüchtigen, in Diskussionen über Wesen, Nutzen und Notwendigkeit des Design rational, kompetent und überzeugend zu argumentieren.

Alle, die designrelevantes Wissen zu bieten hatten oder dies auch nur vorgaben, wurden zu den Weiterbildungsveranstaltungen eingeladen, wo ihr Wissen auf Anwendbarkeit in der Praxis geprüft wurde. Dabei kam eine ansehnliche Liste namhafter Referenten zustande.

The first generation of professors of design was comprised almost entirely of experts with practical experience gained primarily in design studios of industrial firms. Many of the instructors who joined the faculties of design schools in the early years of their development had worked at Siemens. Theoretical aspects of design were not introduced to curricula until later, as this pioneer generation simply did not have the relevant educational background. And thus even Siemens designers were compelled to develop their theoretical knowledge as they went along. A considerable amount of time, money, and energy was invested in internal training programs designed to meet this need.

Advanced training activities were intended not only to perfect the manual and technical skills of designers but also to encourage them to look beyond the boundaries of their daily work in order to equip themselves to argue rationally, competently, and persuasively in discussions about the essence, benefits, and necessity of design.

Everyone who had, or claimed to have, knowledge of relevance to design was invited to participate in these advanced training programs, in which their knowledge was tested for its practical applicability. Over time, quite a respectable list of noteworthy lecturers and instructors was compiled in this way.

Siemens Design, „Hauptfarben“ für die Produktgestaltung, 1976/77.

Siemens Design, “main colors” for product design, 1976/77.

Die Semiotik oder Zeichentheorie war in den theoriegläubigen siebziger Jahren ein weiterer Begriff, der Furore machte. Die Kapazität für diese in Deutschland neue Disziplin war der an der Technischen Hochschule Stuttgart lehrende Philosophie-Professor Max Bense, der die von einem amerikanischen Mathematiker entwickelte „Lehre von der Natur der Zeichen“ weiterentwickelte, auf Design- und Kunstobjekte anwandte und eine eigene ästhetische Theorie, die „numerische Ästhetik“ verfasste. Sie versprach mathematisch begründete Beurteilungen „ästhetischer Zustände“.

Auch Bense wurde zu den Siemens-Designern eingeladen. Als Edwin Schricker ihn nach einem fulminanten, Geist sprühenden, wissenschaftlich hochkarätigen Vortrag fragte, ob er das in einer Sprache darstellen könne, die ein Designer auch verstehe, verneinte Max Bense, bot aber an, eine seiner Schülerinnen zu schicken, die dazu in der Lage sei. Sie wurde zunächst für einige Weiterbildungsseminare mit praktischen Übungen an Projekten aus der Tagesarbeit engagiert und die Wissenschaft auf den Prüfstand der Praxis gestellt. Das Ergebnis: Nach Vereinfachung der Sprache und Entwissenschaftlichung des Begriffsapparates erwies sich die Semiotik als brauchbare Hilfe für systematisches Vorgehen in der Gestaltung. Was an keiner Hochschule geschehen konnte, geschah in der Siemens-Designabteilung: Das hochtheoretische, in abstrakter Form vorliegende Wissen einer wissenschaftlichen Disziplin wurde zu einem in der Praxis anwendbaren Instrument.

So wurden konsequent und systematisch alle Möglichkeiten ausgelotet, die eine Vertiefung designrelevanter Erkenntnisse versprachen. Nach einiger Zeit konnte Schricker auf die Frage, über welches theoretische Wissen man im Siemens-Design verfüge, mit Fug und Recht antworten: „You name it, we have it.“

Semiotics, or the theory of signs, was another concept that caused an uproar in the theory-obsessed seventies. The most highly respected expert in this field, which was new in Germany, was Max Bense, professor of philosophy at the Technische Hochschule Stuttgart, who elaborated on the "Theory of the Nature of Signs" developed by an American mathematician, applied it to objects of art and design, and authored his own theory of "numerical aesthetics." The theory promised judgments of "aesthetic states" based on mathematical principles.

Bense was also invited to work with the Siemens designers. Once, following a bombastic, intellectually brilliant, scientifically outstanding lecture, Schricker asked him whether he could express his thoughts in a language that would also be understandable to designers. Max Bense answered that he could not but that he would be glad to send one of his female students, who could. She was initially contracted for several training seminars involving practical exercises relating to current Siemens projects, in which scientific theory was subjected to practical testing. Eventually, once that language had been simplified and the conceptual apparatus stripped of its scientific ballast, semiotics was shown to be a useful aid to a systematic approach to design. Thus what would not have been possible at any college or university actually took place in the Siemens Design Department: highly theoretical, abstract knowledge relating to a scientific discipline was transformed into a tool suitable for practical use.

In this way, all opportunities that held the promise of increasing knowledge of relevance to design were rigorously and systematically explored. After a while, Schricker could answer anyone who asked what theoretical knowledge Siemens Design possessed simply by saying, "You name it, we have it."

Heute, wo Germanistik-Professorinnen als Unternehmensberaterinnen tätig sind und Vorstände sich von Benediktinermönchen coachen lassen, ist geistiges Cross-over keine spektakuläre Sache mehr, doch als vor mehr als 30 Jahren der Chefdesigner der Siemens AG einen Philosophen und Kulturanthropologen engagierte und als festen freien Mitarbeiter mit eigenem Arbeitsplatz im Siemens-Team eng in die Struktur und das Geschehen der Designabteilung einband, war dies ein absolutes Novum, das von manchem mit verständnislosem Kopfschütteln quittiert wurde.

Was sollte ein Philosoph bei Siemens in der Designabteilung für Nutzen stiften? Dabei zeugte diese Maßnahme damals von Intelligenz und Weitblick, denn Schricker sah bereits die Forderung nach mehr Humanqualität der Produkte voraus. Sie wurde später in der Arbeitsstättenverordnung festgeschrieben und unter dem Schlagwort „Humanisierung der Arbeitswelt" zu einer sozialpolitischen Forderung. Heute wird die „Emotionalisierung der Produkte" dem Designer vom Marketing ausdrücklich abverlangt, wenn auch die Motive ganz andere sein mögen.

Hauptsächlich aber ging es um Systematisierung der Designarbeit und Kommunikation der Designleistungen im Unternehmen. Deshalb war es die erste Aufgabe des Philosophen, ein verständliches, wissenschaftlich fundiertes, für die Praxis brauchbares Erklärungsmodell für Wesen, Wirkung und Entstehungsbedingungen einer Designleistung zu entwickeln. Das Ergebnis war das „Anthropologische Kommunikationsmodell". Es verband Erkenntnisse der Philosophie mit solchen aus Wahrnehmungspsychologie, Kommunikationstheorie und Semiotik. Angewandt auf das Design, erwies es sich als geeignetes Mittel zur Optimierung und Strukturierung des kreativen Prozesses, zur Begründung und rationalen Argumentation eines gestalterischen Konzeptes und für die Beurteilung einer vorhandenen Designlösung.

In our time, when professors of German are engaged as corporate consultants and boards of directors are coached by Benedictine monks, intellectual cross-over is no longer viewed as spectacular. But when the chief designer at Siemens AG hired a philosopher and cultural anthropologist and assigned him a permanent position and a key role within the structure and activities of the Siemens team more than thirty years ago, the move was entirely without precedent and caused many people to shake their heads in astonishment.

Many wondered what possible good could come from assigning a philosopher to the Siemens Design Department? Yet this measure revealed considerable intelligence and far-sightedness, for Schricker anticipated even then the growing demand for products with a more human quality. The principle was later incorporated into the workplace regulations and advanced, under the heading of "humanization of the workplace," to the status of a standard for corporate social policy. Today, marketing demands that designers "emotionalize" their products, although probably for very different reasons.

The primary objectives, however, were to systematize the work of designers and call attention to their achievements within the company. And so the first task assigned to the philosopher was to develop a comprehensible, scientifically sound, practically viable explanatory model for the essence and impact of a product of design and the conditions under which it originated. The outcome was the "Anthropological Communication Model." It combined philosophical insights with those of perceptual psychology, communication theory, and semiotics. Applied to design, it proved to be an effective tool that could be used to optimize and structure the creative process, to explain and develop rational arguments in favor of a given design concept, and to evaluate specific design solutions.

Aus Gründen der historischen Entwicklung der Siemens AG, die aus sehr unterschiedlichen technischen Bereichen mit disparaten Produktsparten und Produktarten zusammengewachsen war, boten deren Produkte alles andere als ein einheitliches Erscheinungsbild. So wurden noch Anfang der siebziger Jahre bei den Siemens-Produkten 127 verschiedene Farben verwendet. Auch der Umgang mit der Firmenmarke – Platzierung, Dimensionierung, Kalibrierung und Anbringung – war alles andere als einheitlich.

Um den Eindruck eines Sammelsuriums heterogener Produkte zu vermeiden, bedurfte es der gezielten Gestaltung aller Siemens-Produkte. Es musste ein gestalterisches Konzept entwickelt werden, das für das ganze Unternehmen gültig war. Das Design hatte vornehmlich eine Klammerfunktion mit dem Ziel: Alles muss zu Siemens passen, und alles muss zueinander passen.

Due to the specific historical development of Siemens AG, which had been formed from parts catering to widely differing technical fields and offering highly disparate types and categories of products, the company's products presented anything but a consistent visual appearance. Even as far along as the early seventies, 127 different colors were used in Siemens products. The use of the company trademark – to include positioning, dimensions, calibration, and the manner in which it was applied – varied considerably.

In order to avoid evoking the impression of a random conglomeration of heterogeneous products, it was necessary to systematize the design of all Siemens products. A universal design concept was needed for the entire organization. The primary role of design was to serve as a kind of corporate umbrella under which everything fit the Siemens image and everything fit together.

Siemens Design, „Kombinationsfarben“ für die Produktgestaltung, 1976/77.

Siemens Design, "combination colors" for product design.

Es wäre nahe liegend und plausibe gewesen, die Designer aus der in den sechziger Jahren als Elite-Schmiede geltenden Hochschule für Gestaltung Ulm zu rekrutieren und das Siemens-Design ganz nach dem Stil der Ulmer Schule zu organisieren. Deren wissenschaftlich-rationale Ausrichtung mit ihrer in Rastern und Systemen denkenden Designauffassung hätte zu dem im Denken und Handeln technisch-rational orientierten Unternehmen Siemens passen müssen.

Doch die Designauffassung der Ulmer Schule mit ihrem Hang zu Dogmatik und Intoleranz anderen gestalterischen Auffassungen gegenüber war dem ganzheitlich denkenden Architekten Schricker, der alle Aspekte des Themas „Mensch" in der Gestaltung berücksichtigt wissen wollte und dem selbst das Spirituelle nicht fremd war, allzu kopflastig. Sie widersprach seiner realistisch-pragmatischen Einstellung zu den Dingen des Lebens und bewegte sich in seinen Augen zu sehr in der Nähe des Ideologischen. Das hinderte ihn allerdings nicht, Absolventen der Hochschule für Gestaltung als Mitarbeiter einzustellen. Bis in die neunziger Jahre hinein waren viele „Ulmer Schüler" im Siemens-Design beschäftigt, was das Erscheinungsbild der einschlägigen Produkte deutlich beeinflusste und so indirekt doch einen Hauch des „Geistes von Ulm" spüren ließ.

It would have been only fitting and plausible to recruit designers from the Hochschule für Gestaltung in Ulm (Ulm College of Design, known as the Ulmer Schule), an institution regarded as the cradle of the elite during the sixties, and to shape Siemens design in accordance with the principles of the Ulmer Schule. Its rational, scientific approach coupled with a concept of design based on matrices and systems would have been quite compatible with the rational, technical conceptual and practical orientation of Siemens AG.

But Schricker was an architect accustomed to thinking holistically, a man who wanted to have all possible aspects of concern to "people" taken into consideration in the design process, and who was open even to the spiritual side of things. He found the teachings of the Ulmer Schule, with its tendencies toward dogmatism and intolerance, much too intellectual. They conflicted with his realistic, pragmatic approach to life and, as he saw it, were too strongly influenced by ideological considerations. This did not prevent him, however, from hiring graduates of the Hochschule für Gestaltung. Until well into the nineties, many people from the Ulmer Schule were employed in the Siemens Design Department. Their influence had a marked impact on the appearance of the company's products and thus indirectly reflected a bit of the "spirit of Ulm."

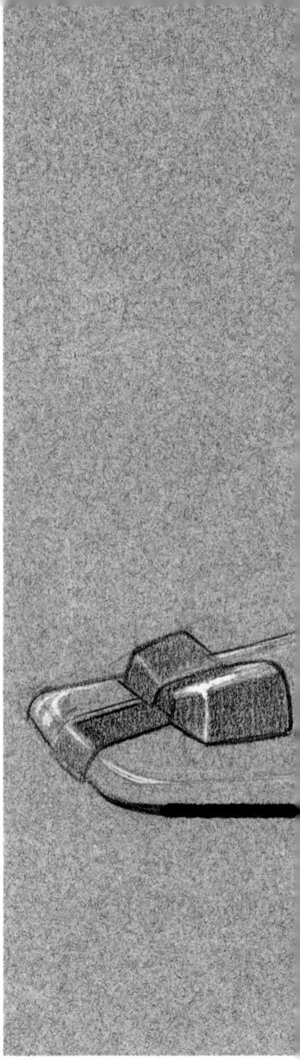

Alexander von Sydow, Entwurfsskizze für eine Dental-Einheit mit Behandlungsstuhl, 1965.

Alexander von Sydow, draft sketch for a dental unit with patient's chair, 1965.

## Wie sag ich's meinem Kunden? Oder: Was ist Design?

## What Do I Say to my Customer? Or: What is Design?

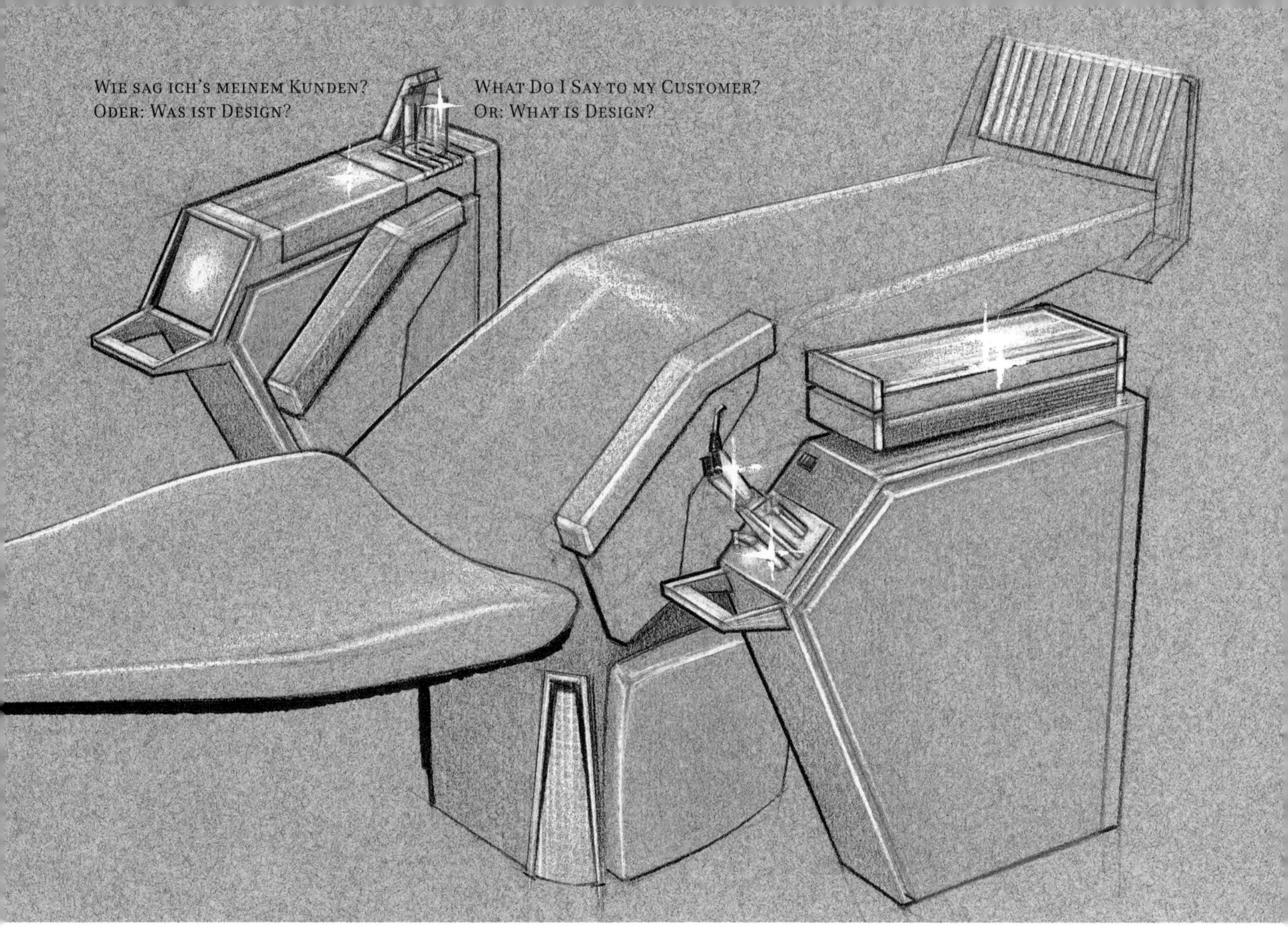

Die Schwierigkeiten bei der Kommunikation des Designgedankens im Unternehmen begann schon mit der Beantwortung der Frage: Was ist Design? Für die meisten Menschen, die Siemens-Ingenieure nicht ausgenommen, war es damals ein vager, schillernder Begriff. Die einen betrachteten es als unnötigen Schnickschnack, der das Produkt verteuerte und sonst nichts brachte. Für die anderen war es ein Mittel, ein Produkt zum Marktrenner zu machen, sofern man nur den Geschmack der Zielgruppe und den Nerv der Zeit richtig traf. Und einige gab es schon damals, für die Design einen wesentlichen Teil der Produktqualität und Beitrag zur Industriekultur darstellte.

Design-Definitionen gab es etwa so viele wie in Deutschland Design-Professoren, denn fast jeder hatte den Ehrgeiz, eine eigene zu entwickeln. Sie unterschieden sich in Länge, Erkenntnisgrad, Verständlichkeit, Präzision und Formulierungsgeschick, doch eines war allen gemeinsam: Sie waren für die Verwendung in der Praxis nicht geeignet. Also musste man selbst eine Definition erarbeiten. Man kam zu folgendem Ergebnis: „Design ist das bewusste Erzeugen einer Wirkung durch die Produktgestalt." (Julius Lengert)

The difficulties encountered in promoting the concept of design within the company began with the definition of design itself. For most people, and Siemens engineers were no exception, it was still a vague, somewhat mysterious concept. Some viewed it as superfluous nonsense that only made a product more expensive and offered no real benefit. For others, it was a means by which to turn a product into a market winner, provided it catered to the taste of the target group and was in tune with the mood of the time. And there were also those, even then, for whom design represented an essential component of product quality and an important aspect of industrial culture.

There were about as many definitions of design circulating in Germany as there were professors of design, for nearly every academic in the field was intent upon developing such a definition. They differed in length, in the depth of their author's knowledge, and in coherence, precision, and eloquence, but all of them had one thing in common: they were entirely unsuitable for practical use. And thus Siemens designers had to come up with a definition of their own. The result was the following: "Design is the deliberate creation of effect through product gestalt" (Julius Lengert).

Alexander von Sydow, Entwurfsvariante für einen Dental-Geräteträger, 1965.

Alexander von Sydow, proposed alternative version of a dental-instrument console, 1965.

Gestalt wurde definiert als „die Summe aller sinnlich wahrnehmbaren Eigenschaften eines Produktes oder Objektes".

Diese Definition hatte den Vorteil, dass sie zum einen die sinnliche Qualität des Design mit einbezog, zum andern das Erzeugen einer Wirkung als dessen wesentliches Kriterium hervorhob. Dies erleichtert die Ideenfindung und den Entwurfsprozess, weil zunächst die Frage nach der jeweils angestrebten Wirkung beantwortet werden muss: „Welche Wirkung soll erreicht werden?" Dadurch wird die kreative Energie kanalisiert und fokussiert. Umgekehrt wird die Beurteilung einer Designlösung erleichtert, weil man fragen kann: „Wurde die beabsichtigte Wirkung erreicht?"

Vor allem aber kann man einen Auftraggeber mit dem Hinweis auf diese Definition veranlassen, seine Vorstellungen und Erwartungen von der Designlösung genau zu formulieren, bevor die Aufgabe in Angriff genommen wird, was Ärger, Kosten und Enttäuschung erspart. Jedenfalls hat sich diese siemenseigene Design-Definition in der Praxis bewährt und jahrzehntelang als wirksames Werkzeug erwiesen.

Gestalt was defined as "the sum of all properties of a product or object that are accessible to sensory perception."

This definition offered two advantages. First of all, it took the sensual quality of design into account. Secondly, it emphasized the aspect of effect as its most essential criterion. This facilitated the search for ideas and the creative process, since it was necessary to identify the desired effect before proceeding toward a specific solution: "What effect do we want to achieve?" In this way, creative energy is channeled and focused. Conversely, the task of evaluating a design solution is also made much easier because one need only ask, "Was the desired effect achieved?"

Above all, however, a client can be encouraged on the basis of this definition to articulate his ideas and expectations with respect to a design solution precisely before a project begins, thus sparing both parties considerable trouble, costs, and disappointment. In any event, this Siemens in-house design definition proved useful in practice and was employed effectively for decades.

## Die Siemens-Designabteilung – ein geistig-kulturelles Biotop

Die intensive theoretische Beschäftigung mit dem „Phänomen Design", verbunden mit der Anwendung der dabei gewonnenen Erkenntnisse in der Praxis, hatte zur Folge, dass sich in der Siemens-Designabteilung ein Wissen über Design ansammelte, wie es in dieser Form und diesem Umfang an keiner deutschen Hochschule oder Universität zu finden war.

Hier entstand in einem Großunternehmen der Elektrotechnik ein geistig-kulturelles Biotop ganz eigener Art, quasi eine Universität im Kleinen, in der Grundlagenforschung im Bereich Design betrieben wurde und gleichzeitig die Ergebnisse dieser Forschung in der Praxis auf den Prüfstand gestellt, modifiziert, optimiert und in der Tagesarbeit angewendet wurden. Das alles fand aber nicht, wie sonst bei den Forschungsabteilungen in Großunternehmen üblich, streng abgeschirmt und unter Ausschluss der Öffentlichkeit statt, darauf bedacht, sich einen wohlbehüteten Wissensvorsprung gegenüber der Konkurrenz zu verschaffen, sondern das dabei gewonnene Wissen floss in offener Kommunikation in die Öffentlichkeit hinein, war also allen Interessierten frei und kostenlos zugänglich.

## The Siemens Design Department – a Biotope of Intellectual Culture

Through its intensive theoretical investigations into the "phenomenon of design" and the practical application of insights gained in the process, the Siemens Design Department amassed a wealth of knowledge in the field of design that was unrivalled in quality and scope by any other German college or university.

What emerged in a major electrical engineering firm was a unique biotope of intellectual culture, a university on a small scale at which basic research in design was pursued and the fruits of that research were tested, modified, and optimized through practical experimentation and applied to the day-to-day work of the company. However, in contrast to standard practice in research departments of major corporations, this work was not done in isolation, under strict security, and shielded from the public eye in the interest of maintaining a well-guarded competitive edge in terms of know-how. Instead, knowledge gained in the process was openly communicated to the public and thus made freely available at no cost to anyone who was interested in it.

Knowledge was passed on through lec-

## Ein Club für DES-Interessierte

Eine interessante und wirksame Komponente dieses Beitrags des Siemens-Design zum Designdiskurs jener Zeit waren die Veranstaltungen des DES-Club (Design-Club). Dieser diente bei den Bemühungen Schrickers, seiner Kollegen und Mitarbeiter um ein tieferes Verständnis von Wesen und Bedeutung der „Gestalt der Dinge" sozusagen als flankierende Maßnahme. Als in den sechziger Jahren der Drang und die Lust, alles zu hinterfragen, zu theoretisieren, zu diskutieren, zu politisieren und zu argumentieren, auch die Designer bei Siemens erfasste, rief man zunächst einen Stammtisch ins Leben, bei dem alle aktuellen Fragen rund um das Design und darüber hinaus diskutiert wurden. Wegen des großen Zulaufs und starken Interesses nicht nur der Siemens-Designer, sondern auch vieler im weiteren Umfeld des Design Tätigen gab man diesen Treffen bald eine definierte Form: Es entstand der DES-Club München.

Die Aktivitäten des DES-Clubs wurden finanziert aus den Beiträgen der Mitglieder und Zuschüssen der Siemens AG. Auf den Veranstaltungen wurden keine Fragen der gestalterischen Tagesarbeit diskutiert, sondern solche, die der Erweiterung des geistigen Horizonts dienten und geeignet waren, den Blick zu öffnen auf designrelevante Vorgänge und Entwicklungstendenzen im soziokulturellen Umfeld, aus denen sich möglicherweise Trends ableiten ließen.

Der DES-Club stellte eine „Oase des Geistes" und der gedanklichen Besinnung in einer immer mehr von Termin- und Leistungsdruck getriebenen Welt dar. Wegen fehlender Profilierung in der Öffentlichkeit war er ungeachtet seiner eindrucksvollen geistigen Substanz eher eine jener Blumen, die im Verborgenen blühen, jedoch beileibe kein Mauerblümchen. Im Gegenteil: Die Namen der Referenten und die Themen der DES-Club-Abende nötigen auch im Rückblick noch Respekt ab. Bei der Gründungsfeier sprach kein Geringerer als Graf Bernadotte. Auch die weitere Rednerliste liest sich zum großen Teil wie ein „Who is Who" der fortschrittlich denkenden, sich mit den Problemen und Herausforderungen der damaligen Zeit kritisch auseinander setzenden geistigen Welt:

## A Club for People Interested in Design

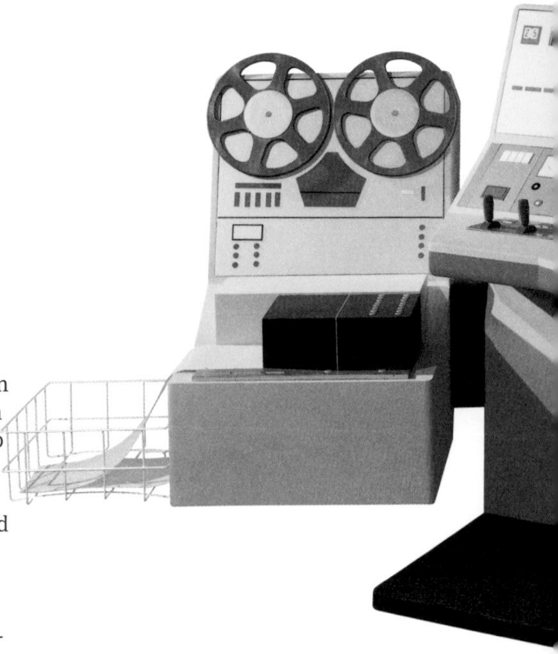

An interesting and effective part of Siemens's contribution to discourse on design in those years was the program of activities organized by the DES-Club (Design Club). The DES-Club provided a kind of flanking support for the efforts of Schricker, his colleagues, and employees to promote the growth of a deeper understanding of the "gestalt" of things. The initial response to the trend toward critical reappraisal, theoretical analysis, discussion, politicization, and polemicization of virtually every aspect of life that emerged in the sixties and involved designers at Siemens as well was to organize an informal forum for the discussion of current issues in design and related fields. The popularity of these regular informal gatherings and the interest shown not only by Siemens designers but by many people in the broader field of design soon led to the establishment of a more clearly defined forum. The DES-Club of Munich was founded.

The activities of the DES-Club were funded from membership dues and grants provided by Siemens AG. The events were not devoted to the discussion of aspects of design encountered in day-to-day work but rather to issues of more far-reaching intellectual significance. They were intended to call attention to design-related processes and tendencies in the broader sociocultural environment from which noteworthy trends might be derived.

The DES-Club represented an "oasis of the mind," a forum for intellectual concerns in a world that was driven to an increasing extent by the pressure to perform and to meet deadlines. Because it drew little public attention, it was, despite its impressive intellectual substance, rather more the sort of flower that blooms unnoticed, although it was by no means a wallflower. On the contrary, the names of many speakers and the topics on the agenda of the DES-Club's evening meetings are worthy of respect even in retrospect. One of the speakers at the founding ceremony was no less a figure than Count Bernadotte, and the list of other speakers reads like a *Who is Who* of the world of progressive thinkers devoted to critical examination of the problems and challenges of the time:

Siemens Design,
Peter Schoeller, Mockup (funktionsunfähiger Prototyp) eines Gerätes zur Röntgenbildbearbeitung, 1972.

Siemens Design,
Peter Schoeller, mock-up (working prototype) of an X-ray image-processing unit, 1972.

Max Bense, der international bekannte und renommierte Repräsentant für die zeitgenössische, wissenschaftliche Auseinandersetzung, sprach über die Themen Ästhetik, Design, Kunst, Semiotik, Informations- und Kommunikationstheorie.

Frederic Vester, dem Promoter des „Vernetzten Denkens", bot der DES-Club ein Forum für seine ersten öffentlichen Auftritte. Sein erster Film über das vernetzte Denken wurde mit Unterstützung des DES-Club in den Räumen der Siemens-Designabteilung realisiert.

Umberto Eco hielt, lange vor seiner ruhmvollen literarischen Karriere, auf einer DES-Club-Veranstaltung einen Vortrag, der alle Semiotik-Kenner beeindruckte.

Abt Odilo Lechner von Kloster Andechs sprach über „Die Bedeutung des Schönen in der Industriegesellschaft".

Renate Kübler, Schülerin von Ernst Bloch („Das Prinzip Hoffnung") und Max Bense („Numerische Ästhetik"), stellte „Aufgabe und Wirkung der Avantgarde" dar.

Leo Lionni, Art Director der berühmten amerikanischen Zeitschrift „Life", Kinderbuchautor („Das kleine Blau und das kleine Gelb") und bildender Künstler, präsentierte sein neues grafisches Bild-Werk „Die Welt der Tyrillen".

Der Münchner Professor für Moraltheologie Eugen Biser behandelte das Thema „Tradition und Innovation im System Kirche". Das Thema „Tradition und Innovation" wurde außerdem an Hand der „Systeme" Medizin, Universität, Kultur und Unternehmen dargestellt.

Alle diese Vorträge samt anschließenden Diskussionen wurden weder vom DES-Club selbst veröffentlicht noch von den Medien wahrgenommen und auch nicht systematisch dokumentiert. Dies lag nicht in der Absicht der DES-Club-Gründer. Man zielte nicht auf praktische Wirkungen und Erfolge ab, man wollte das freie Spiel der Gedanken und Ideen, der DES-Club wollte ein geistiger Spiel-Raum sein, nicht zweck-, sondern sinnorientiert. Einer seiner Initiatoren und geistigen Väter, Richard Rau, formulierte es einmal so: „Wie es Gewächse gibt, die man nicht nach ihren Früchten, sondern nach ihren Blüten beurteilt, so ist auch der Wert des DES-Club darin zu suchen, was er am jeweiligen Abend seinen Mitgliedern und Gästen bietet, welche Erkenntnisse, Gedanken und Anregungen er anstößt, was er in Köpfen, Herzen und Sinnen bewegt."[3]

Max Bense, the internationally renowned representative of the contemporary scientific community, spoke on aspects of aesthetics, design, art, semiotics, information and communication theory.

Frederic Vester, an advocate of "networked thinking," was given a forum for his first public appearances by the DES-Club. His first film on networked thinking was produced with the support of the DES-Club in locations made available by the Siemens Design Department.

Umberto Eco delivered a lecture that impressed all students of semiotics at a gathering of the DES-Club – long before embarking on his brilliant literary career.

Abbot Odilo Lechner from the Andechs Monastery spoke on "The Meaning of Beauty in Industrial Society."

Renate Kübler, a student of Ernst Bloch (*Das Prinzip Hoffnung*) and Max Bense (*Numerische Ästhetik*), presented a lecture on the "Mission and Impact of the Avant-Garde."

Leo Lionni, a visual artist, author of children's books (*Little Blue and Little Yellow*), and art director of the famous American magazine *Life*, presented his then most recent work of graphic art, *The World of the Tyrilles*.

The Munich professor of moral theology Eugen Biser spoke on "Tradition and Innovation in the Church System." The theme of "Tradition and Innovation" was also explored with reference to the "systems" of medicine, the university, culture, and corporate enterprise.

Neither these lectures nor the discussions that followed were ever published by the DES-Club or covered by the media. They have never been systematically documented. That was not the intention of the founders of the DES-Club, who were not interested in achieving practical effects or success but wanted instead to promote the free interplay of thoughts and ideas. The DES-Club was conceived as an intellectual play-room dedicated to meaning rather than purpose. Richard Rau, one of its initiators and spiritual fathers, once expressed the idea in the following words: "Just as we judge some plants by their blossoms rather than their fruits, the value of the DES-Club is also to be found in what it offers its members and guests on any given evening, in the insights, thoughts, and new ideas it generates, and what it sets in motion in heads, hearts, and minds."[3]

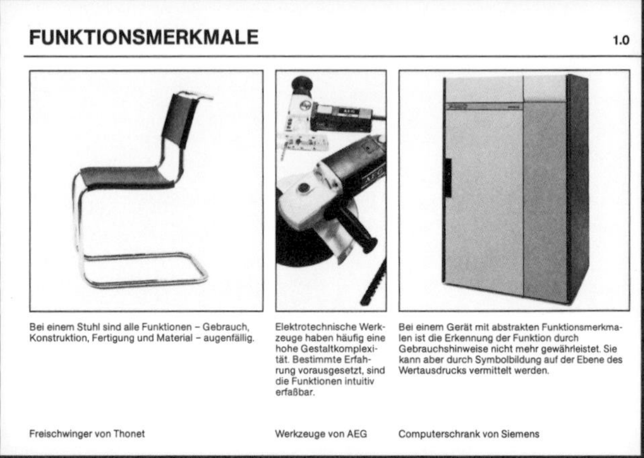
FUNKTIONSMERKMALE 1.0

Bei einem Stuhl sind alle Funktionen – Gebrauch, Konstruktion, Fertigung und Material – augenfällig.

Elektrotechnische Werkzeuge haben häufig eine hohe Gestaltkomplexität. Bestimmte Erfahrung vorausgesetzt, sind die Funktionen intuitiv erfaßbar.

Bei einem Gerät mit abstrakten Funktionsmerkmalen ist die Erkennung der Funktion durch Gebrauchshinweise nicht mehr gewährleistet. Sie kann aber durch Symbolbildung auf der Ebene des Wertausdrucks vermittelt werden.

Freischwinger von Thonet

Werkzeuge von AEG

Computerschrank von Siemens

Orientierungs- und Gestaltungshilfe für Siemens-Designer, „Produktgestalt“, verantwortlich Julius Lengert und Tönis Käo, 1979/80.

*Produktgestalt*, a guide for Siemens designers, edited by Julius Lengert and Tönis Käo, 1979/80.

Auch heute noch, wo Design für niemanden mehr ein Fremdwort ist, das der Erklärung bedarf, fällt es vielen Designern schwer, sich mit ihren Ideen und Designlösungen anderen – Auftraggebern, Sponsoren, oder Journalisten – verständlich zu machen. Wenn es um detaillierte Nachfragen, Begründungen und Definitionen geht, gerät der Designer leicht in Erklärungsnot. Dieses Kommunikationsproblem rührt daher, dass er über keine Sprache verfügt, mit der er sich Nicht-Designern verständlich machen könnte. Wenn er wiederum seinen Fachjargon benutzt und von „Bananenkante“, „Flöten“, „Übergängen“, „Schattenfugen“ und dergleichen redet, versteht ihn der Außenstehende kaum. Nicht anders wenn er zur Terminologie der einschlägigen wissenschaftlichen Fachdisziplinen greift und von „Indizes“, „Codierung“ und „Decodierung“, „semantischem Differenzial“ oder „semiotischer Zeichenklasse“, „Sin“- und „Superzeichen“ spricht.

Dieses Problem machte den Siemens-Designern in den siebziger und achtziger Jahren recht zu schaffen. Deshalb entstand in der firmeneigenen Designabteilung eine einschlägige Fibel, in der das ganze gestalterische Alphabet in Kombination von Gestaltungs-

Even today, now that “design” is no longer a foreign word that requires explanation for anyone, many designers find it difficult to make their ideas and design solutions comprehensible to others – clients, sponsors, or journalists. Confronted with specific questions and asked to provide justifications and definitions, the designer is often at a loss to explain what he has in mind. The reason for this communication problem lies in the fact that designers have no language with which to make themselves understood by non-designers. When they resort to specialized jargon and speak of “banana edges,” “flutes,” “transitions,” “shadow joints,” and the like, virtually no one from outside the field knows what they are talking about. The situation is very much the same when they employ terminology from the relevant scientific disciplines, using such words and phrases as “coding,” “decoding,” and “semantic differential,” or “semiotic sign class,” “sign,” or “supersign.”

This problem posed a major challenge to Siemens designers in the seventies and eighties, and it ultimately led to the development of a lexicon of design terms in which the entire vocabulary of design was compiled in alphabetical

Damit war das Vokabular für eine Sprache geschaffen, die Ingenieure, Konstrukteure, Marketingleute, Werbeberater und andere Nicht-Designer verstanden. Dieses als „Arbeitshilfe für Designer“ deklarierte Tool, wie man heute sagen würde, bestand aus zwei Heften: Heft 1 „Formmerkmale und ihre Wirkungen“ und Heft 2 „Symbole und ihre Bedeutungen“. Im Schrickerschen Sprachgebrauch liefen derlei Aktivitäten unter der Rubrik „Ertüchtigung der Designer zur Bewältigung der Tagesaufgaben“.

Ein anderer Beitrag des designkulturellen Mikrokosmos der Siemens-Designabteilung für den gesellschaftlichen Makrokosmos „Industriekultur“ war die Formulierung eines Berufsbilds für Industrie-Designer/innen als Voraussetzung für Identität und Selbstdarstellung eines ganzen Berufsstands. Eine solche Beschreibung der Tätigkeit, Aufgaben und Leistung der Designerinnen und Designer hatte es bis dato nicht gegeben. Wenn sich jemand beim Berufsberater des Arbeitsamtes über das Tätigkeitsfeld, den Ausbildungsweg und die beruflichen Möglichkeiten des Designers informieren wollte, musste dieser in der Regel passen. In den „Blättern zur Berufskunde“, dem offiziellen Informationsmaterial des Arbeitsamts, kam das Berufsbild des Industrie-Designers überhaupt nicht vor.

The outcome was a vocabulary for a language that could be understood by engineers, engineering designers, marketing specialists, advertising consultants, and other non-designers. This tool, as we would call it today, entitled the *Working Guide for Designers* comprised two volumes: volume 1, *Elements of Form and their Effects*, and volume 2, *Symbols and their Meanings*. In Schricker’s vernacular, activities of this kind were categorized under the heading of “educating designers to perform their day-to-day tasks.”

Another contribution by the Siemens Design Department as microcosm of design culture to the societal macrocosm of “industrial culture” was the development of a professional profile for industrial designers as a foundation for the identity and self-image of an entire occupational group. No such description of the work, objectives, and performance goals of designers had ever been compiled before. People hoping to learn about jobs, training, and vocational opportunities in the field of design from a counselor at the employment office usually came away knowing little more than before. The occupation of the industrial designer was not mentioned at all in the *Blätter zur Berufskunde*, the official information brochure published by the national employment office.

Von der heute auch im Design üblichen Formulierung eines Missions- und Visions-Statements als Orientierungsgröße für das eigene Tun und die Beurteilung in den Augen anderer war zu dieser Zeit noch nicht die Rede. Auch vor dem Gedanken, die „Grundsätze des Unternehmens“ oder „Orientierungsgrößen für das Siemens-Design“ als Philosophie zu bezeichnen, schreckte man noch zurück, doch wenn man die Maxime Edwin Schrickers in Bezug auf das Firmendesign benennen sollte, hätte man sagen können: Wir gestalten ganzheitlich und systematisch.

Ganzheitliche Gestaltung, ein Begriff, der heute in aller Munde und bereits zur Floskel geworden ist, war damals eine weitgehend neue Forderung. Er meint Gestaltung, die den ganzen Menschen erreicht und positiv anspricht. Den meisten Ingenieuren aber war auf Grund ihrer strikt und ausschließlich technisch-rationalen Denkweise und ihrer Konditionierung zum konsequent zweckrationalen Handeln im Hinblick auf die technischen Funktionen und Wirkungen der „ganze Mensch“ aus dem Blickfeld geraten. Nicht anders bei Stadt- und Verkehrsplanern, bei Büro- und Krankenhausarchitekten, bei Verwaltungsfachleuten und vielfach sogar bei Ärzten – ein unerfreuliches „Erbe der Aufklärung“.

Für den Siemens-Designer ging es daher zunächst darum, die in rein technischen Kategorien und Kriterien denkenden, detail- und qualitätsversessenen Siemens-Ingenieure davon zu überzeugen, dass der Mensch als potenzieller Käufer und Benutzer ihrer technischen Produkte rationale und emotionale Bedürfnisse hat und daher zur Produktqualität auch die Designqualität gehört. Denn für ihn zählen neben der technischen und der Gebrauchsfunktion auch die ästhetische und symbolische Funktion, die Attraktivität und der Wertausdruck eines Produkts.

The now customary mission and vision statements formulated as guides for a company's own activities and as aids to evaluation by outsiders were virtually unknown in those years. And no one would have dared to refer to “basic corporate principles” or “guidelines for Siemens design” as a philosophy. Yet if asked to name the maxims applied by Edwin Schricker to corporate design, one might well have answered, “We design holistically and systematically.”

“Holistic design,” a term that is now familiar to practically everyone and has become a cliché, was for the most part an entirely new challenge at the time. It designated a kind of design that appealed to the whole human being. Yet because of their strictly and exclusively technical-rational thought patterns and their conditioned focus on rigorously purposeful action with regard to technical function and effect, most engineers had lost sight of the “whole human being.” And much the same can be said of urban and traffic planners, office-building and hospital architects, administrative specialists, and even many physicians as well – the unfortunate “legacy of the Enlightenment.”

Thus the first task facing Siemens designers was to convince Siemens engineers, who were accustomed to thinking in terms of purely technical categories and criteria and were obsessed with aspects of detail and quality, that the human being, as the potential buyer and user of their technical products, has both rational and emotional needs and that, consequently, design quality is an integral part of product quality. After all, people are interested not only in the technical, utilitarian functions of a product but also in its aesthetic and symbolic unction, its visual appeal, and the value it expresses.

EINFACHHEIT – VIELGESTALTIGKEIT 1.0

Als einfach bezeichnen wir Formen mit sparsamen gestalterischen Mitteln wie z. B. einfache geometrische Grundfiguren.

Bei jeder Gestalt gibt es das Verhältnis von Einfachheit zu Vielgestaltigkeit. Je vielgestaltiger oder komplexer eine Figur ist, desto mehr bedarf sie der Ordnung. Der Mensch neigt dazu, vielgestaltige Figuren vereinfacht zu sehen.

Quadrat, Dreieck, Kreis oder Würfel, Tetraeder, Kugel sind die einfachsten Figuren.

Die einfache Form wird in jedem Falle bevorzugt wahrgenommen.

WIRKUNG:

Einfache Formen erhöhen die **Prägnanz.** Einfachheit erweckt den Eindruck von **Deutlichkeit** und **Klarheit,** aber auch von **Schlichtheit.**

Vielgestaltigkeit bewirkt durch ihren hohen Sinnenreiz **Spannung** und **Aufmerksamkeit.** Bei nicht geordneter Komplexität entstehen **Irritation** und **Unsicherheit.**

Vielgestaltigkeit mit unterschiedlichem Ordnungsgrad.

Eine besondere Hürde bei dieser „Missionsarbeit“ bestand darin, die Partner aus der Technik von der Bedeutung und Notwendigkeit der „positiven Anmutung“ auch bei einem technischen Produkt zu überzeugen, also von der Wichtigkeit dessen, was im Design als Atmosphäre bezeichnet wird. Weil diese etwas mit Fühlen, Spüren, Sinnen und Sinnlichkeit zu tun, kam der Begriff in der Terminologie eines Ingenieurs jener Zeit nicht vor. Der Faktor „Atmosphäre“ war keine ernst zu nehmende Messgröße, er wurde eher mit schummrigen Nachtbars und anderen zweifelhaften Etablissements in Verbindung gebracht, doch nicht mit der Arbeit eines rechtschaffenen Siemens-Ingenieurs.

Es galt deshalb zunächst darzustellen, dass es so etwas wie „Atmosphärelosigkeit“ nicht gibt. Entweder ist z. B. die Atmosphäre eines Raumes oder die atmosphärische Ausstrahlung eines Produkts positiv oder negativ. In manchen Fällen kann man vielleicht noch von einer „neutralen“ Atmosphäre sprechen, doch wenn man mit seinem Produkt die Aufmerksamkeit, die Sympathie und das Vertrauen von Käufern und Kunden gewinnen will, ist eine solch neutrale Anmutung an sich schon negativ.

Heute braucht der Designer diese Tatsache nicht mehr zu betonen. In allen Bereichen der Produktwelt, in den Medien, im öffentlichen Raum wie im privaten Umfeld ist das Design mit seiner die Atmosphäre prägenden Wirkung zu einem selbstverständlichen Phänomen geworden, jeder ist sich seiner Wirkung bewusst. Wenn der Designer heute von den Marketing-Strategen bedrängt wird, die Produkte stärker zu „emotionalisieren“, bedeutet das: Er soll den Produkten eine stärkere Ausstrahlung, eine positive Atmosphäre geben. Damals jedoch war dies noch alles Neuland und musste als Wert und Faktor der Produktqualität auch bei Investitionsgütern vermittelt werden.

A major challenge in this “missionary endeavor” was to convince partners in engineering of the importance and necessity of “positive visual appeal” even for technical products or, in other words, to impress upon them the importance of what designers refer to as “atmosphere.” Since the concept of atmosphere involved elements of feeling, sensation, sense perception, and sensuality, it was not a part of the engineer’s vocabulary in those years. “Atmosphere” was not a factor that needed to be taken seriously; it tended to be associated with dark nightclubs and other questionable establishments and not with the work of a respectable Siemens engineer.

Thus it was necessary to demonstrate that there is really no such thing as a “total absence of atmosphere.” The atmosphere of a room, for example, or the atmospheric aura of a product is either positive or negative. In some cases, it may be possible to speak of a “neutral” atmosphere, but if the object is to gain the attention, sympathy, and trust of buyers and customers with a product, such a neutral aura is negative in itself.

Contemporary designers needn’t emphasize this point. In all areas of the world of merchandise, in the media, and in both the private and public realms, design and its impact on atmosphere are accepted as entirely natural phenomena, and everyone is well aware of them. When today’s designers are pressured by marketing strategists to “enhance the emotional appeal” of their products, they are really being asked to give these products a more potent aura and a more positive atmosphere. This was all uncharted territory at the time in question, and these aspects had to be emphasized as value-enhancing factors of product quality even for investment goods.

„Einfachheit – Vielgestaltigkeit“, didaktische Darstellung aus der internen Siemens-Publikation „Produktgestalt“.

Image from the Siemens in-house publication *Produktgestalt*.

Siemens Design, Entwürfe für das Siemens-Markenzeichen, um 1974.

Siemens Design: proposed designs for the Siemens trademark, ca. 1974.

Auch der Gedanke, dass der für den Markterfolg eminent wichtige Symbolwert eines Produktes nicht nur durch seine technische Leistung entsteht, sondern von der gestalterischen Qualität abhängt, war den Ingenieuren weitgehend fremd. Auch hier musste Überzeugungsarbeit geleistet werden mit dem Argument: Ein Symbolwert kann nicht willkürlich und beliebig kreiert werden, denn Symbole sind Erfahrungsinhalte in kompakter Form. Ihre Wirkung setzt die Erfahrung mit dem jeweiligen Inhalt, d. h. einem Produkt oder einer Situation voraus. Die technische Leistung und Qualität des Produkts sind die „conditio sine qua non“ einer Symbolbildung.

Symbole weisen aber über das Erkennen eines Produkts im Sinne der „Bedeutung von …“ hinaus und werden zum Wertausdruck, zur „Bedeutung für …“. Es sind visuelle Kürzel, die in Sekundenschnelle eine ganze Geschichte erzählen, die bei dem, der das Symbol und seine Bedeutung zu interpretieren weiß, nicht nur den Verstand, sondern auch Herz und Gefühle ansprechen.

Man kann symbolische Formen nicht gezielt entwickeln oder gar im Computer generieren, doch man kann ein Produkt so gestalten, dass bei ihm auf Grund bestimmter, charakteristischer Gestaltmerkmale die Symbolbildung mit größerer Wahrscheinlichkeit erfolgt. Mit dieser Argumentation gelang es, gestalterische Lösungen zu realisieren, die sich nach rein technisch-funktionalen Kriterien nicht ergeben hätten.

The idea that the symbolic value of a product, which is of crucial importance to its market success, depended not only on its technical performance but on its design quality as well, was still alien to most engineers. Considerable effort had to be invested in persuasion here as well. The most compelling argument was that symbolic value cannot be created randomly or arbitrarily, for symbols are compact expressions of values derived from experience. Their effect presupposes experience with the subject matter in question – a product or a situation. The technical performance and quality of a product represent the *conditio sine qua non* for the creation of a symbol.

Symbols go beyond the recognition of a product in the sense of “the meaning of … ,” however, becoming expressions of value, of “meaning for …” They are visual codes that tell a whole story within seconds, a story that speaks not only to the rational mind but also to the heart and emotions of those who are able to interpret a symbol’s meaning.

Symbolic forms cannot be developed systematically or generated by a computer. Yet it is possible to design a product in such a way as to increase the probability that a symbol will crystallize from specific, characteristic design features. Following this line of argumentation, designers realized solutions that would never have been developed on the basis of purely technical, functional criteria.

## Design bringt Farbe in die Siemens-Welt

Der Umgang mit Farbe bei Siemens-Produkten, -Messeständen und -Ausstellungsräumen war ein spezielles, ja fast heikles Thema. Wenn man dort im Umgang mit Farbe nicht so puristisch und asketisch war, wie es die Ulmer Hochschule propagierte, die Farbe nur dort zuließ, wo sie rational von der Funktion her begründet war, so war man doch in dieser Hinsicht extrem zurückhaltend. Bei den Produkten gab es neben dem Reinweiß der Geräte aus der Medizintechnik das dunkle Grau bei Motoren und Schaltgeräten und das lichte Grau für Telefone und Rechner. Die typische Kleidung eines Siemens-Mitarbeiters des mittleren und oberen Führungskreises war blauer Anzug, weißes Hemd, blaue Krawatte.

Als Edwin Schricker bei seinen Missionsreisen in Sachen Design stets auf die Relevanz von „Veränderungen im soziokulturellen Umfeld" auch für die Gestaltung von Siemens-Produkten hinwies, gehörten zu diesen Erscheinungen neben bärtigen Jungmännern mit antiautoritärer Gesinnung, Hippies, Minirock und Blumenkindern ganz besonders die neuen Farben: Op Art-Farben, Pop-Farben, Schock-Farben.

Farbe ist bekanntlich ein Ausdruck des Zeitgefühls. Als in den revolutionären sechziger Jahren das Aufbegehren gegen jede hierarchische Ordnung und Gängelung und den „Muff von tausend Jahren unter den Talaren" sich in der Studentenszene verbreitete und der ungenierte Ruf nach „Sex and drugs and Rock 'n' Roll" laut wurde, äußerte sich die Protesthaltung vor allem in neuen, revolutionären Lebensformen und Farben wie Rot und Orange. Als der Rausch der Revolution und antiautoritären Haltung vorüber war und die Menschen sich nach den Zeiten des Protests, der Systemkritik, des ständigen Hinterfragens und Infragestellens, der gesellschaftlichen Unordnung und der „Umwertung aller Werte" wieder nach Ruhe, Ordnung, Privatheit und Sicherheit sehnten, erschienen die Erdfarben braun und grün. Das Fazit der zu dieser Zeit im Siemens-Design durchgeführten Trendstudie lautete: „Salto vorwärts nach hinten" oder „Brauchen wir ein neues Biedermeier?".

## Design Brings Color to the World of Siemens

The use of color in Siemens products, trade-fair stands, and exhibition areas was a very special issue and often a rather controversial one. Although Siemens designers did not adhere closely to the purist, ascetic dictates of the Ulmer Schule, which permitted color only where it was rationally justified by function, they exercised extreme restraint in their use of color. Products appeared in three basic colors: medical equipment in pure white, motors and switching apparatus in dark gray, and telephones and computers in light gray. Siemens employees at the middle and upper management levels typically wore blue suits, white shirts, and blue ties.

On his missionary travels in the cause of design, Edwin Schricker regularly emphasized the impact of "changes in the socio-cultural environment" on the design of Siemens products. Manifestations of these changes included bearded young men with anti-authoritarian sympathies, hippies, mini-skirts, flower children, and especially a range of new colors: Op Art, Pop, and shock colors.

Color is generally recognized as an expression of the spirit of an era. When during the revolutionary sixties, opposition to every form of hierarchical order and discipline and to the "stink of a thousand years underneath the gowns" began to spread throughout the student scene and the brash call for "sex, drugs, and rock-and-roll" grew louder and louder, protest was expressed above all in new, revolutionary lifestyles and colors such as red and orange. As the ecstatic phase of revolution and anti-authoritarianism ebbed and people began to long again for peace, order, privacy, and security after the years of protest, criticism of the system, constant probing and questioning, social disorder, and "re-evaluation of all values," the earth colors of brown and green began to appear more frequently. The conclusions based on a trend study conducted by the Siemens Design Department at the time were expressed in such phrases as "A leap forward into the past" and "Do we need a new Biedermeier?".

Ende der achtziger Jahre begannen sich in den Großstädten der westlichen und fernöstlichen Welt, wie z. B. Tokio, die „Cleans“ zu formieren, kleine Pionierbewegungen, die sich in extremer Weise gänzlich in Weiß darstellten: The Crystal Generation. Bald wurde dieses Lebensgefühl von der jungen Generation der gesamten westlichen Welt übernommen und als Ausdruck von High-Tech angesehen: die High-Tech-Generation. Diese reinweiße Welt wurde nach einiger Zeit durch leichte Pastelltönen gemildert und aufgeheitert, heute dagegen sind wieder deutliche, kräftige Farben „in“.

In the late eighties, groups known as “Cleans” began to form in the large cities of the West and the Far East. These were small pioneer movements whose members dressed entirely in white: the Crystal Generation. This new spirit soon spread to the young generation throughout the Western world and came to be regarded as an expression of high-tech: the High-Tech Generation. After a while, the severity of this pure-white world was diminished and lightened by the appearance of pale pastel shades. Today, clear, vivid colors are in once again.

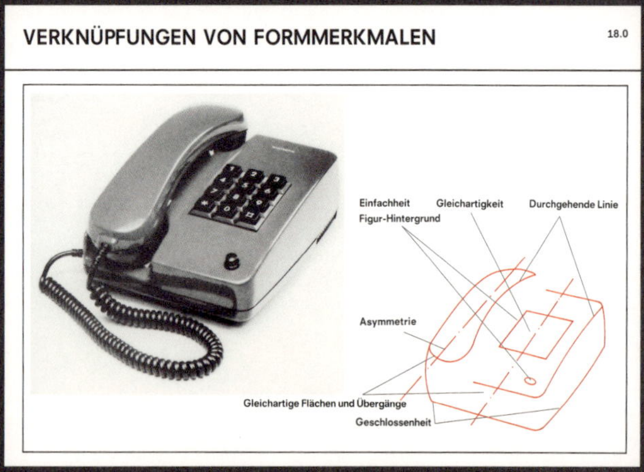


„Verknüpfungen von Formmerkmalen“, didaktische Darstellung aus der internen Siemens-Publikation „Produktgestalt“.

Page from the Siemens in-house publication *Produktgestalt*.

## „Alle sieben Jahre äußert sich der Zeitgeist neu“

## “The zeitgeist is re-expressed every seven years”

Edwin Schricker formulierte seine Erfahrung mit Farbe als Ausdruck des Lebensgefühls einer Zeit in einem Interview: „Alle sieben Jahre äußert sich der Zeitgeist neu.“ Diese Erkenntnis trifft auch heute noch ungeachtet der sonst feststellbaren „Akzeleration der Ereignisse“ zu: Wesentliche Veränderungen im soziokulturellen Umfeld leiten regelmäßig etwa alle sieben Jahre ein neues Farbklima ein.

Die Schwierigkeit bei der Gestaltung der Siemens-Produkte lag nun darin, dass es sich dabei durchweg um Langzeitprodukte mit einer Entwicklungszeit von zwei bis drei Jahren und einer Lebensdauer von acht bis zehn Jahren handelte. Dies verlangte behutsames Vorgehen und großes Fingerspitzengefühl. Zu große Farbsprünge zwischen den Produktgenerationen mussten ebenso vermieden werden wie ein unzeitgemäßes Aussehen. Die Rückschau zeigt, dass auch dieses Problem gelöst wurde. Die Lösung begann mit der konsequenten Reduktion von 127 im gesamten Produktspektrum verwendeten Farben auf acht Grundfarben, die bei Veränderung des Farbempfindens entsprechend modifiziert wurden. Auch dies war ein weiterer Meilenstein auf dem dornigen Weg zu einem einheitlichen Erscheinungsbild aller Siemens-Produkte.

In den Anfängen, den sechziger Jahren, war praktisch alles, was im Siemens-Design geleistet wurde, Pionierarbeit. Zunächst ging es um den Ausbau der Design-Abteilung von anfänglich fünfzehn auf später sechzig Mitarbeiter sowie um die Organisation, Koordination und Integration der Arbeitsfelder Produkt-Design, Grafik-Design, Verpackungs-Design, Messe-Design, Anlagen-Design und Bau-Design. Parallel dazu liefen die Bemühungen um die Schaffung der theoretischen Grundlagen des Designs und die Durchsetzung des Design-Gedankens im Unternehmen. Die Arbeit der siebziger Jahre galt der Verbreiterung und Konsolidierung der Wissensbasis und der unternehmensinternen Partnerschaften zur Implementierung des Designs als feste Größe im Produktentwicklungsprozess.

In an interview, Edwin Schricker referred to his experience of color as an expression of the spirit of an era: “The zeitgeist is re-expressed every seven years.” Despite the otherwise quite obvious “acceleration of the pace of events,” this insight still applies today. Significant changes in the sociocultural environment regularly generate a new color climate every seven years.

The difficulty involved in designing Siemens products now lay in the fact that they were conceived primarily as durable goods that required between two and three years of development and were expected to achieve product service lives of eight to ten years. This compelled designers to proceed cautiously and with great sensitivity. Overly striking color changes from one product generation to the next had to be avoided, as did any hint of an outdated look. A review of developments over the years suggests that this problem was solved as well. The first step was the rigorous reduction of the 127 colors represented in the total product spectrum to eight basic colors, which could be modified in response to changes in prevailing color tastes. This was another milestone along the thorny path toward a uniform image for all Siemens products.

In the early years, the sixties, practically everything accomplished in the Siemens Design Department was pioneering work. The first objective was to enlarge the Design Department from the original staff of fifteen to sixty. At the same time, it was necessary to organize, coordinate, and integrate the sub-disciplines of product design, graphic design, packaging design, tradefair design, system and plant design, and architectural design. Concurrent efforts were devoted to developing the basic theoretical principles of design and promoting the design concept within the company. Work undertaken during the seventies focused on expanding and consolidating the knowledge base while developing internal corporate partnerships devoted to the implementation of design as a standard, integral part of the product development process.

Mockup (nicht funktionsfähiger Prototyp) einer Fahrgastzelle für eine Kabinenbahn in Dortmund, 1984.

Mock-up (non-working prototype) of a passenger car for a gondola railway in Dortmund, 1984.



Letzteres bedeutete konkret: systematische Zusammenführung der großen Zahl unterschiedlichster Produkte zu einem überzeugenden, einheitlichen Erscheinungsbild, wobei jedes einzelne eindeutig als Siemens-Produkt zu erkennen sein sollte. Pragmatisch und systematisch, wie es der Arbeitsweise von Edwin Schricker entsprach, begann man das Repertoire der gestalterischen Möglichkeiten, d. h. den schmalen Freiraum zwischen dem „Reich der Freiheit“ und dem „Reich der Notwendigkeit“, auszuloten und die Erkenntnisse zu instrumentalisieren. Das Resultat war ein Leitfaden für das Design, in dem alle gestalterischen Elemente definiert und der Umgang mit diesem gestalterischen Repertoire festgelegt war. Dies bedeutete für den auf Kreativität bauenden Designer einerseits eine starke Fessel, denn der kreative Freiraum war beschränkt, andererseits waren diese Vorgaben in Hinblick auf das Gesamtergebnis nützlich und wirksam. Nur so wurde gewährleistet, dass die Arbeit der vielen Designer an zahlreichen unterschiedlichen Produkten, die an Standorten auf der ganzen Welt entwickelt und gefertigt wurden, eine Produktpalette ergab, in der es trotz der Vielzahl und Unterschiedlichkeit der Produkte keine visuellen „Ausreißer“ gab: Alles passte zu Siemens, und alles passte zueinander.

Heute, angesichts einer vom Marketing dominierten Produktpolitik, die sogar innerhalb einer Produktsparte wie bei Mobiltelefonen noch nach Lifestyle-Segmenten und speziellen Fokus-Gruppen differenziert, schüttelt man über ein solch systematisches und schematisches Vorgehen den Kopf. In der damaligen Situation war genau dieses Vorgehen das „Mittel der Wahl“. Besonders anschaulich äußerte sich das Prinzip des „systematischen Gestaltens“ in den Rechenzentren der Verwaltungszentralen, Ministerien, Großkliniken, Universitäten, Fabriken, Verkehrsleitstellen und Einsatzzentralen von Polizei und Feuerwehr, bei den Schalt- und Steueranlagen in Kraftwerken und Lastverteilern. Diese bestanden damals noch aus ganzen Räumen voller Rechnerschränke. Hier kam eine Vielzahl von Geräten zusammen, Produkte von Siemens und anderen Herstellern.



In concrete terms, these latter efforts involved the systematic consolidation of a large number of different products under the umbrella of a consistent, convincing image, while ensuring that every individual product would be clearly identifiable as a Siemens product. In a pragmatic, systematic approach entirely in keeping with Edwin Schricker's working methods, first steps were taken to explore the repertoire of possibilities – the small window of opportunity between the "realm of freedom" and the "realm of necessity" – and to put the insights gained in the process to good use. The result was a set of guidelines for design detailing all of the relevant design elements and rules applicable to the use of this designer's repertoire. While these guidelines imposed severe limitations on the creative leeway allowed designers, they were also both useful and beneficial in terms of overall results. Only in this way was it possible to ensure that the work of many different designers on many different products developed and manufactured at locations all over the world would produce a product portfolio in which, despite the diversity and distinctiveness of the products, there were no visual "mavericks." Everything fit with Siemens, and everything fit together.

Today, in view of product policies dominated by marketing, which distinguishes even within individual product categories (such a mobile telephones) between lifestyle segments and special focus groups, people tend to shake their heads at such a systematic, schematic approach. Yet under the prevailing circumstances, that approach was precisely the "policy of choice" at the time. The principle of "systematic design" is expressed most strikingly in the computer centers of corporate administrative headquarters, ministries, large hospitals, universities, factories, traffic control centers, police and fire department command centers, control and switching facilities in power plants and distribution stations. During the years in question, such facilities still comprised entire rooms full of computer consoles, equipment of all kinds, including products made by Siemens as well as those of other manufacturers.

Entwurfszeichnung für eine Siemens Einschienen-Hängebahn, Siemens Design, 1979.

Draft drawing of a Siemens suspended monorail system, Siemens Design, 1979.

Ein Gestaltungselement der Siemens-Geräte von ganz besonderer Wirkung war der so genannte Produktkennzeichnungsstreifen, ein drei Zentimeter hoher ockerfarbener Streifen im oberen Teil der Geräte, der links die Firmenmarke und rechts die Produktbezeichnung trug. Vorgaben für die Sockelhöhe der Geräte sorgten dafür, dass sich dieser farbige Streifen bei den jeweiligen Produktgruppen auf gleicher Höhe befand. Ob nun die Geräte nebeneinander standen oder einzeln, der Effekt beim Betrachter war zuverlässig der gleiche: „Aha, ein Siemens-Produkt!“ Genau diese „Wirkung durch die Produktgestalt“ wurde durch das von Edwin Schricker propagierte und praktizierte „systematische Gestalten und Beurteilen“ beabsichtigt.

An especially striking element of Siemens product design was the so-called “product designation strip,” a three-centimeter-wide, ocher-colored strip positioned toward the top of the unit bearing the Siemens trademark on the left and the product designation on the right. Specifications pertaining to the base heights of machines and appliances ensured that this colored strip appeared at the same height on products from all categories. Regardless of whether the units stood alone or side by side, the effect on the observer was always the same: “Aha, a Siemens product!” It was precisely this “effect achieved by product gestalt” that Edwin Schricker intended in propagating and practicing his concept of “systematic design and evaluation.”

Bei aller Vehemenz und Verve, mit der Schricker Leistung und Bedeutung des Design vertrat, hatte es in seinen Augen primär eine dienende Funktion. „Unser Design soll die technische Leistung und Qualität der Siemens-Produkte sichtbar und erlebbar machen“, lautete seine Vorgabe an die Designer. Neben einer zweiten Forderung: „Siemens Produkte sollen klar zum Ausdruck bringen, was sie sind, und zwar Produkte moderner Hochleistungstechnik und keine Spielzeuge, Kunstwerke oder undurchschaubare Funktionskisten.“ Die dritte Direktive hieß: „Das Erscheinungsbild unserer Produkte muss den Anspruch und die Haltung des Unternehmens glaubwürdig und überzeugend zum Ausdruck bringen.“

Die erste Forderung betraf die erkennbare Identität der Produkte und spontane Identifikation des Herstellers. Sie wurde auf der Basis der in der Designabteilung vorhandenen Kenntnisse der menschlichen Wahrnehmungs- und Erlebnisstruktur, kombiniert mit dem hohen professionellen Wissen der Designer, trotz der immer abstrakter und unanschaulicher werdenden technischen Vorgänge zufrieden stellend erfüllt.

Die zweite Forderung sollte der Gefahr vorbeugen, den postmodernen Strömungen mit ihrer zur gestalterischen Willkür verlockenden Devise „Anything goes“ zu erliegen und Siemens-Produkte mit beliebigen stilistischen Zitaten zu versehen. Hilfreich war auch hier der Griff in den eigenen theoretischen Fundus. Stil wurde im Siemens-Design definiert als „die Beschränkung auf bestimmte, kontinuierlich verwendete Gestaltmerkmale“. Damit war jeder postmodernistischen Gestaltung ein Riegel vorgeschoben.

Despite the vehemence and verve with which Schricker defended the importance and the benefits of design, it served primarily a supporting function in his view. “Our design should make the quality and technical capabilities of Siemens products visible and palpable,” as he told his designers. His second requirement was that “Siemens products should clearly express what they are, namely products of modern high-performance engineering and not toys, works of art, or other obscure functional boxes.” His third directive dictated that “The appearance of our products must express the company’s goals and philosophy credibly and convincingly.”

The first requirement related to the unmistakable identity of the product and the spontaneous identification of the manufacturer. It was met quite effectively on the basis of the knowledge of human perceptual and emotional structures from which the department could draw, combined with the outstanding professional know-how of Siemens designers, despite the increasing abstraction and complexity of technical processes.

The second requirement was intended to avert the risk of succumbing to the influence of postmodern currents and their “anything goes” philosophy that tended to encourage a capricious approach to design that would have led to the use of random stylistic references in Siemens products. Here as well, the fund of theoretical knowledge developed at Siemens proved quite helpful. For the purposes of Siemens design, style was defined as “adherence to and consistent use of a limited range of specific design features.” Thus any shift toward postmodern principles of design was effectively blocked.

Die Forderung nach der Sichtbarmachung von Anspruch und Haltung des Unternehmens verlangte eine Klärung und inhaltliche Bestimmung dieses Anspruchs und dieser Haltung, und zwar in einer Weise, die eine direkte gestalterische Umsetzung ermöglichte. Dabei gelangte man zu folgender Formulierung:

Der Name Siemens steht für technische Spitzenleistung und -qualität, Seriosität, Internationalität, Modernität, Innovation.

Bis weit in die neunziger Jahre hinein diente diese Definition der Firmenpersönlichkeit den Designern – und nicht nur ihnen – als Orientierung für ihr Handeln. Alle „gestalterischen Äußerungen des Unternehmens in der Öffentlichkeit“ wurden nach diesem Richtwert gestaltet.

The demand for visualization of the company's goals and philosophy required clarification and definition of the substance of these goals and philosophies in a form that could be applied directly to design. The following statement was developed:

The Siemens name stands for superior technical performance and quality, reputability, internationality, modernity, innovation.

This definition of Siemens's corporate personality served designers – and others – as a guideline for action until well into the nineties. All "public expressions of corporate design" were articulated in accordance with this guideline.

Siemens Design, Peter Schoeller, Entwurfsskizze für ein mobiles Röntgengerät, 1986.

Siemens Design, Peter Schoeller, draft drawing for a mobile x-ray machine, 1986.

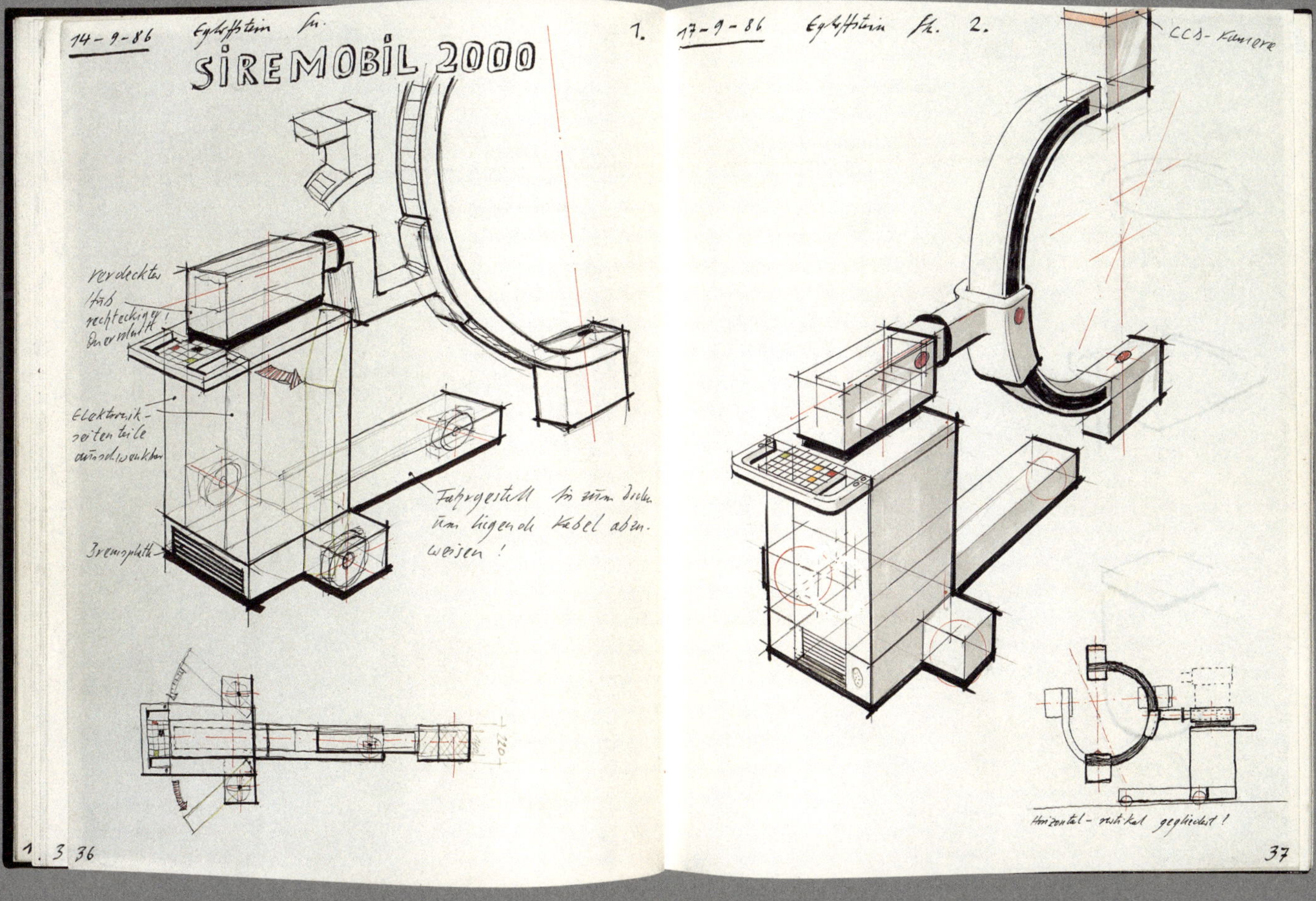

## Das System-Design stösst an seine Grenzen

Mitte der achtziger Jahre war die Siemens-Designabteilung auf etwa sechzig Mitarbeiter angewachsen und damit das größte Design-Atelier in Deutschland, viel beachtet und geachtet wegen der erfolgreichen, konsequenten Gestaltung einer so umfassenden Palette unterschiedlichster international gefertigter und vertriebener Produkte aus allen Bereichen der Elektrotechnik und Elektronik. Das durchdachte Konzept gab den Siemens-Produkten ein unverwechselbares Gesicht. Man kann ohne Übertreibung sagen: Siemens-Design galt als Repräsentant des deutschen Industrie-Designs im Bereich der Investitionsgüter und als Teil der nachkriegsdeutschen Industriekultur.

1981 fanden in Linz die „Linzer Designtage" statt, eine Leistungsschau und Selbstdarstellung des europäischen Industrie-Designs. Die entsprechende Präsentation von Siemens imponierte durch die Vielfalt der Produkte und die Geschlossenheit des Erscheinungsbilds, zeigte aber auch, wo die Grenzen einer primär systematischen Gestaltung lagen. Verstärkt durch die Art der Präsentation – alle Produkte waren zu einem Block zusammengefügt –, wirkte sie monolithisch. Dies ergab zwar kein realistisches Gesamtbild, denn in dieser Form und Zahl kamen ja die Produkte in Wirklichkeit nirgends zusammen, doch schon der Eindruck des Monolithischen genügte. Er war Wasser auf die Mühlen linker Systemkritiker, die darin ein Symbol für das Hierarchische und Autoritäre sahen, im Autoritären die Macht und hinter der Macht den „Multi" Siemens als Repräsentant der Technokratie.

Wenn dies auch eine ideologisch geprägte Interpretation und Reaktion war, so traf sie doch unterschwellig einen interessanten und wichtigen Punkt. Zwar war das Erscheinungsbild die logische und beabsichtigte Folge des systematischen Gestaltens, im Bestreben, aus der heterogenen Vielfalt der Siemens-Produkte eine homogene Einheit zu machen. Es war aber auch ein Indiz dafür, dass die Pionierarbeit im Siemens-Design geleistet war. Es musste nach einer neuen gestalterischen Orientierung gesucht werden.

## Systematic Design and Its Limitations

By the mid-eighties, the Siemens Design Department employed some sixty people and was thus the largest design studio in Germany. It was widely respected and admired for the successful, consistent design of an extensive portfolio of diverse internationally produced and marketed products from all fields of electrical and electronics technology. The sound design concept gave Siemens products an unmistakable face. One may safely say without fear of exaggeration that Siemens design was regarded as the representative of German industrial design in the investment goods sector and as an integral part of postwar German industrial culture.

The "Linzer Designtage" – a showcase of European industrial design – were held in Linz in 1981. The Siemens presentation on this occasion impressed visitors by virtue of the sheer diversity of products and the consistency of Siemens's product image, but it also exposed the limitations of a design concept based primarily on systematization. Intensified by the mode of presentation – all products were arranged in a single block – it conveyed a monolithic impression. Although this overall impression was not realistic, since the products never appeared together in this form or number in reality, the mere suggestion of monolithism was enough. It was grist for the mills of left-leaning critics of the system, who saw it as a symbol of hierarchical, authoritarian tendencies, of the "multi" Siemens as the representative of the technocracy behind the apparatus of power.

Although this reaction was colored by ideology, it did reveal an interesting point beneath the surface. The visual appearance of Siemens products was the logical and intended consequence of systematic design devoted to creating a homogeneous whole from heterogeneous diversity. Yet it was also an indication of the fact that the pioneering work had been done by the Siemens Design Department. It was now time to look for a new direction in design.

Siemens Design,
Tönis Käo,
Formstudie für einen
Haartrockner, 1974.

Siemens Design,
Tönis Käo,
design study for a
hair-dryer, 1974.

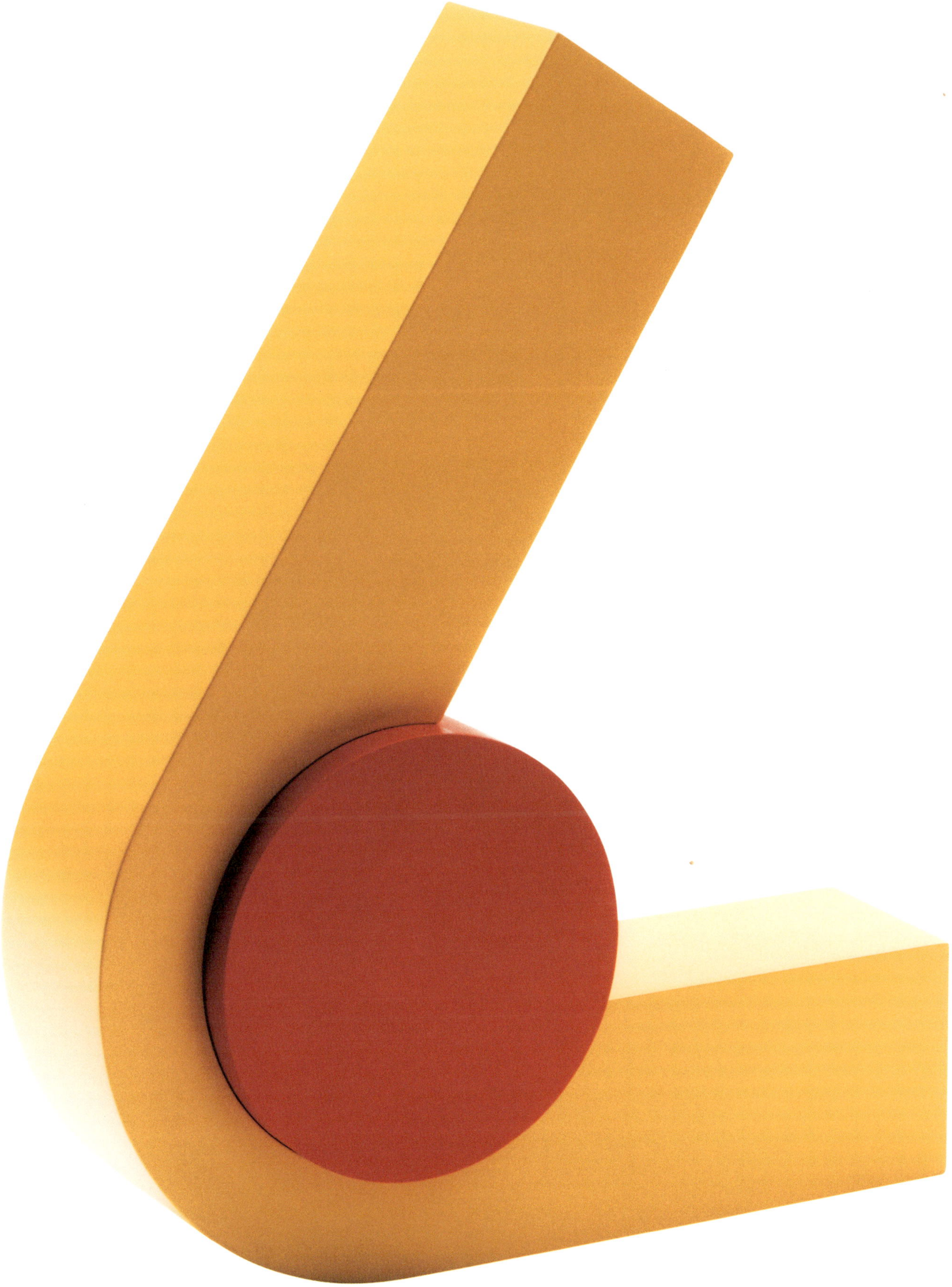

Bezeichnend war in diesem Zusammenhang auch die Reaktion des Publikums auf den Vortrag Edwin Schrickers in Linz, der über die Rolle und Aufgabe des Designers in unserer Industriegesellschaft sprach. In seinem anthropologisch-philosophischen Ansatz entwickelte er den Gedanken, dass der Mensch im Hinblick auf eine geglückte, sinnvolle Existenz in ein aktives Verhältnis zur Welt treten müsse, und zwar in drei Bereichen: zu den Dingen, seiner materiellen Umwelt, zu den Menschen, seiner sozialen Umwelt, und zu Gott (oder welche Chiffre man auch immer dafür setzen wolle) als Antwort auf seine spirituellen Fragen.

Entscheidend dabei sei, dass diese Beziehung keine oberflächlich-funktionale sei, sondern eine wesentliche, substanzielle. Als Idealform der Beziehung zu den Dingen nannte er das Kunstwerk, zu den Menschen die Liebe und zu Gott den Glauben. Anhand einer Bestandsaufnahme in der Situation der heutigen Industriegesellschaft zeigte er, dass in zwei Bereichen, dem Verhältnis Mensch-Mensch und dem Verhältnis Mensch-Gott, deutliche Defizite zu verzeichnen seien: ein emotionales und ein spirituelles.

Quite revealing in this context is the public response to a lecture on the role and responsibility of the designer in industrial society delivered by Edwin Schricker in Linz. Pursuing an anthropological, philosophical approach, he developed the idea that if people are to enjoy a meaningful, satisfying existence, they must enter into an active relationship with the world in three different senses: they must relate to things (to their material environment), to people (to their social environment), and to God (or to whatever one chooses to recognize in God's place), to find answers to their spiritual concerns.

The crucial point, he suggested, was that this relationship is not superficial or functional but essential and substantive. He suggested that the ideal form of the relationship to things is the work of art; the relationship to people is ideally expressed in love, that to God by faith. Taking stock of the situation in society, he noted significant deficits in two areas, namely the relationship between people and people and between people and God – the one emotional, the other spiritual.

Damit sich nicht auch noch in der Beziehung Mensch-Ding ein Defizit entwickelt, komme es darauf an, den Menschen in unserer Gesellschaft eine substanzielle Beziehung zu den Dingen zu ermöglichen, mit denen sie sich umgeben und die ihr Leben prägen. Dafür zu sorgen, sei Aufgabe der Industrie-Designer und er appelliere deshalb an diese, ihre Aufgabe und ihre Verantwortung ernst zu nehmen und sich um eine sorgsame Gestaltung der Dinge zu bemühen, d. h. Produkte zu gestalten, die ihr „Wesen“ erkennen lassen und zumindest einen „Hauch von Seele“ haben.

Mit Herleitungen und Appellen dieser Art war das damalige Publikum offensichtlich überfordert. Es fasste die Forderung Schrickers als Provokation auf. Besonders die politisch links orientierten Intellektuellen im Publikum (oder solche, die sich dafür hielten) meldeten lautstark Protest an. Sogar die Korrespondentin der eher konservativen „Frankfurter Allgemeinen Zeitung“ unterstellte dem Chef-Designer der Siemens AG als Vertreter der Großindustrie, es werde nun sogar die Religion als Rechtfertigung für Gewinnmaximierung durch persuasives Design missbraucht.

In Wirklichkeit hatte Edwin Schricker damals nur das formuliert, was heute von allen ernsthaften Designern angesichts der zunehmenden Schundproduktion unüberhörbar postuliert wird, nämlich: mehr Authentizität, mehr Echtheit, mehr Ehrlichkeit im Design.[4]

In order to prevent the growth of a deficit in the relationship between people and things, Schricker emphasized the need to enable people to develop a meaningful relationship to the things that surround them and which shape their environment. That, he said, was the task of industrial designers, and thus he appealed to them to take this task and this responsibility seriously and strive for a thoughtful design of things, i.e. to design products that reveal their "essence" and possess at least a "bit of soul."

Schricker's audience was evidently at a loss to deal with arguments and appeals of this kind. Listeners regarded his appeal as a provocation. Especially vehement protests came from the left-leaning intellectuals in the audience (or those who regarded themselves as such). Even the correspondent from the more conservative *Frankfurter Allgemeine Zeitung* accused the head designer of Siemens AG, as the representative of big industry, of going so far as to misuse religion as a justification for profit maximization through persuasive design.

The truth of the matter is that Edwin Schricker was only expressing a need that is now voiced by all serious designers in view of the increasing production of junk: more authenticity, more genuineness, more honesty in design.[4]

## Generationswechsel im Design
Die Ära Herbert Schultes
1986 bis 2000

Julius Lengert

## A Changing of the Guard in Design
The Era of Herbert Schultes
1986 to 2000

Julius Lengert


190 Ein Mann mit „Stallgeruch“

192 „Design ist nicht alles, aber ohne Design ist alles nichts“

193 Das Phänomen „Zeitgeist“

194 Telefone als Konsumprodukte: Klasse trotz Masse

195 Freiräume für Kreativität

197 Neue Gestalt – auch bei der Firmenmarke

199 „Leadership in Design“

200 Das Siemens-Design-Credo

202 Technische Ästhetik

203 Förderung deutscher Design-Institutionen

205 „Gestalt: Visions of German Design“

207 „Schlankheitskur“ für den Elektroriesen

209 Produktgestalt als Trilogie

210 Differenzierung durch Farbe

211 Projekt Expo ’92 in Sevilla

213 Siemens-Auftritt in Sevilla

215 Auf der Expo 2000 Hannover

218 „Design ist Chefsache“

348 Anmerkungen

190 A Man with the Right Background

192 “Design is not Everything, but Nothing is Anything without Design”

193 The Phenomenon of Zeitgeist

194 Telephones as Consumer Goods: Class in Mass

195 Creative Freedom

197 A New Design for the Company Logo

199 “Leadership in Design”

200 The Siemens Design Credo

202 Technical Aesthetics

203 Promoting German Institutes of Design

205 “Gestalt: Visions of German Design”

207 “Slimming down” the Electrical Giant

209 Product Gestalt as a Triad

210 Distinction through Color

211 Project Expo ’92 in Seville

213 The Siemens Pavilion in Seville

215 Expo 2000 in Hanover

218 “Design as an Executive Responsibility”

354 Notes

# Generationswechsel im Design

# A Changing of the Guard in Design

Im Jahr 1984 fand ein Generationswechsel bei Siemens statt. Edwin Schricker übergab die Leitung der Designabteilung an seinen Nachfolger Herbert Schultes. Die Wahl war auf diesen gefallen, weil er am geeignetsten schien, die Wünsche und Erwartungen der Unternehmensleitung im Hinblick auf die Weiterführung der Siemens-Designlinie zu erfüllen: Zum einen sollte das von Edwin Schricker Aufgebaute und Erreichte gewahrt und gefestigt werden, zum anderen mit Impulsen des „Zeitgeists" belebt und bereichert werden – eine Art gestalterische „Frischblutzufuhr". Dies konnte man nur von einem „Externen" erwarten, der weder organisatorisch noch mental im Sinne der Siemens-Kultur geprägt und konditioniert war, denn ein solcher hätte stets „die Schere im Kopf" gehabt und in Kenntnis und Vorwegnahme aller betriebsinternen Eventualitäten und Rücksichtnahmen seine Entscheidungen getroffen: Der Mut zum divergierenden Denken hätte gefehlt.

A changing of the guard took place at Siemens in 1984. Edwin Schricker was succeeded as Director of the Design Department by Herbert Schultes. Schultes had been chosen for the post because he was viewed as the candidate who was best suited to fulfill the hopes and expectations of corporate management with respect to the future development of the Siemens design line. He faced a dual challenge: to preserve and strengthen the legacy of Edwin Schricker, on the one hand, while enriching and vitalizing it with impulses reflecting the "spirit of the times," – with an "infusion of fresh blood," so to speak – on the other. And it was only reasonable to turn to an "outsider," to one who had not been shaped or conditioned by the Siemens organization or corporate culture. Mindful of and able to anticipate the various unspoken internal rules and conventions, a Siemens veteran would have been likely to follow traditional corporate wisdom in making his decisions. He would probably not have had the courage to pursue unconventional lines of thinking.

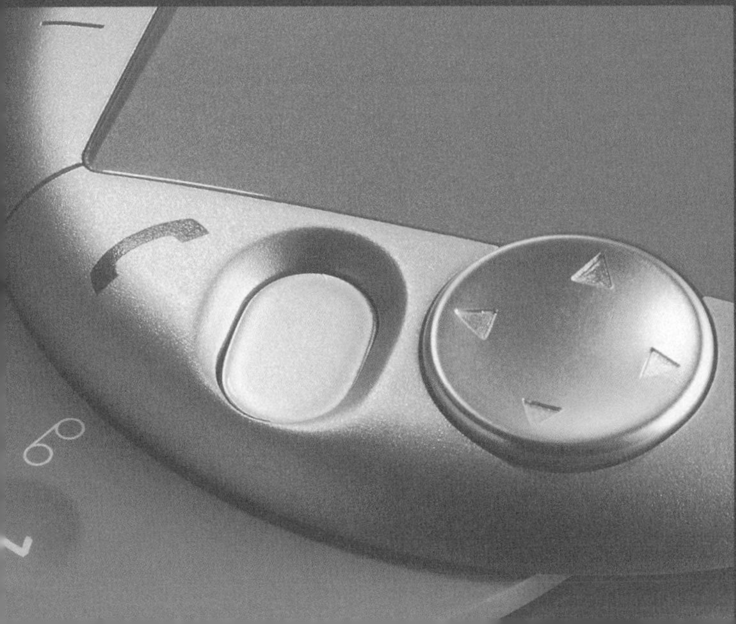

Ein Nachfolger ohne jegliche Kenntnis der Siemens-Kultur, der firmenspezifischen Strukturen, Abläufe, Usancen, geschriebenen und ungeschriebenen Gesetze, Verhaltensregeln und anderen Eigenheiten hätte sich schwer getan, neue Ideen zu realisieren und Wesentliches zu bewegen. Beispiele so genannter Quereinsteiger in anderen Bereichen zeigten, dass Fachkompetenz, Durchsetzungsvermögen und gute Ideen allein nicht genügten. Ein Minimum an Kenntnis und Verständnis der Siemens-Kultur war vonnöten, einen gewissen „Stallgeruch“ musste der Neue haben. Darüber hinaus wurde eine starke Identifikation mit dem Unternehmen, seinen Werten, Zielen und Leistungen vorausgesetzt.

Herbert Schultes erfüllte diese Erwartungen in idealer Weise. Er hatte Anfang der sechziger Jahre seine Laufbahn als Designer in der Siemens-Designabteilung begonnen und die Durchsetzung des Designgedankens im Unternehmen als Assistent von Edwin Schricker mit der Konzeption und Organisation einer Wanderausstellung zum Thema Design unterstützt. 1967 verließ er das Unternehmen, um sich mit seinem Kollegen Norbert Schlagheck selbständig zu machen und nebenher den Studiengang Industrie-Design an den Fachhochschulen Köln und München aufzubauen. Das Büro Schlagheck Schultes Design reüssierte schnell und wurde innerhalb weniger Jahre zu einem der größten und renommiertesten Designbüros in Deutschland. Zu den Kunden zählten u. a. Agfa, Kienzle, HiFly, Marker Skibindungen, Fischer Ski & Tennis.

A successor who had no knowledge of Siemens culture, of structures, processes, practices, written and unwritten laws, rules of behavior, and other aspects unique to the Siemens environment, would have found it very difficult to gain support for new ideas and achieve anything significant in the way of change. As examples of such lateral entries in other departments clearly showed, professional expertise, persuasiveness, and good ideas alone were not enough. The new director needed to have at least a basic knowledge and understanding of the Siemens culture, a certain familiarity with his new working environment. And he needed to identify strongly with the company and its values, goals, and achievements.

Herbert Schultes met these criteria perfectly. Having begun his career as a designer in the Siemens Design Department in the nineteen-sixties, he supported the campaign to establish the concept of design in the company as Edwin Schricker's assistant by planning and organizing a touring exhibition on the theme of design. He left Siemens in 1967 to work independently, in collaboration with his colleague Norbert Schlagheck, and to study industrial design at colleges of applied science in Cologne and Munich. The Schlagheck Schultes Design agency was successful from the start and became one of the largest and most widely respected design firms in Germany within only a few years. Its clients included such companies as Agfa, Kienzle, HiFly, Marker Ski Bindings, and Fischer Ski & Tennis.

Herbert H. Schultes, 1986–2000 Leiter der Siemens Designabteilung und später der Siemens Design & Messe GmbH.

Herbert H. Schultes, Director of the Siemens Design Department from 1986 to 2000 and later of Siemens Design & Messe GmbH.

Schultes' Erfahrungen im Design von Investitions- und Konsumgütern, seine erfolgreiche unternehmerische Tätigkeit auf dem hart umkämpften freien Markt, seine intime Kenntnis der deutschen wie der internationalen Designszene, zu deren Repräsentanten er persönliche Kontakte pflegte, zusammen mit seiner Siemens-Vergangenheit prädestinierten ihn zum neuen Mann für das Siemens-Design. Bei der „Stabübergabe" erklärte Edwin Schricker:

„Ich hinterlasse Dir ein gut bestelltes Haus. Das Feld ist beackert. Die Aussaat gedeiht und trägt Früchte. Sorge Du dafür, dass es weiterhin so bleibt und die Ernte gesichert ist! Soll heißen: daß die Siemens-Produkte weiterhin durch ihr Erscheinungsbild den Anspruch und das Ansehen des Unternehmens angemessen repräsentieren und in ihrem Design stets auf der Höhe der Zeit sind."[1]

Schultes's experience in the design of investment and consumer goods, his success in business in an embattled market, his intimate knowledge of both the German and international design scenes, his personal contact with representatives of the German and international design communities, coupled with his past activities at Siemens, virtually predestined him as the new man for Siemens Design. In his farewell address, Edwin Schricker welcomed his successor with these words:

"I leave you a house in good order. The fields are plowed. The crops are thriving and bearing fruit. It is now up to you to see that things stay this way and that the harvest is brought in! In other words, that Siemens products continue to represent Siemens standards and the Siemens image appropriately through their visual appearance and remain at the forefront of developments in design."[1]

„Design ist nicht alles, aber ohne Design ist alles nichts“

“Design is not Everything, but Nothing is Anything without Design”

War für Edwin Schricker als altgedientem Siemensianer bei allem Engagement und überzeugenden Einsatz für die Sache das Design noch „wichtigste Nebensache der Siemens-Produktwelt“, so sah sein Nachfolger dies ganz anders. Seiner Ausbildung nach zunächst Ingenieur der Feinwerktechnik, wurde Herbert Schultes ein Designer – mit ganzem Herzen, Sinnen und Trachten, ein „24-Stunden-Designer“. Die Maxime „Alles ist Design, aber Design ist nicht alles“ modifizierte er in „Design ist nicht alles, aber ohne Design ist alles nichts!“[2]

Mit Leidenschaft und Begeisterung – man kann sie zu Recht „devotion to design“ nennen – interessierte ihn alles, was mit Gestaltung zu tun hat: Architektur, Kunst, Mode, Lifestyle, Filme, neue Ladengestaltungen in London, neue Restaurants in Italien, neue Präsentationsformen auf den Messen, neue Selbstdarstellungsformen bei Jugendlichen und natürlich Autos, Möbel und Accessoires. Da er aus diesem Grunde auf keiner bedeutenden Messe, keiner Produktshow und keinem Design-Event fehlte, verfügte er über persönliche Kontakte mit allen bekannten Vertretern der internationalen Designszene. So schien es nur folgerichtig, dass sich das Design der Firma Siemens unter seiner Ägide verstärkt Einflüssen von außen und dem internationalen Designgeschehen öffnete.

Despite his commitment and dedication to the cause, Edwin Schricker, the venerable Siemensian, regarded design as “the most important secondary aspect” of the Siemens product world. His successor took quite a different view, however. Trained as an engineer specialized in precision technology, Herbert Schultes became a designer – a designer in mind, at heart, and by intention, a designer's designer. He rewrote the maxim “Everything is design, but design is not everything,” to read “Design is not everything, but nothing is anything without design!”[2]

Driven by passion and enthusiasm – by a true devotion to design – he was interested in everything that related to design: architecture, art, fashion, lifestyle, film, new shop displays in London, new restaurants in Italy, new forms of presentation at trade shows, new trends in self-presentation among youth, and of course cars, furniture, and accessories. He never missed a single major trade fair, product show, or design event, and thus he developed close personal contacts with all of the prominent representatives of the international design scene. And thus Siemens design inevitably opened its doors to influences from outside the company and to international developments in design under his aegis.

DE

„Design ist nicht alles, aber

“Design is not Everything, but Nothing is Anything without Design”

Hatten die Bemühungen seines Vorgängers dem Ziel gegolten, im Hinblick auf das Design eine Bewusstseinsänderung bei den Produktentwicklern und Produktverantwortlichen herbeizuführen, ging es Herbert Schultes darum, das Bewusstsein für Design in den Köpfen der eigenen Designer zu verändern und sie für alle Manifestationen des „Zeitgeists“ zu sensibilisieren. Er war überzeugt, dass eine zeitgemäße Gestaltung auch von Investitionsgütern und Langzeitprodukten, wie sie für Siemens typisch waren, Kenntnis und Beachtung aktueller Gestaltungstrends verlangte. Eine weitere Maßnahme, die frischen kreativen Wind in die Siemens-Designwelt brachte, war die Einstellung zahlreicher Jung-Designer, die von internationalen Designhochschulen kamen und von der bis dahin herrschenden Siemens-Ideologie völlig unbeeinflusst waren.

Die Öffnung der Köpfe, Herzen und Sinne im Hinblick auf den „Zeitgeist“ und die aktuellen Gestaltungsformen nicht nur im Design selbst, sondern im gesamten gestalterischen Umfeld kamen dem Unternehmen zugute, als die Sparte Kommunikation mit einer neuen Herausforderung konfrontiert wurde, die man fast als existenziell bezeichnen muss. Ein gefährliches Gespenst ging um, das den Produktverantwortlichen schlaflose Nächte bereitete: die Deregulierung des Telefonmarkts.

While his successor had been intent upon bringing about a change of consciousness among product developers and product managers, Herbert Schultes was more concerned with changing attitudes toward design in the minds of his own designers and with sensitizing them to all manifestations of the zeitgeist – the spirit of the times. He was convinced that the modern design of the investment goods and durable goods typically produced by Siemens demanded an understanding of and response to current trends in design. Another measure that brought a fresh, creative wind to the Siemens design world was the hiring of numerous young designers from international schools of design, people who owed no allegiance to the prevailing Siemens ideology.

The opening of minds, hearts, and senses to the zeitgeist and to new formal developments not only in the field of design but in the aesthetic environment as a whole began to benefit the company precisely at the point at which corporate communication was confronted with a challenge of existential dimensions. A specter had appeared on the horizon and was causing product managers sleepless nights: deregulation of the telephone market.

SIGN

ohne Design ist alles nichts“

## Telefone als Konsumprodukte: Klasse trotz Masse

Bis Mitte der achtziger Jahre war die Post als alleiniger Anbieter von Telefonen von den deutschen Herstellern beliefert worden. Hauptlieferant war die Siemens AG. Zu dieser Zeit war jeder, der in Deutschland lebte, nicht Kunde bei der Post, sondern Postbenutzer. Ein Telefonanschluss musste beantragt werden, und nach Genehmigung, die Wochen oder sogar Monate dauern konnte, erhielt man mit dem Fernsprechanschluss auch ein Fernsprechgerät, das Eigentum der Post blieb und mit der Abmeldung des Anschlusses zurückgegeben werden musste. Lange wurden die Telefone in der Standardfarbe schwarz geliefert, später kamen Farben hinzu wie moosgrün und weinrot.

Mit der Deregulierung des Telefonmarkts sollte sich das alles ändern: Jeder Telefonhersteller aus dem Inland wie dem europäischen Ausland sollte seine Telefone auf dem freien Markt anbieten können, und man konnte sich seinen Apparat nach eigenem Geschmack aus einem breiten Sortiment aussuchen. Die Post legte nur noch den Anschluss. Es ist unschwer vorstellbar, dass in den Chefetagen der deutschen Telefonhersteller, Siemens nicht ausgenommen, die Alarmglocken schrillten. Da sich an der technischen Leistung bei den Telefonen kaum etwas ändern würde – dass man mit den Apparaten sämtlicher Hersteller gut telefonieren konnte, garantierten die technischen Standards der Post –, wurde die Kaufentscheidung wesentlich vom Design bestimmt. Dies bedeutete konkret: Die Siemens-Telefone mussten so attraktiv und überzeugend gestaltet werden, dass der Vergleich mit den Telefonen anderer Hersteller zu ihren Gunsten ausfiel.

Die Telefonspezialisten im Siemens-Design mussten sich daher von der jahrzehntelang geübten und bewährten Routine, von Pflichtenheften der Post und strikten Vorgaben für Konstruktion und Fertigung frei machen, um fit zu sein für den direkten Wettbewerb mit international renommierten Designbüros. Dabei war es das Bestreben von Schultes, sich nicht auf das Niveau von Billiganbietern zu begeben, sondern, wie die Zeitschrift „Mensch & Büro“ einmal feststellte, „Klasse trotz Masse“ zu bieten.

## Telephones as Consumer Goods: Class in Mass

Until the mid-nineteen-eighties, the German Postal Service, as the sole provider of telephones, was supplied by German manufacturers, and primarily by Siemens AG. At the time, everyone who lived in Germany was not only a customer of the Postal Service but dependent on its services. Customers had to apply for a telephone connection. Once an application was approved (a process that could take weeks or even months), the customer was assigned a telephone number and provided with a telephone. The telephone remained the property of the Postal Service and was to be returned when service was discontinued. For years, telephones came only in standard black but were later available in such alternative colors as moss-green or wine-red.

All of that would change with deregulation of the telephone market. Every telephone manufacturer in Germany and Europe could now offer telephones on the open market, and customers could choose telephones from a broad range of products according to their own personal tastes. The Postal Service simply provided the physical connection. One can well imagine that alarms were ringing in the executive suites of German telephone manufacturing companies, Siemens among them. As virtually nothing was to change with respect to the technical capabilities of telephones (the technical standards of the Postal Service guaranteed that the features of phones supplied by all manufacturers were virtually the same), design was the determining factor in the selection of a telephone. In concrete terms, this meant that Siemens telephones had to be designed with such convincing appeal that they compared favorably with those of other manufacturers.

Consequently, telephone specialists at Siemens were compelled to abandon routines that had been tried and tested over the years, to lay aside the specifications issued by the Postal Service and the strict requirements governing technical design and manufacturing in order to compete head-to-head with internationally renowned design firms. Schultes refused to descend to the level of the low-price suppliers but instead opted, as the journal *Mensch & Büro* noted, to offer "class in mass."

Siemens Design,
Rolf Hering, „Lobster“-Telefonmodell.

Siemens Design,
Rolf Hering, the Lobster telephone model.

Neben der erwähnten Horizonterweiterung und dem Blick über den eigenen Tellerrand hinaus diente diesem Ziel die Schaffung eines Experimentalstudios. Die Einrichtung als solche hatte es bereits zu Zeiten Edwin Schrickers gegeben, als hier die theoretische Erforschung des Phänomens Design betrieben wurde. Unter Herbert Schultes wurde sie zum Experimentierfeld für praktische Designaufgaben.

Im Design-Studio konnte ein Designer, frei von den Zwängen der Tagesarbeit, an einer vorgegebenen Aufgabe oder an selbst gewählten Themen arbeiten und dabei seiner Inspiration, Intuition und Phantasie freien Lauf lassen, unter einer einzigen Bedingung: Nach Ablauf der ihm zur Verfügung stehenden Zeit musste ein konkretes gestalterisches Ergebnis vorliegen. Dies war regelmäßig der Fall, und die Ergebnisse bewiesen ausnahmslos, dass die Freistellung des Designers für die ungehinderte Arbeit in einem kreativen Freiraum gestalterische Energie freisetzte, die ad hoc zu erstaunlichen Resultaten führte. Einige dieser im Experimental-Studio entstandenen Arbeiten stehen inzwischen in der Designabteilung der Pinakothek der Moderne in München als zukunftweisende Entwürfe, die bis heute ihre Aussagekraft nicht verloren haben.

Ein Rotationsprinzip für die Arbeit im Studio sorgte dafür, dass die Wirkung der aufgeladenen Kreativbatterien in die Tagesarbeit einfloss. Workshops mit renommierten internationalen Designkoryphäen unterschiedlicher Gestaltungsrichtungen, z. B. dem Altmeister des italienischen Design Ettore Sottsass, dem berühmten Gestalter der Tischleuchte „Tizio", Richard Sapper, oder dem langjährigen Braun-Designchef Dieter Rams, sowie interne Wettbewerbe mit bekannten externen Gästen rundeten die Aktivitäten des Experimental-Studios ab.

An experimental studio was established for the purpose of expanding horizons and equipping designers to pursue new avenues of exploration. The studio as such has already existed during Edwin Schricker's tenure, during the years of theoretical research on the phenomenon of design. Under Herbert Schultes, it became an experimental facility devoted to the development of practical design solutions.

Free of the constraints of day-to-day routine, a designer could work on an assigned task in the studio or explore a topic of his own choosing, giving free rein to imagination, intuition, and inspiration – under one condition: he had to produce a concrete, design-related result at the end of the time allotted to him. This actually happened in most cases, and the results go to show that releasing a designer to work without restrictions in a free, creative environment generated creative energy that was capable of producing astonishing ad hoc outcomes. Several of these projects carried out in the experimental studio are now on exhibit in the Design Department of the Pinakothek der Moderne in Munich as examples of pioneering design concepts that have lost none of their relevance in the interim.

A rotation system at the studio ensured that the energy accumulated in the charged creative batteries flowed into day-to-day work. Workshops led by renowned international designers representing different stylistic currents in design, such as Ettore Sottsass, the Old Master of Italian design, Richard Sapper, the famous designer of the Tizio table lamp, and Dieter Rams, Director of Design at Braun for many years, as well as in-house competitions involving outside guests rounded out the activities of the experimental studio.

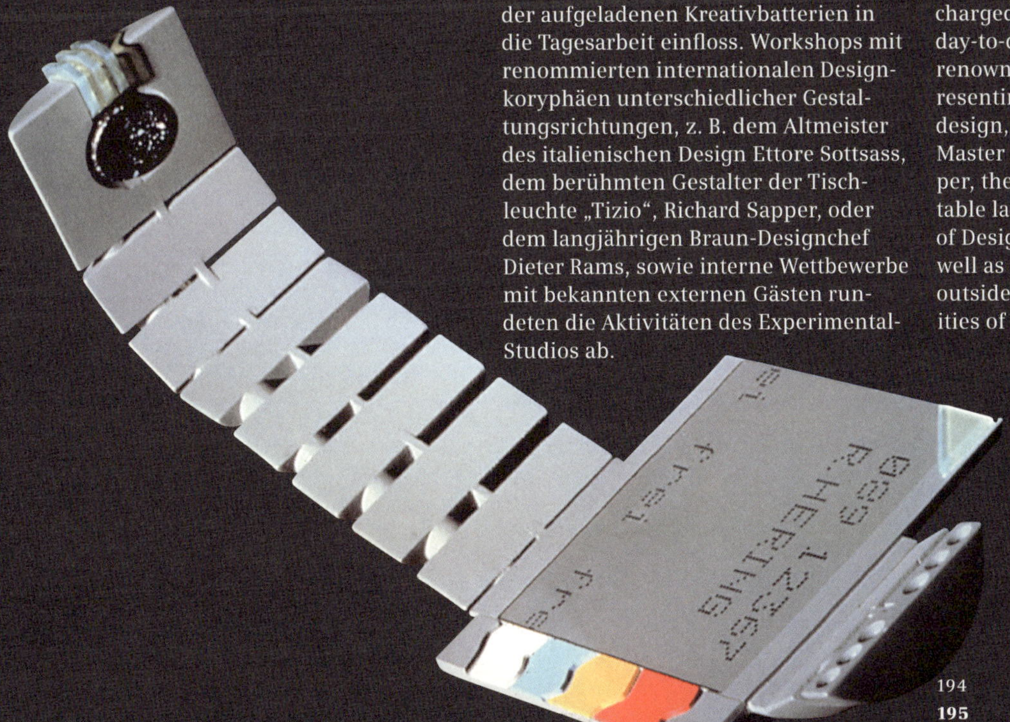

Als es um die konkrete Designaufgabe neuer Siemens-Telefone für den deregulierten Telefonmarkt ging, wurde ein freier Wettbewerb ausgeschrieben, in dem sich die Firmen-Designer mit den Stars und Großmeistern des internationalen Design messen konnten. Wichtigstes Ziel war es, ein neues Leitbild für das Telefonieren zu finden, das den legendären FeAp W36, den „Reichsfernsprecher", ablösen sollte, dessen Gestalt zum visuellen Symbol für das Telefonieren geworden war. Dies gab den Input für die weitere Gestaltung der Siemens-Telefone.

Bürotelefone: Die Optipoint-Telefone finden sich in allen Büros – auf der Polizeiwache, im Großunternehmen, in der Anwaltskanzlei und in der Werbeagentur.

Schnurlos-Telefone: Die Siemens-Telefonfamilie Gigaset ist bis heute das erfolgreichste Produkt seiner Klasse. Seine Gestalt prägte das visuelle Erscheinungsbild der Schnurlos-Telefone auf dem europäischen Markt.

Mobiltelefone: Die Erfolgsstory begann 1988 mit dem schwergewichtigen Autotelefon C3 portable. Als Design-Highlights folgten in den nächsten Jahren: S4, S10 und SL10, die 45-Serie und das SL55, 2003 das beliebteste Handy seiner Klasse bei Händlern und Benutzern.

When the time came to address the specific task of designing Siemens telephones for the deregulated telephone market, the company announced an open competition in which Siemens designers were invited to compete with the stars and grand masters of international design. The most important objective was to find a new "model image" of the telephone to replace the legendary FeAp W36, the famous "Reichs-telephone," whose shape and form had become the symbol of telephoning in general. This model image provided the basic input for further developments in the design of Siemens telephones.

Office telephones: Optipoint telephones were installed in offices of all kinds – at police stations, law offices, and advertising agencies.

Cordless telephones: The Siemens Gigaset family is still the most successful product in its class today. Its design has influenced the visual appearance of cordless telephones in the European market.

Mobile telephones: This success story began in 1988 with the C3, a heavyweight portable car telephone. Design highlights of the following years include the S4, S10, and SL10, the 45 series and the SL55, the most popular mobile phone in its class among retailers and users in 2003.

Siemens Design,
Hatto Grosse,
Entwurfsstudie für
einen Monitor, 1986.

Siemens Design,
Hatto Grosse,
draft study for a
monitor, 1986.

Ob das digitale Zeitalter mit dem ersten digitalen Rechner Konrad Zuses begann oder mit dem bei Siemens entwickelten Verfahren zur Herstellung von Reinstsilizium, das die Massenfertigung von Mikrochips ermöglichte, oder erst von jenem Zeitpunkt an, als die computergesteuerte Technik unser aller Leben veränderte, ist eher eine akademische Frage. Faktum ist jedoch, dass die Elektronik Ende des letzten Jahrhunderts zum Motor eines schier schwindelerregenden technischen Fortschritts wurde. Nicht nur in der Kommunikationstechnik, wo sie die handgreiflichsten und auffälligsten Veränderungen herbeiführte, auch in praktisch allen anderen Bereichen unseres Alltags machten sich ihre Wirkungen nachhaltig bemerkbar. Um welches technische Gebiet es sich auch handelt, ein Charakteristikum trifft auf alle zu: Die Geräte wurden immer kleiner, leichter und trotzdem leistungsfähiger, die Prozesse immer schneller, die Funktionen immer präziser und sensibler. High-Tech war das neue Wort für die Leistung und das Wesen der Elektronik.

Siemens als Pionier der Elektrotechnik und Elektronik war an der Entwicklung dieser neuen Technik maßgeblich beteiligt. Dennoch galt man, wie Imagestudien belegten, in den Augen der Öffentlichkeit und sogar der eigenen Kunden immer noch als der alte „Elektroriese“: groß, schwerfällig, traditionsbeladen, bürokratisch, zwar solide, seriös und leistungsstark bei nationalen wie internationalen Großprojekten, allerdings nicht gerade als Repräsentant von High-Tech-Mentalität im Sinne der „neuen Zeit“. Dieses Bild wurde in der Öffentlichkeit und bei den Firmenkunden nicht zuletzt durch die visuelle Wirkung und Assoziationsqualität der Firmenmarke mit dem Schriftzug „Siemens“ und der Firmenfarbe unterstrichen: Sie signalisierten eher Maschinenbau und Mechanik als Elektronik und schnelle digitale Rechner.

Der Schriftzug, der noch aus dem Jahr 1936 stammte, war bis in die achtziger Jahre fast unverändert beibehalten worden. Bis dahin sollte er eben diese Botschaft transportieren und war deshalb genau richtig.

The question of whether the digital age began with the first digital computer built by Konrad Zuse, or with the ultra-pure silicon production process developed by Siemens, which paved the way for mass-production of microchips, or later, when computer-controlled technology began to change all of our lives, is actually academic. The fact is, however, that electronics became the driving force behind breathtaking technological progress as the last century neared its end. This was true not only in the field of communication, where electronics brought about the most obvious, practical changes, but also in virtually every other area of everyday life as well.
And one trend was evident in practically every field of technology: Equipment was growing increasingly smaller, lighter, and more powerful; processes more rapid, functions increasingly precise and sensitive. High-tech was the new word for the power and the essence of electronics.

As a pioneer in the fields of electrical engineering and electronics, Siemens played a key role in the development of this new technology. Yet as image studies clearly indicate, the company was still viewed by the public and even by many of its own customers as the old “electrical giant” – ponderous, tradition-bound, bureaucratic, sound, reputable, and highly capable when it came to major national and international projects, but not the embodiment of a high-tech mentality in the spirit of the “new age.” To a certain extent, this image was underscored in the public and among corporate customers by the visual impact of the company trademark and the associations it evoked. The name “Siemens” printed in the company color tended to suggest heavy machinery and mechanics rather than electronics and high-speed digital computers.

The lettering, which dated back to 1936, had remained almost unchanged until well into the eighties. Until then, it was meant to convey precisely this message and was thus entirely appropriate.

Mit der Farbe verhielt es sich genauso: Das satte Technik-Blau hatte bei Siemens ebenfalls Tradition. Es signalisierte Ruhe, Sicherheit, Beständigkeit, ohne schwer zu wirken. Außerdem konnte diese Farbe in der Grundanmutung auf allgemeine Sympathie rechnen, denn bekanntlich geben die meisten Menschen bei der Frage nach ihrer Lieblingsfarbe „Blau" an. Nun aber mussten Firmenmarke und Firmenfarbe so modifiziert werden, dass sie den Geist der neuen Zeit, Wesen und Lebensgefühl des elektronischen Zeitalters widerspiegelten. Gleichzeitig sollten sie jedoch auch ein Stück Tradition beinhalten, der sich das Unternehmen ungeachtet aller Modernität und Reformbereitschaft verpflichtet fühlte, nach der Devise „Zukunft braucht Herkunft." Mit anderen Worten: Es ging hier wieder einmal um das bekannte Spannungsverhältnis von Innovation und Tradition. Diese Aufgabe war alles andere als ein „walk in the park", sondern erforderte eine fein ausgewogene Balance zwischen innovativen und traditionellen Elementen. Angesichts der fast 150-jährigen Tradition des Unternehmens, seiner globalen Klientel und des Führungsanspruchs im Bereich technischer Innovation kam sie fast einer Quadratur des Kreises gleich.

Gelöst wurde auch diese diffizile Aufgabe nach dem mehrfach erprobten Prinzip des „creative networking". Herbert Schultes hatte seit Beginn seiner Tätigkeit als Siemens-Chefdesigner systematisch ein Netzwerk kreativer Potenziale auf praktisch allen gestaltungsrelevanten Gebieten aufgebaut, das regelmäßig bei gestalterischen Spezialproblemen genutzt wurde. Neben anderen führenden Gestaltern wie Ivan Chermayeff, Massimo Vignelli und Rolf Müller wurde auch das international renommierte Grafikdesign-Büro Mendell & Oberer in München mit der Entwicklung eines Konzepts für die formale und farbliche Erneuerung des Siemens-Logos beauftragt.

Die Wahl fiel auf den Vorschlag von Mendell & Oberer, weil darin die Balance von „Herkunft" und „Zukunft" am besten gewahrt schien: Die Tradition gebot, dass die Farbe aus dem Bereich der Blau-Töne kommen, sich aber von den Wettbewerbern – besonders IBM als „Big Blue" – absetzen musste. Die Forderung nach Modernität, Brillanz und Prägnanz wurde von der neuen Farbe Petrol erfüllt. Der Siemens-Schriftzug wurde einer „Schlankheitskur" unterzogen, es wurden eigens neue Buchstaben geschnitten, um der Marke die gewünschte visuelle Wirkung zu geben: die Assoziation von Leichtigkeit, Modernität, Elektronik.

The same applied to the color: The deep "technical" blue also had a long tradition at Siemens. It signified serenity, security, and consistency without seeming overbearing. In addition, the basic mood conveyed by this color was generally appealing, as it is a well-known fact that most people cite "blue" as their favorite color.Now, however, the trademark and the company color had to be modified so as to reflect the spirit of the new era, the essence and the atmosphere of the electronic age. But at the same time it was to embody something of the tradition to which the company felt bound despite its embrace of modernity and its eagerness to reform – in the sense of "a future needs a past." In other words, Siemens found itself faced once again with the familiar conflict between innovation and tradition. Solving that problem was anything but a walk in the park, and it required much more than a creative "quick fix." What was needed was a fine balance between innovative and traditional elements. In view of the company's nearly 150-year history and tradition, its global clientele, and its role as a leader in the field of technical innovation, this amounted almost to squaring the circle.

Siemens design solved this difficult problem by applying the proven principle of creative networking. Since assuming his position as Director of Siemens Design, Herbert Schultes had deliberately and systematically promoted the development of a network of creative potential in virtually all areas of relevance to design, and it had been used regularly in cases involving special design problems. In addition to other leading designers, such as Ivan Chermayeff, Massimo Vignelli, and Rolf Müller, the internationally renowned graphic design firm of Mendell & Oberer in Munich was commissioned to develop a new formal and color concept for the Siemens logo.

The proposal submitted by Mendell & Oberer was chosen primarily because it seemed to preserve the balance between "tradition" and "future" more effectively than the other solutions. Tradition demanded that the color must be a shade of blue, but that it should also set itself clearly apart from Siemens's competitors – especially IBM, which was known as "Big Blue." The required degree of modernity, brilliance, and succinctness was achieved with the new color, called "petrol." The "Siemens" lettering was given a "slimmer" look. New letters were cut in order to give the trademark the desired visual effect: the association with lightness, modernity, and electronics.

Neben dem intensiven Bestreben, die Designqualität der Produkte und des Gesamterscheinungsbilds zu optimieren, sah Herbert Schultes seine vornehmliche Aufgabe darin, den intern vorhandenen Design-Anspruch über die reine Produktgestaltung hinaus auch extern zu kommunizieren – nach dem Motto: „Tue Gutes und rede davon.“

Als von außen Kommendem war Schultes klar, dass der Name Siemens in der Öffentlichkeit mit vielen positiven Begriffen und Eigenschaften assoziiert wurde, doch kaum mit besonderen Designleistungen. Da in der heutigen, von Marketing und Werbung geprägten Warenwelt der Faktor Design jedoch imageprägend ist und einen wichtigen Wettbewerbsvorteil darstellt, war er bestrebt, diese Diskrepanz aufzuheben. Er forderte deshalb: „Leadership in Design!“ – nicht nur im Design der Produkte selbst, sondern im gesamten Erscheinungsbild des Unternehmens. Von den Geräten bis hin zu den Messeständen, vom Eingangsbereich in den Siemens-Gebäuden bis hin zu den Verpackungen, Firmenfahrzeugen und Showrooms sollte alles die gleiche gestalterische Handschrift tragen. Was man Corporate Design nennt, war die Triebfeder für sein intensives Bemühen, das Bewusstsein für die Bedeutung gestalterischer Äußerungen des Unternehmens bei den Verantwortlichen zu aktivieren und ihre Unterstützung zu gewinnen.

Aside from his intense desire to optimize the design quality of Siemens products and the Siemens corporate image as a whole, Herbert Schultes placed a high premium on communicating the internal design concept beyond the scope of pure product design to the public as well – in the spirit of "Do good and tell people about it."

As a former outsider, Schultes was well aware that the name Siemens was associated in the public mind with a number of positive concepts and qualities but that outstanding design was not one of them. Yet because he also realized that design is a key image-shaping factor and a potentially crucial competitive factor in the contemporary consumer world dominated by marketing and advertising, he was intent upon rectifying this deficit. And thus he called for "leadership in design!" – not only in the design of products themselves but also with respect to the total corporate image. Everything was to be given the same characteristic design signature – from machines and appliances to trade fair stands, from entrances and lobbies in Siemens buildings to packaging, company vehicles, and showrooms. What we now refer to as corporate design was the driving force behind his vigorous campaign to develop awareness of the importance of corporate expressions of design among Siemens executives and to recruit their support.

Siemens Design und Messe GmbH, Michael Lanz, „book“, Telefonmodell, 1998.

Siemens Design und Message GmbH, Michael Lanz, the "book" telephone model, 1998.

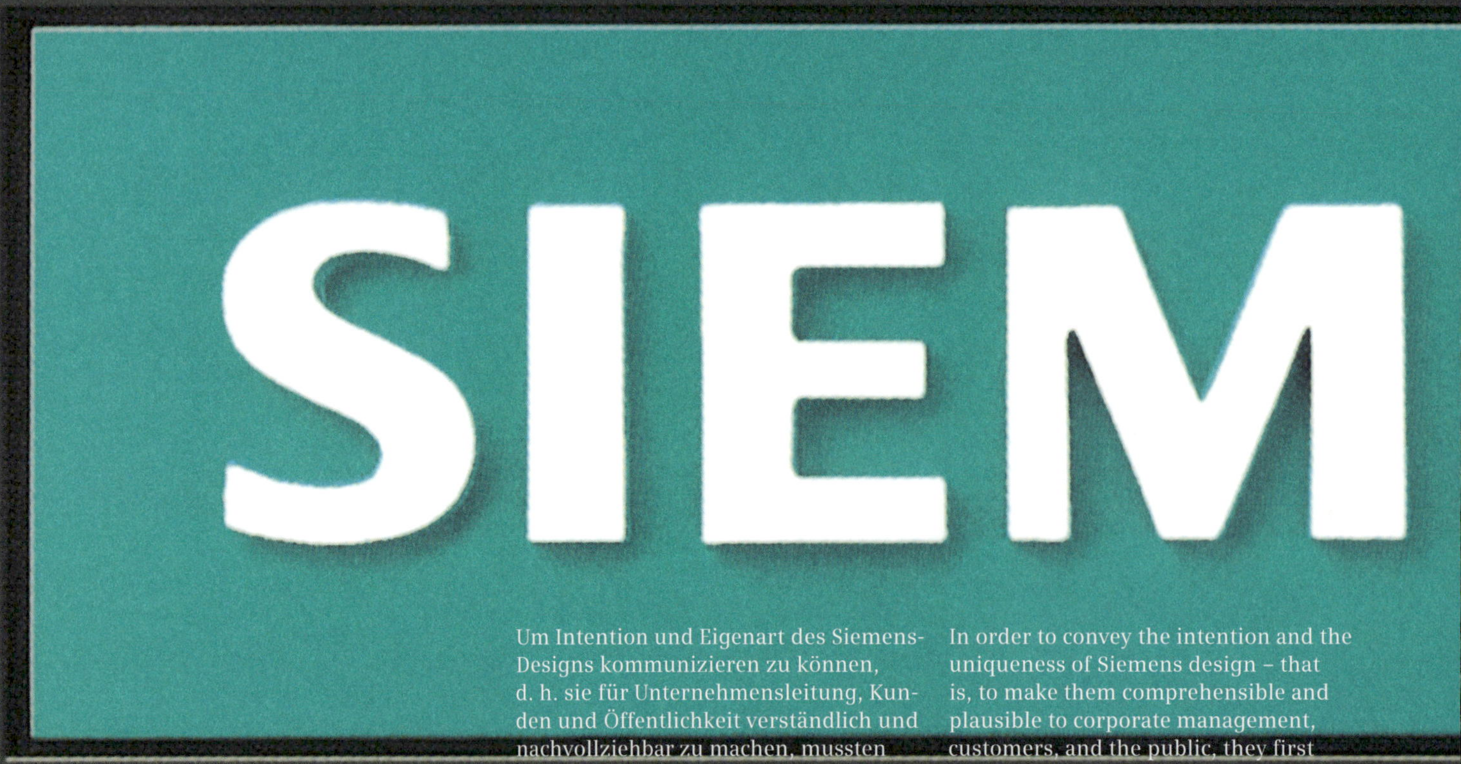


Siemens Design-abteilung, Firmenlogo mit der Siemensfarbe „Petrol“, 1989.

Siemens Design Department, corporate logo with Siemens *petrol* color, 1989.

Um Intention und Eigenart des Siemens-Designs kommunizieren zu können, d. h. sie für Unternehmensleitung, Kunden und Öffentlichkeit verständlich und nachvollziehbar zu machen, mussten sie zunächst einfach und deutlich artikuliert werden. Das führte zur Formulierung des so genannten Design-Credos. Es sollte Antwort auf die Frage geben, warum Siemens-Produkte und alle anderen gestalterischen Äußerungen des Unternehmens so und nicht anders aussehen. Gleichzeitig diente es als allgemeine Orientierung für Produktentwickler und Designer bei gestalterischen Fragen.

Das Siemens-Design-Credo wurde von Julius Lengert formuliert an Hand dreier Kategorien, die sich aus dem Versuch ergaben, die Designlandschaft mit ihrer scheinbar unüberschaubaren Vielfalt von individuellen Design- und Stilausprägungen zu strukturieren. Sucht man nach dem diesen allen zugrunde liegenden „Leitprinzip“, so lichtet sich der Wirrwarr, und es kristallisieren sich folgende Kategorien heraus:

In order to convey the intention and the uniqueness of Siemens design – that is, to make them comprehensible and plausible to corporate management, customers, and the public, they first had to be articulated in clear, simple terms – in the Siemens “Design Credo.” The principles it embodied were to answer the question of why Siemens products and all other expressions of corporate design look as they do and not otherwise. The Credo also served as a general guide for product developers and designers in matters of aesthetics.

The Siemens Design Credo was drafted by Julius Lengert on the basis of three categories derived from an attempt to structure the seemingly boundless diversity of individual manifestations and design and style in the design landscape. The quest for a “guiding principle” behind all of these phenomena cleared away some of the confusion, and the following categories emerged:

Kategorie 1 – das Gestalten nach streng technisch-funktionalen Kriterien. Die jeweilige Gestaltungsaufgabe wird einer rationalen Analyse unterzogen, die gestalterischen Kriterien und Maßnahmen konsequent und ausschließlich aus der technischen Funktion abgeleitet. Die Produktgestalt, die sich sozusagen „von selbst" aus der sachlichen Notwendigkeit heraus ergibt, ist technisch-funktional determiniert, die gestalterischer Freiheit praktisch gleich Null – nach der Devise „So sein müssen, nicht anders sein können". Beispiele hierfür sind ein Kranhaken oder ein Rennrad.

Kategorie 2 – das Gestalten nach festen ästhetischen Grundsätzen. In Grundsätzen wie „Klarheit ist Wahrheit" oder dem Postulat einer „sauberen Gestaltung" schwingt ein moralischer Anspruch mit, wobei die Erfüllung der praktischen Funktion des Geräts als Selbstverständlichkeit vorausgesetzt wird. Hier lautet die Devise „So sein sollen, nicht anders sein wollen". Repräsentativ für diese Gestaltungshaltung sind das Bauhaus und die Ulmer Schule.

Kategorie 3 – das modische Design. Dieses orientiert sich am jeweiligen Zeitgeist, an Trends und allem, was gerade „in" ist. Es spielt beliebig mit allen stilistischen Elementen nach dem Grundsatz „anything goes", frei nach der Devise „So sein wollen, auch anders sein können". Beispiele: Military Look, Dekonstruktivismus.

Category 1 – Design in accordance with strict technical-functional criteria. Each task facing the designer is subjected to rational analysis; design criteria and specific design concepts are derived exclusively and rigorously from technical function. Product design, which emerges "on its own," so to speak, from objective necessity, is governed by technical-functional determinants. Creative freedom is practically reduced to zero – in keeping with the principle of "This is how it must be, and it cannot be otherwise." Good examples are crane hooks and racing bicycles.

Category 2 – Design in accordance with fixed aesthetic principles. Such maxims as "Clarity is truth" or the dictate of "clean design" reflect moral values, and it is simply taken for granted that a product will perform its function. The basic principle here is "This is how it should be, and it should not want to be otherwise." This approach to design is exemplified by the Bauhaus and the Ulmer Schule.

Category 3 – Fashionable design. This kind of design is oriented toward the zeitgeist and reflects trends and whatever happens to be "in." It experiments freely with all elements of style according to the principle of "anything goes," in other words, "This is how it wants to be, but it could be otherwise as well."

Für welche Art von Design man sich entscheidet, hängt ab von der Art des Produkts, der Zielgruppe, an die man sich wendet, sowie von der Art und dem Selbstanspruch des Unternehmens, das für das Produkt seinen Namen hergibt. „Im Siemens-Design haben wir uns für eine Position entschieden, die zwischen Kategorie 1, dem technisch-funktionalen Design, und Kategorie 2, dem ästhetisch-moralischen Design, liegt. Wir glauben, dass dieses Design die Leistungen unserer Ingenieure am besten zum Ausdruck bringt. Wir wollen den Siemens-Produkten eine technische Ästhetik geben, die dem Selbstverständnis, der Art und der Rolle des Unternehmens entspricht. Angesichts der Entwicklung, dass manche Investitionsgüter wie z. B. Telefone immer ‚konsumiger' und von jüngeren Zielgruppen mit ganz speziellen ästhetischen Kriterien und Vorstellungen gekauft werden, nehmen wir uns aber die Freiheit, gewisse modische Attribute in unsere Gestaltung einfließen zu lassen, wenn die Situation es als geraten erscheinen läßt."[3]

Mit diesem Credo, das Herbert Schultes bei einer Präsentation auf der Siemens-Tagung 1990 formulierte, waren Art und Anspruch des Firmen-Designs eindeutig und verbindlich artikuliert, die Identität und Glaubwürdigkeit erhöht und die Identifikation mit dem Erscheinungsbild der Siemens-Produkte bei den Partnern im Unternehmen wie bei den Kunden gegeben.

The decision in favor of a certain design depends on the type of product, the target group one wishes to address, and the nature and objectives of the company that lends its name to the product. "In Siemens Design, we have chosen a position that lies between Category 1, technical-functional design, and Category 2, moral-aesthetic design. We believe that this kind of design best expresses the achievements of our engineers. We want to develop a technical aesthetic for Siemens products that corresponds to the self-image, the essence, and the role of the company. In view of the fact that some investment goods, such as telephones, are becoming increasingly 'consumer-oriented' and are purchased by younger target groups with very specific aesthetic sensibilities and criteria of their own, we take the liberty of incorporating certain fashionable attributes into our designs wherever the situation appears to justify doing so."[3]

This Credo presented by Herbert Schultes at the Siemens Conference in 1990 clearly defined the character and the goals of corporate design, thereby enhancing corporate identity and credibility while creating a sense of identification with the visual image of Siemens products both within the company and among its customers.

Förderung deutscher
Design-Institutionen

Um bei den Produktverantwortlichen und in der breiten Öffentlichkeit das Bewusstsein und die nötige Motivation für gutes Design zu bewirken, hielt Herbert Schultes nicht nur Hunderte von Vorträgen, Gastvorlesungen an Fachhochschulen, Akademien, Universitäten, nahm nicht nur an Designkonferenzen, VDI- und VDID-Tagungen, BDI-Gesprächskreisen, Presseveranstaltungen, Workshops und Symposien zum Thema Design teil, sondern trieb auch mit großem Einsatz und Engagement die Arbeit der deutschen Designinstitutionen voran. So erhielt auch die Neue Sammlung in München, eines der bedeutendsten Design-Museen der Welt, von der Siemens AG nachhaltige Unterstützung.

Der Designinstitution „Gute Industrieform“ am größten deutschen Messestandort Hannover, die nach dem Ausscheiden ihrer beiden altgedienten Geschäftsführer etwas richtungslos vor sich hin gedümpelt und bei der Industrie wie unter den Designern stark an Wertschätzung eingebüßt hatte, verschaffte er dank seiner Kompetenz und einschlägigen Beziehungen durch einen neuen Namen – iF Industrie Forum Design Hannover –, eine neue Philosophie und einen neuen Gesamtauftritt ein Image, mit dem der iF-Preis bald bei Designern wie Unternehmern wieder zu einer begehrten Auszeichnung wurde.

Im Internationalen Design Zentrum (IDZ) Berlin, das gleichfalls einer Unterstützung von außen bedurfte – die Industrie hatte wegen des politischen Fahrwassers, in das es in den siebziger Jahren geraten war, das Sponsoring weitgehend eingestellt –, leitete Schultes als Beiratsvorsitzender mit Unterstützung durch die Siemens AG ebenfalls neue Entwicklungen ein. So sorgte er dafür, dass man im IDZ bei der Bewerbung Berlins als Austragungsort der Olympischen Spiele 2000 ein Konzept für die im „Ernstfall“ notwendige komplette Neugestaltung des Berliner Nahverkehrs mit Bahnhöfen, Informationssystemen und Zügen entwickelte. Das Konzept wurde in verschiedene Teilprojekte gegliedert und deren Ausführung Studentinnen und Studenten der deutschen Design- und Architekturschulen zur Ausarbeitung übertragen.

Promoting German
Institutes of Design

In order to heighten awareness of the importance of good design and the motivation to achieve it among product managers and the public, Herbert Schultes delivered hundreds of speeches and guest lectures at colleges, academies of art and design, and universities. He participated in design conferences, VDI and VDID conferences, and BDI panel discussions, press events, workshops and symposia devoted to the theme of design, and promoted the work of German institutions in the field of design with tireless dedication and commitment. Thus the Neue Sammlung in Munich, one of the most important design museums worldwide, also received Siemens AG's lasting support.

The design institute Gute Industrieform in Hanover, the largest German trade fair site, had drifted somewhat aimlessly following the retirement of its two senior managing directors and lost much of its good reputation among designers and industry representatives. Relying on his own expertise and his good connections, Herbert Schultes gave the institute a new name – iF Industrie Forum Design Hannover –, a new philosophy, and a new image. As a result, the iF Prize soon regained its status as a prestigious award in the eyes of designers and entrepreneurs alike.

At the Internationales Design Zentrum (IDZ) in Berlin, which was also in need of outside support (in the wake of political developments in which it had been swept up in the seventies, industry had largely discontinued its sponsoring activities), Schultes also launched new initiatives in his capacity as Chairman of the Advisory Board and with the support of Siemens AG. Thanks to his efforts, the IDZ was commissioned within the framework of Berlin's candidacy as host city for the 2000 Olympics to develop a concept for the complete redesign of the local transportation system, to include railroad stations, information systems, and trains, to be implemented if Berlin were chosen to host the games. The concept was divided into several sub-projects carried out by students of German schools of architecture and design.

Siemens Design
und Messe GmbH,
Jörn Ludwig,
UMTS-Telefonmodell
„Plaudertasche“, 1998.

Siemens Design
und Messe GmbH,
Jörn Ludwig,
UMTS telephone,
model Plaudertasche
(Chatterbox), 1998.

Mit der Organisation, Koordination, Moderation und Vorbereitung der Präsentation wurde ein eigens für diese Aufgabe freigestellter Siemens-Designer beauftragt. Ein weiteres Beispiel dafür, dass Siemens die deutschen Designinstitutionen nicht nur mit finanziellen Zuwendungen, sondern darüber hinaus mit Know-how und Mitarbeiterressourcen unterstützte.

Dieser Aufwand an Zeit, Energie, Ideen, Know-how, Erfahrung und Finanzmitteln diente letztlich dem Zweck einer flächendeckenden Designförderung in Deutschland, wovon besonders kleinere und mittlere Unternehmen profitieren sollten, die nicht wie die Großunternehmen eigene Designabteilungen unterhalten konnten. Erstaunlicher Weise gab es in fast allen deutschen Bundesländern, sogar in Bremen und Schleswig-Holstein, ein Designzentrum, das sich um die Belange des Design und die Förderung der Zusammenarbeit von Designern und Unternehmern kümmerte, nur das hoch entwickelte Vorzeige-Industrieland Bayern war buchstäblich ein weißer Fleck auf der Design-Landkarte.

Um diesem Manko abzuhelfen, setzte Herbert Schultes in seiner Eigenschaft als Siemens-Chefdesigner Beziehungen, Einfluss und Überzeugungskraft ein, um auch dem Freistaat Bayern eine Desigininstitution zu verschaffen, die sich der Designbelange der bayerischen Klein- und mittelständischen Unternehmen annehmen und den Designgedanken bei den bayerischen Unternehmern fördern sollte. Seine Bemühungen hatten Erfolg: Im Jahr 1989 wurde das Design Zentrum München aus der Taufe gehoben.

Responsibility for the organization, coordination, moderation, and preparation of the presentation was entrusted to a Siemens designer who was exempted from his routine duties. This is further evidence of the fact that Siemens not only provided funding support for German design institutes but also made know-how and personnel resources available for their benefit.

These investments of time, energy, ideas, know-how, experience, and funds were ultimately devoted to the goal of promoting design throughout Germany. The primary beneficiaries were small and mid-sized organizations which, unlike large corporations, could not afford to maintain design departments of their own. One is astonished to note that there were design centers in nearly every West German state, institutions concerned with design issues and devoted to promoting cooperation between designers and entrepreneurs. Only Bavaria, the advanced, showcase industrial region, remained literally a white spot on the map in this respect.

In an effort to correct this deficiency, Herbert Schultes, in his capacity as Chief Designer at Siemens, put his connections, influence, and persuasive skill to work on behalf of a design institute for the Free State of Bavaria that would cater to the design needs of small and mid-sized businesses and promote the cause of design in the Bavarian business world. His efforts bore fruit. The Design Zentrum München was established in 1989.

Die Internationale Designkonferenz in Aspen, Colorado (IDCA) gilt als weltweit bedeutendstes Forum angewandter Gestaltung. Der 1951 von dem amerikanischen Industriellen Walter Paepcke ins Leben gerufene Kongress hatte es sich zur Aufgabe gemacht, einen kontinuierlichen Diskurs über das Design in allen seinen für die moderne Industriekultur relevanten Aspekten zu ermöglichen. Im Turnus von vier Jahren werden zu dieser originär amerikanischen Veranstaltung auch andere Nationen eingeladen, sich mit ihren Designleistungen zu präsentieren. Aus Gründen, die auch mit der politischen Vergangenheit Deutschlands zu tun haben mögen – die IDCA wurde stark von Intellektuellen, Architekten und Designern jüdischer Herkunft mit initiiert und getragen –, wurde Deutschland lange nicht eingeladen.

Den Bemühungen des Siemens-Chefdesigners als „Botschafter des deutschen Design“ ist es zu verdanken, dass die Bundesrepublik Deutschland 1996 in Aspen die Gelegenheit bekam, unter dem Titel „Gestalt: Visions of German Design“ ihr Design vorzustellen. Vier Tage lang fanden mit einem Aufgebot von mehr als 90 Referenten auf dem in der malerischen Landschaft der Rocky Mountains gelegenen Campus des IDCA Vorträge, Diskussionen und Präsentationen zu vielfältigen Aspekten des deutschen Design statt.

Die Design Conference Aspen 1996 stellte eine umfassende Bestandsaufnahme angewandter Gestaltung in Deutschland dar. Vergleichbares hatte es nur 1980 in Linz („Design ist unsichtbar“) und 1986 in Stuttgart („Erkundungen“) gegeben. Im Vorwort von Hans-Hermann Wetcke zur Dokumentation dieses Kongresses heißt es:

The International Design Conference in Aspen, Colorado (IDCA) is regarded as the most important forum for applied design in the world. First organized by the American industrialist Walter Paepcke in 1951, the Conference set itself the goal of promoting continuous dialogue on all aspects of design in modern industrial culture. Every four years, delegates from the United States and other countries were invited to present their accomplishments in the field of design. For reasons that may well have had something to do with Germany's political past (many of the founders and supporters of the IDCA were intellectuals, architects, and designers of Jewish descent), Germany had not been invited to the Conference for many years.

That the Federal Republic of Germany was given the opportunity to present German design under the title of “Gestalt – Visions of German Design” in Aspen in 1996 was the achievement of Siemens's Chief Designer, the “Ambassador of German Design.” For four full days, more than ninety speakers participated in lectures, discussions, and presentations on many different aspects of German design at the IDCA campus in the picturesque Rocky Mountain setting.

The 1996 Aspen Design Conference presented a comprehensive survey of applied design in Germany. The only other comparable presentations were the two events in Linz in 1980 (“Design ist unsichtbar”) and Stuttgart in 1986 (“Erkundungen”). In his foreword for the publication documenting the Aspen conference, Hans-Hermann Wetcke wrote:

UMTS-Telefonmodell „Plaudertasche“ – aufgeklappt.

UMTS telephone, model Plaudertasche, opened.

„In Linz wurden der Beginn der Postmoderne sowie ihre gesellschaftlichen und kulturellen Implikationen mit großem gestalterischen Sendungsbewußtsein erörtert. Die Stuttgarter Veranstaltung zeichnete hingegen das Bild des anything goes, jener Lust an der Ausdrucksvielfalt und Beliebigkeit, die das postmoderne Design in den 80er Jahren kennzeichnete. In Aspen widmeten sich die meisten Referenten der Rück- und Zusammenschau sowie der Neuorientierung im Kontext von wirtschaftlicher Globalisierung und digitaler Vernetzung."

In den Themenkomplexen „Back to Future", „Success by Design" und „Trends and Visions oder Global Responsibility" wurden unterschiedlichste Positionen zur Herkunft und Gegenwart des deutschen Design aufgezeigt. Besonderes Gewicht erhielten die visionären Aspekte und Fragestellungen zukünftiger Gestaltfindung.[4]

Eine Attraktion eigener Art bildete die Installation „Running Fence", eine Aneinanderreihung von Paneelen mit Highlights des deutschen Design, die sich als „Kunst in der Natur" ähnlich der gleichnamigen Installation von Christo durch die Landschaft zog: „Standing in front of the beautiful Aspen landscape we thought it an excellent opportunity to juxtapose the artefacts and the natural landscape. The digital concept works as an outside exhibition as well as an indoor conference presentation."[5]

Der „Running Fence" war als Projektion gleichzeitig in den Veranstaltungsräumen zu sehen sowie als „Pixels of German Design" im Internet. Wegen ihrer Attraktivität und ihres repräsentativen Charakters ging die Installation als Wanderausstellung des Goethe-Instituts unter dem Titel „‚Esprit und Vernunft': Deutsches Design" um die Welt. Sie war in zahlreichen Ländern zu sehen und galt als Visitenkarte und Leistungsschau des deutschen Design.

"The Linz exhibition focused on early postmodernism and its social and cultural implications from the perspective of a grand sense of mission in the field of design. In contrast, the Stuttgart show painted a picture of the philosophy of 'anything goes,' the sheer love of expressive diversity and freedom that characterized postmodern design during the eighties. In Aspen, most speakers were concerned with a retrospective stocktaking and with reorientation within the context of economic globalization and digital networking."

Various different positions on the origins and present state of German design were discussed under the headings of "Back to Future," "Success by Design," and "Trends and Visions or Global Responsibility." Particular emphasis was given to visionary aspects and issues of relevance to future developments in design.[4]

One unique attraction was the installation entitled *Running Fence*, a sequence of panels showing highlights of German design that stretched through the landscape as a kind of "Art in Nature" reminiscent of Christo's installation of the same title. "Standing in front of the beautiful Aspen landscape we thought it an excellent opportunity to juxtapose the artifacts and the natural landscape. The digital concept works as an outside exhibition as well as an indoor conference presentation."[5]

The *Running Fence* was also displayed as a projection in the conference rooms and as Pixels of German Design in the Internet. This exceptionally appealing and representative installation was later shown under the title of *Esprit und Vernunft*: Deutsches Design" in a world touring exhibition organized by the Goethe Institut. It was presented in many different countries and looked upon as both a calling card and a demonstration of German design.

## „Schlankheitskur" für den Elektroriesen

Siemens Design und Messe GmbH, Mockup des Speisewagenentwurfs für den ICE 3, 1998/99.

Siemens Design und Messe GmbH, mock-up of a dining car for the ICE 3 high-speed train, 1998/99.

Ab 1988 fanden bei der Siemens AG tief greifende organisatorische Veränderungen statt. Die herkömmliche Gliederung in sechs verschiedene Unternehmensbereiche war nicht mehr geeignet, den Forderungen des sich verändernden Marktes wirksam zu begegnen und die Kundenzufriedenheit zu gewährleisten. Siemens wurde in Imagestudien, in der Öffentlichkeit und bei den eigenen Kunden oft negativ als Elektrogigant, als monolithisch, behördenhaft und schwerfällig beurteilt. Dies nötigte die Unternehmensführung zum Handeln, denn die durch die Entwicklung der modernen Elektronik eingetretene Konvergenz der bisher eindeutig getrennten, in einer eigenen Welt agierenden Unternehmensbereiche verlangte eine neue, flexiblere, kleinteiligere Struktur.

Eine radikale Umstrukturierung war geboten: „Lean management" und „lean production" hießen die Schlagwörter. Die sechs Unternehmensbereiche wurden aufgelöst, zunächst in sechzehn selbständig operierende Geschäftsführende Bereiche, dann in 273 Geschäftsfelder umgewandelt. Ihre Leiter wurden angehalten, sich als „Unternehmer im Unternehmen" zu fühlen und entsprechend zu agieren. Die einzelnen Geschäftsfelder sollten in weit gehender Unabhängigkeit von übergeordneten Stellen und frei von hierarchischen Strukturen ihr Geschäft betreiben. Eigeninitiative, unternehmerisches Handeln, Optimierung der Wertschöpfungskette, Innovationsfreudigkeit, Flexibilität und Kundennähe waren die neuen Orientierungsgrößen.

Dies brachte eine deutliche Dynamik und eine starke Beschleunigung der Prozesse in das Unternehmen, gleichzeitig aber auch die Gefahr der Aufsplitterung des Erscheinungsbilds durch die zentrifugalen Kräfte mit sich. Letzteres wiederum bedeutete eine Schwächung der Firmenidentität und Unternehmenspersönlichkeit. Dieser Diffusion des Erscheinungsbilds durch die zentrifugalen Kräfte musste mit gestalterischen Mitteln entgegengewirkt werden.

## "Slimming down" the Electrical Giant

Siemens underwent a process of radical organizational change beginning in 1988. With its existing structure composed of six different corporate divisions, the company found itself unable to respond effectively to the requirements of a changing market or to guarantee customer satisfaction. In image studies, in the public mind, and among its own customers, Siemens was often viewed as the electrical giant and criticized for being monolithic, bureaucratic, and ponderous. Corporate management felt compelled to take action. The convergence of formerly distinct divisions operating within their own worlds resulting from developments in modern electronics demanded a new, more flexible structure composed of smaller units.

Radical restructuring was the order of the day. The watchwords were "lean management" and "lean production." The six corporate divisions were dissolved first into sixteen independently operating business units, then into 273 business sectors. Their directors were encouraged to regard themselves as "entrepreneurs" within the organization and to act accordingly. The individual business units were to enjoy a significant degree of independence from higher echelons as well as freedom from restrictions imposed by hierarchical structures. Self-initiative, entrepreneurial action, value-chain optimization, innovative drive, flexibility, and closeness to customers were the new guiding principles.

The process brought a markedly enhanced dynamism to the company and helped accelerate business processes considerably. At the same time, however, the centrifugal forces generated by subdivision threatened to break the company's image apart. This would have had a weakening effect on corporate identity and personality. This tendency toward diffusion of the company's image through the effects of centrifugal forces had to be counteracted with the resources of design.

Das spezifische Dilemma für das Design bestand darin, dass auf der einen Seite die Interessen und unabweisbaren Forderungen der Geschäftsfelder standen, die sich mit ihren Produkten auf immer härter umkämpften globalen Märkten durchsetzen mussten, auf der anderen Seite das eindeutig formulierte Bestreben der Unternehmensführung, die Identität aller Siemens-Produkte zu wahren, um auch weiterhin wichtige Synergieeffekte zu nutzen.

Erneut war man mit der Frage konfrontiert: Wie sollte man Einheit in der Vielfalt bewahren? Wie eine deutliche Differenzierung und doch eine erkennbare Zugehörigkeit schaffen? Statt ursprünglich sechs Unternehmensbereiche mussten nun 273 Geschäftsfelder mit individuellen Interessen und Forderungen koordiniert und integriert werden. Gleichzeitig musste das Auseinanderfallen des Gesamterscheinungsbildes in heterogene Produkte vermieden werden. Kurz: Jeder Produktbereich sollte seine eigene, in sich geschlossene Produktsprache besitzen, und trotzdem sollte beim Zusammentreffen von Produkten aus unterschiedlichen Bereichen eine Verwandtschaft deutlich erkennbar sein.

Design was faced with a genuine dilemma. On the one hand, it had to respond to the needs and non-refusable demands of the business sectors, each of which was intent upon establishing its products in increasingly competitive markets. On the other, it had to cope with corporate management's express goal of preserving the identity of all Siemens products in order to continue to reap the benefits of important synergy effects.

Once again, designers were confronted with the question of how to maintain unity in diversity – how to achieve distinctiveness while preserving a common identity at the same time.
Six corporate divisions had been replaced by 273 business sectors, each of which had its own specific objectives and requirements, and these had to be coordinated and integrated as well. At the same time, a fragmentation of the overall image into heterogeneous products has to be avoided. In short: Each product range should have its own self-contained product language and yet a kinship should clearly be noticeably when products from different ranges meet.

designafairs, Jörn Ludwig, „GPRS", Mockup eines Mobiltelefons, 2000.

designafairs, Jörn Ludwig, GPRS, mock-up of a mobile telephone, 2000.

Als Lösung fand man hier das triadische Prinzip, das durchgängig für alle Siemens-Produkte angewendet werden konnte:

Die Gehäuse für die Technik bei Großgeräten besitzen einfache geometrische Formen.

Produktteile, mit denen der Mensch in Berührung kommt, erhalten skulpturale, organische, biomorphe Formen.

Bedienoberflächen werden deutlich abgesetzt und im Volumen so flach wie möglich gehalten.

Das Interface wird an allen Geräten einheitlich gestaltet, um beim Anwender einen Aha-Effekt und das Gefühl der Vertrautheit zu erzeugen.

Gestalterische Elemente wie Griffe, Rahmen, Einfassungen, Stellteile etc. sind in allen Produktbereichen gleich. Sie bilden eine gestalterische Klammer, die die Einheitlichkeit des Gesamterscheinungsbilds betont.

The solution involved the triad principle, which could be applied consistently to all Siemens products:

Housings for technical components of large machines and appliances have simple geometric forms.

Product components with which people come in contact are given sculptural, organic, biomorphic forms.
User interfaces are clearly set apart and kept as flat as possible.

The interface is given a standard design in all machines and appliances in order to generate an "ah-ha" effect and a sense of familiarity in the user.

Design elements, such as handles, frames, housings, bases, and stands, etc. are the same in all product lines. They form a kind of design umbrella that emphasizes the uniformity of the total image.

Differenzierung wurde erreicht durch aufeinander abgestimmte, doch bereichsspezifische Produktfarben. Dies verlangte angesichts der vierzehn Geschäftsführenden Bereiche mit in sich äußerst heterogenen Produkten ein subtil angelegtes, durchdachtes Farbkonzept.

Eine so komplexe, sehr viel Erfahrung und Fingerspitzengefühl im Umgang mit Farben an technischen Serienprodukten voraussetzende, zeitaufwändige Aufgabe war mit dem eigenen Designteam allein neben der Tagesarbeit nicht zu lösen. Deshalb griff man wieder auf das kreative Netzwerk zurück, das sich schon bei der Lösung des Telefonproblems durch die Deregulierung des Marktes bewährt hatte. Das renommierte Designbüro Sottsass Assoziati in Mailand erhielt den Auftrag, das neue Siemens-Farbkonzept zu entwickeln.

Differentiation was achieved by using product colors that were coordinated yet clearly distinctive for each product line. Given the fourteen business units and the diverse range of products, this required a subtle and thoughtfully conceived color concept.

Such a complex, time-consuming task, which required a great deal of experience and sensitivity in dealing with colors in technical serial products, could not be accomplished by the Siemens design team alone without severely disrupting routine operations. Thus the services of the creative network that had proven its value in solving the telephone problem created by market deregulation were engaged once again. The renowned design firm of Sottsass Assoziati in Milan was commissioned to develop the new Siemens color concept.

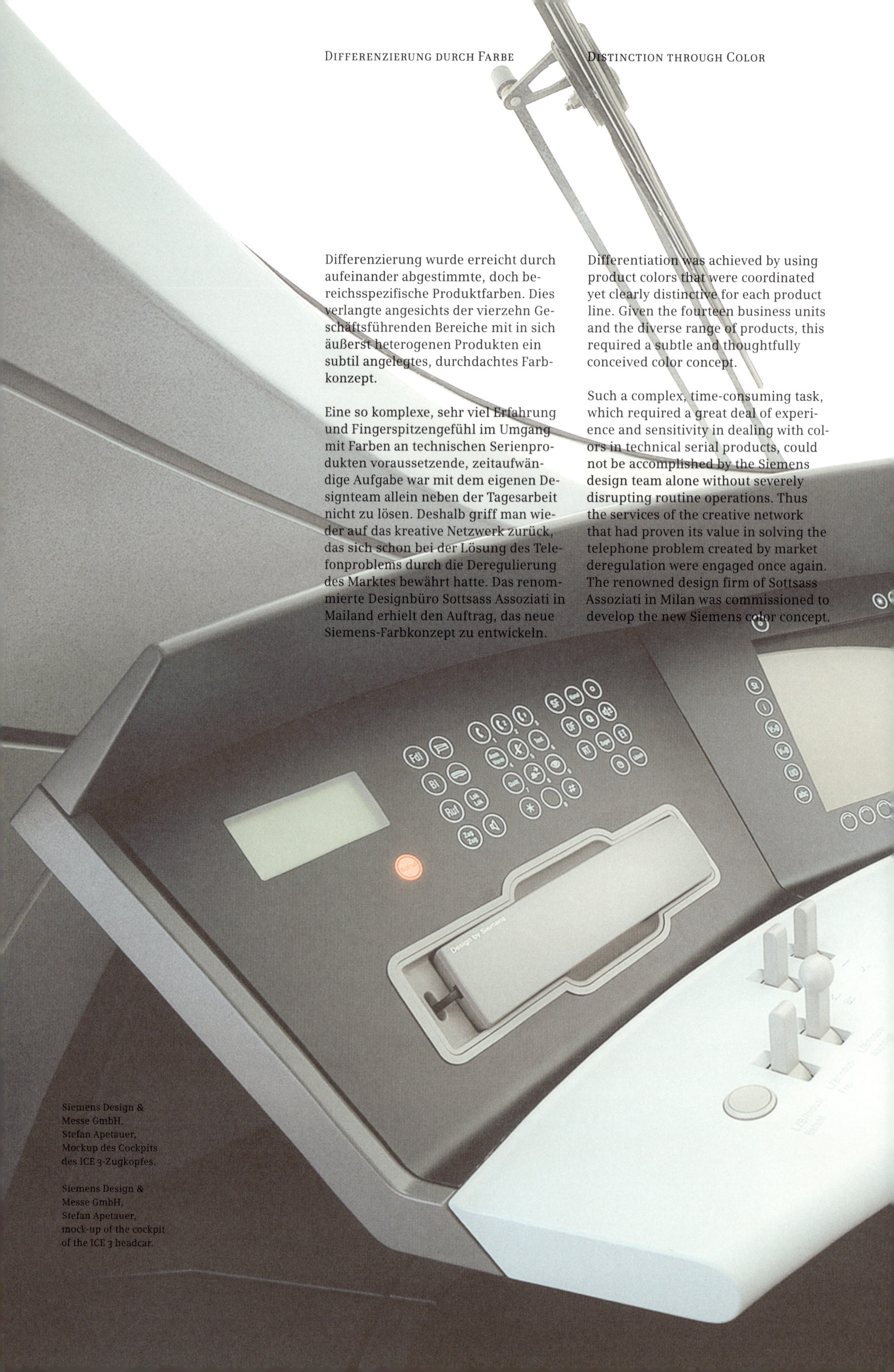


Siemens Design & Messe GmbH, Stefan Apetauer, Mockup des Cockpits des ICE 3-Zugkopfes.

Siemens Design & Messe GmbH, Stefan Apetauer, mock-up of the cockpit of the ICE 3 headcar.

Die größte gestalterische Herausforderung und Leistung im Siemens-Design gegen Ende des 20. Jahrhunderts war die Präsentation des Unternehmens auf der Expo '92 im spanischen Sevilla. Waren auf den Weltausstellungen seit 1945 nur Länderpavillons vertreten gewesen, so boten die Organisatoren, die diesen Event optimal vermarkten wollten, diesmal auch großen Weltunternehmen die Gelegenheit, dort mit einem eigenen Pavillon teilzunehmen und sich unter Aufmerksamkeit sämtlicher Medien der Weltöffentlichkeit zu präsentieren.

Die Überlegungen zum Konzept der Siemens-Präsentation umkreisten zunächst folgende Fragen: Was ist eine Weltausstellung heute? Was erwartet das Publikum hier von dem Auftritt eines Weltunternehmens wie Siemens? Wie muss dessen Präsentation inhaltlich und gestalterisch konzipiert sein? Sie führten zu der Entscheidung, die Präsentation eher auf eine philosophische als auf eine technische Basis zu stellen.

Das Konzept ging von folgenden Überlegungen aus: Eine Weltausstellung hat den Zweck, der Weltöffentlichkeit den zum jeweiligen Zeitpunkt gültigen Stand des Wissens und Könnens auf allen relevanten Gebieten der Kultur zu demonstrieren. Für eine Industriegesellschaft wie die unsere bedeutet dies in erster Linie die Darstellung technischer, organisatorischer und wirtschaftlicher Leistungen, die die Kultur bestimmen, in der wir und von der wir heute leben. Die Ausstellung beinhaltet aber nicht nur eine Darstellung des Wissens und Könnens, sondern spiegelt gleichzeitig das Bewusstsein, das die Menschen zu diesem Zeitpunkt bestimmt und prägt.

The greatest challenge to and the greatest achievement in Siemens design toward the end of the twentieth century was the presentation at Expo '92 in Seville, Spain. Whereas World's Fairs since 1945 had featured only national pavilions, the organizers, who were intent upon marketing the event as effectively as possible, offered major global corporations an opportunity to participate with their own pavilions in Seville and to present themselves to the media eyes of the global public.

Deliberations focused on the concept for the Siemens presentation revolved around the following questions: What is a World's Fair today? What expectations does the public have with respect to the presentations of global enterprises like Siemens? How must such a presentation be conceived in terms of content and design? The related discussions culminated in the decision to place the presentation on a philosophical rather than a technical foundation.

The concept was based on the following assumptions: The purpose of a World's Fair is to demonstrate the state of knowledge and know-how in all fields of culture to the global public at a given time. In an industrialized society like ours, this means that we must present above all the technical, organizational, and economic achievements that shape the culture in which and from which we live today. Yet the exhibition is not merely a demonstration of knowledge and know-how but also reflects the ideas and concepts that influence and guide people at this particular point in time.

Für den Aussteller bedeutet das: Es geht weniger um die Darstellung der eigenen Größe und Bedeutung als darum, zu vermitteln, was ein Unternehmen als Vertreter wirtschaftlicher Macht und technischen Wissens, kurz als Repräsentant der vitalen Kräfte, die unsere Welt bestimmen, für das Gesamtsystem unserer von der Industrie geprägten Kultur zu leisten imstande ist. Der Besucher will jedoch nicht nur erfahren, was es an aktuellen Leistungen gibt, sondern auch, wie die Zukunft aussieht. Er erwartet eine Antwort auf die Frage, wie sich das besagte Unternehmen zu den Problemen stellt, mit denen der Mensch in der technisierten und industrialisierten Welt sich im Augenblick konfrontiert sieht.

Die Welt ist de facto (wenn auch noch nicht de jure) eine Einheit geworden und muss demzufolge als solche behandelt werden. Hierzu ist vor allem Kommunikation notwendig – Kommunikation nicht nur der Menschen untereinander, sondern auch Kommunikation der vielen technischen, wirtschaftlichen und organisatorischen Systeme, die das Leben der Menschen heute prägen und determinieren. Dies erfordert einen neuen evolutionären Schritt: die Evolution der Systeme, ermöglicht mit Hilfe der Mikroelektronik und Kommunikationstechnik.

Die Richtung ist dabei schon vorgegeben. Das neue „Ideensystem“ bewegt sich in die Richtung eines „evolutionären Humanismus“ (Aldous Huxley), der eine die Lebensqualität erhöhende Symbiose von Mensch, Technik und Umwelt anstrebt. Der Gedanke eines evolutionären Humanismus setzt allerdings auch eine Neuorientierung im Geistigen und Ethischen, ein Denken und Handeln im nächsthöheren Koordinatensystem voraus. Die zukünftige Leistung der integrierten Technik ist die Harmonisierung der Forderungen von Technik, Umwelt und Mensch. Die Technik nähert sich durch die Evolution den biologischen Systemen an. Diese Vision hat einen Namen. Sie heißt: „evolution of networks“. Das Mittel, diese Vision zu verwirklichen, heißt Systemintegration.

From the viewpoint of the exhibiting firm, the primary objective was not necessarily to emphasize its own size and importance but rather to show what a company – as a representative of economic power and technical know-how, in short, of the vital forces that shape our world – contributes to the entire system of our industrialized culture. Visitors not only want to see current achievements but to take a look into the future as well. They want to know where the company stands with regard to the problems facing mankind in a contemporary world dominated by technology and industry.

The world has de facto (though not yet de jure) become a unified whole and must be approached accordingly. More than anything else, this requires communication – not only among people but among the countless technical, economic, and organizational systems that shape and determine human life today. And that, in turn, requires evolutionary progress – the evolution of systems, achieved with the aid of micro-electronics and communication technology.

The course has already been plotted. The new “system of ideas” is moving toward an “evolutionary humanism” (Aldous Huxley) which strives for a symbiosis of people, technology, and the environment that will enhance the quality of life. However, the concept of an evolutionary humanism presupposes an intellectual and ethical reorientation focused on thought and action at the level of the next-higher coordinate system. The great achievement of integrated technology in the future will be the harmonization of the needs of technology, people, and the environment. Through evolution, technology imitates biological systems. This vision has a name. It is called the “evolution of networks.” The tool required to realize it is known as system integration.

Siemens-Pavillon auf der Weltausstellung 1992 in Sevilla, Planung: Siemens-Bauabteilung, Entwurf: Gunther Standke.

Siemens Pavilion at the 1992 World's Fair in Seville; planning: Siemens Construction Department; design: Gunther Standke.

Die Siemens-Antwort auf die Frage: Wie konnte man den Besuchern vermitteln, dass das Unternehmen die innovative Kraft und die schöpferische Intelligenz besaß, Aufgaben der technischen Evolution zu lösen, war eine Multivision, in der die Evolution der Technik, die Entwicklung der einzelnen Systeme und ihre heutige Problematik dargestellt wurden. Der als Rundbau angelegte Pavillon bot die Möglichkeit einer Rundumprojektion. Die Zuschauer saßen auf einer Drehscheibe und unternahmen im Zeitraffer eine Reise durch die Geschichte, in diesem Falle durch die der Elektrotechnik und der Elektronik.

Zu verschiedenen Themen wurden die evolutionären Schritte dargestellt, die die Entwicklung vorangetrieben hatten, von der jeweiligen Basisinnovation – als Exponat in die Multivision mit einbezogen – bis zum Stand modernster Technik: von Zeigertelegrafen bis zur digitalen Kommunikation und dem Satellitenfunk, von der „electrischen Equipage" – der „Bahn ohne Dampf und Pferde" – bis zum ICE, von der „Entstäubungspumpe" (Staubsauger) bis zur Gebäudesystemtechnik, von der Röntgenkugel bis zum Computertomografen und vom elektrischen Gesteinsbohrer und Lastenaufzug bis zur automatisierten Fertigung.

Nach der ersten Umdrehung hatte der Zuschauer im zeitlichen und räumlichen Nebeneinander die Entwicklung der Einzelsysteme bis zu ihrer heutigen Perfektion anschaulich erlebt. Die zweite Umdrehung demonstrierte, wie die Einzelsysteme an die Grenzen ihrer Leistungsfähigkeit stoßen und kontraproduktiv werden, z. B. der Verkehr, der sich selbst zu Erliegen bringt. Als Erkenntnis und Konsequenz zeigt sich, dass heute eine neue Evolution fällig ist: die Integration der Systeme. In einer dritten Umdrehung wurden dem Zuschauer die schon vorhandenen Manifestationen dieser neuen „Philosophie" und deren Nutzanwendungen vorgeführt. Dem Wachsen der Systeme folgt das Zusammenwachsen der Systeme. Unsere Lebensqualität wird in Zukunft von vernetzten Systemen abhängen, die eine Symbiose von Mensch, Natur und Technik ermöglichen. Mit diesem Ausblick in die Zukunft war die Reise durch die Geschichte abgeschlossen.

Siemens's answer to the question of how to show visitors that the company possessed the innovative drive and the creative intelligence to achieve progress in technical evolution was a multi-visual presentation in which the evolution of technology, the development of individual systems, and the problems associated with them today were presented. The circular pavilion was ideally suited for in-the-round projection. Visitors sat on a revolving platform and took a time-lapse tour of history – specifically the history of electrical engineering and electronics.

With reference to a range of different topics, the evolutionary steps that had driven development were presented, from the basic innovation in each case – integrated as an exhibit into the multi-visual presentation – to the state-of-the-art: from pointer telegraphs to digital communication and satellite radio, from the "electric carriage," the railroad without steam or horses, to the high-speed ICE, from the "dust-removal pump" (vacuum cleaner) to building system technology, from the X-ray sphere to computer tomographs, and from the electric drill and the freight elevator to modern, automated production systems.

By the end of the first revolution, visitors had followed the development of the individual systems to the present point of perfection in a temporal and spatial progression. The second revolution demonstrated how the individual systems reached the limits of their capacities and began to turn counterproductive, e.g. traffic that brings itself to a standstill. This insight led to the realization that a new process of evolution was needed: the integration of these systems. In a third rotation, visitors were introduced to the existing manifestations of this new philosophy and the utilitarian benefits they offered. The growth of systems is followed by the consolidation of systems. The quality of future human life will depend on networked systems that promote a symbiosis of people, nature, and technology. The journey through history concluded with this look ahead into the future.

Obwohl in dieser Multivision jedwede werbliche Aussage konsequent vermieden wurde und auch das Unternehmen als solches nirgends auftauchte – als Reverenz vor dem Firmengründer und seinen Pionierleistungen wurde lediglich dessen Porträt zu Beginn kurz eingeblendet –, machte die Multivision doch die Kompetenz des Unternehmens deutlich und den Anspruch als Systemanbieter glaubwürdig, weil die Geschichte des Hauses in beispielhafter Weise die Geschichte der Elektrotechnik repräsentierte.

Nach dieser zwölfminütigen Multivision gingen die Besucher in das nächste Stockwerk, die Kinoebene, wo der Film „Concierto Evolución“ gezeigt wurde. Man hatte dafür Studenten und Absolventen von Filmhochschulen mehrerer Nationen ausgesucht, denen lediglich Thema und Treatment vorgegeben wurden und die im Übrigen völlig frei Hand hatten, ihre Vision von der Versöhnung der Gegensätze „Natur, Technik, Mensch“ filmisch umzusetzen. Der Film behandelte die Zerstörung der Natur durch den Menschen, der mit der ständigen Weiterentwicklung von Industrie und Technik und der immer anspruchsvolleren Konsumhaltung Raubbau an den natürlichen Ressourcen treibt und damit auf gefährliche Weise in das Regelwerk der Natur und das ganze kosmische System eingreift. Im Vorspann heißt es: „Die technische Zivilisation ist in Gefahr, sich selbst zu zerstören, wenn wir nicht lernen, in vernetzten Systemen zu denken. Das Vorbild gibt uns die Natur.“

Der Film, angelegt als „konkrete Utopie“ und Darstellung der „im Prinzip möglichen und machbaren Verbesserungen“, hatte also einen optimistischen Ausklang. Er enthielt einen Appell an unsere Vernunft und unsere ethische Verpflichtung, wobei deutlich ein Vertrauen auf die rettende Kraft des menschlichen Geistes anklingt. Die unausgesprochene Quintessenz lautet: Zur Evolution der Technik gehört die Evolution unseres Bewusstseins. Zur High-Tech-Industriegesellschaft gehören Frieden und Humanität.

Although every hint of commercial advertising was rigorously avoided in this multi-visual presentation, and although the company as such appeared nowhere (only a portrait of its founder was shown briefly at the beginning as a gesture of respect for the man and his pioneering accomplishments), the presentation clearly and credibly demonstrated the firm's expertise and its role as a system provider, as the history of Siemens exemplified the history of electrical engineering.

Following this twelve-minute multi-visual presentation, visitors proceeded to the next level, the theater gallery, where the movie entitled *Concierto Evolución* was shown. Students and graduates with degrees in film from several different countries were selected to produce the movie. They were given the theme and the basic approach only and otherwise encouraged to realize their own vision of reconciliation between the conflicting needs of nature, mankind, and technology with the resources of film. The film deals with the destruction of nature by mankind, with the depletion of natural resources through the progressive development of industry and technology and increasingly demanding consumer behavior, and thus with the danger posed by mankind's intervention in the laws of nature and the universe. The text of the trailer contains the following statement: “Technical civilization is in danger of destroying itself if we do not learn to think in terms of networked systems. Nature provides us the model.”

The film, conceived as a “concrete utopia” and a presentation of “improvements that are both possible and achievable in principle,” ended on an optimistic note. It contained an appeal to reason and to our ethical obligation, implying a fundamental trust in the positive power of the human mind. The implicit quintessence was that evolution in technology requires the evolution in our ways of thinking. Peace and humanity are integral components of the high-tech industrialized society.

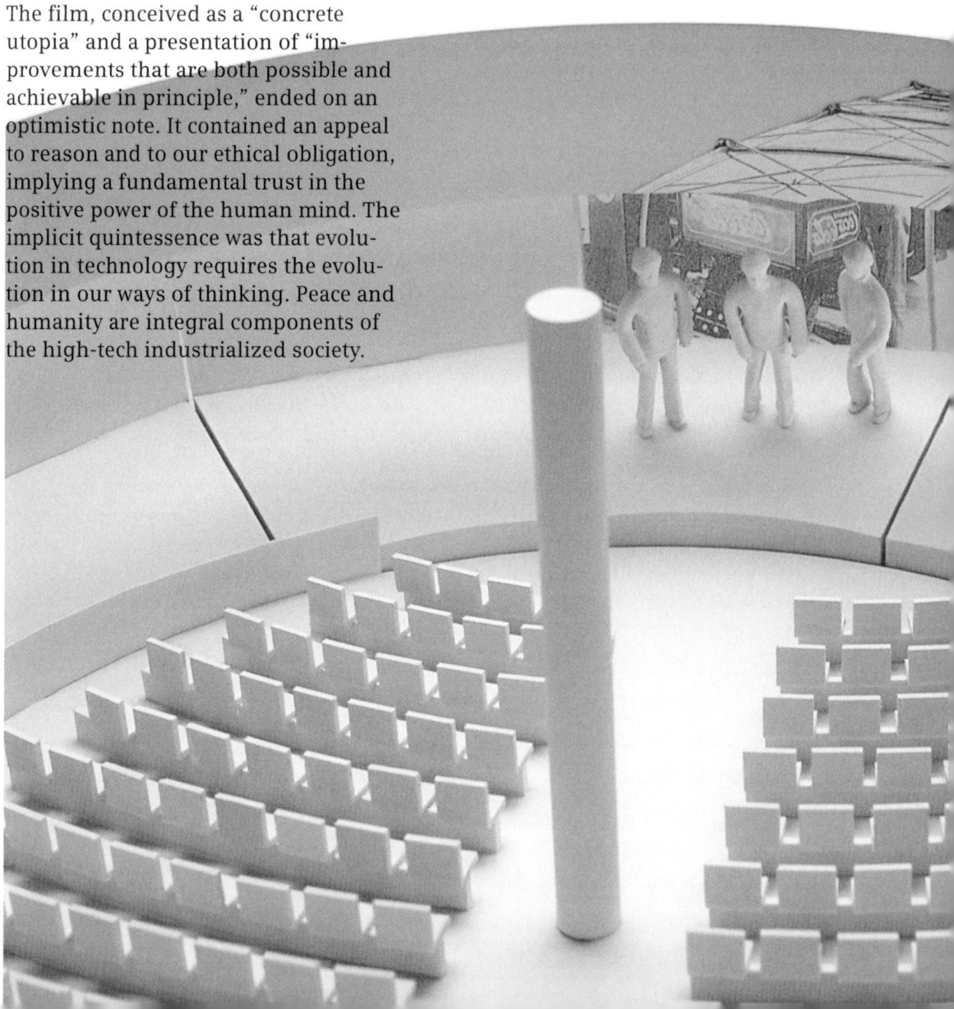

Modell des Kinosaals im Siemens-Pavillon auf der Weltausstellung 1992 in Sevilla, Entwurf und Planung: Siemens-Bauabteilung, unter Leitung von Gunther Standke.

Model of the movie theater in the Siemens Pavilion at the 1992 World's Fair in Seville; design and planning: Siemens Construction Department under the direction of Gunther Standke.

Beim Konzept für die Siemens-Beiträge zur Expo 2000 Hannover war die Designabteilung bereits aus der Siemens AG ausgegliedert, als Siemens Design & Messe GmbH mit Einzelbeiträgen beteiligt.

Siemens-Pavillon – „Make knowledge work for you!"

Die Siemens Design & Messe GmbH gestaltete die Architektur des Pavillons und die Präsentation „Mediaversum". Das eher abstrakt wirkende Motto „Make knowledge work for you" wurde im Siemens-Pavillon in poetisch-spielerischer Weise umgesetzt und allgemein verständlich dargestellt. Die Besucher sahen, hörten und erlebten, wie Wissen sich durch Mitteilen, Kommunikation und Kooperation auf fast als wundersame Weise vermehrt. Die Show verband Live-Auftritte von Schauspielerinnen und Schauspielern mit direkter Einbeziehung des Publikums und Vorführung von Filmsequenzen. Mit ihrer publikumswirksamen Mischung von Entertainment und hoher Sachinformation stellt diese Performance ein Highlight der Expo 2000 dar. Der Schriftsteller und Bühnenautor Thomas Oberender zeichnet als Autor verantwortlich, die Inszenierung der Show besorgte Matthias Hartmann, einer der profiliertesten Theatermacher der jüngeren Generation.

„Das 21. Jahrhundert – Vision Shanghai"

Im Themenpark auf der Expo wurden unter dem Motto „Das 21. Jahrhundert" Szenarien zukünftiger Stadtentwicklungen dargestellt. Die Besucher gingen dabei auf eine Zeitreise, die aber, anders als üblich, nicht im Jetzt begann und in einer utopischen Vision endete, sondern umgekehrt als Retrospektive vom Jahr 2100 aus zurück ins Jahr 2000 führte. Als exemplarische Fälle wurden vier Städte dargestellt: Aachen, Dakar, São Paulo und Shanghai.



When it came time to develop the concept for Siemens's contributions to Expo 2000 in Hanover, the Design Department had already been spun off from Siemens AG. The new company was involved as Siemens Design & Messe GmbH in individual parts of the overall presentation.

Siemens-Pavillon – "Make knowledge work for you!"

Siemens Design & Messe GmbH designed the pavilion architecture and the "Mediaverse" presentation. The rather abstract slogan "Make knowledge work for you" was playfully embodied and presented in generally comprehensible terms at the Siemens pavilion. Visitors saw, heard, and experienced the almost miraculous growth of knowledge through information, communication, and cooperation. The show combined live performances by actors with direct interaction with the audience and film clips. With its engaging mixture of entertainment and sophisticated information, this presentation was one of the highlights of Expo 2000. The script was written by author and playwright Thomas Oberender. The show was directed by Matthias Hartmann, one of the most prominent theater directors of the younger generation.

"The 21st Century – Vision Shanghai."

Scenarios of future urban development were presented under the title of "The 21st Century" in the Expo theme park. Visitors took a journey through time which, in contrast to the customary formula, did not begin in the present and end in a utopian vision but instead proceeded backward from the year 2100 to 2000. Four cities were presented as case studies: Aachen, Dakar, São Paulo, and Shanghai.

Die Siemens AG, die auf eine lange, ins Jahr 1879 zurückgehende Partnerschaft mit Shanghai zurückblicken kann, förderte die Darstellung dieser Stadt. Die Installation zeigte die kommenden hundert Jahre einer Megacity, die schon heute die ersten Schritte zu einer zukunftsfähigen Entwicklung getan hat. Wie diese Entwicklung aussehen könnte, wurde von einer virtuellen Journalistin erklärt, die die Besucher durch die Ausstellung führte. Im Boden war das auf einen schonenden und nachhaltigen Umgang mit den natürlichen Ressourcen ausgerichtete Versorgungsnetz des Jahres 2100 erkennbar, das in farbigen Röhren Energie, Wasser, Abwasser und Rohstoffe transportierte.

Auf der Reise in die Vergangenheit konnten die Besucher beobachten, wie an der Stadtentwicklung gearbeitet wurde: Im „Raum der Weisheit“ befasste sich ein international besetztes Wissenschaftlerteam in einer virtuellen Konferenz mit der Weiterentwicklung von Shanghai. Die Besucher konnten diese Konferenz auf einem Bildschirm verfolgen, der die Oberfläche eines alten chinesischen Tisches bildete. Das alte Shanghai traf auf das neue, ultramoderne, wobei Tradition und Moderne im Design der Ausstellung eine glaubwürdige Synthese eingingen. Man sah einerseits die Anwendung modernster Technologie – automatisierte Übersetzungssysteme, neue Verfahren umweltfreundlicher Energieversorgung oder Telematiksysteme für den Verkehr der Zukunft. Daneben konnten sich die Besucher in einem traditionellen chinesischen Meditationsgarten entspannen und ihre Eindrücke verarbeiten. Bei der Inszenierung wurde Wert darauf gelegt, dass die Darstellung nicht in Science-fiction-Design oder naiv-futuristische Filmkulissen abrutschte, sondern als glaubwürdige Annäherung an die kommende Wirklichkeit erschien.

Die Siemens Design & Messe GmbH erhielt im Rahmen der Weltausstellung zwei weitere Projektaufträge: von der Expo 2000 GmbH die atmosphärische Gestaltung der Halle 3 und vom IOC die Konzeption und Gestaltung des IOC-Pavillons.

Siemens AG, which had been involved in partnership with Shanghai since 1879, promoted this city's presentation. The installation traced the next one hundred years of a megacity that has already taken the first steps toward a prosperous future. A possible course of development was explained by a virtual journalist who guided visitors through the exhibition. Clearly visible in the floor was a color-coded model of the projected utility network in 2100, a system of power, water, and sewer lines designed to ensure environmentally sound, sustainable use of natural resources.

As they traveled into the past, visitors could observe urban development in progress. In the “Room of Wisdom,” an international team of scientists took part in a virtual conference on the development of Shanghai. Visitors followed the conference on a screen that formed the top of an old Chinese table. Old Shanghai encountered the new, ultra-modern city, and tradition and modernism were blended in a credible synthesis in the design of the exhibition. Visitors saw state-of-the-art technology in use – automated translation systems, new methods of environmentally safe energy supply, and telematics systems designed to control traffic in the future; but they could also relax and reflect on their impressions in a traditional Chinese meditation garden. Great care was taken to ensure that the presentation did not slip to the level of science fiction or naive, futuristic film settings but instead appeared as a credible projection of future reality.

Siemens Design & Messe GmbH was awarded two further contracts for projects in conjunction with the World's Fair: one from Expo 2000 GmbH for the atmospheric design of Hall 3, the other from the IOC for conception and design of the IOC Pavilion.

Siemens Design und Messe GmbH, Hatto Grosse, „Cargo-Sprinter", Lokomotivenentwurf.

Siemens Design und Messe GmbH, Hatto Grosse, model drawing for the Cargo-Sprinter locomotive.

Halle 3 – „Licht + Farbe = Atmosphäre"

Um die etwas düster wirkende Halle 3 auf dem Expo-Gelände atmosphärisch zu beleben, wurden so genannte Lichttürme aufgestellt, eine Metallkonstruktion mit quadratischer Grundfläche wurde mit transluzentem Material bespannt und von innen in verschiedenen Farben beleuchtet. Durch Öffnungen an zwei gegenüberliegenden Seiten konnten die Besucher hindurchgehen und die Lichtinszenierung als Raum erleben. Die zweite Funktion dieser Türme bestand in ihrem Wegführungscharakter. Sie waren so aufgestellt, dass sie den Besucherstrom in einer bestimmten Richtung durch die Halle vom Eingang zum Ausgang leiteten. Die Lichttürme belebten die Atmosphäre, ohne mit den Werken der Künstler zu konkurrieren oder die Inszenierungen der Aussteller zu beeinträchtigen.

IOC-Pavillon – „Den Olympia-Gedanken erlebbar gemacht"

Im IOC-Pavillon wurden die zentralen Botschaften der Olympischen Spiele mit wechselnden Motiven aus der Welt des Sports dargestellt. Im Mittelbereich, gesäumt von Säulen, auf denen die olympische Fackel von Monitor zu Monitor sprang, fiel der Blick auf einen Großbildschirm an Ende des Ganges: Hier wurde das olympische Feuer entzündet. Auch Sportfilme und IOC-TV-Spots „Celebrate Humanity" wurden gezeigt und während der Olympischen Spiele Fernsehbilder aus Sydney übertragen. In den beiden Seitenräumen wurden die sechs zentralen Botschaften der Olympischen Bewegung bildhaft thematisiert: „Bewegung – Leistung – Lebensfreude" und „Frieden – Fairplay – Solidarität". Täglich besuchten 3000 bis 4000 Gäste den IOC-Pavillon, darunter internationale Sportpersönlichkeiten und Vertreter des öffentlichen Lebens.

Hall 3 – "Light + Color = Atmosphere."

In order to enliven the atmosphere of the rather dark interior of Hall 3 on the grounds of Expo 2000, light towers were erected – metal structures with square base configurations covered with translucent material and illuminated in different colors from within. Openings on two opposite sides enabled visitors to walk through the towers and experience the light show as a distinct space. These towers also served a second function as waypoints. They were positioned in such a way that they guided the flow of visitors in a certain direction through the hall from the entrance to the exit. The towers enlivened the atmosphere without competing with the works of the contributing artists or detracting from the presentations of the exhibitors.

IOC Pavillon – "Conveying the Olympic spirit."

The key messages of the Olympic games were presented at the IOC Pavilion with a changing sequence of motifs from the world of sports. In the middle area, lined by columns on which the Olympic flame leaped from monitor to monitor, the viewer's gaze was attracted to a large screen at the end of the aisle, where the Olympic flame was ignited. Sports films and IOC TV "Celebrate Humanity" spots were also shown here, and live images were broadcast from Sydney during the Olympic Games. In the two side rooms, the six key messages of the Olympic movement were emphasized in a visual presentation: "Movement, Achievement, Joie de Vivre" and "Peace, Fair Play, and Solidarity." Between three thousand and four thousand guests visited the IOC Pavilion every day, among them numerous sports celebrities and public figures.

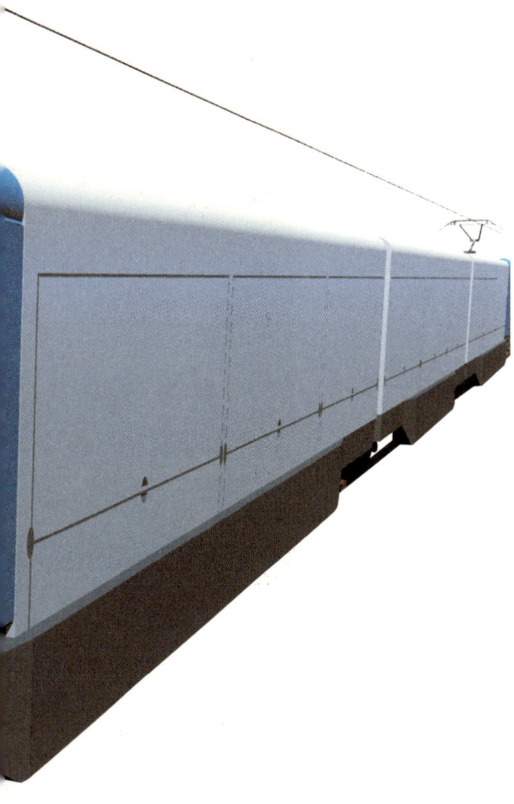

Die 15 Jahre unter der Leitung von Herbert Schultes waren die letzte Phase der Siemens-Designabteilung. 1997 wurde der Bereich Design aus dem Unternehmen ausgegliedert und als selbständig operierende GmbH unter dem Namen Siemens Design & Messe (später designafairs GmbH) weitergeführt.

In der Rückschau zeigt sich, dass das Siemens-Design unter Herbert Schultes in der Öffentlichkeit wie im Unternehmen einen deutlichen Impuls sowie hohe Aufmerksamkeit und Anerkennung erhielt, doch es ist schwer, in einem so großen Unternehmen den Designgedanken wirklich durchzusetzen, „Design zu leben“, wie es Schultes immer wieder postuliert und proklamiert hatte. Selbst er vermochte seine Forderung „Design ist Chefsache“ bei der Siemens AG nicht dauerhaft zu propagieren. Er hat dort auch in designrelevanten Bereichen bis heute keine Lobby und im Vorstand keinen Paten.

Mit anderen Worten: Bei Siemens war und blieb Design, wie es schon Edwin Schricker formuliert hatte, allenfalls „die wichtigste Nebensache der Produktwelt“. Die Frage, ob man ein Unternehmen dieser Größenordnung, Komplexität, Produkt- und Wertewelt überhaupt zu einer „design-driven company“ machen kann, ist damit zwar nicht endgültig beantwortet, doch Erfahrung und Anschein legen nahe, dieses zu verneinen.

The fifteen years under the direction of Herbert Schultes comprised the last phase of the Siemens Design Department. The Design Department was spun off from the company in 1997 and operated henceforth as an independent private limited company under the name Siemens Design & Messe (later designafairs GmbH).

In retrospect, it is evident that Siemens design gained significant impulses as well as attention and recognition in the general public and within the company itself during Herbert Schultes's tenure as Director, yet he faced major difficulties in his efforts to establish the concept of design – “design for life,” as Herbert Schultes repeatedly postulated and proclaimed – on a firm basis in such a large corporate enterprise. Even he was unable to realize his demand for “design as an executive responsibility” at Siemens AG. He never had a lobby in the relevant departments or a patron on the Board of Directors.

In other words, design was and has remained “the most important secondary aspect of the product world,” as Edwin Schricker had once described it, as Siemens. This does not provide a definitive answer to the question of whether a company of this magnitude and complexity, with its unique world of products and values, can develop into a “design-driven company,” but experience and all appearances suggest that it cannot.

Präsentation deutschen Designs auf der Aspen Design Conference 1996: Siemens Design, Thomas Garrecht, unter der Mitwirkung von Konstantin Grcic, Bilderwand „Running Fence“.

Presentation of German design at the Aspen Design Conference in 1996: Siemens Design, Thomas Garrecht, in collaboration with Konstantin Grcic, “Running Fence” wall of images.

Was nicht geformt ist,
ist nicht da.
If it's not formed, it's not there.
P1
Rowenta

**DESIGN GOES TO MARKET**
DIE DESIGNABTEILUNG
WIRD AUSGEGLIEDERT

JULIUS LENGERT

**DESIGN GOES TO MARKET**
SPIN-OFF OF THE
DESIGN DEPARTMENT

JULIUS LENGERT


**222** KREATIVAGENTUR

**225** DESIGNAFAIRS

**226** TÄTIGKEIT IM DESIGNLABOR

**222** A CREATIVE AGENCY

**225** DESIGNAFAIRS

**226** WORK IN THE DESIGN LAB

# Design Goes to Market

In den neunziger Jahren des letzten Jahrhunderts übernahmen auch die deutschen Unternehmen den aus Amerika kommenden Gedanken des „lean management“ mit dem Ideal des „schlanken“, sich strikt auf die so genannten Kernkompetenzen konzentrierenden Unternehmens und einer konsequent am Shareholder Value ausgerichteten Unternehmensstrategie. Logischerweise hatten in einer Organisation mit einer stark strategischen Ausrichtung eine Designabteilung als Wahrer der gestalterischen Kompetenz im Hause und andere, nicht direkt für das messbare Geschäftsergebnis relevanten Abteilungen keinen Platz.

During the nineties, German companies began to adopt the America-grown concept of “lean management” and the ideal of the tightly structured company focused rigorously on its so-called “core competencies” and a corporate strategy dedicated to preserving and enhancing shareholder value. It was only logical that an organization with a strong strategic orientation would no longer have room for a design department as a guardian of in-house design know-how or for other departments that had no direct impact on measurable business results.

Folgerichtig wurde deshalb auch bei der Siemens AG die Designabteilung ausgegliedert. Dies bedeutet konkret: Das seit über 60 Jahren als Inhouse-Kreativzentrum für das Erscheinungsbild und die Selbstdarstellung des Unternehmens – heute Corporate Design genannt – verantwortliche Design wurde aus dem Unternehmensverbund herausgelöst und in eine selbständig auf dem freien Markt operierende GmbH umgewandelt. Die neu gegründete Kreativagentur – rechtlich eine 100-%ige Siemens-Tochtergesellschaft – hatte die Aufgabe, die in der langjährigen Arbeit für das Unternehmen erworbene Erfahrung und gestalterische Kompetenz zukünftig nicht nur für die Auftraggeber aus der Siemens AG einzusetzen, sondern darüber hinaus Kunden aus allen in Frage kommenden Branchen zu akquirieren und das Geschäft auszubauen nach dem Vorbild von und in Konkurrenz mit den großen internationalen Kreativagenturen.

Vom unternehmerischen Standpunkt aus betrachtet lag der Vorteil der Ausgliederung des Designs in einem Zugewinn an Flexibilität und unternehmerischer Freiheit. Dr. Heinrich von Pierer verglich in seiner Rede zur Gründung der GmbH die neue Agentur mit einem Schnellboot, dessen besonderer Vorteil und strategischer Wert in der Wendigkeit und spontanen Reaktionsfähigkeit bei neuen Situationen und Herausforderungen liege. Die Siemens-Designer, bis dahin ausschließlich mit der Gestaltung technisch-funktionaler Produkte und klassischer Investitionsgüter der Medizintechnik und Industrie befasst, sahen in der neuen Organisationsform die Möglichkeit, ihr kreatives Können auch in ganz anderen Bereichen unter Beweis zu stellen, wie Möbel, Packaging, Automotive-Design oder der Gestaltung von Konsumgütern.

And thus, like many other companies, Siemens AG jettisoned its Design Department. What this meant in concrete terms was that the in-house creativity center that had been responsible for the company's image and presentation – what we now refer to as "corporate design" – for over sixty years, was spun off from the corporate complex and established as a distinct corporate entity operating on its own in the open market. The role of the newly founded creative agency – legally a fully-owned Siemens subsidiary – was to offer the experience and design expertise acquired in years of work on behalf of the company not only to clients within Siemens AG but to customers in all relevant business sectors, expanding its business on the model of and in competition with leading established international creative agencies.

From a business point of view, the company only stood to gain in terms of increased flexibility and entrepreneurial freedom by spinning off the Design Department. In his address at the founding ceremony for the new company, Dr. Heinrich von Pierer compared the new agency to a speedboat whose unique advantage and strategic value lay in its maneuverability and ability to respond spontaneously to new situations and challenges. Having focused up to this point exclusively on the design of technical products for specific functions and classical investment goods for medical technology and industry, Siemens designers saw the change in corporate structure as an opportunity to apply their creative talents to entirely new fields, such as furniture, packaging, automotive, and consumer goods design.

designafairs,
Andreas Preussner,
Entwurfsskizze eines Bestückungsautomaten,
2005.

designafairs,
Andreas Preussner,
design drawing for a loading system.

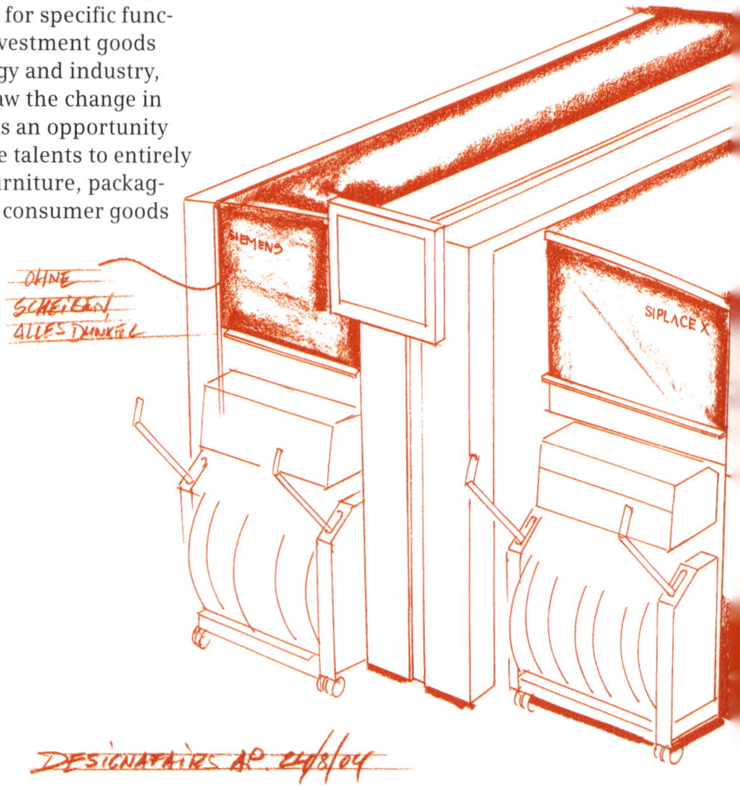

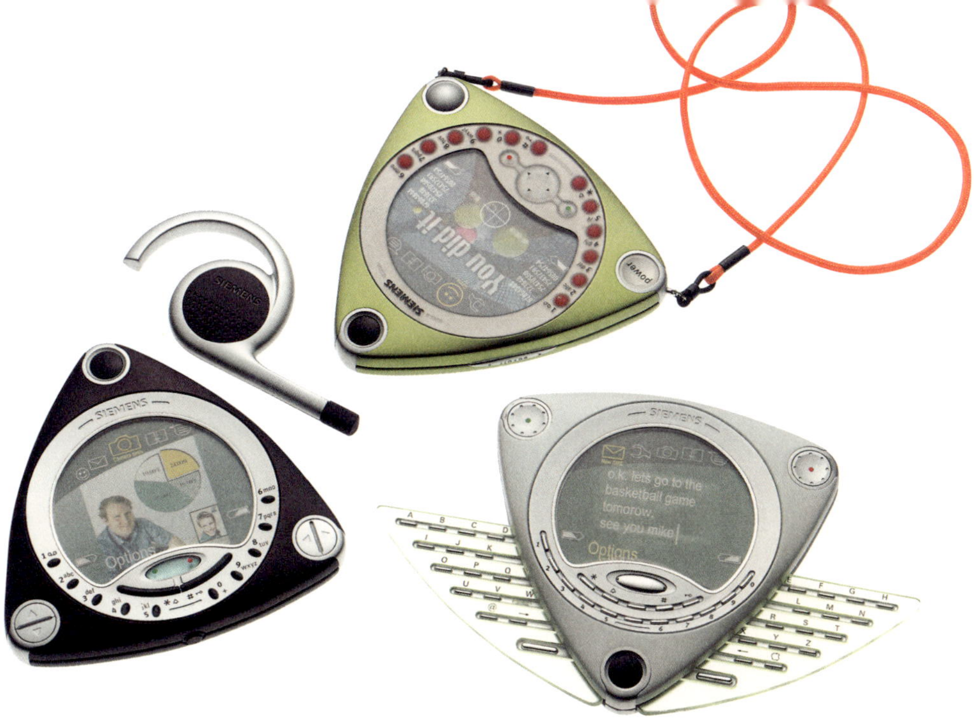


designafairs,
David Fuxen,
UMTS-Telefonmodell
„Triangel“, 2002.

designafairs,
David Fuxen,
UMTS telephone,
model Triangel 2002.

Die Agentur erhielt zunächst den Namen Siemens Design & Messe GmbH (SD&M), weil sie zur einen Hälfte aus der Siemens-Design-Abteilung, zur anderen aus der ehemaligen Messegruppe bestand. Letztere war schon 1988 aus dem Unternehmensverbund ausgegliedert worden und in Partnerschaft mit der französischen Agentur Publicis als Publicis Messe, Communication & Design (PMC&D) auf dem freien Markt tätig. Damit waren die „gestalterischen Fakultäten“ der Siemens AG wieder unter einem Dach vereint. Von der Bündelung der reichhaltigen Erfahrung und gestalterischen Kompetenz versprachen sich die Organisatoren einen nachhaltigen Synergieeffekt und einen deutlichen Wettbewerbsvorteil gegenüber den anderen Agenturen.

Angesichts der in den neunziger Jahren des letzten Jahrhunderts auch im Messe- und Designgeschäft massiv einsetzenden Veränderungen und neuen Herausforderungen infolge veränderter Marktbedingungen erkannte man jedoch schnell, dass dieses Kalkül nicht aufging. Außerdem zeigte sich, dass der Name Siemens trotz seines im Allgemeinen sehr guten Klang nicht immer nur ein Vorteil bei der Akquisition neuer Kunden war. Solche, die in einer Konkurrenzsituation zu Siemens standen, kamen von vornherein als Auftraggeber nicht in Frage, mittelständische oder gar kleinere Unternehmen sagten trotz Interesses an der angebotenen Dienstleistung häufig ab, weil sie mit dem Namen Siemens Großindustrie, Großprojekte, Großaufträge und deshalb entsprechenden Aufwand an Zeit und Kosten verbanden.

The agency was originally named Siemens Design & Messe GmbH (SD&M), as it comprised the Siemens Design Department and the former Trade Fair Group. The latter had been spun off from the company in 1988 and had operated since then in partnership with the French Publicis agency as Publicis Messe, Communication & Design (PMC&D). Thus the “creative faculties” of Siemens AG were once again reunited under a single roof. The organizers hoped that this merger of the experience and expertise of both departments would generate sustained synergy effects and give the new company a definite competitive edge over rival agencies.

In view of the massive changes and new challenges that emerged from evolving market conditions in the nineties, which impacted on the design business as well, it soon became clear that this would not be a viable approach. Furthermore, it was apparent that, despite its generally positive “ring,” the name Siemens was not always an advantage when it came to the acquisition of new customers. Companies already in competition with Siemens were eliminated as potential clients from the outset. Small and mid-sized enterprises that might otherwise have been interested in the service offered often turned elsewhere because they associated the Siemens name with big industry, large-scale projects, large orders, and corresponding investments of time and money.

designafairs,
Andreas Preussner,
Präsentationsdarstellung eines Bestückungsautomaten.

designafairs,
Andreas Preussner,
presentation image
of a loading system.

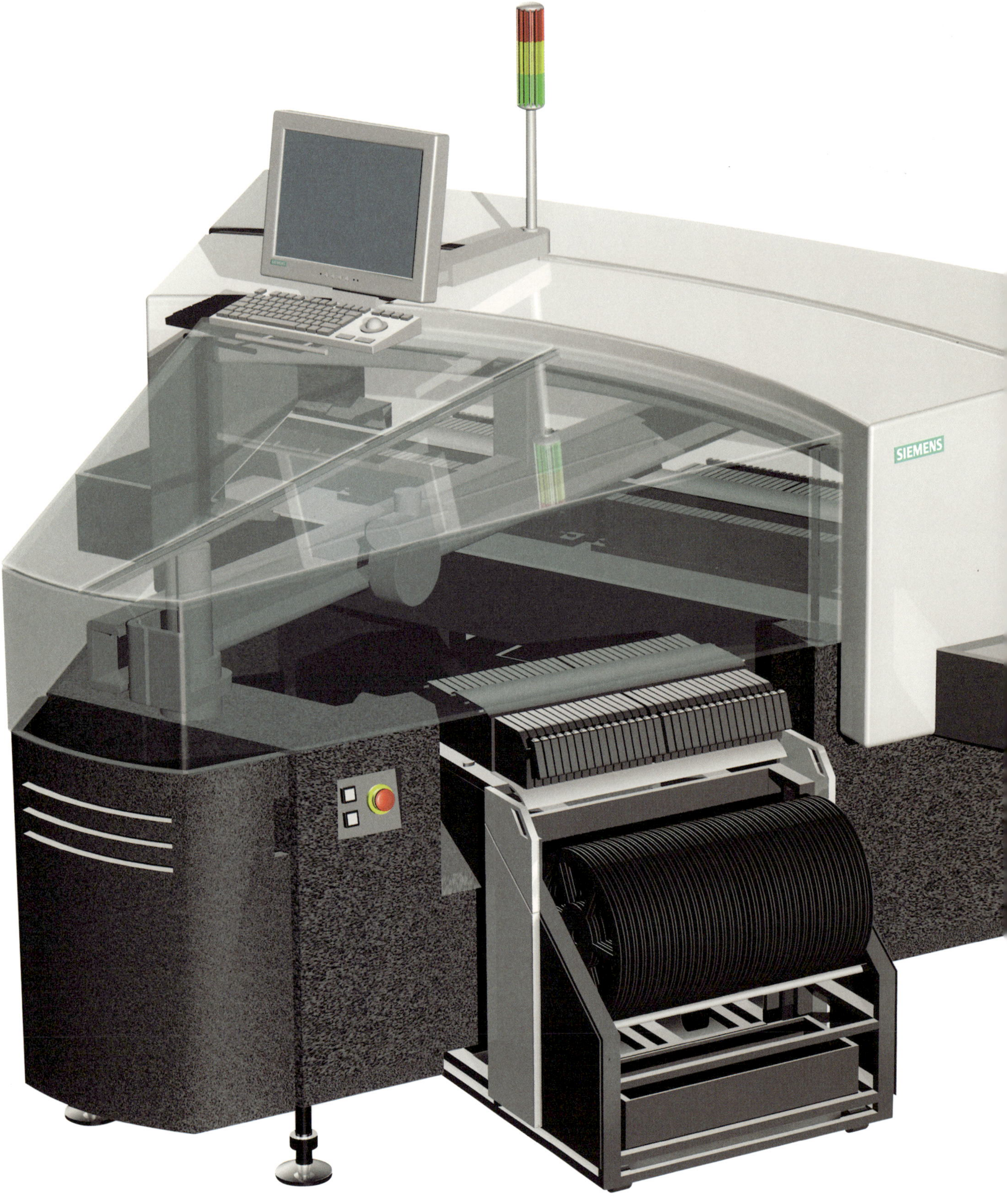

DESIGNAFAIRS

Aus diesem Grund gab sich die Agentur im Jahr 2000 einen neuen Namen: designafairs GmbH. Die Schreibweise mit einem „f“ ist in diesem Fall kein Schreibfehler, denn der Name hat mit dem Begriff „affaire“ nichts zu tun, sondern soll die Kombination von Design und Messe (engl. „fair“) signalisieren. Im Jahr 2002 wurden das Design und die Messe aus den oben genannten Gründen wieder getrennt und als zwei eigenständige Agenturen geführt: designafairs GmbH und designafairs Exhibition Services GmbH. Letztere wurde 2003 an die britische Messegesellschaft MICE verkauft und gab den Namen designafairs Exhibition Services GmbH auf.

Die designafairs GmbH existiert hingegen weiter und arbeitet in den Bereichen Produkt-Design, Interface-Design, Packaging Design und Intermedia Design. Sie ist heute die größte Kreativagentur Europas mit Stützpunkten in USA und Asien und außer für die Siemens-Bereiche erfolgreich für Kunden wie Sirona (Dentaltechnik), Siteco (Beleuchtung), Opel, Saab, E.ON, Mabeg, Wella und andere tätig.

Das Design der Siemens-Produkte ist also nach wie vor in guten Händen. Stilkontinuität und Designqualität bleiben weitgehend gewahrt. Die Agentur fungiert jetzt als Dienstleisterin für einzelne Siemens-Bereiche, entwickelt jedoch keine übergreifenden Designstrategien: Konzepte im Sinne einer Gesamtschau, die das Erscheinungsbild des Unternehmens als Ganzes, den Gesamtauftritt der Siemens AG in der Öffentlichkeit und den Kunden gegenüber im Auge haben, gehören nicht zu ihren Aufgaben. Die Verantwortung für die Markenpräsenz und -gestaltung liegt nach wie vor in der Unternehmenszentrale. Bei designafairs wurden jedoch im Auftrag der Siemens AG zukunftsweisende Ideen für die Gestaltung der Kommunikationsmittel der nächsten Dekade entwickelt.

Thus the agency gave itself a new name in 2000: designafairs GmbH. The spelling – with a single “f” – is not an error in this case but was intended to link the concepts of “design” and “fair.” In 2002, design and trade fair were separated again for the reasons outlined above, and the company was split into two independent agencies: designafairs GmbH and designafairs Exhibition Services GmbH. The latter was sold to the British MICE trade fair company in 2003 and discarded the name designafairs Exhibition Services GmbH.

designafairs GmbH continued to operate, focusing primarily on product, interface, packaging, and intermedia design. Today, it is the largest creative agency in Europe, with branches in the U.S. and Asia. In addition to serving the various Siemens departments, the agency is now doing successful business with such clients as Sirona (dental technology), Siteco (lighting), Opel, Saab, E.ON, Mabeg, Wella, and others.

So Siemens product design remains in good hands after all. Continuity of style and quality of design have been maintained for the most part. The agency now acts as a service provider for individual Siemens departments but is not involved in the development of a broad corporate design strategy. Its responsibilities do not include the development of comprehensive concepts for the image of the company as a whole or for presenting Siemens AG to the public and its customers. Brand presence and brand design remain the domain of corporate headquarters. However, designafairs has been commissioned by Siemens AG to develop future-oriented ideas for the design of communication media for the next decade.

Im designlab Siemens mobile bearbeiten Studierende in international besetzten interdisziplinären Teams Themen wie „Coaching und Decoding Reality“, „Face to Interface Relationship“ oder „Communication and Architecture“. Dabei geht es ausdrücklich nicht um direkt umsetzbare Designkonzepte für neue Produkte, sondern es sollten wie bei der Grundlagenforschung in den naturwissenschaftlichen Disziplinen im Sinne einer „konkreten Utopie“ im kreativen Vorgriff auf die Zukunft über eine Dekade hinaus die Möglichkeiten zukünftiger Kommunikation ausgelotet werden. Die zum Abschluss der designlab terms stattfindenden Präsentationen der Ergebnisse aus dem Design „Think Tank“, der kreativen „Spinn-Stube“, lockten zahlreiche Besucher aus weit über die Designszene hinausgehenden Kreisen an und wurden in der inländischen wie ausländischen Presse ausnahmslos positiv beurteilt. Eine solche Leistung konnte nur in einer Kreativagentur wie designafairs entstehen.

Einen weiteren Beitrag zur „Grundlagenforschung im Design“ mit dem Ziel praktisch anwendbarer Ergebnisse leistet designafairs mit seinem Color & Material Lab. Hier entstehen in enger Zusammenarbeit mit ausgesuchten, kompetenten Partnern echte Innovationen. Das designafairs Color & Material Lab ist Forschungsstätte und Informationspool zugleich, Kommunikationsplattform für Konstrukteure, Marketing, Designer und Hersteller, die Anregungen für Materialinnovationen und deren Umsetzung im Design suchen.



In the Siemens mobile Design Lab, students work in international, interdisciplinary teams on such topics as “Coaching and Decoding Reality,” “Face-to-Interface Relationships,” and “Communication and Architecture.” The goal is not to develop immediately applicable design concepts for new products but instead to explore the possibilities for future communication through basic research of the kind performed in scientific disciplines in a quest for a “concrete utopia” as a creative, proactive approach to the future beyond the end of the decade. The presentations of results from the Design Think Tank, the “creative spin room” at the end of the Design Lab project attracted numerous visitors from both within and outside the field of design and were well received in the domestic and foreign press. An accomplishment of this magnitude could only have been achieved at a creative agency like designafairs.

Designafairs has made a further contribution to “basic research in design” focused on practically applicable results with its Color & Material Lab. Genuine innovations have emerged from this project in collaboration with selected expert partners. The designafairs Color & Material Lab is both a research facility and an information pool; it also serves as a communication platform for engineers, marketing specialists, designers, and manufacturers who are looking for new ideas for material innovations and ways to apply them in design.

Als auftragsbezogene Agentur hatte sich designafairs auf die designrelevanten Siemens-Bereiche konzentriert, Medizintechnik und hauptsächlich Telefone. 2004 begann eine Krise in der Handysparte, die schließlich im September 2005 zum Verkauf der Sparte an das taiwanesische Unternehmen BenQ führte. Damit veränderte sich der Stellenwert des Designs im Unternehmen und erhielt einen viel stärkeren Fokus auf den Investitionsgüter-Bereich.

Alles in allem lässt sich sagen: Aus unternehmensstrategischen Gründen der Konzentration auf die Kernkompetenzen war die Ausgliederung zweifellos folgerichtig und begründet. Angesichts der Tatsache, dass Design ein tragendes Element und einen unverzichtbaren Bestandteil einer Unternehmenskultur darstellt, gilt die ebenso logische Konsequenz, dass das Verschwinden des Siemens-Designs als eine im Unternehmen etablierte und respektierte Größe einen Verlust bedeutet, nicht nur für die Siemens AG, sondern auch für die deutsche Industriekultur insgesamt. Die Designwelt in Deutschland und weit darüber hinaus ist dadurch um eine viel beachtete und respektierte Größe ärmer geworden.

As an agency working on commission basis, designafairs had focused on the design-relatet areas of Siemens, medicine technology and mostly telephones. 2004 marked the beginning of the crisis in the cellular-telephone division, with the result that it was sold to the Taiwan company BenQ in September 2005. This changed the status of design in the company and moved the focus to capital goods.

All in all, the spin-off of the Design Department was logical and justified from the standpoint of a corporate strategy devoted to concentration on core competencies. Yet because design is a pillar and an indispensable ingredient of corporate culture, it is equally logical to conclude that the disappearance of Siemens Design as an established, respected part of the company represents a loss, not only for Siemens AG but for German industrial culture as a whole. The world of design in Germany and beyond its borders is indeed poorer for the loss of such a widely admired and respected organization.

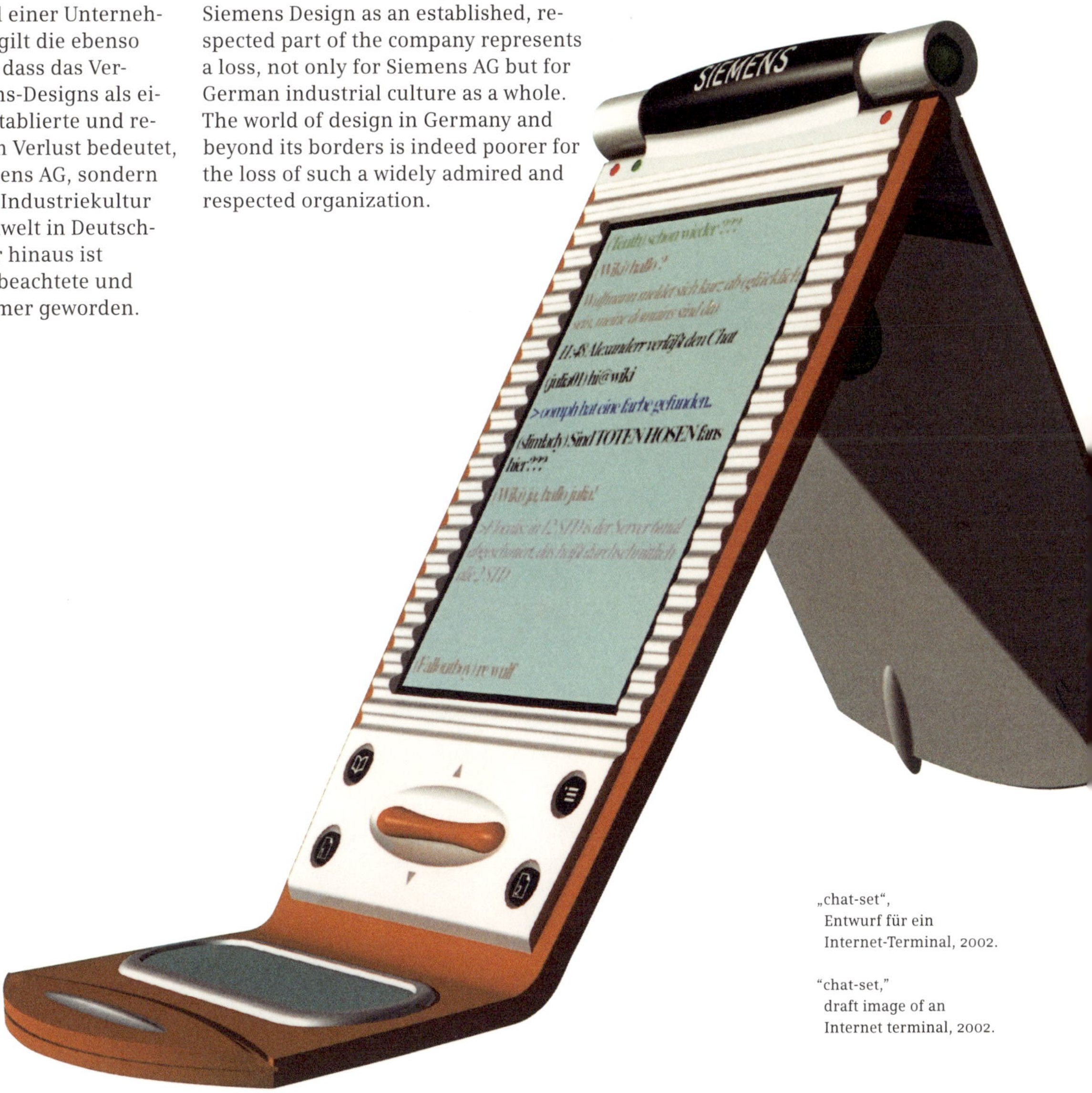


„chat-set“,
Entwurf für ein
Internet-Terminal, 2002.

“chat-set,”
draft image of an
Internet terminal, 2002.

## Sichtbar-„unsichtbares“ Design
### Die Gestaltung von Investitionsgütern

Christoph A. Hoesch

## Visible “Invisible” Design
### The Design of Investment Goods

Christoph A. Hoesch


231 Elektrizität, Ästhetik und Investitionsgüter

232 Maschinen, Ausstellungen und Schaltwarten

234 Siemens-Lokomotiven

236 Formberatung für „investive Güter“

239 Aus technischen Investitionsgütern wird „Design“

241 „Technisch-funktionaler Determinismus“

243 „Grosse“ Technik mit Design

348 Anmerkungen

231 Electricity, Aesthetics, and Investment Goods

232 Machines, Exhibitions, and Control Stations

234 Siemens Locomotives

236 Design Consulting for Investment Goods

239 The Emergence of “Design” from Technical Investment Goods

241 “Technical-Functional Determinism”

243 “Large-Scale” Technology with Design

354 Notes

# Sichtbar-„unsichtbares“ Design
# Visible “Invisible” Design

Manche Erzeugnisse der Firma Siemens kamen lange ohne bewusst ästhetisierende Gestaltung aus, doch kein Bereich der Elektrotechnik erwies sich nach langen Widerständen als so fruchtbar für Formgebung und Design wie jener der größeren und kleinen Investitionsgüter. Auf kaum einem anderen Gebiet der Elektrotechnik erwies sich das Erscheinungsbild der Produkte als so beständig wie bei Generatoren, Straßenleuchten, Transformatoren und Motoren, Lokomotiven, Bergbaueinrichtungen, Freileitungen und Installationselementen. Auch Anzeige- und Messgeräte, Schaltwarten, Lokomotiven, und Telefon- Klappenschränke wurden, was ihre Form- und Farbgebung betraf, manchmal über Jahrzehnte mit nur minimalen Veränderungen hergestellt. Dies erscheint auch insofern wichtig, als die Produktpalette bis heute zu fast 80% aus solchen Erzeugnissen besteht. Ist Siemens deshalb kein „Designunternehmen“?

Formgebung und Design spielten im Sektor der Siemens-Investitionsgüter – sieht man von Medizingeräten ab – lange eine nur marginale, heimliche, manchmal sogar subversive Rolle, denn bis Mitte der sechziger Jahre war man davon überzeugt, eine „konsumferne“ Elektrotechnik könnte nicht direkt, und wenn so nur in zweiter Linie, von hochrangigem Design profitieren. Trotz dieser auch kostenbedingten Zurückhaltung zeigt sich bei näherem Hinsehen, dass man bereits um 1930 mit einer bewussteren Formgebung von Maschinen und Anlagen begann, die damals jedoch kaum von einer breiteren Öffentlichkeit wahrgenommen wurde.

Das Erscheinungsbild elektrotechnischer Investitionsgüter und ihrer Benutzeroberflächen ist inzwischen ebenso selbstverständlich ein Arbeitsgebiet für Designer wie die stärker konsumorientierten Bereiche des Unternehmens. Dies gilt nicht nur für die Gestaltung der großen „öffentlich“ wahrnehmbaren Objekte, wie elektrischer Lokomotiven, Satellitenfunkanlagen und Wandertransformatoren, sondern auch für nicht öffentliche, unsichtbare Gegenstände, wie Steuerungsmodule und deren Installationselemente.

Some products manufactured by Siemens got by without a conscious concern for aesthetic design for a long time. Yet despite years of resistance, no sector of the electrical engineering industry ultimately proved as fertile a field for formal gestalt and design as that of large and small investment goods. Over the years, generators, street lights, transformers and motors, locomotives, mining equipment, elevated power lines, and installation components were the products that presented the most consistent visual appearance. Monitoring and measuring equipment, control panels, locomotives, and telephone cabinets were produced, in some cases for decades at a time, with only minimal changes in color or design. What makes this important is that these products still account for nearly 80 percent of the entire product range today. Does that mean that Siemens is not a “design company?”

With the exception of medical technology, form and design played no more than a marginal, concealed, and sometimes even subversive role in the investment goods sector at Siemens for many years. Until well into the nineteen-sixties, the belief prevailed that “non-consumer” electronics could not benefit directly, and then only in a secondary sense, from high-quality design. Despite this reluctance, which was attributable in part to cost considerations, a closer look reveals that Siemens began to give more thought to the design of machines and systems around 1930, although the change went largely unnoticed by the general public.

Today, the appearance of electrical investment goods and their user interfaces is regarded as no less a focus of concern for designers than that of the more consumer-oriented products marketed by the company. This applies not only to the design of large, highly visible objects such as electric locomotives, satellite communication systems, and mobile transformers but also to objects that remain invisible to the public eye, such as control modules and corresponding installation components.

Schaltwarte
zur Netzkontrolle,
Nürnberg, 1913.

Power grid
control station,
Nuremberg, 1913.

Periodenkontrolluhr
zur Kontrolle von
Frequenzabweichungen
im Wechselstrom, 1933,
entstanden vermutlich
unter Mitwirkung von
Siemens-Formberatern.

Period meter for alternating current frequency deviation monitoring, 1933, presumably developed in collaboration with Siemens form consultants.

## Elektrizität, Ästhetik und Investitionsgüter

Elektrische Apparate, vor allem elektrotechnische Investitionsgüter, taten sich denn auch besonders schwer, eine Faszination nach außen auszustrahlen, die sie kaum sichtbar machen konnten: Präsenz und Wirkungsweise des elektrischen Stroms. So standen gerade Erzeugnisse mit spektakulären Wirkungen, wie Lichtbogenleuchten, Funkeninduktoren oder elektrische Straßenbahnen, zunächst verstärkt im Fokus des öffentlichen Interesses. Die Strom erzeugenden Anlagen hingegen, die solche Wunder erst ermöglichten, blieben wie der Strom selbst dem Auge weitgehend entzogen. Diese Wirkweise im Verborgenen erzeugte innerhalb der Elektrotechnik immer wieder eine eigentümliche Ambivalenz nicht nur hinsichtlich der Gestaltung, sondern auch bei der darüber hinausgehenden Selbstdarstellung der Hersteller und ihrer Produkte, die auch lange Zeit das Selbstverständnis der gesamten Branche nicht nur in Deutschland prägte.

Der spezifische Charakter der Elektrizität und deren abstrakt-theoretische Fundierung definierten eine Art exklusiven Sonderstatus für Ingenieure und ihre Unternehmen. So pflegte schon Werner von Siemens darauf hinzuweisen, wenn es um die Visualisierung der Wirkweise elektrotechnischer Gegenstände ging, Elektrotechnik bedeute „immer mehr Wissenschaft als Maschinenbau!".[1] Andererseits kam es auch zwischen Unternehmen und potenziellen Kunden immer wieder zu massiven Verständigungs- und Einschätzungsproblemen darüber, was Elektrizität alles zu leisten vermochte oder nicht: Diese Tatsache initiierte auch bei Siemens immer wieder sporadische Anstrengungen, sich mit Selbsthinweisen über die Anwendung von Elektrizität und Elektrotechnik ins Bewusstsein der Öffentlichkeit zu rücken.[2] Und innerhalb dieser öffentlich wirksamen Inszenierungen zum Thema Elektrizität / Elektrotechnik kam es dann im letzten Viertel des 19. Jahrhunderts auch zu den ersten Ästhetisierungsversuchen publikumsferner elektrotechnischer Aggregate und Apparate.

## Electricity, Aesthetics, and Investment Goods

Electrical machines and appliances, and investment goods in particular, were unlikely to engender fascination among outside observers for something that they could hardly make visible: the presence and function of electricity. Thus products associated with spectacular effects, such as arc lamps, spark inductors, or electric streetcars, were the first to attract public attention. Yet like electricity itself, the power-generating systems that made such wonders possible remained largely concealed from view. This concealed function consistently produced a strange ambivalence with respect to both design and the broader presentation of manufacturers and their products in the field of electrical engineering, an attitude of uncertainty that influenced the self-image of the entire industry for many years – and not only in Germany.

The specific nature of electricity and its abstract, theoretical foundations defined a kind of exclusive special status for engineers and the companies for which they worked. Werner von Siemens himself repeatedly noted that electrical engineering always had "more to do with science than with mechanical engineering" when it came to visualizing the function of electrical machines and appliances.[1] On the other hand, companies and potential customers frequently found it extremely difficult to reach agreement on what electricity could or could not achieve. This situation triggered numerous sporadic efforts by Siemens and other companies to establish a position in the public mind by calling attention to the uses and benefits of electrical technology.[2] And it was within the context of these publicity-oriented presentations on the subject of electricity and electrical technology that the first attempts to imbue electrical machinery and equipment that was largely beyond the pale of public scrutiny with aesthetic qualities were undertaken in the last quarter of the nineteenth century.

Röntgengerät zur Fußbetrachtung für den Schuhverkauf, entstanden 1924/25.

X-ray machine used to measure feet in shoe stores, first produced in 1924/25.

Wie die meisten technischen Güter wurden auch „Großmaschinen" von Siemens lange keiner zusätzlichen gestalterischen Behandlung unterzogen. Vor allem bei Dynamomaschinen – ob mit Gleich- oder Wechselstrom betrieben – blieb das Erscheinungsbild bis gegen 1930 durch die zum Einsatz kommende Gusstechnik bestimmt. Die großen elektrischen Generatoren blieben meist bis nach dem Ersten Weltkrieg „offene", d. h. unverkleidete Konstruktionen aus Gussstahl, und die Erzeugnisse der verschiedenen Hersteller in Europa ähnelten sich bis auf charakteristische Details: Siemens-Konstruktionen etwa waren an der Verrippung der gegossenen Aggregat-Träger bzw. Maschinenständer erkennbar. Diese basierten auf rein konstruktiven Überlegungen zur Statik, Stabilität und Gewichtseinsparung bei den Bauteilen. Erst mit der „Einhüllung" der ersten Dampfturbinen um 1908 und der Verwendung von Schmiedestahlbauteilen und Blechverkleidungen im Generatorenbau für Wasserturbinen folgten auch hier die Konstrukteure dem Trend zur „Vollverkleidung" im Maschinenbau.

Erste Ansätze einer bewussten Ästhetisierung bei elektrischer Großtechnik galten Mitte des 19. Jahrhunderts, wenngleich meist nachträglich und eher kosmetisch bedingt, der verbesserten Präsentation entsprechender Maschinen auf Ausstellungen und Messen – die einzigen Gelegenheiten, um einer breiteren Öffentlichkeit Aussehen und Wirkungsweise von ansonsten unsichtbar in Werkhallen oder unter Gehäusen verborgenen elektrotechnischen Aggregaten näher zu bringen. Um bei Einführung neuer Techniken auf breitere Akzeptanz zu stoßen, wurden ausgewählte Exponate mit Dekorationen oder durch besonders perfekte Ausführung optisch aufgewertet. Dies war auch, wie bereits erwähnt, ein wichtiges Motiv für die Installierung der Formgebungsgruppe ab 1929.

Like most technical goods, the "big machines" produced by Siemens underwent no additional design processing for many years. The visual appearance of dynamos, in particular – regardless of whether they were powered by direct or alternating current – remained largely dependent upon the casting methods used in manufacture until about 1930. Until after the First World War, most large electric generators were "open," unenclosed cast-steel constructions, and with the exception of certain characteristic details, the products of various European manufacturers closely resembled one another. Siemens products were recognizable by virtue of the ribbed configuration of the cast machine bases or stands, which were designed in keeping with purely structural considerations of stress and strain, stability, and component weight reduction. It was not until the first steam turbines were "enclosed" around 1908 and producers began to use forged steel components and sheet-metal housings in generators manufactured for water turbines that engineering designers began to follow the trend toward "complete housing" in machine construction.

The earliest examples of deliberate efforts to improve the aesthetic quality of large-scale technology, most of which were relatively superficial corrective measures, reflect the intent to enhance the presentation of such machinery at exhibitions and trade fairs – the only opportunities available to manufacturers to familiarize a broader public with the form and function of electrical equipment that was otherwise hidden from view in plant buildings or concealed inside housings. The visual appearance of selected exhibits was upgraded by adding decorative elements or focusing on perfect workmanship in order to gain broad acceptance for newly introduced technologies. As mentioned elsewhere, this was also one of the most important reasons for establishing the Form Group in 1929.

Fußgänger-Signalleuchte, 1956.

Pedestrian crosswalk signal, 1956.

Ein wichtiges Betätigungsfeld bildete auch die gestalterische Aufwertung der Schaltzentralen von Kraftwerken oder telefonischen Vermittlungsämtern seit dem letzten Viertel des 19. Jahrhunderts: Elektrizitätswerke und Telefonzentralen wurden damals beliebte Vorzeige- und Prestigeobjekte deutscher Unternehmen und deshalb gerne öffentlichen Würdenträgern oder Staatsgästen vorgeführt.

Ein Schwerpunkt bei der Siemens-Produktentwicklung elektrotechnischer Investitionsgüter lag um die Jahrhundertwende bei der Gestaltung von Installationsmaterial und Gehäusen im Telefon- und Kraftstrombereich. Der spezifische Zwang zu technisch-gestalterischer Ordnung angesichts Hunderter von Kabelführungen bewirkte dort – wie auch bei anderen elektrotechnischen Mitbewerbern, namentlich der seit 1887 als „AEG“ (Allgemeine Elektricitäts-Gesellschaft) auftretenden ehemaligen „Deutschen Edison Gesellschaft“ (DEG) – schon früh eine stark systematisierte Auslegung von Anlagen und Apparaten.

Obwohl solche „unsichtbaren“ Erzeugnisse meist keine spezifische Formberatung erfahren hatten, scheint durchaus bemerkenswert, dass sie mit ihren betont einfach geometrisierten – heute würde man sagen: „funktional“ anmutenden – Gehäuseformen bereits um die Jahrhundertwende fast avantgardistisch wirkten. Dies betraf beispielsweise Stromzähler, Sicherungs- und Verteilungsschränke, Erdgehäuse für Verstärkerspulen neben zahlreichen Mess- und Kontrollgeräten, in denen sich nicht zuletzt die Notwendigkeit zu Ordnung und Sachlichkeit optisch niederschlug – die wichtigsten Merkmale eines erfolgreichen konstruktiven Umgangs mit der ständig wachsenden Komplexität und Visualisierungsproblematik elektrotechnischer Prozesse.

The aesthetic enhancement of such facilities as power plant control stations and telephone switchboard offices cited above was another important field of activity beginning in the last quarter of the nineteenth century. In those years, electric power plants and telephone switchboard offices were popular showcase and prestige objects for German companies, which welcomed the opportunity to demonstrate them to prominent public figures or guests of state.

One focus of activity in Siemens product development around the turn of the century involved the design of installation material and housings in the telephone and electrical power sectors. The specific need for technical and visual order in systems comprising hundreds of different cables led Siemens – as well as its competitors in the electrical engineering industry, including in particular the former Deutsche Edison Gesellschaft (DEG), which began operating under the name of AEG (Allgemeine Electricitäts-Gesellschaft) in 1887 – to emphasize systematic machinery and systems configuration early on.

Although most such “invisible” products were developed and produced without specific input from designers, it is interesting to note that their simple, emphatically geometric – today we would say “functional” – housing designs gave them an almost avant-garde look as early as the turn of the century. This was true, for example, of electricity meters, fuse and distribution boxes, ground housings for amplifier coils as well as numerous measurement and control devices in which the need for order and objectivity was reflected in visual appearance – the most important features of effective engineering responses to the increasing complexity of electrical processes and the problems involved in visualizing them.

Einen besonderen Typus neuer Großmaschinengestaltung stellten Elektro-Lokomotiven dar, an deren Entwicklung und elektrotechnischer Auslegung die Firma Siemens zwischen 1900 und 2000 initiativ beteiligt war. War die erste Siemens-E-Lok von 1879 noch unverkleidet der Witterung ausgesetzt, so wurde 1890 eine daraus abgeleiteten Kleinlokomotive der englischen Tochtergesellschaft bereits in voll verkleideter Ausführung gebaut.

Ungleich wichtiger für das allgemeine Erscheinungsbild elektrischer Fahrzeuge waren Entwicklungen bei der Straßenbahn, denn die ersten größeren elektrischen Antriebsaggregate für Schienenfahrzeuge wurden zunächst in bereits vorhandene Pferdbahnen bzw. Eisenbahnwaggons konventioneller Bauart integriert – der Auftakt zu Entwicklung und Optimierung der elektrischen Eisenbahn- und Straßenbahntechnik bei Siemens. Bereits 1896 stellte das Unternehmen mit der Lieferung des elektrischen Gesamtsystems für die Untergrundbahn von Budapest – ebenfalls mit voll verkleideten Triebwagen – unter Beweis, dass es nicht nur die elektrotechnischen Antriebe zu liefern in der Lage war, sondern auch alle anderen Systemkomponenten zum Betrieb elektrischer Eisenbahnen. Bei der Gestaltung der Lokomotiven und Triebwagen war man allerdings nicht immer unmittelbar involviert. Bei den von Siemens unter der Markenbezeichnung „Protos" bis 1911 produzierten und vertriebenen Elektromobilen – Pkws, Kleinbussen und mittelgroßen Lieferfahrzeugen – orientierte man sich in Aufbau und Gestaltung an den Fahrzeugen mit Verbrennungsmotor, die man ebenfalls herstellte.

Im Bereich der Schienenfahrzeuge lag der Fokus nicht immer zugleich auf deren äußerer Gestaltung wie in der Gegenwart oder in der Zeit vor dem Ersten Weltkrieg – nicht zuletzt bedingt durch die Besonderheiten der Lokomotiven- und Waggonentwicklung in Deutschland. Denn diese unterlag in der zweiten Hälfte des 20. Jahrhundert der Zuständigkeit zweier verschiedener zentraler Planungsämter.



A special category in the field of heavy-equipment engineering was that of electric locomotives. Siemens played a leading role in electric locomotive development and engineering between 1900 and 2000. While the first Siemens electric engine built in 1879 had no housing and was exposed to the weather, a small locomotive based on that model was produced in 1890 by the British subsidiary as a fully enclosed unit.

Developments in streetcar construction played a much more important role in shaping the look of electric vehicles, as the first large electric motors for rail vehicles were initially incorporated into existing horse-drawn trains and conventional railway cars. This was the starting point for the development and optimization of railroad and streetcar technology at Siemens. In 1896 the company delivered the complete electrical system for the subway in Budapest – including fully enclosed locomotives – thus demonstrating that it was capable of supplying not only electric motors but all of the other equipment required to operate electric railway systems as well. The company was not always directly involved in the design of locomotives and engine cars, however. The design and construction of "electromobiles" – passenger cars, minibuses, and mid-sized utility vehicles produced by Siemens under the Protos trademark until 1911 – was based on those of vehicles equipped with internal combustion engines, which the company also produced.

Exterior design was not always a focus of concern in railway vehicle engineering, as it is today and was during the years preceding the First World War. This is due in part to the peculiarities of locomotive and railroad car development in Germany, which was under the control of two different central planning offices in the second half of the twentieth century:

Die Deutsche Bundesbahn im Westen bzw. (wie bereits zuvor) die Reichsbahn in der DDR nahmen nachhaltig Einfluss auf die Formgebung bzw. das Design von Lokomotiven, Waggons oder Triebköpfen, wenn sie nicht sogar selbst entscheidende Entwürfe beisteuerten. Die Identifizierung der Urheber von Außenentwürfen deutscher Schienenfahrzeuge wird zusätzlich durch die Tatsache erschwert, dass häufig Konsortien großer deutscher Elektrotechnik- und Lokomotivhersteller gemeinsam Projekte betreuten – bis in die Formgebung hinein.

1900 wurde als erste elektrische Bahnstrecke in Deutschland die Wannseebahn mit Siemens-Triebwagen ausgestattet. Auch auf der ersten von Siemens elektrifizierten Lokalbahnstrecke in Süddeutschland zwischen Murnau und Oberammergau verkehrten 1905 kleine Lokomotiven, die vollständig von dem Unternehmen entwickelt und hergestellt worden waren. Mit ihren charakteristischen Fronthauben prägten sie mit einem Lokomotiventyp, der später als so genanntes „Krokodil" in die Eisenbahngeschichte Eingang finden sollte. Diese Front- und Heckhauben hatten ihre Vorbilder wiederum in den Konstruktionen der ersten elektrischen Vollbahnlokomotiven aus den USA.[3]

Eine weitere Pionierleistung von Siemens stellten Hochgeschwindigkeits-Triebwagen dar, mit denen 1903 auf einer Teststrecke bei Berlin bereits Geschwindigkeiten von über 200 Stundenkilometer erreicht wurden.[4] In ihrer Gestaltung rekurrierten sie zunächst auf bereits vorhandene oder traditionelle Formen des Waggonbaus, weshalb die beiden Prototypen von Siemens und der AEG mit ihrer charakteristischen „Spaltkeil"-Front auch wie überdimensionierte Straßenbahnen wirken.

the Deutsche Bundesbahn in the West and the Reichsbahn (as it had also been called in earlier years) in the GDR. The two authorities exerted a lasting influence on the design of locomotives, railroad cars, and engine cars, often contributing key design proposals of their own. The difficulty involved in identifying the authors of external designs for German railway vehicles is increased by the fact that projects (including those devoted to aspects of design) were often carried out by consortia of major German electrical technology and locomotive manufacturers.

In 1900 the first electric railroad line, the Wannseebahn, was equipped with Siemens engine cars. Small locomotives developed and produced entirely by Siemens were also operated on the first local railroad line electrified by Siemens between Murnau and Oberammergau in southern Germany. With their typical front hood, they influenced the design of a type of locomotive that would later go down in railroad history as the "Crocodile." These front and rear hoods were modeled on the first electric locomotives produced in the U.S.[3]

Another pioneering achievement attributable to Siemens was the development of high-speed locomotives, which reached speeds of over two hundred kilometers per hour on a test route near Berlin in 1903.[4] In their design, they were originally modeled on existing or traditional forms of car construction, which explains why the two prototypes developed by Siemens and AEG, with their characteristic "splitting wedge" fronts, bore a certain resemblance to oversized streetcars.

Siemens E-Lokomotive der Bahnlinie Oberammergau-Murnau, 1906.

Siemens electric locomotive on the Oberammergau-Murnau line, 1906.

Turbogenerator, entstanden unter Mitwirkung der Siemens-Formgebung, 1950.

Turbogenerator, developed in collaboration with Siemens form consultants, 1950.

Nach dem Ersten Weltkrieg und verstärkt ab 1930 befasste sich die Formgebungsgruppe unter Leitung von Hans Hertlein und später Wilhelm Pruss zunehmend mit der Gestaltung rein technischer Produkte und Gebrauchsgüter: Neben Abdeckungen für verschiedene Turbinen und Stromgeneratoren entstand eine Reihe von Schaltwarten, mit denen man auch die nach 1945 allgemein verwendeten Stahlbinder-Schränke deutlich beeinflusste. Verschiedene Thermo-, Expansions- bzw. Ölschutzschalter wurden neben mehreren Punktschweißgeräten und einem großen Stumpfschweißautomaten entwickelt.

Obgleich man in der Geschäftsführung der Siemens-Schuckertwerke und bei Siemens & Halske ab 1933 immer wieder nachdrücklich auf das Dienstleistungsangebot der Gruppe Formgebung in der Siemens-Bauabteilung und später der Hauptwerbeabteilung hinwies, „sich in allen Fällen die Mitwirkung“ der Formberater zu sichern[5], war deren Inanspruchnahme recht unterschiedlich. Manchmal hing es von persönlichen Präferenzen einzelner Siemens-Entwicklungs- oder Projektleiter ab, ob Formgebungs- bzw. Designleistungen überhaupt abgerufen wurden.

The Form Group under the direction of Hans Hertlein and his successor Wilhelm Pruss focused increasing attention on the design of purely technical products and consumer goods after the First World War and particularly during the nineteen-thirties. In addition to casings for various turbines and generators, Siemens also produced a number of control units which also had a marked impact on the design of the widely used steel-strut cabinets after 1945. Various thermal, expansion, and oil-level control switches were developed in addition to several different types of spot-welding units and a large butt-welding machine.

Although the management of the Siemens-Schuckertwerke and Siemens & Halske, beginning in 1933, repeatedly called attention to the services offered by the Form Group, as part of the Siemens Building Department and later of the Central Advertising Department, encouraging other departments “to engage the services of form consultants wherever possible,”[5] their services were requested with differing degrees of regularity. In some instances, the decision to whether or not ask for design support depended on the personal preferences of individual Siemens development or project managers.

Da US-Elektrotechnik-Unternehmen sich um 1929 mit betont „künstlerischen“, an das Art-Déco- und später Streamline-Formen angelehnten oder davon abgeleiteten Verkleidungen von Generatoren, Elektromotoren oder Trafogehäusen auf den Märkten präsentierten[6], wurde die Siemens-Formberatung mit Vorliebe dort hinzugezogen, wo sich eine unmittelbare Wettbewerbssituation im Export ergab. In einzelnen Memoranden für den Vorstand oder betriebsinternen Vorträgen setzte sich auch Wilhelm Pruss in dieser Zeit besonders gründlich mit den amerikanischen Gestaltungen großer Investitionsgüter auseinander[7], und mit dem Wechsel von gegossenen Maschinenständern zu geschweißten und verschraubten Konstruktionen aus Walzstahl für Wasserturbinen kam zwischen 1930 und 1935 eine fast reduktiv-funktionalistische Gestaltung zum Zuge. Selbst die neuen Machthaber, die nach 1933 forderten, alles zu unternehmen, um international Marktvorteile zu gewinnen, waren unter diesen Umständen bereit zu akzeptieren, wenn dies mit mittels offiziell verpönter Stilmittel erfolgte, wie eines Funktionalismus Weimarer bzw. Dessauer Prägung. Diese bis Kriegsausbruch virulente Ambivalenz in Gestaltungsfragen spiegelt sich nicht zuletzt im elektrotechnischen Schwermaschinenbau.

Ob bei der Neuentwicklung von Schalter-Handgriffen und Gehäusen aus Bakelit oder der Gestaltung kleiner, kompakter Elektromotoren, immer wieder bezog man offensichtlich die neue Formgebungsgruppe gestalterisch mit ein. Die damals entstandenen Geräte erhielten dabei ein Erscheinungsbild, dem man die architektonischen Präferenzen bei Gliederung und Proportionierung, etwa mit Hilfe des goldenen Schnitts, deutlich ansehen konnte. Die zusätzlich zur „konstruktiven Gerätebildung“ vorgenommene Formgebung wurde vor allem als Ergänzung angesehen und propagiert. Galt es doch ihrer Hilfe, wie Wilhelm Pruss nicht müde wurde zu betonen, weniger „persönliche Geschmacksentscheidung“ zu demonstrieren als vielmehr „der Siemens-Technik zur besseren inneren und äußeren Wirkung zu verhelfen“.[8] Was nicht zuletzt auch ihre Akzeptanz auf dem internationalen Markt erleichterte.

U.S. electrical engineering firms began introducing emphatically “artistic” housings for generators, electric motors, and transformers, initially influenced by Art Deco and later based on streamline forms, to the relevant markets beginning in 1929.[6] As a result, Siemens design consultants were in demand primarily in the export sector, where the company faced direct competition. Wilhelm Pruss frequently referred to the American approach to the design of major investment goods in individual memoranda addressed to the Board of Directors and in numerous lectures presented during the years in question.[7] The shift from cast machine stands to welded and bolted rolled-steel constructions for water turbines was accompanied by a trend toward an almost reductive-functionalist concept of design between 1930 and 1935. Even the new ruling regime, which pressured the business community to make every effort to gain advantages in the international market after 1933, was willing under the circumstances to tolerate the use of officially deprecated approaches to style, such as Weimar or Dessau-style functionalism, to accomplish that objective. This ambivalence in matters of design that prevailed until the outbreak of the Second World War is also reflected in heavy electrical equipment construction.

The new Form Group was evidently often involved in the design of such new products as Bakelite switch handles and casings or small, compact electric motors. The visual appearance of the machines and appliances produced during those years bore the noticeable imprint of architectural preferences with regard to structure and proportion, often reflected in the use of the golden section. Formal interventions in the process of equipment engineering were regarded and propagated primarily as complementary functions. The objective, as Wilhelm Pruss never tired of pointing out, was not to demonstrate “personal decisions in matters of taste” with the aid of such design features but rather to strengthen the internal and external impact of Siemens technology.”[8] This also had a positive effect on the international market response to Siemens products.

Siemens Design, Werner Podszus, E-Motor 1LA5, 1997.

Siemens Design, Werner Podszus, 1ILA5 electric motor, 1997.

Siemens Design und Messe GmbH, Jan Anderson, Gunther Ott, Christoph Tomchak, Multifunktionales Computer-Terminal Sinumerik HT 6, 1999.

Siemens Design und Messe GmbH, Jan Anderson, Gunther Ott, Christoph Tomchak, Sinumerik HT 6 multifunctional computer terminal, 1999.

Weniger durch Architektur beeinflusst als durch die „Soft-edge"-Ästhetik amerikanischer Maschinengestaltung der Zeit um 1930 erwiesen sich bald die Kantenverläufe großer gegossener oder aus Blech geformter Maschinenteile, wie bei Maschinenständern von Siemens-Punktschweißgeräten oder großen Motorengehäusen, wobei die straffe und aufeinander abgestimmte Radiengestaltung selbst größeren Maschinen wie einem Stumpfschweißautomaten von 1938 ein monumentalisierendes Erscheinungsbild verlieh.

Mit der Umstellung auf Kriegsproduktion im Jahr 1939/40 verlieren sich die Spuren der Investitionsgüter-Formgebung bei Siemens.[9] Nun wurde nach den Kriterien der „Starken Konstruktion"[10], wie es der Siemens-Ingenieur Fritz Kesselring bezeichnete, d. h. einer optimierten Material-Ökonomie, konstruiert und gestaltet. Eine bewusste Formgebung in diesem Bereich wurde erst zu Anfang der fünfziger Jahre wieder aufgenommen.

Influenced less by architecture than by the "soft-edge" aesthetic of American machine design in the years around 1930 were edge configurations of large cast or sheet-metal machine components such as stands for Siemens spot-welding machines or large motor housings, whereby the tight, coordinated radii of even large machines, such as the butt-welding machines produced in 1938, gave them a monumental look.

As Siemens converted to wartime production in 1939/40, all signs of interest in the formal design of investment goods at Siemens disappeared from view.[9] Products were now engineered and designed in accordance with the principles of "strong construction," [10] as Siemens engineer Fritz Kesselring described the policy devoted to achieving optimum material economy. A genuine interest in aspects of formal design in the production of investment goods did not become evident again until the nineteen-fifties.

Siemens Design, Thomas Blümel, Jörn Ludwig, Vakuumpumpe.

Siemens Design, Thomas Blümel, Jörn Ludwig, vacuum pump.

Sende- und Empfangsanlagen für Satellitenübertragungen in Raisting, Architektur: Hans Maurer, 1962–1981.

Transmitting and receiving units for satellite transmissions in Raisting, architecture Hans Maurer, 1962–1981.

Mit dem Aufbruch in das deutsche „Wirtschaftswunder“ nach 1950 hatten sich die Präferenzen auch für die investive Elektrotechnik verschoben. Formgestaltung und „Design“ wurden zu einem entscheidenden Kriterium der Zukunftorientierung nicht nur der Unternehmen, sondern der Elektrotechnik insgesamt. Dies galt nicht zuletzt für „rein technische“ Investitionsgüter. Alles, was irgendwie dazu dienen konnte, und sei es nur auf dem Foto, hatte nun in Deutschland, wie der Kulturwissenschaftler Herman Glaser es formulierte, dem „Diktat der Erneuerung und Zukunftsorientierung“[11] zu folgen. Ob dies von Formgestaltern oder „nur“ von Technikern geleistet wurde, spielte in diesen Anfangsjahren noch keine Rolle.

Auch technische Gegenstände, die bis dahin kaum gestalterische Behandlung erfahren hatten, wurden zunehmend als ästhetische Innovationen empfunden, z. B. elektrische Expansionsschalter mit ihren vier Meter hohen Isolatoren. Derartige Maschinen wurden, waren sie nur minimalistisch genug gestaltet, auf den ersten Design-Ausstellungen wie „Schönheit der Technik“ 1953 vorgestellt oder mit den ersten deutschen Design-Auszeichnungen wie jener der Hannover Messe gefeiert oder prämiert. Hier verbanden sich noch einmal eher zufällig die beinahe „sakrosankt“ gewordenen Gestaltungsprinzipien des Bauhauses mit einer neuen, sich an „funktionalen“ Formen der Technik oder Biologie orientierenden Auffassung von Ästhetik.

As Germany moved toward the “Economic Miracle” after 1950, priorities also began to shift in the electrical investment goods sector. Form and design became key aspects of visions for the future, not only in individual companies but in the electrical engineering industry as a whole. This applied to “purely technical” investment goods as well. Everything conceivable, even photographic images, were to be employed in service of the “dictate of renewal and orientation toward the future” in Germany, as cultural scholar Herman Glaser expressed the underlying principle.[11] In these early years, it made no difference whether results were the achievements of designers or of technicians “only.”

Technical objects in which aspects of design had been of little or no importance before – such as electrical expansion switches with their huge insulators – were regarded to an increasing extent as aesthetic innovations. Machines of this kind, particularly those characterized by appropriately minimalist design, were presented at the first design exhibitions, among them the *Schönheit der Technik* (Beauty of Technology) show in 1953, and several were honored with the first German design awards, including the prize awarded by the Hanover Trade Fair. Coincidentally, for the most part, these products united the now almost “sacrosanct” design principles of the Bauhaus with a new aesthetic oriented toward the “functional” forms of biology.

Dominierten hier zunächst noch „nicht technische“ Gebrauchsgüter, so waren es ab Mitte der sechziger Jahre des 20. Jahrhunderts wieder verstärkt investive technische Geräte aus dem Hause Siemens, die den Applaus der Design-Juroren fanden. Vor allem Produkte aus dem medizinischen und informationstechnischen Bereich konnten mit Hilfe solcher Auszeichnungen in ähnlichem Maße öffentliche Aufmerksamkeit auf sich ziehen wie achtzig Jahre zuvor die großen elektrotechnischen Produkte auf den Welt- und Gewerbeaustellungen. Formal richtete man sich ab Anfang der sechziger Jahre auch im Bereich der Investitionsgüter an den Kategorien der „Guten Form“ aus, dem Neo-Funktionalismus der Nachkriegszeit, der sich seinerseits stark am formalen Reduktionismus der Ulmer Hochschule für Gestaltung orientierte.

Although “non-technical” consumer goods dominated at first, technical investment goods produced by Siemens began to attract increasing recognition and applause from design judges in the mid-nineteen-fifties. Products in the medical and information technology sectors in particular benefited from such awards, attracting public attention at a level comparable to that achieved by the large-scale electrical engineering products exhibited at commercial exhibitions and World’s Fairs eighty years before. In formal terms, designers of investment goods began in the early nineteen-sixties to focus on the criteria of “good form” embodied by the post-war neo-functionalism, which was itself inspired by the principles of reductive form advocated by the Ulmer Schule.

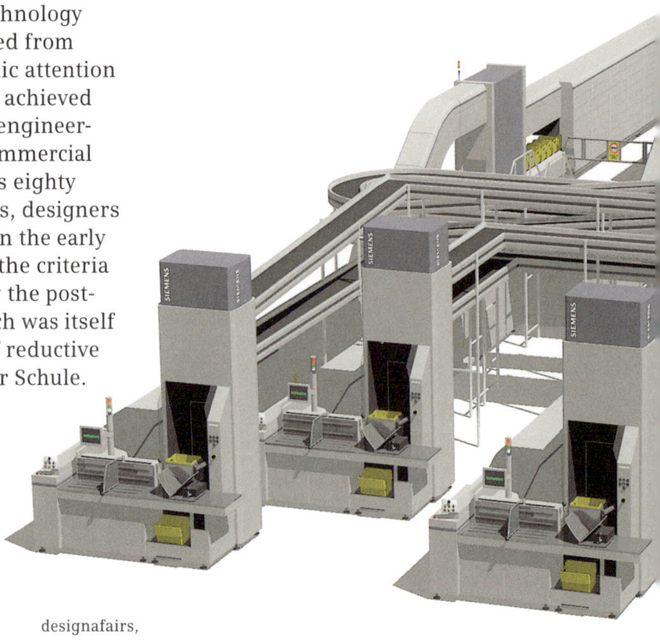

designafairs,
Andreas Preussner,
Postsortieranlage, 2005.

designafairs,
Andreas Preussner,
open-handling
mail system, 2005.

Siemens Design,
Thomas Blümel,
Controller für
Automationssysteme,
Simatic S7, 1994.

Siemens Design,
Thomas Blümel,
controller for
automation systems,
Simatic S7, 1994.

## „Technisch-funktionaler Determinismus“

Das Design klassischer Investitionsgüter wirkte ab 1960 als wichtiger Multiplikator, der die „unsichtbare“ Präsenz von Siemens-Erzeugnissen in Fabrikhallen, Büros oder unter der Abdeckung von Maschinengehäusen öffentlich machte, nachdem das Unternehmen, wie den Verantwortlichen nur allzu schmerzlich bewusst geworden war, lange Zeit von der breiten Bevölkerung ausschließlich als Hersteller von Telefonen und Hausgeräten wahrgenommen wurde. Hier gelang es den Design-Verantwortlichen Edwin Schricker und Herbert Schultes in der zweiten Jahrhunderthälfte, erst in Deutschland und schließlich international den Blick der Öffentlichkeit verstärkt auf Siemens zu lenken und mit wachsendem Erfolg auch als Investitionsgüter-Hersteller zu reüssieren, nachdem es um 1980 fast unmöglich geworden war, ausschließlich mit der Darstellung „nackter“ technischer Funktionen öffentliche Aufmerksamkeit zu gewinnen oder mit Erfolg zu werben.

So stellte Herbert Schultes bei der Etablierung dreier paradigmatischer Kriterien, die er zusammen mit dem Münchner Philosophen und Kulturanthropologen Julius Lengert entwickelt hatte, die Prinzipien des „moralisch-ästhetischen Determinismus“ und des „technisch-funktionalen Determinismus“ in einen indirekten Zusammenhang, spiegelten sie doch gleichsam als Quintessenz und roter Faden die gesamte bisherige Gestaltungsarbeit bei den Siemens-Investitionsgütern. Zur Vorgehensweise im Bereich des „technisch-funktionalen Determinismus“ beispielsweise heißt es: „Die jeweilige Aufgabenstellung wird zunächst bis ins kleinste Detail einer systematischen Analyse unterzogen, und nach den Regeln der funktionaler Logik werden für jedes Detail die technischen Determinanten ermittelt. Entsprechend diesen Determinanten entsteht die Gestalt. Die Gestalt ist das Ergebnis der technisch funktionalen Analyse!“[12]

## “Technical-Functional Determinism”

Beginning in nineteen-sixties, the design of traditional investment goods served as an important multiplier that exposed the “invisible” presence of Siemens products inside factory buildings and offices or enclosed by housings to public view. Until then, as Siemens management had come to realize to its chagrin, the company had long been perceived by the public solely as a manufacturer of telephones and household appliances. During the latter half of the century, Design Directors Edwin Schricker and Herbert Schultes succeeded, initially in Germany and later at the international level, in attracting increasing public attention to Siemens. Whereas it had been virtually impossible to gain public recognition or to demonstrate success through the presentation of “naked” technical functions alone in the years around 1980, the company now achieved increasing success as a producer of investment goods.

In establishing three paradigmatic criteria developed in collaboration with the Munich philosopher and cultural anthropologist Julius Lengert, Herbert Schultes forged a direct link between the principles of “moral-aesthetic determinism” and “technical-functional determinism,” which became the quintessence and the continuous thread that ran through the whole of Siemens design. With respect to “technical-functional determinism,” for example, Schultes wrote that “Each task is first subjected to systematic analysis down to the tiniest detail, and the technical determinants for every detail are identified according to the rules of functional logic. Gestalt emerges on the basis of these determinants. Gestalt is the product of technical-functional analysis!”[12]

Als gelungenes Beispiel hierfür führt Schultes die Gestaltung der Erdfunkstelle Raisting nach dem Entwurf des Münchner Architekten Hans Maurer aus dem Jahr 1979 an. Damit schließt sich fast von selbst der Kreis von 1900 bis heute, indem man bei der Gestaltung von investiven Gütern wieder auf die logischen Ausgangskategorien physikalisch-technischer Gestaltdeduktion zurückfand. So setzte sich Mitte der neunziger Jahre im Siemens Investitionsgüter-Design erneut ein Trend zu reduktiver „Maschinenarchitektur" durch: so beim Hochleistungsdrucker „System 2310" oder bei Siplace, einer ganze Fertigungslinie für Leiterplatten, gestaltet von dem Designer Andreas Preussner. Dass dabei auch große Maschinenformen, z. B. Lokomotiven, äußerst individuelle „Physiognomien" annehmen konnten, zeigen Entwürfe wie der der deutschen ICE-Hochgeschwindigkeitszüge.

Bei der spektakulären Gestaltung dreier Generationen von ICE-Zügen hatten nicht nur Siemens-Ingenieure, sondern auch Gestalter des Unternehmens bzw. von diesem unmittelbar beauftragte Designer mitgewirkt. So wurde etwa bei der letzten Generation, dem ICE T 415 und 411, sowohl die Außengestaltung als auch Fahrstände und Innenraum in einer internationalen Korporation von Siemens Design, Neumeister Design und Designworks USA gestalterisch bearbeitet. Darüber hinaus entstand eine ganze Reihe von Lokomotiv-, Triebwagen und Straßenbahngestaltungen u. a. für den Export in Zusammenarbeit mit verschiedenen internationalen Designbüros.

Schultes cited the design of the Raisting ground satellite station developed by the Munich architect Hans Maurer in 1979 as a prime example. And thus the circle begun in 1900 was closed in the present, as Siemens focused once again on the logical categories of physical, technical deduction in the design of investment goods. In the mid-nineteen-nineties, a trend toward reductive "machine architecture" emerged, as exemplified by the System 2310 high-speed printer or Siplace, a complete assembly line for circuit boards developed by designer Andreas Preussner. Such design concepts as that of the German high-speed ICE trains show that even large equipment units – such as locomotives – could have highly unique "physiognomies."

Siemens engineers and in-house designers as well as outside designers contracted by the company were involved in the spectacular design of three generations of ICE trains. The exterior design, the engineer's cab, and the interiors of the most recent generation, the ICE T 415 and 411 series, were the products of cooperation between Siemens Design, Neumeister Design, and Designworks USA.
A whole series of designs for locomotives, engine cars, and streetcars were also developed for export in collaboration with various international design firms.

designafairs,
Andreas Preussner,
Automatische
Paketannahmestation,
2005.

designafairs,
Andreas Preussner,
automated
parcel receiving station,
2005.

Neumeister Design,
ICE 3-Zugkopf, 1998/99.

Neumeister Design,
ICE 3 headcar, 1998/99.

Elektrotechnische Investitionsgüter müssen heute, selbst wenn sie vor der breiten Öffentlichkeit kaum in Erscheinung treten, zumindest Spuren einer gestalterischen Behandlung oder Integration tragen, um im Wettbewerb am Markt und in den Medien als ökologisch akzeptabel, gesellschaftlich orientiert und nicht zuletzt technisch innovativ bestehen zu können – eine gewisse Ironie in der Designentwicklung, nicht nur bei Siemens. Denn dort, wo Designer früher mit schwierigen Vorgaben, wenn nicht gar offenen Widerständen zu kämpfen hatten, werden sie Anfang des 21. Jahrhunderts ganz selbstverständlich akzeptiert, wo gerade die elektrotechnischen Kompetenzkerne kaum mehr ohne Designleistungen auskommen, um ein spezifisches Unternehmensprofil zu unterstreichen.

Dennoch standen und stehen die in diesen Bereichen beschäftigten Formberater und Designer auch heute noch unter dem beständigen Forderungsdruck „unabdingbarer technischer Notwendigkeiten“, wie es bereits Wilhelm Pruss in einem Vortragsentwurf bezeichnete. Sie sahen sich daher veranlasst, ihre Vorschläge vor allem mit ergonomischen Argumenten, Wartungs- oder Handhabungsvorteilen durchzusetzen, weil nur dies, wie der ehemalige Siemens-Designer und heutige Hochschullehrer Tönis Käo noch bis vor kurzem beobachtete[13], den Designer „auf die sichere Seite“ bringe.

Today, investment goods, even those scarcely exposed to the public eye, must exhibit at least a trace of concern for design or integration in order to appear environmentally acceptable, socially oriented, and technically innovative in the eyes of the competitive market and the media. This reflects a certain irony in the history of design, and not only with regard to Siemens. For precisely where designers had once found themselves confronted with difficult demands and often with open resistance, they are now taken for granted in the early years of the twenty-first century, at a time when core competencies in the field of electrical engineering, in particular, depend more than ever on achievements in design as a means of emphasizing a specific corporate profile.

Yet the form consultants and designers employed in these sectors are still subject to the constant pressure of “unavoidable technical necessities,” as Wilhelm Pruss once pointed out in a draft for a lecture. And so they have come to recognize the need to support their proposals above all with arguments relating to ergonomic and handling or maintenance benefits, since that, as former Siemens designer Tönis Käo, now a university professor, observed quite recently, is the only way designers can be sure that they are “on the safe side.”[13]

**Vom Schalter zum Computer**
Elektr(on)ische Schnittstellen
und ihre Gestaltung

Christoph A. Hoesch

**From Switches to Computers**
The Design of Electrical
and Electronic Interfaces

Christoph A. Hoesch


**246** Vom hydraulischen Ventil zur Touchscreen

**249** Siemens-Design für Schnittstellen

**250** Von der Uniform zur „Konfektion“

**253** „Integratives“ Design

**348** Anmerkungen

**246** From the Hydraulic Valve to the Touchscreen

**249** Siemens Design for Interfaces

**250** From Uniformity to “Creative Design”

**253** “Integrative” Design

**354** Notes

# Vom Schalter zum Computer

# From Switches to Computers

Jede Form der Technik erfordert wirkungsvolle Rückmelde- und Zugriffsmöglichkeiten. Doch anders als die einfache Mechanik früher Technologien, die über Jahrhunderte aus der unmittelbaren Beobachtung ihrer Wirkungen gehandhabt werden konnten, verweigerte sich die Elektrizität von Anfang an einfacher Wahrnehmung und direktem Zugriff. Die Vermittlung möglichst präziser Vorstellungen über elektrische Vorgänge war deshalb der Gestaltung der Schnittstellen zwischen Mensch und elektrisch betriebenen Gerät von Anfang an mitgegeben. Dies bedeutet, dass Erfinder, Ingenieure und später auch Designer sich immer wieder mit dem Mangel an Anschaulichkeit spezifisch elektrischer Prozesse und ihrer wirkungsvollen Vermittlung auseinander zu setzen hatten, sowohl bei den Entwicklungen rein technisch-konstruktiver Gestaltung als auch beim Design aller notwendigen Bedienungsoberflächen und der dafür notwendigen Gerätegehäuse.

Daher war die Indienststellung der Elektrizität vom Funkeninduktor bis zur interplanetarischen Sonde immer auch eine Frage der Kontrolle elektrotechnischer Prozesse.

Every type of technology requires effective feedback and control features. Yet unlike the simple mechanics of earlier technologies, which could be controlled via direct observation of their immediate effects, electricity is resistant to direct observation and access by nature. Thus the design of interfaces between people and electrically powered equipment has always required a precise understanding of electrical processes. In other words, inventors, engineers, and eventually even designers have been constantly confronted with the problems posed by inaccessibility of electrical processes to visual perception and the need to mediate effectively between machines and human operators. This is evident in the history of purely technical-structural design and of the design of user interfaces and corresponding equipment housings.

Thus harnessing electricity, from the spark inductor to the interplanetary probe, has always been a matter of controlling electrical processes.

Der technische Umgang mit den älteren „strömenden“ Energiemedien Wasser, Dampfkraft und Gas zeigt, wie man sich noch im 19. Jahrhundert fortschrittlichere „Fernsteuerungen“ für komplexe mechanische Prozesse vorstellte: mit schnellem Zugriff und Rückmeldung über skalierte visuelle Zustandsanzeigen. Wasserversorgung, Dampf- und Gaserzeugung lieferten dabei die ersten handhabungs- und gerätetechnischen Vorbilder: analog anzeigende Thermo- und Manometer, Hebel- und Drehschieber mit oder ohne dosierende Wirkung. Die Verwendung strömender Medien zur Fernbedienung von technischen Prozessen war jedoch stark eingeschränkt. Selbst einfache hydraulisch-mechanische Abläufe, wie in Bergbau oder Papiererzeugung, konnten lange Zeit nur unmittelbar vor Ort gelenkt und kontrolliert werden.

Dennoch waren die mechanischen Regeleinrichtungen auch Vorbild und Ausgangspunkt für die Bedienungen[1] anderer „fließender“ Prozesse, wie der Elektrizität: mit übersichtlich angeordneten uhrenähnlichen Kontrollanzeigen in Kombination mit manuellen Bedienelementen sowie Stellrädern, Hebeln und Drehknebeln. So wurde aus dem Stellrad der ein- oder mehrstufige Drehschalter und aus dem Hebel der Hebelschalter und dann der einrastende Federdruckschalter. Letzterer war schon um die Jahrhundertwende entwickelt worden, doch erst nach dem Zweiten Weltkrieg wurde er zusammen mit einer integrierten Kontrollleuchte als Drucktaster zum wichtigsten elektrischen Stellelement. Für die Evolution der ersten Bedienungen vom Zeigertelegrafen hin zum Keyboard der Computer standen zuerst die Uhr, dann das Klavier und schließlich die Tastenfelder der mechanischen Schreibmaschine Pate, wobei die Touchscreen eine fast völlige Verschmelzung herkömmlicher Anzeige- und Bedienungselement bedeutete.

Der umgelegte Schalter oder Knopfdruck als Auslöser für elektrische/elektronische Steuerungsvorgänge tritt seit Ende des 19. Jahrhunderts an die Stelle des Zugriffs über mechanische Hebel- und Kurbelbedienungen.

Engineering solutions for control of the older, “flowing” energy media of water, steam, and gas exemplify ideas about more progressive types of “remote control” for complex mechanical processes that emerged in the nineteenth century: control mechanisms providing quick access and feedback via scaled, visual status indicators. Water supply, steam and gas production systems provided the first models for operating and equipment technology – analog temperature and pressure gauges, levers and dials with or without metering functions. The use of flowing media for remote control of technical processes was severely restricted, however. For many years, even simple mechanical, hydraulic processes such as those used in mining and paper production required direct, on-site control.

Yet these mechanical control devices were the models and the starting points for the development of control systems[1] for other “flowing” processes, including those driven by electricity – characterized by a systematic arrangement of clock-like control indicators in combination with manual operating components such as dials, levers, and handwheels. Thus the handwheel was replaced by the single or multiphase revolving switch, and the lever evolved into the toggle switch and eventually into the locking spring-pressure switch. The latter had been developed around the turn of the century but did not become the most important control element until it was combined as a push-button switch with an integrated control lamp. The first operating components, from the pointer telegraph to the computer keyboard, were modeled successively on the clock, the piano, and the mechanical typewriter, while the touchscreen represents an almost complete merger of traditional display and control elements.

Since the end of the nineteenth century, the flipped switch and the pressed button have replaced manual intervention via mechanical levers and wheels as activating devices for electrical/electronic control processes.

Manuelle Telefonvermittlung, 1895.

Manual telephone switchboard, 1895.

Leistungsanzeige für Walzstraßenmotoren, entstanden unter Mitwirkung der Siemens-Bauabteilung und ihrer „Formberater“, 1928.

Power meter for rolling line engines, developed in collaboration with the Siemens Building Department and its “form consultants,” 1928.

Durch die Entwicklung der Halbleitertechnik sowie die Komprimierung und Miniaturisierung von elektrischen Steuer- und Regelungsaufgaben in der Mikroelektronik veränderte das Lenkungsmedium Elektrizität in der zweiten Hälfte des 20. Jahrhunderts noch einmal das Gesicht der Geräte- und Maschinenbedienungen: Der alte Hebelgriff ist am Ende des 20. Jahrhunderts der elektronischen Halb- oder Vollautomatik, dem Druckknopf und dem Monitor mit Touchscreen gewichen. Selbst einfachste mechanische Vorgänge wie die Türverriegelung von Fahrzeugen oder Vorschubbewegungen von Produktionsmaschinen werden inzwischen über elektrische, hydraulische oder pneumatische Antriebe geleistet, diese wiederum von elektronischen Steuerungs- und Kontrollsystemen koordiniert.

With the development of semiconductor technology, accompanied by the progressive compression and miniaturization of electrical control and monitoring tasks during the second half of the twentieth century, the control medium of electricity changed the face of machine and appliance operating elements. By the end of the twentieth century, the old lever had given way to semiautomatic or fully automatic electronic units, the push-button switch and the monitor to the touchscreen. Even the simplest mechanical tasks, such as vehicle door locking or forward-feed movements in production machines are now performed with the aid of electric, hydraulic, or pneumatic drives, which are in turn coordinated by electronic guidance and control systems.

Elektroschalter
für Gleichstrom, 1892.

Direct-current
electrical switch, 1892.

Flugzeugarmatur,
1938.

Aircraft cockpit
instrument, 1938.

Siemens-Elektrogeräte
GmbH, Zeitschalter für
Backofen, 1970.

Siemens-Elektrogeräte
GmbH, oven timer
switch, 1970.

Der Primat des sicheren Umgangs mit Elektrizität brachte für Siemens eine kontinuierliche Auseinandersetzung mit der Gestaltung von verständlichen und eindeutigen Bedienungselementen mit sich. Das Spektrum der Anwendungen reicht, beginnend im 19. Jahrhundert mit den ersten einfachen mechanischen Stromschaltern, über elektrische Messgeräte, visuelle oder akkustische Anzeigen, Straßenbahnsteuerungen, Stromzähler, Kraftwerksschaltwarten bis hin zur Gestaltung von Lokomotivfahrständen, Elektronikrechnern für jeden Bedarf, verschiedensten Handy-Tastaturen, Bildschirmen, Displays und immer wieder neuen Schaltern jeder nur erdenklichen Bewegungsrichtung.

Neue Schalt- und Schnittstellen bedeuteten die Signalanlagen für die Verkehrsregelung. Als Hersteller für die Signaltechnik zunächst für die Schiene, später auch für die Straße entwickelte Siemens in den letzten 100 Jahren komplette Sicherungs- und Führungssysteme für dieVerkehrslenkung. Hierbei war die Gestaltung der ersten deutschen Lichtsignalanlage auf dem Potsdamer Platz in Berlin (1924) nur der Anfang eines millionenfachen Einsatzes von Signalanlagen. Doch auch die Gestaltung von Verdrahtungshilfen und Sicherungen, wo diese noch nicht genormt waren, stellten immer wieder eine Gestaltungsaufgabe dar.[2]

Die fortschreitende technische Entwicklung, die immer kompaktere Bedienelemente und Armaturengestaltungen ermöglichte, eröffnete besonders in der Zeit seit 1929 der Gestaltung bzw. den Designern ein nahezu unerschöpfliches Aufgabengebiet, das neben der Gehäusegestaltung zur wichtigsten Designaufgabe bei elektrotechnischen Geräten wurde. Das aktuelle Spektrum spezifischen Siemens-Designs für Bedienungsgestaltung in der industriellen Elektrotechnik und Elektronik ist riesig: Überall dort, wo mittels elektrischer und elektronischer Systeme Kontroll-, Steuerungs- oder auch nur infrastrukturelle Funktionen über eine Systemgrenze hinweg erfüllt werden sollen, bieten Elektrik bzw. Elektronik inzwischen standardisierte, millionenfach bewährte Lösungen.

The dictate of safety in the use of electricity compelled Siemens to pursue continuous improvement in the design of understandable and clearly defined operating elements. The spectrum of applications ranges from the first simple mechanical electrical switches produced in the nineteenth century to electrical testing and measurement equipment, visual displays and acoustic signal devices, streetcar control systems, electricity meters, and power plant control stations to locomotive engineers' cabs, electronic computers for a variety of purposes, various mobile telephone keypads, screens, displays, and an endless series of new switches capable of movement in every conceivable direction.

New control elements and interfaces were required for traffic signal systems. As a signal technology manufacturer, initially for rail traffic and later for road traffic as well, Siemens developed complete traffic safety and guidance systems. The earliest German traffic signal system at Potsdamer Platz in Berlin (1924) was the first of millions of signal systems designed and installed by Siemens. Yet the design of wiring aids and fuses, to the extent that its was not subject to standards, repeatedly posed new challenges for designers.[2]

Progressive developments in technology, which paved the way for increasingly compact operating elements, opened a virtually inexhaustible field of activity for designers, particularly after 1929. In addition to housing and case design, the design of these elements became the most important task facing designers of electrical equipment and appliances. Today, the spectrum of specific Siemens designs for operating elements in industrial electrical technology and electronics is vast. Wherever control, guidance, or merely infrastructural functions are to be performed across system boundaries, electrical units or electronics now offer standardized solutions that have proven effective in millions of applications.

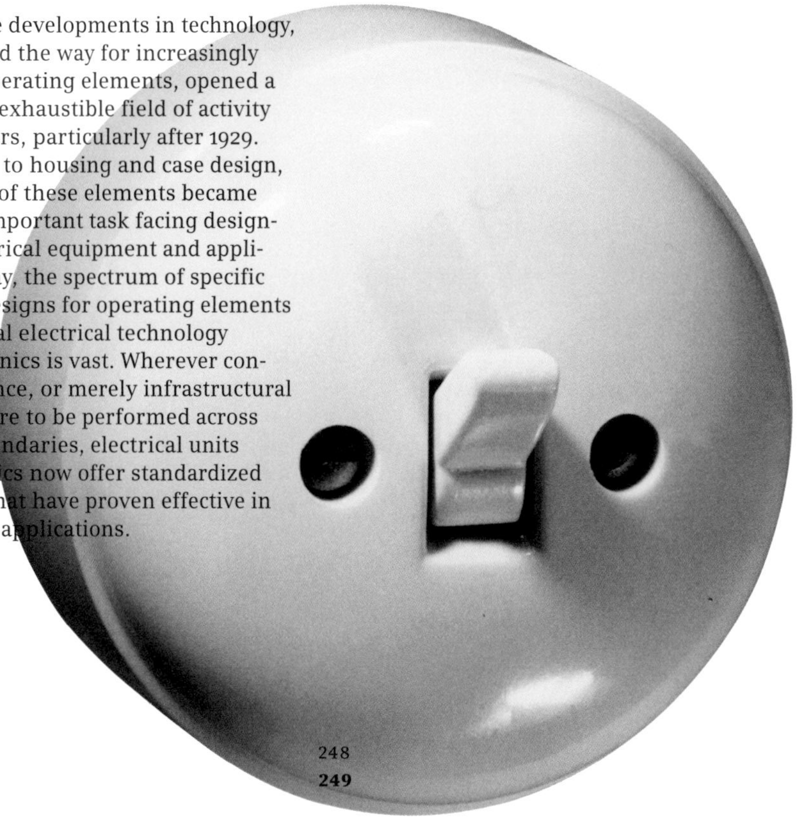

Lichtschalter, 1953.

Light switch, 1953.

Besonders die Bedienungs- und Gehäusegestaltungen der Siemens-Großrechner Anfang der siebziger Jahre brachten endgültig den Abschied von der experimentellen Anmutung der elektronischen Frühzeit nach 1950. Erinnerten doch die Programmierplätze des ersten Siemens 2002-Rechners von 1957 noch stark an Fernschreibereingaben, inmitten einer Telefonzentrale mit offenen Schaltschränken platziert. Als Vorbild dienten hier vor allem die amerikanischen Designgestaltungen, wie die von IBM.

Die Gestalter unter Leitung Edwin Schrickers waren bemüht, einheitliche „siemenstypische“ Erkennungsmerkmale für Rechnergehäuse und ihre diversen Peripherien durchzusetzen. Doch durch Aufstellung immer neuer Regelwerke wurde das Design zuweilen überbeansprucht, denn es erschien wohl recht verführerisch, den Weg zu einem einheitlichen Erscheinungsbild möglichst vieler Siemens-Produkte neben Haus- und externen Normierungen nun auch spezifischen Designnormen zu unterwerfen. Die Einhaltung dieser ziemlich detaillierten Regeln führte zu einer stärkeren Normierung der Gestaltung, wenn nicht sogar zu einer gewissen formalen Erstarrung gerade bei datentechnischen Peripheriegeräten.
Der damals – hinter vorgehaltener Hand – geäußerte Vorwurf des Siemens-„Kistendesigns“ führte nach dem Leitungswechsel in der Designverantwortung von Edwin Schricker zu Herbert Schultes 1986 denn auch zu größeren gestalterischen Freiräumen vor allem bei datentechnischen Geräten.

In den achtziger und neunziger Jahren wurde unter dem Eindruck der Postmoderne und des Abschieds von rigid funktionalistischen Uniformen auch bei Siemens die Gestaltung von Bedienungsflächen und Datenverarbeitungsgeräten bzw. ihrer Peripherien wieder heterogener und lebendiger, ohne dabei jedoch in einen ungeregelten formalen Eklektizismus zu verfallen.

The designs of operating elements and housings for Siemens mainframe computers in the early nineteen-seventies represented the final break from the experimental look that had characterized the early years of the electronic age after nineteen-fifties. The programmers’ workstations for the first Siemens 2002 computer of 1957 bore a close resemblance to telex consoles with open control cabinets positioned in the midst of telephone switchboard centers. The models in this case were the American designs developed by such companies as IBM.

The designers under the supervision of Edwin Schricker were committed to developing uniform features for computer housings and various peripheral equipment that would identify them as “typical Siemens products.” Yet faced with a series of new standards and regulations, designers were often overburdened, as the temptation to apply not only in-house and external standards but also specific rules of design in efforts to achieve a uniform visual image for as many Siemens products as possible was great. Compliance with these highly detailed rules and regulations led to even greater standardization in design and, in some cases, to a certain formal rigidity, especially in the design of peripheral data processing equipment. After Herbert Schultes succeeded Edwin Schricker as the head of the Design Department in 1986, the often, though seldom openly expressed criticism of the Siemens “box design” led to an increase in creative freedom, particularly in the design of data processing equipment.

Under the influence of postmodernism and the abandonment of rigid functionalist uniformity in the nineteen-eighties and nineties, the design of operating interfaces and data processing equipment, including peripheral devices, grew increasingly heterogeneous and noticeably more lively, without succumbing to uncontrolled formal eclecticism.

Siemens-Formgestaltung,
Theo Gronenborn,
Steuerstand
für die Schiffahrt, 1961.

Siemens Form Consulting,
Theo Gronenborn,
ship control station,
1961.

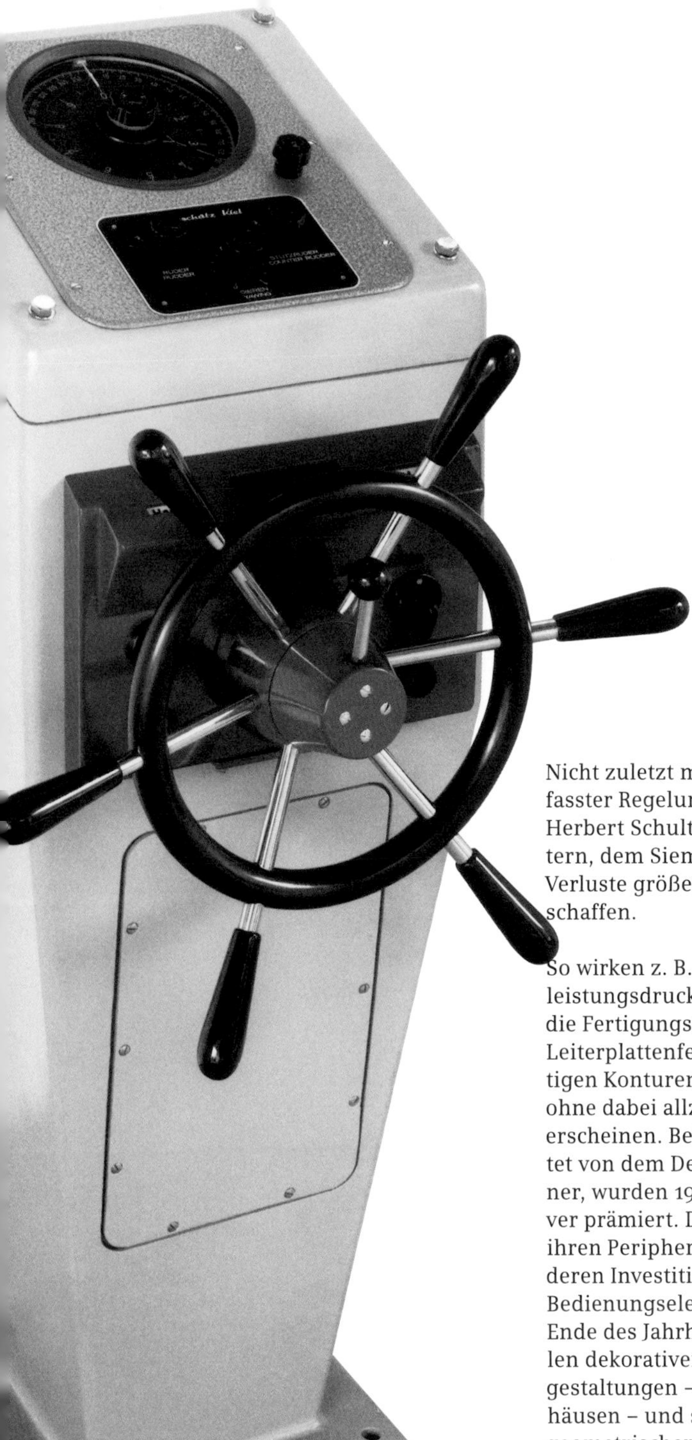

Nicht zuletzt mit Hilfe sehr weit gefasster Regelungsvorgaben gelang es Herbert Schultes und seinen Mitarbeitern, dem Siemens-Design ohne große Verluste größere Flexibilität zu verschaffen.

So wirken z. B. das Design des Hochleistungsdruckers „System 2310" oder die Fertigungslinie Siplace für eine Leiterplattenfertigung mit ihren kantigen Konturen architektonisch straff, ohne dabei allzu schwergewichtig zu erscheinen. Beide Entwürfe, gestaltet von dem Designer Andreas Preussner, wurden 1995 und 1998 in Hannover prämiert. Das Design von PCs und ihren Peripherien wie von vielen anderen Investitionsgütern und ihren Bedienungselementen oszillierte bis Ende des Jahrhunderts zwischen zuweilen dekorativer erscheinenden Frontgestaltungen – z. B. bei Rechnergehäusen – und sorgsam austarierter geometrischer Reduktion. Das Programmiergerät Simatic S7-300 oder die Benutzeroberfläche Sinumerik OP 031 sind in ihrer konsequent einfachen Übersichtlichkeit gute Beispiele für diese Art von Gestaltung.

Manche Geräte, wie PCs, wurden mit plastisch weichen Konturierungen der Bedienungsflächen bzw. deren Einfassungen versehen. Gelungene Beispiele hierfür sind die Primergy Server und die Scenic Pro C-, D- und M-Serie, beide ebenfalls für gutes Design vom Industrie Forum Design Hannover und vom Design Center Stuttgart ausgezeichnet.

With the aid of broadly defined rules and regulations, Herbert Schultes and his staff succeeded in imbuing Siemens design with greater flexibility without making significant sacrifices.

Thus, for example, the sharp contours in the design of the System 2310 high-performance computer or the Siplace assembly line for circuit board production gave these products a tight architectural look without creating the impression of excessive weight. These two designs developed by designer Andreas Preussner received awards at the Hanover Trade Fairs in 1995 and 1998. Until the end of the century, the design of PCs and peripheral equipment, like that of many other investment goods and corresponding operating elements, vacillated between often decorative front panel designs – for computers, for example – and carefully balanced geometric reduction. By virtue of their simplicity and clarity, the Simatec S7-300 programming system and the Sinumerik OP 031 user interface are excellent examples of this approach to design.

The operating elements and frames of some products, such as PCs, were given soft, sculptural contours. Fine examples of this include the Primergy Server and the Scenic Pro C, D, and M series, both of which received awards for good design from the Industrie Forum Design Hannover and the Design Center Stuttgart.

Siemens-Formberatung,
Stromzähler, 1932.

Siemens Form
Consulting,
electricity meter, 1932.

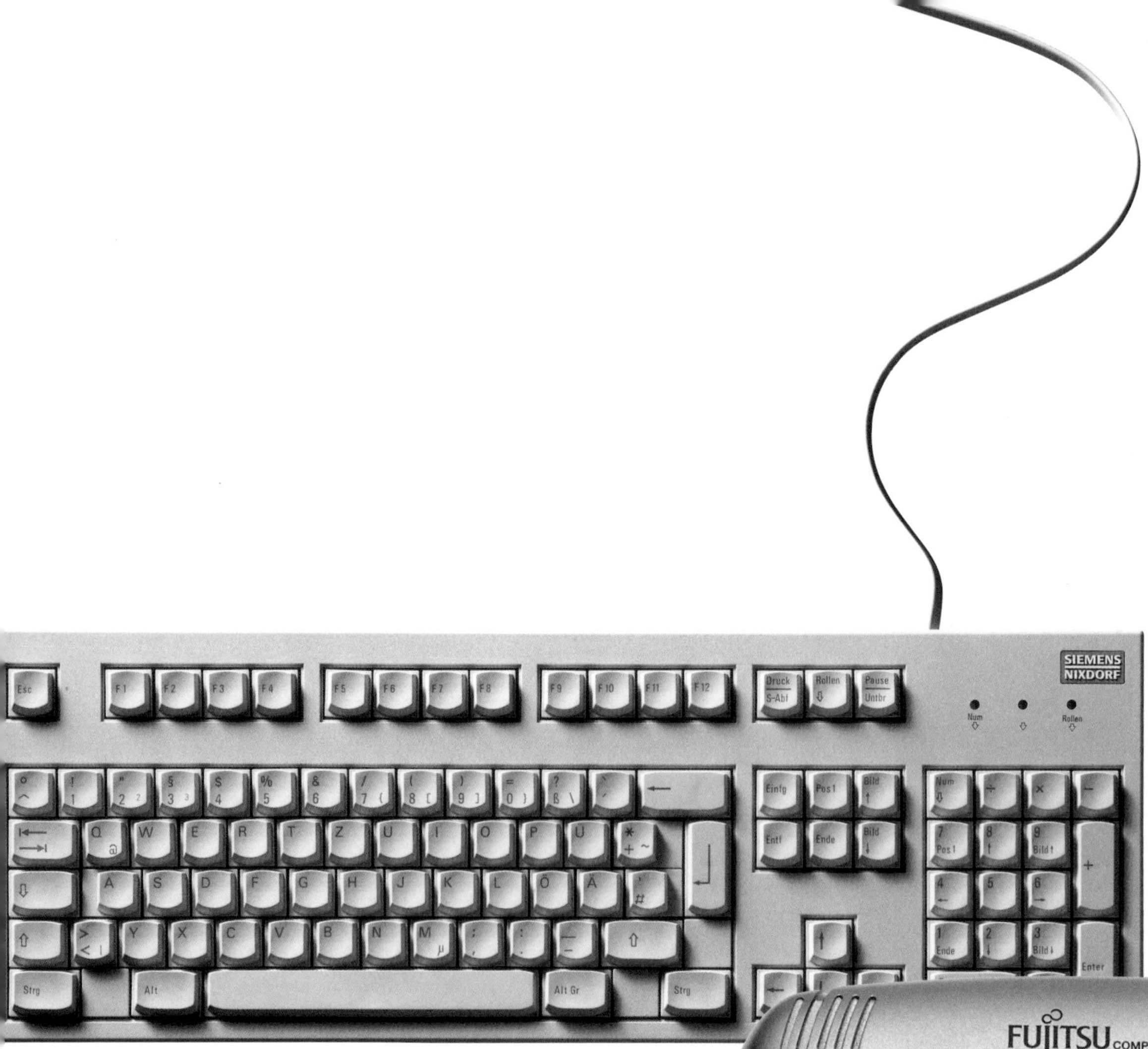


Siemens Design,
Ulrich Skrypalle,
Computertastatur,
1983/84.

Siemens Design,
Ulrich Skrypalle,
computer keyboard,
1983/84.

designafairs,
Bernd Eigenstetter,
Jörn Ludwig,
Palmtop „Pocket Loox".

designafairs,
Bernd Eigenstetter,
Jörn Ludwig,
Pocket Loox palmtop.

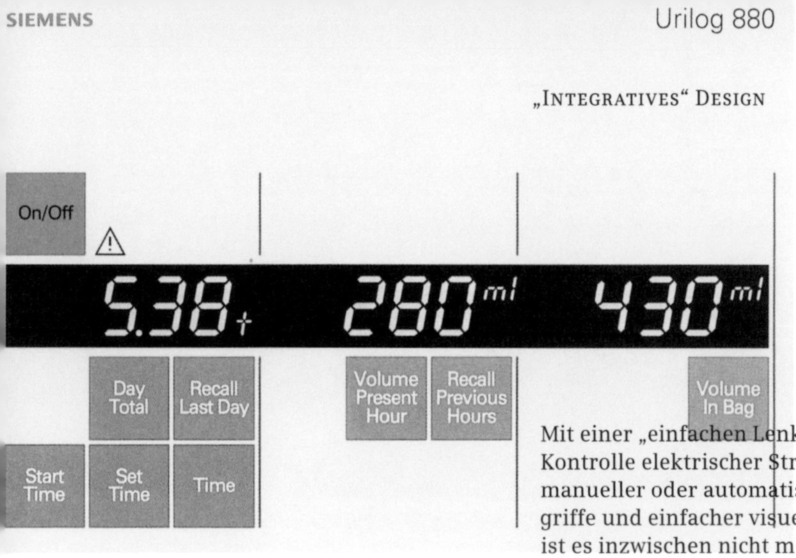


Siemens Design und Messe GmbH, Tastenfeld für das Medizin-Gerät Urilog 880, um 1998.

Siemens Design und Messe GmbH, keypad for the Urilog 880 medical equipment system, ca. 1998.



Mit einer „einfachen Lenkung“ und Kontrolle elektrischer Ströme mittels manueller oder automatisierter Zugriffe und einfacher visueller Anzeigen ist es inzwischen nicht mehr getan. Die Zukunft des Designs hat sich um eine weitere Gestaltungsdimension erweitert: Schließt doch das Design von Benutzeroberflächen inzwischen fast zwangsläufig auch die bedienungsgerechte Gestaltung von Software zur Führung und Programmierung unterschiedlich komplexer Automatisierungsprozesse mit ein. Gerade im Zusammenwirken mit den zunehmend virtuellen Bedienplattformen erfährt das Design von Bedienungseinrichtungen und ihren Elementen eine neue Bedeutung und Erweiterung in völlig neue Dimensionen: in die der virtuellen Vermittlung und modellhaften Simulation technischer Prozesszusammenhänge auf dem Bildschirm.

Der Erfolg solcher Simulationen in „geführter“ Bedienung ist entscheidend vom optimalen Zusammenwirken der verschiedenen Gestaltungsebenen eines mehr als nur zwei- oder dreidimensional agierenden Designs abhängig. Auch für Elektrotechnik selbst sind ihre Entwurfsprozesse elektronisch entrückt: Sowohl ihre inneren wie äußeren Architekturen entstehen seit längerem nur noch in virtualisierten Simulationen, und es scheint, dass gerade das unsichtbare Medium, welches eine neue Form mehrdimensionaler Gestaltung provoziert, selbst diesen Gestaltungsprozess derart usurpiert hat, dass es fast an ein Wunder grenzt, wenn seine Ergebnisse noch real und nicht nur „elektrisch“ simuliert erfahren werden können.

Die elektrisch-elektronische Vernetzung mit lebendem Gewebe eröffnet hingegen eine vollständig neue Art von Schnittstellentechnik und damit auch eine gänzlich neue Dimension von Design. Die Antwort auf die Frage, was sich daraus entwickeln und welche Folgen dies für uns haben könnte, muss wohl immer wieder neu ausgelotet werden. Denn hier gilt, was Carver Meade, Vater des Chip-Layoutverfahrens CIF und Caltech-Lehrer, an das Ende seiner Vorträge und Interviews zu setzen pflegt: „[Information] Technology finds its limits only in man's imagination!“[3]



“Simple guidance” and control of electric current by manual or automatic means and simple visual monitoring capability is no longer enough. The future of design has expanded into yet another dimension. Almost by necessity, the design of user interfaces now involves the design of software for the operation and programming of variously complex automated processes as well. Within the context of interaction with increasingly virtual operating platforms, the design of operating elements has assumed new importance and entered entirely new dimensions: the virtual mediation and model simulation of technical processes on the computer screen.

The success of such simulations in “guided” operations is dependent upon optimum interplay between the different levels of design in systems operating on more than just two or three dimensions. The design processes involved in electrical engineering itself have moved into the realm of electronics. Both their internal and external architectures originate – and have done so for some time – entirely in virtualized simulations, and it would appear that the invisible medium that has spawned this new form of multidimensional design has itself usurped the design process to the extent that results that are still real, rather than experienced solely as “electrical” simulations, are regarded almost as miraculous.

Electrical-electronic networking with living tissue, on the other hand, opens the way for an entirely new kind of interface technology and thus for a totally new dimension in design as well. What will come of this, and what consequences it may have for us are questions that will need to be re-explored again and again. For as Carver Meade, the inventor of the CIF chip layout process and a professor at Cal Tech, is fond of noting at the end of his lectures and interviews, “[Information] technology finds its limits only in man's imagination!”[3]

# „Kontakt mit dem Leben“
## Formgebung und Design der Siemens-Medizintechnik

Christoph A. Hoesch

# “In Contact with Life”
## Form and Design in Siemens Medical Equipment

Christoph A. Hoesch

256 Entdeckung der Röntgenstrahlung
257 Siemens und die Medizintechnik
258 Design und Gestaltung in der Medizintechnik
260 Gerätegestaltung mit Experimentalanmutung
261 Vom Strahlenschutz zur Formgebung
263 Externe und interne Formberatung
264 Die „Röntgenbombe“
265 Vom Herzschrittmacher zum Tomografen
267 Die Formgebung wird zum Design
269 „Freiform“ und Funktionalismus
270 Verdichtet oder dekonstruiert?
349 Anmerkungen

256 The Discovery of X-Rays
257 Siemens and Medical Technology
258 Design in Medical Technology
260 Equipment Design with an Experimental Look
261 From Radiation Safety to Design
263 External and Internal Design Consulting
264 The “X-Ray Bomb”
265 From the Pacemaker to the Tomograph
267 From Form to Design
269 “Free Form and Functionalism”
270 Compact or Deconstructed?
355 Notes

# Kontakt mit dem Leben

# In Contact with Life

Keine Technik kommt dem Menschen näher als die Elektromedizin: Ob Herzschrittmacher, EKG (Elektrokardiograf), Tomograf oder Operationslaser – nirgendwo sonst sind die Kontakte und Wechselwirkungen zwischen Mensch und Technik so eng, so intensiv und auch so „eindringlich“ wie dort. Hier ist die Schnittstelle zwischen Mensch und Maschine auf nächste „Zellnähe“, ja schon ins Körperinnere gerückt. Dies schafft besondere Perspektiven für die Gestaltung solcher elektrotechnischen Geräte, besitzen sie doch mehrere einander bedingende Kontaktstellen zwischen Mensch und eigentlicher Technik.

Alexander von Sydow, Siemens-Designer für Medizingeräte nach 1950, äußerte einmal lakonisch: „Der Hersteller medizintechnischer Geräte hat zwei Kunden, den Arzt und seinen Patienten!“[1] Dieser Aspekt bestimmte nicht nur nachhaltig die technische Entwicklung, sondern beeinflusste auch immer wieder die gestalterische Perspektive im Lauf der medizintechnischen Entwicklung und ließ das Design und den Designer wenn nicht zum Anwalt so doch zum Mittler zwischen Technik, Medizin und Patienten werden.

Doch erst in der zweiten Hälfte des 20. Jahrhunderts nahm man sich bei der Gestaltung von Medizintechnik verstärkt auch der physischen und psychischen Exposition des Patienten an und berücksichtigte dies mit einem entsprechenden Design. So verlor der Patient aus der Sicht von Technik und Design erst relativ spät seinen Status als reines medizinisches „Werkstück“. Daher fiel gerade Formgebung und Design im Lauf der letzten fünf Jahrzehnte eine wichtige Mittlerposition in der Wahrnehmung der Patienten-Perspektive im Umgang mit der neuen Technik zu.

No other branch of technology comes closer to people than electrical medical equipment, from pacemakers to ECGs (electrocardiographs), CAT scanners, and surgical lasers. Nowhere else are the contacts and interactions between people and technology as intimate, as intensive, and as “invasive.” In medicine, the interface between human being and machine has moved beyond the surface and into the body itself. This creates unique perspectives for the design of electrical medical equipment, as it involves multiple, interrelated points of contact between the patient and the technical equipment itself.

Alexander von Sydow, who became involved in the design of Siemens medical equipment in 1950, once aptly observed that “The manufacturer of medical equipment has two customers, the physician and his patient!”[1] This aspect has had a lasting impact not only on technical developments but on the perspectives of design within the context of progress in the development of medical technology as well. Design and the designer have become, if not the advocates of patients and physicians, then certainly at least the mediators between technology, medical practitioners, and patients.

Yet it was not until the latter half of the twentieth century that producers began to give increasing thought to the physical and psychological impact of technology on the patient and to incorporate the corresponding insights into the design of medical equipment. And thus it was some time before the patient ceased to be regarded by designers and engineers merely as a medical “object.” In the course of the past five decades, design has assumed an important position as a mediator between the new technologies and the patient.

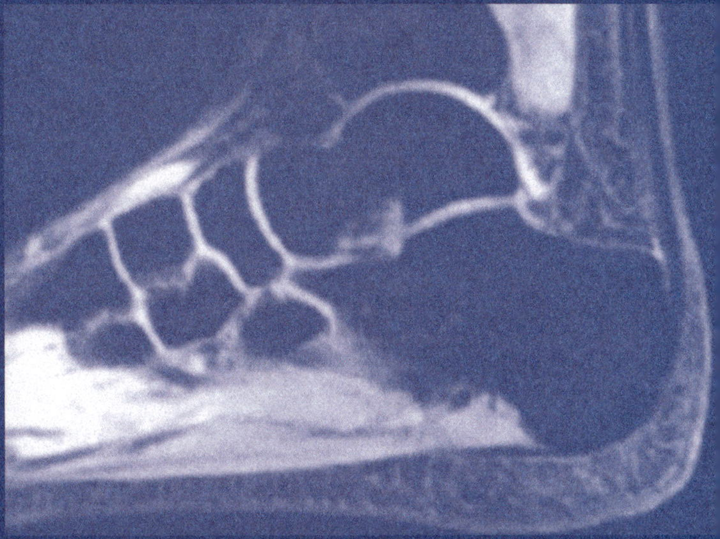

Die Entdeckung der Röntgenstrahlen 1895 revolutionierte die „elektrische" Medizin entscheidend. Wurde doch bis zur Entwicklung der Röntgentechnik 1896 Elektrizität in diesem Bereich fast ausschließlich therapeutisch eingesetzt.[2] Die Behandlung von Patienten mittels „Galvanisation", „Franklisation" oder eines „elektrischen Bades" wurde von vielen Medizinern als nicht immer seriös angesehen.[3] Die mit der medizinisch genutzten Elektrizität verbundenen Phantasien des 19. Jahrhunderts sahen darin denn auch vorrangig ein vitalisierendes oder wie in der Psychiatrie ein korrigierendes Therapeutikum.

Erst das Röntgengerät und der Kardiograf erschlossen eine vollständig neue medizinische Sicht: den elektrisch verstärkten diagnostischen Blick als virtuell moderierte Beobachtung der Prozesse im Inneren des Körpers, erstmals „in vivo", also ohne Eingriff von außen. Damit verlor die „Elektromedizin" schlagartig ihre bislang „exotische" Anmutung als Jahrmarktsbelustigung oder mehr oder weniger obskures Therapiemedium und wurde zur Basis für weitere ganz neue medizinische wie technologische Entwicklungen.[4]

The discovery of X-rays in 1895 completely revolutionized the "electrical" medium. Prior to the development of X-ray technology in 1896, electricity was used almost exclusively for therapeutic purposes in medicine.[2] Many medical practitioners regarded the use of such techniques as "galvanization" or "electrical baths" as questionable.[3] The fantasies associated with the medical use of electricity in the nineteenth century focused primarily on its vitalizing effects and, in the field of psychiatry, its role in corrective therapy.

The X-ray machine and the cardiograph paved the way for an entirely new medical perspective: the electrically amplified diagnostic view as a virtually modulated observation of processes within the body, in vivo and thus without invasion from outside. Consequently, "electromedicine" suddenly lost its "exotic" image as a carnival spectacle and a more or less obscure therapeutic medium and became the basis for revolutionary advances in both medicine and technology.[4]

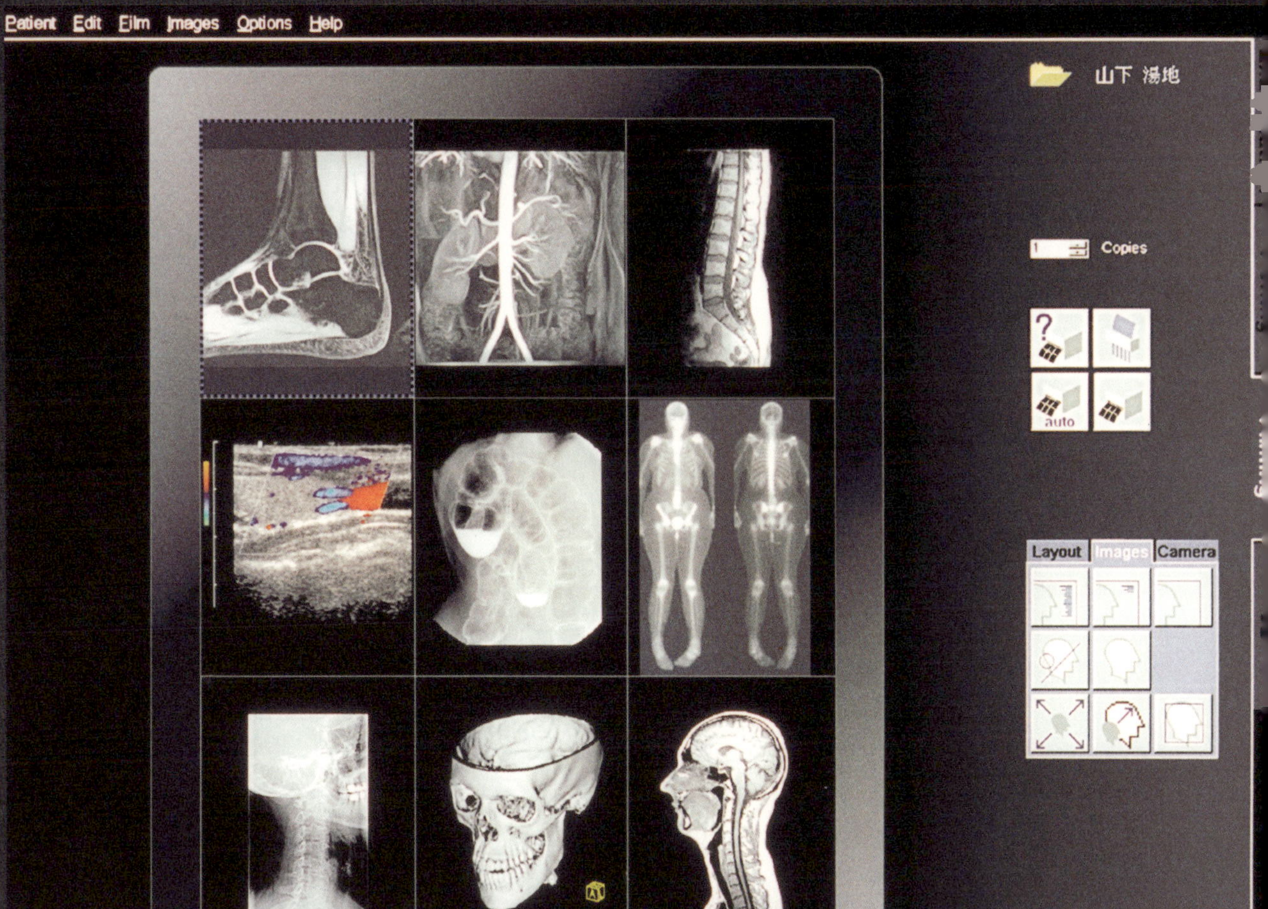


Siemens Design und Messe GmbH, Syngo-Workstation für Tomografie- und Röntgendarstellung, 1999.

Siemens Design und Messe GmbH, Syngo workstation for tomography and x-ray image display, 1999.

Die Tatsache, dass die Marke Siemens bald weltweit zum Inbegriff besonders innovativer, leistungsfähiger medizintechnischer Geräte werden konnte, verdankt sich mehreren Faktoren: besonders der seit jeher engen Zusammenarbeit mit der medizinischen Forschung in Deutschland und später auch international. Diese fachübergreifenden Kooperationen bei Forschungs- und Entwicklungsarbeiten haben bis heute zu einer kaum überschaubaren Anzahl grundsätzlicher Neuentwicklungen, Patente samt entsprechenden gerätetechnischen Umsetzungen geführt. So galt die Siemens-Medizintechnik „schon vor dem Zweiten Weltkrieg", wie Wilfried Feldenkirchen schreibt, „als das größte medizinische Spezialunternehmen der Welt".[5]

Schon Ende der zwanziger Jahre exportierte man Geräte nach Südamerika, in alle Länder Europas, aber auch nach Australien und Asien – eine Tendenz, die sich bis heute fortsetzt: So war die Siemens-Medizintechnik 1995 mit 24 000 Mitarbeitern in mehr als 130 Ländern mit mehr als 20 Fertigungsstätten an über zehn Standorten auf der Welt präsent.[6]

The fact that the Siemens brand soon came to be regarded worldwide as the epitome of innovative, high-performance medical-technical equipment is attributable to several different factors. Particularly important was the tradition of close cooperation with the medical research community in Germany and later at the international level as well. This interdisciplinary involvement in research and development led to countless truly innovative developments, patents, and corresponding technical products. Thus even before the Second World War, Siemens Medical Technology, as Wilfried Feldenkirchen writes, "was regarded as the world's largest company specialized in medical technology."[5]

Siemens was already exporting equipment to South America and all of the countries of Europe as well as to Asia and Australia by the end of the nineteen-twenties and continues to do so today. In 1995, Siemens Medical Technology was represented by 24,000 employees in 130 countries and more than twenty production plants at over ten locations.[6]

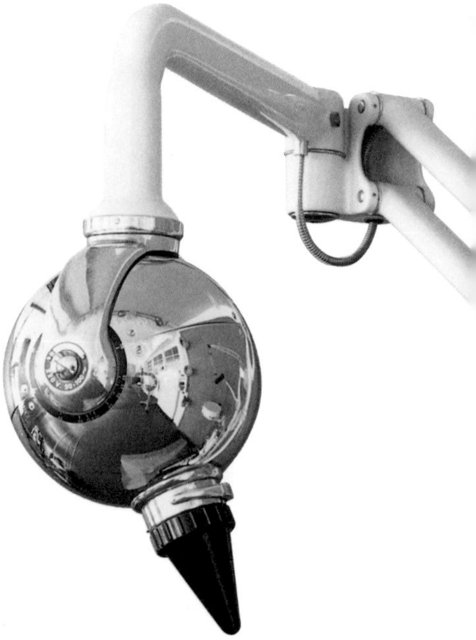

Die neue Technik beeinflusste nicht nur den medizinischen Fortschritt, sie veränderte auch nachhaltig die Beziehung zwischen Arzt und Patient – ein Grund, sich bei der Formgebung elektromedizinischer Geräte neben rein technischer Gestaltung, wie es Hans Domizlaff, Siemens-Berater in Werbefragen, 1935 einmal formulierte, auch auf eine „psychologisch-gestalterische" Bestimmung einzulassen.[7] Letzteres hatten die Verantwortlichen, wie Siemens & Halske-Direktor Heinrich von Buol, schon 1926 als äußerst wichtig erkannt – eine Einsicht, die sich etwa in besonderen Designbemühungen in dem bislang mit nur wenigen Gerätebeiträgen belieferten Bereich der Dentaltechnik niederschlagen sollte.

Das von Siemens 1925 übernommene medizintechnische Unternehmen Reiniger, Gebbert & Schall in Erlangen[8] besaß besonders in der Gestaltung von Dentalgeräten einschlägige Erfahrung, da sich die Konstrukteure bei deren Entwicklung bereits vor 1920 intensiv mit – nach heutiger Diktion „ergonomischen" – Überlegungen zur Farb- und Formgebung beschäftigt hatten.[9] Neben der Beschäftigung mit unterschiedlichen Farbvarianten wurden zusammen mit niedergelassenen Zahnärzten Bewegungs- und Bedienungsabläufe an Vormodellen simuliert. So hatte man bereits 1913 begonnen, einen zentralen Geräteträger für eine neue Dentaleinheit zu entwickeln[10], der fast bis in die sechziger Jahre unter dem Siemens-Reiniger-Markenzeichen immer weiter modifiziert und in den verschiedensten Varianten produziert wurde. Durch seine modulare Säulenkonstruktion konnten immer neue Zusatzgeräte hinzugefügt bzw. alte ausgetauscht werden, ohne dabei das zugrunde liegende Prinzip stark verändern zu müssen.

Gerade in der Anfangszeit lassen sich deutliche Unterschiede in der Gestaltung der Dental- und Röntgentechnik feststellen.

The new technology not only had a significant effect on progress in the field of medicine, it also changed the relationship between physician and patient. This was one reason, as Hans Domizlaff, a Siemens advertising consultant, noted in 1935, for considering "psychological" aspects in addition to purely technical issues in the design of electrical medical equipment.[7] Corporate executives, among them Siemens & Halske Director Heinrich von Buol, recognized the need for such an approach as early as 1926 – an insight that would be reflected in extraordinary achievements in the field of dental technology design, in which Siemens had previously produced and supplied relatively few products.

The medical technology firm of Reiniger, Gebbert & Schall of Erlangen,[8] which Siemens acquired in 1925, had accumulated considerable experience in the design of dental equipment, and its engineering designers had begun to focus intensely on (what we would now call "ergonometric") issues of color and form in developing such products even before 1920.[9] In addition to experiments with a range of different color schemes, various motion and handling sequences were simulated in collaboration with practicing dentists. The company had begun work on the development of a central instrument console for a new dental unit as early as 1913,[10] a product that was repeatedly modified and produced in a wide range of variations into the late nineteen-fifties under the Siemens-Reiniger trademark.
Its modular column configuration made it possible to add new instruments and replace old ones as needed without making major changes in the basic underlying principle.

During these early years, there were marked differences in the design of dental and X-ray equipment.

Siemens-Reiniger-Dentaleinheit „Universal" mit „Röntgenkugel", Modell 1934. Das Gerätesystem wurde 1914 konzipiert und in verschiedensten Varianten bis 1955 gebaut.

Siemens-Reiniger dental unit Universal with X-Ray Sphere, model 1934. The equipment system was originally designed in 1914 and built in a wide range of versions until 1955.

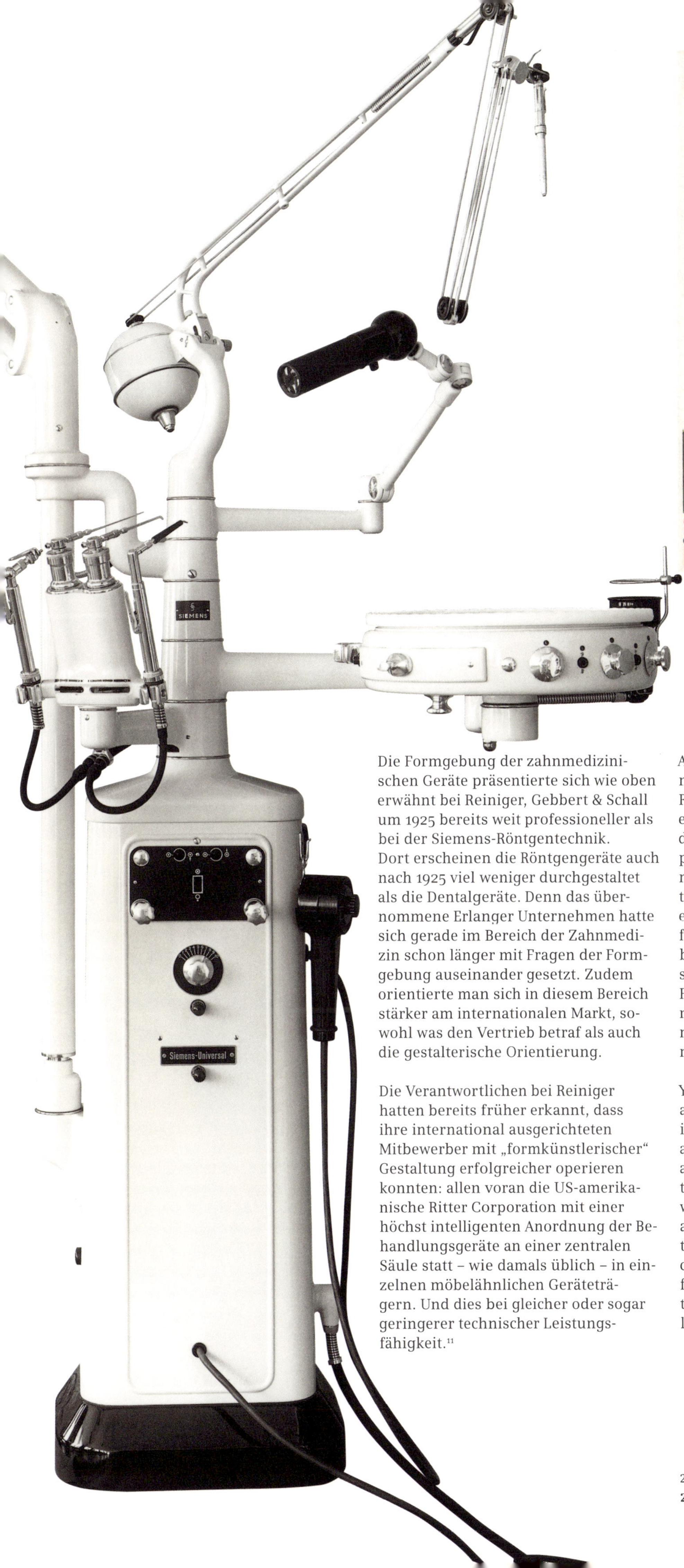

Die Formgebung der zahnmedizinischen Geräte präsentierte sich wie oben erwähnt bei Reiniger, Gebbert & Schall um 1925 bereits weit professioneller als bei der Siemens-Röntgentechnik. Dort erscheinen die Röntgengeräte auch nach 1925 viel weniger durchgestaltet als die Dentalgeräte. Denn das übernommene Erlanger Unternehmen hatte sich gerade im Bereich der Zahnmedizin schon länger mit Fragen der Formgebung auseinander gesetzt. Zudem orientierte man sich in diesem Bereich stärker am internationalen Markt, sowohl was den Vertrieb betraf als auch die gestalterische Orientierung.

Die Verantwortlichen bei Reiniger hatten bereits früher erkannt, dass ihre international ausgerichteten Mitbewerber mit „formkünstlerischer" Gestaltung erfolgreicher operieren konnten: allen voran die US-amerikanische Ritter Corporation mit einer höchst intelligenten Anordnung der Behandlungsgeräte an einer zentralen Säule statt – wie damals üblich – in einzelnen möbelähnlichen Geräteträgern. Und dies bei gleicher oder sogar geringerer technischer Leistungsfähigkeit.[11]

As indicated above, the dental equipment and instruments produced by Reiniger, Gebbert & Schall around 1925 exhibited a much more professional design than the X-ray equipment produced by Siemens. Siemens X-ray machines were also much less thoroughly designed than its dental equipment after 1925, as the Erlangen firm acquired by Siemens had already been concerned with aspects of design in dental technology for some time. Furthermore, both the design and marketing of dental equipment were more closely oriented to the international market.

Years before, management executives at Reiniger had recognized that their internationally active competitors were achieving greater success with "formal artistic" design. Most notable among them was the U.S. Ritter Corporation, which offered a highly intelligent arrangement of instruments on a central column rather than in instrument consoles resembling pieces of furniture – the standard solution at the time and one that was technically less or equally efficient at best.[11]

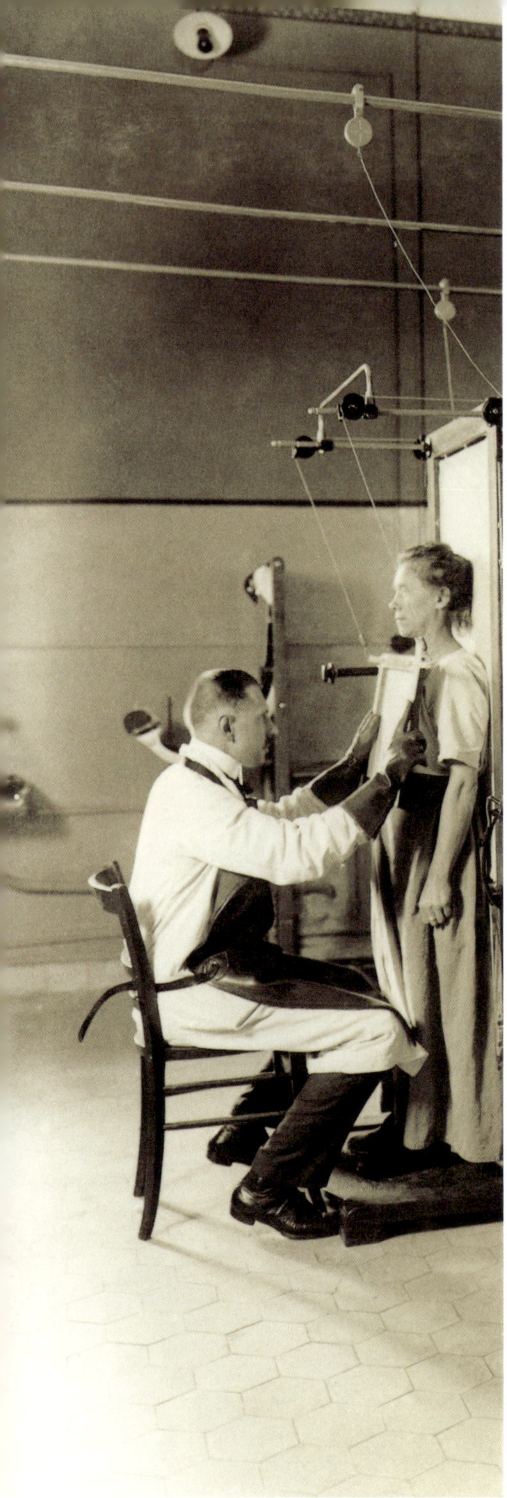

## Gerätegestaltung mit Experimentalanmutung

Die primär technisch bestimmte Gestaltung der Siemens-Röntgengeräte vor dem Ersten Weltkrieg war vordergründig von einem sorglosen Umgang mit der neuen Technik bestimmt. So wirkten die frühen Röntgengeräte fast wie Experimentieranordnungen, was auch in etwa die Art ihrer ersten Verwendung am besten charakterisiert.[12]

Die ersten Standgeräte um 1913/14 bestanden aus Holz- oder Metallgestellen mit diversen schwenkbaren Haltevorrichtungen sowie Röntgenschirm und Röntgenröhre, Letztere zunehmend in bleigefassten Gehäusen mit mechanischen Einstell- bzw. Fokussierhilfen. Alles in allem waren dies offen zugängliche Konstruktionen mit flexiblen, zugleich jedoch fragil wirkenden Aufbauten und Aggregaten. Der Schutz für die Patienten und die Ärzte hingegen war noch minimal, begann man damals doch gerade erst, die Risiken der Röntgentechnik zu erkennen.

Nach dem Ersten Weltkrieg verzeichnete der Röntgensektor im Bereich der Gestaltung eine längere Stagnation. Zwar hatten hier medizinisch-technische Erfahrungen aus dem Ersten Weltkrieg schnell zu technischen Innovationsschüben geführt – so etwa der rasanten Entwicklung der Röntgenfotografie und ihrer schnellen Spezialisierung –, doch die Formgebung, oder wie man bei Siemens-Reiniger ab 1926 werksintern formulierte, die „vollständige Durchbildung" der Geräte, eilte bis in die frühen dreißiger Jahre hinter der eigentlichen technischen Entwicklung hinterher, was den Geräten auch deutlich anzusehen war. So wirkten noch in den zwanziger Jahren fast alle Standgeräte, auch die der Siemens-Mitbewerber, kaum wie Industrie-Apparate, sondern eher wie „Kreuzungen aus Guillotine und Laborgerät"[13], wie ein deutscher Journalist 1926 einmal süffisant anmerkte. In ihrer Anmutung seien sie so bedrohlich, dass sie die Patienten „wohl kaum hoffnungsfroh stimmen" könnten.

## Equipment Design with an Experimental Look

Influenced primarily by technical considerations, the design of Siemens X-ray equipment produced prior to the First World War reflected what seems a relatively casual approach to the new technology. Early X-ray machines looked much like experimental equipment, and their appearance gave a fair indication of the manner in which they were originally used.[12]

The first upright units produced around 1913/14 consisted of wooden or metal stands with various moveable mounting devices, X-ray screens, and X-ray tubes, the latter enclosed to an increasing extent in lead-framed casings with mechanical adjustment and focusing devices. On the whole, these were openly accessible constructions with flexible, yet fragile-looking mounted components. They provided minimal protection for patients and physicians, however, as people had only recently become aware of the risks posed by X-ray technology.

Interest in the design of X-ray equipment stagnated for some time after the First World War. Although experience gained in the application of medical technology during the war soon led to new technical innovations – including the rapid development of X-ray photography and accelerated specialization in the use of the method – design, or the "total form" of equipment, as it was referred to at Siemens-Reiniger beginning in 1926, lagged behind technical advances until well into the nineteen-thirties, as was evident in the appearance of these products.
And thus nearly all upright units produced in the twenties, including those of Siemens's competitors, looked less like industrial equipment than like "a cross between a guillotine and a laboratory device,"[13] as a German journalist smugly noted in 1926. Their appearance was so threatening, he wrote, that they were "hardly likely to make patients feel hopeful."

Schirmbild-Röntgengerät mit mobilem Steuerpult, 1918.

Screen-image x-ray machine with mobile control panel, 1918.

Eine eher zufällige Gestaltungsaufgabe ergab sich 1919 bei der Konstruktion eines ersten Siemens-Röntgen-Bestrahlungsgerätes. Die von Technikern entworfene Rundumverkleidung zum Schutz gegen Hochfrequenz- und Röntgenstrahlung besaß erhebliche Ausdehnung. Doch die Verkleidung aus Bleifolie, an Wand und Decke verankert, zeigte so etwas wie ersten Gestaltungswillen, das riesige Volumen in eine stärker definierte Form zu bringen. So war es nicht zuletzt der wachsende Bedarf an Abschirmungsmaßnahmen, der Ansatzpunkte für eine umfassendere Formgebung schuf.

Doch es gab auch bei Siemens eine medizintechnische Produktgruppe, die schon vor dem Ersten Weltkrieg zu ersten Maßnahmen einer noch unbestimmten Formgebung gezwungen wurde: der Bereich der Hörgerätetechnik. Bei der Entwicklung der so genannten Phonophore zeigten Techniker und Vertrieb erstmals so etwas wie „Design-awareness“, indem sie sich entschlossen, die ersten „Phonophor“-Apparate so klein und unauffällig wie möglich zu gestalten und in diversen eleganten Leder- oder Handtaschen bzw. in einfachen Futteralen unterzubringen. Dabei zog man betont modischen Entwürfen eine bewusst neutrale Formgebung vor, die keinerlei Hinweis auf ihren elektrischen Inhalt ermöglichte. Spezielle Bemühungen um Gestaltung bzw. Verkleidung war nicht zuletzt wegen der anspruchsvollen Zielgruppe geboten, da diese Geräte anfangs noch ziemlich teuer waren.

Rather coincidentally, the development of one of the first Siemens X-ray machines posed a design problem in 1919. The surrounding lining developed by engineers to provide protection against high-frequency and X-ray emissions increased the size of the unit considerably. Yet the design of the lead-foil lining, which was firmly attached to the wall and ceiling, revealed signs of an early concern for design in the attempt to imbue the immense volume with a more clearly defined form. In this case, recognition of the need for protective shielding provided a significant impulse to a more comprehensive approach to design.

Siemens was compelled to take initial measures toward an as yet undefined design concept by a specific group of medical-technical products even before the First World War – namely that of hearing aids. Engineers and marketing experts involved in the development of the Phonophore line demonstrated something akin to “design awareness” for the first time when they decided to make these hearing aids as small and unobtrusive as possible and to enclose them in various elegant leather pouches, handbags, or simple cases. Emphatically fashionable design proposals were rejected in favor of a deliberately neutral style that gave no hint of the electrical components they contained. Special attention to aspects of design and external appearance was required in view of the demanding tastes of the target group, as these devices were quite expensive at first.

Nach der Zusammenlegung der beiden Unternehmen, der Überwindung der Weltwirtschaftskrise und (nicht zu vergessen) der Installierung der Siemens-Formgebungs-Beratungsgruppe ergab sich spätestens ab 1932 eine Fülle neuer Aufgaben. So wurden denn auch in der Folgezeit vor allem die gestalterischen Defizite in der Röntgentechnik durch einige exemplarische Entwürfe ausgeglichen. Doch auch im Bereich der Dentaltechnik entwickelte und optimierte man systematisch den bereits vor dem Krieg begonnenen Phänotyp der Dentalbehandlungseinheiten „Normal", indem man ihn mit immer neuen Geräteträgern versah. Dies bot sich deshalb an, weil das Grundmodell mit seiner segmentierten Säulenkonstruktion für das Anbringen weiterer, oft zusätzlich neu gestalteter Ausleger, Arme oder Behandlungsmodule geradezu prädestiniert erschien.

Following the merger of the two companies, recovery from the global depression, and (lest one forget) the establishment of the Siemens Form Consulting Group, the company found itself faced with numerous new tasks beginning in 1932, at the latest. In one of the most noteworthy developments of the following years, a number of exemplary designs were introduced in an effort to eliminate deficiencies in X-ray technology design. In the field of dental technology, the phenotype of the Normal dental treatment units introduced before the war was systematically upgraded and optimized through the addition of a series of new instrument consoles. This was possible because the basic model comprising a segmented column was virtually predestined for the addition of new, and often newly designed, attachments and instrument modules.

„Röntgenkugel" für die Dental-Praxis, unter Mitwirkung der Siemens-Formgebung, 1938.

X-Ray Sphere for dentists, developed in collaboration with Siemens Form Consulting, 1938.

Mobiles Dental-Röntgengerät „Heliodent", das Vorläufermodell der „Röntgenkugel", 1932.

Heliodent mobile dental x-ray machine, the precursor to the X-Ray Sphere, 1932.

In die Weiterentwicklung und Optimierung der alten Reiniger-Dentaleinheit war ab 1934 auch der bereits erwähnte Werbeberater Hans Domizlaff involviert. Trotz gewisser Überlegungen, die weit über die bestehenden technischen Möglichkeiten hinauswiesen, war er in diesem Fall mit seinen Farb- und Formgebungsvorschlägen wenig erfolgreich, weil er das bestehende siemenstypische Einflussgeflecht von Vertrieb, Konstruktion und Geschäftsführung gegen sich aufbrachte. Die Gesprächsnotizen der Zeit um 1936 legen hiervon beredtes Zeugnis ab.[14] So griff man nach Ende der Zusammenarbeit lieber wieder auf die Mitarbeit der mit der Siemens-Kultur besser vertrauteren Formberater zurück.

Neben der Dentaltechnik war es die Formgebung für Röntgengeräte, die ab Mitte der dreißiger Jahre der Siemens-Medizintechnik ein neues, deutlicheres Profil verlieh. So bedeuteten die 1928 vorgestellte mobile Röntgeneinheit „Heliodor“ und 1932 der „Heliodent“ gestalterische Vorstufen auf dem Weg zu der ab 1933 auf zahlreichen Stativversionen oder Festgeräten eingesetzten Siemens-„Röntgenkugel“. Der Entwurf dieses vielseitig nutzbaren Gerätekopfs diente bis in die siebziger Jahre als Erkennungsmerkmal für viele kleinere Siemens-Röntgengeräte im normalen Praxis- und Krankenhausbetrieb. Bei Stativversionen und Festplatzgeräten – wie dem „Tuto Heliophos“ von 1933, dem „Orthoskop“ von 1936 oder dem minimalistisch anmutenden „Helioskop“ aus den späten vierziger Jahren – offenbarte sich in der Gestaltung eine neue formal und konstruktiv straffere Linie. Dabei wirken die Geometrien der verwendeten Bauteile besser proportioniert und ihre gesamte Gliederung bzw. Anordnung in den Geräten besser aufeinander abgestimmt, was wohl nicht zuletzt auf den zunehmenden Einfluss der neuen Siemens-Formberater zurückzuführen war – unter entscheidender Beteiligung von Konstrukteuren und Bauingenieuren wie Wilhelm Pruss.[15]

Advertising consultant Hans Domizlaff also became involved in the process of upgrading and optimizing the Reiniger dental unit in 1934. Although he proposed a number of ideas that pointed far beyond the technical possibilities that existed at the time, he had little success in gaining acceptance for his suggestions regarding form and color in this particular case, as he had managed to generate massive resistance to his efforts within the existing network of influences exerted by sales, engineering, and executive management that typified Siemens corporate culture at the time. These problems are clearly documented in memoranda written during the period.[14] Ultimately, collaboration with Domizlaff came to an end, and corporate policymakers opted in favor of working with the form consultants, who were better acquainted with the Siemens culture.

The design of X-ray equipment played an instrumental role in shaping a new, more clearly defined profile for Siemens medical technology beginning in the mid-nineteen-thirties. In terms of design, the mobile Heliodor X-ray unit introduced in 1928 and the Heliodent that followed in 1932 represented precursors of the Siemens X-Ray Sphere, which appeared in numerous tripod-mounted and stationary versions beginning in 1933. The design of this versatile X-ray unit served until well into the nineteen-seventies as an identifying characteristic of many smaller Siemens X-ray machines used in physicians' practices and normal hospital operations. The tripod and stationary versions – among them the Tuto Heliophos introduced in 1933, the Orthoskop (1936), and the minimalist-style Helioskop produced during the late nineteen-forties – were characterized by a new, leaner approach to design and engineering. Component geometries exhibited more pleasing proportions, and the overall configuration and arrangement of components in the equipment units were more carefully coordinated. These improvements were attributable in large measure to the increasing influence of the new Siemens form consultants – and to crucial support provided by engineering designers and mechanical engineers like Wilhelm Pruss.[15]

## Die „Röntgenbombe“

Weitere dem selben formalen Stil verpflichtete Geräte waren die so genannte „Röntgenbombe“ und die „Röntgenkamera“ – beides Entwürfe aus der Zeit um 1936/37, deren gestalterische Urheber im Einzelnen nicht mehr zu benennen sind.[16] Die „Röntgenkamera“ bzw. das Gehäuse mit der Röntgenröhre des Geräts wurde in Analogie zu einer damaligen Pressekamera gestaltet – mit einer markanten Abwandlung: Das Siemens-Gamma-Bestrahlungsgerät, die „Röntgenbombe“, zeigte sich noch wuchtiger mit seinem kantigen Ständer und charakteristisch geometrisierten Röhrengehäuse. Der Blick auf die Silhouette des Gehäuses macht die Analogie der Namengebung recht deutlich.

Abgesehen von dem bedrohlich, fast präpotent wirkenden Gesamteindruck zeigt der Blick auf die Details erstaunlich konsequente Lösungen im Stil des Dessauer bzw. Weimarer Bauhaus-Funktionalismus: Man verwendete den „Goldenen Schnitt“ zur Proportionierung, achtete auf ausreichend Freiflächen und klare Kanten- bzw. Flächengestaltungen: z. B. bei der Platzierung der doppelten schwarz abgesetzten Einstell- bzw. Höhenverstellungsräder auf der Geräteachse. Ebenso interessant ist die isolierte Position des Stellrads für die Horizontalbewegung auf der fast architektonisch einfachen Gerätesäule. Details wie die leicht bombierten Gerätefüße, der Tisch mit seinen aufeinander abgestimmten Vierkantprofilen und die kleine Seilabdeckung auf dem oberen Säulenende lassen erahnen, dass hier nicht nur mit einem architektonisch geschärften Blick gearbeitet wurde.

Die drei Geräte können sicherlich als wichtigste, zumindest plakativste Modernitätsausweise der Siemens-Medizintechnik um 1938 betrachtet werden. Dass sie auf seltsame Weise kaum medizinisch-ethische Zuwendung in ihrer Formensprache signalisieren, vielmehr aggressive Dynamik demonstrieren, kann wohl mit Blick auf das Zeitgeschehen kaum als zufällig erachtet werden.

## The “X-Ray Bomb”

Other products designed along the same formal, stylistic lines included the so-called “X-Ray Bomb” and the “X-Ray Camera” – both of which appeared around 1936/37 as the accomplishments of designers who can no longer be identified today.[16] The design of the “X-Ray Camera,” or the housing containing the X-ray tubes, was inspired by press cameras in use at the time – with one prominent modification. The Siemens gamma radiation unit, known as the “X-Ray Bomb,” was even bulkier, with its angular stand and characteristic geometric tube-housing configuration. The shape of the housing silhouette clearly shows why the name was chosen.

Apart from the somewhat frightening, almost omnipotent overall impression evoked by the machine, a closer look at the finer details reveals the astonishingly consistent application of the principles of Dessau and Weimar Bauhaus functionalism. Proportions were defined with the aid of the Golden Section, and care was taken to provide for ample free surface areas and clear edge and surface configurations, as in the placement of the double, contrasting black height adjustment wheels on the unit axis. Equally interesting is the isolation of the horizontal positioning wheel on the plain, almost architectural-looking column. Such details as the slightly rounded feet, the table with its matching rectangular tube sections, and the small cable cover on the upper end of the column clearly suggest that more than the keen eye of the architect was involved in the design of this product.

These three products may be regarded as the most important, or at least the most obvious “badges” of modernity in Siemens medical technology produced around 1938. Oddly enough, their formal language tends to suggest aggressive dynamism rather than medical-ethical concerns, although one need only look at the history of the period to realize that this cannot have been a matter of coincidence.

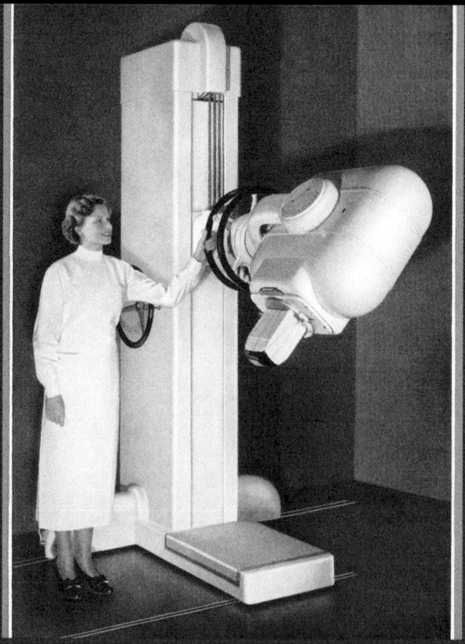

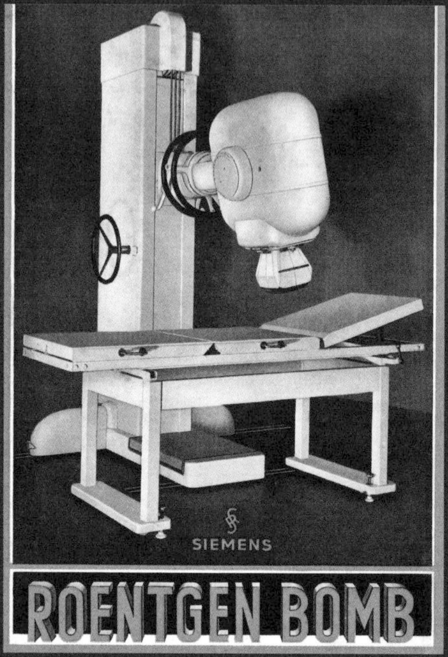


Siemens-Formgebung, „Röntgenbombe“, Bestrahlungsgerät für die Tumorbehandlung, 1937/38.

Siemens Consulting, X-Ray Bomb, radiation unit for tumor treatment, 1937/38.

Der technische Fortschritt bestimmte auch die nächsten fünf Jahrzehnte Entwicklung und Gestaltung der Medizingeräte. Neben der Entwicklung neuer Technologien stand die Optimierung der bestehenden, die funktionale Ausdifferenzierung von immer neuen Gerätanwendungen, die Erweiterung ihrer Aufgabenstellungen sowie ihrer Bedienungs- und Handhabungsmöglichkeiten. Halbleitertechnik, Elektronik und Mikroelektronik haben in der Folge die gesamte Medizintechnik revolutioniert.

Neben die Röntgenfotografie traten der Bildschirm, diverse elektronische Speichermedien und der Computer in unterschiedlichster Anwendung, doch auch ergänzende diagnostische Medien wie der Ultraschall und seine Geräte erlebten einen Entwicklungsboom. Dies alles führte zu Technologien, die alles in den Schatten stellten, was es an Untersuchungsmöglichkeiten zuvor gegeben hatte. So entwickelten sich zwischen 1950 und 1970 gerade im Röntgenbereich eine Fülle verbesserter Spezialanwendungen, etwa in der Angiografie und Strahlenmedizin, gipfelnd ab den siebziger Jahren – als deren fast utopische Fortsetzung – in der Computer- und Kernspintomografie.

Technical progress continued to serve as the driving force behind the development and design of medical equipment during the next five decades. In addition to the development of new technologies and the optimization of existing solutions, increasingly specialized functions were engineered for a series of new equipment applications. Equipment capabilities were expanded, and operating and handling features were continually upgraded. Semiconductor technology, electronics, and microelectronics revolutionized the entire field of medical technology in successive phases.

X-ray photography was followed by the display screen, various new memory media, and the use of computers in a wide range of applications. Diagnostic support systems such as ultrasonic screening equipment also experienced a development boom. Together, these trends led to technologies that surpassed everything that had previously been regarded as possible in the field of diagnostic examination. Numerous special applications emerged in X-ray technology during the period from 1950 to 1970, in angiography and nuclear medicine, for example, culminating – in an almost utopian progression – in computer tomography and magnetic resonance imaging in the early seventies.

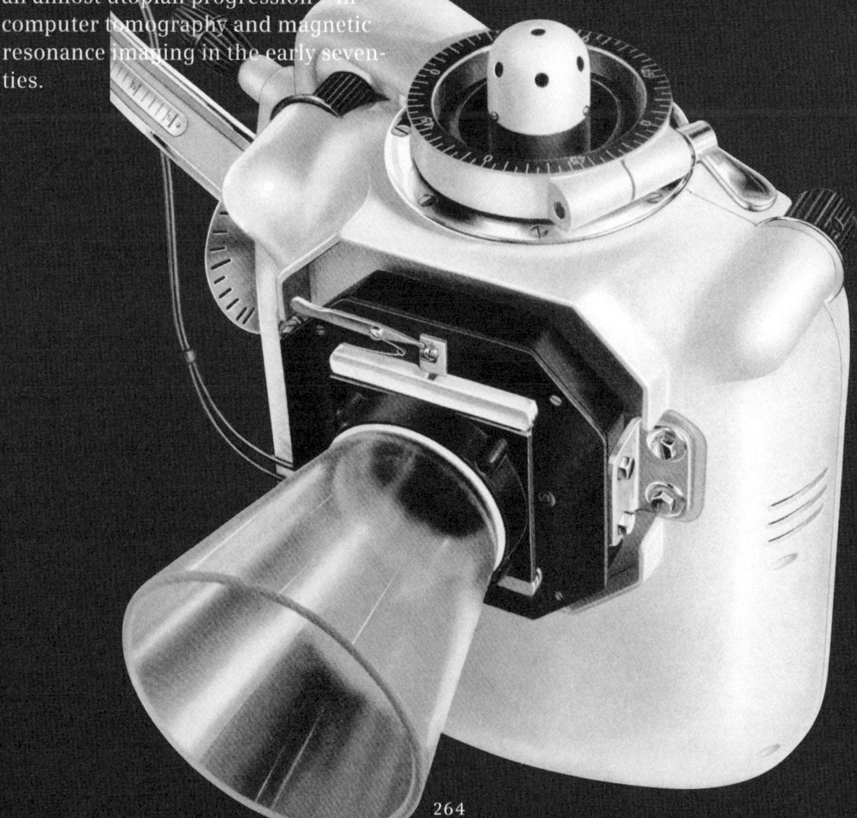

„Röntgenkamera", Gerätekopf für Röntgenaufnahmen, unter Mitwirkung der Siemens-Formgebung, 1937.

The X-Ray Camera, an x-ray imaging unit developed in collaboration with Siemens Form Consulting, 1937.

Spezialisierung und Optimierung waren die wichtigsten Aspekte der Entwicklung: Dabei wurden sowohl die diagnostischen als auch die therapeutischen Geräteanwendungen immer flexibler, leichter in der Handhabung und zugleich immer spezialisierter in den jeweiligen Verwendungsmöglichkeiten. An die Stelle der bislang üblichen mechanisch- oder hydraulisch-manuellen Einstell- oder Bewegungshilfen traten verstärkt elektrisch oder pneumatisch gestützte und gelenkte Antriebe und Aggregate für Behandlungstische, Stühle, Geräteträger und Instrumente. Diese Anlagen ermöglichten völlig neue, raumgreifende, punktgenau geführte Bewegungsabläufe und Behandlungspositionen, z. B. in den Zahnarztpraxen, die Jahre zuvor noch nicht einmal von großen bautechnischen oder logistischen Fördergeräten hätten ausgeführt werden können. Offene, hygienisch mangelhafte Kabelführungen verschwanden unter den immer kleiner werdenden Gehäusen, die ihrerseits durch zunehmenden Einsatz von Kunst- und Verbundwerkstoffen ihre bisherige Anmutung ablegten, leichter beweglich und zugleich eleganter wirkten.

Specialization and optimization were driving forces behind these developments. Both diagnostic and therapeutic equipment became increasingly versatile, easier to operate, and more specialized in terms of its specific applications. Standard mechanical or hydraulic manual adjustment and positioning components gave way to electrically or pneumatically powered and guided drive and control units for examining tables, chairs, instruments, and instrument consoles. These systems enabled medical practitioners and technicians (in dental practices, for example) to perform completely new, highly precise movements from new positions – operations that could not have been performed even by large-scale construction or logistical equipment years before. Exposed, hygienically deficient cable channels disappeared behind progressively smaller housings, which began to take on a new, lighter, more flexible, almost elegant look thanks to the increasing use of plastic and compound materials.

Schon in den fünfziger Jahren hatte ein Gestaltungswechsel der Medizintechnik den Abschied von der Formensprache der Vorkriegszeit markiert. Dass man schon während des Krieges die meisten F&E-Gruppen nach Erlangen ausgelagert hatte, erleichterte nach 1945 den Neuanfang. Zwar wurde noch die vor 1945 entwickelte Geräteeinheit „Adjutor“ aus einem brückenartigen Schrank bzw. Geräteträger hergestellt, doch nur noch kurze Zeit vertrieben. Der sich andeutende Paradigmenwechsel in der Siemens-Medizintechnik machte sich besonders an einem Namen fest, der als Gestalter – bis 1971 auch als Verantwortlicher bzw. bis gegen 1977 als Berater – den Übergang von der Formgebung zum Design mit bestimmte und verantwortete. So erwies sich der Firmeneintritt des Werbegrafikers Alexander von Sydow im Jahr 1950 als besonders glückliche Fügung für die weiteren Formgebungsaktivitäten. Von Sydow, der vor dem Krieg eine Kunstschule in Berlin besucht hatte, arbeitete nach 1945 in verschiedenen Unternehmen als Werbegrafiker und Verpackungsgestalter, hatte aber auch bereits kleine Geräteentwürfe für einen westdeutschen Hausgerätehersteller gestaltet. Bei Siemens kam ihm sein zeichnerisches Talent zugute und seine besondere Fähigkeit, Raumkörper schon in der zweidimensionalen Entwurfsdarstellung geschickt umzusetzen.

Zwei formale Tendenzen bestimmten das Wirken von Sydows: die schon nach dem Krieg aufgegriffene, von ihm neu interpretierte Linie plastisch-körperhafter Geräteformen, die sich z. B. in der Neugestaltung der Dentaleinheit „Corona“ bzw. „Sirona“, dem „Gammatron 3“ oder des ersten Siemens- Herzschrittmachers niederschlug; zum anderen eine Designlinie, die deutlich den reduktiven Vorstellungen der Ulmer Hochschule für Gestaltung verpflichtet war. Letztere wurde seit Anfang der sechziger Jahre insbesondere von Sydows späterem Mitarbeiter und Nachfolger Peter Schoeller vertreten, der selbst in Ulm bei Max Bill und Hans Gugelot studiert hatte. Er brachte neue Dispositionen in seine Arbeit bei Siemens mit ein[17] und ermöglichte so einen fast fließenden Übergang in deutsches Avantgardedesign zwischen 1960 und 1990.

The formal language of the prewar era was abandoned in the wake of the evolution in design that took place in medical technology during the nineteen-fifties. The fact that most of the R&D groups were transferred to Erlangen during the war years also facilitated the process of renewal that began in 1945. Although the Adjutor unit comprising a bridge-like cabinet and instrument holder developed before 1945 was still produced after the war, it did not remain on the market for long.
The emerging paradigm shift in Siemens medical technology is associated above all with the name of one individual who, as a designer – and until 1971 as a manager and until about 1977 as a consultant – guided and directed the transition from form to design. The hiring of the commercial graphic designer Alexander von Sydow proved to be a particularly fortunate turn of events for subsequent design activities. Von Sydow, who had attended an art school in Berlin before the war, had worked as a commercial graphic artist and packaging designer for several different companies after 1945 but had also created designs for several small equipment units for a West German household appliance manufacturer. His artistic talents stood him in good stead at Siemens, as did his extraordinary skill in rendering three-dimensional objects in two-dimensional drawings.

Two formal concepts influenced von Sydow's work in design: the line of equipment shapes characterized by sculptural volumes he took up after the war and subsequently reinterpreted, which was reflected for example in the redesigned Corona and Sirona dental units, the Gammatron 3, and the first Siemens pacemakers; and an approach to design that was clearly inspired by the reductive concepts of the Ulmer Hochschule für Gestaltung. The latter approach was propagated in the early nineteen-seventies in particular by von Sydow's later colleague and successor Peter Schoeller, who had also studied in Ulm under Max Bill and Hans Gugelot. He introduced entirely new directions at Siemens,[17] and thus paved the way for an almost seamless transition to German avant-garde design in the years between 1960 and 1990.

Siemens Design,
Peter Schoeller,
Dental-Arztstuhl „Sirona“
um 1969/70.
Dieses Modell fand weltweite Verbreitung.

Siemens Design,
Peter Schoeller,
dentist's chair, "Sirona"
ca. 1969/70.
The model was sold worldwide.

Siemens Design,
Olaf Bransky,
Röntgengerät
„Siregraph D“, 1992.

Siemens Design,
Olaf Bransky,
Siregraph D X-Ray
machine, 1992.

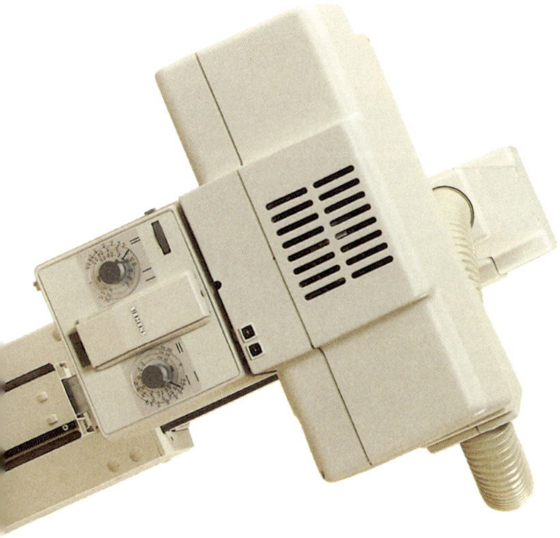

Die „körperplastische“ Linie Sydows wurde in der Gestaltungsliteratur der Nachkriegszeit kaum gewürdigt, weil sie in ihrer Anmutung, wie Edwin Schricker meinte, eher den „stilistisch rückwärts gewandten Gestaltungstraditionen“ als der funktionalistischen Renaissance nach dem Krieg verpflichtet schien. Doch die diversen „Corona“- und später die daraus abgeleiteten „Sirona“-Varianten erfreuten sich im Export besonderer Beliebtheit, weil sie dem alten Mitbewerber Ritter und seiner „Streamline“-Gestaltung der späten vierziger Jahre eine moderner wirkende Alternative entgegensetzten.

Doch auch schon gegen Ende der fünfziger Jahre wandte sich das Team unter von Sydow stringenter geometrisierten Formen zu: Vor allem die Gestaltung von Röntgengeräten wie dem „Klinographen“ von 1957 mit verstellbarem Tisch, plastisch abgerundeten Kanten und minimalistischer Sockelkonstruktion wirkt fast wie ein Vorgriff auf die Designauffassungen der späten neunziger Jahre. Auch bei den Dentalgeräten kündigte sich nach 1965 ein radikalerer Formenwechsel an: So sind bei der Dentalkombination von „Sironette“- und „Sironesse“-Geräteträger sowie dem „Sirona“-Stuhl von 1968 die beiden Container flexibel um den Stuhl herum angebracht. Die Geräteträger erscheinen stärker geometrisiert, haben aber noch keine so strenge Quaderform wie die beiden Nachfolger „Siromat“ oder „Sironette“ von 1975.

Das Röntgengerät „Status X“ von 1974 erhielt vollends reduzierte geometrisierte Formen. Mit dem Siemens „Motorstuhl T2“ begann zudem ein neues Kapitel der Stuhlgestaltung: mit der für die nächsten beiden Jahrzehnten charakteristischen Sockelgeometrie des langen Hebelarms und der schwingenden Linie der Sesselsilhouette. Ein Klassiker der internationalen Dentaleinrichtungen wurde der „Sirona“-Drehstuhl für Arzt und Helfer, ein Modell, das zwischen 1969 und 1990 zu einem der weltweit meistverkauften Zahnarzthocker avancierte. So finden sich noch heute Rollhocker mit der typischen Form rund um den Globus im Gebrauch.

The response to von Sydow's "sculptural" forms in the design literature of the postwar period was lukewarm at best. As Edwin Schricker noted, it appeared to have been inspired more by the "regressive stylistic design tradition" than by the postwar functionalist renaissance. Yet the various models of the Corona and the later Sirona units derived from the Corona line sold extraordinarily well in the export market, primarily because they represented a more modern-looking alternative to the streamlined design of products marketed by Siemens's competitor Ritter during the nineteen-forties.

Von Sydow's team also turned to more stringent geometric forms toward the end of the nineteen-fifties. The design of the Klinograph introduced in 1957, with its adjustable table, softly rounded edges, and minimalist base construction, seemed almost to anticipate the design concepts of the late nineties. A radical formal shift also became apparent in dental equipment after 1965. In the Sironette and Sironesse combination dental instrument holders and the Sirona chair of 1968, the two containers are arranged flexibly around the chair. The instrument consoles have a more pronounced geometric look but have not yet assumed the austere cubic shape that characterized the two successor Siromat and Sironette lines introduced in 1975.

The Status X X-ray machine first produced in 1974 exhibited radically reduced geometric forms. The Siemens Motorstuhl T2 opened a new chapter in the history of chair design with the introduction of the base geometry of the long lever arm and the curved line of the chair silhouette that would remain characteristic of these products for the next two decades. A true milestone in the history of international dental equipment design was the Sirona rotating stool for dentists and assistants, a model that became one of the best-selling dentist's stools in the world between 1969 and 1990. Roller stools in this typical form are still in use around the globe today.

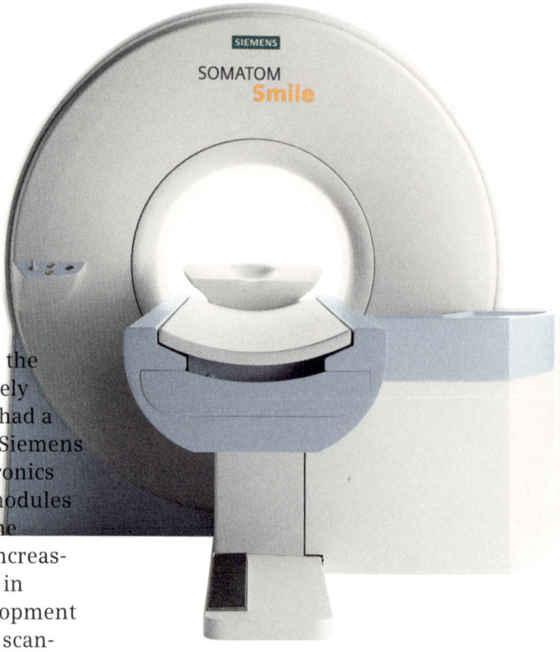


In den siebziger Jahren zeichnete sich eine neue Entwicklung ab – zunächst unmerklich, dann aber umso nachhaltiger für das Design der Siemens-Medizingeräte. Die Mikroelektronik und ihre immer kleiner werdenden Module ermöglichten vor allem bei den Röntgengeräten neue funktionale Erweiterungen und immer kompaktere Formen, etwa beim Aufkommen der ersten Tomografen, wie des „Siretom 1", während die folgenden Modellreihen der „Somatom"-Tomografen, betreut von dem Designer Klaus Thormann, ebenso wie die ersten Magnetresonanz-Diagnosegeräte bis fast an die Jahrhundertschwelle wegen ihrer Größe fast wie futuristische Architekturen wirkten.

Hingegen entwickelten sich Dentaleinheiten, angiografische, zahnmedizinische und mobile Röntgengeräte, wie die der „Siremobil"-Reihe, hin zu immer deutlicher aufgelösten, leichter wirkenden Anordnungen der einzelnen Geräteelemente. Verfolgt man speziell die Evolution der „Orthophos"-Schichtbild-Tomografen für die zahnärztliche Praxis von Peter Schoeller und Axel Platz, so hat sich das Design dank technischer Entwicklung von einer bedrohlich wirkenden Installation zur Fixierung des Kopfes zu einer Art halb offener Sprechsäule ohne bedrohliche technische Anmutung gewandelt.

Ein weiterer wichtiger Faktor, der einen kaum mehr sichtbaren Teil der Gestaltung betrifft, ist die Darstellung der gewonnenen Untersuchungsergebnisse und ihre Dokumentation. Auch hier erschloss sich seit mehr als zehn Jahren ein spezialisiertes Feld für eine Gestaltung, die namentlich dem Arzt Interpretation und therapeutische Umsetzung seiner Diagnose erleichtern soll. Lässt man jedoch Komplexität und Zwänge bei der Gestaltung von Darstellung, Bedienungsführung und Dokumentation der modernen Diagnosesysteme beiseite, so wurde das Design der Medizintechnik offensichtlich insgesamt freundlicher und in seiner Anmutung weniger sachlich oder technisch pathetisch: d. h. stärker dem Menschen, vor allem dem Patienten zugewandt.

A new trend began to emerge in the nineteen-seventies. Though barely noticeable at first, it eventually had a lasting impact on the design of Siemens medical equipment. Microelectronics and the progressively smaller modules it produced paved the way for the addition of new functions and increasingly compact forms, especially in radiological equipment, a development that culminated in the first CAT scanning equipment, such as the Siretom 1. In contrast, the subsequent line of Somatom CAT scanning units developed under the direction of designer Klaus Thorman and the first magnetic resonance imaging units tended to call to mind futurist architectures by virtue of their massive size.

The design of dental units, angiographs, and dental and mobile X-ray machines, such as those in the Siremobile line, progressed toward increasingly less concentrated, lighter-looking arrangements of individual equipment components. If we trace the evolution of the Orthophos layer CAT scanners for dentists designed by Peter Schoeller and Axel Platz, we recognize a clear line of development – driven by technical advances – from a frightening-looking installation used to hold the head in place to a much less threatening device resembling a semi-open call box.

Another important factor which involves a barely visible aspect of design is the presentation and documentation of examination results. Here as well, a specialized field of design devoted to facilitating the process of interpreting diagnostic findings and translating them into therapeutic measures began to emerge more than ten years ago. Despite the complexity and the constraints involved in the design of presentation, operation, and documentation systems in modern diagnostic equipment, it is quite evident that the design of medical technology has become more user-friendly, on the whole, and less characterized by objective or technical pathos – in other words, more responsive to the needs and sensibilities of people, and especially of patients.

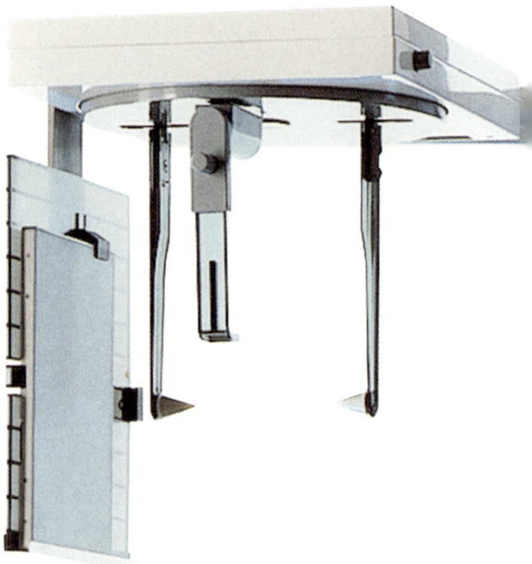

Siemens Design,
Tilman Phleps,
Kieferorthopädisches
Röntgengerät
„Orthophos", 1995.

Siemens Design,
Tilman Phleps,
Orthophos orthodontic
X-ray unit, 1995.

designafairs,
Klaus Thormann,
Tomograf
„Somatom – Smile“, 2002.

designafairs,
Klaus Thormann,
Somatom – Smile
tomograph, 2002.

Details in Farbgebung und Materialwahl belegen dies, z. B. bei der Gestaltung von Schaltern und Armaturen, und man gewinnt den Eindruck, auch der Patient hätte die Apparatemedizin als etwas mehr als ein spontan korrespondierendes Wesen begriffen und seine Ängste, Wahrnehmungen und Reaktionen würden nicht ausschließlich als möglicher technischer „Störfaktor“ einer Untersuchung angesehen. Alexander von Sydow bemerkte diesbezüglich schon 1969:

„Dürfte man also wünschen, dass die Krankenstationen dem Designer ihre Pforten öffnen. Aber nicht weil er eingewiesen wurde, sondern weil er mit den Erkenntnissen der Technik und der Medizin in der Lage wäre, die Krankheit vieler Krankenstationen zu heilen!“[18]

This is evident in details of coloration and material, as in the design of switches and instruments. One also senses that medical technology may have come to accept the patient as something more than a spontaneously corresponding being whose fears, perceptions, and reactions are viewed only as potential disruptive factors in the examination process. Alexander von Sydow expressed similar hopes in 1969:

“Thus one can only wish that hospital wards will open their doors to the designer. Not because he has been admitted as a patient, but because, by virtue of his technical and medical knowledge, he may be able to heal the illnesses of many hospital wards!”[18]

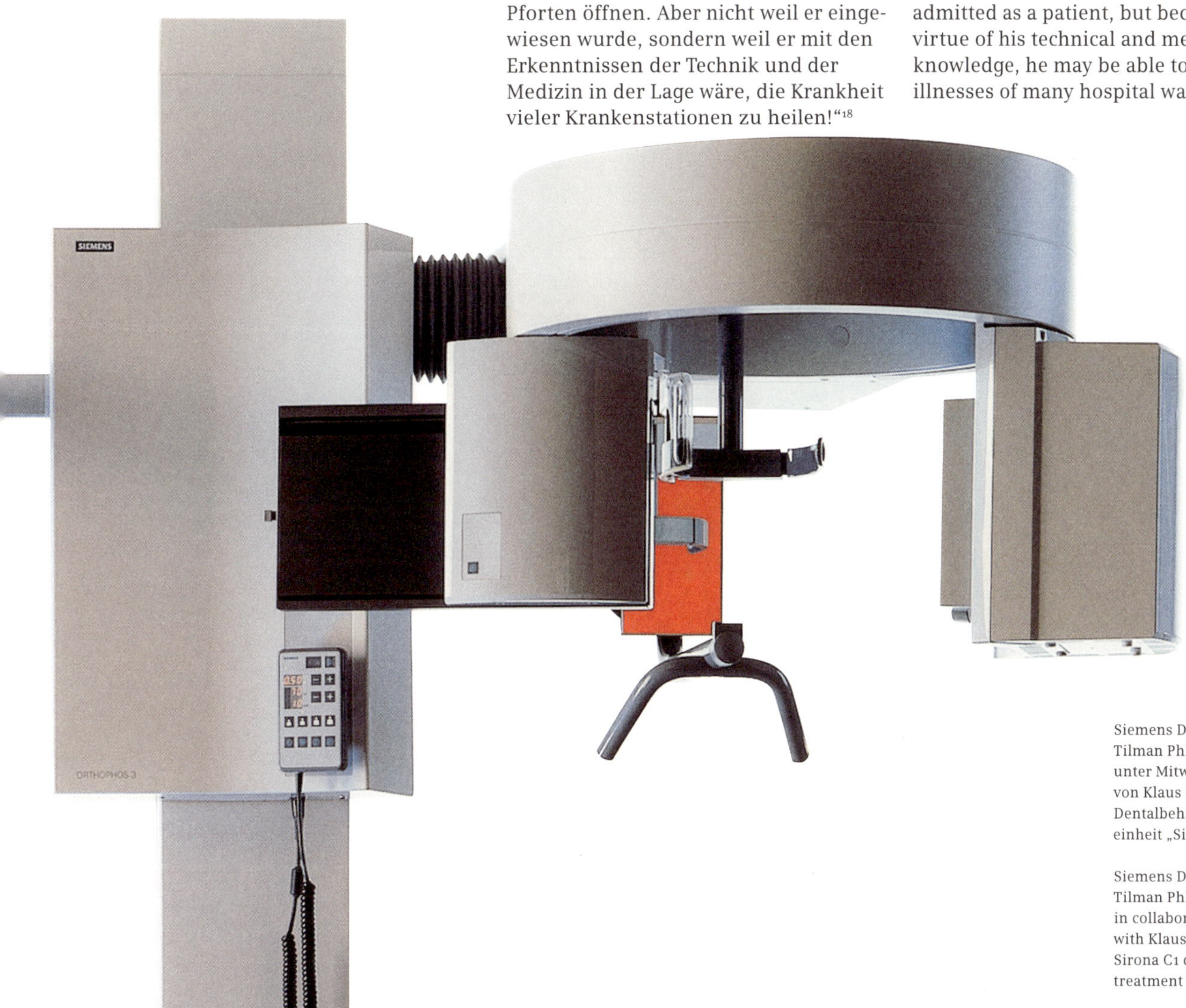


Siemens Design,
Tilman Phleps
unter Mitwirkung
von Klaus Stöckel,
Dentalbehandlungseinheit „Sirona C1“, 1990.

Siemens Design,
Tilman Phleps
in collaboration
with Klaus Stöckel,
Sirona C1 dental
treatment unit, 1990.

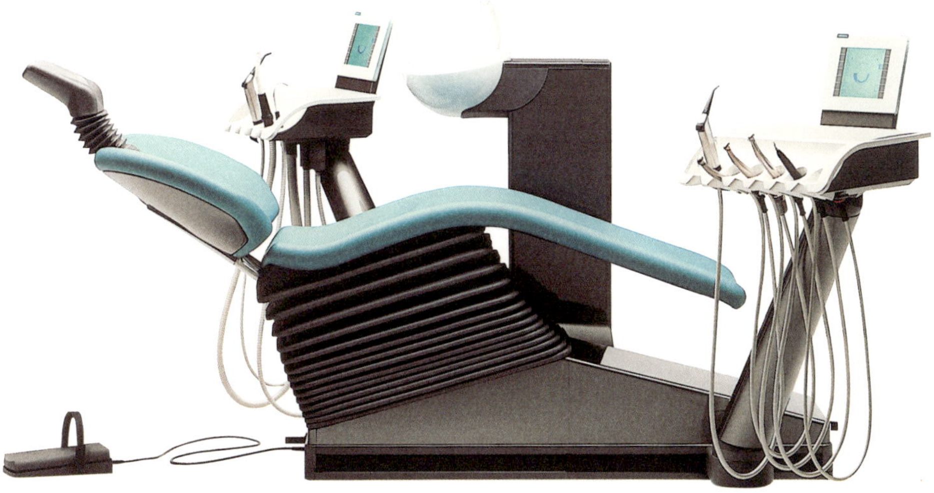

**„Wasser, Wärme, Luft und Licht“**
Ein Jahrhundert
Siemens-Hausgeräte
1900 bis 2000

Christoph A. Hoesch

**“Water, Heat, Air, and Light”**
A Century of
Siemens Household Appliances
1900 to 2000

Christoph A. Hoesch


**275** Kontinuität und optimierende „Evolution“

**276** Einfallstor für Design im Haushalt

**278** Experimente, Prototypen, Kleingeräte 1900 – 1920

**279** Ausstellungsobjekte und Einzelstücke

**281** Kleinserien und Versuchsmuster

**282** Elektrogeräte erobern die Haushalte 1920 – 1945

**284** Hausgerätegestaltung und Design

**286** Formentwicklung in Feinblech

**288** Sauger: Formgebung „en detail“

**290** Architekturen für Herde und Kühlschränke

**292** Innovative Herde

**294** Werkstoff Bakelit

**296** Evolution bei Hausgeräten 1945 – 2000

**298** Backofen, Herd und Co. wechseln die Gesichter

**300** Modernisierung der Gerätefronten

**303** Variationen mit Kunststoff

**306** Hausgeräte-Design zwischen Innovation und Beständigkeit

**349** Anmerkungen

**275** Continuity and Optimizing “Evolution”

**276** Gateway for Design in the Household

**278** Experiments, Prototypes, and Small Appliances, 1900 – 1920

**279** Exhibition Objects and Individual Units

**281** Small Series and Experimental Models

**282** Electrical Appliances Invade the Household, 1920 – 1945

**284** Household Appliance Design

**286** Thin Metal Design

**288** Vacuum Cleaners: Form “en detail”

**290** Stove and Refrigerator Architectures

**292** Innovative Stoves

**294** Bakelite

**296** The Evolution of Household Appliances, 1945 – 2000

**298** The Changing Faces of Ovens and Stoves

**300** Modernizing Appliance Fronts

**303** Variations in Plastic

**306** Innovation and Continuity in Household Appliance Design

**355** Notes

# Wasser, Wärme, Luft und Licht

# Water, Heat, Air, and Light

Wo Siemens-Produkte sich im Alltag bewährten, wurden der Name und die Marke im Bewusstsein der Öffentlichkeit am stärksten greifbar: bis heute neben dem Bereich der Kommunikationseinrichtungen, Medizingeräte und Anlagentechnik vor allem auf dem Sektor der Haus- und Küchengeräte. Die eigentliche Bedeutung der Siemens-Hausgeräte und ihres Designs allerdings liegt sicherlich in der Tatsache begründet, dass hier erstmals eine sowohl ästhetischen als auch funktionalen Belangen Rechnung tragende Gerätegestaltung in einem derart publikumsnahen Tätigkeitsfeld der Elektrotechnik wirksam wurde. So entwickelten Haus- und Küchengeräte – von Siemens und allen Mitbewerbern – in der Zeit zwischen 1930 und 1960 zu einem ersten, durch Massenkonsum bestimmten Versuchsfeld für Produktgestaltung. Viel stärker als bei Telefon- oder Medizingeräten – von Investitionsgütern ganz zu schweigen – musste die Planung von Anfang an betont geschmacks- und konsumorientiert verlaufen.

Siemens, as a name and a brand, has always been most present in the public mind wherever Siemens products play a role in daily life – in the household and kitchen appliance sector, where the company has established itself as more than a producer of communications systems, medical equipment, and systems technology. Yet the true significance of Siemens household appliances and their design is attributable to the unprecedented impact of equipment design based on both aesthetic and functional considerations in a field of electrical engineering that is so closely in tune with consumers' needs and preferences. Between 1930 and 1960, the household and kitchen appliance sector became one of the first fields of experimentation in the design of products for mass consumption – for Siemens and its competitors alike. To a much greater extent than telephone and medical equipment – not to mention investment goods – the design and development of household goods required great sensitivity to consumers' tastes and preferences from start to finish.

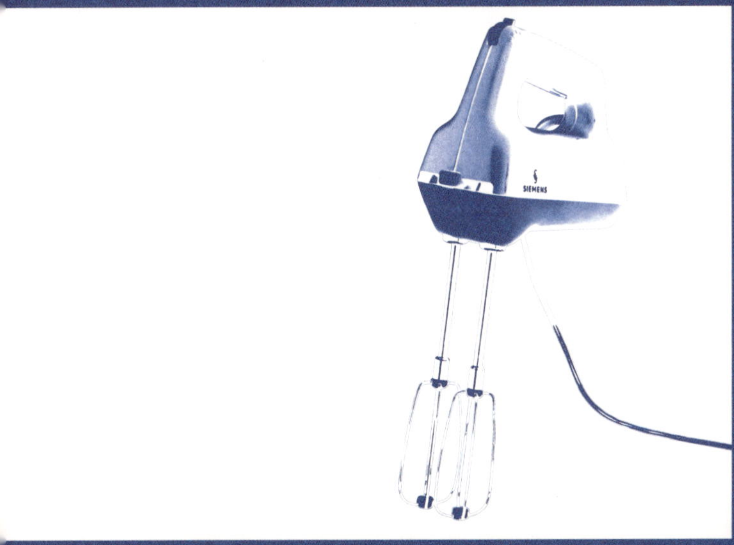

Siemens, „Protos“-Hausgeräteprogramm, Dekorationsvorschlag für die Schaufenstergestaltung, 1938.

Siemens Protos household appliance program, suggested decoration for show window design, 1938.

Haus- und Küchengeräte der Firma Siemens spiegeln über fast acht Jahrzehnte neben technischen Pionierleistungen natürlich unübersehbar auch die Geschmacks- und Stilentwicklung in Deutschland und – eng damit verbunden – auch die dieser voraus- oder nacheilenden Designauffassungen der verantwortlichen Gestalter. Ihr Design ist weniger durch Einheitlichkeit als durch eine sich immer wieder durchsetzende und stetig wandelnde Vielfalt bestimmt. Die schon vor 1945 bestehende formale Bandbreite begründete die Entwicklung eines Designverständnisses, das im Bereich der Hausgeräte immer wieder oszillierte zwischen trendorientiertem Massengeschmack und starken Tendenzen zu funktional-formaler Reduktion.

Kontinuität bewährter Funktions-, Konstruktions- und Gestaltungsmuster erwies sich dabei als signifikantes Kriterium der Produktentwicklung für den Haushalt: weniger schnell wechselnde Erscheinungsbilder als lange Fortschreibung spezifischer Geräte-Anmutungen, bezogen auf technische Qualitäten, Handhabung, Form- und Farbgestaltung und nicht zuletzt die verwendeten Materialien. Wenn dies noch heute zutrifft, so hat sich die Reihenfolge doch verändert: Modellwechsel werden rascher, und das Design hat angesichts weltweiter Präsenz der Marke Vorrang. Als Hausgerätemarke ist Siemens über Deutschland und Europa hinaus erfolgreich. Entsprechende Produkte werden inzwischen in über 30 Ländern auf allen Erdteilen wenn nicht immer hergestellt, so doch verkauft.

Trotz höherer Flexibilität in der Designorientierung der Werks- oder renommierter externer freier Designer zeichnet sich die Hausgerätemarke Siemens bis heute durch formale Kontinuität und Nachhaltigkeit aus: Das Design oszilliert zwischen gestalterischer Reduktion und selektiver Trendorientierung. Dies trug vielen Siemens-Hausgeräten internationale Auszeichnungen ein – ein weiterer Beleg für gelungene gestalterische Kontinuität.

Household and kitchen appliances produced by Siemens over a period of nearly eight decades embody not only pioneering engineering achievements but also – inevitably and by their very nature – developments in taste and style in Germany and the corresponding design concepts that preceded or followed these trends. The history of household product design is characterized by constantly evolving diversity rather than consistency and uniformity. The stylistic spectrum that existed before 1945 was the basis for the development of an approach to design that vacillated repeatedly between trend-oriented mass tastes and a strong tendency toward functional and formal reduction in the household goods sector.

The continuity of proven functional, engineering, and design models was a significant criterion in household product development. Instead of rapidly changing shapes and forms, we recognize an enduring loyalty to specific equipment designs as reflected in technical features, handling, form, color, and – not least importantly – materials. Although this remains true today, the pace of progress has changed. Models are replaced or upgraded more rapidly, and design now has top priority in view of the brand's worldwide presence. As a brand producer of household appliances, Siemens has achieved considerable success both in Germany and abroad. Household products are now sold, if not actually manufactured, in more than thirty different countries on five continents.

Despite the high degree of flexibility in the design philosophies of in-house and renowned independent designers, the Siemens brand of household appliances has consistently demonstrated a great deal of formal continuity and durability. Design has oscillated between reduction and selective response to trends, and Siemens household appliances have earned international awards as a result – further evidence of convincing continuity in design.

1932

1960

1963

1964

Nur wenige Bereiche des privaten Lebens wurden im 20. Jahrhundert so nachhaltig durch Technik verändert wie die Küche, die damit gleichsam zum „Brückenkopf der Moderne im Wohnungsbau" wurde, wie Günther Uhlig mit Blick auf die „Frankfurter Küche" von Margarete Schütte-Lihotzky feststellte.[1] Diese Erkenntnis sollte um eine weitere Einsicht ergänzt werden: Erst veränderten sich die Küche und ihre Geräte, dann der gesamte Haushalt. Sie wurde zu einem ungleich wirkungsvolleren Zugang für neue Technik und neues Design in das private Leben als jeder andere Bereich des Wohnens. Ohne dass es ihren Nutzern auffiel, hatten, wie Maribel Königer in ihrem Buch anmerkt, „die Elektroindustrie und die Gebrauchsartikelhersteller modernes, gutes Design quasi durch die Hintertür auch in jene Haushalte gebracht, die dies bewußt gar nicht anstrebten".[2]

So entfaltete gerade die Elektrifizierung der Hausarbeit eine Art indirekte „Designerziehung" in jenen Milieus, die bei der Wahl ihrer sonstigen Einrichtung und technischen Ausstattung, z. B. mit Radios, Fernsehern, Uhren und Beleuchtung, noch lange geschmacklich eher rückwärts gewandt entschieden.

Only very few areas of private life have been affected as profoundly by technology as the kitchen, which became in a sense the "bridgehead for modernism in house building," as Günther Uhlig noted with reference to the "Frankfurt Kitchen" designed by Margarete Schütte-Lihotzky.[1] This insight goes hand in hand with the realization that change came first in the kitchen and in kitchen appliances, and only then expanded into the entire household. The kitchen became a much more important gateway for new technology and new design than any other area of the private living sphere. Virtually unnoticed and unintended by consumers, as Maribel Königer points out in her book, "the electrical industry and consumer goods producers brought good, modern design into every household through the back door, so to speak."[2]

Thus household electrification promoted a kind of "design education" in household milieus that had long responded to more conservative tastes in their decisions regarding furnishings and technical equipment, such as radio, television sets, clocks, or lighting elements.

Spätestens ab 1970 entwickelte sich das heimliche „Einfallstor" für neue Technik und Gestaltung dann endgültig zu einem sorgsam stilisierten Podium der Demonstration von Wohlstand, individuellem Geschmack und Status.

Voraussetzung dafür war die Abkoppelung der Küche vom eigentlichen Wohnraum und – dem Vorbild der „Frankfurter Küche" folgend – ihre Transformation in eine technisch und räumlich verdichtete Arbeitsstätte: eine Verwandlung, die nur mit ebenso kompakter Technik zur Speiseaufbereitung bewältigt werden konnte.[3] Selbst bislang fernab der Küche lokalisierte Arbeiten – wie Waschen, Trocknen und (kühle) Lagerung – konnten bald mit Hilfe der Elektrotechnik auf kleinstem Raum konzentriert und in sie verlagert werden. Die Küche wurde immer kleiner und so zu einem mehr oder weniger hochtechnisierten Werkraum. Das ist sie bis heute geblieben, auch wenn sie sich inzwischen wieder zum Wohnraum gewandelt hat.

By 1970, at the latest, the secret "gateway" for new technology and design had become a carefully stylized stage for the demonstration of prosperity, individual taste, and status.

In order to serve this function, the kitchen first had to be separated from actual living space and – in keeping with the model of the "Frankfurt Kitchen" – transformed into a technically and spatially compact workplace, and that could only be accomplished with the aid of equally compact food preparation technology.[3] Even functions that had once been performed outside the kitchen – washing, drying, and (cold) storage, for example – were soon concentrated within a very small space with the aid of electrical technology and moved into the kitchen. Kitchens became smaller and smaller, assuming the character of high-tech workplaces to one degree or another. That is still true today, even though the kitchen has since become living space once again.

**1971**

**1986**

**2001**

Siemens-Küchen- und Einbaugeräte, 1932–2001.

Siemens kitchen and household appliances and built-in units, 1932–2001.

## Experimente, Prototypen, Kleingeräte 1900 – 1920

## Experiments, Prototypes, and Small Appliances, 1900 – 1920

Elektrischer „Raumofen“ im Berliner Schloss, 1891.

Electrical “room stove” in the Berliner Schloss, 1891.

Die ersten elektrischen Hausgeräte von Siemens (wie aller anderen Konkurrenten) waren primär eher Ideenstudien, Experimente oder Prototypen als serienreife Fabrikate. Erst mit Aufkommen der Wechselstrom- und Transformatorentechnik gegen Jahrhundertende war an wirklich bedarfsgerechte Elektrogeräte für Privathaushalte auch nur zu denken. Eine konkretere Beschäftigung mit der Elektrifizierung der Hausarbeit demonstrierte erstmals eine Elektrizitätsausstellung 1883 in Wien, auf der internationale Anbieter mit einer ganzen Palette gleichstrombetriebener Küchengeräte auf sich aufmerksam zu machen suchten: elektrischen Wasserkesseln, Samowaren und kleinen Heizöfen. Siemens präsentierte dort neben Kommunikationstechnik und Energieerzeugungsanlagen vor allem gewerblich nutzbare Produkte.

Lange Zeit tat sich das Unternehmen schwer, in anderen als industriell-gewerblichen Kategorien zu planen. Dass man sich jedoch immer wieder auch mit „privaten“ Projekten beschäftigte, etwa zur elektrischen Raumbeheizung, zeigte 1891 ein erster größerer gleichstrombetriebener „Raumofen“ für den deutschen Kaiser Wilhelm II., ein etwa 80 cm hohes Gerät, das mit Heizdrähten aus „reinstem“ Platin ausgestattet war. Man fertigte zwei Exemplare, von denen mindestens eines 1892 im Berliner Königsschloss aufgestellt wurde.[4]

The first electrical household appliances produced by Siemens (and all of its competitors) were primarily conceptual models, experiments, or prototypes, rather than marketable products. It was not until alternating current and transformer technology became available on a broad scale that truly useful electrical household appliances became a viable possibility. The first specific attempts to apply electrification to household work were demonstrated at the Electricity Exhibition in Vienna in 1883, at which international suppliers sought to attract attention with a whole array of kitchen devices powered by direct current: electric water-boilers, samovars, and small heaters. In addition to communication technology and generator systems, Siemens presented primarily products designed for commercial use at the show.

For many years, however, the company found it difficult to develop plans outside the customary framework of industrial and commercial categories. Yet Siemens repeatedly turned its attention to “private” projects, in such areas as electrical room heating, for example, as in the case of the first large, DC-powered “room heater” for German Emperor Wilhelm II, a unit with a height of eighty centimeters equipped with heating wires of “purest” platinum. Two of these heaters were manufactured, and at least one was installed in the Königsschloss in Berlin in 1892.[4]

Lichtschalter, 1900.

Light switch, 1900.

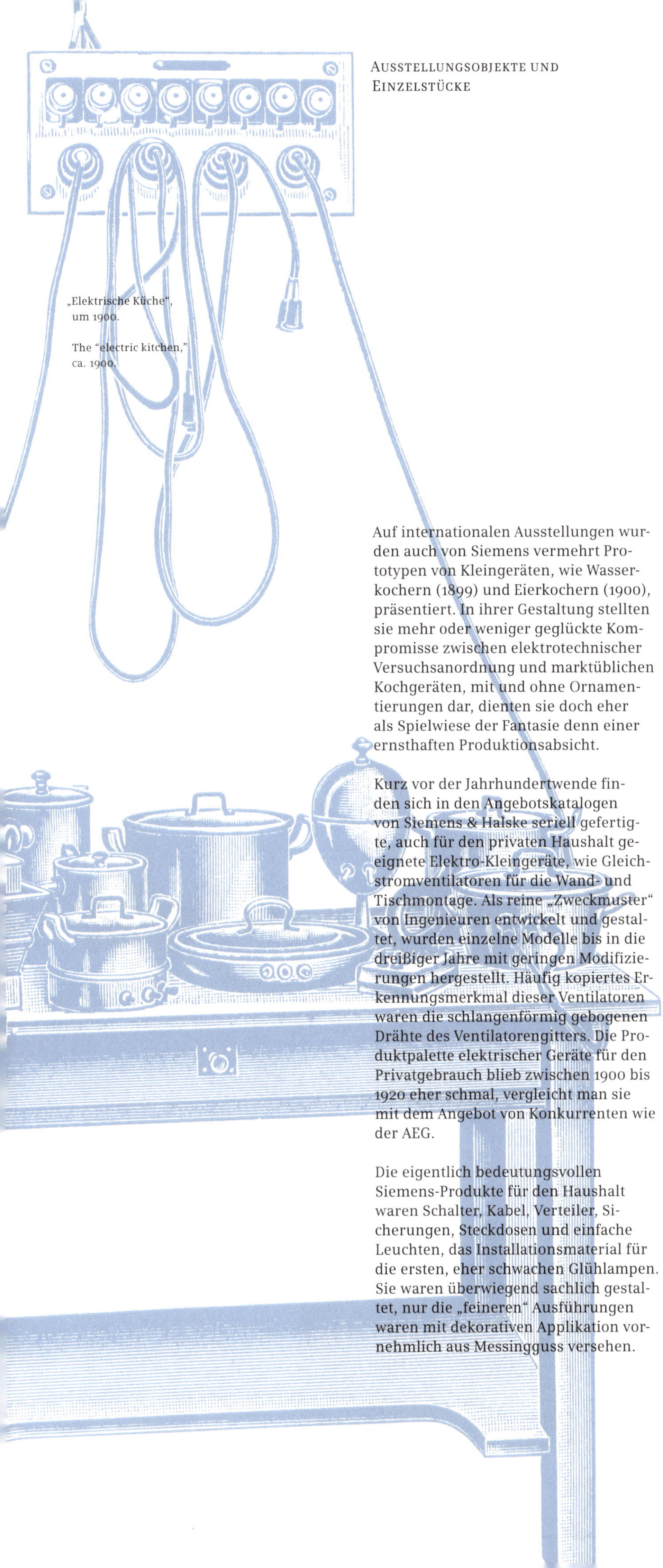

„Elektrische Küche“, um 1900.

The “electric kitchen,” ca. 1900.

## Ausstellungsobjekte und Einzelstücke

Auf internationalen Ausstellungen wurden auch von Siemens vermehrt Prototypen von Kleingeräten, wie Wasserkochern (1899) und Eierkochern (1900), präsentiert. In ihrer Gestaltung stellten sie mehr oder weniger geglückte Kompromisse zwischen elektrotechnischer Versuchsanordnung und marktüblichen Kochgeräten, mit und ohne Ornamentierungen dar, dienten sie doch eher als Spielwiese der Fantasie denn einer ernsthaften Produktionsabsicht.

Kurz vor der Jahrhundertwende finden sich in den Angebotskatalogen von Siemens & Halske seriell gefertigte, auch für den privaten Haushalt geeignete Elektro-Kleingeräte, wie Gleichstromventilatoren für die Wand- und Tischmontage. Als reine „Zweckmuster“ von Ingenieuren entwickelt und gestaltet, wurden einzelne Modelle bis in die dreißiger Jahre mit geringen Modifizierungen hergestellt. Häufig kopiertes Erkennungsmerkmal dieser Ventilatoren waren die schlangenförmig gebogenen Drähte des Ventilatorengitters. Die Produktpalette elektrischer Geräte für den Privatgebrauch blieb zwischen 1900 bis 1920 eher schmal, vergleicht man sie mit dem Angebot von Konkurrenten wie der AEG.

Die eigentlich bedeutungsvollen Siemens-Produkte für den Haushalt waren Schalter, Kabel, Verteiler, Sicherungen, Steckdosen und einfache Leuchten, das Installationsmaterial für die ersten, eher schwachen Glühlampen. Sie waren überwiegend sachlich gestaltet, nur die „feineren“ Ausführungen waren mit dekorativen Applikation vornehmlich aus Messingguss versehen.

## Exhibition Objects and Individual Units

Siemens also presented an increasing number of prototypes of small appliances such as water-boilers (1899) and egg-cookers (1900) at international exhibitions. In terms of design, they represented more or less satisfactory compromises between experimental electrical devices and standard, commercially available cooking appliances, both with and without ornamentation. After all, they were intended more as a playground for the fantasies of engineers and designers than as actual marketable products.

Shortly before the turn of the century, product catalogues published by Siemens & Halske began featuring serially produced electrical products that were also suitable for household use, such as DC-powered table and wall fans. Developed and designed by engineers as pure “utility models,” individual versions were produced with only minor modification until well into the nineteen-thirties. Frequently copied identifying features of these fans were the curved, serpent-shaped wire elements in the fan grate. The range of electrical products designed for household use remained rather limited between 1900 and 1920, particularly in comparison to the programs offered by such competitors as AEG.

The Siemens products of greatest importance for households were switches, cables, distributor boxes, fuses, electrical sockets, simple lamps, and installation materials for the first, relatively weak filament lights. For the most part, these products exhibited relatively plain designs. Only the “luxury” versions were given decorative features, which usually consisted of brass applications.

Elektrischer Zimmerofen „Prometheus“, 1903.

Prometheus electric room heater, 1903.

„Entstäubungspumpe“, Staubsauger für Gewerbe, Industrie und große Haushalte, 1906.

“Dust-removal pump,” a vacuum cleaner for commercial, industrial and large-household use, 1906.

Elektrischer Teekessel der Siemens Ltd., England, um die Jahrhundertwende.

Electric tea kettle produced by Siemens Ltd., England, around the turn of the century.

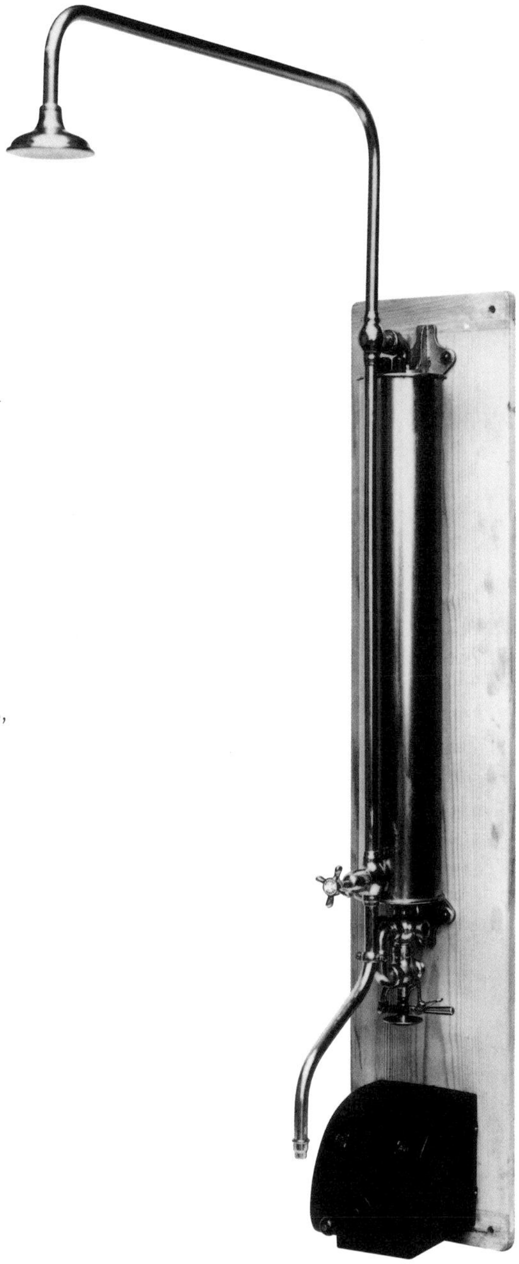

In der Zeit zwischen Jahrhundertwende und Erstem Weltkrieg war die Firma Siemens zwar bei der Entwicklung und Herstellung der neuen „Silitheizstäbe“ (1904) und der noch leistungsfähigeren Chromnickel-Heizdrahtlegierungen (1907) führend, doch nicht bei deren Anwendung. Die Entwicklung auf den privaten Haushalt zugeschnittener serienreifer Heiz- und Kochgeräte hingegen wurde eher zögerlich verfolgt, man entwickelte und fertigte allenfalls Einzelstücke oder Kleinstserien, so ab 1902 erste Bügeleisen, Haarbrennapparate und Zigarrenanzünder.

Die englische Siemens-Tochtergesellschaft begann unter dem Eindruck US-amerikanischer Importe elektrische Teekessel zu produzieren. Daneben experimentierte man mit frühen Anwendungen zur Beheizung von Textilien. So entstanden als Vorläufer der klassischen Heizdecke Bein- und Armwärmer für Piloten und offen sitzende Kraftfahrer, deren Fahrzeuge bereits über eine eigene Lichtmaschine samt Batterie verfügten.

Weil man das „Detail-Geschäft“ mit den Elektrohausgeräten in Deutschland dennoch nicht ganz der Konkurrenz überlassen wollte, bot Siemens ab 1904 in beschränktem Umfang Zukaufprodukte der Marke „Prometheus“ an: darunter Einzelkochplatten und Wärmeschränke für „haushaltliche Zwecke“, die, dem Geschmack der Zeit folgend, mit historisierenden Dekoren versehen waren. Dabei orientierte man sich wiederum an der Konkurrenz oder dem zeitgenössischen Kunsthandwerk. Sämtliche Gerätschaften waren von Technikern entworfen und dabei mehr oder weniger ausschließlich aus der Perspektive technischer Zweckerfüllung konzipiert, zu einer marktgerechten Konfektionierung oder gar ästhetischen „Formung“, wie sie die AEG bereits seit 1902 betrieb, gelangte man vor dem Erste Weltkrieg hingegen nur in Einzelfällen.

During the years between the turn of the century and the First World War, Siemens played a leading role in the development and production of the new Silit heating elements (1904) and the more efficient chrome-nickel heating-wire alloys (1907). But the company was not involved in the application of these products. The development of marketable heating and cooking appliances specifically designed for household use progressed somewhat hesitantly. For the most part, the company developed and produced individual models or small series, among them the first irons, hair-curling units, and cigar-lighters beginning in 1902.

Siemens's English subsidiary began producing electric tea kettles in response to rising U.S. imports of these products. Experiments were also conducted with early textile heating applications. The first of these products were leg and arm warmers for pilots and drivers of open vehicles equipped with generators and batteries – antecedents of the classic electric blanket.

Unwilling to leave the household appliance business entirely to its competitors, Siemens began offering products in the Prometheus line purchased from another supplier on a limited scale in 1904. These included single hotplates and heating cabinets for "household use" decorated with historicized motifs in keeping with prevailing taste. Here as well, the company followed the lead of its competitors and contemporary trends in the handcrafts trade. All of these products were designed by engineers or technicians and thus developed more or less exclusively with an eye to technical functions. Only isolated efforts to develop ready-made goods in keeping with market trends or "aesthetic" designs of the kind marketed by AEG as early as 1902 were made before the First World War.

Elektrischer Durchlauferhitzer, Prototyp, 1916/17, entstanden unter Mitarbeit von Siemens-Architekten.

Electric water heater, prototype, 1916/17, developed in collaboration with Siemens architects.

„Protos-Wascher“, die erste Siemens-Waschmaschine für den Haushalt, 1925.

The Protos Wascher, the first household washing machine produced by Siemens, 1925.

Erstes „Protos“-Bügeleisen in Serienfertigung, 1920.

The first Protos iron in serial production, 1920.

Der deutsche Filmstar Lil Dagover bügelt mit dem ersten regelbaren „Protos“-Bügeleisen, Werbefoto, 1930.

German movie star Lil Dagover ironing with the first adjustable Protos iron, advertising photo, 1930.

Während in den USA der Hausgerätemarkt bereits während des Ersten Weltkriegs geboomt hatte, setzte die Entwicklung in Europa zögerlicher und zeitlich versetzt ein – auch wegen der wirtschaftlichen Entwicklung, der Stromnetze und Preise, der unterschiedlichen Bewertung von Haus- und Küchenarbeit. Vor allem die besser gestellten Großstadt-Haushalte in Europa versahen sich nach 1918 mit elektrischen Hausgeräten.

Die wichtigste Voraussetzung für diese erste „private“ Elektrifizierungswelle[5] bildeten – neben einer allgemeinen Steigerung der Kaufkraft – günstigere Stromtarife für Privathaushalte, die Verfügbarkeit von Wechselstrom und nicht zuletzt die Durchsetzung moderner Massenfertigung nach amerikanischem Vorbild.

While the market for household appliances experienced a boom in the United States during the First World War, it developed later and much more slowly in Europe – due to such factors as the persistently weak economy, inadequate power networks and high prices, and differences in attitudes toward work in the household and the kitchen. The more affluent European urban households were the first to purchase electric appliances in appreciable numbers.

Aside from a general rise in buying power, the most important forces behind this first wave of “private” electrification[5] were lower electricity rates for private households, the increasing availability of alternating current, and, last but not least, the rise of modern mass production based on the American model.

1924 gelang auch Siemens der Einstieg in die Serienfertigung von Hausgeräten durch die Einführung eines neuen Bügeleisens mit Holzgriff, das schon bald neue Bedienungsarmaturen aus Bakelit erhielt. Schon 1930 hatte man mit der neuen Hausgerätemarke „Protos" und einer Vielzahl neuer Produkte den bisherigen Rückstand aufgeholt, und bis 1936 konnte das Unternehmen fast jedes der heute noch gebräuchlichen Hausgerät anbieten: von Heizöfen und Bügeleisen bis hin zu Toastern und Warmwasserbereitern, von Küchenmaschinen, Staubsaugern und Kühlschränken bis hin zu Waschmaschinen, Elektrorasierern und Haartrocknern.

Dass den Siemens-Geräten trotz ihres innovativen Charakters kein reibungsloser Start beschieden war, lag nicht zuletzt am höheren Bekanntheitsgrad der AEG-Produkte, den es zunächst zu kompensieren galt. Zudem standen elektrische Heizgeräte wie Kochplatten, Bügeleisen und Heizöfen vor Einführung automatischer Leistungsbegrenzer im Ruch, gefährlich zu sein, was abschreckend wirkte und Haus- oder Küchenpersonal veranlasste, sich oftmals zu weigern, mit den als riskant empfundenen neuen Wechselstromgeräten zu arbeiten.[6]

Deshalb entschied man sich bei Siemens, nach dem Ersten Weltkrieg bevorzugt durch technische Verbesserungen auf sich aufmerksam zu machen, also größere Sicherheit, bessere Leistungsaufnahme, geringeres Gewicht und eine möglichst selbst regelnde Stromzufuhr der Geräte als Verkaufsargumente zu nutzen. Um 1927/28 bekam man mit der Einführung einer ersten Wärmeschutzschaltung das drängende Problem der Überhitzungsgefahr auch bei beheizten Geräten in den Griff. Neben die ab 1928 mit Stufenschalter versehenen Bügeleisen traten neue Heißwassergeräte, Haartrockner und Toaster. Dabei orientierte man die Gestaltung vor allem an der Konkurrenz, dem Kunsthandwerk oder nahm Zuflucht zu mehr oder weniger gelungenen Improvisationen.

In 1924, Siemens launched the serial production of household appliances with the introduction of a new iron with a wooden handle, which was soon equipped with operating elements made of Bakelite. By 1930, the company had caught up with its competition with the new Protos line of household appliances as well as a number of other new products. And by 1936, Siemens was marketing nearly all of the household appliances still in common use today – from heaters and irons to toasters and water-boilers, vacuum cleaners, and refrigerators to washing machines, electric razors, and hair-dryers.

The fact that Siemens appliances enjoyed a less-than-smooth entry into the market is attributable in part to the greater familiarity of AEG products, a gap that needed to be made up as quickly as possible. Furthermore, certain electrical appliances, including hotplates, irons, and heaters, were regarded by many people as dangerous, a view that did not change until the first automatic safety features were introduced. This worked as a deterrent to sales and often prompted household staff to refuse to work with the new alternating-current equipment they viewed as hazardous.[6]

Thus Siemens management decided after the First World War to concentrate on technical improvements as a means of attracting attention to its products – and emphasize such aspects as improved safety, more efficient energy use, reduced weight, and, to the extent possible, automatically controlled power consumption as sales arguments. By 1927/28, Siemens also made significant progress toward solving the urgent problem of overheating with the development of the first automatic thermal safety switch. In addition to an iron with adjustable heat levels introduced in 1928, the company also began marketing water-boilers, hair-dryers, and toasters. In matters of design, Siemens either followed the lead of its competitors and trends in handicrafts or resorted to more or less successful improvisations.

„Einfach-Heizofen"
ohne Regelung, 1920.

Einfach-Heizofen,
heater without
heat regulation, 1920.

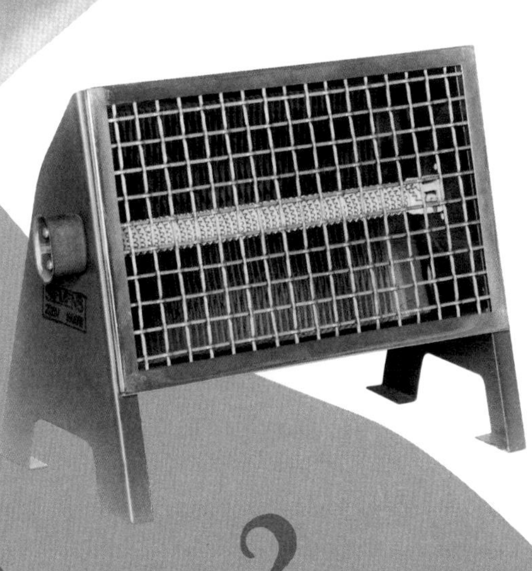

In Gedanken — ?

— nein, hausfrauliche Arbeit fesselt den Blick

Heizofen „für Haushalt und Gewerbe", 1920.

Heater "for commercial and household use," 1920.

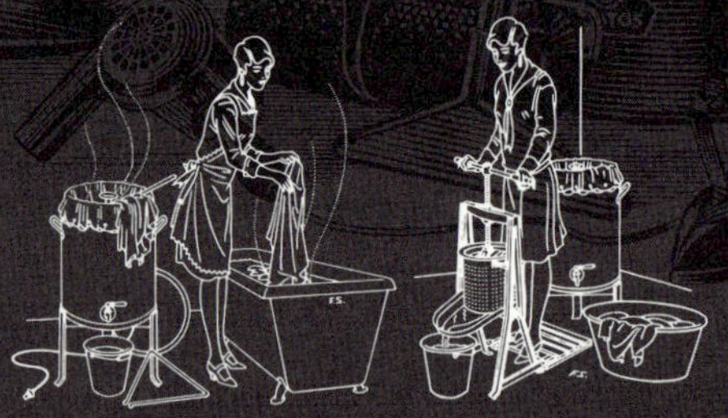

Mühelos läßt sich diese Wäsche abspülen, denn im stundenlangen, dampfenden Laugenbad hat der Protos-Waschautomat allen Schmutz vollkommen gelöst.

Your laundry is rinsed effortlessly in the Protos Washing Machine, after soaking for hours in thesteaming suds, and comes out sparkling clean.

Eine kleine Wäschepresse nimmt Ihnen die schwere Arbeit des Auswringens ab – vorgetrocknete und blütenweiße Wäsche ist die Leistung der beiden Hausgehilfen: Protos-Waschautomat und Wäschepresse.

A small laundry wringer eases the hard work of squeezing out the water – predried and sparkling white laundry is made possible by both of the home helpers: the Protos Washing Machine and Laundry Wringer.

Die Evolution der Siemens-Hausgeräte im 20. Jahrhundert verlief alles andere als gradlinig. So hatte man sich in den den frühen zwanziger Jahren bei der Gestaltung der ersten Siemens- bzw. „Protos"-Geräte, wie bereits erwähnt, oft mehr oder weniger planlos dort orientiert, wo man Vorbilder fand: in den USA oder bei den nächsten Mitbewerbern. Geräte der AEG, wie die von Peter Behrens bereits vor dem Ersten Weltkrieg entworfenen Wasserkocher, wurden von der Konkurrenz mehr oder weniger kopiert, so auch von Siemens, wo man den Vorbildern formal dicht auf den Fersen blieb. Indizien weisen jedoch darauf hin, dass man bei diesen und anderen Entwürfen auch auf die Dienste namentlich nicht bekannter Kunsthandwerker aus Berlin, Dresden oder Darmstadt zurückgriff.[7]

The evolution of Siemens household appliances during the twentieth century was anything but linear or consistent. The design of the first Siemens or Protos models in the early twenties, as mentioned above, proceeded more or less without plan, as designers relied on existing models wherever the could be found – in the U.S. or among the products of close competitors. Appliances produced by AEG, such as the water-boiler designed by Peter Behrens before the First World War, were copied to a greater or lesser extent by competitors, Siemens among them, and Siemens followed close on the heels of these models when it came to formal aspects of design. There is some evidence, however, that the company engaged the services of unidentified craftsmen from Berlin, Dresden, and Darmstadt in developing these and other designs.[7]

Werbung für das Siemens-Hausgeräteprogramm, 1935.

Advertisement for the Siemens household appliances program, 1935.

Illustrierte deutsche Gebrauchsanweisung für den „Protos-Wascher", 1925.

Illustrated German user's guide for the Protos Wascher, 1925.

So sieht das Anheizen dieses elektrischen Waschkessels aus: statt Arbeitskittel und schmutzender Kohle Abendkleid und sauberer, billiger Nachtstrom – ein Griff, und ohne Aufsicht verrichtet der Protos-Waschautomat seine Arbeit.

This is how to heat up the electric wash boiler: instead of wearing a smock and using dirty coal you can wear an evening gown and use clean, cheap off-peak electricity – just press a button and the Protos Washing Machine does its work unsupervised.

Am nächsten Morgen erzählen Dampfschwaden von der nächtlichen Arbeit des Protos-Waschautomaten.

A cloud of steam on the next morning is proof of the Protos Washing Machine's nighttime work.

Neben der Einschaltung externer Gestaltungshelfer ging man eigene Wege, so im Bereich der Staubsauger, Bügeleisen, Wasserkessel und Herde. Bei deren Entwurf waren zunächst ausschließlich Ingenieure und Konstrukteure oder in Einzelfällen Werksarchitekten beratend tätig, bis gegen Mitte der zwanziger Jahre immer klarer wurde, dass der Verkauf von Hausgeräten mehr als Werbung und Schaufensterpräsenz erforderte.

Besonders der Erfolg der AEG-Produkte machte deutlich, dass es nicht zuletzt die Geräteformen selbst waren, die die Kaufentscheidung der Kunden positiv beeinflussten, die Notwendigkeit einer die Ästhetik berücksichtigenden „Formgebung" lag damit auf der Hand.

Der Siemens & Halske-Direktor Heinrich von Buol stellte bereits 1924 mit klarem Blick für die Notwendigkeiten neuer Entwicklungen einen Zusammenhang von profilierender Werbung und Formgestaltung her und bemerkte gegenüber Mitarbeitern: „Zukünftig muss neben herausragender Technik auch die unmittelbare Erscheinung unserer Geräte wirken!"[8]

War der Auftakt zu einem eigenständigen Design von Siemens bzw. Protos-Hausgeräten um 1929 auch nicht sofort von beeindruckenden Gestaltungsinnovationen begleitet wie bei der AEG, so kamen in dem folgenden anderthalb Jahrzehnten doch eigenständige Auffassungen zu elektrischen Geräten im Umfeld von Küche und Haushalt zum Tragen, die sich von denen der Konkurrenz teilweise deutlich unterschieden.

Although the company relied on assistance from external designers, it also pursued approaches of its own in certain areas, such as vacuum cleaners, iron, water-boilers, and stove design. At first, the design of these products was entrusted exclusively to engineers, technical designers, and, in isolated cases, company architects serving as consultants. But by the mid-twenties, it was becoming increasingly clear that it would take more than advertising and shop-window displays to achieve satisfactory sales of household appliances.

The success of AEG products in particular made it obvious to all that the shape and look of appliances played a key role in consumers' purchasing decisions. The need for design based on aesthetic considerations could not longer be ignored.

With a keen sense of the need for new approaches, Siemens & Halske Director Heinrich von Buol established a link between distinctive advertising and formal design, explaining to employees that "In the future, our products must rely not only on superior technology but also on their immediate visual appearance!"[8]

Although the first steps toward an independent design for Siemens and Protos household appliances around 1929 were not accompanied by the kind of striking innovations in design achieved by AEG, the following fifteen years witnessed the emergence of specific new approaches to the design of electrical appliances for kitchens and households, some of which stood clearly apart from those of the company's competitors.

Siemens-Trommelwaschmaschine für gewerbliche Anwendung und „Protos"-Wäscheschleuder, 1938.

Siemens drum-type washing machine for commercial applications and Protos spin-dryer, 1938.

Die Gestaltungsgruppe der Bauabteilung – und nach deren Eingliederung 1938 die neu gegründete Siemens Hauptwerbeabteilung (HWA) – betreute zunächst vor allem Herde, Heißwassergeräte und alle neuen Kleingeräte, z. B. Bügeleisen. Seit den dreißiger Jahren war dem gesamten Programm wenn schon keine durchgängige Formensprache, so doch kontinuierliche Begleitung abzulesen, die sich bis etwa 1941 fortsetzte.

Von der Formberatung ausgenommen blieben anfangs nur Küchenmaschinen, der Protos-„Küchenmotor“ sowie drei Waschmaschinenmodelle, die schon vor 1933 entwickelt worden waren und von den Siemens-Schuckertwerken, dem Starkstrombereich von Siemens, produziert wurden. Hauptwerkstoff für die Gehäuse von Kleingeräten war Feinblech, das durch Tiefziehen, Kanten, Drücken oder Pressen günstig verarbeitet werden konnte.

The Design Group within the Building Department – and, following its integration in 1938, as a part of the newly established Siemens Hauptwerbeabteilung (Central Advertising Department, HWA) – was initially involved primarily in the design of stoves, hot-water heaters, and all of the new small appliances, such as irons. Although no consistent formal language had emerged since the nineteen-thirties, there is clear evidence of the impact of continuous guidance until about 1941.

The only products excluded from the influence of these form consultants at first were kitchen appliances, the Protos "Kitchen Motor," and washing machine models that had been developed before 1933 and were produced by the Siemens-Schuckertwerke, the high-voltage division within the Siemens organization. The primary material used for small appliance housings was thin sheet metal, which could be processed economically using deep-drawing, canting, pressing, or compression-molding techniques.

„Protos“-Kaffeemaschine, 1925.

Protos coffee-maker, 1925.

Wasserkocher, 1938.

Water-heater, 1938.

Nicht alle Protos-Elektrogeräte wurden nach 1930 gestalterisch gleich behandelt oder folgten gar einer einheitlichen Designlinie: Hier konnte von den neuen Formberatern offensichtlich nur selektiv und in Details Einfluss genommen werden. So spiegeln manche der Geräte die damals aktuellen stilistischen Zeitströmungen, von deutlichen Anlehnungen an den Weimarer bzw. Dessauer Bauhaus-Funktionalismus bis hin zu Anklängen an das Art-Déco, z. B. bei Entwürfen für Wasser- und Teekessel. Andere Geräte wurden mit technisch anmutenden, einfach geometrisierten, rotationssymetrischen Blechgehäusen versehen, besonders Wäscheschleudern oder Warmwasserbereiter für Küche und Bad.

Not all Protos electrical appliances produced after 1930 were designed alike or based on a uniform approach to design. Evidently, the new form consultants were able to exert their influence only selectively and usually only in matters of detail. Thus some products reflect the prevailing stylistic currents of the time, from obvious adaptations of Weimar and Dessau Bauhaus functionalism to echoes of Art Deco, such as those found in designs for water and tea kettles. Other products appeared in technical-looking, simple geometric sheet metal housings with rotational symmetry, most notable laundry centrifuges and hot-water boilers for kitchens and baths.

„Protos"-Hausgeräte in der Werbung, 1938.

Protos household appliances in advertising, 1938.

Das erste Modell der Bodenstaubsauger-Baureihe von 1924 folgte offensichtlich noch kaum „künstlerischer“ Gestaltung – laut firmeneigener Sprachregelung für „nichttechnische“ Formgebung. So war die kompakte technische Konstruktion des „VST 180“ nicht aus ergonomischen oder gar formalen Erwägungen heraus entstanden, zu offensichtlich sind hier neben anderen Details Probleme bei der Handhabung. Vielmehr war die reduzierte Konstruktion an der im Verlauf der zwanziger Jahre konsequent nach Taylorschen Rationalisierungsvorgaben organisierten Fließbandfertigung der Siemens-Kleingeräte und -Elektromotoren ausgerichtet.

The first model of the series of canister vacuum cleaners introduced in 1924 shows little evidence of concern for “artistic” design – in-house terminology for “non-technical” design. The compact, technical configuration of the VST 180 was not the product of ergonomic or formal considerations, as the influence of handling problems, as well as other details, is far too obvious in this case. Instead, the trimmed-down design reflected the consistent application of the principles of Taylorist rationalization in the organization of assembly-line production of Siemens small appliances and electric motors during the nineteen-twenties.

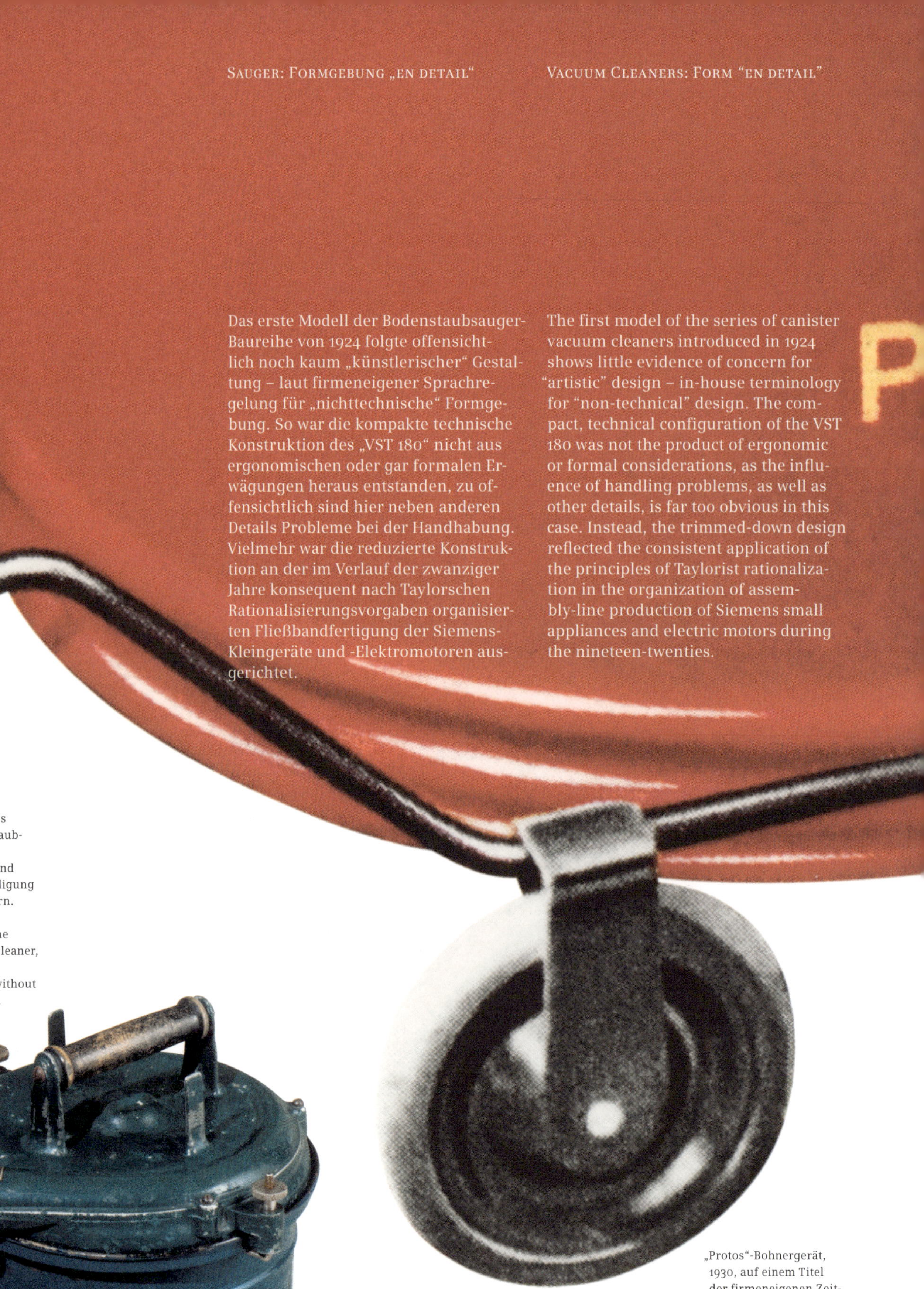

Erstes Modell des „Protos“-Bodenstaubsaugers, 1929. Das Gerät entstand noch ohne Beteiligung von Formberatern.

First model of the Protos vacuum cleaner, 1929. The unit was developed without input from form consultants.

„Protos“-Bohnergerät, 1930, auf einem Titel der firmeneigenen Zeitschrift „Der Anschluß“, herausgegeben als „Hausmitteilung der Siemens-Schuckertwerke AG für Elektrofachgeschäfte“.

Protos floor buffer, 1930, shown on the cover of an issue of *Der Anschluss*, the company publication of the Siemens-Schuckertwerke AG for the electrical retail trade.

Bodenstaubstauger „Protos Super“, 1938. Deutlich erkennbar ist hier bereits die Mitwirkung der Siemens-Formberater.

Protos Super vacuum cleaner, 1938. The contribution of Siemens form consultants is clearly evident in this product.

Eine der Ursachen hierfür lag darin, dass die Gründung der ersten Siemens-Formgebungsgruppe unter dem Dach der Bauabteilung und unter der Leitung des Architekten Hans Hertlein erst 1929 erfolgte, nachdem es schon vor 1929 zu regelmäßigen „Konsultationen in Einzelfragen“ gekommen war, „betreffend die Verbesserung der Formgebung der Protos Staubsaugermodelle“, wie ein Hinweis des zuständigen Konstruktionsleiters R. Kühnel andeutet.[9]

Vor allem bei Konsultationen in Zubehörfragen, der „formerischen“ Aufwertung, zog man die Architekten der Bauabteilung häufiger hinzu. Ein erstes Ergebnis der Zusammenarbeit waren die verbesserten hochglänzenden Gehäusedeckel der Geräte.[10]

Die Beiträge der Formgeber müssen sich wohl auf Beratungen und einzelne Detailvorschläge beschränkt haben, weiter reichende Vorstellungen der Gruppe Formgebung fanden erst nach dem Zweiten Weltkrieg Eingang in die Entwicklung neuer Staubsauger.

One of the reasons for this was that the first Siemens form consulting group was not founded as a part of the Building Department under the direction of architect Hans Hertlein until 1929. Until then, “consultation on individual issues relating to improvements in the formal design of the Protos vacuum cleaner models” took place regularly, as indicated in a note by Chief Technical Designer R. Kühnel.[9]

Architects from the Building Department were frequently consulted with regard to accessories as aspects of “formal upgrading.” One of the first concrete results of collaboration was a series of improved, high-gloss appliance housing covers.[10]

The contributions of these design advisors must have been limited to consultation and isolated recommendations regarding details. The impact of more consequential proposals offered by the Form Group did not become evident until after the Second World War in the development of new vacuum cleaners.

Kombination aus Kochplatte und Bratrohr: „Siemens Herd EHK“, 1925, und eines seiner Folgemodelle, der „Siemens ECDA 3“.

Combination stovetop and oven: Siemens Herd EHK, 1925, and a successor model, the Siemens ECDA 3.

## Architekturen für Herde und Kühlschränke

Bei komplexeren Gehäusen hatten besonders Großgeräte, wie Badewasseraufbereiter, Herde und später Kühlschränke, als „kleine Architekturen“ im Bereich der Hausgerätetechnik das Interesse der Formgebungsgruppe auf sich gezogen und die Gestalter dazu angeregt, Alternativen zu den Vorbildern aus den USA zu suchen. Dort hatte der Siegeszug der elektrischen Hausgeräte ja bereits zu einer ersten Blüte des Gerätedesigns in Form von Produkten geführt, die in einer in industriell popularisierten „Art-Déco“- und später in „Streamline“-Ästhetik gestaltetet waren.

Basiselemente der Siemens-Herdreihe nach 1918 waren zwei Kochplatten und ein rundes Energiespar-Bratrohr, beide auch separat zu erwerben – Ausgangspunkt für den ersten Protos-Einfachherd von 1926, einen Tischherd mit zwei Platten auf vierbeinigem Stahlgestell mit untergeschobenem Bratrohr. Hieraus entwickelt sich bis 1939 eine konsequent gestaltete Herdreihe, an der sich jeder Schritt der technischen Entwicklung nachvollziehen lässt: So schloss man zunächst ein schwarz (und später weiß) lackiertes Blechgehäuse um das runde Bratrohr (Elektrischer Volksherd von 1929), während die folgende Version von 1930 bereits ein rechteckiges Bratrohr mit analog geformter Klappe erhielt.

## Stove and Refrigerator Architectures

With regard to more complex housing constructions, it was primarily larger appliances such as bathroom waterheaters, ovens, and later refrigerators that attracted the attention of the Form Group as “small architectures” in the field of household appliance technology, prompting designers to look for alternatives to solutions developed in the U.S. In America, the triumphal march of electrical household appliances had already produced a first bloom in appliance design that was reflected in products that exhibited an industrially popularized version of Art Deco and later the influence of the “streamline” aesthetic.

The basic components of the series of Siemens stoves produced after 1918 were two heating plates and a round energy-saving oven unit, each of which could be purchased separately. They were the foundation for the first simple Protos stove of 1926, a tabletop stove with two heating plates mounted on a four-legged steel frame in which the oven unit was inserted. A consistently designed series of stoves evolved from this model between 1926 and 1939, and it is possible to trace every single step in its technical development. The first modification was the addition of a black (later white), enameled sheet metal housing surrounding the round oven unit (the electric “People’s Oven” of 1929). The next version introduced in 1930 was equipped with a rectangular oven unit with a matching door.

„Protos“-Bratrohr, 1924, der erste Siemens-Backofen in Serienfertigung.

Protos oven, 1924, the first serially produced Siemens oven.

Während die ersten Modelle noch keine betonte „Gestaltung“ erfuhren, zeigen die immer massiver werdenden Konstruktionen ab 1931 in zahlreichen Details Spuren einer immer gründlicheren „Formberatung“ – mit weißer Emaillierung als wichtigstem Erkennungsmerkmal.

Bei den ersten Kühlschränken mussten wegen der anfangs äußerst voluminösen Aggregate die Konstruktionen leicht gehalten werden und trotzdem selbsttragend sein.[11] Die ersten Geräte, auf stabile Blechfalzfüße gestellt, orientierten sich in Farbgebung und Proportionierung stärker am gewerblichen Küchenmöbelbau und seiner reduzierten Formgebung als an den expressiveren, zeitgleichen Vorbildern aus den USA. Die Schließbeschläge waren gewerblichen Eisschränken entlehnt und gaben damit einen deutlichen Hinweis auf die Kühlfunktion des neuen Möbels. Bei genauem Hinsehen mag man sogar so etwas wie den Versuch entdecken, sich formal an die Einbauschränke der „Frankfurter Küche“ anzulehnen.

Erst die neuen Kompressor-Kühlschränke von 1939 zeigten ein bewusstes Bemühen um plastische Ausarbeitung: mit komplementär aufeinander abgestimmten Kantenradien und einer gut proportionierten Anordnung sämtlicher Frontelemente. Mit einem voluminösen Kühlraum und großzügig dimensionierter Tür weist das Gerät auf eine Gestaltung hin, wie sie nach dem Krieg wieder aufgegriffen und damit zum Vorbild aller weiteren großen Siemens-Kühlschränke wurde.

Although there is no evidence of a concern for “aesthetic design” in the first models, the more voluminous versions produced beginning in 1931 exhibit traces of the influence of increasingly rigorous “design consulting” – with a white enamel surface as its most prominent identifying feature.

Due to the massive size of their cooling components, the first refrigerators had to be as light as possible yet capable of bearing their own weight.[11] The colors and proportions of the first of these appliances, supported by stable standing-seam metal legs, tended to be inspired more by the reductive design of commercial kitchen furniture than by the more expressive contemporary models from the U.S. The closing fittings were adapted from those of commercial iceboxes and thus clearly underscored the cooling function of the new furniture. A closer look reveals what may have been an attempt to imitate the built-in cupboards of the “Frankfurt Kitchen.”

The new compressor refrigerators produced in 1939 were the first to exhibit deliberate emphasis on sculptural design: as evidenced by the complementary matching edge curvature and a well-proportioned arrangement of front panel elements. With a voluminous cooling space and a large door, the unit embodies an approach to design that was subsequently revived after the war and became the model for all later large Siemens refrigerators.

„Siemens-Stilherd“: Modelle von 1935 und 1939.

Siemens Stilherd ovens: models produced from 1935 to 1939.

Absorber-Kühlschränke aus der Zeit zwischen 1931 und 1936.

Absorber refrigerators produced between 1931 and 1936.

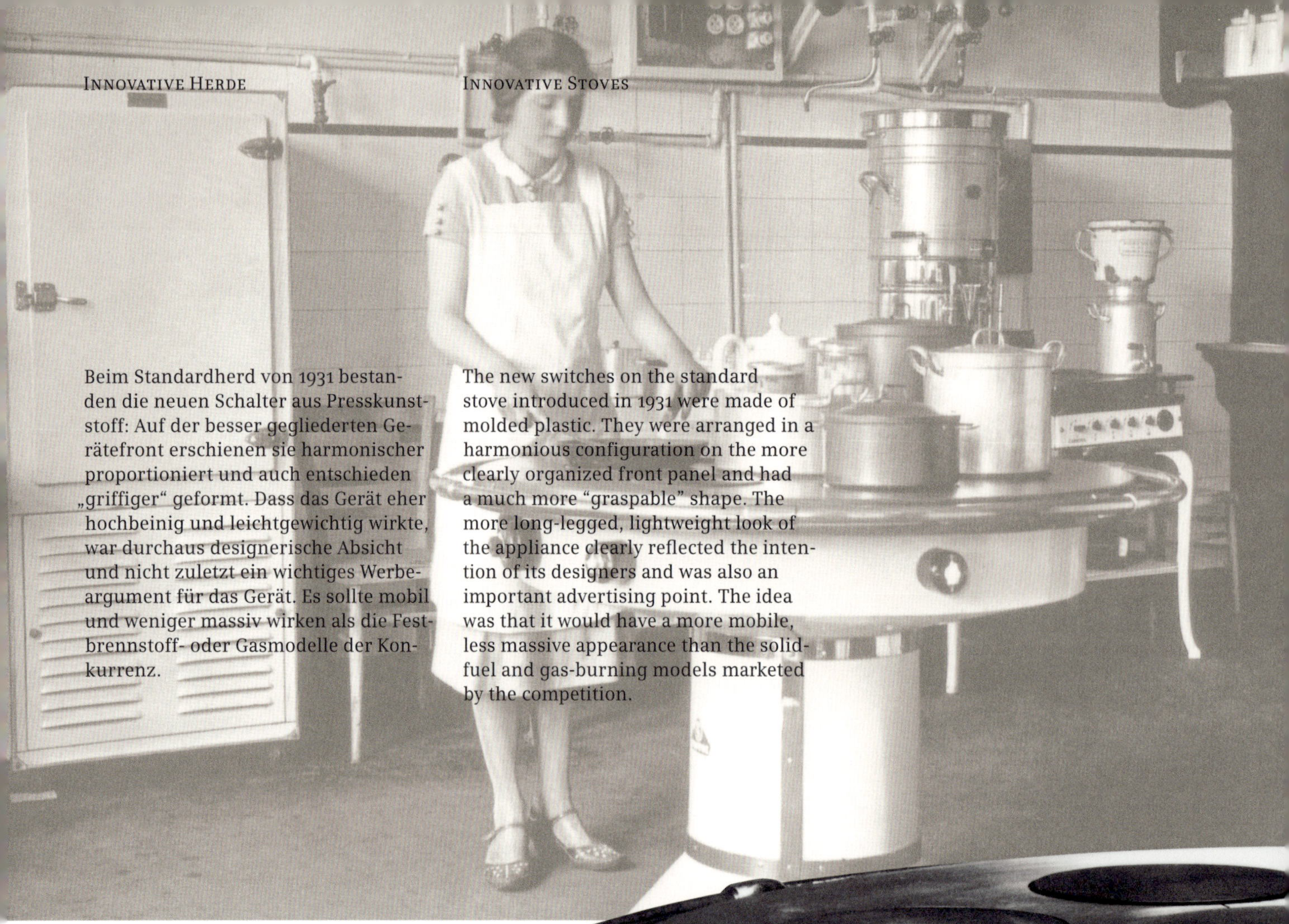

Beim Standardherd von 1931 bestanden die neuen Schalter aus Presskunststoff: Auf der besser gegliederten Gerätefront erschienen sie harmonischer proportioniert und auch entschieden „griffiger“ geformt. Dass das Gerät eher hochbeinig und leichtgewichtig wirkte, war durchaus designerische Absicht und nicht zuletzt ein wichtiges Werbeargument für das Gerät. Es sollte mobil und weniger massiv wirken als die Festbrennstoff- oder Gasmodelle der Konkurrenz.

The new switches on the standard stove introduced in 1931 were made of molded plastic. They were arranged in a harmonious configuration on the more clearly organized front panel and had a much more “graspable” shape. The more long-legged, lightweight look of the appliance clearly reflected the intention of its designers and was also an important advertising point. The idea was that it would have a more mobile, less massive appearance than the solid-fuel and gas-burning models marketed by the competition.

„Siemens-Haushaltsherd“, Elektroherd, kombiniert mit einem Festbrennstoffofen.

Siemens Haushaltsherd, a combination electric and solid fuel household oven.

Profi-„Rundherd“ für Großküchen, 1939. Das Gerät entstand unter Mitwirkung von Gestaltern der Siemens-Formgebungsgruppe.

Professional Rundherd oven for large kitchens, 1939. The product was developed in collaboration with designers from the Siemens Design Group.

Mit dem Protos-„Stilherd“ (1935) und dem ersten Sockelherd (1939) endete die kurze Phase gestalterischer „Dekonstruktion“ im Herdbau. Die beiden neuen Geräte wirkten auf Grund ihrer breiteren Beine und ihrer optisch geschlossenen Front zum Boden hin ungleich massiver. Außerdem verzichtete man auf alle bislang eingeführten dekorativen Elemente.

Der Leiter der Siemens-Formberatungs Gruppe, Wilhelm Pruss, äußert sich 1940 über Erscheinungform und Vorzüge des offensichtlich von ihm betreuten Stilherds: „Die früher so beliebten blanken Besatzteile sind endlich verschwunden. Übrig geblieben ist ein glatter Blechkörper, der der Emaillierung keine Schwierigkeiten mehr bereitet und andererseits größte Sauberkeit ermöglicht.“[12]

Eine Besonderheit der Küchengerätentwicklung stellte der gewerblich genutzte Siemens-„Rundherd“ von 1936 dar, der nicht nicht nur gestalterisch, sondern auch ergonomisch für die Betreiber von Großküchen und Restaurants eine Überraschung bot:

Auf einem einzigen säulenförmigen Standfuß mit dunklem Sockel war ein kreisrundes, tischartiges Kochfeld angebracht, bestehend aus sechs kreisförmigen Einzelfeldern sowie einem größeren Zentralfeld in der Mitte. Das Gerät nahm weniger Platz in Anspruch als ein vergleichbares Modell mit rechteckigem Kochfeld und war gut zugänglich, so dass man ohne Anstrengung von jeder Seite auf dem mittleren Kochfeld mit großen Töpfen oder Pfannen hantieren und arbeiten konnte.

Viele große internationale Hotels in ganz Europa wurden bis 1939 mit dem neuen Gerät ausgestattet. Bei seinem Entwurf, der auf einen Vertriebsleiter zurückging, waren von Anfang an Mitarbeiter aus der Formgebungsgruppe eingeschaltet, deren Namen sich jedoch leider nicht mehr feststellen lassen.

The brief phase of aesthetic “deconstruction” in stove production came to an end with the Protos Style Stove (1935) and the first solid-base stove (1939). With their broader legs and their fully enclosed fronts extending to the floor, these two new units had a considerably more massive look. Moreover, all of the decorative elements introduced in previous models were eliminated.

Wilhelm Pruss, Director of the Siemens Form Group, commented on the appearance and the advantages of the Style Stove, in whose design he had obviously been closely involved, in 1940: “The once popular blank fittings have finally disappeared. What remains is a smooth metal body that no longer poses problems during the enameling process and also provides for maximum cleanliness.”[12]

The Siemens Round Stove of 1936 occupies a special place in the history of household appliance design. Its unique formal and ergonometric features came as quite a surprise to operators of institutional kitchens and restaurants.

A round cooking surface resembling a tabletop was mounted on a single column-shaped leg with a dark base. The cooking surface comprised six circular heating fields arranged around a larger field in the center. The stove required less space than comparable units with rectangular cooking surfaces and was easily accessible from all sides by cooks working with large pots and pans.

The new stoves were installed at numerous international hotels throughout Europe between 1936 and 1939. Members of the Form Group were involved in its design, which was proposed by a sales manager, from the outset. Unfortunately, it is no longer possible to identify them by name.

Neben der Auseinandersetzung mit den aus Blech und Stahlprofilen geformten Gerätegehäusen wurde der Umgang mit dem ersten Presskunststoff Bakelit zum wichtigen Experimentier- und Arbeitsfeld der Gestalter um Hans Hertlein. Obwohl man schon vor 1920 im Unternehmen bei der Herstellung von Kleinteilen wie Steckern und Schaltern aus Bakelit Erfahrungen mit dem Werkstoff gesammelt hatte, konnte man sich fertigungstechnisch erst ab 1930 an komplexere Gehäuse oder Werkteile wagen.

Erster Brückenkopf der Kunststofftechnik und ihrer offensichtlichsten gestalterischen Anwendung wurden Griffe und Schalter der Protos-Bügeleisen ab 1922. 1931 wurde der Griff aus Bakelit plastisch geformt, dann erhielt das Bügeleisen einen Kunststoffschalter auf dem Gerätekörper (1933), der nach 1935 endgültig in den Griff wanderte. Mit Unterstützung des Bildhauers und Modelleurs Eduard März entwickelte Wilhelm Pruss neue, „kunststofffähige" Geräteformen für Telefone und Schaltgehäuse, Küchen- und Hausgeräte. Während Kleinteile und einfaches Zubehör aus Bakelit bald zum alltäglichen Geschäft gehörten, erwiesen sich Gerätegestaltungen wie die des Siemens/Protos-Haartrockners als besondere Herausforderung.

Der neue Protos-Haartrockner von 1936 war das erste in Europa hergestellte Vollkunststoffgerät für diesen Zweck. Das zuerst bordeauxfarbene, später auch in Weiß erhältliche Gerät brach völlig mit den Vorstellungen von „klassischen" Haartrocknern aus vernickeltem oder verchromtem Blech mit seitlich angebrachtem Griff.

In addition to appliance housings made of sheet metal and steel elements, the designers in Hans Hertlein's group also experimented extensively with Bakelite, the first molded plastic material. Although Siemens had begun working with Bakelite in the production of such small components as plugs and switches even before 1920, the state of production technology did not permit the use of the material in complex housings or equipment components until 1930.

Plastics processing technology and its most obvious design applications were first used in the production of handles and switches for Protos irons beginning in 1922. In 1931, the handle was a molded Bakelite part. Later, the iron was equipped with a plastic switch mounted on the body of the unit (1933), which was finally incorporated into the handle after 1935. With the assistance of sculptor and model-builder Eduard März, Wilhelm Pruss developed new forms for telephones and switch boxes, kitchen and household appliances that could be molded in plastic. While the production of small components and simple accessories made of Bakelite soon became a routine operation, the design of such appliances as the Siemens/Protos hair-dryer posed a major challenge.

The new Protos hair-dryer of 1936 was the first all-plastic appliance of its kind manufactured in Europe. Initially sold in a Bordeaux color and later in white, the dryer represented a complete departure from the concept of the "classic" hair-dryer made of nickel- or chrome-coated metal and featuring a handle mounted on the side.

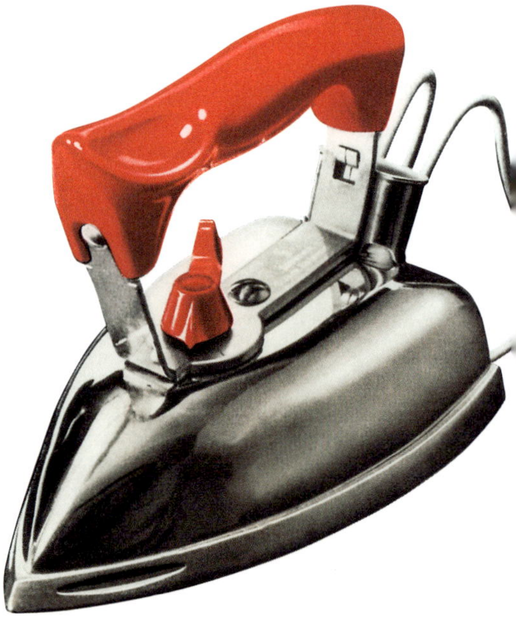

Bügeleisen mit Regelknopf und Griffen aus rot eingefärbtem Bakelit, 1930–1939.

Iron with adjustment knob and handles made of red-dyed Bakelite, 1930–1939.

Siemens-Haartrockner aus Bakelit, 1936, der erste Haartrockner mit Kunststoffgehäuse. Das Gerät wurde nach dem Krieg mit einer thermoplastischen Verkleidung ausgestattet und bis Mitte der fünfziger Jahre produziert.

Siemens Bakelite hair-dryer, 1936, the first hair-dryer with a plastic housing. The product was equipped with a thermoplastic housing and produced until the mid-fifties.

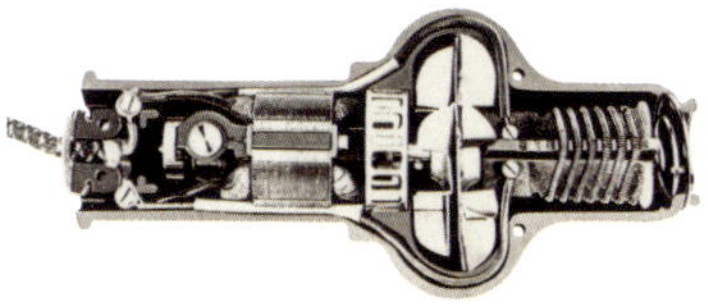

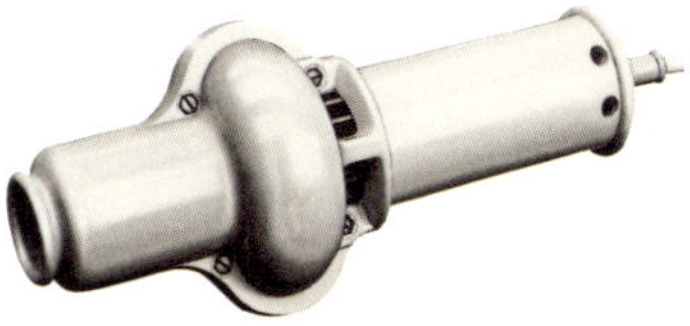

Mit seiner ungewöhnlichen Stabform und der runden Gebläsekammer über dem Griffteil erregte es auf Messen und bei der Presse erhebliches Aufsehen.

Das Gerät, das bis 1959/60 produziert wurde, machte mit seinem stark technisch anmutenden Körper zwar einen zunächst fast utopischen Eindruck, doch bald überzeugten vor allem seine Handhabungsvorteile, die der neuartigen Griffpositionierung entsprangen. Die Stabform hatte sich fast von selbst ergeben, weil man den Elektromotor und das Gebläse zur besseren Gewichtsverteilung in einer Achse bzw. zur Gänze im Handgriff unterbringen wollte. So war denn auch das Arbeiten mit dem noch immer recht gewichtigen Gerät erheblich bequemer als mit der fast gleich schweren, älteren Protos-„Heißluftdusche“, einem herkömmlichen Haartrockner mit Metallgehäuse und seitlichem Handgriff.

Der visionäre Entwurf eines neuen Staubsaugermodells aus „Vollkunststoff“ wurde wahrscheinlich noch während des Krieges oder kurz nach 1945 in Angriff genommen: ein kleiner Bodenstaubsauger mit Gehäuse aus Presskunststoff, der die letzten verbliebenen Formberater der Werbeabteilung beschäftigte. 1947 griff man die Entwicklung des Gerätes offensichtlich wieder auf und konstruierte in modifizierter Form ein erstes Anschauungsmodell. Sein erstaunlich modern wirkender geschlossener Gerätekörper aus Hartbakelit wirkt mit gut aufeinander abgestimmten Kanten-, Flächen- und Radienproportionen fast wie ein Vorgriff auf Kunststoffgeräteformen, die erst gut zwanzig Jahre später den Markt in Europa erobern sollten. Als Aggregat wählte man die Technik des „Rapid“, allerdings mit höherer Leistung. Dieses Gerät, das keinen Einfluss auf die weitere Staubsaugerentwicklung hatte, ist umso bemerkenswerter, als es kaum eine Entsprechung in der europäischen Formgestaltung der selben Zeit besitzt. Leider lässt sich nicht mehr eindeutig festmachen, wer es entworfen hat.

With its unusual tubular shape and a round blowing chamber above the handle section, it attracted considerable attention at trade fairs and in the press.

The high-tech look of this dryer, which was produced until 1959/60, evoked an almost utopian impression, but soon gained acceptance because of the convenient handling characteristics offered by the repositioned grip. The tubular shape was an almost natural consequence of the decision to position the electric motor and the blower unit along a single axis in order to distribute the weight more evenly and to accommodate the entire unit inside the grip. Thus despite its considerable weight, the dryer was much easier to handle than the almost equally heavy, older Protos Hot-Air Shower, a conventional hair-dryer with a metal housing and a grip mounted on the side.

Work on the visionary design of a new, “full-plastic” vacuum cleaner model presumably began during the war or shortly after 1945: a small canister vacuum cleaner with a molded plastic housing designed by the last remaining form consultants in the Advertising Department. Evidently, work on the development of the appliance resumed in 1947 and soon produced a first, modified demonstration model. Its astonishingly modern-looking, fully enclosed Bakelite body with its finely matched edge, surface, and radial proportions seem almost to anticipate the forms of plastic appliances that did not begin to flood the European market until some twenty years later. The motor and suction components were based on the technology used in the Rapid. What is most remarkable about this unit, which did not influence subsequent vacuum cleaner development at all, is that it had virtually no counterpart in European design of the same period. Unfortunately, it is no longer possible to determine the identity of its designer with certainty.

Prototyp eines Bodenstaubsaugers mit Bakelit-Gehäuse, entstanden zwischen 1944 und 1950.

Prototype of a vacuum cleaner with Bakelite housing, developed between 1944 and 1950.

Toaster, 1939–1952.

Toaster, 1939–1952.

Nach Kriegsausbruch 1939 ruhte die Hausgeräteproduktion weitgehend, ebenso die einschlägige Forschung und damit auch die Gestaltung neuer Geräte. Dennoch entstanden einige Entwürfe für Staubsauger und Herde, die jedoch nicht realisiert wurden.

Der Neuanfang nach 1945 erforderte Improvisation auf vielen Gebieten, da große Teile der Kapazitäten für Siemens-Hausgeräte in Ostdeutschland und Berlin vollständig zerstört waren. Eine geregelte Fertigung mit voller Programmbreite war erst Anfang der fünfziger Jahre wieder möglich – mit Ausnahme des Staubsaugerbereichs, der seine Produktion bereits 1947 wieder aufnahm. Die Zwischenzeit wurde genutzt, um unter Anknüpfung an die abgebrochenen Modellreihen die Wiederaufnahme der wichtigsten Produkte aus der Vorkriegszeit zu planen und in die Wege zu leiten: Herde, Waschmaschinen, Kühlschränke und Kleingeräte sollten an neuen Fertigungsstandorten entstehen. Den Entwicklungsvorlauf von fast drei Jahren konnten die Gestalter für mehr Einflussnahme auf diesen Sektor nutzen.

Doch erst ab 1952 konnte man wieder von einer geregelten Hausgeräteproduktion sprechen, nunmehr in Berlin und Westdeutschland. Den Schwerpunkte der unmittelbaren Nachkriegsproduktion bildeten Herde und Kleingeräte für den Elementarbedarf: Tauchsieder, Kochplatten, Heizöfen, aber auch Radiogeräte gehörten zum ersten Nachkriegssortiment. Kühlschränke, Waschmaschinen und alle weiteren Geräte folgten bis Mitte der fünfziger Jahre.

After the outbreak of war in 1939, household appliance production practically came to a standstill, as did research in this sector and consequently the development of designs for new appliances as well. Several designs for vacuum cleaners and stoves were developed but never realized.

The revival of production after 1945 required improvisation in many areas, as capacities for Siemens household appliances in East Germany and Berlin had been almost completely destroyed. Production of a complete program on a regular basis was not possible until the early fifties – except in the vacuum cleaner division, which resumed production in 1947. The interim years were used to plan and prepare the way for production of the most important products of the prewar era. Stoves, washing machines, refrigerators, and small appliances were to be manufactured at new production sites. Designers were able to exploit the three-year development period for the purpose of strengthening their influence in this sector.

Yet household appliance production did not really begin again on a regular basis until 1952, initially in Berlin and West Germany. Production during the first postwar years was focused primarily on stoves and small appliances for basic needs. The first postwar production program included immersion heaters, hotplates, heaters, and radios. Refrigerators, washing machines, and all other appliances were added to the range by the mid-fifties.

Die Entwicklungsarbeit der sich schnell wieder zusammenfindenden Gestaltungsgruppe knüpfte – wenn auch mit vielen innovativen Ideen und Verbesserungen – gestalterisch fast nahtlos an die Vorkriegszeit und deren Formensprache an. Einen Schwerpunkt bildete die Gestaltung neuer Radiogeräte, da diese nach der Währungsreform auf eine ähnlich große Nachfrage wie Hausgeräte stießen.[13] Dabei wurde, was die Gehäuse betraf, der Pfad der Kunstoffverarbeitung für fast zwei Jahrzehnte verlassen. Zu sehr haftete diesen Gehäusen noch das Image uniformer Radioempfänger der Kriegszeit an. Man konzentrierte sich auf die Entwicklung möbelähnlicher Holzgehäuse, deren Fronten sich denen US-amerikanischer Automobile annäherten, die vermehrt auch in Europa auftauchten.

Development work in the rapidly reassembled Design Group resumed almost precisely where it had ceased before the war and on the basis of the same formal language – although with numerous new ideas and improvements. Considerable emphasis was placed on the design of new radios, as the demand for radios rivaled that for household appliances after the Currency Reform.[13] The use of plastic in the design of radio housings was abandoned for nearly two decades. Such housings were still too closely associated with the image of the standardized radio receivers of the prewar years. The focus now shifted to the development of furniture-style wooden housings with front panels that resembled the front ends of American cars, which were then appearing in increasing numbers on European roads.

Tauchsieder,
1933–1949.

Immersion heater,
1933–1949.

Kühlschränke, für deren Innenausbau man zunehmend Kunststoff verwendete: links Modell von 1952, rechts von 1959.

Refrigerators exhibiting the increasing use of plastics for interior components: the model on the left was produced in 1952, the one on the right in 1959.

In der Siemens-Herdbauabteilung wurde 1952 auf Basis der letzten Modelle von 1939 ein Kleinherd mit zwei Kochplatten und quer gestelltem Backofen sowie ein „Schrankherd“ mit Backofen und vier Kochplatten entwickelt. Beide begründeten die erste Siemens-Herdreihe nach 1945. Der Kleinherd, der bis fast in die siebziger Jahre gebaut wurde, eröffnete hinsichtlich seiner Funktionalität und kompakten Form eine Art Zukunftsperspektive für die Gestaltung zukünftiger Küchengeräte: mit Konzentration auf das Wesentliche, einfacher Handhabung und sicherer Elektrik.

Der ebenfalls neu entwickelte „Schrankherd“ besaß eine anders gegliederte Vorderfront, die ihn zusammen mit neuen Bedienungsschaltern und weicheren Kantenradien von den Vorkriegsmodellen unterschied. Technische Innovationen, wie Kochplatten mit verchromtem Überfallrand, eine 1953 hinzukommende Automatikkochplatte sowie „Infrarot“-Oberhitze des Backofens, rüsteten das Gerät für eine lange Produktionszeit. Auch Kühlschränke erhielten nun weichere Formen, zumindest bei der Gestaltung ihrer Türen.

1957 wurde der „Schrankherd“ durch ein stark verändertes Nachfolgemodell abgelöst, das bereits alle Elemente zukünftiger Herdgenerationen vorwegzunehmen schien: breiten Zugang zu dem mit Fenster versehenen Backraum und plane Seiten zur Erleichterung der Integration in die Elemente einer Anbauküche, dem Vorläufer der Einbauküche.

In 1952, the Siemens Stove Manufacturing Division developed a small stove with two burners and a horizontally positioned oven unit as well as a cupboard stove with an oven unit and four burners, both based on the last models introduced in 1939. These two products were the basis for the first series of Siemens stoves produced after 1945. With its functional features and its compact design, the small stove, which was manufactured until the late nineteen-sixties, opened a kind of visionary perspective for the future design of kitchen appliances, with emphasis placed on essentials: handling convenience and safe electrical technology.

The other newly developed product, the cupboard stove, exhibited a different front panel configuration which, combined with new control knobs and softer edge curvatures, set it clearly apart from the prewar models. Technical innovations, including burners with chrome edge linings, an automatic burner added in 1953, and “infrared” upper oven heating element, equipped the stove for a long production life. Refrigerators were also given softer forms, at least in the design of their doors.

In 1957, the cupboard stove was replaced by a radically modified successor model that appeared to anticipate all of the elements that would characterize future generations of stoves: wide access to the windowed oven unit and flat sides which facilitated incorporation into the parts of a modular kitchen, the precursor of the fitted kitchen.

Kleinherd-Produktion, 1952.

"Small stove" production, 1952.

Siemens-Herd, „Modell 54", 1952.

Siemens oven, Modell 54, 1952.

Der Wandel, der um 1970 die Gestaltung von Siemens-Küchen und -Hausgeräten ergriff, spiegelte nicht nur die sich wandelnde Küchenlandschaft wider. Die nächsten Jahrzehnte des Designs von Einzelgeräten wie Herden, Kühlschränken, Wasch- und später auch Spülmaschinen wurden durch den unaufhaltsamen Siegeszug der Einbauküche in ihrem Aussehen bestimmt. Die Geräte wurden nun auch bei Siemens wieder kantiger und damit „architektonischer" gestaltet. Ihre Seitenansicht verlor an Bedeutung, wichtiger wurde wie in der Architektur die Vorderfront, die sich in das Gesamtbild der neuen Küchenzeile einpassen oder ihren hohen Preis durch ein futuristisch-technoides Erscheinungsbild legitimieren musste. Sowohl in ihrer Gliederung als auch in der detaillierten Gestaltung ihrer Bedienungselemente sollten die Geräte Bestandteil der neuen Innenarchitektur des Küchenraums werden, der nicht zuletzt die neuen Außenarchitekturen widerspiegelte.

The process of evolution in the design of Siemens kitchen and household appliance that began around 1970 reflected more than the changing kitchen landscape. The following decades in the history of the design of individual appliances such as stoves, refrigerators, washing machines, and later dishwashers as well were dominated by the inevitable triumphal march of the integrated kitchen. Appliances were now designed with more angular and thus more "architectural" forms. The appearance of their side panels became secondary, while increasing emphasis was placed on the architecture of front panels, which had to fit into the overall look of the new kitchen line or present a futuristic, technoid appearance that would justify its high price. Through both the configuration and the detailed design of their operating elements, these appliances were to become integral components of the new interior architecture of the kitchen, which in turn reflected new exterior architectures as well.

Die Herde der Firma Siemens, die ab 1969 folgten, besaßen wie andere Großgeräte, besonders Kühlschränke und Waschmaschinen, alle modularen Voraussetzungen zur Integration in gängige Einbauküchenzeilen. Dasselbe galt später für Wäschetrockner und Spülmaschinen. Für die Gestaltung richtete sich damit das Hauptaugenmerk auf Ober- und Frontseiten.

Neben technisch-normativen Voraussetzungen erforderten die sich ab Ende der siebziger Jahre zunehmend differenzierenden Frontgestaltungen der Einbauelemente eine immer flexiblere gestalterische Abstimmung der Geräte. Stilneutrale Designs, die sich überall einsetzen ließen, waren das Gebot der Stunde. Hier boten vor allem Armaturen und damit gekoppelte Betriebszustandsanzeigen für die Designer die größten Entwicklungsmöglichkeiten. Versuchte man bis Mitte der achziger Jahre mit Skalen, Kontroll- und Einstellknöpfen die Technik der Geräte in den Mittelpunkt zu stellen, so wurde im letzten Jahrzehnt vor der Jahrtausendwende durch reduktiveres Design und selektive Materialverwendung von Glas oder Edelstahl bei Fronten und Armaturen vor allem das gestalterische Potenzial herausgestellt.

Wurden Siemens-Waschmaschinen zwischen 1956 und 1975 ausschließlich als Toplader konstruiert, waren also nur von oben zugänglich, so wandelten sie sich ab 1975 zu Frontladern, deren Badezimmer- oder Waschküchenexistenz damit endgültig beendet schien. Ihre Frontgestaltung war ab dieser Zeit durch das typische zentrale Bullauge bestimmt. Auch der Backofen – ob räumlich entkoppelt vom Herd oder darin integriert – erfuhr eine Entwicklung hin zur immer größeren Verglasung seiner Front.

Like other large appliances, including especially refrigerators and washing machines, stoves produced by Siemens beginning in 1969 met all of the modular requirements for integration into standard integrated kitchen lines. The same was true of the laundry-dryers and dishwashers that came somewhat later. Thus designers focused primarily on the top and front segments.

Apart from requirements imposed by technical standards, the increasingly distinctive front panel designs developed for modular kitchen appliances beginning in the late seventies demanded greater flexibility in the design of matching units. Stylistically neutral designs that could be incorporated into any setting were the order of the day. Operating elements and the operating status indicators with which they were coupled offered the broadest spectrum of development options for designers. Until the mid-eighties, designers used scales, control and adjustment knobs to draw attention to appliance technology. During the nineties, design potential was emphasized by more reductive design and the selective use of such materials as glass and stainless steel in front panels and fixtures.

All Siemens washing machines produced between 1956 and 1975 were top-loading units and thus could be opened only from above. Beginning in 1975, production shifted to front-loading machines, ostensibly putting an end to their existence as bathroom or basement appliances. The most typical feature of their front designs from that point on was the "porthole" in the center of the door. Both integrated ovens and oven units separated from stovetops exhibited a trend toward the increasing use of glass in front panel designs.

Der quadratische Griff zum Öffnen – typisches Erkennungsmerkmal von Siemens-Kühlschränken Ende der sechziger Jahre.

The square door handle – a typical feature of Siemens refrigerators in the late sixties.

Designabteilung der Siemens Elektrogeräte GmbH, Rolf Feil, Ceran-Kochfeld mit Bedienungsarmaturen, 1981.

The Design Department of Siemens Elektrogeräte GmbH, Rolf Feil, Ceran stovetop with operating elements, 1981.

Designabteilung der Siemens Elektrogeräte GmbH, Johannes Geyer, Gerd Wilsdorf, Waschautomat, 1998.

The Design Department of Siemens Elektrogeräte GmbH, Johannes Geyer, Gerd Wilsdort, washing machine, 1998.

Die nunmehr kantig gestalteten Siemens-Kühlschränke und die in den sechziger Jahren hinzukommenden Tiefkühlschränke erfuhren bald nur noch die gestalterische Evolution ihres Innenlebens. Ihre Front hingegen verschwand entweder völlig unter einer Möbeltüre oder wurde so neutral wie möglich behandelt. Die einzige Gestaltungsmöglichkeit bot der Griff, der schon Ende der fünfziger Jahre seine zentrale Platzierung und Mechanik verloren hatte und – am Ende nur noch magnetisch gehalten – zur „siemenstypischen" quadratischen Griffplatte degeneriert war.

Daraus wurden bis zur Jahrtausendwende mehr oder weniger unauffällig integrierte vertikale Griffleisten bzw. Stangen. Auch die Mikrowelle als technologischer „Neuzugang" erfuhr, sofern gewünscht, eine schnelle Integration in die Einbauwelt. Der Einzug von Ceran-Kochfeldern ermöglichte die endgültige architektonische Begradigung von Stell- und Arbeitsflächen. Die Rückkehr von Gas- und Grillgeräten hob diese wieder auf oder bot Anlass für neue Gliederungen. Oberflächen der Geräte und Maschinen und ihre sinnlich visuellen Qualitäten wurden im letzten Viertel des 20. Jahrhunderts immer wichtiger, Farb-, Form- und Materialeindruck zunehmend differenziert.

Designed with squared corners and sides, Siemens refrigerators and the freezers introduced in the sixties now underwent only internal modifications in the course of their evolution. Their fronts either disappeared entirely behind furniture doors or were given as neutral a look as possible. The only remaining object of design was the door handle, which had already been stripped of its central position and mechanical function in the late fifties (the door was eventually held in place only by a magnet) and had degenerated into the "typical square Siemens grip plate."

At the turn of the century, this element gave way to more or less unobtrusively integrated vertical square or round handle rails. As a technological "newcomer," the microwave oven was also rapidly integrated, wherever desirable, into the world of the fitted kitchen. The development of ceramic cooking fields paved the way for the complete leveling of all working surfaces. The return of gas and grill units reversed this trend in some cases and offered opportunities for new configurations in others. The surfaces of appliances and machines and their sensual, visual qualities became increasingly important during the last twenty-five years of the twentieth century, as colors, shapes, and material appearances grew progressively distinctive.

Designabteilung der
Siemens Elektrogeräte
GmbH, Rolf Feil,
Küchenmaschine, 1972.

The Design Department
of Siemens Elektrogeräte
GmbH, Rolf Feil,
food processor, 1972.

Siemens Design,
Ventilator, 1961.

Siemens Design,
fan, 1961.

Designabteilung der
Siemens Elektrogeräte
GmbH, Helmut Kaiser,
Toaster, 1973.

The Design Department
of Siemens Elektrogeräte
GmbH, Helmut Kaiser,
toaster, 1973.

Designabteilung der
Siemens Elektrogeräte
GmbH, Heizofen, 1986.

The Design Department
of Siemens Elektrogeräte
GmbH, heater, 1986.

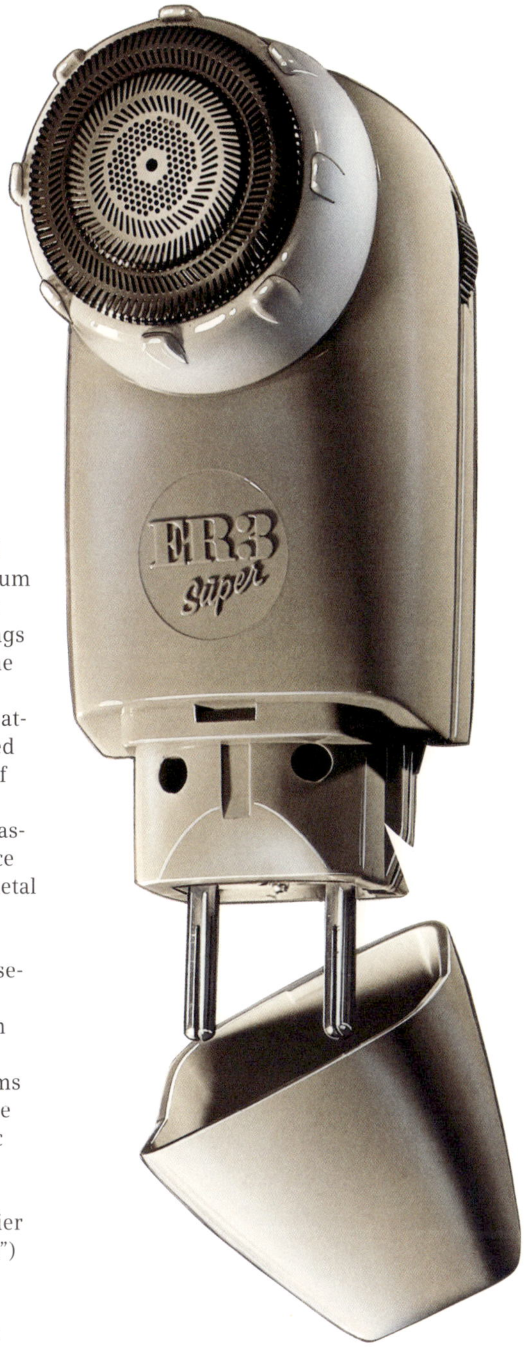


Technische Entwicklung und Gestaltung von Kleingeräten vom Haartrockner bis zum Staubsauger erfuhren nach dem Krieg ihre größte Veränderung durch den Wechsel von Metallgehäusen zu Vollkunststoffkonstruktionen im Lauf der sechziger Jahre. Selbst klassische Metallkonstruktionen von Geräten wie Heizlüftern oder Schnellkochern erhielten spätestens in den achtziger Jahre ein Kunstoffgehäuse, und sogar die Siemens-Bügeleisen, ältester Brückenkopf der Kunststoffkultur im Hausgerätesortiment, besitzen heute nur noch eine Bügelfläche aus Metall.

Das „Plastikdesign" der Siemens-Hausgeräte entwickelte sich in unmittelbarer Nachbarschaft europaweiter Gestaltungstrends zwischen 1960 und 2000. Standen am Anfang noch weiche, undefinierbare Freiformen der „Nierentisch"-Ära, so wurden diese bald abgelöst von den stark geometrisierten Linien der siebziger Jahre, die erst ab etwa 1985 wieder vermehrt von neuen, plastischeren Freiformen oder stilistischen Rückgriffen auf bisherige Entwicklungsperioden („Retro-Stil") unterwandert wurden.

Waren die ersten Kunststoffgeräte der frühen sechziger Jahre, wie die ersten Elektrorasierer von Siemens, in ihrer formalen Gestaltung noch stark an Konkurrenzprodukte angelehnt, so versuchte man doch immer wieder, einen eigenständigeren gestalterischen Weg einzuschlagen. Um 1970 fand sich schon eine ganze Reihe von Kunststoffgeräten im Programm, die sich in ihrer Formensprache strafferen, stärker geometrisierten Gehäusegeometrien verpflichtet fühlen, wie Haushaltsquirle, kleine Kaffeemühlen, eine Kleinpumpe und erste Kaffeemaschinen.

The greatest changes in the technical development and design of small appliances, from hair-dryers to vacuum cleaners, after the war were brought about by the shift from metal housings to all-plastic constructions during the nineteen-sixties. The classical metal constructions of such products as heaters or pressure-cookers were replaced by plastic housings by the eighties, if not sooner, and even the Siemens iron, the oldest bridgehead of the plastic culture in the household appliance program, had only one remaining metal part: the ironing surface itself.

The "plastic design" of Siemens household appliances progressed in close step with general European trends in design between 1960 and 2000. The first soft, scarcely definable free forms of the "kidney-shaped-table era" were soon replaced by the clear geometric lines of the seventies, which in turn gave way to new, more supple free forms or stylistic regressions to earlier periods of development ("retro style") beginning about 1985.

While the formal designs of the first plastic appliances introduced in the early sixties, such as the first Siemens electric razor, were not far removed from those of competing products, Siemens designers frequently sought opportunities to develop a more independent approach to design. A number of plastic appliances introduced around 1970, including hand-mixers, small coffee-grinders, a small pump, and the first coffee-makers, reflected the influence of a formal language characterized by leaner, markedly more geometric housing configurations.

Siemens Design,
Akku-Rasierapparat,
1960.

Siemens Design,
rechargeable battery-powered shaver, 1960.

Designabteilung der Siemens Elektrogeräte GmbH, Hans Jansen, Akku-Staubsauger „Siemens VK 4000“, 1983.

The Design Department of Siemens Elektrogeräte GmbH, Hans Jansen, rechargeable battery-powered vacuum cleaner Siemens VK 4000, 1983.

Designabteilung der Siemens Elektrogeräte GmbH, Sylvie Wendt, Handstaubsauger „Siemens VR41 A20“.

The Design Department of Siemens Elektrogeräte GmbH, Slyvie Wendt, hand vacuum cleaner Siemens VR41 A20.

Siemens Design, Norbert Schlagheck, „Rapid“, der erste Siemens-Handstaubsauger mit Kunststoffgehäuse, 1962.

Siemens Design, Norbert Schlagheck, Rapid, the first Siemens hand vacuum cleaner with a plastic housing, 1962.

Porsche Design, „Porsche Design Linie“: Standmixer, Haartrockner, Saftpresse, Toaster, Kaffeemaschine und Wasserkocher, 1998–2003.

Porsche Design, “Porsche Design Linie”: upright mixer, hairdryer, juice-maker, toaster, coffee-maker and water-heater, 1998–2003.

Blanke Metalloberflächen machten sich nicht nur bei den Großgerätefronten zu Beginn der neunziger Jahre wieder verstärkt bemerkbar, auch bei den Kleingeräten kehrte das Metall zurück, wie bei der von Porsche Design entworfenen, seit Jahren überaus erfolgreichen „Porsche Design Linie“: Die mit gebürsteten Metallgehäusen verkleidete Gerätereihe besteht aus Kaffeemaschine, Wasserkocher, Standmixer, Saftpresse, Thermoskanne, Haartrockner und Toaster.

Wie bei elektrischen Kleingeräten begannen sich thermoplastische polymere Kunststoffe ab 1960 auch bei Staubsaugern als Werkstoff durchzusetzen: Den Anfang machte 1962 der neue Siemens „Rapid“, der als erster Handstaubsauger Deutschlands mit einem Vollkunststoffgehäuse auf den Markt kam. Eine Fülle von Hand- und Bodenstaubsaugern spiegelt die ganze Breite der Designentwicklung zwischen 1970 und 2000: erst straff geformte Gehäuse mit eindeutigem kantigen Erscheinungsbild, dann weichere Formen mit großen Radien bis hin zu Entwürfen komplex zusammengesetzter Freiformen.

Den Abschluss des totalen Kunststoff-einsatzes markierte vor der Jahrtausendwende der kleine Siemens-Bodenstaubsauger „VS 5“, der in seinem Geräteaufbau neben Elektromotor, Teleskoprohr aus Aluminium und einer einzigen zentralen Befestigungsschraube der Aggregateinheit keine weiteren signifikanten Metallteile mehr besitzt. Alle Chassis- und Verkleidungselemente und ihre Befestigungen sind aus gespritztem thermoplastischen Kunststoff hergestellt. Hinzu kam 2003, angelehnt an ein englisches Vorbild, ein erster volltransparenter Handstaubsauger.

Blank metal surfaces began to appear on an increasing number of appliances in the early nineties. Metal components reappeared in both large and small appliances, as in the case of the “Porsche Design Linie” created by Porsche Design, a highly successful product line comprising units with burnished metal housings, including a coffee-maker, a water-boiler, an upright mixer, a juice-press, a thermos, a hair-dryer, and a toaster.

Thermoplastic polymer materials were used to an increasing extent in both small appliances and vacuum cleaners beginning in 1960. The first product produced with the new materials was the Siemens Rapid introduced in 1962, the first hand vacuum cleaner with an all-plastic housing to appear on the German market. The full scope of this design trend is reflected in a wide range of hand and canister vacuum cleaners produced between 1970 and 2000, beginning with plain housings with an pronounced angular look, followed by softer forms with wide radii and later by complex designs composed of multiple free forms.

The final phase of progress toward the total plastic appliance was launched before the turn of the century with the introduction of the small Siemens VS 5 canister vacuum cleaner, the only significant metal components of which are the electric motor, the aluminum telescope tube, and a single screw. All chassis and housing components and fastening elements are made of extruded thermoplastic material. In 2003, a fully transparent hand vacuum cleaner modeled on an English product was added to the program.

Designabteilung der Siemens Elektrogeräte GmbH, Jörg Schröter, Bodenstaubsauger „Siemens VS 5 – Dino“: einer der ersten fast vollständig aus Kunststoff gefertigten Staubsauger, 1998.

The Design Department of Siemens Elektrogeräte GmbH, Jörg Schröter, Siemens VS 5 – Dino vacuum cleaner, one of the first all-plastic vacuum cleaners ever produced, 1998.

Designabteilung der Siemens Elektrogeräte GmbH, Helmut Kaiser, Kaffeemaschine.

The Design Department of Siemens Elektrogeräte GmbH, Helmut Kaiser, coffee-maker.

Das Design für Siemens-Hausgeräte entwickelte sich bis ins vorletzte Jahrzehnt des 20. Jahrhunderts eher affirmativ, in Form einer an den formalen Hauptströmungen orientierten Gestaltung. Die manchmal recht beliebig erscheinenden Entwürfe gerade im Kleingerätesektor jener Zeit erklären sich damit, dass immer wieder zugekaufte, kaum modifizierte Geräte mitvertrieben wurden.

Ende der achtziger Jahre veränderte sich das Design der Siemens-Hausgeräte noch einmal deutlich. Es entwickelte eine insgesamt einheitlichere und verglichen mit dem übrigen Markt zunehmend prägnantere Linie. So kehrte gegen Ende des 20. Jahrhunderts Metall in Form von Edelstahl, Eloxal oder metallisch wirkenden Kunstoffen wieder massiv in die Hausgerätelandschaft und ihre Designs zurück. Mit den transluzenten Kunststoffen zog kurz vor der Jahrhundertwende so etwas wie ein erstes Element materialer Dekonstruktion in die Hausgerätelandschaft ein.

Until the next-to-last decade of the twentieth century, the development of Siemens household appliance design was largely affirmative, as reflected in a concept oriented toward major formal currents in the field of design. The occasional appearance of somewhat random-looking designs during the period, particularly in the small-appliance sector, is attributable to the fact that Siemens often marketed products acquired from other suppliers without modifying them noticeably.

The design of Siemens household appliances underwent another major change near the end of the nineteen-eighties. The line that emerged during these years was more homogeneous and, compared with other products on the market, increasingly distinctive. The last years of the twentieth century witnessed the large-scale return of metal in the form of stainless steel, anodized aluminum, and plastics to the household landscape. The introduction of translucent plastics shortly before the turn of the century brought what might be regarded as a first element of material deconstruction to the household appliance sector.

Designabteilung der Siemens Elektrogeräte GmbH, Jörg Schröter Dampfbügeleisen, 1999.

The Design Department of Siemens Elektrogeräte GmbH, Jörg Schröter, steam iron, 1999.

Designabteilung der Siemens Elektrogeräte GmbH, Helmut Kaiser, Haartrockner „streamjet", 1999.

The Design Department of Siemens Elektrogeräte GmbH, Helmut Kaiser, "streamjet" hair-dryer, 1999.

Designabteilung der Siemens Elektrogeräte GmbH, Christoph Beche, Gefrier- und Kühlschrankeinheit, 2000.

The Design Department of Siemens Elektrogeräte GmbH, Christoph Beche, refrigerator-freezer unit, 2000.

Am Anfang des 21. Jahrhunderts hat sich die Situation erneut verändert. Die Erwartungen gegenüber Haus- und Küchengeräten sind fließender geworden. Schnelle modische Wechsel werden durch Retro- und Profi-Anmutungen oder klassisch-beständige Formen ergänzt. Die Käufer entscheiden selektiver, individueller, und, wo der Preis dies zulässt, auch spontaner. Es werden sichere Technik, variantenreiche Anmutungen und Ausstattungen wie in der Mode oder im Automobilbau erwartet: „kollektionsähnliche" Gerätereihen, die sich zwar voneinander unterscheiden dürfen, aber trotzdem sowohl untereinander ästhetisch kompatibel sein als auch in unterschiedlich gestaltete Ambiente passen sollten.

Geräte wie Kaffeemaschinen, Haartrockner, Toaster oder Staubsauger können auch schon einmal deutlich einem kurzlebigeren Trend folgen. So koexistieren bei den Siemens Hausgeräten inzwischen Gerätegestaltungen von klassischer Beständigkeit recht harmonisch mit den schnelllebigeren, formalen und materialen Designs vor allem der Kleingeräte. Andererseits müssen gerade die großen Geräte mit einem immer hochwertiger erscheinenden Design sowohl ästhetischen als auch praktischen Langzeitnutzen signalisieren, um insgesamt den „investiven Charakter" der großen Siemens-Hausgeräte herauszustellen. Der traditionelle Dualismus des Designs von Siemens-Hausgeräten, changierend zwischen Neuheits- und Beständigkeitsanspruch, wird wohl auch in Zukunft immer wieder neu interpretiert werden müssen.

The situation changed again in the first years of the twenty-first century. Expectations regarding household and kitchen appliances became less rigid. Rapidly changing fashion trends were supplemented by retro and professional looks or enduring classical forms. Buyers grew more selective, more individualistic, and, price permitting, more spontaneous. Consumers expected safe technology, greater diversity of stylistic and technical features, just as they did when purchasing fashions or automobiles: "collection-style" appliance lines which, although they could differ from one another, nevertheless had to be aesthetically compatible with each other and amenable to integration into differently designed ambiences.

Certain types of appliances, such as coffee-makers, hair-dryers, toasters, and vacuum cleaners, may well follow short-lived trends. And thus one finds appliances with enduring classical designs and more transient formal and material designs, particularly in the small-appliance sector, coexisting quite harmoniously within the wide range of Siemens household appliances.
At the same time, however, large appliances, particularly those designed to meet increasingly higher quality standards, must convey an impression of aesthetic and practical durability in order to underscore the "investment value" of large Siemens appliances. Thus it is likely that the dualism that has traditionally characterized Siemens household appliance design – the rivalry between innovation and continuity – will have to be reinterpreted from time to time in the future as well.

## Das Tor zur virtuellen Welt
### Der Bereich Telekommunikation seit den Anfängen

Christoph A. Hoesch

## The Gateway to the Virtual World
### Telecommunication, from the Early Years to the Present

Christoph A. Hoesch

# Das Tor zur virtuellen Welt
# The Gateway to the Virtual World

Telegrafie und Telefon markieren den Aufbruch ins Zeitalter elektrisch vermittelter Virtualität. Beide ermöglichten einen physischen und kulturellen „Quantensprung“, und dies nicht nur im übertragenen Sinne: Erstmals in der Geschichte der Menschheit gelang hier die Überwindung von Raum und Zeit, ohne sich dabei selbst bewegen zu müssen – eine „Neudimensionierung“ der Wahrnehmung, die sinnliche Erfahrung von Gleichzeitigkeit und als deren Konsequenz eine unerhörte Temposteigerung aller Lebensverhältnisse mit der Notwendigkeit ihrer Synchronisierung aus der Distanz. Die Jahrtausende alte Erfahrung von räumlicher Distanz und Zeit war zwar nicht gänzlich aufgehoben, veränderte sich jedoch: Menschen rückten mit Hilfe des elektrischen Stroms einander scheinbar näher, während die Technik, die dies ermöglichte, selbst kaum mehr nachvollziehbar war. Man sprach im Zusammenhang mit Telegrafie und Telefon von einem „Distanzzauber für die Sinne“.[1]

The journey into the age of electrically mediated virtual reality began with the invention of the telegraph and the telephone. In a very literal sense, these two technologies paved the way for a physical and cultural “quantum leap.” For the first time in human history, people were able to overcome the barriers of time and space without actually moving from one place to another – a development that created a “new dimension” in human perception: the sensory experience of simultaneity and, as its corollary, a breathtaking acceleration of the pace of life and the need to synchronize processes and activities from a distance. The sense of distance and time that had developed over thousands of years was not erased entirely, but it was altered. People appeared to have moved closer together with the aid of electricity, while the technology which made that possible remained virtually incomprehensible. The telegraph and the telephone were associated with the “enchantment of distance for the senses.”[1]

Telefonieren um 1910.

Telephoning, ca. 1910.

Nebenstellengerät, um 1960.

Extension telephone, ca. 1960.

Münzfernsprecher, um 1930.

Pay telephone, ca. 1930.

Nebenstellengerät auf der Basis des Modells „Siemens W28“, um 1936.

Extension telephone based on the Siemens W28 model, ca. 1936.

Siemens Design,
Tönis Käo, erstes
Siemens-Mobiltelefon
„NMT“, 1985.

Siemens Design,
Tönis Käo, the NMT,
the first Siemens
mobile telephone, 1985.

Die Fähigkeit, mit Hilfe von Elektromagnetismus zu kommunizieren, markierte nicht nur den Aufbruch in ein neues Zeitalter raum-zeitlicher Virtualität, die „elektrisch getragene Verständigung“, es bedeutete auch die entscheidenden unternehmerischen Schritte von Werner von Siemens als Elektrotechnik-Pionier und damit die ersten Anfänge des Unternehmens. 1847 stellte Siemens den von ihm entwickelten Zeigertelegrafen vor, das erste Produkt und zugleich das erste gestaltete Erzeugnis der Firma Siemens. Das Gerät markierte zwar nicht den ersten Schritt in der neuen Technologie – ein Vorläufer war bereits 1837 in England von Charles Wheatstone entwickelt worden –, doch eine wichtige technische Verbesserung des zugrunde liegenden Prinzips.

Der Telegraf und seine Weiterentwicklung bedeuteten eine rasante technologische Evolution, die die gesamte individuelle, soziale und wirtschaftlichen Kommunikation auf diesem Planeten verändern sollte. Analog zur Elektrifizierung von Industrie, öffentlichem und privatem Bereich führte die Entwicklung der elektromagnetischen Verwandlung und „Verschickung“ von Signalen, Tönen und Bildern zur Entstehung eines Systems gänzlich neuer Kulturwerkzeuge: zur „Telekommunikation“.

Siemens, bis heute Pionier und Schrittmacher, hatte in den vergangenen 150 Jahren an der erfolgreichen Entwicklung der Telekommunikation sowie der Erschließung der elektronischen Medien großen Anteil. Das Unternehmen und seine Ingenieure hatten unzählige Schlüssel-Innovationen entwickelt oder angestoßen und so zum Siegeszug fast aller Systeme der Telekommunikation maßgeblich beigetragen: zunächst des Telegrafen, dann daraus abgeleitet des Fernschreibers und Telefons.

The capacity to communicate with the aid of electro-magnetism not only marked the beginning of a new age of virtual space and time, of “communication through electricity,” but also prompted the first entrepreneurial action taken by Werner von Siemens as a pioneer in the field of electrical engineering and, with that, the birth of the Siemens company. In 1847, Siemens presented his pointer telegraph, the first product and thus the first designed object marketed by the Siemens company. In itself, the device was not a technological innovation – a precursor had already been developed by Charles Wheatstone in England in 1937 – but it did embody an important technical advance based on the underlying principle.

The original telegraph and the improved versions that followed represented steps in a rapid process of technological evolution that would revolutionize individual, social, and business communication on our planet. Analogous to industrial, public, and home electrification, progress in the electromagnetic transformation and “transmission” of signals, sounds, and images led to the creation of a system of entirely new cultural tools – to what wc know today as “telecommunication.”

Still a pioneer and technological pacemaker today, Siemens has played an important role in the development of telecommunication and electronic media during the past 150 years. The company and its engineers have developed or stimulated countless key innovations and thus made a crucial contribution to the success of nearly all of the telecommunication systems in use today, beginning with the telegraph and followed by telex and telephone technology based on the same basic principle.

Siemens Design,
Harry Hentschel,
Prototyp für
ein Bildtelefon, 1989.

Siemens Design,
Harry Hentschel,
prototype for an
image telephone, 1989.

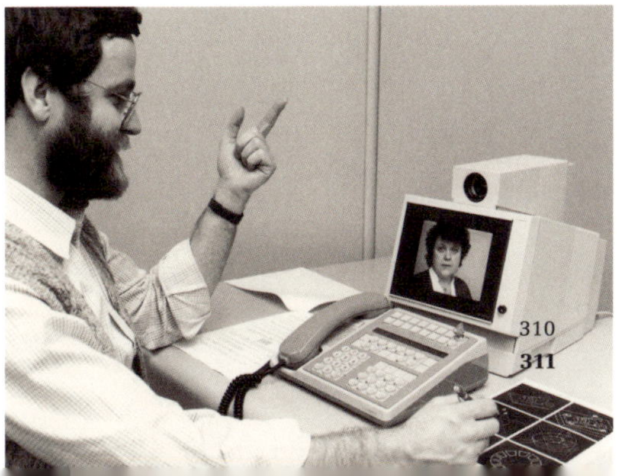

## Telekommunikation: das Tor zur Virtualität

In der ersten Hälfte des 20. Jahrhunderts folgten Radio, Selbstwähldienst Elektronik und Fernsehen und bereits vor 1950 erste Schritte in Richtung Halbleitertechnik und Mikroelektronik. So waren Radio und Fernsehen für Siemens ein Synergieprodukt der Kommunikationstechnologie. Neben dem Vertrieb von Radio- und Fernsehgeräten blieben die Entwicklung und Herstellung kabelloser Übertragungstechnik wichtige Kompetenzbereiche der Siemens-Aktivitäten.[2] Außerdem entwickelte man aus Telefondrehwählern Röhren und dann mit Röhren betriebene Vorstufen zum Elektronikrechner. Bereits 1953 verfügte man bei Siemens über die Fähigkeit, Silizium zum Bau erster integrierten Schaltungen zu verarbeiten, und 1956 konnte man den ersten Rechner-Prototyp, den „Siemens 2002" der Öffentlichkeit vorstellen.

Am Ende des 20. und Anfang des 21. Jahrhunderts steht die globale Vernetzung aller neuen Medien. Dabei wurde das Mobiltelefon, das fast alle vorangegangen Entwicklungen synergetisch integrierte, zum symbolträchtigen Fokus aller bisher entwickelten Funktionen, wie Sprechen, Schreiben, Fotografieren, Filmen, Rechnen, Speichern, Empfangen und Senden: Alles wurde möglich mit einem – vermeintlich einzigen – kleinen Gerät, basierend allerdings auf einer riesigen, unsichtbaren Infrastruktur von Rechnerverbindungen, Fest- und Mobilfunknetzen.

## Telecommunication: Gateway to the Virtual World

The first fifty years of the twentieth century witnessed a progression of new developments: radio, direct dialing, electronics, television, and, even before 1950, first breakthroughs in semi-conductor technology and microelectronics. Thus for Siemens, radio and television were by-products of communication technology. In addition to the sale of radios and television sets, Siemens was actively involved in the development and production of wireless transmission technology.[2] Siemens engineers also developed tubes from telephone dial components and later introduced precursors of the electronic computer powered by tubes. As early as 1953, Siemens had developed the capacity to process silicone for use in producing the first integrated circuits, and in 1956, the company presented the first prototype computer, the Siemens 2002, to the public.

The global networking of all new media was achieved in the years preceding and following the dawn of the twenty-first century. The mobile telephone, which incorporated nearly all preceding developments, became the symbolic focal point of all functions developed in the past – speaking, writing, photographing, filming, receiving, and transmitting. Everything was now possible with one – and supposedly only one – small device, although it depended upon a huge, invisible infrastructure composed of computer links, land lines, and mobile wireless networks.

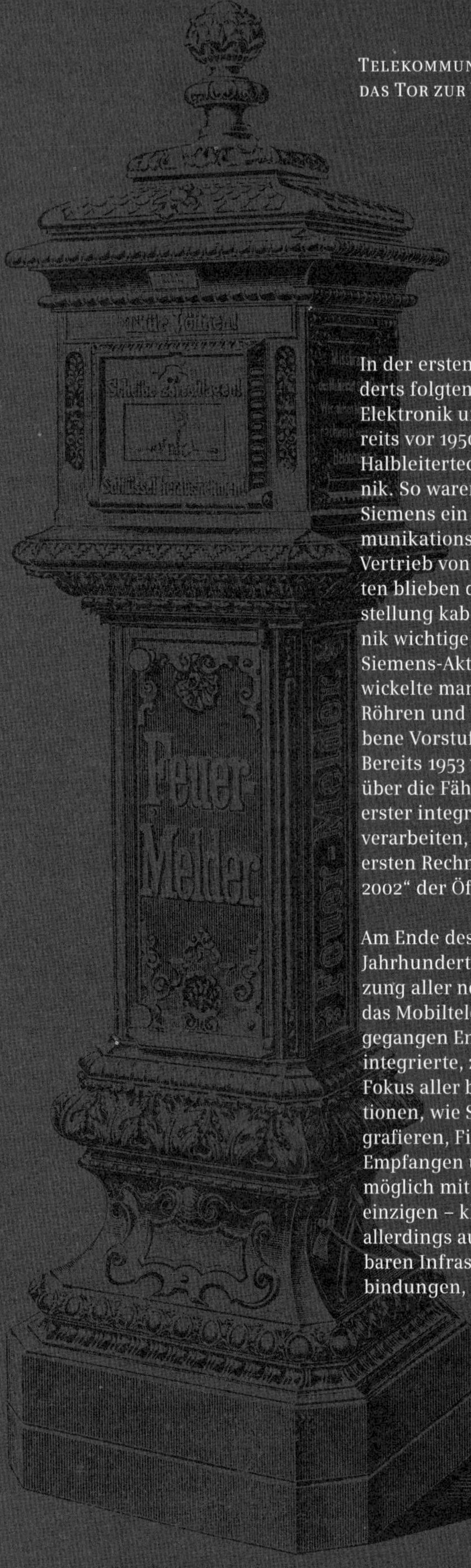


Siemens-Feuermelder auf Telefonbasis, 1890.

Siemens telephone-based fire alarm, 1890.

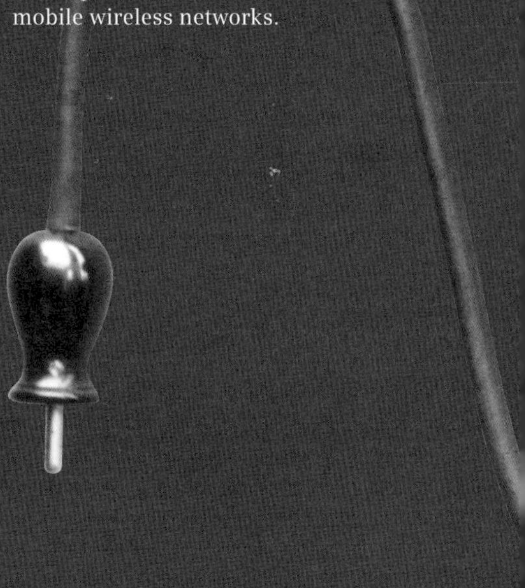

„Einhand-Telefon", Prototyp, um 1895.

"One-hand telephone," prototype, ca. 1895.

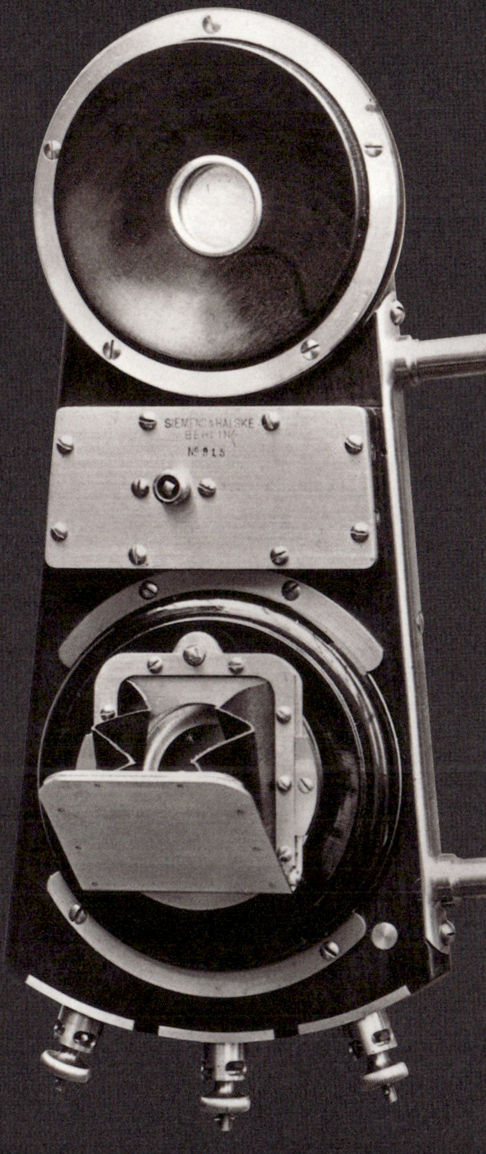


Die Auseinandersetzung mit der Telegrafie-Technik und ihrer Ausgestaltung stand für Werner von Siemens bis zu seinem Tod im Jahr 1892 im Mittelpunkt des Interesses. Während der Anfangsphase seiner Firma war die Weiterentwicklung der Telekommunikation demgemäß eines der wichtigsten Unternehmensziele, und es schien nur konsequent, sich auch des Telefons anzunehmen, nachdem es 1877 den Sprung von den USA über den Atlantik geschafft hatte. In Europa löste die neue Ergänzung zur Telegrafie fast euphorische Begeisterung aus, und in einem Brief notierte Siemens: „Hier [in Berlin] herrscht jetzt völliges Telefonfieber!"[3]

Bei Siemens, wo man den systemischen Zusammenhang erkannt hatte, widmete man sich der neuen Technik in ihrer ganzen Bandbreite. Man entwickelte und fertigte nicht nur die dazu notwendigen End- und Nebenstellengeräte, sondern auch alle einschlägigen Systemkomponenten: ganze Vermittlungsstellen, sämtliche Kabel, Leitungen und das dazu notwendige Installationsmaterial, und bot nicht nur entsprechende Serviceleistungen an, sondern stellte in der Anfangsphase sogar die notwendigen Planungsleistungen zur Verfügung.

Telegraph technology and design remained the primary focus of interest for Werner von Siemens until his death in 1892. Accordingly, progress in the field of telecommunication was one of his company's most important objectives in its early years. Thus when the telephone "arrived" in Europe from the U.S. in 1877, it seemed only logical that Siemens would become involved in this new technology as well. As an outgrowth of the telegraph, the telephone was welcomed in Europe with almost euphoric enthusiasm, as Siemens noted in a letter: "This city [Berlin] is consumed by a veritable telephone fever!"[3]

At Siemens, where engineers and technicians recognized the systemic principles involved, attention turned to the whole range of the new technology. The company developed and produced both the corresponding terminal devices and all of the relevant system components – complete switchboard units, equipped with cables, connecting lines, and all of the installation material required. Siemens also offered a range of related services, to include system planning.

„Präzisions-Fernhörer“ mit Signalpfeife für Anrufsignal zur Hauptstelle, 1880.

“Precision telephone” with signal tone for call signals to the main unit, 1880.

Doch auch einfachere Meldegeräte, mit denen man über kleinere Distanzen hinweg Alarm auslösen konnte, gelangten noch vor der Jahrhundertwende zur Anwendung: vor allem Feuer- und Notrufmelder, die an zentralen Orten in größeren Städten aufgestellt wurden und schon in den beiden letzten Jahrzehnten des 19. Jahrhunderts an Einsatzorten wie Berlin, Köln oder Leipzig die traditionellen Feuerwächter auf ihren Türmen überflüssig machten.

Da Aufbau und Betrieb des Telefonnetzes im Deutschen Reich, anders als etwa in den USA, in den Händen des Staates lag, als Konsequenz des staatlichen Postmonopols, hatten Unternehmen wie Siemens lange auf diesem Gebiet nur wenige Ansprechpartner. Dasselbe galt für eine Reihe ausländischer Telefon- bzw. Telegrafieabnehmer des Unternehmens, wie Russland, das, schon früh mit einem Siemens- Telegrafensystem ausgestattet, ein wichtiges Glied der ersten Telegrafieverbindung zwischen Europa und Asien darstellte. Dies vereinfachte die unausweichliche ästhetische Entscheidung bezüglich der gestalterischen Behandlung der Apparate nicht unerheblich.

Even simpler signal systems with which alarms could be sent over short distances were introduced before the turn of the century, most notably fire and emergency alarms, which were installed at central locations in larger cities. During the last two decades of the nineteenth century, these systems gradually replaced the traditional watchmen and fire towers in such cities as Berlin, Cologne, and Leipzig.

In contrast to the situation in the U.S., the development and operation of the telephone system in the German Reich was controlled by the government on the basis of the state postal monopoly. Thus Siemens had only very few business partners in this sector for many years. The same was true in a number of foreign countries to which the company provided telephone and telegraph services, including Russia, a country which, equipped early on with Siemens telegraph systems, represented an important link in the first telegraph line connecting Europe and Asia. This greatly simplified the unavoidable processes of reaching decisions regarding the aesthetic design telephone equipment.

Die ersten Siemens-„Fernsprecher“ der Zeit zwischen 1877 und 1890 waren nach US-amerikanischem Vorbild vor allem der von Bell entwickelten Apparate gestaltet. Holz als billiges und gut formbares Material hieß denn auch der Gerätewerkstoff der ersten Stunde. Erst mit Produktion höherer Stückzahlen und niedrigeren Kosten für die elektrischen Aggregate begann sich auch der Einsatz von Metall als Werkstoff zu lohnen. Die ersten Siemens-Telefongeräte bestanden aus zwei einfachen gedrechselten Holzteilen, Hörer und Mikrofon sowie einem dazugehörigen Ständer mit Hängevorrichtung und Schalter. Es folgten bald die oben erwähnten Wand-, später dann auch erste Tischgeräte mit holzgefertigten Gehäusen.

Waren die verwendeten Metallteile, wie die demonstrativ angebrachten Doppelglocken, zunächst aus blankem Messing gefertigt, so wurden sie gegen Ende des Jahrhunderts zunehmend durch Teile aus galvanisch vernickeltem Messingguss oder schwarz lackiertem Blech ersetzt: Neben den warmen Messing- oder Goldglanz trat so der kühlere Schimmer von Nickel. Vernickelte Gussteile kamen zunehmend in Gebrauch, als erste Telefonhörer die vorherige Trennung von Mikrofon und Hörer überflüssig machten. Aus dieser Zeit stammt auch ein Versuchsmuster, das erstmals beide Funktionen in einem Gerät vereinigte und heute wie ein Vorläufer späterer Feldtelefone wirkt.

The first Siemens telephones produced between 1877 and 1890 were designed along the lines of U.S. models, most notably those developed by Bell. Inexpensive and easy to process, wood was the material of choice in these early years. The use of metal as a base material did not become economically feasible until production levels increased and the costs of electrical components declined. The first Siemens telephones consisted of two simple, lathed wood segments, an earpiece, and a microphone, along with a stand equipped with a switch on which the receiver could be hung. This version was soon followed by the wall units mentioned above and later by table models with wooden housings.

While the metal components in these units, such as the demonstrative double bells, were originally made of plain brass, these gave way progressively to galvanized, nickel-coated cast brass or black-enameled metal toward the end of the century. Thus the warm luster of brass or gold was soon joined by the cooler sheen of nickel. Nickel-coated, cast components were used to an increasing extent once the first telephone receivers made the separation of microphone and earpiece unnecessary. A prototype developed during this period, which combined both functions in a single unit, looks very much like a precursor of the field telephones developed in later years.

Wandapparat mit zwei Fernhörern, um 1886. Gehäuse: Holz, sichtbare Metallteile: Nickel und Messing.

Wall unit with two telephones, ca. 1886. Housing: wood; visible metal parts: nickel and brass.

Eine weitere Veränderung im Werkstoffmix von Siemens bedeutete die ab 1890 übliche Verwendung schwarz lackierter Hörermuschel- bzw. Mikrofon-„Trichter“ aus Blech. Diesen folgten um 1900 die ersten schwarz lackierten Gehäuse für Tischgeräte, zunächst aus Holz, später dann aus gefalzten oder tief gezogenen, gepressten Blechen hergestellt. Sie wurden in den nächsten zwei Jahrzehnten weit über Deutschland hinaus zum klassischen Telefontyp. Während Schalter und die zeittypischen Handkurbelgriffe bis 1900 vorwiegend aus Holz, seltener aus Keramik, Messingguss oder Hartgummi bestanden, gesellten sich in den neunziger Jahre fast unerkannt kleine Griffteile aus weißem „Ebonit“, einem Vorläufer des Bakelit, zu den benutzten Werkstoffen. In Deutschland hingegen griff man weniger gern zu dem schon 1872 entwickelten, leicht entflammbaren Zelluloid, das man vor allem in Frankreich und England zur Herstellung von Griffen für alle möglichen Zwecken verwendete.

Another modification of the Siemens material mix involved the introduction of the black-enameled, metal earpiece and microphone “funnels” that came into common used after 1890. These were followed around 1900 by the first black-enameled housings for table telephones, made initially of wood and later of seamed or deep-drawn, pressed sheet metal. These units became the classic models during the next two decades, both in Germany and elsewhere. Most of the switches and hand cranks typical of the period were made of wood, more seldom of ceramic material, cast brass, or hard rubber, until 1900. During the eighteen-nineties, small handle components made of white Ebonite, a precursor of Bakelite, began to appear, though virtually unnoticed, as well. Celluloid, a highly flammable material developed in 1872, was used only rarely in Germany, although it was widely used in the production of handles for a wide range of purposes especially in France and England.

Fernsprecher in Luxusausführung, Sonderanfertigung, um 1897. Einige dieser Geräte wurden in den Vatikan geliefert. Holz in Kombination mit Messingguss; Handgriff aus Leder.

Luxury telephone, special design, ca. 1897. Several of these units were delivered to the Vatican. Wood in combination with cast brass; leather hand-grip.

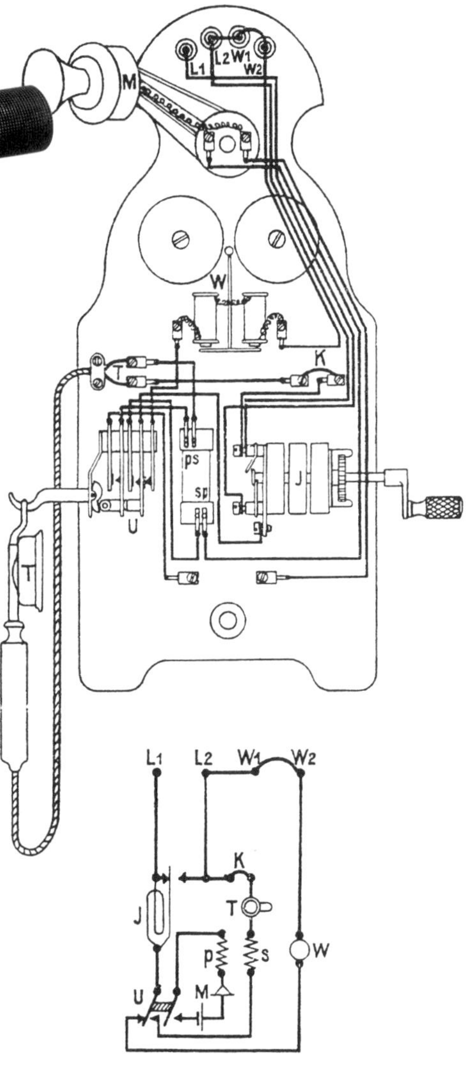


Verdrahtungsplan eines Siemens-Wandtelefons, 1905.

Wiring diagram for a Siemens wall telephone, 1905.

Sowohl Tisch- wie Wandgeräte aller deutschen und anderen europäischen Hersteller wie Ericsson oder Mildé fils & Co. benutzten, mehr oder weniger variantenreich, ähnliche oder gleiche Gestaltungsmittel. Man veränderte lediglich Anordnung, Aufhängung, und Proportionen der Gerätegehäuse und ihrer Bauteile. Doch die Unterschiede waren nur marginal.

Bei den „feineren" Geräteausführungen mit ornamentierten Gussteilen aus Messing, Holzschnitzereien oder aufgemalten Dekoren lassen sich hingegen von Unternehmen zu Unternehmen deutliche Unterschiede erkennen. Bei der Herstellung und der Gestaltung dieser Geräte verließ man sich bei Siemens anfänglich meist auf kunsthandwerkliche Werkstätten in Berlin und Dresden aus dem unmittelbaren Umfeld der Kunstgewerbeschulen.[4] Sie fertigten in manufaktureller Handarbeit die Bestandteile der Dekorationen und übernahmen wohl in einigen Fällen auch die gesamte Montage.[5]

Wie bei den verwendeten Materialien wagte man außer bei Nebenstellengeräten bei der formalen Gestaltung bald kaum mehr größere Experimente, hatte sich doch mit der Zeit so etwas wie ein behördlich „abgesegneter" Formenkanon für die zertifizierungspflichtigen Hauptanschlussgeräte gebildet. Dies lag weniger an fehlender Kreativität oder gar Unvermögen der Ingenieure als an den äußerst detaillierten Ausschreibungsvorgaben des deutschen Postministeriums.

Both table and wall telephones produced by all German and other European manufacturers, including Ericsson and Mildé fils & Co., used similar or identical materials in a narrower or broader range of variations in the design of their products. Changes were made only in the configuration, mounting, and proportions of telephone housings and components. The actual differences were marginal, however.

Significant differences are evident in the "luxury" models featuring ornamental cast-brass elements, wood carvings, or painted decorations marketed by the various manufacturers. At first, Siemens relied primarily on handcrafting workshops closely associated with the arts and crafts schools in Berlin and Dresden when it came to the design of these products.[4] These workshops produced the decorative components manually and, in some cases, assembled the finished products.[5]

As in the case of material selection, producers soon ceased to experiment on a large scale with the formal design of telephone equipment, with the exception of extension units, since a kind of officially "sanctioned" canon of form for primary units, which required certification, had developed over the years. This did not reflect a lack of creativity or incompetence on the part of engineers but was primarily attributable to the extremely detailed contracting specifications issued by the German Postal Ministry.

„Luxus-Standtelefon" von Siemens, um 1910. Messingguss, vergoldet.

"Luxury upright telephone" by Siemens, ca. 1910. Guilt cast brass.

## Wählscheiben, Blechgehäuse und Ferngespräche

Die drahtlose Telegrafie bedeutete eine neue Dimension der Telekommunikation. Der erste erfolgreiche Langstreckenversuch 1901 mit den noch im 19. Jahrhundert entdeckten Radiowellen durch Guglielmo Marconi und die Entwicklung von Verstärkerröhren 1906 in den USA hatten die Reichweite der elektrischen Kommunikation noch einmal ausgedehnt. Auf See und etwas später auch auf dem Lande konnte man nun plötzlich über riesige Distanzen hinweg kommunizieren – was zu Beginn nur mit Hilfe von Morsezeichen und eines erheblichen apparativen Aufwands möglich gewesen war.

Erste Selbstwählvermittlungen in europäischen und auch deutschen Städten wie in Hildesheim (1908), und München (1909) brachten die Wählscheibe zum Telefon, erst als aufgesetztes Bauelement, dann in die neuen Blechgehäuse integriert. Zunächst verwendete man bei Siemens die amerikanisch aufgebaute Wählscheibe mit ihrer rechtsseitigen Anordnung der von unten nach oben aufsteigenden Zahlen, später ging man wie in ganz Europa zur umlaufend analogen Anordnung der Zahlen über.

Bis Anfang des Ersten Weltkriegs zogen immer mehr Teile aus teilweise elastischem Kautschuk oder Hartbakelit in die Produktion der durchgängig schwarz lackierten Siemens Blech- Telefongeräte ein. Daraus wurden Schalltrichter und Hörermuscheln, aber auch die Handgriffe für den Hörer gefertigt.

## Dials, Metal Housings, and Long-Distance Calls

Wireless telegraphy brought a new dimension to telecommunication. The first successful long-distance trial in 1901, the use of the radio waves discovered by Guglielmo Marconi in the nineteenth century, and the development of amplifier tubes in the U.S. in 1906 extended the reach of electrical communication once again. It was now possible to communicate over immense distances at sea, and somewhat later on land – an achievement that was initially possible only with the aid of Morse code and a complex array of equipment.

The first direct-dialing systems established in European and German cities, such as Hildesheim (1908) and Munich (1909), brought the dial to the telephone – at first as a separate mounted component and later integrated into the new metal housings. At first, Siemens used the American-type dial with its arrangement of ascending numbers on the right-hand side of the dial; later, the analog, circular arrangement of numbers was adopted and established as the standard throughout Europe.

An increasing number of parts made of semi-elastic natural rubber or hard Bakelite were used in the production of the uniformly black-enameled Siemens metal telephones until the outbreak of the First World War. These materials were employed in the production of earpieces as well as receiver handles.

Veränderungen in der Gestaltung: Telefone werden schwarz und metallisch. Hier der Siemens-Wandapparat „ZB SA“, 1913, Wählscheibe nach US-amerikanischem Prinzip, schwarz lackiertes Blech und Nickelbauteile.

Evolution in design: Telephones become black and metallic. Shown here is the Siemens ZB SA wall telephone, 1913, with American-style dial, black-enameled metal, and nickel components.

„Kultur der Gleichzeitigkeit und Geschwindigkeit“ im Krieg

A Wartime “Culture of Simultaneity and Speed”

Der 1914 beginnende Erste Weltkrieg bestätigte bald auf furchtbare Weise das von dem italienischen Futuristen Emilio Filippo Tommaso Marinetti 15 Jahre zuvor angekündigte Heraufziehen einer neuen Kultur „der Geschwindigkeit, der Technik und des Krieges“.[6] Dies traf auf besondere Weise auf die Kommunikation mit Telefon und drahtlosem Funk sowie deren Auswirkungen zu. Beide schienen wie geschaffen für die Synchronisierung eines globalisierten Mehrfrontenkriegs zur See, in der Luft und auf dem Lande. An die Stelle eines einzelnen sich bewegenden Heerzugs traten nun Tausende von Einzelbewegungen unterschiedlich großer, technisch begriffener „Einheiten“. So wurde das Sterben zu einem systembedingten Massenereignis.

Auf den Schlachtfeldern des Ersten Weltkriegs bestätigten beide neuen Technologien auf schreckliche Weise ihre beschleunigende Raum-Zeit-Wirkung. Dennoch war es in den ersten Kriegsjahren noch möglich, wenn man die Leitungen verwechselt hatte, miteinander zu telefonieren.

The First World War, which began in 1914, soon confirmed in a horrific manner the arrival of a new culture of “speed, technology, and war” predicted by the Italian futurist Emilio Filippo Tommaso Marinetti fifteen years earlier.[6] This was particularly applicable to communication by telephone and wireless radio and to the impact of these technologies. Both appeared ideally suited to the synchronization of global war on all fronts – at sea, in the air, and on land. The single, moving army was replaced by thousands of movements by technical “units” of different sizes. Death became a systematized mass event.

The capacity of each of these new technologies to accelerate movements in time and space was demonstrated with terrifying clarity on the battlefields of the First World War. Yet it was still possible during the early years of the war to communicate by telephone, provided the lines had been switched.

Materialökonomie: Tragbarer Siemens-„Feldfernsprecher“, der jedoch meist stationär eingesetzt wurde, 1916.

Material economy: portable Siemens “field telephone,” which was ordinarily used as a stationary unit, however, 1916.

Der Erste Weltkrieg brachte neben der allgemeinen Not auch ungeahnte Einsichten zu den neuen elektrischen Verständigungsformen. Das Telefon ermöglichte, analog zum hierarchischen Aufbau der sich seiner bedienenden Organisationen, nicht nur die Verständigung eines einzigen, sondern, ungleich wichtiger, zahlreicher Ansprechpartner. Dieser „Lawinen-Effekt" der Nachrichtenübermittlung machte es in den frühen zwanziger Jahren zugleich zu einem unverzichtbaren Werkzeug politischer und wirtschaftlicher „Modernisierung": Das Telefon wurde zum Massenprodukt. So trugen Telefon und Fernschreiber nicht nur zur Veränderung des Krieges, sondern auch zur „Beschleunigung des zivilen Lebens" (Paul Virilio) bei.

Das Telefon wurde privat: Die „drahtlose" Telegrafie hatte ebenso wie das Telefon im Krieg ihre besondere Bedeutung nicht nur demonstrieren, sondern auch weiterentwickeln können. Der Ausbau der schon vor dem Krieg entstandenen Seefunkzentralen und die Einrichtung erster privater Rundfunksender begründeten die rasante Ausbreitung der drahtlosen Kommunikation für zivile Zwecke, die dadurch zu einem echten Instrument der Massenkommunikation avancierte. Für Siemens und seine Verantwortlichen war dies der Anlass, die schon vor 1914 aufgenommene Entwicklung von Radiogeräten erneut zu forcieren und ab 1923 auf die neuen zivilen Aufgaben und Bedürfnisse abzustimmen.

In addition to widespread misery, the First World War also brought forth previously unimagined insights into the nature of the new forms of electrical communication. In keeping with the hierarchical structure of the organizations that relied on it, the telephone enabled individuals to communicate not only with other individuals but – much more importantly – with multiple partners at the same time. This "avalanche effect" in the transmission of information made the telephone an indispensable tool of economic and political "modernization" in the early nineteen-twenties. The telephone became a mass product. Consequently, the telephone and the telex not only changed the course of the war but also played an instrumental role in "accelerating the pace of civilian life" (Paul Virilio) as well.

The telephone became a private commodity. Like the telephone, "wireless telegraphy" had not only demonstrated its crucial importance during the war but also progressed at the same time. The expansion of the marine radio stations set up before the war and the founding of the first private radio broadcasting companies established the basis for the rapid expansion of wireless communication for civilian purposes and its advancement to the status of a genuine instrument of mass communication. Siemens and Siemens executives recognized that the time had come to accelerate the development of radios that had been initiated before 1914 and to adapt the technology to the new civilian functions and needs.

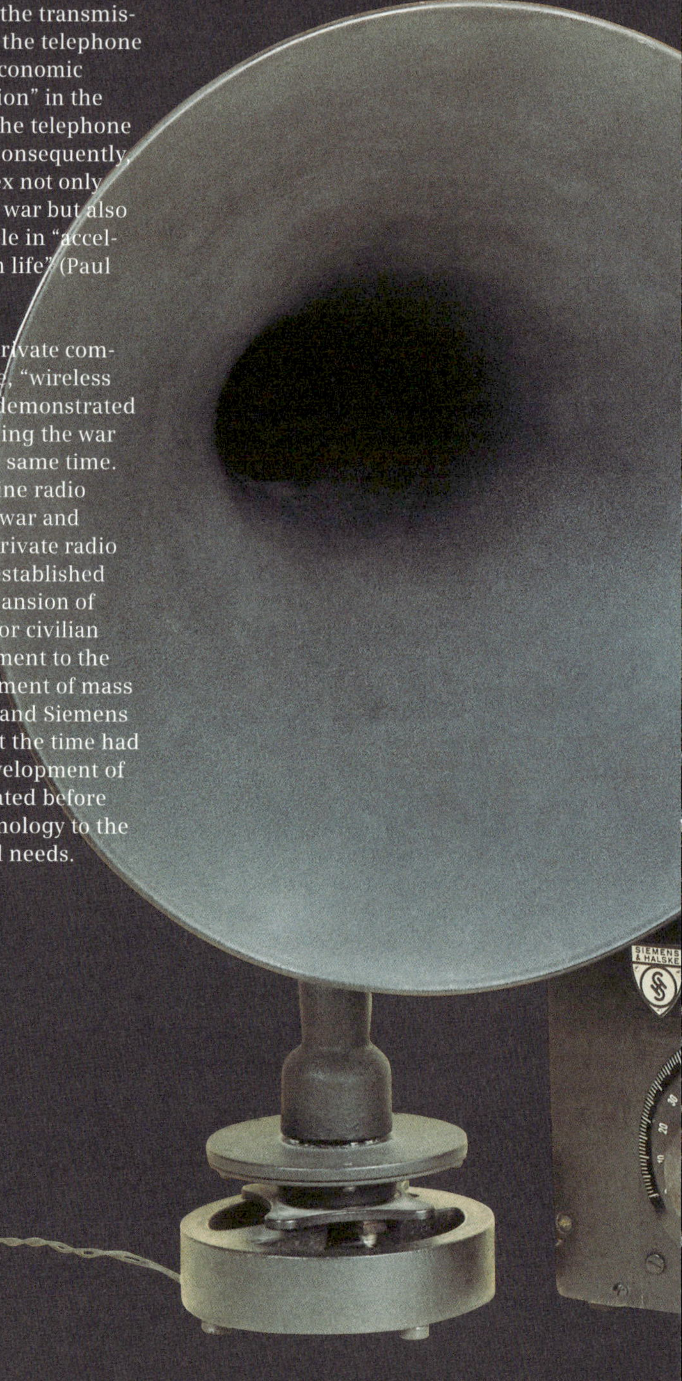

„Zweckorientierung in der Gestaltung": Siemens-Radioempfänger „Rfe 1", 1923. Aufgrund seiner aneinander gereihten Gehäuseelemente erhielt er den Spitznamen „Siemens-Zug".

"Functional design": Siemens Rfe 1 radio receiver, 1923. The unit was nicknamed the *Siemens-Zug* (express train) because of its rowed arrangement of housing elements.

Die Technik der verschiedenen Telekommunikationssysteme geriet nach dem Krieg unter verschärften nationalen wie internationalen Wettbewerbs- bzw. Modernisierungsdruck, was sich auch auf die Gestaltung der Geräte selbst auswirkte. Gehörten sie doch nun zum fast selbstverständlichen Alltagsinventar und waren wie das Telefon den Belastungen einer Dauerbenutzung und damit verstärkter Abnutzung von Geräten und Technik ausgesetzt. Darüber hinaus sollten die Apparate für eine rationellere und kostengünstigere Fertigung ausgelegt sein, was neue Materialien, weniger Bauelemente und besser zugeschnittene Formen erforderte.

Neue „Formgebung" hieß deshalb bei Telefonen wie Radioempfängern das Gesetz der Stunde, wobei die allgemeine Entwicklung von nun an in verschiedene Richtungen gehen sollte: Das Telefon verwandelte sich zwischen 1914 und 1930 vom technisch wirkenden Möbelstück zu einem Gebrauchsobjekt mit ganz eigenständiger neuer Anmutung, das Radio dagegen zwischen 1920 und 1933 von einem rein technischen Apparat zum sorgsam gestalteten Kleinmöbel – mit Gehäusevarianten aus Holz oder Vollkunststoff.

After the war, producers of the technologies involved in the various telecommunication systems found themselves faced with increasing national and international competition and the urgent need to modernize, a development that also affected the design of the equipment itself. Telecommunication devices and technologies were now virtually taken for granted as parts of everyday life and, as in the case of the telephone, were exposed to the burden of continuous use and thus to increased wear and tear. Equipment also needed to be designed for more rational, economical production, which meant using new materials, reducing the number of components, and developing more appropriate forms and shapes.

Thus a "new approach to design" was the order of the day in both telephone and radio production, although development in general proceeded in different directions from that point on. Between 1914 and 1930, the telephone evolved from an item of furniture with a technical look to a utility object with an entirely autonomous, new appearance, while the radio metamorphosed between 1920 and 1933 from a purely technical device to a thoughtfully designed piece of small furniture – with various types of housings made of wood or plastic.

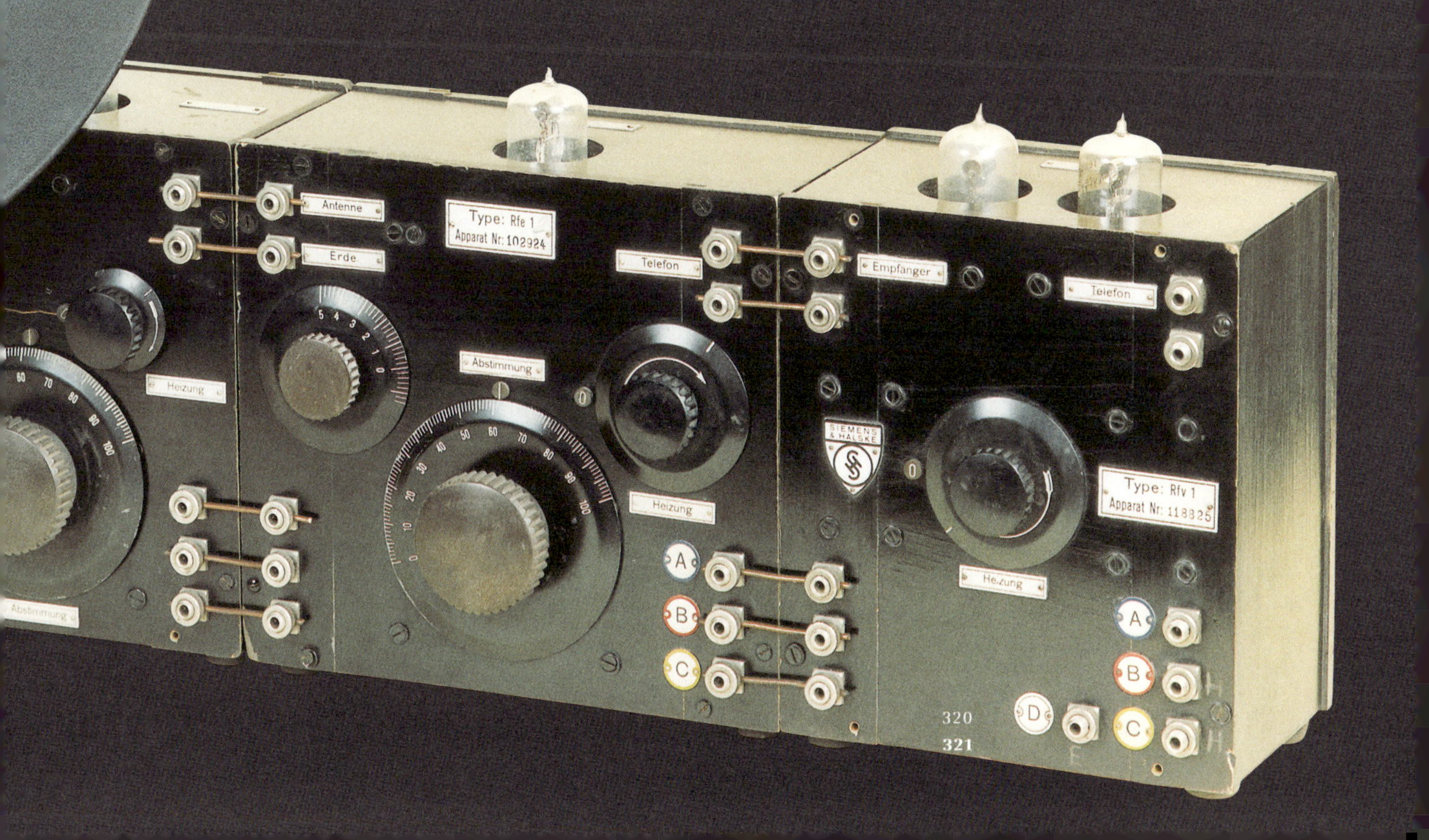

So ähnelten die Radiogeräte in der Zeit um 1924 – wie die erste Siemens-Gerätekombination zum Rundfunkempfang „Rvu 2“, „Rfe 1“ und „Rfv 1“ anfänglich eher einer wissenschaftlichen Experimentiereinrichtung[7] als Geräten für private Zwecke. Eines dieser Geräte erhielt wegen seines modularen Aufbaus die Bezeichnung „Siemens-Zug“. Weil Schwarz und Silbermetall eine beliebte Material- und Farbkombination des Art-Déco darstellte, bedienten sich bald auch technische und feinmechanische Produkte wie Foto- und Filmkameras, aber auch Messgeräte ab 1920 einer entsprechenden Ästhetik. Dies sollte sich zumindest auf dem Gebiet der Radioapparate schon bald entscheidend ändern: Dort begannen sich die zunächst separat verkauften Lautsprecher immer stärker der Optik von Möbeln anzugleichen, dann auch die eigentlichen Geräte. Innerhalb eines Zeitraums von zwölf Jahren verwandelten sie sich in Objekte, die hinsichtlich ihrer Anmutung kaum mehr als technisch zu bezeichnen waren und offensichtlich auch nicht mehr so wirken sollten.

Auch Siemens konnte zu diesem Trend, ähnlich wie bei der Telefon-Gestaltung, interessante neue Entwürfe und Geräte beisteuern. So entstanden nicht nur als Varianten der allgemeinen Gestaltungsentwicklung Radio- und Telefongehäuse, daneben jedoch auch Entwürfe, die höchst eigenständige, oft sogar recht eigenwillige Abweichungen zu den Hauptströmungen der dafür verwendeten Formgebung darstellten.

Radios produced around 1924 – among them the first Siemens combination radio receivers, the Rvu 2, Rfe 1, and Rfv 1 sets – initially looked more like experimental scientific devices[7] than products intended for private use. The name Siemens Train given to one of these units reflected its modular configuration. Since black and silver-colored metal was a popular color-and-material combination in the Art Deco style, technical products and precision instruments, including still and films cameras as well as measurement equipment, were designed on the basis of a corresponding aesthetic beginning in 1920. This soon changed significantly, at least in the design of radios. Loudspeakers, which had originally been sold separately, now began to look more like furniture, and the same soon applied to the radios themselves. Within a period of twelve years, they evolved into objects whose visual appearance could no longer be referred to as technical and was obviously not intended to be seen as such.

As in the case of telephone design, Siemens also developed interesting new designs and products in keeping with this trend. The company produced not only variations reflecting general design trends in radio and telephone housings but also designs that embodied quite unique, often somewhat eccentric deviations from the main currents of design for these applications.

Siemens-Formgebung, Radioempfänger „Standard“, 1935. Wegen seines schwarz glänzenden Gehäuses und seiner weißen Armaturen erhielt er den Spitznahmen „Herr im Frack“, erwies sich jedoch nicht gerade als großer Verkaufserfolg in Deutschland.

Siemens Design, Standard radio receiver, 1935. Because of its shiny black housing and white knobs, the radio was referred to as the *Herr im Frack* (Gentleman in Tails), but did not sell particularly well in Germany.

Der Siegeszug der schwarzen Telefone ist nicht mehr aufzuhalten: Siemens-Tischapparat „SA 19 (07) F“, 1919. Lackiertes Blech, Nickelguss und Teile aus dem Zelluloid-Kunststoff „Ebonit“, einem Vorläufer des Bakelit.

There is no stopping the triumphal march of the black telephone. Siemens SA 19 (07) F table telephone, 1919. Enameled metal, cast nickel, and components made of Ebonite, a celluloid plastic and a precursor of Bakelite.

## Neue Radiogestaltung und der „Herr im Frack“

Bereits 1933 hatten die Radiogeräte von Siemens ihre technisch reduzierte Form- und Farbgebung verloren, waren zu holzverkleideten Kleinmöbeln in den Abmessungen und Materialkombinationen kleiner Schränke oder Schrankaufsätze geschrumpft. Selbst der erste Fernsehapparat der Siemens-Beteiligung Telefunken von 1935 wirkt heute eher wie ein Wohnzimmerschrank denn wie ein technisches Gerät. Die ersten Fernsehkameras, die 1936 bei der Olympiade in Berlin zum Einsatz gelangten, können hingegen bezüglich ihrer Formgebung auch heute noch beeindrucken, weil sie der klobigen Apparatur zu einer einigermaßen eleganten technischen Architektur verhalf. Die Gestaltung der hellgrau lackierten Geräte erscheint denn auch bei näherem Hinsehen weniger den Siemens-Hausgeräten als der aktuellen Gestaltung der Medizingeräte nachempfunden.[8]

Der 1935 vorgestellte „Siemens Standard“-Radioempfänger war wegen seiner radikal neuen Formgebung höchst umstritten. Als „Herr im Frack“ erregte er ebenso die Aufmerksamkeit der breiten Öffentlichkeit wie einer in gewisser Weise bereits ideologisierten Kulturkritik. Die erst mit weinrotem, dann mit schwarz poliertem Bakelit-Gehäuse ummantelten Geräte waren mit elfenbeinfarbenen kugelförmigen Füßen und Drehknöpfen ausgestattet – ein recht wagemutiges Designexperiment der Siemens-Formgebung. Sie beeindruckten weniger in den Abmessungen als in der Art ihrer zentralsymmetrischen Gliederung und Proportionierung der Frontseite, mit den zum dunklen Untergrund stark kontrastierenden Armaturen und dem fensterähnlichen weißen Lautsprecherrahmen. Die formale Anlehnung an Art-Déco-Motive ist offensichtlich, doch es überrascht, dass man sich ihrer um diese Zeit noch einmal bediente.

## New Radio Designs and the “Gentleman in Tails”

Siemens radios had already abandoned their reductive technical form and coloration by 1933, having evolved into wood-enclosed small furniture items with dimensions and material combinations similar to those of small cabinets or cupboards. To modern consumers, even the first television set produced by the Siemens affiliate Telefunken in 1935 looks more like a living-room cupboard than a piece of technical equipment. In contrast, the design of the first television cameras, which were used at the 1936 Olympics in Berlin, still has a certain appeal today, as it provides a relatively elegant technical architecture for the bulky apparatus itself. Upon closer inspection, it becomes apparent that the design of these light-gray-painted cameras was inspired by medical equipment rather than by Siemens household appliances.[8]

The radically new design of the Siemens Standard radio receiver introduced in 1935 generated considerable controversy. As the “Gentleman in Tails,” it attracted both broad public attention and cultural criticism that was already ideologically tainted, in a certain sense. Enclosed at first in a wine-red housing and later with black, polished Bakelite, these radios were equipped with ivory-colored, ball-shaped feet and tuning knobs – a daring experiment in design undertaken by the Siemens Form Group. The radios’ most impressive features were not their dimensions but rather the central, symmetrical arrangement and proportions of the front panel with fixtures that contrasted sharply with the dark background and the white loudspeaker frames resembling windows. The formal affinities with Art Deco motifs are obvious, yet one is surprised to realize that these influences were still at work at the time.

Siemens-Formgebung unter Mitwirkung von Hans Domizlaff, „Schatulle“, Re-Design des Siemens „Standard“, 1936. Lackiertes Holz mit Kunstoffarmaturen.

Siemens Design in co-operation with Hans Domizlaff, Schatulle, a redesigned version of the Siemens Standard, 1936. Enameled wood with plastic operating elements.

Am „Standard"-Radio, an dessen Entwurf neben den Gestaltern der neuen Siemens-Formgebungsgruppe sporadisch auch der Werbeberater Hans Domizlaff involviert war, zeigen sich die in der deutschen Formgebungslandschaft nach 1933 auftretenden zentripetalen Kräfte schon deutlich: Einerseits wirkt er hinsichtlich der Geometrisierung von Gehäuse und Armaturen in seiner funktionalistischen Reduktion fast plakativ, anderseits vermittelt sich in der offensichtlich der neuen Staats-Architektur entliehenen Gliederung der Gerätefront eine fast schmerzhaft zugespitzte Eleganz von harten Helldunkel-Kontrasten und spiegelnden Oberflächen.
Um diesen Effekt noch zu steigern, hatte man die Frontseite in der luxuriöseren „Schatullen"-Version mit zwei „Klappläden" versehen, mit der man sie vollständig verschließen und so das Gerät in einen schwarzen Quader verwandeln konnte.

Obwohl gerade dieser Entwurf der Formgebung von Radiogeräten neue Wege abseits der bisherigen möbelartigen Entwurfsästhetik öffnen sollte, erwies er sich allen Erwartungen zum Trotz – nicht zuletzt jener Hans Domizlaffs – zunächst als ausgesprochener Misserfolg. Als nach ersten Erfolgen der Absatz zu lahmen begann, versuchte man mit dekorativen Mitteln, die „Schatullen"-Version mit fast anachronistisch anmutenden Scharnierbändern aus Messing aufzuwerten.

Die wirklichen Qualitäten des „Siemens-Standard" erwiesen sich erst später: in einer weniger auf Eleganz abgestellten Abwandlung von 1935, mit der der ursprüngliche Entwurf zu einem der ersten „Volksempfänger" mutierte, der Deutschland in unterschiedlichen Versionen durch den ganzen Krieg begleitete. Die aufwendigeren Radiogeräte allerdings, die noch bis 1940 produziert wurden, sollten nach Urteil der Konsumenten weiterhin wie Möbel aussehen. Geräte mit technischer Anmutung störten Wohngefühl und Stilempfinden und hatten nichts in den repräsentativsten Räumen einer Wohnung zu suchen. So verschwanden sie in dem bevorzugten bürgerlichen Möbelierungsstil angepassten Gehäusen – eine Entwicklung die sich in Deutschland bis fast 1970 fortsetzte.

Radio und Fernseher waren in der allgemeinen Wahrnehmung eher Möbel und erst in zweiter Hinsicht technische Geräte. Im Gegensatz dazu firmierten die Volksempfänger aus Bakelit nur als kriegsbedingter „Ersatz" – ähnlich wie Kaffee aus Gerstenmalz oder Margarine aus Pflanzenfett.

The Standard Radio, a product designed primarily by the members of the new Siemens Form Group, with the sporadic involvement of advertising consultant Hans Domizlaff, exemplifies the centripetal forces that impacted on the German design landscape after 1933. The functional, reductive character of its geometric housing and operating elements give it an almost bold, striking profile, yet the configuration of the front panel, which was quite obviously inspired by the new state architecture, exhibits an almost painfully exaggerated elegance in its sharp light-and-dark contrasts and reflecting surfaces. In order to enhance these effects, the designers added two folding doors in the luxurious "vault" model, which enabled the user to close the radio completely and transform it into a black cube.

Although this particular model would open the way for an approach to the design of radios that departed from the prevailing furniture-style aesthetic, it was anything but a success at first – despite the high expectations of everyone involved, including Hans Domizlaff. As sales began to dwindle following initially good results, efforts were undertaken to upgrade the "vault" model by adding almost anachronistic-looking brass hinges.

The true qualities of the Siemens Standard did not become apparent until later – in a modified version introduced in 1935 and designed with less concern for elegance in which the original design mutated into one of the first *Volksempfänger* (People's Radios) that would accompany Germans through the wartime years in several different versions. These more complex radios, which were produced until 1940, were supposed to look like furniture. Consumers felt that products with a more technical look were out of place in the comfortable, homey atmosphere they wanted to preserve, that they clashed with prevailing stylistic tastes and simply did not belong in the representational areas of people's homes. And so they disappeared into housings that reflected the prevailing middle-class furniture style – a trend that persisted in Germany until the late sixties.

Radios and television sets were generally perceived primarily as furniture and only in a secondary sense as technical equipment. In contrast, the Bakelite People's Radios were regarded merely as wartime ersatz – much like coffee made from barley malt or margarine produced from vegetable oil.

Große Bakelit-Gehäuse kommen bei Radiogeräten zum Einsatz: Siemens-Formgebung, Prototyp, um 1930.

Large Bakelite housings for radios: Siemens Design, prototype, ca. 1930.

Der „Volkswagen" unter den Radiogeräten: Siemens-„Volksempfänger" mit Bakelit-Gehäuse, 1935.

The "Volkswagen" of radios: Siemens Volksempfänger with Bakelite housing, 1935.

Siemens „W28", 1927. Telefonoberteil, Gabel und Wählscheibe bestehen aus Aluguss, das Geräteunterteil aus Feinblech, der Hörer aus Bakelit.

Siemens W28, 1927. The upper part of the telephone made of cast aluminum, but the lower section is made of fine sheet metal, the receiver of Bakelit.

Von 1924 an beschäftigten sich mehrere Konstruktionsgruppen bei Siemens & Halske unter Mitwirkung ungenannter Werksarchitekten der Bauabteilung offiziell mit der Entwicklung erster vollständig aus Bakelit gefertigter Telefone. Bis 1928 hatte man ein schwarz lackiertes Gerät, genannt „W28", produziert, nur teilweise aus Bakelit, denn der Gerätesockel war weiterhin aus tief gezogenem Stahlblech gefertigt, während die Gabel, deren Unterteil und die darin aufgenommene Wählscheibe aus Aluminiumguss bestanden. Dies ermöglichte vor allem einen modularen Einsatz: So konnte man das Gabelbauteil auf diverse Unterteile mit unterschiedlichen Schalt- und Bedienungsfunktionen setzen, z. B. auf einen Apparat zur Münzaufnahme.

Das „W28"-Gerät, das von der Reichspostverwaltung erfolgreich bemustert wurde, wurde der Vorläufer für die später vollständig aus Bakelit gefertigten Apparate „W36" und „W38".[9]

Beginning 1924, several different engineering design groups at Siemens & Halske officially began working in collaboration with (no longer identifiable) architects from the Building Department on the development of the first telephone made completely of Bakelite. Only certain parts of a black-enameled product known as the W28 produced until 1928 consisted of Bakelite. The base unit was still made of deep-drawn steel, while the fork and its lower segment as well as the dial mounted on it were already molded in cast aluminum. This combination was well suited to modular construction. The fork element could be mounted on various different bases units with different switching and operating functions – on a coin-operated telephone, for example.

The W28 telephone, which was approved by the Postal Administration, was the precursor of the W36 and W38 phones made entirely of Bakelite.[9]

Siemens Formgebung in Zusammenarbeit mit einem Berliner Kunsthandwerker, Sondermodell des „W28" für das italienische Königshaus, 1930.

Siemens Design in collaboration with a Berlin craftsman, special model of the W28 for the Italian royal family, 1930.

Alle Geräte dieser Serie, die bis Ende der fünfziger Jahre gefertigt wurden und teilweise – mit modifizierter Technik – bis heute in Gebrauch sind[10], waren nicht nur in Deutschland überaus erfolgreich, sondern wurden auch in verschiedene andere Länder exportiert oder dort produziert, in denen Siemens vor und nach dem Krieg Telefonsysteme installierte. So hatte man bereits ab 1925 begonnen, Selbstanschluss-Systeme und Endgeräte europaweit (z. B. in der Tschechoslowakei) aufzubauen und sie bis nach Japan und Südamerika (z. B. Argentinien) zu liefern und dort zu installieren.[11] Als Luxus-Versionen mit goldfarbenen Metallverzierungen von Hörer und Gehäuse wurden handgefertigte Varianten des „W36" selbst in den Vatikan oder an das griechische Königshaus geliefert.

Der neue Werkstoff Bakelit ermöglichte eine innovative großzügige Gestaltung der Geräte: Er erzwang nachgerade freie plastische Formen, um, wie der Designer Herbert Oestreich einmal erläuterte, Hinterschnitte oder instabile Gehäuseflächen zu vermeiden. Mit ihren ganz auf die Bakelitverarbeitung abgestellten Freiformen implizierten die Gerätetypen „W36" bis „W48" erstmals die bewusste Umsetzung dessen, was neben der Gestaltung von Radiogeräten von der deutschen und internationalen Öffentlichkeit mit „Kunststoff-Gestaltung" assoziiert wurde.

Die ab 1950 auf Wunsch auch in Elfenbein eingefärbten Geräte sollten sich mit ihrer typischen Gestaltung zumindest in Deutschland als klassischer Formtypus der ersten modernen Telefone durchsetzen. Die Gestalter der Geräte, vermutlich Architekten der Siemens-Bauabteilung, sind leider nicht namentlich bekannt.

All of the telephones in this series, which were produced until the late fifties and some of which are still in use today (with modified technology),[10] were marketed successfully in Germany and exported to or produced in a number of foreign countries in which Siemens installed telephone systems before and after the war. Siemens had begun marketing direct-dialing systems for various European countries (including Czechoslovakia, for example) in 1925, and these systems were eventually exported to and installed in regions as distant as Japan and South America (Argentina).[11] Handmade versions of the W36 were delivered as luxury models with gold-colored metal decorative fittings to the Vatican and the royal family in Greece.

The new Bakelite material opened the way to innovative, flexible telephone designs, virtually compelling designers to develop irregular, sculptural forms in order to avoid overlapping and unstable housing surfaces, as designer Herbert Oestreich explained. With their free forms based entirely on Bakelite processing, the W36 and W48 models, in addition to designs for radios, represented the first deliberate embodiments of what the German and international public associated with the concept of "sculptural design."

The characteristic design of telephones also produced on order dyed ivory beginning in 1950 came to be regarded, at least in Germany, as the classical, typical form of the modern telephone. The designers of these units, presumably architects from the Siemens Building Department, can no longer be identified by name.

„W36/38", Sondermodell für das griechische Königshaus in vergoldeter Ausführung, um 1938.

W36/38, special guilt model designed for the Greek royal family, ca. 1938.

Siemens Formgebung, »W36/38«, der Siemens-Telefonklassiker, 1936. Dieses Gerät war Ausgangspunkt einer variantenreichen Serie von Siemens-Telefonen mit weltweiter Verbreitung.

Siemens Design, W36/38, the classic Siemens telephone, 1936. This unit was the first of a series of Siemens telephones sold in a wide range of variations all over the world.

Siemens-Formberatung, Standtelefon „Modell 29“, der legendäre „Hockende Hund“, Bakelit und Feinblech, 1929. Der firmenintern umstrittene Entwurf wurde nie in Serie hergestellt, da man Nachteile bei der Handhabung befürchtete.

Siemens Form Consulting, upright telepone Modell 29, the legendary *Hockender Hund* (Crouching Dog), Bakelite and fine sheet metal, 1929. The model, which was the focus of heated debate within the company, was never produced in series, as handling problems were anticipated.

## Der „Hockende Hund“

Ein weiterer bekannter Siemens-Formtyp neben dem „W28“-Gerät war der so genannte „Hockende Hund“ – ein Telefonapparat, der den wohl intern umstrittensten Entwurf der Siemens-Telefonentwicklung zwischen 1924 und 1930 darstellte und diesen Spitznamen seiner expressiven Form verdankte. Eine genaue Datierung dieses Telefons mit der offiziellen Bezeichnung „Modell 29“ ist nicht möglich: 1930 zum Patent angemeldet und nur in einer limitierten Stückzahl von 500 Geräten zu innerbetrieblichen Testzwecken hergestellt, war es nach längeren Erprobungsphase vom Reichspostministerium nicht zugelassen worden.

Das Telefon schaltete sich selbsttätig an, wenn man es anhob – eine spezifische Funktion, die es anfällig für Fehlbedienung machte: „Die Versuchsteilnehmer konnten mit dem stehenden Leichtgewicht nicht umgehen, sodass sie das Telefon häufig einfach hinlegten und somit der Anschluss Dauerbelegung signalisierte.“[12] Dennoch bedeutete das Gerät insofern eine originelle gestalterische Innovation der Siemens-Telefonentwicklung, als es sich in seinem fast spielerischen Ansatz deutlich von der ansonsten technisch geprägten Anmutung der Siemens-Geräte für den Privatbedarf aus der Zeit zwischen 1920 und 1929 absetzte.

Der Urheber auch dieses umstrittenen Entwurfs ist leider nicht mehr auszumachen. Verantwortlich für die Gestaltungsbeiträge der Werksarchitekten war zum damaligen Zeitpunkt Hans Hertlein, Leiter der Siemens-Bauabteilung. Ob und inwiefern Wilhelm Pruss, später Leiter der Formgebungsgruppe, in den Entwurfsprozess schon involviert war, ist nicht mit Sicherheit zu klären.[13] Allerdings soll er das Gerät, wie spätere Mitarbeiter berichteten, wiederholt als „zu wenig ernsthaft für das Haus Siemens“ kritisiert haben.[14]

## The “Crouching Dog”

Another familiar Siemens design type that followed W28 was the so-called Crouching Dog, probably the most controversial design produced by Siemens telephone developers between 1924 and 1930. The nickname was derived from its expressive form. It is no longer possible to date the telephone, which bore the official designation Model 29, precisely. Registered with the Patent Office in 1930 and produced in only a limited edition of five hundred units, it went through a lengthy testing phase but was never approved by the Postal Ministry.

The telephone switched on automatically when the receiver was lifted – a specific function that made it susceptible to operating errors. “The test participants had difficulty handling the upright lightweight unit and thus often simply laid the telephone down. As a result, the telephone sent an extended busy signal.”[12] The telephone was an original design innovation by Siemens Telephone Development nonetheless, in that it stood clearly apart from the otherwise technically-oriented look of Siemens consumer products during the period from 1920 to 1929 by virtue of its almost playful overall appearance.

Unfortunately, it is no longer possible to identify the author of this controversial design. Hans Hertlein, Director of the Building Department, was responsible for the design activities of Siemens architects at the time. Whether and to what extent Wilhelm Pruss, who was later appointed Director of the Form Group, was involved in the design process, cannot be determined with certainty.[13] It should be noted, however, that later employees reported that he had repeatedly criticized the telephone as being “not dignified enough for the Siemens company.”[14]

Während das Siemens-Telefon seine gestalterische Bestimmung als apparatives Medium der Massenkommunikation erfuhr, verwandelte sich der Telegraf vollends in ein Schreib- und Druckgerät zur Fernkommunikation von Industrie und staatlichen Behörden. Was das Telefon nicht leisten konnte, nämlich die schriftliche Autorisierung von Nachrichten oder Korrespondenzen, ermöglichte der nun gänzlich in einen Fernschreiber verwandelte Siemens-Telegraf.

While the Siemens telephone was conceived primarily as a technical medium for mass communication, the telegraph evolved into a writing and printing machine used primarily for communication in industry and government. What the telephone could not do – provide for the written authorization of messages or correspondence – could now be accomplished by the Siemens telegraph, which had been transformed into a telex machine.

Siemens-Formberatung, „Modell 41", Prototyp für ein Nachfolgemodell des „W38", um 1941.

Siemens Form Consulting, Modell 41, prototype of a successor model of the W38, ca. 1941.

Die Geräte enthielten ab 1928 alle technischen Komponenten für das Aussenden von Texten sowie deren Empfang und Ausdruck. Auch wenn sie sich inzwischen zunehmend verkleinert hatten, blieben sie auch über 1960 hinaus noch recht voluminös und wogen aufgrund der Druck-Gusselemente bei Rahmen und Verkleidung manchmal mehr als 50 kg. In Anmutung und Formgebung folgten diese nun fast durchgängig schwarz lackierten Siemens-Typen – wenn sie nicht gerade in betont repräsentativen Gehäusen aus „Edelholz" steckten – durch die stark gerundeten Kanten ihrer Guss- und Blechteile dem Stil der Maschinen- bzw. Medizingerätegestaltung.

Ein zentraler Baustein des stetig wachsenden Siemens Telekommunikations-Instrumentariums wurde 1927 auch die erstmals zwischen Wien und Berlin eingesetzte Bildtelegrafie, ein weiteres Feld, das Siemens seit 1917/18 zusammen mit anderen Anbietern im Funkbereich bearbeitete, der zunächst militärisch und dann erst zivil eingesetzte Bahnfunk: Bereits ab 1926 konnte die Deutsche Reichsbahn auf der viel benutzten Bahnstrecke Hamburg–Berlin einen Funktelefon-Dienst anbieten – der Beginn eines ersten zivil genutzten Mobilfunknetzes in Deutschland und damit Grundstein für das mobile Telefonieren am Ende des 20. Jahrhunderts.

Mit Umstellung der Siemens-Produktion auf kriegswirtschaftliche Anforderungen wurden die Telekommunikation und die ihr angegliederten neuen Bereiche erneut in den Dienst des Militärs genommen, ohne dass die Formgebung dadurch sofort ausgeschaltet worden wäre: Noch 1941 entwickelte man ein Telefon „Modell 41", dessen mit stark abgerundeten Ecken und schmalen horizontalen Kantenverläufen ausgestatteten Prototyp man jedoch später nicht mehr ernsthaft weiterverfolgte, neben einigen ungenannt gebliebenen Beiträgen zur Gestaltung einfacher Radiogeräte im Zuschnitt der Volksempfänger und einiger militärischer Feldtelefone bzw. Funkgeräte. Dabei wurden gemeinsame Baumuster von mehreren Unternehmen entwickelt bzw. verschmolzen, deren Urheberschaft heute nicht mehr nachvollzogen werden kann.

The telex machines produced in 1928 and thereafter were equipped with all of the technical components required to send, receive, and print texts. Although they have since been progressively reduced in size, they remained quite bulky even after 1960, and often weighed over fifty kilograms, due primarily to their heavy cast frame and housing components. In terms of appearance and design, these almost exclusively black-enameled Siemens models with markedly rounded cast and sheet-metal edge configurations – except for those enclosed in "precious wood" housings designed for representational purposes – followed stylistic lines that were typical of machinery and medical equipment design.

An important building block in the steadily growing range of Siemens telecommunications systems was image transmission, a technology first introduced between Vienna and Berlin in 1927. Image transmission was part of another field of activity pursued by Siemens and other suppliers of radio equipment beginning in 1917/18 – railroad radio communication, which was used originally for military purposes and later adapted for civilian use. By 1926, Siemens was able to offer the Deutsche Reichsbahn (German National Railroad) a radio-telephone service for the heavily traveled Hamburg–Berlin line – the birth of the first civil mobile radio network in Germany and the cornerstone for the development of mobile telephone services in the later years of the twentieth century.

With the conversion of Siemens production to meet the needs of the wartime economy, telecommunication and the new fields associated with it were once again placed in the service of the military. This did not mean that design activity ceased immediately, however. As late as 1941, Siemens developed a telephone known as design model 41. However, no serious efforts were made to develop the prototype of this model, with its markedly rounded corners and narrow horizontal edges. The company also made several (unnamed) contributions to the design of simple radio sets along the lines of the *Volksempfänger* (People's Radio) as well as military field telephones and radios. Models from several different companies were developed or combined in the process, but their authors can no longer be identified today.

Der Zweite Weltkrieg hinterließ Deutschland in Trümmern und in Besatzungszonen aufgeteilt. Zwei Drittel der Gebäude in den großen Städten und Industriezonen – Wohnungen und Arbeitsplätze – waren zerstört und das Telefonnetz nur noch auf dem Lande intakt. Die ehemals politisch gleichgeschalteten deutschen Rundfunksender standen unter Aufsicht der alliierten Militärbehörden. Die Telekommunikations-Industrie verfügte nur noch über einen Bruchteil ihrer Produktions- und Entwicklungskapazitäten der Vorkriegszeit. Dies setzte neue Prioritäten mit Folgen bis 1998, als das Fernmeldemonopol der Post in Deutschland aufgehoben wurde.

Die Strukturen der Telekommunikation wurden ab 1945 in Deutschlands nach politischen Kriterien neu geordnet. Das Fernmeldemonopol über Telefon, Telegrafie und Radio blieb, zumindest was die technischen Strukturen betraf, nach der Teilung in zwei selbständige Staaten erhalten. Der Rundfunk wurde im Westen nicht völlig entstaatlicht, sondern in jedem der einzelnen Bundesländer der gesellschaftlich-pluralistischen Kontrolle eines öffentlich bestellten Gremiums unterworfen.

The Second World War left Germany in ruin and divided into zones of occupation. Two-thirds of the buildings in major cities and industrial areas – housing developments and workplaces – had been destroyed, and the telephone system was intact only in rural regions. The once politically controlled German broadcasting stations were now under the supervision of the Allied military governments. The telecommunication industry retained only a fraction of the production and development capacity it had achieved before the war. This situation required an entirely new set of priorities whose impact would endure until 1998, the year the monopoly status of the German Bundespost (Postal Service) in the field of telecommunication expired.

The structures of the telecommunication sector were reorganized on the basis of political criteria in Germany after 1945. Monopoly control of telephone, telegraph, and radio services remained intact – in terms of technical structures, at least – following the division of Germany into two independent states. Radio was not fully privatized in the West but was placed instead under the pluralistic social control of a government-appointed regulatory body in each of the German states.

Der Fernschreiber wird zur Schreibmaschine mit Metallspritzgehäuse: Entwurf der Siemens-Formgebung, 1957/58.

The telex evolves into a typewriter with an extruded metal housing: draft design by Siemens Design, 1957/58.

Siemens-Formgebung, tragbares Radio aus thermoplastischem Kunststoff mit elastischer Vinyl-Außenhaut, 1962.

Siemens Design, portable radio made of thermoplastic material with an elastic vinyl covering, 1962.

## Vom Fernschreiber zum Fax, vom Radio zum Fernsehen

Während das Telefon zwischen 1950 und 2000 seine Rolle als Kommunikationsmittel behaupten und noch ausbauen konnte, hatte sich der Fernschreiber im Lauf der Jahre bis zu jenem Zeitpunkt weiterentwickelt, als er Anfang der achtziger Jahre von der Textverarbeitung moderner Datentechnik und den ersten Telefax-Geräten abgelöst wurde.

In einer stringenten Entwicklung spiegelt die Gestaltung der Fernschreiber zwischen 1950 und 1980 die allgemeine Designentwicklung bei Siemens: So wandelten sich die Geräte von voluminösen Apparaten in immer kompakter werdende Schreibmaschinen, die erst kurz vor ihrem Ende noch durch einen Bildschirm erweitert wurden. Heute erinnern allenfalls das integrierte Faxmodem oder Email-Zusendungen und deren Ausdrucke daran, welche Bedeutung in den letzten hundert Jahren Telegrafie und Fernschreiber in der elektronischen Kommunikation zugekommen waren.

Die Evolution der Marke Siemens auf dem Sektor der Radio- und Fernsehgeräte wurde nach dem Krieg weniger durch innovatives Design geprägt als durch ein Marketing, das sich gestalterisch mehr oder weniger am „Mainstream" orientierte. Da Vertrieb und Entwicklung der „braunen Ware" den Siemens-Hausgeräten unterstellt blieben, wanderte dieser Produktbereich mit zur Bosch Siemens Hausgeräte GmbH (BSH) ab und passte sich designästhetisch der allgemeinen Stilentwicklung an.

Bis in die siebziger Jahre blieben größere Geräte als Teil der Gesamtmöblierung konzipiert, angepasst an die allgemeinen Trends der Innenarchitektur. Dann wurden sie in ihrer Gestaltung zunehmend funktional. Doch spätestens ab Mitte der siebziger Jahre stellte die BSH die Produktion von Radio- und Fernsehgeräten ein, der Vertrieb wurde mit zugekauften Produkten bis 1996 fortgeführt.

## From Telex to Fax, from Radio to Television

While the telephone retained and even expanded its role as a communication medium in the years between 1950 and 2000, developments in telex technology continued to progress over the years until the point at which it was replaced by modern data processing technology and the first telefax machines in the early nineteen-eighties.

Consistent developments in the design of telex machines between 1950 and 1980 mirrors the general trend in design at Siemens during the same period. Telex units evolved from voluminous machines to increasingly compact typewriters that were upgraded by the addition of a screen shortly before the end of their reign. The only remaining reminders of the significance of telegraphy and telex technology in electronic communication during the past one hundred years are the integrated fax modem and e-mail messages and printouts we know today.

The evolution of the Siemens brand in the radio and television sector after the war was shaped less by innovative design than by a marketing philosophy oriented more or less toward the mainstream in matters of design. Since the sale and development of "brown goods" remained under the control of the Siemens Household Appliances Division, this product segment was transferred over to Bosch Siemens Hausgeräte GmbH (BSH) and followed the prevailing stylistic trend in terms of design aesthetics.

Until well into the seventies, larger appliances were still viewed as components of the overall home furnishing environment and were adapted in keeping with prevailing trends in interior architecture. From that point on, they became increasingly functional in design. By the mid-seventies, at the latest, BSH stopped producing radios and television sets, although the company continued to sell products produced by other manufacturers until 1996.

Der Zwang zur Zusammenarbeit mit dem monopolisierten „Einzelkunden“ Post hatte zwischen 1945 und 1994 bei den Telefonen die Designentwicklung stark geprägt und durch die Neigung der Behörde, Einheitsgeräte mit leichten funktionellen Varianten zuzulassen, zu extremer Uniformität geführt. Wenngleich man sich bei der Zulassung von Nebenstellengeräten für Industrie, Verwaltung und Privathaushalte im Lauf der Jahre zunehmend flexibel zeigte, spiegelte das staatlich genehmigte Design weniger die Präferenzen der Benutzer als die Kompromisse der jeweiligen Entscheidungsgremien bzw. Unternehmensinteressen wider. Als uniformierend und für den Benutzer oft unbequem in der Bedienung erwiesen sich beispielsweise die nach Aufgabe der Wählscheibe vorgeschriebenen standardisierten Tastenfelder und deren Belegung. Denn mit zunehmenden Funktionen, die eigentlich zusätzlichen „Komfort“ bieten sollten, wurde deren Handhabung eher komplizierter und unbequemer.

Im Konzert der deutschen Telekommunikations-Anbieter entwickelte sich Siemens zum wichtigsten Partner der Post und gewann damit erheblichem Einfluss auf die Gesamtentwicklung der Telekommunikation im Lande. Im Bereich der Fernschreiber konnte man bis zur Einführung von Telefax-Geräten Ende der achtziger Jahre seine führende Stellung noch erheblich ausbauen, ebenso in der Übertragungstechnik bei Telefon, Rundfunk und Fernsehen sowie bei der ab Ende der siebziger Jahren aufkommenden satellitengestützten Übertragung von Telefongesprächen. Wenn auch nicht mehr alle nach 1945 in Deutschland benutzten Telefone dem Atelier von Siemens-Designern entsprungen waren, sollte deren Einfluss auf die Gestaltung der Geräte auch weiterhin nicht unterschätzt werden. Zwar lässt sich bei einigen gemeinschaftlich entwickelten Produkten nicht eruieren, welche der ursprünglichen Design-Varianten beteiligter Unternehmen sich letztlich durchgesetzt hatten, doch dies war aus Sicht von Siemens nicht entscheidend, solange das jeweilige Gerät nur dort produziert werden konnte.

The necessity of working with a single, monopoly client, the Bundespost (Postal Service), influenced the development of telephone design significantly between 1945 and 1994. The Postal Service’s tendency to approve only standardized units with minor variations in functional features led to extreme uniformity. Although the authority demonstrated increasing flexibility in its approval policy for extension equipment for industry, public administration, and private households as time passed, government-approved design had little to do with the preferences of users and tended instead to reflect compromises worked out between the decision-making bodies and representatives of corporate interests. The standardized keypads and functional configurations of the telephones approved for use after the traditional dial was phased out were excessively uniform and often difficult for users to operate. As the number of functions increased – ostensibly in the interest of greater “comfort” – telephones became more complicated and difficult to operate.

In concert with German telecommunication service providers, Siemens became the most important partner to the Postal Service and was thus able to exert considerable influence on the general developments in the field of telecommunication. Siemens had extended its lead in the telex segment appreciably by the time the first telefax machines were introduced in the late eighties and achieved similar success in the field of telephone, radio, and television transmission systems and in satellite telephone technology, which began to emerge toward the end of the seventies. Although not all of the telephones used in Germany after 1945 originated in the studios of Siemens designers, their influence on the design of these products should not be underestimated. In the case of products developed in cooperation among multiple companies, it is virtually impossible to determine which of the several initial design variations proposed by participating organizations contributed the most to the final product, yet that was not the crucial issue for Siemens. The important point was to ensure that the product was produced exclusively by Siemens.

Gestaltungs-Wechsel in Form und Farbe: Siemens-Formgebung, Herbert Oestreich, Nebenstellengerät „SK58“, 1958. Dieses erste Serien-Telefon aus thermoplastischem Kunststoff war zugleich das erste für seine besondere Formgebung ausgezeichnete Gerät von Siemens.

Evolution in form and color: Siemens Design/ Herbert Oestreich, extension telephone SK58, 1958. This first serially produced telephone made of thermoplastic material was also the first Siemens appliance to receive an award for design.

Neue Telefongestaltung nach 1945:
Siemens Formgebung, „Fgtist 264b“ aus Aluminium-Spritzguss, das Siemens-Nebenstellengerät mit Zugwahlvorrichtung, 1950.

New telephone design after 1945:
Siemens Design, Fgtist 264b, made of extruded aluminum, the Siemens extension telephone with pulldown dialer, 1950.

Das Kunststoff-Zeitalter bei Siemens begann still, schloss sich doch die Weiterentwicklung der Telefone nach dem Krieg recht harmonisch an die mit dem Werkstoff Bakelit eingeleitete Entwicklung vor dem Kriege an. 1950 wurde von der Siemens-Formgebungsgruppe ein neuer Geräteypus für Rechts- und Linkshänder konzipiert: Dieser „Fgtist 264b“ mit Gehäuse aus Aluminium-Spritzguss, erhältlich in schwarzer, grüner oder elfenbeinfarbener Ausführung, war mit einer vertikalen „Zugwahlvorrichtung“ versehen. Es war jedoch nur für den Nebenstellenbetrieb zugelassen und wurde gerade wegen dieser Wahlvorrichtung von vielen Benutzern als gewöhnungsbedürftig empfunden.

Eine Weiterentwicklung des Geräts stellte der 1953/54 entstandene Tischapparat „Modell 55“ („Fgtist 282a“) dar, ein Vollkunststoffgerät aus thermoplastischen Kunststoff, das von dem jungen Siemens-Mitarbeiter Herbert Oestreich, einem später selbständig arbeitenden Designer und Design-Pädagogen, gestaltet worden war. Das nur für den Nebenstellenbetrieb zugelassene Gerät wurde ebenfalls in verschiedenen, wenn auch nicht immer lichtechten Farbvarianten produziert. Man konnte es mit und ohne Wählscheibe und ab 1958 auch in kieselgrauem Kunststoff – der für den nächsten Jahren typischen Telefonfarbe – erstmals mit Drucktasten-Feld erhalten. Als eine der ersten Designauszeichnungen der Nachkriegszeit erhielt 1954 Siemens und mit ihr Herbert Oestreich den Preis der Triennale Mailand.

The age of plastics began quietly at Siemens. Progress in the development of telephone technology proceeded quite harmoniously along the lines developed with the introduction of Bakelite before the war. In 1950, the Siemens Form Group developed a new model designed for use by both right- and left-handed people. The Fgtist 264b, which featured an extruded aluminum housing available in black, green, or ivory, was equipped with a vertical "drum-wheel dialer." It was approved for use as an extension unit only, however, and many users found the dialing device quite difficult to get used to.

An advanced version of the unit was the Modell 55 table telephone (Fgtest 282a), an all-plastic telephone made of thermoplastic material designed by Herbert Oestreich, a young Siemens employee who later made a name for himself as an independent designer and educator. Approved for use as an extension unit, the telephone was also produced in several different colors, some of which were not sufficiently light-resistant, however. It was available with or without dial and, beginning in 1958, in a gravel-gray plastic version – the typical telephone color for the next several years – featuring the first digital keypad. Siemens and Herbert Oestreich received the 1954 Triennale Milano Prize, one of the first awards in the field of design in the postwar period.

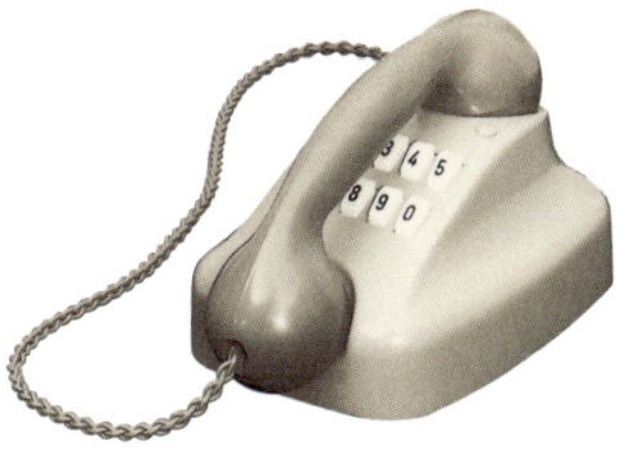

Noch vor 1960 entwickelte Siemens einen neuen kompakter gestalteten Tischfernsprecher, der als Modell „H70“ ab 1960 ausschließlich in den Export ging. Das Kunststoffgerät mit seinem ebenfalls frei geformten, allerdings kompakteren Gehäuse war ein Vorläufer bzw. eine Entwurfsvariante im Ausschreibungsprozess um die offizielle Nachfolge des „W48“-Apparats. Man kann nur bei genauerer Betrachtung die Unterschiede zu dem letztlich zur Gemeinschaftsproduktion zugelassenen Massenmodell „FeTAp 611“ erkennen, das als so genannte „Graue Maus“ um 1970 in 50 Prozent der deutschen Haushalte Verwendung fand.

Wie eng die konkurrierenden Designentwürfe für das neue Gerät damals bei einander lagen, lässt sich dann erkennen, wenn man denjenigen für den Standard Elektrik Lorenz-Tischapparat „Assistent D“ hinzuzieht. Eine Fülle von Entwürfen unterschiedlicher Hersteller hatte zu dem endgültigen Modell geführt, das man deshalb gerechter Weise als unternehmenübergreifende Gemeinschaftsarbeit ansehen sollte. Der neue Apparatetyp „611“, der bis in die achtziger Jahre in Westdeutschland im Gebrauch war, wurde denn auch erst um 1977 von einem neuen Standardgerät der Deutschen Bundespost abgelöst.

Siemens developed a new, more compact tabletop television set before 1960, the H70, a model that was marketed as an export product only beginning in 1960. The plastic unit with its irregularly shaped, although more compact housing was a precursor and a design variation submitted within the context of the selection process for the official successor to the W48 television set.Only upon closer inspection are the differences between this product and the FeTAp 611, the final model ultimately selected for mass production, apparent. This model, known as the “Gray Mouse,” was in use in 50 percent of all German households by about 1970.

The marked similarities between the competing design proposals for the new television set become evident when one considers those submitted for the Standard Elektrik Lorenz tabletop set, the Assistant D, in comparison. Numerous proposals were offered by different manufacturers before the final model was selected, and the product can therefore be described as a joint project. The model 611, which was still in use in West Germany in the eighties, was replaced by a new standard television set developed by the Postal Service in 1977.

„FeTAp 611“: Die „Graue Maus“ von 1963 war das westdeutsche Standardtelefon in den sechziger und siebziger Jahren, entstanden aus der Zusammenarbeit mehrer deutscher Hersteller und Gestalter.
Erste Entwürfe: SEL/ D. Blumenau, 1958/59.

FeTAp 611, the “Gray Mouse” of 1963 was the standard telephone in West Germany in the sixties and seventies. The unit was developed in co-operation with several German manufacturers and designers. First draft models: SEL/ D. Blumenau, 1958/59.

„FeTAp 7“ markierte 1976/77 den Start einer langen, variantenreichen Serie von bunten Telefonen, die aus der Zusammenarbeit verschiedener Unternehmen entstand. Erster Entwurf: DeTeWe, Karl Büchin, um 1975.

FeTAp 7 of 1976/77 marked the start of a long series of colored telephones in a wide range of variations developed through co-operation among several companies. First draft model: DeTeWe, Karl Büchin, ca. 1975.

1972 führte Siemens ein mit Tasten konzipiertes Nebenstellengerät ein: das in verschieden Farben hergestellte flache „Masterset 111“, das zwar als „gute Industrieform“ auf der Hannover Messe 1973 und 1974 ausgezeichnet wurde, doch nicht den endgültigen Zuschlag als Nachfolger des 611er Massenmodells der Post erhielt. Das neue Tastengerät der Post aus der Typenreihe „FeTAp 7“ wurde ab 1977 von mehreren Herstellern, darunter auch Siemens, in verschiedenen Varianten hergestellt.

Das von der Post ausgewählte Muster der DeTeWe GmbH Berlin, das auf einem Entwurf des Designers Karl Büchin beruhte, diente als Basis für die Funktionsvarianten anderer deutscher Hersteller, nicht zuletzt von Siemens. Das Gerät wurde wegen seiner kompakten Form und nicht zuletzt wegen seiner zahlreichen bunten Farbvarianten ungeheuer populär und in riesigen Stückzahlen produziert.

Neben immer neuen Modifikationen für Nebenstellengeräte bildete bei Siemens ab Mitte der siebziger Jahre auch der Sektor eigener Telefax- und Kombigeräte einen Schwerpunkt der Entwicklungsarbeit. Zwar war der 1980 mit einem Prädikat des iF (Industrie Forum Design Hannover) prämierte Fernkopierer „HF 2050“ nach heutigen Maßstäben noch sehr sperrig, ließ sich dank einer gelungenen Farb- und Formgebung jedoch gut in die damals aktuelle Büromöbel- und Gerätelandschaft integrieren.

In 1972, Siemens introduced an extension telephone equipped with a keypad. Produced in a range of different colors, the Masterset 111 was awarded prizes for “good industrial design” at the Hanover Trade Fairs in 1973 and 1974 but was not chosen by the Postal Service as the successor to its own mass-produced model 611. The new Postal Service keypad phone in the FeTAp 7 series was manufactured in different versions by several different manufacturers, Siemens among them.

The model submitted by DeTeWe GmbH of Berlin and selected by the Postal Service was based on a design developed by Karl Büchin. It served as a basis for functional variations produced by other manufacturers, including Siemens. By virtue of its compact form and the wide range of available color options, the product became incredibly popular and was produced in huge quantities.

In addition to a series of new modifications for extension units, Siemens engineers and designers were also intensely involved in developing Siemens telefax and multi-purpose machines from the mid-nineteen-seventies onward. Although the HF 2050 facsimile machine, which won an award from the iF (Industrie Forum Design Hannover) in 1980, was still rather bulky, it could be incorporated quite easily into contemporary office environments thanks to its color and design.

Eine interessante Variante zu bestehenden Siemens-Tischtelefonen bildete das Kompakttelefon „Miniset 270“ von 1986/87, auch „DfeAp 381 Dallas“ genannt: Das zweiteilige Gerät, bestehend aus Hörer mit integriertem Tastenfeld und separater Ablageschale, deutete bereits den langsamen Abschied von den großen Tischtelefonen an und signalisierte damit den Aufbruch in das Zeitalter der Mobilität. Das von Siemens-Designer Jochen Fritzsche gestaltet Gerät, das 1987 eine iF-Prämierung erhielt, spiegelte nicht zuletzt die Sehnsucht der Deutschen nach mobileren und originelleren Telefonen, wirkte es doch wie ein Zitat der ersten schnurlosen Telefone, die Mitte der achtziger Jahre, von USA und Japan kommend, in der Regel illegal auf den deutschen Markt gelangt waren.

Das erste offiziell zugelassene Gerät der Post aus dem Jahr 1985, das umgerechnet den stolzen Preis von fast 3000 Euro kostete, markierte zusammen mit dem gleichzeitig vorgestellten Siemens Auto-Mobiltelefon „NMT“ das heraufziehende Zeitalter mobiler Funktelefone. Mit seiner reduzierten Form und dem leicht geschwungenen Hörer, der alle wichtigen Bedienungsfunktionen enthielt, gilt es bis heute als gestalterisch richtungweisende Lösung zum Thema mobiles Telefonieren – in einer Zeit als der apparative Aufwand noch ein recht großes Gehäuse erforderte.

Das mehrfach mit Design-Auszeichnungen prämierte Gerät, das von dem Siemens-Designer Tönis Käo entworfen worden war, war jedoch wegen der umständlichen Zulassungsmodalitäten nicht zuerst in Deutschland, sondern in Skandinavien, Österreich und den Niederlanden erhältlich. Für Siemens bedeutete es weniger einen technischen als den gestalterischen Aufbruch ins Zeitalter mobiler Telefone, existierte doch bereits seit 1958 das so genannte A-Netz in Deutschland, an dessen fernmeldetechnischer Entwicklung das Unternehmen selbst beteiligt war. Das 1972 ebenfalls unter Beteiligung von Siemens eingeführte B-Netz war bereits 1979 vollständig ausgelastet.

An interesting variation on previous Siemens table telephones was the compact Miniset 270 unit, also known as the DfeAp 381 Dallas, introduced in 1986/87. This two-part telephone, consisting of a receiver with an integrated keypad and a separate holder, heralded the gradual shift away from large table telephones and thus signaled the dawn of the age of mobility. Developed by Siemens designer Jochen Fritzsche, the unit, which earned an iF award in 1987, embodied among other things the longing of the German people for more mobile and more distinctive telephones. In essence, it looked like an attempt to imitate the first cordless telephones produced in the U.S. and Japan that began to appear (for the most part illegally) on the German market in the mid-nineteen-eighties.

Along with the Siemens NMT mobile car telephone introduced at the same time, the first cordless telephone officially approved by the Postal Service and marketed in 1985, which was sold at a price equivalent to nearly 3000 Euros, marked the beginning of the new age of the mobile telephone. With its reduced form and lightly curving receiver, which contained all of the important operating elements, it is still regarded today as the as a pioneering design solution in the mobile telephone sector – despite its relatively large size.

The recipient of several design awards, this telephone designed by Siemens designer Tönis Käo was first marketed in Scandinavia, Austria, and the Netherlands and only later in Germany, due to the complicated German approval process. From Siemens's standpoint, it represented an aesthetic rather than a technical advance into the age of mobile telephones, as the so-called A-Network, in the technical development of which Siemens had been directly involved, had already existed in Germany since 1958. The capacity of the B-Network established (again with the involvement of Siemens) in 1972 was fully exhausted by 1979.

Siemens Design, Tönis Käo, „NMT“, 1985, erstes Siemens-Mobiltelefon. Das Gerät benötigte noch ein Sende- und Empfangsgerät in der Größe eines Kofferradios.

Siemens Design, Tönis Käo, NMT, 1985, the first Siemens mobile telephone. The telephone required a transmitter-receiver unit the size of a portable radio.

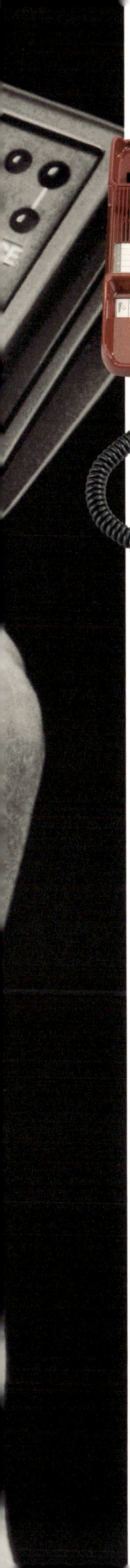

## Kompakter und Flexibler: 1990 – 2000

## More Compact and More Flexible: 1990 – 2000

Siemens Design, Wolfgang Münscher; Einhandgerät „DfeAp 381 Dallas“; 1986/87 – ein Hauch von Mobilität.

Siemens Design, Wolfgang Münscher, the DfeAp 381 Dallas one-hand telephone, 1986/87 – a breath of mobility.

Die Liberalisierung des Marktes für Zweitgeräte Mitte der achtziger Jahre, die schließlich 1998 zum Ende des Fernmeldemonopols in Deutschlands führte, leitete mit der Möglichkeit völlig freier Gerätewahl für Telefonkunden gleichsam einen Dammbruch ein. Diese Tatsache, verbunden mit der Verwendung immer kompakterer Mikroelektronik, erforderte bei Herstellern wie Siemens auf dem Gebiet von Technik wie Design verstärkte Anstrengungen, um den Anforderungen des sich unerwartet stürmisch entwickelnden deregulierten Marktes gerecht zu werden. Ein Stimulus, den Designchef Herbert Schultes noch verstärkte, indem er in der Mitte der neunziger Jahre renommierte europäische Designer mit „Leitentwürfen“ bzw. Designstudien für eine zukünftige Telefongestaltung beauftragte.

In den ausgehenden achtziger Jahren schlugen sich besonders die Veränderungen im Umgang mit Kunststoff bei der Gestaltung von Telefonen und Datenverarbeitungsgeräten nieder: Nicht nur die Geräteformen waren vielfältiger geworden, auch bei der Behandlung von Flächen und Körpern tendierte man nun weniger zu einfachen Geometrisierungen oder frei geformten Körpern unter Betonung der Volumina, sondern zu stärker verdichteten Formen und solchen mit komplexeren, zusammengesetzten Geometrien, wie sie sich inzwischen auch in Unterhaltungselektronik, Möbelbau und Architektur durchgesetzt hatten. Die Oberflächen der Gerätekörper von Telefonen erschienen nun gespannter. Statt hochglänzender begann man variationsreichere, eher matte Texturen zu bevorzugen.

Die Farben der Siemens-Geräte wurden immer dunkler, wobei man erstmals nicht nur das klassische Schwarz, sondern auch abgetönte Farben wie Graugrün verwendete. Dimensionierung und Proportionierung der Bedienungselemente erschienen nunmehr in der Gliederung individueller und besser aufeinander abgestimmt, denn technische Innovationen boten die Möglichkeit, von der „Einknopf-Bedienung“ standardisierter Tastenfelder abzurücken und statt dessen zu funktional besser unterscheidbaren, bedienerfreundlicheren Anordnungen zu gelangen.

Deregulation of the market for extension telephones in the mid-nineteen-eighties, which eventually culminated in the end of the telecommunication monopoly in Germany, opened the floodgates to market expansion by offering telephone customers the opportunity to buy the telephones of their choice. This development, coupled with advantages offered by increasingly compact microelectronics, prompted manufacturers like Siemens to step up their efforts in both engineering and design in order to meet the needs of the deregulated market and its unexpected, explosive growth. Design chief Herbert Schultes added to this stimulus by commissioning renowned European designers to develop “model designs” and conduct design studies for future telephones during the mid-nineties.

The impact of new developments in plastics processing on the design of telephones and data processing equipment became particularly evident in the late eighties. Telephones were available in a wide range of shapes and sizes; the trend in the design of surfaces and three-dimensional bodies shifted away from simple geometric patterns or free forms with emphasis on volumes in favor of more compact forms and configurations with more complex, composite geometries of the kind that had become popular in entertainment electronics, furniture design, and architecture. Telephone surfaces evoked an impression of greater tension. High-gloss surfaces began to give way to more varied, often flat or dull textures.

The colors of Siemens telephones grew increasingly dark, as softer shades such as grayish-green joined the classic black for the first time. The dimensions and proportions of operating elements now appeared in more individualized, coordinated configurations, as technical innovations now made it possible to develop alternatives to the “one-button” functional scheme of standardized keypads, solutions based on user-friendlier arrangements that made it easier to distinguish among different functions.

Die Tischgeräte „Stralsund“ und „Signo“ von 1992 eröffneten neue gestalterische Perspektiven für das Siemens-Telefon-Design. Die in mehreren Farben lieferbaren Apparate wiesen neben zahlreichen Zusatzfunktionen auch eine neue Formung der bislang weitgehend standardisierten Tastenfelder auf: „Stralsund“ mit einem konkaven Tastenfeld und quadratisch geformten, eingelassenen Tasten, „Signo“ mit konvex geformtem Tastenfond und leicht erhabenen schwarzen zylindrisch angelegten Tasten.

Eine weitere Herausforderung bedeutete das von der Deutschen Telecom ab 1994 vertriebene, von dem Designstudio Design 3 gestaltete und von Siemens produzierte „Actron“-Tischgerät, das sich mit über vier Millionen Einheiten zwischen 1994 und 2001 als überaus erfolgreich erwies. Ein verwandtes Design zeigte die für Siemens von Stefan Hillenmayer gestalterisch betreute Serie „euroset 810–830“, ein Tischapparat mit seitlich bzw. vertikal zur Geräteachse angeordnetem, aufgelegtem Hörer als Weiterentwicklung der noch recht kastenförmig wirkenden Siemens „euroset 240“-Geräte. Die extrem flach wirkenden Tischtelefone mit ihrer charakteristisch gespannten Oberfläche standen in der Reihe neu gestalteter Siemens-Tischgeräte, die schließlich in die graue „Optiset“- oder die „Profiset“-Reihe sowie die Tischgeräte der „Gigaset“-Produktfamilie mündete.

The Stralsund and Signo table models introduced in 1992 opened up new perspectives in Siemens telephone design. Available in several different colors, these telephone offered numerous additional functions and a new alternative to the highly standardized keypads in use until then. The Stralsund featured a concave keypad and square, inset keys; the Signo had a convex keypad with slightly raised black, cylindrical keys.

Yet another challenge was posed by the Actron table telephone designed by the Design 3 studio, manufactured by Siemens, and marketed by Deutsche Telecom beginning in 1994. Four million Actron telephones were sold between 1994 and 2001. The Euroset 810-830 series developed by Stefan Hillenmayer exhibited comparable design features. This table model had a receiver resting laterally or vertical to the central axis of the unit as a modification of the still rather “boxy”-looking Siemens Euroset 240 phones. These extremely flat table telephones with their characteristic taut surface were part of the series of newly design Siemens table telephones which ultimately culminated in the gray Optiset and Profiset line and the table models of the Gigaset product family.

Siemens Design, Uli Skrypalle, Tischtelefon „Signo“, 1992.

Siemens Design, Uli Skrypalle, Signo table telephone, 1992.

Design 3, Siemens „Actron“, mehrfach prämierter Entwurf, 1994.

Design 3, Siemens Actron, a model that won several awards, 1994.

## „Tisch-Kombinationen“

Die in den neunziger Jahren im Bereich der Tischgeräte herrschende mörderische Konkurrenz veranlasste die Hersteller, ihre Anstrengungen im Design zu intensivieren. Mit seiner seitlichen Hörerauflage, einer eher gewölbt als gespannt wirkenden Bedienungsfläche und einem fast schwebend aufgestellten Gerätekörper stellte der erste „Gigaset“-Tischapparat von 1994 eine fast optimale Zusammenfassung der vorangegangenen Designentwicklungen bei den Tischgeräten dar. Dabei war das Zusammenspiel unterschiedlich geformter Tasten unter gut gegliederter Anordnung auf der matten Geräteoberfläche nicht nur visuell wirkungsvoll, sondern erleichterte zudem, die einzelnen Bedienungsfunktionen auseinander zu halten und zu verstehen. Das bereits als Klassiker geltende mehrfach ausgezeichnete Gerät des Siemens-Designers Wolfgang Münscher gehörte denn auch im letzten Jahrzehnt des 20. Jahrhunderts neben den „Actron“-Apparaten zu den meistverkauften Tischkombinationen der Siemens-Telefonpalette.

Auch mit neuen Funktionskombinationen wurde experimentiert. Welche bislang unbekannten Gerätefunktionen in einem Festnetztelefon untergebracht werden konnten, zeigte etwa das 1994 in Hannover mit einer iF-Prämierung ausgezeichnete Siemens-„NotePhone“. Das aus einer Zusammenarbeit mit den US-amerikanischen Unternehmen Sharp und Apple hervorgegangene Tischgerät verfügte über ein herausnehmbares Apple-„Notepad“ und offenbarte, was ein Festnetztelefon auch ohne Schnurlos-Funktion an gerätetechnischer Flexibilität und Kombinationsmöglichkeiten beinhaltete. Zwar ließen sich im Zusammenspiel von Telefon, elektronischem Notebook, Faxfunktion und Telefondatei wohl eher technische Möglichkeiten demonstrieren, als dass dies praktischer Notwendigkeit entsprach, doch zeigte gerade dies Design, wie man trotz divergenter funktionaler Vorgaben zu einer formal ausgewogenen, auch in der Bedienung schlüssigen Gerätelösung finden konnte. Entworfen wurde das Gerät von den Siemens-Designern Dov Rattan und Stefan Apetauer.

## “Table Sets”

Faced with horrendous competition in the market for table telephones in the nineties, manufacturers began to step up their efforts with respect to design. With its receiver mount positioned on the side, an operating pad that was more rounded than taut, and a body that rested as if in suspension on the mount, the first Gigaset table model of 1994 represented an almost perfect blend of previous developments in the design of table telephones. The interplay of keys of different shapes in a well-organized arrangement on the dull surface panel was not only visually appealing but also made it easier for users to identify the individual operating functions and distinguish them from one another. This award-winning, “classic” telephone developed by Siemens designer Wolfgang Münscher joined the Actron line as one of the best-selling table sets in the Siemens telephone program in the nineties.

Siemens also experimented with new combinations of functions. The Siemens NotePhone, which was awarded an iF prize in Hanover in 1994, showed how numerous formerly unknown functions could be incorporated into a land-line telephone. The product of collaboration with the U.S. Sharp and Apple companies, this table model was equipped with a removable Apple Notepad and demonstrated the technical flexibility and the range of combinations that could be achieved in a land-line telephone even without the advantages of cordless operation. Although the interplay between telephone, electronic notebook, telefax function and telephone register served to demonstrate highly technical possibilities beyond the range of practical necessity, the design of this model showed that it was indeed possible to achieve a formally balanced, practically viable technical solution despite the need to meet divergent functional requirements. The telephone was developed by Siemens designers Dov Rattan and Stefan Apetauer.

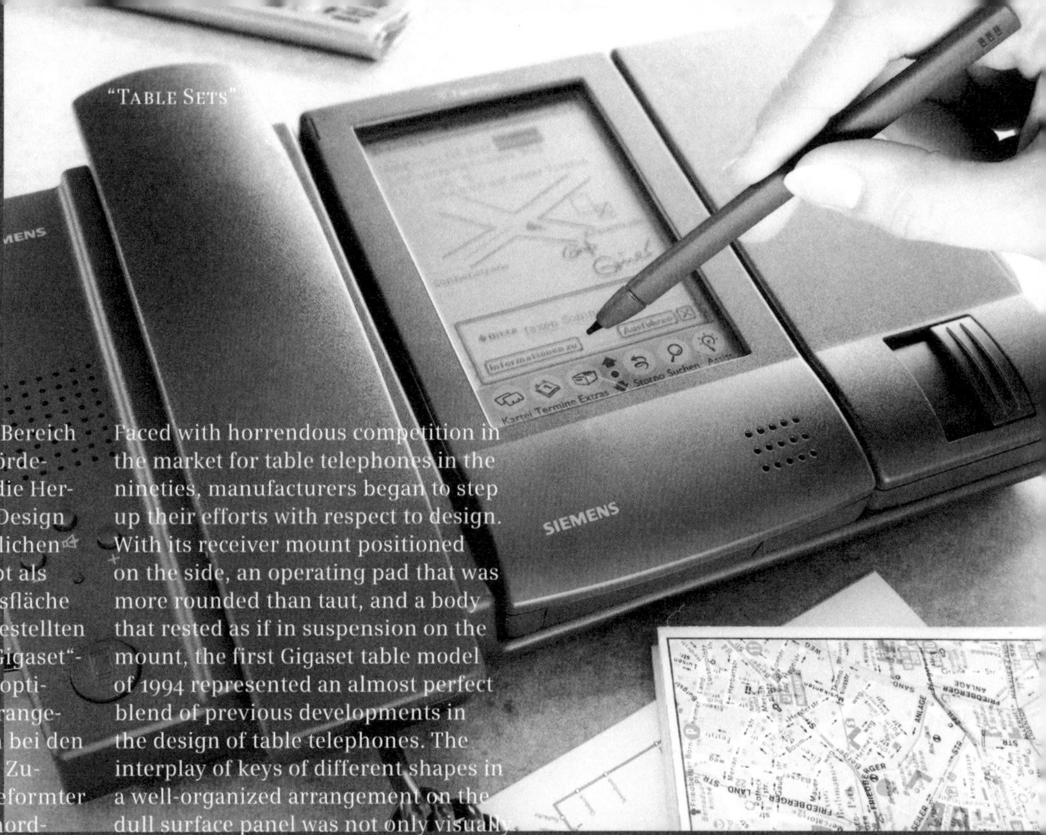


Siemens Design,
Stefan Apetauer,
Dov Rattan,
„NotePhone“, Prototyp,
eine Kombination
aus Apple-„Notepad“
und Tischtelefon.

Siemens Design,
Stefan Apetauer,
Dov Rattan, NotePhone,
prototype, a combination Apple Notepad
and table telephone.

Siemens Design,
Wolfgang Münscher,
schnurloses Telefon
„Gigaset 900", 1993/94.

Siemens Design,
Wolfgang Münscher,
Gigaset 900 cordless
telephone, 1993/94.

Dass die Zukunft den schnurlosen bzw. mobilen Telefonen gehören würde, zeigte die Entwicklung zu Beginn der neunziger Jahre. So war man auch in der Siemens-Designabteilung herausgefordert, „schnurlose" Geräte mit dem firmentypischen formalen Profil zu entwickeln. Dies gelang in einer stolzen Reihe von Schnurlos-Modellen, angefangen bei den ersten Geräten der „Megaset"-Familie über die „Comfort"-Linie bis hin zu der bereits erwähnten erfolgreichen „Gigaset"-Produktfamilie. Während Erstere in gewisser Weise noch die „Handschrift" der Regulierungsbehörde trug, waren Letztere bereits viel organischer, weicher und handfreundlicher gestaltet, ohne dabei jedoch die das Siemens-Design seit jeher auszeichnende formale Straffheit und Ordnung außer Acht zu lassen.

Diese formalen Charakteristika setzten sich von den ersten Geräten der „Gigaset 900"-Serie (noch im typischen Graugrün) bis zu jenen der „Gigaset 3000"-Serie gegen Ende des Jahrhunderts fort. In dieser Zeit entstand eine ganze Produktfamilie mit umfangreichem Zubehör und den erwähnten Tisch-, Lade- bzw. Zentralstationen. Mit seiner schlüssigen, leicht erlernbaren Bedienung, die nicht zuletzt durch ein unaufdringliches Design getragen wurde, erhielt das Siemens-Telefonprogramm am Ende des Jahrhunderts sein besonderes Design-Profil. Dass das „Gigaset"-Konzept auch im Verkauf erfolgreich war, beweist die Tatsache, dass es im ausgehenden 20. Jahrhundert zu einem der weltweit erfolgreichsten „Schnurlos"-Telefone wurde – mit bereits über vier Millionen verkauften Exemplaren im Jahr 1997.

A trend that emerged in the early nineteen-nineties made it clear that the future belonged to cordless and mobile telephones. Siemens designers were challenged to develop "cordless" telephones with the typical formal Siemens profile. That goal was achieved in a striking series of "cordless" models, from the first versions of the Megaset family to the Comfort line to the highly successful Gigaset range mentioned above. While the Megaset telephones still bore the "imprint" of the regulatory authority to a certain extent, the Gigaset models exhibited a much more organic, softer, user-friendly design, yet did not completely abandon the principles of formal economy and order that has always characterized Siemens design.

These formal characteristics continued to shape the look of Siemens telephones from the first models of the Gigaset 900 series (still produced in the typical grayish-green) to those of the Gigaset 3000 family near the end of the century. During those years, an entire product family of telephones equipped with multiple accessories and the table, charging, and base stations mentioned above emerged. With its convenient, easy-to-learn operating features, which were enhanced by an unobtrusive design, the Siemens telephone program took on a unique design profile toward the end of the century. The Gigaset concept was also a major sales success, as evidenced by the fact that it was one of the best-selling "cordless" telephones of the late twentieth century – with more than four million units sold in 1977.

Siemens Design,
Wolfgang Münscher,
„Gigaset 1000C“
mit Ladeschale, 1996/97.

Siemens Design,
Wolfgang Münscher,
Gigaset 1000C with
charging unit, 1996/97.

Die unausweichliche Entwicklung des mobilen Telefonierens hatte sich bereits Mitte der achtziger Jahre angekündigt. In Deutschland begann es auf breiter – und zunehmend erschwinglicher – Basis 1986 mit den erstmals digitalisierten Funktionen des C-Netzes. Obwohl Geräte und Betrieb zunächst relativ teuer waren, hatte dieses Netz 1992 bereits 850 000 Teilnehmer zu verzeichnen. 1992 bedeutete die Öffnung des D-Netzes und die darauf folgende Einführung des GSM-Standards (Global System for Mobile Communications) so etwas wie eine „mobile Revolution“, wie die Autorin Christel Jörges schreibt.[15]

Dem D-Netz folgten weitere, und der mobile Telefonmarkt explodierte: Nach einer Gebührensenkung 1993 nutzten in Deutschland 1994 über 2,6 Millionen Menschen das neue Medium[16], und 2000 waren es bereits mehr als 30 Mio. Benutzer – eine Entwicklung die man in ihren Dimensionen und Konsequenzen am Anfang völlig unterschätzt hatte. Sowohl die technischen Innovationen der Geräte als auch deren Gestaltung wurden in den neunziger Jahren einerseits von der riesigen Nachfrage, andererseits der rasanten Entwicklung immer kleiner und leistungsfähiger werdender Chips bestimmt.

Beides ermöglichte zu Beginn des neuen Jahrhunderts eine erneute „telematische“ Erweiterung des Marktes. Sie fand z. B. in Produkten mit Schreibfunktionen und integrierter Bildaufnahme und deren Weitergabe ihren Niederschlag.

Signs of the inevitable expansion of the mobile telephone sector had already begun to appear in the mid-nineteen-eighties. In Germany, it began on a broad – and increasingly affordable – basis in 1986 with the establishment of the C-Network, the first such system equipped with digital functions. Although the telephones were still relatively expensive to buy and operate, the network attracted 850,000 users by 1992. The introduction of the D-Network in 1992 and the subsequent implementation of the GSM standard (Global System for Mobile Communications) equated to a “mobile revolution,” as author Christel Jörges has noted.[15]

The D-Network was followed by others, and the mobile telephone market exploded. Rates were lowered in 1993, and more than 2.6 million people were using the new medium in Germany by 1994.[16] By the year 2000, that number had risen to over thirty million – a development whose scope and impact was totally underestimated in the early years. Both technical innovations and improvements in the design of mobile telephones were fueled by growing demand and by rapid progress in the development of increasingly small, more powerful microchips.

Both of these factors paved the way for a further “telematic” expansion of the market in the early years of the twenty-first century – as reflected, for example, in products with writing functions and integrated cameras and image transmission capabilities.

Siemens Design,
Wolfgang Münscher,
„Gigaset 3070“,
Sende- und Empfangsstation, 1998/99.

Siemens Design,
Wolfgang Münscher,
Gigaset 3070 transmitting and receiving
station, 1998/99.

designafairs,
Theo Gonser,
Siemens Mobiltelefon
„SL45 2000“.

designafairs,
Theo Gonser,
SL45 2000 Siemens
mobile telephone.

Siemens engagierte sich nicht nur bei der Entwicklung der technischen Infrastruktur für den Mobilfunk und dessen Neuerungen, sondern war auch als Anbieter für Endgeräte am Markt präsent. Mit einer Fülle von Geräten der „S“-, „E“- und „C“-Linie gelang es recht erfolgreich, ihn bis an das Ende des Jahrtausends mitzubestimmen. So deckte man schon 1993 allein in Deutschland etwa 17 Prozent der Nachfrage – bei etwa 30 bis 40 Mitbewerbern, wie Ericsson, Nokia und vielen anderen.[17]

In den frühen neunziger Jahren ähnelten sich die Mobiltelefone aller Hersteller noch stark, und auch bei Siemens waren die in Deutschland als „Handys“ bezeichneten Geräte zunächst ähnlich wie die firmeneigenen „Schnurlos“-Telefone gestaltet. Man experimentierte insbesondere mit unterschiedlich weich oder hart wirkenden Geometrien, Tastenfeld-Anordnungen und Display-Gestaltungen. So betonte man bei Siemens, wenngleich nicht immer durchgängig erkennbar, auch weiterhin die Zugehörigkeit zur Telefonfamilie.

Siemens was not only closely involved in the development of the technical infrastructure for the mobile telephone system and related innovations but was also active as a supplier of telephones. With a wide range of units in the S, E, and C lines, the company played an instrumental role in market development until the end of the twentieth century. As early as 1993, Siemens held a market share of 17 percent in Germany alone – and that in a market worked by between thirty and forty competitors, including Ericsson and Nokia, to name only a few.[17]

Mobile telephones produced by all manufacturers still looked much alike in the early nineties, and the telephones – known as “handies” – marketed by Siemens initially bore a close resemblance to Siemens “cordless” phones. Designers experimented with variously soft and hard geometries, keypad arrangements, and display designs. Although it was not consistently apparent, Siemens continued to emphasize its membership in the telephone family.

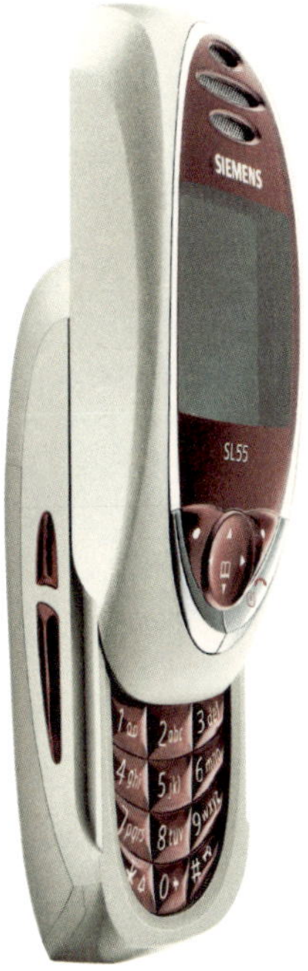


designafairs,
Graham Keery, „GPRS“,
Mobiltelefon-Modell,
2000.

designafairs,
Graham Keery, GPRS
mobile telephone
model, 2000.

Gegen Ende des Jahrzehnts führte die Verwendung leistungsfähigerer und kompakterer Chips noch einmal zu grundlegenden Veränderungen im Design, denn sie ermöglichten neben mehr Flexibilität beim Layout der Mikroelektronik und ihrer Bedienung auch immer mehr Funktionen.
Geräte wie das kompakte „SL10“ mit seiner parallel verschiebbaren oberen Gehäusehälfte von den Designern Hatto Grosse und Anke Osthues oder das Dualband-Gerät „C35“ der Designer Jörn Ludwig und Hatto Grosse markierten mit ihren zunehmend miniaturisierten Formen einen nachhaltig wirkenden Trend im Design von Handys.

Die neue Gerätetechnik öffnete den Weg zu schnellerem Modellwechsel und kollektionsähnlich gestalteten Serien, die sich z. B. auch auf die Corporate Design-Vorstellungen von Kosmetik-Herstellern oder Spezialveranstalter und ihr Marketing zuschneiden lassen, wie bereits beim Münchner Oktoberfest 2000 geschehen: Das angebotene Siemens-Gerät war in einem weiß-blauen Rauten-Rapport gehalten und ermöglichte diverse internetgestützte Informations-Dienstleistungen zum Thema Oktoberfest.

Wohin führt nun die Kommunikationstechnologie und die Gestaltung von Telefonen? Weg von den Apparaten hin zu völlig virtualisierten Benutzoberflächen? Geräteentwürfe wie das „Outdoor“-Mobiltelefon oder die Modelle „C45“ und „C65“ von designafairs bildeten bis zum Verkauf der Mobiltelefonsparte im Jahr 2005 die letzten Höhepunkte der Siemens-Telefongestaltung.

Toward the end of the decade, more compact, more powerful microchips led to further major changes in design, for they allowed for greater flexibility in the layout of microelectronic components and operating features as well as the progressive addition of new functions. The increasingly miniaturized forms of telephones like the compact SL10, with its adjustable parallel upper case segment developed by the two Siemens designers Hatto Grosse and Anke Osthues, and the dual-band C35 unit designed by Jörn Ludwig and Hatto Grosse reflected a long-term trend in mobile telephone design.

The new telephone technology paved the way for more rapid development of new models and series designed in the style of collections, which could be customized, for example, in keeping with the design concepts of cosmetics producers or special event organizers and their marketing departments, as in the case of the 2000 Munich Oktoberfest. The Siemens telephone designed for that occasion was enclosed in a case with a blue-and-white diamond pattern and offered a broad selection of Internet-based information services relating to the Oktoberfest.

Where will communication technology and telephone design lead from here? Away from telephones themselves and on to completely virtual user interfaces? Appliance designs such as the Outdoor mobile telephone or the models C45 and C65 from designafairs were the last highlights of Siemens telephone design until the mobiletelephone line was sold in 2005.

designafairs,
Jörn Ludwig,
Roger Münstermann,
Roman Gebhardt,
Siemens „M65“,Outdoor-Mobiltelefon, 2004.

designafairs,
Jörn Ludwig,
Roger Münstermann,
Roman Gebhardt,
Siemens M65 outdoor mobile telephone, 2004.

## Siemens – „alles, was elektrisch ist“

Das Unternehmen und die Entwicklung der Elektrotechnik

1
Zit. in einer Mitteilung von Max Anderlohr, undatiert, um 1926, Siemens Medizintechnisches Archiv, Erlangen, Aktennotizen zur Elektrokardiografen-Entwicklung.

2
Vgl. hierzu Wilfried Feldenkirchen, *Siemens 1918–1945*, München 1995. Vielfach zitierter Ausspruch von Werner von Siemens.

3
Zit. von Hans Domizlaff aus der Erinnerung in einer Notiz an die Entwicklungsgruppe Dentalgeräte, Adressat unbekannt. Siemens Medizintechnisches Archiv, Erlangen, Entwicklung Dental, o. D. (ca. 1951).

## Der unsichtbare Verwandler der Welt

Elektrizität und Kulturentwicklung

1
Thomas P. Hughes, *American Genesis. A Century of Invention and Technological Enthusiasm*, 1870 – 1970, New York 1989, S. 113ff.

2
Vgl. Lewis Mumford, *Technics and Civilisation*, New York 1934, 215ff.; vgl. auch Hughes (wie Anm. 1), S. 7ff.

3
Vgl. Hughes (wie Anm. 1), S. 243ff.

4
Manfred Spitzer, *Selbstbestimmen. Gehirnforschung und die Frage: Was sollen wir tun?*, München 2004, S. XIV.

5
Vgl. Hughes (wie Anm. 1), S. 4ff.

6
Zit. von William A. Keilly in einem Redekonzept 1914, anlässlich der Veröffentlichung von Insulls Schriften.

7
Gert Selle, *Siebensachen. Ein Buch über die Dinge*, Frankfurt am Main/ New York 1997, S. 268ff.

8
Paul Virilio, *Der negative Horizont. Bewegung, Geschwindigkeit, Beschleunigung*, München 1984, S. 223ff.

9
Niklas Luhmann, *Beobachtungen der Moderne*, Opladen 1992, S. 166.

## Elektrizität und ihre Gegenstände

Elektrotechnik, ihre Gestaltung und Entwicklung

1
Carl Steinmetz in einem Brief um 1912 an den Flugpionier Gustav Klein und Entwicklungsleiter für Zündsysteme bei der Robert Bosch GmbH.

2
Vgl. Leo Graetz, *Die Elektrizität und ihre Anwendungen*, München 1922, S. XV.

3
In: *Der Siemens Galvanometer* (Werksbroschüre), Berlin 1880, S. 4.

4
Carl Frischen, *Die Anwendung der Elektrizität* (Vortragsmanuskript, hektografiert), Berlin 1877, S. 32.

5
Notiz über ein Gespräch mit H. Steinecke über die Gestaltungsfragen von Schweißautomaten in: Siemens-Archiv, SAA 64/Lm 846.

## Industrielle Formgebung zwischen Technik und Dekor

Siemens im 19. Jahrhundert

1
Hugo Ball, *Flucht aus der Zeit*, Luzern 1946; zit. nach Hermann Sturm, *Der verzeichnete Prometheus. Kunst, Design, Technik. Zeichen verändern die Wirklichkeit*, Berlin 1988, S. 15.

2
Vgl. Friedrich Nietzsche, *Nachlass*, München 1969, S. 541ff., 627; zit. nach Christoph Asendorf, in: *Ströme und Strahlen. Das langsame Verschwinden der Materie um 1900*, Gießen 1989,S. 47f.

3
Vgl. Friedrich Naumann, *Ausstellungsbriefe*, Berlin 1909, S. 154f.; zit. nach Robert Weyrauch, *Die Technik*, Stuttgart/Berlin 1922, S. 180f.

4
Karl Lamprecht, Entwurf zu *Die Technik und Kultur der Gegenwart*, Berlin 1913, S. 326 (Buchmanuskript, in Teilen hektografiert).

5
Robert Deitinger, in dem Aufsatz *Erfahrungen neuer Technik* (Eigendruck), Baden 1912, S. 13.

6
Vgl. auch Georg Siemens, *Der Weg der Elektrotechnik. Die Geschichte des Hauses Siemens*, Freiburg/München 1961, Bd. 1, S. 21.

7
Vgl. Karl Löwith, *Paul Valéry. Grundzüge seines philosophischen Denkens*, Göttingen 1971, S. 137ff.; außerdem Paul Valéry, in: *Cahiers 1894 – 1945*, Paris 1957 – 1961, Bd. 29, S. 118.

8
Georg Simmel, „Dankbarkeit“, in: *Der Morgen*, Nr. 19, 1. Jg. (1907), S. 593ff.

9
Vgl. „Anlasser für Drehstrommotoren“, in: *Siemens und Schuckert Nachrichten* (Werkzeitung), 1903, S. 50ff.

**Paradigmenwechsel der Moderne**
Abstimmung von Ästhetik, Funktionalität und Technik

1
Der über Jahrzehnte hinweg stärkste Konkurrent von Siemens, die Allgemeine Elektricitäts-Gesellschaft (AEG), war 1887 aus der Deutschen Edison-Gesellschaft für angewandte Elektricität (DEG) hervorgegangen. Sie existiert seit 1996 nicht mehr als eigenständiges Unternehmen, nur der Markenname wurde später von verschiedenen Lizenznehmern weiter benutzt.
2
Vgl. Robert Weyrauch, *Die Technik, ihr Wesen und ihre Beziehungen zu anderen Lebensgebieten*, Stuttgart/Berlin 1922, S. 62ff.
3
Vgl. Fritz Kesselring, „Die starke Konstruktion", in: *Zeitschrift des Vereins Deutscher Ingenieure*, Berlin, Ausg. 21/22, 1942.
4
Vgl. Wilhelm Pruss, „Industrielle Formgebung in der Elektroindustrie", Vortrag auf der VDEW-Tagung in Baden Baden, 1953, S. 3.
5
Zit. von Weyrauch (wie Anm. 2), S. 173, außerdem von W. Oechelhäuser, in: *Technische Arbeit, einst und jetzt*, München 1920, S. 7.
6
Vgl. Weyrauch (wie Anm. 2), S. 172.
7
Walter Gropius, in: *Die Form*, September 1926, S. 118ff.

**„Die Vorbereitung"**
Siemens-Design von 1900 bis 1914

1
Dies traf im Wesentlichen auf die gesamte Elektroindustrie in Europa zu, die vor 1914 noch immer schwerpunktmäßig die Industrie belieferte und vorrangig deren Elektrifizierung vorantrieb. Vgl. auch Thomas P. Hughes, *American Genesis. A Century of Invention and Technological Enthusiasm*, 1870 – 1970, New York 1989, S. 249ff.
2
Vgl. hierzu W. Mayer, *Elektrotechnik heute*, Breslau 1943. Diese Darstellung ist natürlich grob vereinfacht, galt aber bis in die sechziger Jahre des letzten Jahrhunderts als beliebtes brancheninternes Aperçu.
3
Carl Köttgen, zit. von R. Kühnel nach einem Treffen mit der Leitung der Bauabteilung am 1.6.1926, betreffend „die Förderung einer angemessenen Formung der Siemens-Produkte für den privaten Bedarf". Vgl. u. a. Siemens-Archiv, SAA 11-57. Lm 373, 1956 – 1961.
4
Vgl. hierzu Georg Siemens, *Der Weg der Elektrotechnik. Die Geschichte des Hauses Siemens*, Freiburg/München 1961, Bd. 2: *Das Zeitalter der Weltkriege*, S. 94f.
5
„Literarisches Büro": zentrale Betriebsstelle zur Generierung von Sachveröffentlichungen und Werbetexten.

„DER ANFANG“
SIEMENS-DESIGN VON 1920 BIS 1945

1
Vgl. Wilfried Feldenkirchen, *Siemens 1918 – 1945*, München 1995, S. 132ff. und 171ff.
2
Vgl. ebd.
3
Vgl. Georg Siemens, *Der Weg der Elektrotechnik. Die Geschichte des Hauses Siemens*, Freiburg/München 1961, Bd. 2: *Das Zeitalter der Weltkriege*, S. 116ff.
4
Vgl. Feldenkirchen (wie Anm. 1), S. 240ff.
5
Hermann Reyss 1929 in einem Brief an den deutschen Westinghouse-Mitarbeiter L. Meyer, in: L. Meyer, *Amerika - hin und zurück* (unveröffentlicht, Leipzig, um 1931).
6
Vgl. Siemens-Archiv, 16. SAA 35. Lt 255.
7
Vgl. hierzu Feldenkirchen (wie Anm. 1), S. 307.
8
Z-Rundschreiben 168, Siemensarchivalien, SAA 68. Li 70.
9
Hans Hertlein im Rahmen eines informellen Memorandums über Baumaßnahmen an Max Anderlohr, Geschäftsführer der Siemens-Reiniger-Werke, archiviert im Siemens Archiv in Erlangen unter Bauvorhaben etc. 1920 – 1930 abgelegt.
10
Vgl. R. Kühnel, in: *Elektrotechnik und der Export Markt* (Vortragsfragment, ca. 1938/1940, „betr. die Förderung einer angemessenen Formung der Fabrikate für den privaten Bedarf“), Siemens-Archiv, enthalten in 16. SAA 35. Lt 255.
11
Gesprächsprotokoll zur Neuentwicklung von Siemens-Reiniger-Dentalgeräten 1926/27, SAA, nicht verzeichnete Bestände im Zwischenarchiv.
12
Vgl. auch Georg Siemens (wie Anm. 3), Bd. 2, S. 117.
13
Vgl. S. Reichlinger, *Mein Weg in der Elektrotechnik*, Berlin (Selbstverlag) 1930. Referat vom 23.7.1929.
14
Vgl. auch Emil Staudacher, *Die Hauptwerbeabteilung der Siemens & Halske und Siemens Schuckertwerke* (interne Veröffentlichung der Siemens AG), München 1966, S. 140ff. Die Äußerungen Staudachers hierzu erscheinen jedoch eher vage und sind deshalb mit Vorsicht zu bewerten. Die Quellen für die Arbeit der Formgebungsgruppe sind hierzu eher unvollständig und auch widersprüchlich. Dies gilt auch für die Angaben über die Personalien der einzelnen Mitglieder der Gruppe, die Aufgabenverteilung sowie die werksinterne „Kundenliste“. Offensichtlich sind bei einem Bombenangriff 1945 viele Dokumente und Archivalien die Bauabteilung bzw. Formgebungsgruppe betreffend in Berlin verloren gegangen. Viele Feststellungen in diesem Zusammenhängen basieren deshalb auf mündlichen Aussagen von Angehörigen oder späteren Arbeitskollegen.
15
Vgl. wiederum Staudacher (wie Anm. 14), S. 140 ff.
16
Vgl. auch SAA 68. Li 70.
17
Vgl. Wilhelm Pruss, Entwurf für einen internen Bilanzbericht der Hauptwerbeabteilung 1940, S. 3, SAA, Nr. 16/OHG.9998000000, Benutzerdatei, Stichwort Design.
18
Pruss hatte dies Anfang der fünfziger Jahre seinem Mitarbeiter Alexander von Sydow gegenüber so geäußert, wie es dessen Witwe dem Autor in einem Interview berichtete.
19
Wilhelm Pruss, „Kunst und Technik“ (Vortragsmanuskript, um 1940), S. 26f., SAA, Nr. 16/OHG.9998000000 (elektronische Benutzerdatei).
20
Ebd.
21
Ebd.
22
Vgl. hierzu auch das Kapitel „Kontakt mit dem Leben“, S. 254ff.
23
Vgl. Feldenkirchen (wie Anm. 1).
24
SAA 33. Ld 603.
25
Vgl. Gert Selle, *Geschichte des Design in Deutschland*, Frankfurt am Main/New York 1994, S. 127 ff.
26
Vgl. Berthold Hinz (Hrsg.), *Die Dekoration der Gewalt. Kunst und Medien im Faschismus*, Gießen 1979.
27
Heiner Boehnke bringt den Fokus des NS-Designs auf folgende griffige Formel: „Das ‚stärkste‘ Design im Nationalsozialismus also ist das ‚Event-Design‘, weil in ihm die ‚Corporate Identity‘ des Regimes, seine Ideologie, die Formen seiner Machtausübung, seine Ziele und Strategien am klarsten und wirkungsmächtigsten hervortreten.“ Vgl. ders. „Von ‚stillen‘ und ‚lauten‘ Formen. Design im Nationalsozialismus“, in: *Hitlers Künstler. Die Kultur im Dienst des Nationalsozialismus*, hrsg. von Hans Sarkowicz, Frankfurt am Main/Leipzig 2004, S. 278ff.

DIE VERZERRTE SIEMENS-MODERNE
DESIGN IM SPIEGEL VON WERBE- UND PROPAGANDASTRATEGIEN DER NS-ZEIT

1
Andreas Fleischer, „Politpropaganda zwischen Bauhaus und Wirtschaftswunder. Ein Beitrag zum Verständnis ausgewählter Plakate und Kampagnen der Jahre 1935 – 1955“, in: Westfälisches Landesmuseum für Kunst und Kulturgeschichte Münster, *Die nützliche Moderne. Graphik & Produktdesign in Deutschland 1935 – 1955*, Ausst.-Kat. (19. März bis 4. Juni) 2000, S. 72 – 92, hier S. 81.
2
Nachdem erstmals Berthold Hinz („Disparität und Diffusion – Kriterien einer ‚Ästhetik‘ des NS“, in: ders., *NS-Kunst: 50 Jahre danach*, Marburg 1989, S. 115 – 124) von einer „Disparität“ der NS-Kultur gesprochen hatte, analysierte Hans-Ernst Mittig („Kunsthandwerkdesign für kleine Leute: Abzeichen des Winterhilfswerks 1933 – 1944“, in: Sabine Weißler [Hrsg.], *Design in Deutschland 1933 – 45. Ästhetik und Organisation des Deutschen Werkbundes im ‚Dritten Reich‘*, Gießen 1990, S. 89 – 123, hier S. 111) die Aktivitäten der einschlägigen Organisationen als ein „Verfahren der Markentechnik, die die Möglichkeiten eines – noch nicht so benannten – Medienverbundes, die Erkenntnis der Zielgruppenlehre und die Vielfalt auch der individuellen Bedürfnisse nutzte“, um ihre ideologischen Zielvorgaben hart durchzusetzen. Vgl. dazu auch Franz Dröge/Michael Müller, *Die Macht der Schönheit. Avantgarde und Faschismus oder die Geburt der Massenkultur*, Hamburg 1995, S. 327ff.; Hans-Dieter Schäfer, *Das gespaltene Bewußtsein. Über deutsche Kultur und Lebenswirklichkeit 1933 – 1945*, Frankfurt am Main/Berlin/Wien 1981. Zur modernen Produktionsästhetik im NS-Design vgl. John Heskett, „‚Modernismus‘ und ‚Archaismus‘ im Design während des Nationalsozialismus“, in: Berthold Hinz (Hrsg.), *Die Dekoration der Gewalt. Gewalt und Medien im Faschismus*, Gießen 1979, S. 53 – 60; Chup Friemert, „Produktionsästhetik im Faschismus. Vorbilder und Funktionsbestimmungen“, in: Berthold Hinz (Hrsg.), *Die Dekoration der Gewalt. Gewalt und Medien im Faschismus*, Gießen 1979, S. 17 – 30; sowie ders., *Produktionsästhetik im Faschismus. Das Amt ‚Schönheit der Arbeit‘ von 1933 bis 1939*, München 1980. Zur ästhetisch-technokratischen Legitimation technizistischer Positionen in der NS-Führungselite vgl. Jeffrey Herf, „Der nationalsozialistische Technikdiskurs: Die deutschen Eigenheiten des reaktionären Modernismus“, in: Wolfgang Emmerich/Carl Wege (Hrsg.), *Der Technikdiskurs in der Hitler-Stalin-Ära*, Stuttgart/Weimar 1995, S. 72 – 93, und Anson Rabinbach, „Nationalsozialismus und Moderne. Zur Technikinterpretation im Dritten Reich“, in: Wolfgang Emmerich/Carl Wege (Hrsg.), *Der Technikdiskurs in der Hitler-Stalin-Ära*, Stuttgart/Weimar 1995, S. 94 – 113.
3
Joachim Krausse, „Volksempfänger. Zur Kulturgeschichte der Monopolware“, in: Staatliche Kunsthalle Berlin (Hrsg.), *Kunst und Medien*, Berlin 1984, S. 81 – 112.
4
Vgl. auch S. 92 in diesem Artikel und Abb. S. 3.
5
Siemens-Werbeblätter XII 1935, „Olympische Spiele im Schmalfilm. Siemens Kino-Kamera“, Siemens-Archiv, München, Inv. Nr. SAA41.
6
Wilfried Feldenkirchen, *Siemens 1918 – 1945*, München 1995, S. 185 und 186.
7
Wolfgang Schivelbusch, *Licht, Schein und Wahn*, Berlin 1992, S. 81ff.
8
Siemens-Werbeblätter 1940, „Siemens Luftschutz Beleuchtung. Praktische Durchführung der Verdunkelungsmaßnahmen mit den wichtigsten behördlichen Bestimmungen. Nach dem Stand vom 1. September 1940. Mit Änderungen vom November 1940“, SSA, Inv. Nr. 46729/7.
9
*Der Anschluß. Hausmitteilung der Siemens-Schuckertwerke AG für Elektrofachgeschäfte*, Berlin, Jg. 1930 – 1944. Hier Heft 7 (1936), S. 242.
10 Ebd., Heft 1 (1941), S. 11f.
11
Aufschlussreich wäre sicherlich eine Offenlegung dieses propagandistischen Werbeprozesses auch bei anderen strategisch wichtigen Firmen während der NS-Zeit. So ließe sich auch historisch vergleichend der ideologisch gesättigte und „zackige“ Jargon analysieren.
12
Vgl. Amt Schönheit der Arbeit (Hrsg.), *Taschenbuch Schönheit der Arbeit*, Berlin 1938.

13 Vgl. Avraham Barkai, *Das Wirtschaftssystem des Nationalsozialismus*, Frankfurt am Main 1988.

14 Amt Schönheit der Arbeit (wie Anm. 12), S. 17 und 123.

15 Herbert Steinwarz, *Wesen, Aufgaben, Ziele des Amtes Schönheit der Arbeit*, hrsg. vom Amt Schönheit der Arbeit, Berlin o. J. (1938), S. 5.

16 Vgl. Anson Rabinbach, „Die Ästhetik der Produktion im Dritten Reich“, in: Ralf Schnell (Hrsg.), *Literaturwissenschaft und Sozialwissenschaften*, Bd. 10: *Kunst und Kultur im deutschen Faschismus*, Stuttgart 1978, S. 57 – 85, hier S. 60.

17 Herbert Steinwarz, „Schönheit der Arbeit“ im Kriege und Frieden, hrsg. vom Amt Schönheit der Arbeit, Berlin 1941, S. 4.

18 Ebd., S. 7.

19 Vgl. Amt für Schönheit der Arbeit (wie Anm. 12), S. 19.

20 Vgl. Günther von Pechmann (Hrsg.), *Künstler in der Industrie – Vorbildliche Gestaltung industrieller Erzeugnisse*, Mannheim 1941/42.

21 Walter Dexel, *Deutsches Handwerksgut. Eine Kultur- und Formgeschichte des Hausgeräts*, Berlin 1939.

22 Friemert 1980 (wie Anm. 2), S. 290.

23 Rabinbach (wie Anm. 16), S. 80.

24 Emil Staudacher, *Die Hauptwerbeabteilung der Siemens & Halske AG und der Siemens-Schuckertwerke AG von den Anfängen bis 1966*, Berlin 1966.

25 Dankwart Rost (Hrsg.), *So wirbt Siemens*, Düsseldorf/Wien 1971.

26 Vgl. Tilmann Buddensieg/Henning Rogge, *Industriekultur: Peter Behrens und die AEG 1907 – 1914*, Berlin 1979.

27 Staudacher (wie Anm. 24), S. 37.

28 Vgl. Rainer Gries/Volker Ilgen/Dirk Schindelbeck, *„Ins Gehirn der Masse kriechen!“. Werbung und Mentalitätsgeschichte*, Darmstadt 1995, S. 48.

29 Siemens-Aktennotiz 1934, SSA VI 59.

30 Zit. nach Staudacher (wie Anm. 24), Anhang.

31 Ebd., S. 83.

32 Hans Domizlaff, *Propagandamittel der Staatsidee*, Altona 1932, S. 25.

33 Vgl. ebd., S. 85, und Gries/Ilgen/Schindelbeck (wie Anm. 28), S. 61ff.

34 Domizlaff (wie Anm. 32), S. 16.

35 Vgl. Gerhard Voigt, „Goebbels als Markentechniker“, in: Wolfgang Fritz Haug (Hrsg.), *Warenästhetik. Beiträge zur Diskussion, Weiterentwicklung und Vermittlung ihrer Kritik*, Frankfurt am Main 1975, S. 231 – 260.

36 Britta Lammers, „Werbung im Nationalsozialismus. Die Kataloge der ‚Großen Deutschen Kunstausstellung‘ 1937 – 1944“, in: *Schriften der Guernica-Gesellschaft*, Bd. 7: *Kunst, Kultur und Politik im 20. Jahrhundert*, hrsg. von Jutta Held, Weimar 1999.

37 Ebd., S. 22.

38 Vgl. Ausst.-Kat. *Die nützliche Moderne* (wie Anm. 1).

39 *Der Anschluß* (wie Anm. 9), Heft 10 (1937), S. 220.

40 Vgl. die zum Zeitpunkt der Recherche verfügbaren Jahrgänge der Siemens-AK-Werbung: Jg. 1935/36, 1936/37, 1937/38, 1938/39, Siemens-Archiv, München.

41 Ebd., Jg. 1938/39, S. 2.

42 Ebd., Jg. 1935/36, S. 1.

43 *Der Anschluß* (wie Anm. 9), Heft 1 (1936), S. 7.

44 Ebd., Heft 2 (1939), S. 33.

45 Ebd., S. 34.

46 Ebd., S. 35.

47 Ebd., S. 40.

48 *Der Anschluß* (wie Anm. 9), Heft 4 (1939), S. 73.

49 Ebd., Heft 1 (1940), S. 1.

50 Ebd., S. 2.

51 Ebd.

52 *Der Anschluß* (wie Anm. 9), Heft 1 (1941), S. 2.

53 Ebd., S. 11 und 12.

54 Ebd., Heft 6 (1941), o. S.

55 Ebd., Heft 4 (1942), o. S.

56 Ebd., Heft 1 (1944), S. 2.

57 Zit. nach Uwe Westphal, *Werbung im Dritten Reich*, Berlin 1989, S. 139.

58 Ebd., S. 42.

59 Vgl. ebd., S. 175f.

60 *Der Anschluß* (wie Anm. 9), Heft 6 (1936), S. 209.

61 Ebd.

62 Ebd., S. 210.

63 Ebd., S. 213.

64 Ebd., S. 217.

65 Ebd., S. 218.

66 Ebd., Heft 3 (1937), S. 60f.

67 Ebd., Heft 4 (1937), S. 79.

68 Siemens-AK-Werbung (wie Anm. 40), Jg. 1935/36, Akt. WA/33.

69 Ebd., Akt. WA/36.

70 *Der Anschluß* (wie Anm. 9), Heft 7 (1936), S. 241.

71 Ebd.

72 Ebd., S. 242.

73 Siemens-Broschüren „Beleuchtungstechnik für die Industrie“, SGO-Nr. 4672/28, und „Leuchten für Handwerk und Gewerbe“, SGO-Nr. 4627/27, beide Siemens-Archiv, München.

74 *Der Anschluß* (wie Anm. 9), Heft 7 (1936), S. 260.

75 Ebd., S. 261.

76 Ebd., Heft 2 (1937), S. 42.

77 Ebd., Heft 10 (1938).

78 Ebd., Heft 11 (1937), S. 274. Zur Kooperation der Industrie und Deutschen Lichttechnischen Gesellschaft mit dem Amt vgl. Friemert 1980 (wie Anm. 2), S. 146ff.

79 Steinwarz, in: *Der Anschluß* (wie Anm. 9), Heft 11 (1937), S. 276.

80 Ebd., Heft 8 (1939), S. 160ff.

81 Ebd., Heft 6 (1941), S. 93.

1 Herman Glaser, *Deutsche Kultur 1945 – 2000*, Darmstadt 1997.

2 Gert Selle/Jutta Boehe, *Leben mit den schönen Dingen. Anpassung und Eigensinn im Alltag des Wohnens*, Reinbek 1986.

3 Vgl. Broschüre „Begegnungen mit Design. Ausgezeichnete Hausgeräte von Siemens“, München 2001.

**Aus Formgebung wird Design**
Die Ära Edwin Schricker
1960 bis 1986

1
Edwin A. Schricker, „Aufgaben und Ziele des Siemens Design“, 1971, Vortrag auf der Bereichsleiter-Tagung in Bad Tölz.
2
Julius Lengert, „Wechselbeziehungen Mensch-Produkt“, in: *VDI-Nachrichten*, 1981, S. 138.
3
Richard Rau, Rede zum 10-jährigen Bestehen des DES-Club in der Siemens-Stiftung, München, 5. Mai 1981.
4
Edwin Schricker, in: *Design ist unsichtbar*, hrsg. vom Rat für Formgebung Wien 1981.

**Generationswechsel im Design**
Die Ära Herbert Schultes
1986 bis 2000

1
Edwin Schricker, Rede zur Amtseinführung von Herbert Schultes, Juli 1984.
2
Herbert Schultes, Rede auf dem Worldesign-Congress in Washington, D. C., 1985.
3
Herbert Schultes, Präsentation des Siemens-Design auf der Siemens-Tagung 1990.
4
Design Zentrum München (Hrsg.), „Gestalt: Visions of German Design“, in: *Szenenwechsel, German Design goes Rocky Mountain high*, Frankfurt am Main 1997.
5
Ebd.

**Sichtbar-„unsichtbares“ Design**
Die Gestaltung
von Investitionsgütern

1
Georg Siemens in einem Interview mit dem SWF, Juli 1952.
2
Dies vor allem vermittels publizistischer Wirkungsträger, wie der Gründung eines (fach-)„literarischen Büros“ im letzten Jahrzehnt des 19. Jahrhunderts.
3
1895 von der Baltimore & Ohio-Linie in Dienst gestellte Nahverkehrslokomotive. Vgl. hierzu auch Bäzold/Rampp/Tietze, *Elektrische Lokomotiven deutscher Eisenbahnen*, Düsseldorf 1993, S. 10ff.
4
Ebd., S. 10ff.
5
Vgl. hierzu Z-Rundschreiben Nr. 74, SAA 68. Li 70.
6
Vgl. Penny Sparke, *Design Source Book. A Visual Reference to Design from 1850 to the Present*, London/Secaucus, New Jersey, 1986, S. 99ff.
7
Vgl. Wilhelm Pruss, Entwurf für einen internen Bilanzbericht der Hauptwerbeabteilung 1940, S. 34ff., enthalten in: SAA, Nr. 16/OHG.9998000000, Siemens Benutzerdatei, Stichwort Design.
8
Vgl. Wilhelm Pruss, TBA-Vortrag, S. 25ff., SAA 68. Li 70.
9
Vgl. auch das Kapitel „Bakelit und die Folgen“.
10
Vgl. Fritz Kesselring in: *Zeitschrift des Vereins Deutscher Ingenieure*, Berlin, Ausg. 21/22, 30. Mai 1942.
11
Vgl. Herman Glaser, *Deutsche Kultur 1945 – 2000*, Darmstadt 1997, S. 284ff.
12
Vgl. Herbert Schultes, *Donation Siemens*, München 1987, S. 31ff.
13
In einem Interview mit dem Autor im Juli 2003.

**Vom Schalter zum Computer**
Elektr(on)ische Schnittstellen
und ihre Gestaltung

1
Vgl. Wolfgang König (Hrsg.), *Propyläen Technikgeschichte*, Berlin 1997, Bd. 1, S. 313.
2
Schon vor der Jahrhundertwende – lange vor Aufstellung erster DIN-Regeln für die Gestaltung von manuellen Bedienungselementen nach dem Ersten Weltkrieg oder dem Import ergonomischer Fachbücher nach dem Zweiten Weltkrieg – hatte man bei Siemens damit begonnen, werksinterne Regelwerke für die Standardisierung von „Benutzeroberflächen“zu entwickeln, z. B. 1889 für die Anordnung von Gleichstromschaltwarten und 1899 für Sicherungskästen. Diese „Normalien“ wurden nach 1900 zu großen Teilen in die unternehmensübergreifenden VDE- und seit den zwanziger Jahren in die jeweils zugeordneten DIN-Normen aufgenommen bzw. deren Vorbild.
3
Zit. aus einer Pressemitteilung betreffend Carver Meade auf der nicht mehr bestehenden Internetseite www.async.caltech.education/history im April 2004.

„**Kontakt mit dem Leben**“
Formgebung und Design
der Siemens-Medizintechnik

1
In: *Süddeutsche Zeitung*, 25.6.1969, „Rubrik Zeitgemäße Form: Gestaltung elektromedizinischer Geräte“.
2
Seit der Frühzeit der Elektrizitätsforschung verwendeten Mediziner Gleichstromreize, z. B. um zu erkennen, ob ein gelähmter Körperteil noch „Nervenstrom“ besaß.
3
Dies waren Verfahren, bei denen mittelbar oder unmittelbar statische Elektrizität, Gleichstrom oder elektromagnetische Felder eingesetzt wurden. Vgl. hierzu Hildegard Bräuer, *Die Entwicklung der deutschen elektromedizinischen Industrie*, Erlangen 1949, S. 12.
4
Hierbei sei nur auf die Auswirkung der Röntgentechnologie für die Werkstoffentwicklung und Prüfung hingewiesen. So führten alle ursprünglichen einmal in ausschließlich medizinischem Zusammenhang entwickelten weiteren diagnostischen Techniken auch zu technischen Nutzungen – und umgekehrt.
5
Vgl. hierzu auch Wilfried Feldenkirchen, *Siemens 1918 – 1945*, München 1995.
6
Vgl. *100 Jahre Innovationen von Siemens*, Erlangen 1995, Rückseite (Hauspublikation).
7
Domizlaff hatte während seiner Tätigkeit als Leiter der Hauptwerbeabteilung bis 1938 mehrere Memoranden zur Frage der Farb- und Formgebung von Medizingeräten verfasst. Besonders interessant sind seine Ausführungen, für ein Projekt von 1946. Vgl. ders., *Die psychologischen Grundlagen eines zahnärztlichen Universalgeräts der Siemens Reiniger-Werke AG*, Erlangen 1946 (Hauspublikation).
8
1932 mit dem Siemens-Medizinbereich zur Siemen-Reiniger-Werke AG Berlin verschmolzen.
9
Vgl. die Musterbücher der Fa. Reiniger aus den Jahren 1920ff. und die betreffenden F&E-Memoranden und -Protokolle derselben Zeit.
10
Abbildungen der ersten Entwurfszeichnungen hierfür datieren sogar aus dem Zeitraum zwischen 1906 und 1912.
11
Vgl. im Siemens-Archiv Erlangen diverse Reiseberichte von Reiniger, Gebbert & Schall aus den Jahren 1900 bis 1924.
12
Vgl. Heinz Goerke, *Medizin und Technik. 3000 Jahre ärztliche Hilfsmittel für Diagnostik und Therapie*, München 1988, besonders das Kapitel „Röntgendiagnostik/Opfer für den Fortschritt“.
13
K. G. Meier, *Technik ohne Ziel?* (Entwurf für eine unveröffentlichte Denkschrift), Oppeln 1926, S. 13.
14
1937 brach der Siemens-Reiniger-Direktor Dr. E. Sehmer die Zusammenarbeit ab. Vgl. Siemens-Archiv Erlangen, 51450.
15
Hier sei auf die Herren Seiffert und Baumeister hingewiesen, die nach den Protokollen und Briefwechseln der Jahre 1936 bis 1938 besondere Leistungen erbracht haben müssen, die selbst von den Direktoren Siemert und Anderlohr gewürdigt wurden.
16
Es ist jedoch wahrscheinlich, dass der Modelleur Konrad März an allen drei Projekten mitgearbeitet hat. Auf einer nicht datierbaren Abbildung seines Ateliers lässt sich die Gipsform einer „Röntgenkugel“ erkennen.
17
Peter Schoeller (1938 – 1988).
18
In: *Süddeutsche Zeitung* (wie Anm. 1), „Peter Schoeller: Gestaltung elektromedizinischer Geräte“.

„**Wasser, Wärme, Luft und Licht**“
Ein Jahrhundert
Siemens-Hausgeräte
1900 bis 2000

1
Günther Uhlig, „Die Modernisierung von Raum und Gerät“, in: Michael Andritzky (Hrsg.), *Oikos. Von der Feuerstelle zur Mikrowelle. Haushalt und Wohnen im Wandel*, Stuttgart 1992, S. 93ff. – Zu Margarete Schütte-Lihotzky vgl. Ausst.-Kat. *Margarete Schütte-Lihotzky. Soziale Architektur. Zeitzeugin eines Jahrhunderts*, hrsg. von Peter Noever, MAK – Österreichisches Museum für angewandte Kunst, Wien 1993.
2
Maribel Königer, *Küchengerät des 20. Jahrhunderts. Kochen mit Stil & Styling*, München 1994, S. 7ff.
3
Vgl. auch Joachim Krause, „Die Frankfurter Küche“, in: *Oikos* (wie Anm. 1).
4
Vgl. *Der Anschluß. Hausmitteilung der Siemens-Schuckertwerke AG für Elektrofachgeschäfte*, Berlin, Jg. 1930 – 1944, dort Jg. 4/1942.
5
Vgl. Sibylle Meyer/Eva Schulze, „Moderne Technik im Haushalt“, in: *Oikos* (wie Anm. 1), S. 121.
6
Königer (wie Anm. 2), S. 30ff.
7
S. Reichlinger, *Der Weg der Elektrotechnik*, Berlin 1929 (Referat im Selbstdruck).
8
Gesprächsnotiz, entnommen einem Protokoll zur Neuentwicklung von Siemens-Reiniger-Dentalgeräten in den Jahren 1925/26, die nicht in der Siemens-Archivnomenklatur vermerkt ist.
9
Aktennotiz vom 1.1.1931, SAA 69. Lm 646.
10
Friedrich Bieling/Paul Scholl, *Elektrogeräte für den Haushalt*, Berlin/München 1966, S. 7.
11
Wilhelm Pruss verweist in vielen seiner innerbetrieblichen Vorträge, die die Notwendigkeit von Formgebung unterstreichen sollten, auf amerikanische Vorbilder hin – interessanterweise wählt er dabei vor allem Beispiele von Gehäusegestaltung im Anlagenbau! Referatentwürfe von Pruss, SAA 64. Lm 846.
12
Wilhelm Pruss, handschriftliche Notiz zu einem undatierten Referat, wahrscheinlich 1944. Vgl. SAA (wie Anm. 11).
13
Vgl. SAA 15. Lm 127.

**Das Tor zur Virtuellen Welt**
Der Bereich Telekommunikation
seit den Anfängen

1
Vgl. Christoph Asendorf, *Ströme und Strahlen. Das langsame Verschwinden der Materie um 1900*, Gießen 1989 (Werkbund-Archiv, Bd. 18), S. 66f.
2
Nach 1968 waren Produktion, Vertrieb und Gestaltung von Siemens-Rundfunk- und Fernsehgeräten bei der Bosch-Siemens Hausgeräte GmbH angesiedelt.
3
Vgl. Hermann Heiden, *Rund um den Fernsprecher*, Berlin 1963, S. 25ff.
4
Festschrift oder Vortrag von E. Traubmann, *Industrie und Kunstgewerbe* (hektografiert), Bad Schandau 1899, S. 12f.
5
Vgl. T. Grabov, *Kunsthandwerk und Industrie*, Berlin, 1901, Festschrift (Entwurf, nicht publiziert).
6
Vgl. Emilio Filippo Tommaso Marinetti, „Manifeste du Futurisme“, in: *Le Figaro*, Paris (20. 2.) 1909.
7
Wegen ihrer Gliederung in drei gleiche Gehäuseelemente und des großen Lautsprecherhorns auf der Oberseite hatte die Anlage sehr schnell den Spitznahmen „Siemens-Zug“ (Schnellzug) bekommen.
8
Die Gestaltung erfolgte wahrscheinlich durch die Formgebungs-Mitarbeiter für die Siemens-Medizingeräte.
9
Die Zahlen stehen für das Jahr der Zertifizierung bzw. der Betriebseinführung.
10
Verschiedene deutsche Design-Versandhäuser bieten modifizierte Nachbauten des „W36“ bzw. des gespritzten „W48“ an.
11
Vgl. Georg Siemens, *Der Weg der Elektrotechnik. Die Geschichte des Hauses Siemens*, Freiburg/München 1961, Bd. 1, S. 87.
12
Christel Jörges, in: Christel Jörges/Helmut Gold, *Telefone 1863 bis heute. Aus den Sammlungen der Museen für Kommunikation*, Heidelberg 2001, S. 123ff.
13
Pruss trat 1929 in das Unternehmen ein, als sich das „Modell 29“ schon in der praktischen Erprobung befand.
14
Basierend auf Aussagen Alexander von Sydows bzw. seiner Witwe.
15
Vgl. Christel Jörges (wie Anm. 12),S.291.
16
Vgl. Allen Booz & Hamilton (Hrsg.), *Zukunft Multimedia. Grundlagen, Märkte und Perspektiven in Deutschland*, Frankfurt am Main 1995, S. 146.
17
Ebd., S. 71, 81ff.

**Siemens–**
**"Everything Electric"**
The Company and the Growth of Electrical Engineering

1
Quoted in a letter from Max Anderlohr, undated, ca. 1926. Siemens Medizintechnisches Archiv Erlangen, memoranda regarding electrocardiograph development.

2
Cf. the summary discussion in Wilfried Feldenkirchen, Siemens 1918–1945 (Munich, 1997), pp. 389ff.

3
Quoted from Hans Domizlaff from memory in a note to the Dental Equipment Development Group, addressee unknown. Siemens Medizintechnisches Archiv, Erlangen, Entwicklung Dental, undated (ca. 1951).

**The Invisible Transformer of the World**
Electricity and Cultural Development

1
Thomas P. Hughes, *American Genesis: A Century of Invention and Technological Enthusiasm, 1870–1970* (New York, 1989), pp. 113ff.
2
Cf. Lewis Mumford, *Technics and Civilization* (New York, 1934), pp. 215ff.; see also Hughes 1989 (see note 1), pp. 7ff.
3
Cf. Hughes 1989 (see note 1), pp. 243ff.
4
Manfred Spitzer, *Selbstbestimmen. Gehirnforschung und die Frage: Was sollen wir tun?* (Munich, 2004), p. XIV.
5
Cf. Hughes 1989 (see note 1), pp. 4ff.
6
Quoted from lecture notes prepared by William A. Keilly in 1914 on the occasion of the publication of Insull's writings.
7
Gert Selle, *Siebensachen. Ein Buch über die Dinge* (Frankfurt am Main and New York, 1997), pp. 268ff.
8
Paul Virilio, *Der negative Horizont. Bewegung, Geschwindigkeit, Beschleunigung* (Munich, 1984), pp. 223ff.
9
Niklas Luhmann, Beobachtungen der Moderne (Opladen, 1992), p. 166.

**Electricity and Electrical Objects**
The Design and Development of Electrical Technology

1
Carl Steinmetz in a letter to aviation pioneer Gustav Klein, Director of Development for Ignition Systems at Robert Bosch GmbH, 1912.
2
Cf. Leo Graetz, *Die Elektrizität und ihre Anwendungen* (Munich, 1922), p. XV.
3
In *Der Siemens Galvanometer* (plant brochure) (Berlin, 1880), p. 4.
4
Karl Frischen, "Die Anwendung der Elektrizität" (lecture manuscript, hectograph copy) (Berlin, 1877), p. 32.
5
Notes on a conversation with H. Steinecke on aspects of welding-equipment design in Siemens-Archiv, SAA 64/Lm 846.

**Engineering and Aesthetics in Industrial Design**
Siemens in the Nineteenth Century

1
Hugo Ball, *Flucht aus der Zeit* (Lucerne, 1946); quoted from Hermann Sturm, *Der verzeichnete Prometheus. Kunst, Design, Technik. Zeichen verändern die Wirklichkeit* (Berlin, 1988), p. 15.
2
Cf. Friedrich Nietzsche, *Nachlass* (Munich, 1969), pp. 541ff., 627; quoted from Christoph Asendorf, *Ströme und Strahlen. Das langsame Verschwinden der Materie um 1900* (Giessen, 1989), pp. 47f.
3
Cf. Friedrich Naumann, *Ausstellungsbriefe* (Berlin, 1909), pp. 154f.; quoted from Robert Weyrauch, *Die Technik* (Stuttgart and Berlin, 1922), pp. 180f.
4
Karl Lamprecht, draft version of *Die Technik und Kultur der Gegenwart* (Berlin, 1913), pp. 326 (book manuscript, partially mimeographed).
5
Robert Deitinger, *Erfahrungen neuer Technik* (essay, printed by the author), (Baden, 1912), p. 13.
6
See also Georg Siemens, *Der Weg der Elektrotechnik. Die Geschichte des Hauses Siemens* (Freiburg and Munich, 1961), vol. 1, p. 21.
7
Cf. Karl Löwith, Paul Valéry. *Grundzüge seines philosophischen Denkens* (Göttingen, 1971), pp. 137ff.; also Paul Valéry, *Cahiers 1894–1945* (Paris, 1957–1961), vol. 29, p. 118.
8
Georg Simmel, "Dankbarkeit," *Der Morgen*, no. 19, vol. 1 (1907), pp. 593ff.
9
Cf. "Anlasser für Drehstrommotoren," in *Siemens und Schuckert Nachrichten* (company newspaper), 1903, pp. 50ff.

**The Paradigm Shift of Modernism**
The Harmony of Aesthetics, Function, and Technology

# Notes

1
Siemens's strongest rival for decades, the Allgemeine Elektricitäts-Gesellschaft (AEG), was founded in 1887 as an outgrowth of the Deutsche Edison-Gesellschaft für angewandte Elektricität (DEG). AEG ceased to exist as an independent company in 1996, but the trade name is still used by various different license holders.

2
Cf. Robert Weyrauch, *Die Technik, ihr Wesen und ihre Beziehungen zu anderen Lebensgebieten* (Stuttgart and Berlin, 1922), pp. 62ff.

3
Cf. Fritz Kesselring, "Die starke Konstruktion," *Zeitschrift des Vereins Deutscher Ingenieure*, Berlin, no. 21/22, 1942.

4
Cf. Wilhelm Pruss, "Industrielle Formgebung in der Elektroindustrie," address delivered at the VDEW conference in Baden-Baden, 1953, p. 3.

5
Quoted from Weyrauch 1922 (see note 2), p. 173; also by W. Oechelhäuser, *Technische Arbeit, einst und jetzt* (Munich, 1920), p. 7.

6
Cf. Weyrauch 1922 (see note 2), p. 172.

7
Walter Gropius, *Die Form*, September 1926, pp. 118ff.

**"Laying the Groundwork"**
Siemens Design from 1900 to 1914

1
This was essentially true of the entire electrical industry in Europe, which, until 1914, was primarily concerned with supplying the industrial sector and promoting industrial electrification. See also Thomas P. Hughes, *American Genesis: A Century of Invention and Technological Enthusiasm, 1870–1970* (New York, 1989), pp. 249ff.

2
Cf. W. Mayer, *Elektrotechnik heute* (Breslau, 1943). Although the description is oversimplified, it reflects a perception that was quite popular within the industry until the sixties.

3
Carl Köttgen, quoted by R. Kühnel following a meeting with the Building Department on June 1, 1926 on the "promotion of efforts to develop an appropriate design for Siemens products for private households."
Cf., for example, Siemens-Archiv, SAA 11–57. Lm 373, 1956–1961.

4
Cf. Georg Siemens, "Der Weg der Elektrotechnik. Die Geschichte des Hauses Siemens" (Freiburg and Munich, 1961), vol. 2: *Das Zeitalter der Weltkriege*, pp. 94f.

5
"Literary Office": central corporate office responsible for generating subject publications and advertising copy.

**"The Beginning"**
Siemens Design From 1920 to 1945

**Distorted Siemens Modernism**
Design as Reflected in the Advertising and Propaganda Strategies of the National Socialist

1
Cf. Wilfried Feldenkirchen, *Siemens 1918–1945* (Munich, 1995), pp. 132ff. and 171ff.
2
Cf. ibid.
3
Cf. Georg Siemens, "Der Weg der Elektrotechnik. Die Geschichte des Hauses Siemens" (Freiburg and Munich, 1961), vol. 2: *Das Zeitalter der Weltkriege*, pp. 116ff.
4
Cf. ibid., pp. 240 ff.
5
Hermann Reyss in a letter to the German Westinghouse employee L. Meyer, 1929; printed in L. Meyer, *Amerika – hin und zurück* (unpublished manuscript, Leipzig, ca. 1931).
6
Cf. Siemens-Archiv, 16. SAA 35. Lt 255.
7
Cf. Feldenkirchen 1995 (see note 1), p. 307.
8
Circular 168, Siemens-Archiv, SAA 68. Li 70.
9
Hans Hertlein in an informal memorandum on building activities addressed to Max Anderlohr, director of Siemens-Reiniger-Werke, filed in the Siemens-Archiv in Erlangen under Building Projects, etc., 1920–1930.
10
Cf. R. Kühnel, in *Elektrotechnik und der Export Markt* (lecture fragment, ca. 1938/1940, "re: promotion of appropriate design of products produced for private consumption"), Siemens-Archiv, contained in 16. SAA 35. Lt 255.
11
Minutes of a discussion on the development of new Siemens-Reiniger dental equipment, 1926/27, SAA, unindexed holdings in temporary archives.
12
See also Georg Siemens 1961 (see note 3), vol. II, p. 117.
13
Cf. S. Reichlinger, *Mein Weg in der Elektrotechnik*, Berlin (published by the author), 1930. Lecture delivered on July 23, 1929.
14
See also Emil Staudacher, *Die Hauptwerbeabteilung der Siemens & Halske und Siemens Schuckertwerke* (internal publication by Siemens AG), Munich, 1966, pp. 140ff. Staudacher's remarks in this context seem rather vague and thus must be interpreted with caution. Source material on the work of the design group is incomplete and inconsistent. This also applies to personal information about the individual members of the group, the distribution of responsibilities, and the internal "customer list." Evidently, many documents and archival materials relating to the Building Department and the design group were lost during a bombing raid on Berlin in 1945. Thus many of the statements relating to these matters are based on oral remarks by relatives or later working colleagues.
15
Cf. Staudacher 1966 (see note 15), pp. 140 ff.
16
See also SAA 68. Li 70.
17
Cf. Wilhelm Pruss, "Entwurf für einen internen Bilanzbericht der Hauptwerbeabteilung," 1940, p. 3, SAA, Nr. 16/OHG.9998000000, readers' file, keyword "Design."
18
Pruss said this in so many words to his colleague Alexander von Sydow in the early fifties, as von Sydow's widow revealed to the author in an interview.
19
Wilhelm Pruss, "Kunst und Technik" (lecture manuscript, ca. 1940), pp. 26f., SAA, no. 16/OHG.9998000000 (electronic readers' file).
20
Ibid.
21
Ibid.
22
See also the chapter entitled "In Contact with Life," pp. 250ff.
23
Cf. Feldenkirchen 1995 (see note 1).
24
SAA 33. Ld 603.
25
Cf. Gert Selle, *Geschichte des Design in Deutschland* (Frankfurt am Main and New York, 1994), pp. 127ff.
26
Cf. Berthold Hinz (ed.), *Die Dekoration der Gewalt. Kunst und Medien im Faschismus* (Giessen, 1979).
27
Heiner Boehnke explains the focus of the NS design with the following catchy formulation:"The 'strongest' design in National Socialism is thus the 'event design' since it most clearly and effectively manifests the 'corporate identity' of the regime, its ideology, the ways it exercises its power, its objectives and strategies." See id.,"Von 'stillen' und 'lauten' Formen. Design im Nationalsozialismus," in *Hitlers Künstler. Die Kultur im Dienst des Nationalsozialismus*, ed. Hans Sarkowicz (Frankfurt am Main and Leipzig, 2004), pp.278ff.

1
Andreas Fleischer, "Politpropaganda zwischen Bauhaus und Wirtschaftswunder. Ein Beitrag zum Verständnis ausgewählter Plakate und Kampagnen der Jahre 1935–1955," exh. cat. *Die nützliche Moderne. Graphik & Produktdesign in Deutschland 1935–1955*, Westfälisches Landesmuseum für Kunst und Kulturgeschichte Münster, 2000, pp. 72–92, esp. p. 81.
2
Following the first discussion of a "disparity" in National Socialist culture by Berthold Hinz ("Disparität und Diffusion – Kriterien einer 'Ästhetik' des NS," in: Hinz, *NS-Kunst: 50 Jahre danach* (Marburg, 1989), pp. 115–124), Hans-Ernst Mittig ("Kunsthandwerkdesign für kleine Leute: Abzeichen des Winterhilfswerks 1933–1944," in Sabine Weissler [ed.], *Design in Deutschland 1933–45. Ästhetik und Organisation des Deutschen Werkbundes im 'Dritten Reich,'* [Giessen, 1990], pp. 89–123, esp. p. 111) analyzed the activities of the relevant organizations as a "technique of brand engineering that took advantage of the possibilities offered by a media consortium (which was not yet referred to as such), insights derived from target group theory, and the diversity of individual needs" in an uncompromising effort to achieve their goals.
See also Franz Dröge and Michael Müller, *Die Macht der Schönheit. Avantgarde und Faschismus oder die Geburt der Massenkultur* (Hamburg, 1995), pp. 327ff.; Hans-Dieter Schäfer, *Das gespaltene Bewusstsein. Über deutsche Kultur und Lebenswirklichkeit 1933–1945* (Frankfurt am Main et al., 1981).
On modern aesthetics of production in National Socialist design, see John Heskett, "'Modernismus' und 'Archaismus' im Design während des Nationalsozialismus," in Berthold Hinz (ed.), *Die Dekoration der Gewalt. Gewalt und Medien im Faschismus* (Giessen, 1979), pp. 53–60; Chup Friemert, "Produktionsästhetik im Faschismus. Vorbilder und Funktionsbestimmungen," in Berthold Hinz (ed.), *Die Dekoration der Gewalt. Gewalt und Medien im Faschismus* (Giessen, 1979), pp. 17–30; and idem, Produktionsästhetik im Faschismus. Das Amt 'Schönheit der Arbeit' von 1933 bis 1939 (Munich, 1980).
On attempts to establish the aesthetic and technocratic legitimacy of technicistic positions in the National Socialist leadership elite, see Jeffrey Herf, "Der nationalsozialistische Technikdiskurs: Die deutschen Eigenheiten des reaktionären Modernismus," in Wolfgang Emmerich and Carl Wege (eds.), *Der Technikdiskurs in der Hitler-Stalin-Ära* (Stuttgart and Weimar, 1995), pp. 72–93, and Anson Rabinbach, "Nationalsozialismus und Moderne. Zur Technik-interpretation im Dritten Reich," in the same publication, pp. 94–113.
3
Joachim Krausse, "Volksempfänger. Zur Kulturgeschichte der Monopolware," in Staatliche Kunsthalle Berlin (ed.) *Kunst und Medien* (Berlin, 1984), pp. 81 – 112.
4
See also p. 92 in this article.
5
Siemens-Werbeblätter XII 1935, "Olympische Spiele im Schmalfilm. Siemens Kino-Kamera," Siemens-Archiv, Munich, inv. no. SAA41.
6
Wilfried Feldenkirchen, *Siemens 1918 – 1945* (Munich, 1995), pp. 185 and 186.
7
Wolfgang Schivelbusch, Licht, Schein und Wahn (Berlin, 1992), pp. 81ff.
8
Siemens-Werbeblätter 1940, "Siemens Luftschutz Beleuchtung. Praktische Durchführung der Verdunkelungsmassnahmen mit den wichtigsten behördlichen Bestimmungen. Nach dem Stand vom 1. September 1940. Mit Änderungen vom November 1940," SSA, inv. no. 46729/7.
9
*Der Anschluss. Hausmitteilung der Siemens-Schuckertwerke AG für Elektrofachgeschäfte*, Berlin, vol. 1930 – 1944, specifically issue 7 (1936), p. 242.
10
Ibid., issue 1 (1941), pp. 11f.
11
An investigation of this propaganist advertising process at other strategically important companies during the National Socialist era would presumably be quite revealing. Such a study would also make it possible to draw historical comparisons in an analysis of ideologically saturated "snappy" jargon.
12
Cf. Amt Schönheit der Arbeit (ed.), *Taschenbuch Schönheit der Arbeit* (Berlin, 1938).

13
Cf. Avraham Barkai, *Das Wirtschaftssystem des Nationalsozialismus* (Frankfurt am Main, 1988).
14
Amt Schönheit der Arbeit 1938 (see note 12), pp. 17 and 123.
15
Herbert Steinwarz, *Wesen, Aufgaben, Ziele des Amtes Schönheit der Arbeit, issued by the Amt Schönheit der Arbeit* (Berlin, n.d. [1938]), p. 5.
16
Cf. Anson Rabinbach, "Die Ästhetik der Produktion im Dritten Reich," in Ralf Schnell (ed.), "Literaturwissenschaft und Sozialwissenschaften," vol. 10: *Kunst und Kultur im deutschen Faschismus* (Stuttgart, 1978), pp. 57 – 85, esp. p. 60.
17
Herbert Steinwarz, *"Schönheit der Arbeit" im Kriege und Frieden*, issued by the Amt Schönheit der Arbeit (Berlin, 1941), p. 4.
18
Ibid., p. 7.
19
Cf. Amt für Schönheit der Arbeit 1938 (see note 12), p. 19.
20
Cf. Günther von Pechmann (ed.), *Künstler in der Industrie – Vorbildliche Gestaltung industrieller Erzeugnisse* (Mannheim, 1941/42).
21
Walter Dexel, *Deutsches Handwerksgut. Eine Kultur- und Formgeschichte des Hausgeräts* (Berlin, 1939).
22
Friemert 1980 (see note 2), p. 290.
23
Rabinbach 1978 (see note 16), p. 80.
24
Emil Staudacher, *Die Hauptwerbeabteilung der Siemens & Halske AG und der Siemens-Schuckertwerke AG von den Anfängen bis 1966* (Berlin, 1966).
25
Dankwart Rost (ed.), *So wirbt Siemens* (Düsseldorf and Vienna, 1971).
26
Cf. Tilmann Buddensieg and Henning Rogge, *Industriekultur: Peter Behrens und die AEG 1907 – 1914* (Berlin, 1979).
27
Staudacher 1966 (see note 24), p. 37.
28
Cf. Rainer Gries et al., *"Ins Gehirn der Masse kriechen!" Werbung und Mentalitätsgeschichte* (Darmstadt, 1995), p. 48.
29
Siemens memorandum, 1934, SSA VI 59.
30
Quoted from Staudacher 1966 (see note 24), appendix.
31
Ibid., p. 83.
32
Hans Domizlaff, *Propagandamittel der Staatsidee* (Altona, 1932), p. 25.
33
Cf. ibid., p. 85, and Gries et al. 1995 (see note 28), pp. 61ff.
34
Domizlaff 1932 (see note 32), p. 16.
35
Cf. Gerhard Voigt, "Goebbels als Markentechniker," in Wolfgang Fritz Haug (ed.), *Warenästhetik. Beiträge zur Diskussion, Weiterentwicklung und Vermittlung ihrer Kritik* (Frankfurt am Main, 1975), pp. 231 – 260.
36
Britta Lammers, "Werbung im Nationalsozialismus. Die Kataloge der 'Grossen Deutschen Kunstausstellung' 1937–1944," in *Schriften der Guernica-Gesellschaft*, vol. 7: *Kunst, Kultur und Politik im 20. Jahrhundert*, ed. Jutta Held (Weimar, 1999).
37
Ibid., p. 22.
38
Cf. exh. cat. *Die nützliche Moderne* (see note 1).
39
*Der Anschluss* (see note 9), issue 10 (1937), p. 220.
40
See the volumes of Siemens AK-Werbung available at the time the research for this article was carried out: vols. 1935/36, 1936/37, 1937/38, 1938/39, Siemens-Archiv, Munich.
41
Ibid., vol. 1938/39, p. 2.
42
Ibid., vol. 1935/36, p. 1.
43
*Der Anschluss* (see note 9), issue 1 (1936), p. 7.
44
Ibid., issue 2 (1939), p. 33.
45
Ibid., p. 34.
46
Ibid., p. 35.
47
Ibid., p. 40.
48
*Der Anschluss* (see note 9), issue 4 (1939), p. 73.
49
Ibid., issue 1 (1940), p. 1.
50
Ibid., p. 2.
51
Ibid.
52
*Der Anschluss* (see note 9), issue 1 (1941), p. 2.
53
Ibid., pp. 11 and 12.
54
Ibid., issue 6 (1941), n.p.
55
Ibid., issue 4 (1942), n.p.
56
Ibid., issue 1 (1944), p. 2.
57
Quoted from Uwe Westphal, *Werbung im Dritten Reich* (Berlin, 1989), p. 139.
58
Ibid., p. 42.
59
Cf. ibid., pp. 175f.
60
*Der Anschluss* (see note 9), issue 6 (1936), p. 209.
61
Ibid.
62
Ibid, p. 210.
63
Ibid, p. 213.
64
Ibid, p. 217.
65
Ibid, p. 218.
66
Ibid, issue 3 (1937), pp. 60f.
67
Ibid, issue 4 (1937), pp. 79.
68
Siemens-AK-Werbung (see note 40), vol. 1935/36, file WA/33.
69
Ibid, file. WA/36.
70
*Der Anschluss* (see note 9), issue 7 (1936), p. 241.
71
Ibid.
72
Ibid, p. 242.
73
Siemens brochures "Beleuchtungstechnik für die Industrie," SGO no. 4672/28, and "Leuchten für Handwerk und Gewerbe," SGO no. 4627/27, both in the Siemens-Archiv, Munich.
74
*Der Anschluss* (see note 9), issue 7 (1936), p. 260.
75
Ibid, S. 261.
76
Ibid, issue 2 (1937), p. 42.
77
Ibid, issue 10 (1938).
78
Ibid, issue 11 (1937), p. 274. On cooperation between the industry and the Deutsche Lichttechnische Gesellschaft and the Office see Friemert 1980 (see note 2), pp. 146ff.
79
Steinwarz, in *Der Anschluss* (see note 9), issue 11 (1937), p. 276.
80
Ibid, issue 8 (1939), pp. 160ff.
81
Ibid, issue 6 (1941), p. 93.

1
Herman Glaser, *Deutsche Kultur 1945 – 2000* (Darmstadt, 1997).
2
Gert Selle and Jutta Boehe, *Leben mit den schönen Dingen. Anpassung und Eigensinn im Alltag des Wohnens* (Reinbek, 1986).
3
See the brochure entitled *Begegnungen mit Design. Ausgezeichnete Hausgeräte von Siemens* (Munich, 2001).

## From Form to Design
The Era of Edwin Schricker
1960 to 1986

1
Edwin A. Schricker, "Aufgaben und Ziele des Siemens Design," 1971, lecture presented at the conference of regional directors in Bad Tölz.
2
Julius Lengert, "Wechselbeziehungen Mensch-Produkt," in *VDI-Nachrichten*, 1981, p. 138.
3
Richard Rau, address on the occasion of the 10th anniversary of the DES-Club celebrated at the Siemens-Stiftung, Munich, May 5, 1981.
4
Edwin Schricker, in *Design ist unsichtbar*, published by the Rat für Formgebung (Vienna, 1981).

## A Changing of the Guard in Design
The Era of Herbert Schultes
1986 to 2000

1
Edwin Schricker, address on the occasion of the appointment of Herbert Schultes as Director of Siemens Design, July 1984.
2
Herbert Schultes, address presented at the World Design Conference in Washington D.C., 1985.
3
Herbert Schultes, Siemens Design presentation at the 1990 Siemens Conference.
4
Design Zentrum München (ed.), "Gestalt: Visions of German Design," in *Szenenwechsel, German Design goes Rocky Mountain high* (Frankfurt am Main, 1997).
5
Ibid.

## Visible "Invisible" Design
The Design of Investment Goods

1
Georg Siemens in an interview with the SWF, July 1952.
2
Primarily with the aid of effective publicity measures, such as the (special) "literary office" founded during the last decade of the nineteenth century.
3
A locomotive introduced for local transport by the Baltimore & Ohio Line in 1895. See also Bäzold et al., Elektrische Lokomotiven deutscher Eisenbahnen (Düsseldorf, 1993), pp. 10ff.
4
Ibid., pp. 10ff.
5
Cf. Central Circular no. 74, SAA 68. Li 70.
6
Cf. Penny Sparke, *Design Source Book: A Visual Reference to Design from 1850 to the Present* (London and Secaucus, New Jersey, 1986), pp. 99ff.
7
Cf. Wilhelm Pruss, draft of an internal summary report for the Central Advertising Department, 1940, pp. 34ff., contained in SAA, no. 16/OHG.9998000000, Siemens User File, keyword "Design."
8
Cf. Wilhelm Pruss, TBA lecture, pp. 25ff., SAA 68. Li 70.
9
See also the chapter entitled "Bakelit und die Folgen."
10
Cf. Fritz Kesselring, *Zeitschrift des Vereins Deutscher Ingenieure*, no. 21/22 (May 1942).
11
Cf. Herman Glaser, *Deutsche Kultur 1945 – 2000* (Darmstadt, 1997), pp. 284ff.
12
Cf. Herbert Schultes, *Donation Siemens* (Munich, 1987), pp. 31ff.
13
In an interview with the author in July 2003.

## From Switches to Computers
The Design of Electrical and Electronic Interfaces

1
Cf. Wolfgang König (ed.), *Propyläen Technikgeschichte* (Berlin, 1997), vol. 1, p. 313.
2
Even before the end of the century – and long before the appearance of the first DIN standards for the design of manual operating elements after the First World War and the import of books on ergonomics after the Second World War – Siemens began to develop internal rules and regulations for the standardization of "user interfaces," including, for example, the configuration of DC control stations in 1889 and for fuse boxes in 1899. These "rules" were incorporated for the most part into the industry-wide VDE regulations and, since the nineteen-twenties, into the corresponding DIN standards or their precursors.
3
Quoted from a press release regarding Carver Meade published on the no longer existing Internet site www.async.caltech.education/history in April 2004.

"In Contact with Life"
Form and Design
in Siemens Medical Equipment

1
*Süddeutsche Zeitung*, June 25, 1969, "Rubrik Zeitgemässe Form: Gestaltung elektromedizinischer Geräte."
2
Physicians have used direct-current stimulation since the early years of research in electricity, as a means of determining the presence or absence of "nerve current" in paralyzed limbs, for example.
3
These were processes in which static electricity, direct current, or magnetic fields were used either directly or indirectly. Cf. Hildegard Bräuer, *Die Entwicklung der deutschen elektromedizinischen Industrie* (Erlangen, 1949), p. 12.
4
Worthy of note in this context is the impact of X-ray technology on material development and testing. All other diagnostic techniques originally developed for medical purposes also led to new technical applications – and vice versa.
5
See also Wilfried Feldenkirchen, *Siemens 1918 – 1945* (Munich, 1995).
6
Cf. *100 Jahre Innovationen von Siemens* (Erlangen, 1995), reverse (Siemens publication).
7
During his tenure as Director of the Central Advertising Department, Domizlaff wrote several memoranda relating to color and design in medical equipment in the period up to 1938. Particularly interesting are his comments regarding a project launched in 1946. Cf. Domizlaff, *Die psychologischen Grundlagen eines zahnärztlichen Universalgeräts der Siemens Reiniger-Werke AG* (Erlangen, 1946), (Siemens publication).
8
Merged with the Siemens Medical Department to form Siemens-Reiniger-Werke AG Berlin in 1932.
9
See the sample books issued by the Reiniger company in 1920ff. and the corresponding R&D memoranda and records from the same period.
10
Photographs of the first design drawings actually date back to the years between 1906 and 1912.
11
See the various travel reports by Reiniger, Gebbert & Schall from 1900 to 1924 in the Siemens-Archiv in Erlangen.
12
Cf. Heinz Goerke, *Medizin und Technik. 3000 Jahre ärztliche Hilfsmittel für Diagnostik und Therapie* (Munich, 1988), especially the chapter entitled "Röntgendiagnostik/Opfer für den Fortschritt."
13
K. G. Meier, "Technik ohne Ziel?" (draft of an unpublished essay) (Oppeln, 1926), p. 13.
14
Siemens-Reiniger Director Dr. E. Sehmer terminated the working relationship in 1937. Cf. Siemens-Archiv in Erlangen, 51450.
15
According to corporate records and correspondence from the years 1936 to 1938, Messrs. Seiffert and Baumeister achieved significant accomplishments that were recognized by Directors Siemert and Anderlohr themselves.
16
It is likely that model designer Konrad März was involved in all three projects. An undated photograph of his studio shows a plaster mold for an X-Ray Sphere.
17
Peter Schoeller (1938 – 1988).
18
*Süddeutsche Zeitung* (see note 1), "Peter Schoeller: Gestaltung elektromedizinischer Geräte."

"Water, Heat, Air, and Light"
A Century of
Siemens Household Appliances
1900 to 2000

1
Günther Uhlig, "Die Modernisierung von Raum und Gerät," in Michael Andritzky (ed.), Oikos. *Von der Feuerstelle zur Mikrowelle. Haushalt und Wohnen im Wandel* (Stuttgart, 1992), pp. 93ff. – On Margarete Schütte-Lihotzky, see the exhibition catalogue *Margarete Schütte-Lihotzky. Soziale Architektur. Zeitzeugin eines Jahrhunderts*, ed. Peter Noever, MAK – Österreichisches Museum für angewandte Kunst (Vienna, 1993).
2
Maribel Königer, *Küchengerät des 20. Jahrhunderts. Kochen mit Stil & Styling* (Munich, 1994), pp. 7ff.
3
See also Joachim Krause, "Die Frankfurter Küche," Andritzky 1992 (see note 1).
4
Cf. *Der Anschluss. Hausmitteilung der Siemens-Schuckertwerke AG für Elektrofachgeschäfte*, Berlin, vol. 1930 – 1944, specificall vol. 4/1942.
5
Cf. Sibylle Meyer/Eva Schulze, "Moderne Technik im Haushalt," Andritzky 1992 (see note 1), p. 121.
6
Königer 1994 (see note 2), pp. 30ff.
7
S. Reichlinger, *Der Weg der Elektrotechnik* (Berlin, 1929) (self-published lecture).
8
Memorandum contained in a report on new developments in Siemens-Reiniger dental equipment in 1925/26, which is not cited in the nomenclature of the Siemens-Archiv.
9
Memorandum dated January 1, 1931, SAA 69. Lm 646.
10
Friedrich Bieling and Paul Scholl, *Elektrogeräte für den Haushalt* (Berlin and Munich, 1966), p. 7.
11
In many of his in-house lectures devoted to emphasizing the importance of design, Wilhelm Pruss called attention to American models. It is interesting to note that most of the examples he chose were housing designs in systems engineering! Draft of a lecture by Pruss, SAA 64. Lm 846.
12
Wilhelm Pruss, handwritten note for an undated lecture, probably delivered in 1944. Cf. SAA (see note 11).
13
Cf. SAA 15. Lm 127.

The Gateway to the Virtual World
Telecommunication,
from the Early Years to the Present

1
Cf. Christoph Asendorf, *Ströme und Strahlen. Das langsame Verschwinden der Materie um 1900* (Giessen, 1989) (Werkbund-Archiv, vol. 18), pp. 66f.
2
After 1968, Bosch-Siemens Hausgeräte GmbH was responsible for the production, marketing, and design of Siemens radios and television sets.
3
Cf. Hermann Heiden, *Rund um den Fernsprecher* (Berlin, 1963), pp. 25ff.
4
Festschrift or lecture by E. Traubmann, *Industrie und Kunstgewerbe* (mimeographed), (Bad Schandau, 1899), pp. 12f.
5
Cf. T. Grabov, *Kunsthandwerk und Industrie* (Berlin, 1901), Festschrift (unpublished draft).
6
Cf. Emilio Filippo Tommaso Marinetti, "Manifeste du Futurisme," *Le Figaro* (February 20), 1909.
7
Because of its subdivision into three identical housing elements and the large loudspeaker horn on the top, the system soon earned the nickname "Siemens Train."
8
The model was presumably designed by members of the design staff for Siemens medical equipment.
9
The numbers indicate the year of certification or commissioning.
10
Various different German design mail-order houses offer modified replicas of the W36 and the painted W48.
11
Cf. Georg Siemens, *Der Weg der Elektrotechnik. Die Geschichte des Hauses Siemens* (Freiburg and Munich, 1961), vol. 1, p. 87.
12
Christel Jörges, in Christel Jörges and Helmut Gold, *Telefone 1863 bis heute. Aus den Sammlungen der Museen für Kommunikation* (Heidelberg, 2001), pp. 123ff.
13
Pruss joined the company in 1929 while the Modell 29 was still undergoing practical testing.
14
Based on statements by Alexander von Sydow and his widow.
15
Cf. Jörges 2001 (see note 12), p. 291.
16
Cf. Allen Booz and Hamilton (eds.), *Zukunft Multimedia. Grundlagen, Märkte und Perspektiven in Deutschland* (Frankfurt am Main, 1995), pp. 146.
17
Ibid., pp. 71, 81ff.

## Chronologische Übersicht zur Siemens-Firmengeschichte

Zusammengestellt vom Siemens-Archiv und Christoph A. Hoesch

1847 Werner von Siemens entwickelt einen neuen Zeigertelegrafen.

1847 Gründung der „Telegraphen-Bauanstalt von Siemens & Halske" am 12. Oktober in Berlin

1848 Bau der ersten elektrischen Ferntelegrafenlinie Europas, Berlin – Frankfurt am Main

1850 Wilhelm Siemens übernimmt die Agentur von Siemens & Halske in London.

1853 Baubeginn des russischen Staatstelegrafennetzes

1855 Gründung einer russischen Zweiggesellschaft

1856 Werner von Siemens erfindet den Doppel-T-Anker.

1858 Erstmalige Ausgabe von Inventurprämien

1863 Erstes Siemens-Kabelwerk in Woolwich an der Themse

1866 Werner von Siemens entdeckt das dynamoelektrische Prinzip.

1870 Eröffnung der Indo-Europäischen Telegrafenlinie von London nach Kalkutta

1872 Gründung einer Pensionskasse für die Siemens-Belegschaft

1874 Verlegung eines Transatlantik-Telegrafenkabels von Irland in die USA

1877 Siemens beginnt mit der Entwicklung eigener Telefongeräte.

1878 Die Differenzial-Bogenlampe ist einsatzreif.

1879 Erste elektrische Eisenbahn auf der Berliner Gewerbeausstellung

1881 Erste elektrische Straßenbahn in Lichterfelde bei Berlin

1883 Auf der Elektrizitätsausstellung in Wien sind erstmals elektrische Hausgeräte zu sehen, darunter „Elektro-Samoware".

1890 Werner von Siemens übergibt die Firmenleitung an seinen Bruder Carl und die Söhne Arnold und Wilhelm.

1890–1900 Erste einfache Siemens Hausgeräte wie Wasserkocher und E- Heizgeräte werden entwickelt.

1891 Einführung des 8,5-Stunden-Normalarbeitstags (50-Stunden-Woche).

1896 Erste europäische Siemens Untergrund-Bahn in Budapest

1897 Siemens & Halske wird Aktiengesellschaft.

1903 Gründung der Siemens-Schuckertwerke GmbH

1903/4 Siemens beginnt mit tief gezogenen Blechgehäusen und Bakelitteilen für Telefone zu experimentieren.

1905 Die Tantallampe wird in Serie gefertigt.

1907 Erste Siemens-Bügeleisen in Kleinserie

1908 Erwerb der Protos-Automobile GmbH

1914 Das Industriegebiet Nonnendamm in Berlin wird in „Siemensstadt" umbenannt.

1914/15 Erste Prototypen für Siemens Hausstaubsauger und Elektroherde entstehen.

1918 Die Verluste durch den Ersten Weltkrieg belaufen sich auf rund zwei Fünftel der Unternehmenssubstanz.

1919 Carl Friedrich von Siemens wird „Chef des Hauses".

1919 Gründung der Osram GmbH KG

1920/21 Vorstellung des Siemens-staubsaugers „VST180"

1920–1933 Architekten aus der Siemens-Bauabteilung unter der Leitung des Architekten Hans Hertlein wirken sporadisch als „Formberater" bei Entwicklungen im Telefon-, Radio-, und Hausgerätebau mit.

1921 Fertigstellung des Rheinland-Fernsprechkabels Berlin – Köln, eines Vorläufers des europäischen Fernkabelnetzes

1923 Gründung der japanischen Tochtergesellschaft Fusi Denki Seizo KK in Tokio

1924 Die Großserienfertigung von Siemens-Bügeleisen wird aufgenommen.

1924 Rundfunkempfänger „Siemens-Zug"

1924 Erste elektrische Straßenverkehrs-Signalanlage Deutschlands in Berlin

1924–1930 Eine Entwicklungsreihe für Telefone aus Vollkunststoff wird begonnen und führt zum Klassiker „W36 – W38" sowie zum „Modell 29" („Hockender Hund").

1925 Shannon-Projekt zur Elektrifizierung des gesamten Irischen Freistaats (1930 fertig gestellt)

1928 Gründung der Siemens-Planiawerke AG und der Vereinigten Eisenbahn-Signalwerke GmbH

1929 Die Arbeitsgruppe „Formberatung" bildet sich unter der Leitung des Architekten Wilhelm Pruss. Der Siemens-„Volksherd" wird vorgestellt.

1930 Konstruktion der Mehrzweck-Elektrolokomotive „E 44"

1931 Bau des Berliner Kraftwerk West

1932 Gründung der Siemens-Reiniger-Werke

1933 Die Arbeitsgruppe „Siemens Formberatung" wird offiziell gegründet.

1934/35 Hans Domizlaff wird Berater für Fragen des Erscheinungsbilds.

1935 Das Siemens Radiogerät „Herr im Frack" wird vorgestellt.
Entwicklung des ersten Telefunken-Fernsehapparats

1936/37 Röntgenapparat und Bestrahlungsgerät „Röntgenkamera" und „Röntgenbombe" werden vorgestellt.

1937 Die Siemens Hauptwerbeabteilung wird gegründet und übernimmt unter der Führung von Hans Domizlaff die Verantwortung für die Formgebung der Siemens „Gebrauchsgüter". Wilhelm Pruss bleibt für die Gestaltung der „investiven Güter" zuständig.

1939 Die Siemens-Schuckertwerke gehen in den Alleinbesitz von Siemens & Halske über.

1939 Das Elektronenmikroskop ist reif zur Serienfertigung.

1941 Nach dem Tod von Carl Friedrich von Siemens übernimmt Hermann von Siemens die Leitung des Unternehmens.

1943 Beginn der Verlagerung von Fertigungsstätten

1944 Ein Betatron (Elektronenbeschleuniger) für 6 MeV wird fertig gestellt.

1945 Die Verluste durch den Zweiten Weltkrieg belaufen sich auf rund vier Fünftel der Unternehmenssubstanz.

1945 Einrichtung von Gruppenleitungen in Westdeutschland

1949 Verlegung der Firmensitze von Siemens & Halske nach München und der Siemens-Schuckertwerke nach Erlangen

1951 Wilhelm Pruss wird für die gesamte „Formgebung" zuständig, die Abteilung bleibt jedoch in die Siemens „Hauptwerbeabteilung" integriert.

1953 Zonenziehverfahren zur Herstellung von Reinstsilizium

1953 Auf der Ausstellung „Schönheit der Technik – die gute Industrieform" in Stuttgart werden auch Siemensprodukte als „vorbildlich gestaltet" vorgestellt.

1954 Einstieg in die Datenverarbeitung

1955 Wolfgang Appel übernimmt die Verantwortung für die Siemens „Formgebung".

1957 Gründung der Siemens-Electrogeräte AG

1958 Der erste Herzschrittmacher wird implantiert.

1959 Erster serienmäßig volltransistorisierter Universalrechner „Siemens 2002"

1959 Erste elektronische Steuerung „Simatic"

1960 Der Architekt Edwin Schricker wird Leiter der Siemens „Designabteilung".

1962 Erstes elektronisch gesteuertes Fernsprechamt Deutschlands

1964 Errichtung der Erdfunkstelle Raisting für Satellitenkommunikation

1966 Gründung der Siemens AG

1967 Gründung der Bosch-Siemens Hausgeräte GmbH (BSHG)

1969 Gründung der Kraftwerk Union (KWU) und Transformatoren Union (TU)

1973 Beginn der Produktion hoch integrierter LSI-Schaltkreise

1974 Einführung des Computertomographen „Siretom"

1975 Erste Hochspannungs-Gleichstrom-Übertragung (HGÜ) mit Thyristoren in Cabora Bassa/Mosambik

1977 Gründung der Siecor Optical Cables Inc.

1978 Auftrag über neun Generatoren für das größte Wasserkraftwerk der Welt in Itaipú am Rio Paraná, Brasilien/Paraguay

1979 Erster Bauabschnitt des Siemens-Standorts München-Perlach wird fertig gestellt.

1980 Die digitale EWSD-Telefonvermittlung geht in Betrieb.

1981 Siemens nimmt Fertigung des 64-kbit-Speicherchip auf.

1982 Vorstellung des Kernspintomografen „Magnetom"

1984 Siemens päsentiert das ISDN-Kommunikationssystem „Hicom".

1986 Herbert Schultes übernimmt die Siemens-Designabteilung.

1988 1-Mbit-DRAM-Speicherchips gehen in Serienfertigung.

1989 Neuorganisation in 15 Bereiche, zwei selbständige Geschäftsgebiete, zwei Bereiche mit eigener Rechtsform, 12 Zentralabteilungen

1992 Weltweit schnellster Neurocomputer „Synapse 1"

1992 Siemens Design ist verantwortlich für die Unternehmenspräsentation auf der Expo '92 in Sevilla.

1993 Modular aufgebaute Lok „Eurosprinter"

1994 Weltrekord für Hochtemperatur-Brennstoffzellen mit 1,8 KW

1995 Erste Kundenmuster des 256-Mbit-Chips

1997 Erstes GSM-Handy mit Farbdisplay

1997 Die Siemens Design- und Messebauabteilung wird ausgegliedert und als „Siemens Design & Messe GmbH" selbständig. Die bisherige zentrale Verantwortung für das Industrial Design wird zukünftig von den Siemens-Teilbereichen bzw. Beteiligungsgesellschaften wahrgenommen.

1998 Vorstellung des biometrischen Sensors „Fingertip"

1999 „Sivit" – Computer ohne Maus und Tastatur

2000 Eröffnung der konzernweiten Schaltstelle für E-business

2000 Herbert Schultes geht in den Ruhestand. Siemens-Design und -Messebau werden in „designafairs GmbH" umbenannt und operieren nun völlig selbständig.

2001 Die Siemens-Aktie wird zum ersten Mal an der New Yorker Börse gehandelt.

2002 Jungfernfahrt des Transrapid in Shanghai

2003 Erster Computertomograf mit 64 Schichten pro Rotation

## Chronological Overview of Siemens Corporate History

Compiled by the Siemens Archive and Christoph A. Hoesch

1847 Werner von Siemens develops a new type of pointer telegraph.

1847 Telegraphen-Bauanstalt von Siemens & Halske is founded in Berlin on October 12.

1848 Europe's first long-distance electric telegraph line is installed between Berlin and Frankfurt am Main.

1850 Wilhelm Siemens is appointed director of the Siemens & Halske branch office in London.

1853 Construction of the Russian state telegraph system begins.

1855 A corporate subsidiary is established in Russia.

1856 Werner von Siemens invents the double-T armature.

1858 First stocktaking bonuses are awarded.

1863 The first Siemens cable plant is built in Wollwich-on-Thames

1866 Werner von Siemens discovers the dynamo-electric principle.

1870 The Indo-European telegraph line from London to Calcutta is opened.

1872 A pension fund is established for Siemens employees.

1874 A trans-Atlantic telegraph cable is laid from Ireland to the U.S.

1877 Siemens launches development of its own line of telephones.

1878 The differential arc lamp is ready for production.

1879 The first electric train is shown at the Berlin Trade Fair.

1881 The first electric streetcar line is commissioned in Lichterfelde near Berlin.

1883 The first electrical household appliances, including "electric samovars," are exhibited at the Electricity Exposition in Vienna.

1890 Werner von Siemens turns the management of his company over to his brother Carl and his sons Arnold and Wilhelm.

1890–1900 The first simple Siemens household appliances, including water boilers and electric heaters, are developed.

1891 The 8.5-hour standard workday is introduced (50-hour week).

1896 The first Siemens subway line in Europe is commissioned in Budapest.

1897 Siemens & Halske is established as a joint-stock company.

1903 Siemens-Schuckertwerke GmbH is founded.

1903/4 Siemens begins a series of experiments with molded sheet-metal housings and Bakelite components for telephones.

1905 Serial production of the tantalum lamp begins.

1907 The first Siemens irons are produced in small series.

1908 Siemens acquires Protos-Automobile GmbH.

1914 The industrial park at the Nonnendamm in Berlin is renamed Siemensstadt.

1914/15 The first prototypes of Siemens household vacuum cleaners are produced.

1918 Losses incurred during the First World War amount to roughly two-fifths of the company's assets.

1919 Carl Friedrich von Siemens is appointed company director.

1919 Osram GmbH KG is founded.

1920/21 Siemens presents the VST180 vacuum cleaner.

1920–1933 Architects from the Siemens Building Department serve sporadically as "form consultants" for telephone, radio, and household appliance development projects.

1921 The Rhineland telephone cable from Berlin to Cologne, a precursor of the European long-distance cable network, is completed.

1923 The Japanese subsidiary Fusi Denki Seizo KK is founded in Tokyo.

1924 Large-scale serial production of Siemens irons begins.

1924 The "Siemens-Zug" radio receiver is introduced.

1924 Germany's first electric traffic-light system is installed in Berlin.

1924–1930 An experimental series of all-plastic telephones is launched and leads to production of the classic Siemens W35– W38 and Modell 29 ("Crouching Dog") phones.

1925 The Shannon Project devoted to electrification of the entire Irish Free State is launched (completed in 1930).

1928 Siemens-Planiawerke AG and Vereinigte Eisenbahn-Signalwerke GmbH are founded. The Form Consulting task group is formed under the direction of architect Wilhelm Pruss.

1929 The first Siemens "Volksherd" ("People's Stove") is presented.

1930 The first multi-purpose E 44 electric locomotive is built.

1931 The West Power Plant in Berlin is erected.

1932 Siemens-Reiniger-Werke is founded.

1933 The Siemens Form Consulting task group is officially established.

1934/35 Hans Domizlaff is named consultant in matter of visual design.

1935 Siemens introduces the "Herr im Frack" ("Gentleman in Coattails") radio. The first Telefunken television set is developed.

1936/37 The "Röntgenkamera" and "Röntgenbombe" x-ray and radiation machines are introduced.

1937 Siemens establishes a central advertising department responsible for the design of Siemens "consumer goods." Hans Domizlaff is named department director. Investment goods are designed by the group headed by Wilhelm Pruss.

1939 Siemens & Halske assumes sole ownership of Siemens-Schuckertwerke.

1939 The electron microscope is ready for serial production.

1941 Hermann von Siemens succeeds Carl Friedrich von Siemens as CEO following the latter's death.

1943 Siemens begins relocating production facilities.

1944 A Betatron (electron accelerator) for 6 MeV is produced.

1945 Losses incurred during the Second World War amount to roughly four-fifths of the company's building assets.

1945 The first group management units are established in West Germany.

1949 Siemens & Halske moves its headquarters to Munich. Siemens-Schuckertwerke are relocated in Erlangen, but corporate headquarters remain in Berlin.

1951 Wilhelm Pruss is assigned responsibility for Design. The department remains a part of the Siemens Central Advertising Department.

1953 The float-zone process is used to produce pure silicone.

1953 Siemens products are presented as examples of "exemplary design" at the *Schönheit der Technik – die gute Industrieform* exhibition in Stuttgart.

1954 Siemens enters the field of data processing.

1955 Wolfgang Appel is appointed head of Siemens Design.

1957 Siemens-Electrogeräte AG is founded.

1958 The first pacemaker is implanted.

1959 Siemens introduces the Siemens 2002, the first fully transistorized universal computer, to serial production.

1959 The first Simatic electronic control system is introduced.

1960 Architect Edwin Schricker is named director of the Siemens Design Department.

1962 The first electronically controlled telephone system in Germany is installed.

1964 The Raisting ground station for satellite communication is commissioned.

1966 Siemens AG is founded.

1967 Bosch-Siemens Hausgeräte GmbH (BSHG) is founded.

1969 Kraftwerk Union (KWU) and Transformatoren Union (TU) are founded.

1973 Production of integrated LSI circuits is launched.

1974 The Siretom computer tomograph is introduced.

1975 The first high-voltage DC transmission (HVDC) line equipped with thyristors is installed in Cabora Bassa/Mozambique.

1977 Siecor Optical Cables Inc. is founded.

1978 Siemens receives an order for nine generators to be installed at the world's largest hydroelectric power plant in Itaipú on the Rio Paraná, Brazil/Paraguay.

1979 The first phase of construction at the Siemens facility in Munich-Perlach is completed.

1980 The digital EWSD telephone system is put into operation.

1981 Siemens begins production of a 64-kbit memory chip.

1982 The Magnetom magnetic resonance imaging system is introduced.

1984 Siemens presents the Hicom ISDN communication system.

1986 Herbert Schultes is named director of the Siemens Design Department.

1988 Siemens launches serial production of 1-Mbit DRAM memory chips.

1989 Corporate reorganization.

1992 "Synapse 1," the world's fastest neurocomputer, is introduced.

1992 Siemens Design is responsible for the corporate presentation at Expo '92 in Seville.

1993 The modular Eurosprinter locomotive is introduced.

1994 A world record for high-temperature fuel cells is set at 1.8 KW.

1995 First customer sample of the 256-Mbit chip is produced.

1997 The first GSM cellular phone with color display is introduced.

1997 The Siemens Design and Trade Fair Construction Department is spun off and established as the independent Siemens Design & Messe GmbH. Central responsibility for industrial design shifts to Siemens departments and corporate affiliates.

1998 The Fingertip biometric sensor is introduced.

1999 Sivit – a computer without a mouse or keyboard – is introduced.

2000 The group-wide e-business portal is opened.

2000 Herbert Schultes retires. Siemens-Design und -Messebau is renamed designafairs gmbH and operates henceforth as a fully independent company.

2001 Siemens stock is traded at the New York Stock Exchange for the first time.

2002 The Transrapid high-speed train makes its maiden run in Shanghai.

2003 The first computer tomograph capable of imaging sixty-four layers per rotation is introduced.

## Christoph A. Hoesch

Christoph A. Hoesch arbeitet nach einem Industriedesign-Studium und mehrjähriger Tätigkeit als fest angestellter Designer in der Hausgeräte-Industrie als freiberuflicher Journalist und Autor mit thematischen Schwerpunkten im Bereich Technik, Architektur, Design, Lichtplanung und Kulturgeschichte. Daneben ist er in den Bereichen Öffentlichkeitsarbeit und Werbung für mehrere große Industrieunternehmen bzw. Werbe- und PR-Agenturen tätig.

Neben seiner publizistischen Tätigkeit wirkte er bei der Konzeption und Organisation von Fachkongressen, Unternehmensveranstaltungen sowie Ausstellungen und Messen mit. Christoph Hoesch ist verheiratet und lebt in Oberbayern in der Nähe von Landsberg am Lech.

After earning a degree in Industrial Design and working for a number of years as a designer in the household appliance industry, Christoph Hoesch embarked upon a career as a freelance journalist and author, specializing in the fields of engineering, architecture, design, lighting, and cultural history. He also serves as an advertising and public relations consultant for several major industrial corporations and PR firms.

In addition to his work as a publicist, he has been involved in concept development and organizational planning for numerous conferences, corporate meetings, exhibitions, and trade fairs. Christoph Hoesch is married and lives in Upper Bavaria near Landsberg am Lech.

## Dr. Andrea Kluge

Dr. Andrea Kluge, Kunsthistorikerin, studierte neben ihrem Fachgebiet Archäologie, Volkskunde und Philosophie an den Universitäten Würzburg, Wien und Eichstätt und widmet sich seit 1983 Themen aus den Bereichen Industrial Design, Industriegeschichte sowie Textil- und Modedesign. Neben zahlreichen Fachveröffentlichungen sowie einer Vortrags- und Seminartätigkeit konzipiert sie Ausstellungen und betreut verschiedene Sammlungen. Sie war initiativ am Gelingen von verschiedenen Publikationen und Kongressen zum Thema Industrial Design beteiligt.

Andrea Kluge lebt in München und unterrichtet als Dozentin an der Deutschen Meisterschule für Mode sowie der Hochschule für Kunst und Design Halle, Burg Giebichenstein.

An art historian, Andrea Kluge also studied Archaeology, Ethnology, and Philosophy at universities in Würzburg, Vienna, and Eichstadt. Since 1983, she has pursued research in the fields of industrial design and industrial history
as well as textile and fashion design. The author of numerous scholarly publications, she is a frequent lecturer and seminar leader. Her work also includes planning and curatorial activities for exhibitions and collections. She has played a leading role in a number of successful publications and conferences on industrial design.

Andrea Kluge lives in Munich and teaches at the Deutsche Meisterschule für Mode and the Hochschule für Kunst und Design in Halle, Burg Giebichenstein.

## Dr. Julius Lengert

Dr. Julius Lengert, Philosoph und Kulturanthropologe, berät mit seinem „denkbureau – Ideen, Texte, Konzepte" Unternehmen und Privatpersonen in Fragen, bei denen es um den Faktor M (Mensch) geht, und bei der Suche nach Lösungen im Bereich Managing Complexity, die eine ganzheitliche Sicht auf die Strukturen und Zusammenhänge erfordern. Philosophisch steht er für das von ihm so genannte „kugelige Denken" als Komplement und Korrektiv zum linearen Denken: integrieren statt segmentieren, sowohl-als-auch statt entweder-oder.

In seiner Arbeit geht es Lengert darum, in der zwischenmenschlichen Kommunikation und der gestalteten Umwelt die Humanqualität zu wahren. Sein Kampf gilt nach eigenen Worten der „Verhausschweinung des Menschen" durch die Technik und seiner Entmündigung im Netz der Systeme.

A philosopher and cultural anthropologist, Julius Lengert provides consulting services through his denkbureau –Ideen, Texte, Konzepte for individuals and business enterprises. He has specialized in issues relating to the "human factor" and in efforts to develop solutions based upon a holistic approach to structures and relationships in the field of complexity management. In his philosophy, he conceives what he refers to as "spherical thinking" as a complement and a corrective to linear thinking: integration instead of segmentation, "one-and-the other" instead of "either-or."

Lengert's work is devoted to preserving the influence of the human factor in interpersonal communication and the man-made environment. He is a vehement opponent of the "domestication" of mankind through technology and the disempowerment of human beings within the network of systems.

### Dr. Ralf Rummel

Dr. Ralf Rummel promovierte nach einem Studium der Soziologie, Kunst- und Kulturwissenschaft in Göttingen, Birmingham/England und Bremen mit einer diskurstheoretischen Arbeit über den sozialen Anspruch von Gestaltung im Vergleich der historischen Avantgarden mit der so genannten Postmoderne.

Neben Lehraufträgen an der Hochschule für Künste Bremen sowie an den beiden Universitäten Wuppertal und Bremen widmet sich Rummel seit 1998 schwerpunktmäßig Ausstellungen zur Design- und Alltagskulturgeschichte, Kulturvermittlung und Projektmanagement in lokaler Kulturadministration. 2004/2005 war er Projektleiter von „Jahrhundertschritt 05: 100 Jahre Oldenburger Landes- Industrie- und Gewerbe-Ausstellung". Ralf Rummel lebt in Bremen.

After completing studies in Sociology, Art and Cultural Sciences in Göttingen, Birmingham, England, and Bremen, Ralf Rummel earned his doctoral degree with a dissertation in the field of discourse theory on the social aims of design in a comparative study of the historical avant-garde and the Postmodern movement.

In addition to his teaching activity at the Hochschule für Künste Bremen and the universities in Wuppertal and Bremen, Rummel has devoted much of his attention since 1998 to exhibitions on aspects of design and popular culture and to cultural education and cultural project management at the local administrative level. He served as project manager for *Jahrhundertschritt 05: 100 Jahre Oldenburger Landes- Industrie- und Gewerbe-Ausstellung* in 2004/2005. Ralf Rummel lives in Bremen.

### Barbara und Gerd Baumann

Barbara und Gerd Baumann entwickeln in ihrem Büro umfassende Corporate Design- und Kommunikationskonzepte für Unternehmen, Institutionen und Kommunen, gestalten Ausstellungen und Messeauftritte, Orientierungs- und Informationssysteme, entwerfen Bücher und Plakate.

Zu ihren Auftraggebern zählen der Deutsche Bundestag, Bonn, der Lord Norman Fosters Great Court des British Museum, London, renommierte internationale Unternehmen, aber auch viele soziale und kulturelle Einrichtungen tragen ihr gestalterisches Profil.

Neben Gastprofessuren hielten die beiden Gestalter, die auf umfangreiche Veröffentlichungen zurückblicken können, Vorträge im In- und Ausland und wurden mit zahlreichen nationalen und internationalen Preisen ausgezeichnet.

Barbara and Gerd Bauman develop comprehensive corporate design and communication concepts for businesses, institutions, and local governments. Their firm also designs exhibition and trade fair presentations, orientation and information systems, books, and posters.

Their clients include the Deutscher Bundestag in Bonn, and the Lord Norman Fosters Great Court of the British Museum in London. They have also helped design the images of a number of renowned international corporations as well as numerous social and cultural institutions.

In addition to several guest professorships, the two designers, who have authored numerous publications, have presented lectures in Germany and abroad and are the recipients of many national and international awards.

## Register

*Kursiv* gesetzte Seitenzahlen beziehen sich auf Abbildungen.

# INDEX

PAGE NUMBERS IN *ITALICS* REFER TO ILLUSTRATIONS.

# Bildnachweis

Abkürzungen:
l. links
M. Mitte
o. oben
r. rechts
u. unten

BSH/Siemens Hausgeräte GmbH, München: S. 277 u. r., 301 o. l., 304 o. M. l., o. r., u. r.), 305 o., 306/307.
designafairs GmbH, München: S. 195, 200/201, 203/204, 207, 208, 210/211, 213, 214, 222–225, 237 o., u., 240–242, 252 o., 253 o., 342/343.
Hans Domizlaff-Archiv, Frankfurt am Main: S. 82/83.
Theo Gronenborn, München: S. 251 o.
Hatto Grosse, Köln: S. 196, 216, 217.
Tönis Käo, Wuppertal: S. 185.
thomasmayerarchive.de: S. 218/219.
Museum für Kommunikation Frankfurt: S. 314/315, 318/319, 322, 325 o., 327 o., 335, 337, 338.
Nachlass Peter Schoeller / ips-schoeller t-online.de: S. 183.
Sonderheft „Schönheit der Arbeit“ (Die Form. Zeitschrift für gestaltende Arbeit, 1935): S. 104 M., u.
Edwin Schricker, Rodach: S. 154.
Herbert H. Schultes, Fürstenfeldbruck: S. 191.
Siemens AG, Bildarchiv Siemensforum, München: S. 29, 30, 34/35, 37, 40/41, 43, 44/45, 46, 48/49, 50, 53, 56, 58, 62/63, 65, 66/67, 70, 76/77, 78/79, 80/81, 86, 88/89, 95–97, 99 o., 100 u., 101, 102, 103 M., 105, 108–141, 162, 165, 180/181, 199, 227, 230, 232/233, 234/235, 236, 238/239, 246/247, 248/249, 252 u., 275, 276, 277 l., M., 278/279, 280 o., M., 281–303, 300, 301 r., 302/303, 304 l., 310–317, 320/321, 323, 324, 325 u., 326 u., 330–333, 334, 336, 339–342.
Siemens AG, Erlangen, Archiv Siemens Medizintechnik: S. 90/91, 145, 146/147, 149, 257, 259 o., u., 260–266, 268–271.
Nachlass Alexander von Sydow, Lübeck: S. 167, 168, 171.
„Taschenbuch Schönheit der Arbeit“ (Amt Schönheit der Arbeit, 1938): S. 103 o., 106 o., u., 107
„Technik, Gestaltung, Fortschritt“ (Siemensbroschüre, 1969): S. 153, 156, 158, 161, 172, 174, 178.
Carsten Tonski, Berlin: S. 280 u.
Westfälisches Landesmuseum für Kunst und Kulturgeschichte Münster: S. 94, 100 o.

# Photo Credits

abbreviations:
l. left
m. middle
o. top
r. right
u. bottom

BSH/Siemens Hausgeräte GmbH, Munich: pp. 277 b. r., 301 t. l., 304 t. m. l., t. r., b. r., 305 t., 306/307.
designafairs GmbH, Munich: pp. 195, 200/201, 203/204, 207, 208, 210/211, 213, 214, 222–225, 237 t., b., 240–242, 252 t., 253 t., 342/343.
Hans Domizlaff-Archiv, Frankfurt am Main: pp. 82/83.
Theo Gronenborn, Munich: p. 251 t.
Hatto Grosse, Cologne: pp. 196, 216, 217.
Tönis Käo, Wuppertal: p. 185.
thomasmayerarchive.de: pp. 218/219.
Museum für Kommunikation Frankfurt: pp. 314/315, 318/319, 322, 325 t., 327 t., 335, 337, 338.
Nachlass Peter Schoeller / ips-schoeller t-online.de: p. 183.
Special issue "Schönheit der Arbeit" *(Die Form. Zeitschrift für gestaltende Arbeit, 1935)*: p. 104 m., b.
Edwin Schricker, Rodach: p. 154.
Herbert H. Schultes, Fürstenfeldbruck: p. 191.
Siemens AG, Bildarchiv Siemensforum, Munich: pp. 29, 30, 34/35, 37, 40/41, 43, 44/45, 46, 48/49, 50, 53, 56, 58, 62/63, 65, 66/67, 70, 76/77, 78/79, 80/81, 86, 88/89, 95–97, 99 t., 100 b., 101, 102, 103 m., 105, 108–141, 162, 165, 180/181, 199, 227, 230, 232/233, 234/235, 236, 238/239, 246/247, 248/249, 252 b., 275, 276, 277 l., m., 278/279, 280 t., m., 281– 303, 300, 301 r., 302/303, 304 l., 310–317, 320/321, 323, 324, 325 b., 326 b., 330–333, 334, 336, 339–342.
Siemens AG, Erlangen, Archiv Siemens Medizintechnik: pp. 90/91, 145, 146/147, 149, 257, 259 t., b., 260–266, 268–271.
Nachlass Alexander von Sydow, Lübeck: pp. 167, 168, 171.
"Taschenbuch Schönheit der Arbeit" (Amt Schönheit der Arbeit, 1938): pp. 103 t., 106 t., b., 107.
"Technik, Gestaltung, Fortschritt" (Siemens publication for internal purposes, 1969): pp. 153, 156, 158, 161, 172, 174, 178.
Carsten Tonski, Berlin: p. 280 b.
Westfälisches Landesmuseum für Kunst und Kulturgeschichte Münster: pp. 94, 100 t.

# Impressum

**Herausgeber**
Hans Hermann Wetcke,
Design Zentrum München

**Fachredaktion**
Andrea Kluge

**Verlagslektorat**
Dagmar Lutz
Ingrid Bell

**Übersetzungen**
John Southard

**Visuelle Gestaltung**
Baumann & Baumann,
Büro für Gestaltung,
Schwäbisch Gmünd

**Satz und Herstellung**
Baumann & Baumann

**Schrift**
Siemens Corporate Type

**Reproduktion**
Cross Media
Steffen Thiel

**Papier**
Tauro Offset weiß
140 g/qm, 1,2 fach volumig

**Buchbinderei**
Kunst- und Verlagsbuchbinderei GmbH,
Leipzig

**Gesamtherstellung**
Dr. Cantz'sche Druckerei,
Ostfildern





**Erschienen im**
Hatje Cantz Verlag
Zeppelinstraße 32
73760 Ostfildern
Deutschland
Tel. +49 711 4405-0
Fax +49 711 4405-220
www.hatjecantz.de

ISBN 3-7757-9181-7
Printed in Germany

# Colophon

**Editor**
Hans Hermann Wetcke,
Design Zentrum München

**Editing**
Andrea Kluge

**Copyediting**
Dagmar Lutz
Ingrid Bell

**Translations**
John Southard

**Visual Design**
Baumann & Baumann,
Büro für Gestaltung,
Schwäbisch Gmünd

**Typesetting and Production**
Baumann & Baumann

**Typeface**
Siemens Corporate Type

**Reproductions**
Cross Media
Steffen Thiel

**Paper**
Tauro Offset weiß
140 g/m², 1,2 volume

**Binding**
Kunst- und Verlagsbuchbinderei GmbH,
Leipzig

**Printed by**
Dr. Cantz'sche Druckerei,
Ostfildern





**Published by**
Hatje Cantz Verlag
Zeppelinstrasse 32
73760 Ostfildern
Germany
Tel. +49 711 4405-0
Fax +49 711 4405-220
www.hatjecantz.com

ISBN 3-7757-9181-7
Printed in Germany